中国证券期货统计年鉴

CHINA SECURITIES AND FUTURES STATISTICAL YEARBOOK

2004

中国证券监督管理委员会 编

Edited by

CHINA SECURITIES REGULATORY COMMISSION

百家出版社

BAIJIA PUBLISHING HOUSE

图书在版编目(CIP)数据

中国证券期货统计年鉴. 2004/中国证券监督管理委员会编. —上海:百家出版社,2004.5
ISBN 7-80703-099-2

Ⅰ.中... Ⅱ.中... Ⅲ.①证券交易-统计资料-中国-2004-年鉴 ②期货交易-统计资料-中国-2004-年鉴 Ⅳ.F832.51-66

中国版本图书馆 CIP 数据核字(2004)第 040868 号

责任编辑 赵 毅
特约编辑 李 东
封面设计 梁业礼

中国证券期货统计年鉴(2004)
中国证券监督管理委员会 编
百家出版社出版
(上海市天钥桥路 180 弄 2 号 邮政编码 200030)
第一财经传媒有限公司总发行
(上海市南京西路 651 号广电大厦 9 楼)
全国新华书店经销 松江新桥新生印刷厂印刷
787×1092 毫米 1/16 印张 24.25 字数 608000
2004 年 5 月第 1 版 2004 年 5 月第 1 次印刷
印数:1—4100册
ISBN 7-80703-099-2/F·6 定价:120.00 元

编　者　说　明
Edit　Directions

一、《中国证券期货统计年鉴(2004)》(中英文)收录了 2003 年证券期货市场的统计数据以及与证券市场有关的部分宏观经济指标。

二、本年鉴分为 9 个部分:1. 证券市场概况;2. 股票市场;3. 债券市场;4. 证券投资基金;5. 上市公司;6. 投资者结构;7. 期货市场;8. 证券期货中介机构。每篇末有《主要统计指标解释》。另附上海、深圳交易所收费标准、大事记等。

三、本年鉴资料主要来自交易所统计报表和证监会业务部门;宏观经济数据来自中国人民银行、国家统计局等部委。

四、根据证券期货市场的发展,本年年鉴在内容上和表式上进行了扩充和调整。第二章对历年证券发行情况统计表的表式进行了调整,使市场发行筹资情况更加一目了然;第三章增加了企业债回购交易情况的相关内容;此外,各章前均加入了反映该部分市场状况的发展综述,使年鉴内容更加充实、丰富。

五、本年鉴部分数据合计数或相对数由于单位取舍不同而产生的计算误差均未作调整。

六、本年鉴各表中,度量单位均在该表上方,对表中部分指标的注解、资料来源、汇率换算标准等在该表下方。凡带续表的资料,对部分指标的注解一律在最后一张续表的下方。

中国证券监督管理委员会

2004 年 4 月

目 录
CONTENTS

编者说明
Edit Directions

三、债券
Bonds

四、证券投资基金
Securities Investment Funds

五、上市公司
Listed Companies

六、投资者结构
Structure of Investors

七、期货
Futures

八、证券期货中介机构
Securities and Futures Intermediate Institutions

附录
Appendix

2003年中国证券市场综述

Summary for Chinese Securities Market 2003

2003年，在国民经济快速发展的背景下，我国证券市场克服了"美伊"战争、"非典"疫情等突发事件的影响，继续保持健康、平稳的运行格局。市场规模进一步扩大，规范化程度不断提高，市场功能和作用逐步显现，在国民经济运行中发挥着越来越重要的作用。

一、2003年证券市场发展概况

2003年股票市场规模进一步扩大。截止年底，在境内证券交易所上市的公司达1287家，比2002年底增加了63家，其中，仅发A股公司1152家，仅发B股24家，同时发A、B股87家，同时发A、H股24家。在境外证券交易所上市的公司93家，比2002年底增加了16家，其中，仅发H股69家，同时发A、H股24。境内上市公司市价总值和流通市值分别为42456亿元和13179亿元，比2002年底增加了11%和6%。总股本和流通股本分别为6428亿股和2268亿股，比去年底增加9%和11%。2003年股票发行筹资大幅增加，全年境内外市场累计筹资1358亿元，比2002年增加了41%。其中，境内筹资832亿元，比2002年增加了6%；境外筹资65亿美元，是2002年的3倍。

2003年债券市场规模进一步扩大。截止2003年底，在交易所交易的债券共115只，比2002年底增加了41只。其中，国债61只，企业债31只，可转债23只，分别是2002年底的1.22、2.16和2.56倍；债券托管市值4068亿元，比去年底增加了39%。其中，国债托管市值3479亿元，企业债托管市值367亿元，可转债托管市值222亿元，分别比去年底增加了24%、63%和242%。2003年交易所交易的各种债券累计成交62136亿元，比2002年增加了87%。其中，国债成交58756亿元，比2002年增加了78%；企业债成交2717亿元，是2002年的39倍；可转债成交663亿元，是2002年的9倍。

截止2003年底，基金管理公司达34家，比2002年增加了13家；共管理证券投资基金95只，比2002年增加了24只，其中，封闭式基金54只，开放式基金41只。基金份额达1615亿元，比2002年底增加了22%。

2003年期货市场累计成交10.84万亿元，比2002年增长了174%。其中，大豆成交33321亿元，铜成交21622亿元，天然橡胶成交35705亿元，小麦成交金额7953亿元。2003年底，全国共有期货经纪公司186家，期货营业部303家，投资者开户数达34万户，比2002年增加了15万户。

二、2003年中国证券市场运行特点

一）股指大幅震荡，呈现上涨—下跌—上涨的"N"字形态

2003年底沪综指和深成指分别收于1497.04点和3479.80点，比去年底分别上涨139.39点和720.5点，涨幅分别为10.27%和26.11%。行情大致分为三个阶段(见图1)：第一阶段从1至4月中旬，由于宏观经济增速加快，证券市场环境稳定，受此影响，股指快速上扬，沪综指一度上涨至

1650点;第二阶段从4月中至11月中旬,受非典影响,股指快速回落,并在周正毅事件、全流通传言及人行调整存款准备金率等诸多外围因素影响下,出现了连续6个月的调整行情,沪综指最低下探1307点,创4年来的新低;第三阶段从11月中旬开始,在超跌科技股和大盘蓝筹股带动下,股指快速反弹,沪、深综合指数分别上涨13.45%和6.79%。

图一　2003年上证综合指数走势图

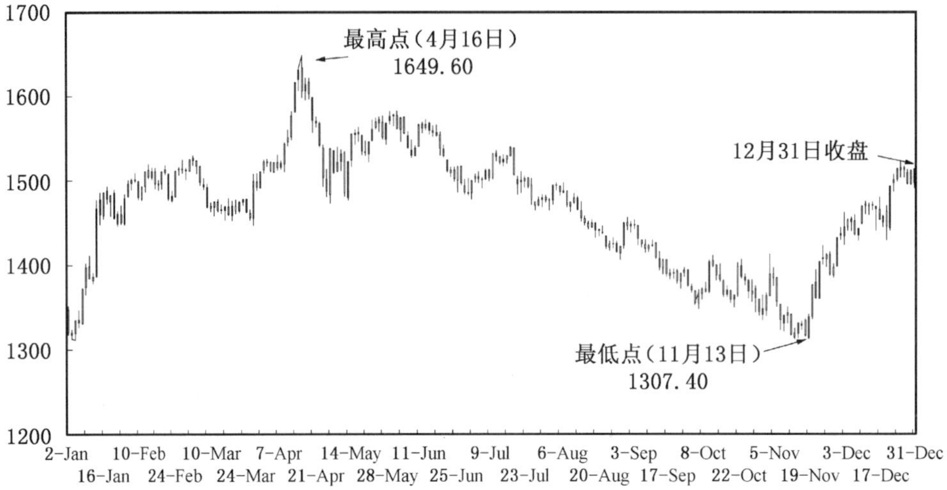

2003年股票市场全年累计成交32115亿元,比2002年增加了15%。日均成交1亿元,比去年增加了13%。

二)股票市场结构发生积极变化,机构投资者持股市值和交易份额比重明显提高,市场资金流向大盘绩优股。

2003年底股票市场中机构投资者的持股市值比重为19.10%,比2002年底提高了5.31个百分点;全年的平均交易份额为14.50%,比2002年提高了3.07个百分点。证券投资基金的交易份额超过证券公司,成为交易份额最大的机构投资者,全年平均交易份额为6.12%,比证券公司高出2.94个百分点。2003年,股票市场资金流向绩优股的趋势明显,其直接表现在绩优股的成交比重显著提高。2003年每股收益大于0.20元股票的成交比重为51.52%,比2002年提高了11.56个百分点。其中,每股收益大于0.50元的股票成交比重为16.38%,比2002年提高了9.13个百分点。与此同时,微利股和绩差股的成交比重大幅减少。每股收益少于0.05元的股票成交比重为18.33%,比2002年减少了7.85个百分点。其中,每股亏损大于0.50元股票的成交比重仅为0.76%,而2002年这一比例为2.68%。

三)价值投资理念逐步形成并得到市场的认同,股价的涨跌同公司基本面及行业的关联性不断提高。

2003年,涨幅超过10%的股票中,每股收益超过0.20元的绩优公司所占比重为70.33%,比2002年上升了32.63个百分点;下跌超过10%的股票中,每股收益超过0.20元的绩优公司比重仅为22.33%,比2002年下降了11个百分点。在2003年上涨的股票中,电力、蒸汽、水的生产及供应业的股票所占比例为9.01%,比2002年提高了8.27个百分点;金属、非金属制造业为16.90%,比2002年提高了5.00个百分点;采掘业为4.79%,比2002年提高了4.00个百分点。而根据国家统计局公布的数据，2003年1—10月份，新增利润排在前五位的行业分别为石油和天然气开采业、黑色金属冶炼及压延加工业、交通运输设备制造业、化学原料及化学制品制造业、电力、热力的生产及供应业。五个行业共新增利润1127亿元，占全部新增利润的55%。国民经济和股票市场呈现出和谐共振。

四）上市公司整体业绩出现回升，优劣公司差距逐步扩大，蓝筹公司作用初步显现

2003年季报显示，上市公司各项财务指标均明显提高。前三季度实现利润总额1025亿元，比2002年全年实现利润总额高出21个百分点；每股收益0.158元，已超过2002年的全年水平。在上市公司整体业绩大幅增长的同时，优劣公司间的差距逐步扩大，利润进一步向大公司集中的特点。根据第三季度报告，总股本超过8亿的大盘股公司共有112家，这些公司前三季度共创造净利润648亿元，占全部上市公司净利润的63%，同比提高了19个百分点。大盘股、权重股对推动上市公司整体业绩大幅回升发挥了巨大作用，蓝筹公司的作用初步显现。

第一部分　概　况

Summary

1-1　证券市场概况统计表

	1995	1996
境内上市公司数(A、B股)(家)　Number of Listed Companies (A、B share)	323	530
境内上市外资股(B股)(家)　Number of Listed Companies (B share)	70	85
境外上市公司数(H股)(家)　Number of Listed Companies (H share)	18	25
股票总发行股本(亿股)　Total Issued Capital	848.42	1219.54
其中:流通股本(亿股)　Negotiable Shares	301.46	429.85
股票市价总值(亿元)　Total Market	3474.28	9842.38
其中:股票流通市值(亿元)　Negotiable Market Capitalization	938.22	2867.03
股票成交量(百万股)　Trading Volume	70547.06	253314.06
股票成交金额(亿元)　Total Turnover	4036.47	21332.16
上证综合指数(收盘)　Shanghai Stock Exchange Composite index	555.29	917.01
深证综合指数(收盘)　Shenzhen Stock Exchange Composite index	113.24	327.45
投资者开户数(万户)　Securities Accounts Opening (10000)	1294.19	2422.08
平均市盈率　PE Ratio		
上海　Shanghai	15.70	31.32
深圳　Shenzhen	9.46	35.42
平均换手率(%)　Turnover Ratio		
上海　Shanghai	528.72	913.43
深圳　Shenzhen	254.52	1350.35
国债发行额(亿元)　Amount Issued of T-Bonds(100000000)	1510.86	1847.77
企业债发行额(亿元)　Amount Issued of Enterprise Bond(100000000)	300.80	268.92
债券成交量(万手)　Bonds Transaction Volume(10000)	100660.50	174297.17
债券成交额(亿元)　Bonds Turnover(100000000)	59367.61	18039.35
国债现货成交金额(亿元)　Cash T-Bonds Turnover(100000000)	775.20	5029.24
国债回购成交金额(亿元)　Repurchase T-bonds Turnover(100000000)	1248.52	13008.64
证券投资基金只数(只)　Number of Securities Investment Funds		
证券投资基金规模(亿元)　Amount Issued of Securities Investment Funds(100000000)		
证券投资基金规模(亿元)　Amount Issued of Securities Investment Funds(100000001)		
期货总成交量(万手)　Futures Transaction Volume(10000)	63612.07	34256.77
期货总成交额量(亿元)　Futures Turnover(100000000)	100565	84119.16

注:换手率=全年成交金额/((本年末流通市值+上年末流通市值)/2)*%

数据来源:本书各章相关表

Source: Relative Tables followed

Summary for Securities Market

1997	1998	1999	2000	2001	2002	2003
745	851	949	1088	1160	1224	1287
101	106	108	114	112	111	110
42	43	46	52	60	75	93
1942.67	2526.79	3088.95	3791.71	5218.01	5875.45	6428.46
671.44	861.94	1079.65	1354.26	1813.17	2036.90	2269.92
17529.24	19505.64	26471.17	48090.94	43522.20	38329.12	42457.72
5204.42	5745.59	8213.97	16087.52	14463.17	12484.55	13178.52
256079.12	215411.00	293238.88	475840.00	315228.76	301619.49	416308.40
30721.84	23544.25	31319.60	60826.65	38305.18	27990.46	32115.27
1194.10	1146.70	1366.58	2073.48	1645.97	1357.65	1497.04
381.29	343.85	402.18	635.73	475.94	388.76	378.62
3480.26	4259.88	4810.63	6154.53	6965.90	7202.16	7344.41
39.86	34.38	38.13	58.22	37.71	34.43	36.54
41.24	32.31	37.56	56.03	39.79	36.97	36.19
701.81	453.63	471.46	492.87	269.33	214.00	250.75
817.43	406.56	424.52	509.10	227.89	198.79	214.18
2411.79	3808.77	4015.00	4657.00	4884.00	5934.30	6280.10
255.23	147.89	158.20	83.00	147.00	325.00	358.00
161732.38	203161.4	170716.33	197979.00	204707.68	329252.26	620194.41
16476.89	21661.78	18284.12	19119.16	20417.76	33249.53	62136.36
3582.75	6059.95	5300.87	4157.49	4815.59	8708.68	5756.11
12876.06	15540.84	12890.53	14733.68	15487.63	24419.64	52999.85
	6	22	34	51	71	95
	120	510	562	804.23	1318.85	1614.67
	555.33	1623.12	2465.79	2561.88	1166.58	682.65
15876.32	10445.57	7363.91	5461.07	12046.35	13943.37	27992.43
61170.66	36967.24	22343.01	16082.29	30144.98	39490.28	108396.59

1-2 1986—2003年国内有价证券分类发行情况

		1981—1985年	1986年	1987年	1988年	1989年	1990年
一、国债 Treasury Bond	发行额 Amount Issued	237.21	62.51	116.87	188.77	223.91	197.23
	兑付额 Amount Repayed		6.65	18.41	21.66	13.22	76.22
	期末余额 Balance	237.21	293.07	391.53	558.64	769.33	890.34
1. 国库券 Treasury Bill	发行额 Amount Issued	237.21	62.51	62.87	92.16	56.07	93.46
	兑付额 Amount Repayed		6.65	18.41	21.66	13.22	49.59
	期末余额 Balance	237.21	293.07	337.53	408.03	450.88	494.75
2. 财政证券 Financial Bond	发行额 Amount Issued				66.07		71.09
	兑付额 Amount Repayed						
	期末余额 Balance				66.07	66.07	137.16
3. 国家建设债券 State Construction Bond	发行额 Amount Issued				30.54		
	兑付额 Amount Repayed						21.58
	期末余额 Balance				30.54	30.54	8.96
4. 国家重点建设债券 State Key construction Bond	发行额 Amount Issued			54.00			
	兑付额 Amount Repayed						5.05
	期末余额 Balance			54.00	54.00	54.00	48.95
5. 特种国债 Special Bond	发行额 Amount Issued					42.84	32.68
	兑付额 Amount Repayed						
	期末余额 Balance					42.84	75.52
6. 保值公债 Price Index Bond	发行额 Amount Issued					125.00	
	兑付额 Amount Repayed						
	期末余额 Balance					125.00	125.00
7. 定向债券 Special Purchase Bond	发行额 Amount Issued						
	兑付额 Amount Repayed						
	期末余额 Balance						
二、政策性金融债 Policy Financial Bond	发行额 Amount Issued						
	兑付额 Amount Repayed						
	期末余额 Balance						
三、其他金融债券 Other Financial Bond	发行额 Amount Issued		30.00	60.00	65.00	60.66	64.40
	兑付额 Amount Repayed		5.00	30.00	40.00	70.11	50.07
	期末余额 Balance		25.00	55.00	80.00	70.55	84.88

Issuing Summary of Domestic Securities by Category (1986—2003)

单位:亿元 Unit:100 000 000

1991 年	1992 年	1993 年	1994 年	1995 年	1996 年	1997 年	1998 年	1999 年	2000 年	2001 年	2002 年	2003 年
281.25	460.78	381.31	1137.55	1510.86	1847.77	2411.79	3808.77	4015.00	4657.00	4884.00	5934.30	6280.10
111.60	238.05	123.29	391.89	496.96	786.64	1264.29	1550.84	1238.70	2179.00	2286.00	2216.20	2755.80
1059.99	1282.72	1540.74	2286.40	3300.30	4361.43	5508.88	7765.70	10542.00	13020.00	15618.00	19336.10	22603.60
199.41	395.64	314.77	1117.93	1486.76	1813.27	2382.44						
106.65	120.41	105.75	349.76	297.99	700.30	1192.23						
587.51	862.74	1071.76	1839.93	3028.70	4141.67	5331.88						
64.63	65.14	66.54										
	0.02	9.38	0.42	126.66	65.05	65.40						
201.79	266.91	324.07	323.65	196.99	131.94	66.54						
4.95	2.25	0.90	0.29	0.45	0.09	0.03						
4.01	1.76	0.86	0.57	0.12	0.03	0.00						
				41.13	3.92	3.63						
48.95	48.95	48.95	48.95	7.82	3.90	0.27						
17.21												
			39.81	30.02	17.23	3.00						
92.73	92.73	92.73	52.92	22.90	5.67	2.67						
	115.37	7.26	1.61	0.71	0.05							
125.00	9.63	2.37	0.76	0.05	0.00	0.00						
			19.62	24.10	34.50	29.35						
			19.62	43.72	78.22	107.57						
					1055.60	1431.50	1950.23	1800.89	1645.00	2590.00	3075.00	4561.40
					254.50	312.30	320.40	473.20	709.20	1438.80	1555.70	2505.30
				1613.20	2399.70	3486.90	5121.13	6447.48	7383.28	8534.48	10054.10	11650.00
66.91	55.00				14.60	32.00						
33.67	30.00	34.29	13.54									
118.12	143.12	108.83	95.29	95.29	109.89	141.90						

续表

		1981—1985 年	1986 年	1987 年	1988 年	1989 年	1990 年
四、企业债 Enterprise Bond	发行额 Amount Issued 兑付额 Amount Repayed 期末余额 Balance		100.00 16.23 83.77	30.00 27.42 86.35	75.41 46.72 115.04	75.26 43.94 146.36	126.37 77.29 195.44
1. 中央企业债券 Central Entreprise Bond	发行额 Amount Issued 兑付额 Amount Repayed 期末余额 Balance						
2. 地方企业债券 Local Enterprise Bond	发行额 Amount Issued 兑付额 Amount Repayed 期末余额 Balance		100.00 16.23 83.77	30.00 27.42 86.35	30.00 46.72 69.63	14.83 15.32 69.14	49.33 22.05 96.42
3. 短期融资券 Enterprise Short-term Bond	发行额 Amount Issued 兑付额 Amount Repayed 期末余额 Balance				11.72 11.72	29.72 14.74 26.70	50.15 32.73 44.12
4. 内部债券 Internal Bond	发行额 Amount Issued 兑付额 Amount Repayed 期末余额 Balance				33.69 33.69	30.71 13.88 50.52	26.89 22.51 54.90
5. 住宅建设债券 House Construction Bond	发行额 Amount Issued 兑付额 Amount Repayed 期末余额 Balance						
6. 地方投资公司债券 Local Investment Company Bond	发行额 Amount Issued 兑付额 Amount Repayed 期末余额 Balance						
五、国家投资债券 State Investment Bond	发行额 Amount Issued 兑付额 Amount Repayed 期末余额 Balance						
六、国家投资公司债券 State Investment Company Bond	发行额 Amount Issued 兑付额 Amount Repayed 期末余额 Balance			30.00 30.00	90.00 120.00	22.53 142.53	6.15 148.68
债券合计 Total of Bond	发行额 Amount Issued 兑付额 Amount Repayed 期末余额 Balance	237.21 0.00 237.21	192.51 27.88 401.84	236.87 75.83 562.88	419.18 108.38 873.68	382.36 127.27 1128.77	394.15 203.58 1319.34
七、股票(A 股) A Shares	发行额 Amount Issued 筹资额 Raised Capital			10.00 10.00	25.00 25.00	6.62 6.62	4.28 4.28

注：1. 国债数据，企业债券和金融债券的数据由中国人民银行提供，股票数据由中国证监会提供；
2. 兑付额指还本金额；
3. 1992 年以前的股票按面值发行，1992 年以后为溢价发行，其中 1992 年的筹资额为按照 5 倍溢价估算值；
4. 股票发行为首发 IPO。

数据来源：中国人民银行、中国证监会

Source：PBC and CSRC

Continued

1991年	1992年	1993年	1994年	1995年	1996年	1997年	1998年	1999年	2000年	2001年	2002年	2003年
249.96	683.71	235.84	161.75	300.80	268.92	255.23	147.89	158.00	83.00	147.00	325.00	358.00
114.31	192.76	255.48	282.04	336.30	317.80	219.81	105.25	56.50	0.00	0.00		
331.09	822.04	802.40	682.11	646.61	597.73	521.02	676.93	778.63	861.63	1008.63		
	74.10			77.50	86.15	86.15						
						0.00						
	74.10	74.10	74.10	151.60	237.75	238.00						
115.25	258.77	20.06	38.43	52.50	62.15	99.66						
25.34	37.26	79.45	91.19	152.50	43.41	101.28						
186.33	407.84	348.45	295.69	195.69	214.43	213.61						
104.44	228.53	215.78	123.32	170.80	120.62	69.42						
60.03	111.27	176.03	190.85	173.00	150.88	118.53						
88.53	205.79	245.54	178.01	175.81	145.55	69.41						
30.27	111.51											
28.94	44.23				123.51							
56.23	123.51	123.51	123.51	123.51	0.00							
	6.43											
				6.43								
	6.43	6.43	6.43	0.00	0.00							
	4.37											
				4.37								
	4.37	4.37	4.37	0.00	0.00							
95.00	60.00											
		1.50	14.11									
95.00	155.00	153.50	139.39	139.39	139.39							
2.29	8.01											
0.83	2.04	2.38	1.92	32.70								
150.14	156.11	153.73	151.81	119.11	119.11							
695.41	1267.50	617.15	1299.30	1811.66	3172.29							
260.41	462.85	416.94	703.50	865.96	1358.94							
1754.34	2558.99	2759.20	3355.00	4300.70	6114.05							
5.00	10.00	42.59	10.97	5.32	38.29	105.65	86.30	98.11	145.68	93.00	134.20	83.64
5.00	50.00	194.83	49.62	22.68	224.45	655.06	409.09	497.88	812.37	534.29	516.96	453.51

1-3 股票市值与 GDP 的比率

Ratio of Market Capitalization to GDP

单位:亿元 Unit:100000000

	GDP	市价总值 Market Capitalization	%	GDP	流通市值 Negotiable Market Capitalization	%
1992	26638.1	1048.13	3.93%	26638.1		
1993	34634.4	3531.01	10.20%	34634.4		
1994	46759.4	3690.62	7.89%	46759.4	964.82	2.06%
1995	58478.1	3474.00	5.94%	58478.1	937.94	1.60%
1996	67884.6	9842.37	14.50%	67884.6	2867.03	4.22%
1997	74772.4	17529.23	23.44%	74772.4	5204.43	6.96%
1998	79552.8	19505.64	24.52%	79552.8	5745.59	7.22%
1999	82054	26471.17	31.82%	82054	8213.97	9.87%
2000	89404	48090.94	53.79%	89404	16087.52	17.99%
2001	95933	43522.19	45.37%	95933	14463.16	15.08%
2002	102398	38329.12	37.43%	102398	12484.55	12.19%
2003	116694	42457.72	36.38%	116694	13178.52	11.29%

数据来源:国家统计局、中国证监会
Source: NBSC and CSRC

市价总值与 GDP 的比率

Ratio of Market Capitalization to GDP

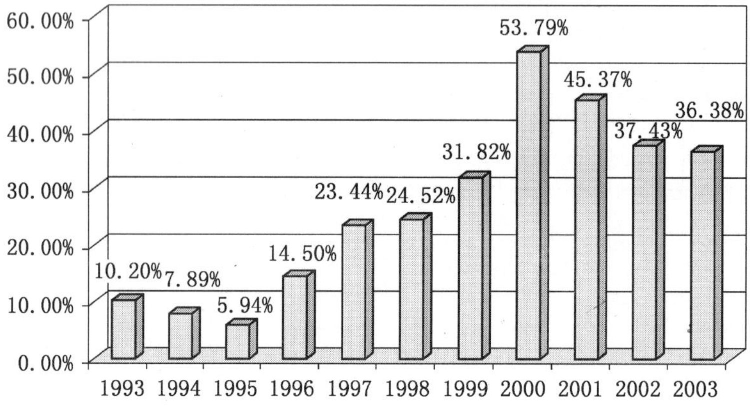

1-4 境内股票筹资和银行贷款增加额的比率

Ratio of Domestic Raised Capital in Stock Market to Amount of Loan of Bank

单位:亿元 Unit:100000000

	境内筹资额 Domestic Raised Capital	贷款增加额 Amount of Loan of Bank	%
1993	314.54	6335.40	4.96
1994	138.05	7216.62	1.91
1995	118.86	9339.82	1.27
1996	341.52	10683.33	3.20
1997	933.82	10712.47	8.72
1998	803.57	11490.94	6.99
1999	897.39	10846.36	8.27
2000	1541.02	13346.61	11.55
2001	1182.13	12439.41	9.50
2002	779.75	18979.20	4.11
2003	823.10	27702.30	2.97

注:境内筹资额为A、B股筹资额。

数据来源:中国人民银行、国家统计局、中国证监会

Source: PBC NBSC and CSRC

境内股票筹资和银行贷款增加额的比率

Ratio of Domestic Raised Capital in Stock Market to Amount of Loan of Bank

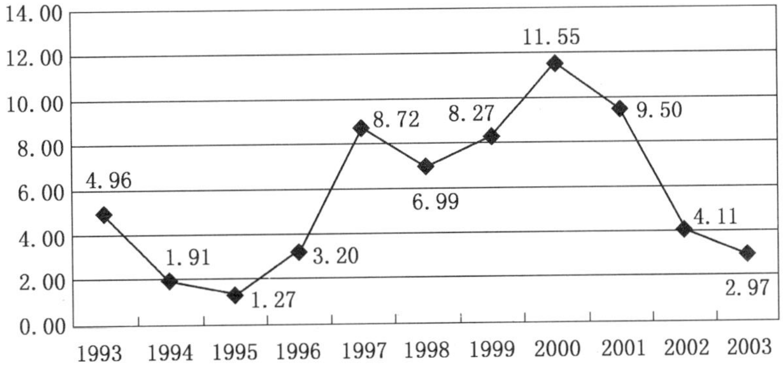

1-5 证券市场境外筹资在引进外资中的比重

Role of Security Market in Utilization of Foreign Capital

单位:亿元 Unit:100000000

	境外筹资 Foreign Raised Capital	外商直接投资总额 Total Amount of Foreign Direct Investment	%
1993	60.93	1596.16	3.82%
1994	188.73	2856.94	6.61%
1995	31.46	3114.16	1.01%
1996	83.56	3463.59	2.41%
1997	360.00	3756.58	9.58%
1998	37.95	3773.18	1.01%
1999	47.17	3338.50	1.41%
2000	562.21	3370.79	16.68%
2001	70.21	3881.66	1.81%
2002	181.99	4366.87	4.17%
2003	534.65	4430.63	12.07%

注:境外筹资仅指H股筹资;外商直接投资为实际使用额。
数据来源:国家统计局、中国证监会
Source: NBSC and CSRC

境外筹资占引进外资中的比重

Percent of Foreign Raise Capital Through Stock Market in Utilization of Foreign Capital

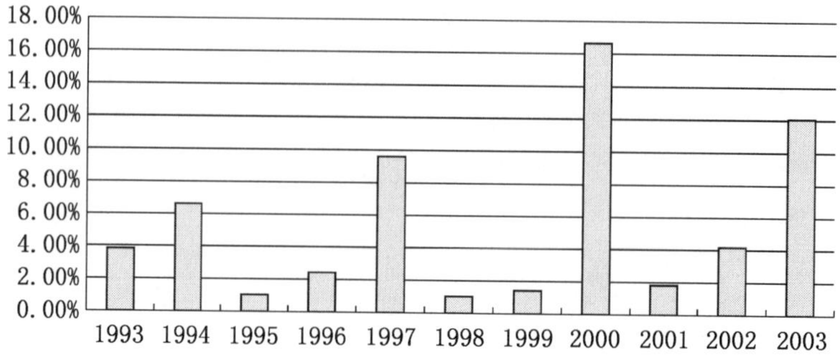

1-6　境内外股票筹资和固定资产投资额的比率

Ratio of Domestic & Foreign Raised Capital in Stock Market to Amount of Investment in Fixed-Assets

单位:亿元　Unit:100000000

	境内外筹资额 Domestic & Foreign Raised Capital	固定资产投资额 Amount of Investment in Fixed-Assets	%	境内筹资额 Domestic Raised Capital	固定资产投资 Investment in Fixed-Asset	%
1992	94.09	8080.10	1.16%	94.09	8080.10	1.16%
1993	375.47	13072.30	2.87%	314.54	13072.30	2.41%
1994	326.78	17042.10	1.92%	138.05	17042.10	0.81%
1995	150.32	20019.30	0.75%	118.86	20019.30	0.59%
1996	425.08	22913.50	1.86%	341.52	22913.50	1.49%
1997	1293.82	24941.10	5.19%	933.82	24941.10	3.74%
1998	841.52	28406.20	2.96%	803.57	28406.20	2.83%
1999	944.56	29475.15	3.16%	897.39	29475.20	3.04%
2000	2103.16	32917.70	8.68%	1541.02	32917.70	4.68%
2001	1252.28	27826.60	4.50%	1182.13	27826.60	4.25%
2002	961.75	32942.00	2.92%	779.75	32942.00	2.37%
2003	1357.75	55118.00	2.46%	823.10	55118.00	1.49%

注：境内筹资额包括 A、B 股筹资。
数据来源：国家统计局、中国证监会
Source：NBSC and CSRC

境内外股票筹资和固定资产投资额的比率

Ratio of Domestic & Foreign Raised Capital in Stock Market to Amount of Investment in Fixed-Assets

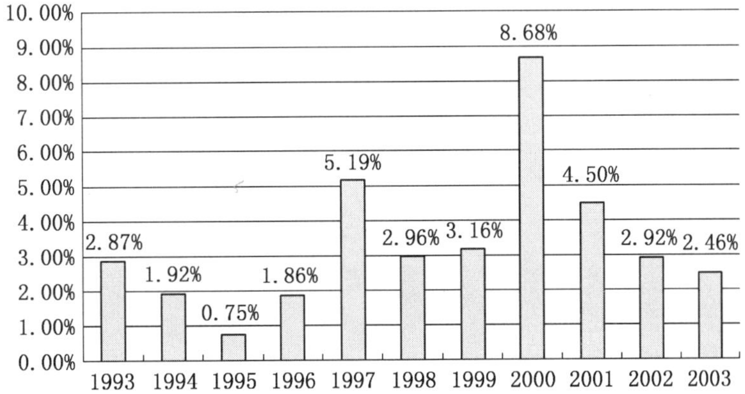

1-7 股票印花税在财政收入中的比重
Proportion of Stamp Duty In Revenue

单位:亿元 Unit:100000000

	财政收入 Revenue	股票印花税 Stamp Duty	%	中央财政收入 Central Revenue	股票印花税 Stamp Duty	%
1993	4349	22.00	0.51%	958	22.00	2.30%
1994	5248	48.77	0.93%	2907	48.77	1.68%
1995	6242	26.38	0.42%	3257	26.38	0.81%
1996	7408	127.99	1.73%	3661	127.99	3.50%
1997	8651	250.76	2.90%	4227	250.76	5.93%
1998	9853	225.75	2.29%	4885	225.75	4.62%
1999	11377	248.07	2.18%	5798	248.07	4.28%
2000	13380	485.89	3.63%	7584	485.89	6.41%
2001	16386	291.31	1.78%	8583	291.44	3.40%
2002	18914	111.95	0.59%	11020	111.95	1.02%
2003	—	128.35	—	—	128.35	—

数据来源:国家统计局、中国证监会
Source: NBSC and CSRC

股票印花税在财政收入中的比重
Proportion of Stamp Duty In Revenue

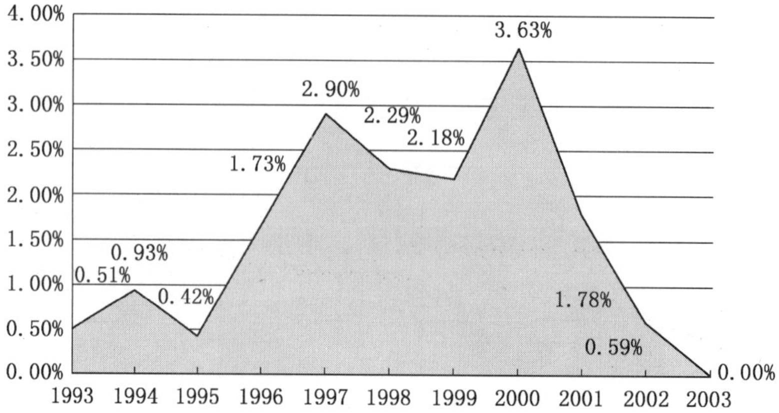

主要统计指标解释

Definition and Explanation

1. **重点建设债券(key Construction Bond)**

是为筹集国家计划内重点建设资金，由财政部发行的一种用于生产性项目的专项政府国内债券。

Domestic government bond issued by Ministry of Finance (MOF) in purpose of raising funds for budgetary production projects.

2. **财政债券(Financial Bond)**

是由财政部向各专业银行、综合性银行以及其他金融机构发行的一种私募公债。

Bond issued by MOF through private placement to specialized banks, comprehensive banks and other financial instiutions.

3. **国家建设债券(State Construction Bond)**

同重点建设债券。

See key construction Bond.

4. **保值公债(Price Index Bond)**

是一种对本金实行价格变动贴补的政府国内债券。

Domestic government bond wity index-linked principal subsidy.

5. **特种国债(Special Bond)**

是由财政部向国内经济条件好的单位及对全民所有制企业职工养老基金和待业保险基金管理机构定向发行的一种公债。

Bond issued by MOF to domestic entities with sound economic conditions, pension fund and unemployment insurance fund of state-owned employees.

6. **转换债(Converse Bond)**

是财政部将单位持有的当年到期的国债转换为等额新债。

Bond issued by MOF to redeem matured bond with equivalent value.

7. **定向债券(Special Pruchase Bond)**

是特种国债停发以后，财政部向国内企业职工养老基金和待业保险基金管理机构发行的一种私募债券。

Bond issued by MOF through private placement, after termination the issuance of Special Bond to pension fund and unemployment fund of employees in domestic enterprises.

8. **国家投资债券(State Investment Bond)**

指中国工商银行、中国建设银行发行的，有财政部担保的，用于支持国家重点建设项目投资的，约定在一定期限内还本付息的有价证券。

The State Investment Bond refers to the securities that issued by the China People's Construction Bank, guaranteed by the Ministry of Finance, used in supporting the investment of State key constrution projects and would be paid back the principals and interests within a certain appointed period.

9. 国家投资公司债券(State Investment Company Bond)

指原国家计委所属六大投资公司,即国家能源投资公司、国家原材料投资公司、国家农业投资公司、国家机电轻纺投资公司、国家交通投资公司、国家林业投资公司发行的,用于支持国家重点建设项目投资的,约定在一定期限内还本付息的有价证券。

The State Investment Company Bond refers to the securities issued by six investment companies (namely The State Energy Restment Company; The State Raw and Processed Materials Investment Company; The State Agriculture Investment Company; The Industry Investment Company of State Machinery and Texitile Industry; The State Communications Investment Company; The State Forestry Investment Company) which were formerly under the State Planning Commission.

10. 金融债券(Financial Bond)

指金融机构依照法定程序发行、约定在一定期限内还本付息的有价证券。按发行机构性质的不同,金融债券可分为政策性金融债券和一般性金融债券。前者由国家开发银行、国家进出口银行和中国农业发展银行发行,后者由商业银行及非银行金融机构发行。

The State Investment Company Bond is used to support the investment of State key projects and would be paid back the principals and interests within a certain applinted period. The Finance Bond refers to the securities issued by the financial institutes according to the legal process and would be paid back the principals and interests within a certain appointed period. According to the types of issuing institutes, the Finance Bond can be divided into the Policy Finance Bond and the General Commericial Finance Bond, while the former is issued by the State Development Bank, the State Import and Export Bank and China Agriculture Develop Bank, and the latter is issued by the Commercial Banks and Non-Banking financial instituters.

11. 企业债券(Enterprise Bond)

指企业依照法定程序发行、约定在一定期限(一年期以上)内还本付息的有价证券。不含金融债券和外币债券。

The Enterprise Bond refers to the securities issued by the enterprises and would by paid back in a certain appointed time (over one year). The Enterprise Bond excludes the financial bond and the foreign currency bond.

12. 企业短期融资券(Enterprise Short-term Note)

指企业依照法定程序发行的,约定在3、6或9个月内还本付息的,用以解决企业临时性、季节性短期资金需求的有价证券。

The Enterprise Short-term Note refers to the securities that issued by the enterprises according to legal process, paid back the principals and interests in about 3,6 or 9 months, and is used to meet the temporal and seasonal short capital needs of the enterprise.

13. 大额可转让定期存单(Certificate of Deposit)

指商业银行发行的固定面额、固定期限、可以转让的大额存款凭证。

The certificate of Deposit refers to the convertible certificates that are issued in fixed price and fixed maturity.

14. 中央财政收入和地方财政收入(Revenue of the central government and revenue of the local governments)

按财政体制划分的中央本级收入和地方本级收入。1994年分税制财政体制以后,属于中央财政的收入包括关税、海关代征消费税和增值税，消费税，中央企业所得税、地方银行和外资银行及非银行金融企业所得税，铁道、银行总行、保险总公司等集中缴纳的营业税、所得税、利润和城市维护建设税，增值税的75%部分，海洋石油资源税和证券(印花)税50%部分。属于地方财政的收入包括营业税，地方企业所得税，个人所得税，城镇土地使用税，固定资产投资方向调节税，城镇维护建设税，房产税，车船使用税，印花税，屠宰税，农牧业税，农业特产税，耕地占用税，契税，增值税25%部分，证券交易税(印花税)的50%部分和除海洋石油资源税以外的其他资源税种。

In accordance with the classification of the structure of the government finance in 1994 on the basis of the calssification of channels for collection of tax revenuse, the revenue of the central government and the revenue of the local governments have different coverage. The revenue of the central government includes tariff, consumption tax and value added tax levied by the customs, consumption tax, income tax of the enterprises subordinate to the central government, income taxes of the local banks, foreign-funded banks and non-bank financial institutions, business tax, income tax and profits of railways, head offices of banks, head office of insurance company, which are handed over to the government in a centralized way, tax on city maintenance and construction, 75% of the value added tax, tax on ocean petroleum resources, 50% of the tax on stock dealing(stamp tax). The revenue of the local governments includes business tax, income tax of the enterprises subordinate to the local government, personal income tax, tax on the use of urban land, tax on the adjustment of the investment in fixed assets, tax on town maintenance and construction, tax on real estates, tax on the use of vehicles and ships, stamp tax, slaughter tax, tax on agriculture and animal husbandry, tax on special agricultural products, tax on the occupancy of cultivated land, contract tax, 25% of the value added tax, 50% of the tax on stock dealing (stamp tax) and tax on resources other than the ocean petroleum resources.

第二部分　股　票

Stocks

2003年上海股票市场综述

Summary for Shanghai Stock Market 2003

一、市场总体概况

2003年,上交所上市公司新增总股本442.55亿股,增长11.87%,新增流通股本164.57亿股,增长16.58%。上市公司总市值、流通市值分别上升了4441.20亿元和733.84亿元,升幅17.51%和9.83%。全年上市公司筹集资金560.96亿元,比上年度减少51.80亿元,减幅8.45%。2003年,上证180指数上涨279.20点,涨幅10.95%,收报2828.80点;上证综指上涨139.39点,涨幅10.27%,收报1497.04点;B股指数下跌8.57点,跌幅7.55%,收报104.94点。全年股票基金累计成交金额21186.30亿元,日均成交87.91亿元,分别比上年增加3670.44亿元和增加14.00亿元。上缴股票交易印花税83.30亿元,比上年增加15.46亿元,增幅3.65%。债券成交金额61596.39亿元,同比增加30719.35亿元,增加99.49%。股票平均市盈率36.54倍,比上年末上升2.12倍,其中A股平均市盈率36.64倍,B股平均市盈率30.32倍;股票加权平均价格7.09元/股,比上年末下降0.43元/股,降幅5.72%。截至2003年底,上交所上市公司总数780家,与年初相比增加65家。上市公司总股本4170.39亿股,其中流通股本1157.1亿股,总市值29804.92亿元,其中流通市值8201.14亿元,总市值占GDP比重为25.54%。

二、市场运行特点

2003年,市场总体呈现波段式走势特点,股价结构性调整进一步深化,上市公司经营业绩显著回升,机构投资者逐渐成为市场的主导力量。

1. 市场呈现波段性走势特征。全年市场走势基本经历了三个阶段。第一个阶段从年初至4月中旬,上证180指数由上年末的2549.60点上涨到3033.04点,涨幅18.96%;上证综指由1357.65点上涨到1606.24点,涨幅18.31%,日均股票基金成交93.83亿元。这一阶段期间虽受"美伊"战争、"非典"疫情等因素影响,但在国民经济出现加速增长的宏观背景下,上市公司经营业绩明显回升,在汽车、金融、钢铁、港口运输、石油石化等大盘蓝筹股持续走强的带动下,市场走出了一波局部行情,股价结构性调整开始显现。第二个阶段从4月中旬至11月中旬,上证180指数从3033.04点下跌到2553.65点,跌幅15.81%;上证综指由1606.24点下跌到1319.61点,跌幅17.84%,日均股票基金成交76.25亿元。这一阶段受"周正毅事件"和央行5号令、提高存款准备金率等因素影响,市场再次步入单边下跌走势,综合指数屡创新低,平均股价也跌破"5·19"行情启动前价格。一大批股票开始显现出投资价值,进入第三季度,投资基金、社保基金和QFII等机构投资者开始逐步增仓。第三个阶段从11月中旬至年底,上证180指数由2553.65点上涨到2828.80点,涨幅10.78%;上证综指由1319.61点上涨到1497.04点,涨幅13.45%,日均股票基金成交120.91亿元,为三个阶段中最大日均成交额。这一阶段,一系列积极因素逐步形成并发挥作用,加之市场自身已经具备转势的内在要求,市场开始逐步转暖,投资者信心明显回升,从目前运行情况来看,市场已经摆脱长期持续下跌局面，正在进入一个稳定发展阶段。

2. 股价出现明显的结构性调整。2003 年，股价结构调整特点显著，整体价格中心明显下移。简单平均股价从年初的 9.10 元下跌至 7.80 元，跌幅 14.29%；加权（按流通股本加权）平均股价由 7.52 元下跌至 7.09 元，跌幅 5.72%。年初，股价在 5 元以下股票 72 只，5—7 元 173 只，7—10 元 270 只，10 元以上 240 只；到年末，股价在 5 元以下股票 168 只，5—7 元 262 只，7—10 元 230 只，10 元以上 162 只。股价结构呈现向 7 元以下集中下移趋势。在 822 只股票中，全年上涨的股票 215 只，占 26.16%，其中涨幅在 30%以上的股票 68 只，占 8.27%；涨幅在 20%以上的 92 只，占 11.19%；涨幅在 10%以上的 138 只，比重 16.79%。全年下跌的股票 607 只，占 73.84%，其中跌幅在 30%以上的股票 215 只，比重 26.16%，跌幅在 20%以上的 396 只，比重 48.18%；跌幅在 10%以上的 522 只，比重 63.50%。

3. B 股市场走势弱于 A 股。B 股指数由上年末的 113.51 点下跌至 104.94 点，跌幅 7.55%；全年 B 股成交金额 282.89 亿元，比去年的 517.38 亿元减少 45.32%。阶段走势划分与 A 股基本相当，第一阶段从年初到四月中旬，股指振荡上扬，涨幅 20.26%，日均成交 1.37 亿元。第二阶段从四月中旬到十一月中旬，此阶段股指整体运行态势为振荡走低，其中 8 月出现加速下挫，上证 B 指跌破 100 点，一度创开放后近两年半以来新低，阶段跌幅为 24.28%，日均成交 1.06 亿元。第三阶段从十一月中旬到年底，股指整体运行态势为振荡反弹，期间有两个交易日单日涨幅超过 5%，阶段涨幅 11.81%，日均成交 1.10 亿元。

2003 年深圳股票市场综述

Summary for Shenzhen Stock Market 2003

2003 年,证券市场总体处于结构转型的过渡期,在这个过渡期市场出现了四个明显的转化。一是市场投资主体向机构化、国际化和专业化转化;二是市场投资理念由概念题材炒作向价值投资转化;三是市场定价模式逐步向基于公司业绩的理性定价转化;四是市场盈利模式由资金推动型向价值驱动型转化。

一、市场总体概况

2003 年,深交所上市公司新增总股本 92.39 亿元,增长 5.32%,新增流通股本 52.82 亿元,增长 7.68%。上市公司总市值、流通市值分别下降了 312.61 亿元和 39.88 亿元,降幅 2.41%和 0.79%。全年上市公司筹集资金 69.22 亿元,比上年度减少 57.11 亿元,减幅 45.21%;新增投资者开户 63.39 万户,比上年度减少 32.98 万户,减少 34.24%。2003 年,深圳成份指数上涨 720.50 点,涨幅 26.11%,收报 3479.80 点;综合指数下跌 10.13 点,跌幅 2.60%,收报 378.63 点;B 股指数上涨 85.07 点,涨幅 45.50%,收报 272.05 点。全年股票基金累计成交金额 11611.63 亿元,日均成交 48.38 亿元,分别比上年减少 29.59 亿元和 0.74 亿元。上缴股票交易印花税 45.16 亿元,比上年增加 1.04 亿元,增幅 2.36%。债券成交金额 539.97 亿元,同比减少 1858.50 亿元,减少 77.49%。股票平均市盈率 36.19 倍,比上年末下降 0.78 倍,其中 A 股平均市盈率 37.43 倍,B 股平均市盈率 20.92 倍;股票加权平均价格 6.72 元/股,比上年末下降 0.58 元/股,降幅 7.95%。截至 2003 年底,深交所上市公司总数 508 家。上市公司总股本 1827.54 亿股,其中流通股本 740.22 亿股,总市值 12652.79 亿元,其中流通市值 4977.38 亿元,总市值占 GDP 比重为 12.36%。

二、市场运行特点

2003 年,市场总体呈现波段式走势特点,股价结构性调整进一步深化,成份指数与综合指数走势明显背离,上市公司经营业绩显著回升,机构投资者逐渐成为市场的主导力量。

1. 市场呈现波段性走势特征。全年市场走势基本经历了三个阶段。第一个阶段从年初至 4 月中旬,深圳成份指数由上年末的 2759.30 上涨到 3433.39,涨幅 24.43%;深圳综合指数由 388.75上涨到 449.42 点,涨幅 15.60%,日均股票基金成交 52.21 亿元。这一阶段期间虽受“美伊”战争、“非典”疫情等因素影响,但在国民经济出现加速增长的宏观背景下,上市公司经营业绩明显回升,在汽车、金融、钢铁、港口运输、石油石化等大盘蓝筹股持续走强的带动下,市场走出了一波局部行情,其显著特点就是 20%的股票上涨而 80%股票下跌,股价结构性调整开始显现。第二个阶段从 4 月中旬至 11 月中旬,成份指数从 3497.76 下跌到 3110.67 点,跌幅 11.07%;深圳综合指数由 449.42 点下跌到 350.74 点,跌幅 21.96%,日均股票基金成交 44.52 亿元。这一阶段受“周正毅事件”和“央行 5 号令”等因素影响,市场再次步入单边下跌走势,综合指数屡创新低,平均股价也跌破“5·19”行情启动前价格。一大批股票开始显现出投资价值,进入第三季度,投资基金、社保基金和 QFII 等机构投资者开始逐步增仓，这也是近两年来机构投资者首次增持股票。第三个阶段从 11 月中旬至年底，成份指数由 3110.67 点上涨到 3479.80 点，涨幅 11.87%；综合指数由 350.74 点上涨到 378.63 点，涨幅 7.95%，日均股票基金成交 59.53 亿元，为三个阶段中最大日均成交额。这一阶段，一系列积极因素逐步形成并发挥作用，加之市场自身已经具备转势的内在要求，市场开始逐步转暖，投资者信心明显回升，从目前运行情况来看，市场已经摆脱长期持续下跌局面，正在进入一个稳定发展阶段。

2. 股价出现明显的结构性调整。2003 年，股价结构调整特点显著，整体价格中心明显下移。简单平均股价从年初的 8.02 元下跌至 6.72 元，跌幅 16.18%；加权（按流通股本加权）平均股价由 7.24 元下跌至 6.75 元，跌幅 6.77%。年初，股价在 5 元以下股票 102 只，5—7 元 149 只，7—10 元 173 只，10 元以上 127 只；到年末，股价在 5 元以下股票 178 只，5—7 元 184 只，7—10 元 109 只，10 元以上 77 只。股价结构呈现向 7 元以下集中下移趋势。在 548 只股票中，全年上涨的股票 157 只，占 28.65%，其中涨幅在 30%以上的股票 65 只，占 11.86%；涨幅在 20%以上的 87 只，占 15.88%；涨幅在 10%以上的 122 只，比重 22.26%。全年下跌的股票 391 只，占 71.35%，其中跌幅在 30%以上的股票 145 只，比重 26.46%，跌幅在 20%以上的 224 只，比重 40.88%；跌幅在 10%以上的 318 只，比重 58.03%。

3. B 股市场显著上涨持续活跃。2003 年，B 股市场整体表现活跃。全年 B 股指数上涨了 85.07点，涨幅 45.50%，年底收报 272.05 点；而成份 B 指更是从 1142.21 点上涨到 2071.24 点，涨幅高达 81.33%。全年 B 股成交金额 562.41 亿元，比去年的 330.52 亿元增长了 69.90%。B 股市场出现持续上涨与其股价长期被低估有着直接的关系，此外 H 股市场持续上涨、CPEA 制度的制定和实施、价值投资成为市场主流以及国外投资者普遍看好中国股市等因素对 B 股市场的走向都起到了积极的作用。

4. 上市公司经营业绩明显好转。深沪上市公司三季度报告显示，1278 家上市公司平均实现净利润 7935 亿元、主营业务收入 13.74 亿元，同比分别增长 33.97%和 26.64%，上市公司前三季度平均净利润已超过 2002 年全年平均净利润。与此同时，上市公司亏损面也在逐步降低，2003 年一季度亏损面为 17.3%，2003 年中期下降为 13.89%，第三季度继续下降为 13.45%。从行业来看，所统计的 40 个行业中有 27 个行业净利润实现同比增长，13 个行业净利润出现不同幅度的下降。值得注意的是，上市公司净利润同比增长主要是由少数行业拉动所致，占市场净利润变化量权重最大的五个行业为石油加工及炼焦业（35.19%）、黑色金属冶炼及压延（30.09%）、交通运输设备制造业（14.14%）、电力煤气及水（8.33%）、金融业（3.52%），这五个行业净利润增长值占 40 个行业净利润变化量权重高达 91.27%。（深圳证券交易所）

2-1 1992—2003年股票市场概况统计表

		1992	1993	1994	1995
境内上市公司数(A、B股)(家) Number of Listed Companies (A、B share)		53	183	291	323
其中:ST公司数(家) Number of ST Listed Companies (A、B share)					
境内上市外资股(B股)(家) Number of Listed Companies (B share)		18	41	58	70.00
其中:ST公司数(家) Number of ST Listed Companies (B share)					
发行股数(百万股) Amount Issued (1000000)		7322.20	32867.50	63947.08	76563.11
市价总值(百万元) Market Capitalization(1000000)		104814.90	354152.07	369061.68	347427.64
流通总值(百万元) Negotiable Market Capitalization(1000000)			86162.97	96890.11	93821.91
成交量(百万股) Transcation Volume(1000000)	合计 Sum	3689.78	22656.47	101333.91	70530.78
	日平均 Daily Average	14.41173883	87.92	402.12	283.19
成交金额(百万元) Turnover (1000000)	合计 Sum	68303.73	362720.32	812762.89	403645.27
	日平均 Daily Average	266.53	1407.49	3225.25	1618.56
平均换手率(%) Turnover Rate (%)	上海 Shanghai			1134.65	528.72
	深圳 Shenzhen			583.83	254.52
平均市盈率 PE Ratio	上海 Shanghai		42.48	23.45	15.70
	深圳 Shenzhen		42.69	10.37	9.35
上证指数 Shanghai Stock Exchange Composite Index	开盘 open quotation		802.14	837.70	637.72
	最高 Highest	1429.01	1558.95	1052.94	926.41
	月日 Data	1992-05-26	1993-02-16	1994-09-13	1995-05-22
	最低 Lowest	292.76	750.46	325.89	524.43
	月日 Data	1992-01-02	1993-12-20	1994-07-29	1995-02-07
	平均 Average	668.52	1013.39	674.10	657.80
	收盘 closing quotation		833.8	647.87	555.29
深证指数 Shenzhen Stock Exchange Composite Index	开盘 open quotation	110.53	241.21	238.28	139.62
	最高 Highest	312.21	359.44	242.06	169.66
	月日 Data	1992-05-26	1993-02-22	1994-01-07	1995-05-22
	最低 Lowest	107.08	203.91	96.56	112.63
	月日 Data	1992-01-16	1993-07-21	1994-07-29	1995-12-28
	平均 Average	215.76	277.51	165.86	131.00
	收盘 closing quotation	241.21	238.28	140.63	113.25

数据来源:上海、深圳证券交易所

Source:Shanghai Shenzhen Stock Exchange

Summary for Stock Market (1992—2003)

1996	1997	1998	1999	2000	2001	2002	2003
530	745	851	949	1088	1160	1224	1287
		29	56	61	47	89	99
85	101	106	108	114	112	111	111
		4	11	11	7	13	14
111030.04	177123.19	234535.36	290885.19	361339.05	483835.69	546299.21	599794.35
984238.66	1752923.70	1952181.21	2647117.52	4809094.43	4352220.39	3832912.86	4245771.60
286704.01	520442.39	574537.94	821396.38	1608751.96	1446317.01	1248455.65	1317851.70
253314.43	256001.89	215246.10	293238.88	475838.21	315228.76	301619.49	416308.40
1025.57	1053.51	888.39	1226.94	1990.96	1313.45	1272.66	1727.40
2133217.43	3072183.20	2352731.48	3131960.25	6082664.99	3830518.00	2799045.51	3211527.00
8636.51	12642.73	9710.80	13104.44	25450.48	15960.00	11810.32	13325.80
913.43	701.81	453.63	471.46	492.87	269.33	214.00	250.75
1350.35	817.43	406.56	424.52	509.10	227.89	198.79	214.18
31.32	39.86	34.38	38.13	58.217	37.71	34.43	36.54
35.42	39.86	30.59	36.30	56.04	39.79	36.97	36.19
550.26	914.06	1200.95	1144.89	1368.69	2077.08	1643.49	1347.43
1258.69	1510.18	1422.98	1756.18	2125.72	2245.00	1748.89	1649.60
1996-12-11	1997-05-12	1998-06-04	1999-06-30	2000-11-23	2001-06-13	2002-06-25	2003-04-16
512.83	870.18	1043.02	1047.83	1361.21	1515.00	1339.20	1307.40
1996-01-19	1997-02-20	1998-08-18	1999-05-17	2000-01-04	2001-10-22	2002-01-29	2003-11-13
764.65	1175.59	1261.04	1377.33	1882.00	1956.00	1567.23	1467.75
917.02	1194.10	1146.70	1366.58	2073.48	1645.97	1357.65	1497.04
112.85	326.33	382.85	343.29	402.71	636.62	475.14	386.61
473.02	517.91	441.04	525.14	654.37	664.85	512.38	449.42
1996-12-11	1997-05-12	1998-06-03	1999-06-29	2000-11-23	2001-06-13	2002-06-24	2003-04-15
105.34	305.81	317.10	310.65	414.69	439.36	371.79	350.74
1996-01-22	1997-01-06	1998-08-18	1999-05-18	2000-01-04	2001-10-22	2002-01-22	2003-11-18
224.67	388.16	384.70	407.62	579.61	580.90	455.65	404.08
327.34	381.29	343.85	402.18	635.73	475.94	388.76	378.63

2-2　1992—2003 年 A 股市场概况统计表

		1992	1993	1994	1995
境内上市 A 股公司数　Number of Listed Companies (A share)		54	177	287	311
其中:ST 公司数(家)　Number of ST Listed Companies (A share)					
发行 A 股数(百万股)　Amount Issued (1000000)		6101.20	30018.10	59263.27	70407.74
市价总值(百万元)　Market Capitalization(1000000)		97808.98	332766.49	351603.46	331057.55
流通市值(百万元)　Negotiable Market Capitalization(1000000)		15725.82	68302.71	81387.95	79093.97
成交量(百万股) Transcation Volume(1000000)	合计 Sum	3287.77	20916.50	98802.40	68106.57
	日平均 Daily Average	12.84	81.17	393.77	273.47
成交金额(百万元) Turnover (1000000)	合计 Sum	65181.02	352254.70	800307.94	395858.73
	日平均 Daily Average	254.34	1366.85	3187.19	1587.59
平均换手率(%) Turnover Rate (%)	上海 Shanghai			1471.48	630.32
	深圳 Shenzhen	351.80	464.41	638.39	268.10
平均市盈率 PE Ratio	上海 Shanghai				
	深圳 Shenzhen	57.52	44.21	10.67	9.80
上证 A 股指数 Shanghai Stock Exchange Composite Index of A share	开盘 open quotation	293.74	840.32	851.96	656.80
	最高 Highest	1511.27	1640.41	1092.85	972.03
	月日 Data	1992-05-26	1993-02-16	1994-09-13	1995-05-22
	最低 Lowest	292.76	765.58	321.20	539.86
	月日 Data	1992-01-02	1993-12-20	1994-07-29	1995-02-07
	平均 Average	695.64	1052.82	690.90	681.91
	收盘 closing quotation	815.80	847.75	667.77	575.19
深证 A 股指数 Shenzhen Stock Exchange Composite Index A share	开盘 open quotation		255.05	245.69	142.63
	最高 Highest	285.84	379.07	249.71	176.77
	月日 Data	1992-10-04	1993-02-22	1994-01-10	1995-05-22
	最低 Lowest	169.04	214.89	95.26	116.32
	月日 Data	1992-11-23	1993-07-21	1994-07-29	1995-12-28
	平均 Average	234.21	293.37	169.96	134.85
	收盘 closing quotation	255.05	245.69	143.73	117.02

数据来源:上海、深圳证券交易所
Source:Shanghai Shenzhen Stock Exchange

Summary for A share Stock Market(1992—2003)

1996	1997	1998	1999	2000	2001	2002	2003
514	720	825	922	1060	1140	1213	1277
		25	45	50	42	82	92
102501.93	164613.45	220396.92	275788.28	343960.38	465045.49	528364.61	580832.35
944855.53	1715419.29	1929929.76	2616762.88	4745574.96	4224555.53	3752655.97	4152050.18
251401.83	485608.17	555001.76	793746.31	1552420.75	1334489.09	1171875.09	1230593.63
246492.91	247129.88	209250.08	280974.70	455802.07	246340.74	285949.20	399230.05
997.95	1016.99	850.61	1175.63	1907.12	1026.42	1206.54	1656.56
2105229.62	3029521.28	2341772.32	3104955.32	6027867.66	3324204.42	2714203.88	3126998.65
8523.20	12467.16	9519.40	12991.45	25221.21	13850.85	11452.34	12977.09
1035.55	758.07	475.55	483.73	506.33	216.67	208.74	268.58
1295.32	813.95	396.09	399.09	493.58	190.30	194.37	219.74
32.65			38.14	59.14	37.59	34.50	36.64
38.88	42.66	32.31	37.56	58.75	40.76	38.22	37.43
569.77	951.80	1265.86	1217.69	1454.17	2196.23	1710.02	1408.27
1313.92	1578.61	1508.41	1860.86	2251.89	2341.02	1825.77	1725.71
1996-12-11	1997-05-12	1998-06-04	1999-06-30	2000-11-24	2001-01-03	2002-06-25	2003-04-16
527.85	905.50	1108.91	1113.16	1446.12	1579.63	1397.01	1366.75
1996-01-19	1997-02-20	1998-08-18	1999-05-17	2000-01-04	2001-10-22	2002-01-29	2003-11-13
798.37	1230.14	1337.31	1463.83	1998.04	2046.31	1635.76	1536.19
954.98	1258.49	1219.64	1451.90	2192.38	1712.54	1419.12	1569.13
116.57	340.70	408.15	369.51	432.39	683.58	498.51	407.62
498.45	546.02	471.99	561.56	703.97	698.10	540.59	472.88
1996-12-11	1997-05-12	1998-06-03	1999-06-29	2000-11-23	2001-01-03	2002-06-24	2003-04-15
107.93	319.25	341.00	333.77	445.32	461.95	391.10	364.26
1996-01-22	1997-01-06	1998-08-18	1999-05-18	2000-01-04	2001-10-22	2002-01-22	2003-11-18
236.72	409.42	412.42	438.08	623.69	612.96	480.28	423.90
341.81	406.45	370.12	431.84	682.61	499.39	409.95	393.47

2-3 1992—2003年B股市场概况统计表

		1992	1993	1994	1995
境内上市外资股 Number of Listed Companies (B share)		9	19	24	34
其中:ST公司数(家) Number of ST Listed Companies (B share)					
发行B股数(百万股) Amount Issued (1000000)		1221.00	2849.40	4683.81	6155.37
市价总值(百万元) Market Capitalization(1000000)		7005.92	21385.58	17458.22	16370.09
流通市值(百万元) Negotiable Market Capitalization(1000000)		5123.35	17860.26	15502.16	14727.94
成交量(百万股) Transcation Volume(1000000)	合计 Sum	402.02	1739.97	2531.51	2424.20
	日平均 Daily Average	1.86	6.86	10.09	9.79
成交金额(百万元) Turnover (1000000)	合计 Sum	3122.71	10465.62	12454.97	7786.54
	日平均 Daily Average	14.53	41.30	49.69	31.48
平均换手率(%) Turnover Rate (%)	上海 Shanghai			88.04	58.34
	深圳 Shenzhen	130.91	86.80	35.13	37.28
平均市盈率 PE Ratio	上海 Shanghai				
	深圳 Shenzhen	35.56	20.11	7.02	6.01
上证B股指数 Shanghai Stock Exchange Composite Index of B share	开盘 open quotation	0	66.09	103.15	63.00
	最高 Highest	140.85	105.78	104.71	64.00
	月日 Data	1992-05-25	1993-12-31	1994-01-06	1995-08-29
	最低 Lowest	0	51.01	59.81	47.00
	月日 Data	1992-01-02	1993-07-27	1994-12-15	1995-12-25
	平均 Average	78.19	75.32	73.98	55.00
	收盘 closing quotation	66.22	103.15	62.80	48.00
深证B股指数 Shenzhen Stock Exchange Composite Index B share	开盘 open quotation		111.87	141.44	87.00
	最高 Highest	142.03	185.45	142.85	87.00
	月日 Data	1992-10-06	1993-02-08	1994-01-06	1995-01-05
	最低 Lowest	105.72	80.63	85.07	59.00
	月日 Data	1992-12-24	1993-08-06	1994-12-29	1995-12-22
	平均 Average	117.34	120.60	112.32	71.00
	收盘 closing quotation	111.87	141.44	86.66	59.00

数据来源:上海、深圳证券交易所

Source:Shanghai Shenzhen Stock Exchange

Summary for B share Stock Market(1992—2003)

1996	1997	1998	1999	2000	2001	2002	2003
43.00	51.00	54.00	108.00	114.00	112.00	111.00	111.00
		4.00	11.00	11.00	7.00	13.00	14.00
8534.11	12509.74	14138.44	15096.91	17378.67	18790.20	17934.60	18962.00
39383.13	37504.41	20635.62	30354.62	63519.48	127664.86	80256.89	93723.42
35302.19	34834.21	19558.43	27650.06	56331.22	111827.92	76580.56	87260.08
6821.52	8872.02	6160.48	12264.18	20036.13	68888.02	15670.29	17080.37
28.24	37.06	25.30	51.95	84.89	294.39	66.12	70.87
27987.82	42661.92	12653.13	27004.93	54797.34	506313.30	84841.63	84530.38
116.15	178.55	52.05	114.64	232.23	2163.73	357.98	350.75
74.57	122.62	57.23	116.19	145.13	452.26	95.99	64.26
139.26	99.88	34.10	86.63	115.30	423.47	83.55	138.17
14.04			10.05	25.23	43.39	30.61	30.32
14.07	10.67	5.71	10.38	13.06	25.30	17.51	20.92
47.69	67.03	55.88	28.71	37.91	89.55	170.99	113.40
87.12	99.31	59.58	62.56	89.90	241.61	171.72	131.41
1996-12-11	1997-05-06	1998-03-02	1999-06-29	2000-12-26	2001-06-01	2002-01-04	2003-04-16
44.80	51.93	26.17	21.25	35.47	77.62	109.98	96.23
1996-11-11	1997-12-24	1998-08-12	1999-03-10	2000-03-16	2001-02-12	2002-11-27	2003-08-20
51.67	73.43	40.63	37.08	56.85	165.09	141.86	113.54
67.03	55.88	28.71	37.91	89.55	171.53	113.51	104.94
59.48	145.45	98.97	53.58	84.96	137.63	265.74	186.92
198.14	184.19	98.97	125.42	137.69	435.57	262.31	281.78
1996-12-09	1997-05-06	1998-02-10	1999-06-29	2000-12-29	2001-05-25	2002-07-05	2003-11-06
58.97	92.79	49.88	41.56	75.92	124.60	185.52	184.89
1996-01-02	1997-12-23	1998-08-13	1999-03-10	2000-03-16	2001-02-13	2002-11-26	2003-01-02
84.82	139.61	75.49	75.28	106.00	282.61	222.27	228.76
145.48	98.97	53.58	84.66	137.69	265.67	186.98	272.05

2-4 1991—2003年股票发行情况统计表

	1991	1992	1993	1994	1995
股票发行量(亿股) 'Amount Issued	5	20.75	95.79	91.26	31.60
A 股 A Shares	5	10.00	42.59	10.97	5.32
B 股 B Shares		10.75	12.79	10.40	10.90
H 股 H Shares			40.41	69.89	15.38
股票筹资额(亿元人民币) Raised Capital	5	94.09	375.47	326.78	150.32
A 股 'A Shares	5	50.00	276.41	99.78	85.51
其中:首发 IPO	5	50.00	194.83	49.62	22.68
增发 Re-issue					
配股 Right Issue			81.58	50.16	62.83
可转债 CB					
B 股 B Shares		44.09	38.13	38.27	33.35
H 股 H Shares			60.93	188.73	31.46

注:1. 折算汇率
1992年 1美元=5.75元人民币 1港元=0.74元人民币
1993年 1美元=5.80元人民币 1港元=0.75元人民币
1994年 1美元=8.46元人民币 1港元=1.09元人民币
1995年 1美元=8.30元人民币 1港元=1.07元人民币
1996年 1美元=8.30元人民币 1港元=1.07元人民币
1997年 1美元=8.30元人民币 1港元=1.07元人民币
1998年 1美元=8.30元人民币 1港元=1.07元人民币
1999—2003年 1美元=8.28元人民币 1港元=1.07元人民币
2. A股发行量为IPO数量

数据来源:中国证监会
Source: CSRC

Issuing Summary for Stocks (1991—2003)

1996	1997	1998	1999	2000	2001	2002	2003	合计 total
86.11	267.63	105.56	122.93	512.04	141.48	291.74	281.43	2053.32
38.29	105.65	86.30	98.11	145.68	93.00	134.20	83.64	858.76
16.05	25.10	9.90	1.77	7.10	0.00	0.00	1.00	105.76
31.77	136.88	12.86	23.05	359.26	48.48	157.54	196.79	1092.31
425.08	1293.82	841.52	944.56	2103.24	1252.34	961.75	1357.75	10131.72
294.34	825.92	778.02	893.60	1527.03	1182.13	779.75	819.56	7617.05
224.45	655.06	409.09	497.88	812.37	534.29	516.96	453.51	4425.74
		30.46	59.75	166.70	217.21	164.68	110.66	749.46
69.89	170.86	334.97	320.97	519.46	430.63	56.61	74.79	2172.75
		3.50	15.00	28.50	0.00	41.50	180.60	269.10
47.18	107.90	25.55	3.79	13.99	0.00	0.00	3.54	355.79
83.56	360.00	37.95	47.17	562.21	70.21	181.99	534.65	2158.87

2-5 2003 年 A 股新发行情况一览表

Issuing Summary for A Shares in 2003

公司名称 Issuer	行业分类 Industry	地区 region	发行时间 Date Issued	发行方式 Pattern	发行量（万元面值） Issued Volume	发行价（元） Issuing Price	筹资总额（万元） Raised Capital	中签率 % Ratio of Placement	主承销 Lead Underwriter	上市地点 Exchange Listed in
海通集团	C0	浙江	8-Jan	上网配售	5000	6.00	30000	0.081	广发证券股份有限公司	上海
高淳陶瓷	C6	江苏	13-Jan	上网配售	3000	7.20	21600	0.053	华泰证券有限责任公司	上海
安泰集团	C4	山西	20-Jan	上网配售	7000	5.09	35630	0.096	华龙证券有限责任公司	上海
庆丰股份	C1	江苏	27-Jan	上网配售	6000	6.28	37680	0.085	光大证券有限责任公司	上海
惠泉啤酒	C0	福建	11-Feb	上网配售	6300	7.44	46872	0.086	新疆证券有限责任公司	上海
华海药业	C8	浙江	17-Feb	上网配售	3500	15.55	54425	0.054	招商证券股份有限公司	上海
三 房 巷	C1	江苏	19-Feb	上网配售	5500	7.62	41910	0.075	兴业证券股份有限公司	上海
士 兰 微	C5	浙江	24-Feb	上网配售	2600	11.60	30160	0.043	光大证券有限责任公司	上海
联环药业	C8	江苏	4-Mar	上网配售	2000	7.88	15760	0.035	南方证券股份有限公司	上海
四川路桥	E	四川	10-Mar	上网配售	10000	6.87	68700	0.123	华夏证券股份有限公司	上海
芜 湖 港	F	安徽	13-Mar	上网配售	4500	7.08	31860	0.066	国元证券有限责任公司	上海
星马汽车	C7	安徽	17-Mar	上网配售	3000	9.90	29700	0.048	申银万国证券股份有限公司	上海
航天动力	C7	陕西	24-Mar	上网配售	6500	3.68	23920	0.089	中银国际证券有限责任公司	上海
安徽水利	E	安徽	31-Mar	上网配售	5800	5.68	32944	0.082	华安证券有限责任公司	上海
双良股份	C7	江苏	7-Apr	上网配售	8000	7.24	57920	0.102	国泰君安证券股份有限公司	上海
白云机场	F	广东	14-Apr	上网配售	40000	5.88	235200	0.427	中国国际金融有限公司	上海
贵研铂业	C6	云南	21-Apr	上网配售	4000	6.80	27200	0.056	长城证券有限责任公司	上海
太工天成	G	山西	14-May	上网配售	2370	9.73	23060	0.041	国信证券有限责任公司	上海
长电科技	C5	江苏	19-May	上网配售	5500	7.19	39545	0.076	泰阳证券有限责任公司	上海
冠农股份	A	新疆	26-May	上网配售	4000	5.75	23000	0.058	新疆证券有限责任公司	上海
片 仔 癀	C8	福建	30-May	上网配售	4000	8.55	34200	0.057	光大证券有限责任公司	上海
三友化工	C4	河北	4-Jun	上网配售	10000	6.00	60000	0.117	国泰君安证券股份有限公司	上海
冠豪高新	C3	广东	5-Jun	上网配售	6000	4.60	27600	0.077	广东证券股份有限公司	上海
中科合臣	C4	上海	11-Jun	上网配售	3000	7.00	21000	0.046	湘财证券有限责任公司	上海
华芳纺织	C1	江苏	12-Jun	上网配售	9000	4.83	43470	0.110	平安证券有限责任公司	上海
三一重工	C7	湖南	18-Jun	上网配售	6000	15.56	93360	0.077	湘财证券有限责任公司	上海
北方天鸟	C7	北京	19-Jun	上网配售	4000	9.60	38400	0.056	华龙证券有限责任公司	上海
瑞 贝 卡	C1	河南	25-Jun	上网配售	2400	10.40	24960	0.039	中信证券股份有限公司	上海
航天信息	G	北京	26-Jun	上网配售	4200	23.04	96768	0.060	国泰君安证券股份有限公司	上海
柳化股份	C4	广西	2-Jul	上网配售	6000	6.96	41760	0.080	大鹏证券有限责任公司	上海
华光股份	C7	江苏	4-Jul	上网配售	6000	4.92	29520	0.081	华泰证券有限责任公司	上海
青松建化	C6	新疆	9-Jul	上网配售	6000	4.30	25800	0.080	河北证券有限责任公司	上海
南方航空	F	广东	10-Jul	上网配售	100000	2.70	270000	1.052	中国银河证券有限责任公司	上海

续表

公司名称 Issuer	行业分类 Industry	地区 region	发行时间 Date Issued	发行方式 Pattern	发行量（万元面值） Issued Volume	发行价（元） Issuing Price	筹资总额（万元） Raised Capital	中签率 % Ratio of Placement	主承销 Lead Underwriter	上市地点 Exchange Listed in
中油化建	E	吉林	16-Jul	上网配售	4000	10.51	42040	0.057	广州证券有限责任公司	上海
浙江龙盛	C4	浙江	17-Jul	上网配售	5700	8.51	48507	0.075	兴业证券股份有限公司	上海
中创信测	G	北京	23-Jul	上网配售	1800	10.21	18378	0.032	广发证券股份有限公司	上海
中原高速	F	河南	24-Jul	上网配售	28000	6.36	178080	0.306	中信证券股份有限公司	上海
中金黄金	B	天津	30-Jul	上网配售	10000	4.05	40500	0.121	中国银河证券有限责任公司	上海
凌云股份	C4	河北	31-Jul	上网配售	6800	3.48	23664	0.089	华安证券有限责任公司	上海
国阳新能	B	山西	6-Aug	上网配售	15000	8.20	123000	0.171	华夏证券股份有限公司	上海
亨通光电	G	江苏	7-Aug	上网配售	3500	11.20	39200	0.051	平安证券有限责任公司	上海
山东黄金	B	山东	13-Aug	上网配售	6000	4.78	28680	0.079	天同证券有限责任公司	上海
赛马实业	C6	宁夏	14-Aug	上网配售	4800	6.70	32160	0.066	海通证券股份有限公司	上海
石岘纸业	C3	吉林	20-Aug	上网配售	5000	4.54	22700	0.069	中国信达	上海
吉恩镍业	C6	吉林	21-Aug	上网配售	6000	4.66	27960	0.079	东北证券有限责任公司	上海
华夏银行	I	北京	26-Aug	上网定价发行	100000	5.60	560000	0.637	南方证券股份有限公司	上海
三元股份	C0	北京	29-Aug	上网配售	15000	2.60	39000	0.175	兴业证券股份有限公司	上海
力元新材	C5	湖南	3-Sep	上网配售	4000	4.93	19720	0.058	泰阳证券有限责任公司	上海
江苏申龙	C4	江苏	10-Sep	上网配售	3000	8.00	24000	0.047	东北证券有限责任公司	上海
长力股份	C7	江西	16-Sep	上网配售	5000	6.50	32500	0.069	华融资产	上海
欣网视讯	G	江苏	17-Sep	上网配售	3000	6.67	20010	0.047	泰阳证券有限责任公司	上海
置信电气	C7	上海	18-Sep	上网配售	2500	6.30	15750	0.042	华泰证券有限责任公司	上海
国电南瑞	G	江苏	24-Sep	上网配售	4000	10.39	41560	0.059	南方证券股份有限公司	上海
风神股份	C7	河南	29-Sep	上网配售	7500	4.30	32250	0.097	河北证券有限责任公司	上海
上海电力	D	上海	14-Oct	上网配售	24000	5.80	139200	0.276	国泰君安证券股份有限公司	上海
新华光	C6	湖北	20031022	上网配售	3000	6.14	18420	0.048	西部证券股份有限公司	上海
杭萧钢构	E	浙江	20031024	上网配售	2500	11.24	28100	0.043	大鹏证券有限责任公司	上海
长江电力	D	北京	20031105	上网配售	232600	4.30	1000180	1.434	中信证券股份有限公司	上海
江南高纤	C4	江苏	20031112	上网配售	3000	5.52	16560	0.051	申银万国证券股份有限公司	上海
新疆城建	E	新疆	20031118	上网配售	6000	5.96	35760	0.089	华泰证券有限责任公司	上海
湘邮科技	G	湖南	20031125	上网配售	3500	5.18	18130	0.055	长江证券有限责任公司	上海
恒生电子	G	浙江	20031201	上网配售	1700	15.53	26401	0.032	中国国际金融有限公司	上海
金证科技	G	广东	20031209	上网配售	1800	13.11	23598	0.033	天一证券有限责任公司	上海
国祥股份	C5	浙江	20031215	上网配售	4000	7.30	29200	0.000	联合证券有限责任公司	上海
新赛股份	A	新疆	20031219	上网配售	5000	6.67	33350	0.070	招商证券股份有限公司	上海
敦煌种业	A	甘肃	20031229	上网配售	7500	5.68	42600	0.096	西南证券有限责任公司	上海

数据来源：上海证券交易所

Source：Shanghai Stock Exchange

2-6 2003年A股IPO发行量行业分布统计表

Industrial distribution of A Shares IPO Issued Volume in 2003

行业 Industries	发行量(万股) Issued Volume	比例 (%)
农、林、牧、副、渔业 Agriculture, Forestry, Fishing and Hunting	16500	1.97
采掘业 Mining	31000	3.71
食品、饮料 Food, Beverage	26300	3.14
纺织、服装、毛皮 Textile, Apparel, Leather	22900	2.74
木材、家俱 Wood Product	0	0.00
造纸、印刷 Paper, Printing	11000	1.32
石油、化学、橡胶、塑料 Petroleum, Chemical Product, Plastics, Rubber	44500	5.32
电子 Electrical Equipment	16100	1.92
金属、非金属 Metal, Nonmetallic Mineral Product	26800	3.20
机械、设备、仪表 Machinery, Equipment, Meter	48500	5.80
医药、生物 Medicine, Biologic Product	9500	1.14
其他制造业 Other Manufacuring	0	0.00
电力、蒸汽及水的生产及供应业 Electricity, Gas, Water Supply	256600	30.68
建筑业 Construction	28300	3.38
交通运输、仓储业 Transport, Storage	172500	20.62
信息技术业 Information, Technology	25870	3.09
批发和零售贸易 Wholesale and Retail Trade	0	0.00
金融、保险业 Finance, Insurance	100000	11.96
房地产业 Real Estate	0	0.00
社会服务业 Social Services	0	0.00
传播及文化产业 Transmission, Culture	0	0.00
综合类 Conglomerat	0	0.00

数据来源：上海、深圳证券交易所

Source: Shanghai Shenzhen Stock Exchange

2-7　2003年A股IPO筹资额行业分布统计表
Industrial distribution of A Shares IPO Raised Capital in 2003

行业 Industries	筹资总额 Raised Capital	
	金额(万元) Capital	(%)
农、林、牧、副、渔业 Agriculture, Forestry, Fishing and Hunting	98950	2.18
采掘业 Mining	192180	4.24
食品、饮料 Food, Beverage	115872	2.56
纺织、服装、毛皮 Textile, Apparel, Leather	148020	3.26
木材、家具 Wood Product	0	0.00
造纸、印刷 Paper, Printing	50300	1.11
石油、化学、橡胶、塑料 Petroleum, Chemical Product, Plastics, Rubber	271121	5.98
电子 Electrical Equipment	118625	2.62
金属、非金属 Metal, Nonmetallic Mineral Product	153140	3.38
机械、设备、仪表 Machinery, Equipment, Meter	353320	7.79
医药、生物 Medicine, Biologic Product	104385	2.30
其他制造业 Other Manufacuring	0	0.00
电力、蒸汽及水的生产及供应业 Electricity, Gas, Water Supply	1139380	25.12
建筑业 Construction	207544	4.58
交通运输、仓储业 Transport, Storage	715140	15.77
信息技术业 Information, Technology	307105	6.77
批发和零售贸易 Wholesale and Retail Trade	0	0.00
金融、保险业 Finance, Insurance	560000	12.35
房地产业 Real Estate	0	0.00
社会服务业 Social Services	0	0.00
传播及文化产业 Transmission, Culture	0	0.00
综合类 Conglomerat	0	0.00

注：本表指A股首次发行
数据来源：上海、深圳证券交易所
Source: Shanghai Shenzhen Stock Exchange

2-8 2003年A股IPO发行量地区分布

Regional Distribution of Issued Volume of A Shares IPO in 2003

地区 Region	发行量(万股) Issued Volume	比例 (%)	地区 Region	发行量(万股) Issued Volume	比例 (%)
安　徽	13300	1.59	辽　宁	0.00	0.00
北　京	357600.00	42.76	内蒙古	0.00	0.00
福　建	10300.00	1.23	宁　夏	4800.00	0.57
甘　肃	7500.00	0.90	青　海	0.00	0.00
广　东	147800.00	17.67	山　东	6000.00	0.72
广　西	6000.00	0.72	山　西	24370.00	2.91
贵　州	0.00	0.00	陕　西	6500.00	0.78
海　南	0.00	0.00	上　海	29500.00	3.53
河　北	16800.00	2.01	四　川	10000.00	1.20
河　南	37900.00	4.53	天　津	10000.00	1.20
黑龙江	0.00	0.00	西　藏	0.00	0.00
湖　北	3000.00	0.36	新　疆	21000.00	2.51
湖　南	13500.00	1.61	云　南	4000.00	0.48
吉　林	15000.00	1.79	浙　江	25000.00	2.99
江　苏	61500.00	7.35	重　庆	0.00	0.00
江　西	5000.00	0.60			

数据来源:上海、深圳证券交易所

Source: Shanghai Shenzhen Stock Exchange

2-9 2003年A股IPO筹资金额地区分布表

Regional Distribution of A Shares IPO Raised Capital in 2003

地区 Region	筹资总额 Raised Capital 金额(万元) Capital	(%)	地区 Region	筹资总额 Raised Capital 金额(万元) Capital	(%)
安　徽	94504	2.08	辽　宁	0.00	0.00
北　京	1752726.00	38.65	内蒙古	0.00	0.00
福　建	81072.00	1.79	宁　夏	32160.00	0.71
甘　肃	42600.00	0.94	青　海	0.00	0.00
广　东	556398.00	12.27	山　东	28680.00	0.63
广　西	41760.00	0.92	山　西	181690.10	4.01
贵　州	0.00	0.00	陕　西	23920.00	0.53
海　南	0.00	0.00	上　海	175950.00	3.88
河　北	83664.00	1.84	四　川	68700.00	1.51
河　南	235290.00	5.19	天　津	40500.00	0.89
黑龙江	0.00	0.00	西　藏	0.00	0.00
湖　北	18420.00	0.41	新　疆	117910.00	2.60
湖　南	131210.00	2.89	云　南	27200.00	0.60
吉　林	92700.00	2.04	浙　江	246793.00	5.44
江　苏	428735.00	9.45	重　庆	0.00	0.00
江　西	32500.00	0.72			

数据来源:上海、深圳证券交易所

Source: Shanghai Shenzhen Stock Exchange

2-10　2003年境外股票发行情况一览表

Summary of H Shares Offering in 2003

公司简称 Issuer	发行量（百万股）No. of Shares Offered (Mil shares)	发行价（港元）Offer Price (HK $)	筹资金额（百万港元）Capital Raised (HK $ mil)	上市时间 Listing Date	筹资方式 Sort	上市地点 Listing Venue
深圳东江环保	177.90	0.34	60.13	2003-01-29	IPO	香港创业板
中国外运	1787.41	2.19	3914.43	2003-02-13	IPO	香港主板
安德利果汁	38.00	3.70	140.6	2003-04-22	IPO	香港创业板
青岛啤酒			907.92		CB	香港主板
首创置业	564.63	1.66	937.29	2003-06-19	IPO	香港主板
联华超市	172.50	3.88	668.44	2003-06-27	IPO	香港主板
宝业建设	180.68	1.43	258.378	2003-06-30	IPO	香港主板
陕西西北实业	230.00	0.25	57.5	2003-07-03	IPO	香港创业板
北大青鸟环宇	140.00	0.60	84	2003-06-27	增发	香港创业板
大唐发电	0.00		1199.64	2003-09-03	CB	香港主板
魏桥纺织	287.43	8.49	2441	2003-09-24	IPO	香港主板
深圳研祥	116.80	0.90	105.12	2003-10-10	IPO	香港创业板
深圳元征	80.00	1.50	120	2003-10-24	增发	香港创业板
中航科工	167.98	12.10	2032.55	2003-10-30	IPO	香港主板
西安海天	161.77	0.68	110	2003-11-05	IPO	香港创业板
海螺水泥	72.20	8.20	592	2003-11-05	增发	香港主板
中国财险	3455.98	1.80	6220.76	2003-11-06	IPO	香港主板
南京大贺	250.00	0.53	132.5	2003-11-13	IPO	香港创业板
屹东电子	130.00	0.50	65	2003-11-14	IPO	香港创业板
北京物美	87.95	6.22	547.06	2003-11-21	IPO	香港创业板
长城汽车	131.10	13.30	1743.63	2003-12-15	IPO	香港主板
中国人寿	7441.17	3.63	26974.26	2003-12-18	IPO	香港主板
福建紫金	4005.44	0.33	1321.7952	2003-12-23	IPO	香港主板
合　　计			50634.0032			

数据来源：中国证监会
Source：CSRC

2-11 1991—2003年股票市场历史交易记录一览表

年份 Year			Y1991	Y1992	Y1993	Y1994	Y1995
日收市综合指数 Daily Closing Composite Index	最高 highest	上海 shanghai			1536.82	1033.47	897.42
		日期 date			1993-02-15	1994-09-13	1995-05-22
		深圳 shenzhen	136.94	312.21	359.44	242.06	169.66
		日期 date	1991-11-14	1992-05-26	1993-02-22	1994-01-07	1995-05-22
	最低 lowest	上海 shanghai			778.33	333.92	532.49
		日期 date			1993-10-27	1994-07-29	1995-02-07
		深圳 shenzhen	45.66	107.08	203.91	96.56	112.63
		日期 date	1991-09-06	1992-01-16	1993-07-21	1994-07-29	1995-12-28
	最大升幅%	上海 shanghai			16.44	33.46	30.99
		日期 date			1993-06-02	1994-08-01	1995-05-18
		深圳 shenzhen	19.27	12.02	12.43	31.29	28.28
		日期 date	1991-10-09	1992-04-13	1993-08-24	1994-08-01	1995-05-18
	最大跌幅%	上海 shanghai			−13.08	−12.68	−16.39
		日期 date			1993-12-20	1994-08-09	1995-05-23
		深圳 shenzhen	−18.63	−10.04	−11.80	−12.66	−17.21
		日期 date	1991-11-18	1992-11-16	1993-08-17	1994-10-05	1995-05-23
日成交金额(亿元) Daily Trading Value	最大 largest	上海 shanghai			38.24	157.54	114.30
		日期 date			1993-12-07	1994-09-06	1995-05-22
		深圳 shenzhen	1.1	5.06	22.71	74.49	42.15
		日期 date	1991-11-13	1992-12-01	1993-11-18	1994-09-06	1995-05-22
	最小 shortest	上海 shanghai			0.98	1.60	1.14
		日期 date			1993-07-22	1994-07-12	1995-02-15
		深圳 shenzhen	0	0.11	0.02	0.03	0.02
		日期 date	1991-04-20	1992-02-02	1993-07-17	1994-07-07	1995-06-17
市盈率 P/E Ratio	最高 highest	上海 shanghai					
		日期 date					
		深圳 shenzhen	54.08	64.1	97.67	33.58	13.8
		日期 date	1991-01-02	1992-08-10	1993-02-22	1994-01-06	1995-05-22
	最低 lowest	上海 shanghai					
		日期 date					
		深圳 shenzhen	11.46	21.3	28.56	7.37	8.52
		日期 date	1991-09-06	1992-04-05	1993-07-21	1994-07-29	1995-05-10

数据来源:上海、深圳证券交易所

Source:Shanghai Shenzhen Stock Exchange

Historical Summary of Stock Trading Records（1991—2003）

Y1996	Y1997	Y1998	Y1999	Y2000	Y2001	Y2002	Y2003
1247.658	1500.398	1420	1739.205	2119.439	2242.423	1732.934	1631.47
1996-12-09	1997-05-12	1998-06-03	1999-06-29	2000-11-23	2001-06-13	2002-07-08	2003-04-15
473.02	517.91	441.04	525.14	654.37	664.85	512.38	449.42
1996-12-11	1997-05-12	1998-06-03	1999-06-29	2000-11-23	2001-06-13	2002-06-24	2003-04-15
516.46	876.49	1070.41	1059.874	1406.371	1520.669	1357.654	1316.562
1996-01-22	1997-01-06	1998-08-17	1999-05-18	2000-01-04	2001-10-22	2002-12-31	2003-11-18
105.34	305.81	317.10	310.65	414.69	439.36	371.79	350.74
1996-01-22	1997-01-06	1998-08-18	1999-05-18	2000-01-04	2001-10-22	2002-01-22	2003-11-18
9.83	7.58	5.11	6.59	9.05	9.86	9.25	5.81
1996-12-02	1997-02-19	1998-08-19	1999-09-09	2000-02-14	2001-10-23	2002-06-24	2003-01-14
11.04	6.55	5.87	7.03	9.07	9.68	9.05	4.65
1996-04-26	1997-06-20	1998-08-19	1999-07-20	2000-02-14	2001-10-23	2002-06-24	2003-01-14
−9.91	−8.91	−8.36	−7.61	−4.40	−5.27	−6.33	−3.04
1996-12-16	1997-02-18	1998-08-17	1999-07-01	2000-03-16	2001-07-30	2002-01-28	2003-05-13
−10.00	−9.75	−8.32	−7.99	−4.75	−5.50	−6.59	−2.90
1996-12-16	1997-02-18	1998-08-17	1999-07-01	2000-03-16	2001-07-30	2002-01-28	2003-05-13
192.74	159.83	119.00	404.43	472.62	234.13	494.80	330.15
1996-12-03	1997-05-12	1998-04-09	1999-06-25	2000-02-17	2001-10-24	2002-06-24	2003-04-16
189.57	215.81	101.37	353.36	408.34	187.97	325.87	189.41
1996-11-20	1997-05-07	1998-05-11	1999-06-25	2000-02-17	2001-03-23	2002-06-24	2003-04-16
1.53	11.51	15.74	11.62	42.92	27.27	26.60	27.24
1996-02-09	1997-10-14	1998-12-31	1999-01-04	2000-09-27	2001-11-15	2002-10-08	2003-01-03
0.51	11.59	14.77	10.51	46.73	14.41	16.15	17.59
1996-02-07	1997-10-07	1998-12-31	1999-01-04	2000-09-25	2001-11-15	2002-12-09	2003-09-22
42.78			47.39	59.99	62.34	44.40	41.24
1996-12-09			1999-06-29	2000-11-23	2001-04-17	2002-07-08	2003-04-15
50.76	50.04	41.54	48.05	57.63	57.21	47.97	41.57
1996-12-11	1997-05-07	1998-01-08	1999-06-29	2000-11-23	2001-01-03	2002-06-24	2003-06-02
26.952			7.797	38.005	34.98	31.29	31.77
1996-09-12			1999-04-28	2000-01-14	2001-10-22	2002-01-28	2003-11-12
8.84	31.56	28.31	28.05	37.42	36.53	31.36	33.27
1996-01-22	1997-08-19	1998-08-18	1999-02-08	2000-01-04	2001-10-22	2002-01-22	2003-11-18

2-12 1993—2003 年全国股票交易统计表

	1993 年	1994 年	1995 年
交易所会员总数 Number of Members	907	1046	1085
其中:异地会员 Nonlocal Members	836	967	1002
上市公司数(个)Number of Listed Companies	183	291	323
上市股票数(只) Number of Listed Stocks	218	345	381
其中 A股 A Shares	177	287	311
B股 B Shares	41	58	70
发行总股本(亿股)	328.67	639.65	765.63
其中 A股 A Shares	300.18	592.63	704.08
B股 B Shares	28.49	47.01	61.55
流通股本(亿股) Negotiable Shares	81.61	185.63	234.98
其中 A股 A Shares	57.13	144.40	178.98
B股· B Shares	24.48	41.22	45.99
流通市值(亿元) Nego. Market Capitalization	861.62	968.89	938.22
其中 A股 A Shares	683.03	813.87	790.94
B股 B Shares	178.59	155.01	147.28
市价总值(亿元)Total Market Capitalization	3531.01	3690.61	3474.28
其中 A股 A Shares	3318.67	3516.03	3310.57
B股 B Shares	212.35	174.57	163.70
成交金额(亿元)Total Turnover	3627.20	8127.62	4036.45
其中 A股 A Shares	3522.55	8003.08	3958.58
B股 B Shares	104.65	124.55	77.86
成交量(百万股)Trading Volume	22656.47	101333.91	70530.78
其中 A股 A Shares	20916.50	98802.40	68106.57
B股 B Shares	1739.97	2531.51	2424.20
最高上证综合股价指数 High Shanghai Composite Index	1558.95	1052.94	926.41
其中 A股 A Shares	1640.71	1092.85	972.03
B股 B Shares	105.78	104.71	63.81
最低上证综合股价指数 Low Shanghai Composite Index	750.46	325.89	524.43
其中 A股 A Shares	765.58	321.20	539.86
B股 B Shares	51.01	59.81	47.03
最高深证综合股价指数 High Shenzhen Composite Index	359.44	242.06	169.66
其中 A股 A Shares	379.07	249.71	176.77
B股 B Shares	185.45	142.85	86.59
最低深证综合股价指数 Low Shenzhen Composite Index	203.91	96.56	112.63
其中 A股 A Shares	214.89	95.26	116.32
B股 B Shares	80.63	85.07	59.40

数据来源:上海、深圳证券交易所

Source:Shanghai Shenzhen Stock Exchange

Trading Summary for Stocks(1993—2003)

1996 年	1997 年	1998 年	1999 年	2000 年	2001 年	2002 年	2003 年
1066	840	659	628	631	547	437	382
986	773	632	603	603	521	406	348
530	745	851	949	1088	1160	1224	1287
599	821	931	1029	1174	1240	1310	1372
514	720	825	921	1010	1130	1199	1261
85	101	106	108	114	110	111	111
1110.73	1771.42	2345.35	2908.85	3613.39	4838.35	5462.99	5997.93
1025.23	1646.13	2203.96	2757.88	3439.60	4650.45	5283.64	5808.31
85.49	125.29	141.37	150.96	173.79	187.90	179.34	189.62
345.56	560.82	740.94	952.34	1233.32	1480.88	1679.94	1897.32
267.14	443.24	607.01	810.45	1078.33	1315.21	1508.43	1717.93
78.41	117.57	133.91	141.88	154.99	165.67	171.51	179.39
2867.03	5204.42	5745.59	8213.96	16087.52	14463.17	12484.56	13178.52
2514.01	4856.08	5550.02	7937.46	15524.21	13344.90	11718.75	12305.92
353.01	348.33	195.57	276.49	563.31	1118.28	765.81	872.60
9842.38	17529.24	19505.64	26471.17	48090.94	43522.20	38329.13	42457.71
9448.55	17154.19	19299.29	26167.62	47455.75	42245.56	37526.56	41520.48
394.02	375.04	206.34	303.54	635.19	1276.65	802.57	937.23
21332.17	30721.83	23544.25	31319.60	60826.65	38305.18	27990.45	32115.27
21052.29	30295.21	23417.72	31049.55	60278.67	33242.04	27142.04	31269.96
279.87	426.62	126.52	270.04	547.97	5063.13	848.41	845.30
253314.43	256001.89	215410.56	293238.88	475838.21	315228.76	301619.49	416308.40
246492.91	247129.88	209250.08	280974.70	455802.07	246340.74	285949.20	399228.05
6821.52	8872.02	6160.48	12264.18	20036.13	68888.02	15670.29	17080.37
1258.69	1510.18	1422.98	1756.18	2125.72	2245.44	1748.89	1649.60
1313.92	1578.61	1508.41	1860.86	2251.89	2341.02	1825.77	1725.71
87.12	99.31	59.58	62.56	89.90	241.61	171.72	131.41
512.83	870.18	1043.02	1047.83	1361.21	1514.86	1339.20	1307.40
527.85	905.50	1108.91	1113.16	1446.12	1579.63	1397.01	1366.75
44.80	51.93	26.17	21.25	35.47	77.62	109.98	96.23
473.02	517.91	441.04	525.14	654.37	664.85	512.38	449.42
498.45	546.02	471.99	561.56	703.97	698.10	540.59	472.88
198.14	184.19	98.97	125.42	137.69	435.57	262.31	281.78
105.34	305.81	317.10	310.65	414.69	439.36	371.79	350.74
107.93	319.25	341.00	333.77	445.32	461.95	391.10	364.26
58.97	92.79	49.88	41.56	75.92	124.60	185.52	184.89

2-13 1993—2003 年上海股票交易情况统计表

	1993 年	1994 年	1995 年
交易所会员总数 Number of Members	481	550	553
其中:异地会员 Nonlocal Members	438	501	504
上市公司数(个)Number of Listed Companies	106	171	188
上市股票数(只) Number of Listed Stocks	123	203	220
其中 A股 A Shares	101	169	184
B股 B Shares	22	34	36
发行总股本(亿股)Total Issued Capital	206.62	419.06	498.25
其中 A股 A Shares	188.67	387.63	463.60
B股 B Shares	17.95	31.43	34.65
流通股本(亿股) Negotiable Shares	45.43	108.06	129.85
其中 A股 A Shares	27.15	76.81	95.20
B股 B Shares	18.28	31.25	24.65
流通市值(亿元) Nego. Market Capitalization	423.94	586.96	587.00
其中 A股 A Shares	294.40	470.37	495.05
B股 B Shares	129.54	116.59	91.95
市价总值(亿元)Total Market Capitalization	2195.69	2600.13	2525.66
其中 A股 A Shares	2067.66	2483.54	2433.71
B股 B Shares	128.04	116.59	91.95
成交金额(亿元)Total Turnover	2340.54	5735.07	3103.46
其中 A股 A Shares	2261.68	5626.73	3042.63
B股 B Shares	78.86	108.35	60.83
成交量(百万股)Trading Volume	14741.81	65676.03	51382.72
其中 A股 A Shares	13367.93	63432.75	49449.90
B股 B Shares	1373.88	2243.28	1932.82
最高综合股价指数 Highest Composite Index	1558.95	1052.94	926.41
其中 A股 A Shares	1640.71	1092.85	972.03
B股 B Shares	105.78	104.71	63.81
最低综合股价指数 Lowest Composite Index	750.46	325.89	524.43
其中 A股 A Shares	765.58	321.20	539.86
B股 B Shares	51.01	59.81	47.03

数据来源:上海证券交易所

Source:Shanghai Stock Exchange

Trading Summary for Shanghai Stock Exchange (1993—2003)

1996 年	1997 年	1998 年	1999 年	2000 年	2001 年	2002 年	2003 年
524	467	330	310	305	263	200	177
478	424	318	299	293	253	186	161
293	383	438	484	572	646	715	780
329	422	477	525	614	690	759	824
287	372	425	471	559	636	705	770
42	50	52	54	55	54	54	54
671.19	975.57	1280.35	1580.15	2032.42	3164.44	3727.84	4170.39
625.76	907.76	1206.11	1498.68	1947.35	3073.76	3635.49	4075.54
45.43	67.81	74.23	81.47	85.07	90.68	92.35	94.85
186.81	285.76	379.73	494.41	648.99	837.53	992.53	1157.10
141.38	217.95	305.49	412.94	563.92	746.85	900.18	1062.25
45.43	67.81	74.23	81.47	85.07	90.68	92.35	94.85
1408.74	2513.47	2947.45	4249.69	8481.33	8382.11	7467.30	8201.14
1247.06	2327.86	2846.92	4109.94	8146.79	7726.06	7025.00	7796.87
161.68	185.61	100.53	139.75	334.54	656.06	442.30	404.27
5477.81	9218.07	10625.91	14580.47	26930.86	27590.56	25363.72	29804.92
5316.13	9032.45	10525.38	14440.72	26596.32	26934.51	24921.42	29400.65
161.88	185.61	100.53	139.75	334.54	656.06	442.30	404.27
9114.82	13763.17	12386.11	16965.79	31373.86	22709.38	16959.09	20824.14
9020.24	13550.24	12304.23	16826.20	31029.69	19876.84	16441.71	20541.24
94.57	212.93	81.88	139.59	344.17	2832.54	517.38	282.89
110188.37	121568.19	112795.49	156038.27	243765.39	181995.43	178109.61	269272.88
107400.20	116601.27	108541.93	148825.08	231087.66	142969.11	169353.26	263263.44
2788.17	4966.92	4253.56	7213.19	12677.73	39026.32	8756.35	6009.45
1258.69	1510.18	1422.98	1756.18	2125.72	2245.44	1748.89	1649.60
1313.92	1578.61	1508.41	1860.86	2251.89	2341.02	1825.77	1725.71
87.12	99.31	59.58	62.56	89.90	241.61	171.72	131.41
512.83	870.18	1043.02	1047.83	1361.21	1514.86	1339.20	1307.40
527.85	905.50	1108.91	1113.16	1446.12	1579.63	1397.01	1366.75
44.80	51.93	26.17	21.25	35.47	77.62	109.98	96.23

2-14 1993—2003 年深圳股票交易情况统计表

	1993 年	1994 年	1995 年
交易所会员总数 Number of Members	426	496	532
其中:异地会员 Nonlocal Members	398	466	498
上市公司数(个)Number of Listed Companies	77	120	135
上市股票数(只) Number of Listed Stocks	95	142	161
其中 A 股 A Shares	76	118	127
B 股 B Shares	19	24	34
发行总股本(亿股)Total Issued Capital	122.05	220.59	267.38
其中 A 股 A Shares	111.51	205.00	240.48
B 股 B Shares	10.54	15.58	26.90
流通股本(亿股) Negotiable Shares	36.18	77.57	105.13
A 股 A Shares	29.98	67.59	83.78
B 股 B Shares	6.20	9.97	21.34
流通市值(亿元) Nego. Market Capitalization	437.68	381.93	351.22
A 股 A Shares	388.63	343.50	295.89
B 股 B Shares	49.05	38.42	55.33
市价总值(亿元)Total Market Capitalization	1335.32	1090.48	948.62
其中 A 股 A Shares	1251.01	1032.49	876.86
B 股 B Shares	84.31	57.98	71.75
成交金额(亿元)Total Turnover	1286.66	2392.55	932.99
其中 A 股 A Shares	1260.87	2376.35	915.95
B 股 B Shares	25.79	16.20	17.03
成交量(百万股)Trading Volume	7914.66	35657.88	19148.06
其中 A 股 A Shares	7548.57	35369.65	18656.67
B 股 B Shares	366.09	288.23	491.38
最高综合股价指数 Highest Composite Index	359.44	242.06	169.66
其中 A 股 A Shares	379.07	249.71	176.77
B 股 B Shares	185.45	142.85	86.59
最低综合股价指数 Lowest Composite Index	203.91	96.56	112.63
其中 A 股 A Shares	214.89	95.26	116.32
B 股 B Shares	80.63	85.07	59.40

数据来源:深圳证券交易所
Source: Shenzhen Stock Exchange

Trading Summary for Shenzhen Stock Exchange (1993—2003)

1996年	1997年	1998年	1999年	2000年	2001年	2002年	2003年
542	373	329	318	326	284	237	205
508	349	314	304	310	268	220	187
237	362	413	465	516	514	509	507
270	399	454	504	560	550	551	548
227	348	400	450	451	494	494	491
43	51	54	54	59	56	57	57
439.54	795.85	1065.00	1328.70	1580.97	1673.91	1735.15	1827.54
399.47	738.37	997.85	1259.20	1492.25	1576.69	1648.15	1732.77
40.06	57.48	67.14	69.49	88.72	97.22	86.99	94.77
158.75	275.06	361.21	457.93	584.33	643.35	687.41	740.22
125.76	225.29	301.52	397.51	514.41	568.36	608.25	655.68
32.98	49.76	59.68	60.41	69.92	74.99	79.16	84.54
1458.29	2690.95	2798.14	3964.27	7606.19	6081.06	5017.26	4977.38
1266.95	2528.22	2703.10	3827.52	7377.42	5618.84	4693.75	4509.05
191.33	162.72	95.04	136.74	228.77	462.22	323.51	468.33
4364.57	8311.17	8879.73	11890.70	21160.08	15931.64	12965.41	12652.79
4132.42	8121.74	8773.91	11726.90	20859.43	15311.05	12605.14	12119.83
232.14	189.43	105.81	163.79	300.65	620.59	360.27	532.96
12217.35	16958.66	11158.14	14353.81	29452.79	15595.80	11031.36	11291.13
12032.05	16744.97	11113.49	14223.35	29248.98	13365.20	10700.33	10728.72
185.30	213.69	44.64	130.45	203.80	2230.59	331.03	562.41
143126.06	134433.70	102615.07	137200.61	232072.82	133233.33	123509.88	147035.52
139092.71	130528.61	100708.15	132149.62	224714.41	103371.63	116595.94	135964.61
4033.35	3905.10	1906.92	5050.99	7358.40	29861.70	6913.94	11070.92
473.02	517.91	441.04	525.14	654.37	664.85	512.38	449.42
498.45	546.02	471.99	561.56	703.97	698.10	540.59	472.88
198.14	184.19	98.97	125.42	137.69	435.57	262.31	281.78
105.34	305.81	317.10	310.65	414.69	439.36	371.79	350.74
107.93	319.25	341.00	333.77	445.32	461.95	391.10	364.26
58.97	92.79	49.88	41.56	75.92	124.60	185.52	184.89

2-15 2003年全国股票每日成交量、成交额

日期 Date	1月 Jan.		2月 Feb.		3月 Mar.		4月 Apr.		5月 May		6月 Jun.	
	成交额 Turnover	成交量 Volume	成交额 Turnover	成交量 Volume	成交额 Turnover	成交量 Volume	成交额 Turnover	成交量 Volume	成交额 Turnover	成交量 Volume	成交额 Turnover	成交量 Volume
1							177.78	20748319.01				
2	63.56	8453664.58					125.56	15449158.31			173.19	19883113.54
3	47.31	6528696.12			120.92	13373665.10	116.84	13698504.65			161.69	18926720.51
4					111.94	12111481.57	127.69	15526446.72			183.70	23663363.81
5					102.08	11367835.66					148.32	18649818.43
6	62.96	9024574.51			113.48	13427920.59					140.41	16740290.84
7	69.48	9991398.24			95.15	11454028.44	151.71	18706823.91				
8	90.06	13116887.27					174.57	22849712.82				
9	176.98	24912022.81					266.58	39506969.12			119.10	14974894.78
10	164.86	22451860.96	81.53	10570245.27	100.48	12189657.11	364.46	46388518.16			91.10	10977868.38
11			74.88	9199700.71	73.94	8434413.53	336.08	44203307.61			145.36	19746058.49
12			124.15	15393902.86	77.07	8833297.98			195.77	23445119.82	110.38	13715083.76
13	94.06	12377470.56	154.40	18375195.47	76.00	8762762.26			274.37	34431562.43	125.26	15993875.96
14	345.38	46912808.03	113.71	13416577.57	76.33	8781625.39	457.41	56174678.83	222.25	29267115.78		
15	314.45	45302315.52					412.76	48109916.80	295.02	36325556.05		
16	229.76	30347341.84					519.56	60109845.68	225.56	26387274.15	106.39	13045018.60
17	203.00	27289610.54	124.74	15253877.86	89.74	10910645.24	351.74	42018917.70			98.97	11866526.78
18			90.07	10972090.79	91.00	10453841.94	302.84	36693748.26			107.99	13409614.88
19			100.95	12605388.26	89.26	10538884.34			189.96	22527758.21	122.09	15686983.55
20	161.57	20771593.63	108.66	12728223.10	89.89	10728621.05			158.61	19118266.26	90.08	11106137.09
21	157.66	20430383.61	127.71	15799668.54	79.79	8875684.70	268.64	32517423.99	133.80	15657797.49		
22	128.88	16755372.84					161.57	18361855.46	141.21	16533783.68		
23	123.11	16320371.82					214.67	25799395.11	255.73	30148757.47	94.76	12045888.47
24	140.52	19557314.29	88.14	10204547.63	68.64	7568057.12	254.67	31221971.41			80.21	9969078.39
25			135.59	15618064.05	76.23	8809590.15	164.73	20099019.91			86.78	10909988.88
26			100.06	11084530.25	77.35	8831959.68			204.14	24982852.06	121.33	14660875.00
27	150.77	19566848.06	103.85	11915246.04	160.86	19668178.82			193.99	23387139.26	98.07	12278558.14
28	116.45	14319804.54	92.41	10222589.59	167.11	19821550.75	286.09	35160724.69	206.16	25093703.16		
29	131.89	15966769.30					248.12	29261482.18	226.08	25339271.36		
30							232.58	28487244.56	235.67	26731334.06	73.55	9351515.69
31					143.00	16965886.91						

数据来源:上海、深圳证券交易所

Source: Shanghai Shenzhen Stock Exchange

Daily Trading Volume and Value of Stocks in 2003

成交额:亿元;成交量:手

7月 Jul.		8月 Aug.		9月 Sep.		10月 Oct.		11月 Nov.		12月 Dec.	
成交额 Turnover	成交量 Volume	成交额 Turnover	成交量 Volume	成交额 Turnover	成交量 Volume	成交额 Turnover	成交量 Volume	成交额 Turnover	成交量 Volume	成交额 Turnover	成交量 Volume
86.19	11002762.60	83.92	10270281.89	106.32	13184639.75					183.89	26703068.83
88.65	11170178.16			118.82	13636204.57					195.22	28509393.10
88.38	10386434.63			93.49	11295302.79			104.50	16519324.38	215.13	31329297.23
85.09	10110424.07	102.73	12662528.64	89.82	11317491.39			234.26	35610248.43	195.67	27301002.19
		80.76	10277242.91	97.90	12120702.38			141.26	22043006.18	162.97	22813396.45
		79.13	9852703.94					165.52	25751113.95		
84.16	10011529.41	74.48	9320932.91					140.67	22020135.71		
90.98	11095758.06	88.37	11459939.61	74.69	9561281.27	51.18	7573777.16			137.24	19803081.67
75.74	9038268.41			71.91	9409948.70	55.76	8392693.92			114.85	16197390.34
164.74	19896272.20			60.91	7653245.06	128.34	18975993.39	85.66	13112518.00	194.38	27504981.47
116.29	13299314.20	59.10	7484811.80	54.93	6815884.54			88.75	13743333.84	192.34	26454399.78
		57.50	7270851.98	96.98	12865036.98			88.54	13719157.73	150.99	21131978.01
		63.95	7907172.73			95.54	13701964.49	83.54	12979829.66		
89.42	10529633.30	91.11	10912229.62			73.07	10554485.99	75.28	11591358.95		
102.53	12273956.38	81.04	9967495.16	74.17	9844376.07	78.52	11551642.21			123.21	16915356.27
94.85	11590218.08			74.35	9939892.66	70.00	9699791.95			161.36	23238948.59
167.90	20262862.81			70.92	9620936.05	58.77	8270451.19	60.44	9225883.11	177.51	24840272.83
149.42	18213490.58	56.81	7399542.65	65.82	8892939.45			119.59	18940534.20	155.02	21533883.55
		59.26	7624592.89	62.05	8409370.03			99.84	15288432.08	253.45	35950927.63
		65.88	8687302.72			57.81	8463696.06	197.14	30506310.18		
126.90	16073048.72	64.77	8364501.04			71.51	10802357.67	196.38	30173287.45		
111.44	13478715.96	67.82	8494673.73	56.57	7357590.58	149.85	22065256.21			290.09	40136098.24
87.90	10587919.48			65.67	8665105.42	104.22	15051673.84			249.10	34956090.47
80.08	9823625.16			66.50	8713313.35	92.07	13301464.37	182.52	27685870.07	229.04	30873045.29
129.36	19194751.26	70.66	9041377.74	59.02	7703218.00			261.58	38618435.46	221.89	30279069.35
		61.76	7933654.94	56.60	7439413.30			178.82	26590838.00	173.12	22780639.26
		56.80	7324220.72			88.43	12558956.01	155.26	23273053.66		
74.22	9780765.39	63.40	7757663.79			102.00	15354548.31	123.95	17988236.90		
66.84	8500500.71	70.35	8972805.73	57.85	7853226.13	137.85	20005901.26			154.82	21115405.50
71.05	9445502.67			68.48	9457416.09	88.01	13100761.63			164.98	22415207.06
27.42	3121828.54					96.57	14901591.05			161.29	21657447.83

2-16 2003 年上海股票每日成交量、成交额

日期 Date	1月 Jan.		2月 Feb.		3月 Mar.		4月 Apr.		5月 May		6月 Jun.	
	成交额 Turnover	成交量 Volume	成交额 Turnover	成交量 Volume	成交额 Turnover	成交量 Volume	成交额 Turnover	成交量 Volume	成交额 Turnover	成交量 Volume	成交额 Turnover	成交量 Volume
1							116.07	13331737.59				0.00
2	38.83	5065688.63					77.78	9790968.70			104.36	11668303.29
3	27.24	3649263.83			80.64	8775378.12	71.49	8299641.04			98.57	11103010.02
4					74.93	7953502.07	76.26	9054018.25			113.59	14275343.22
5					61.70	6737548.42					93.72	11849873.26
6	39.75	5850538.48			71.79	8454383.90					89.40	10520040.37
7	44.12	6547074.60			58.20	7055804.10	96.53	11865766.72				
8	55.82	8477337.72					112.95	14941929.60				
9	112.13	16185725.74					185.79	28844479.16			76.75	9827437.62
10	105.58	14639155.21	50.43	6672526.10	62.21	7470472.11	248.50	32117162.91			57.63	6790687.94
11			43.81	5374873.62	45.99	5155645.93	222.33	29422312.53			92.20	13117541.67
12			75.00	9256051.63	45.75	5293372.74			130.76	15497408.44	67.32	8207296.59
13	58.74	7876153.97	94.21	11063295.04	46.67	5328615.92			176.10	22539506.49	77.73	9781258.15
14	227.90	31777116.84	69.96	8174310.41	42.76	4959300.85	297.04	36572399.45	135.20	18176060.64		
15	213.34	32540105.66					274.46	32116770.90	182.66	22898623.46		
16	157.42	21343310.64					330.15	39099126.94	136.75	16035488.39	67.86	8040940.63
17	133.92	18593388.77	77.50	9384169.68	51.14	6323702.77	229.98	28400575.14			62.56	7213345.75
18			54.74	6594280.27	51.63	5976709.15	195.36	24447293.00			69.61	8728931.67
19			65.96	8352745.09	56.47	6622176.54			112.61	13477657.04	76.80	9937411.17
20	106.71	14023572.02	70.00	8136326.19	56.79	6756813.95			91.69	11330970.72	54.98	6648794.76
21	99.56	13157729.91	79.80	9751428.90	48.61	5340644.72	173.99	21553214.27	75.95	9087031.60		
22	77.82	10258188.37					98.07	11202840.28	81.30	9593902.22		
23	73.82	9765086.57					126.25	15537422.40	153.18	18271093.55	57.84	7339543.56
24	92.29	13133689.49	56.42	6392790.75	43.34	4727053.70	156.50	19574357.78			51.44	6369448.82
25			84.78	9689511.97	49.75	5722313.10	98.96	12085385.38			55.21	6822325.79
26			63.01	6907908.74	49.54	5582877.99			123.22	15253619.72	78.19	9300098.56
27	93.55	11974431.97	66.62	7603758.22	109.67	13495380.87			119.44	14167937.07	63.91	7687068.38
28	72.56	8892044.05	59.63	6465781.62	110.82	13165152.85	192.75	23881941.22	123.28	15106377.39		
29	81.14	9905540.40					156.53	18539428.24	132.01	14814317.51		
30							155.07	18898409.99	143.62	16146875.82	47.10	5780419.64
31					89.13	10509385.13						

数据来源：上海证券交易所
Source：Shanghai Stock Exchange

Daily Trading Volume and Value of Shanghai Stock Exchange in 2003

成交额:亿元;成交量:手

7月 Jul.		8月 Aug.		9月 Sep.		10月 Oct.		11月 Nov.		12月 Dec.	
成交额 Turnover	成交量 Volume	成交额 Turnover	成交量 Volume	成交额 Turnover	成交量 Volume	成交额 Turnover	成交量 Volume	成交额 Turnover	成交量 Volume	成交额 Turnover	成交量 Volume
54.31	6633157.55	51.63	6298085.41	75.22	8989749.60					125.84	18134166.22
56.00	6749175.21	0.00	0.00	82.54	8981598.77					133.36	19446541.33
58.85	6513915.58	0.00	0.00	64.36	7372543.17			67.59	10537929.20	147.98	21456554.84
55.11	6312988.97	61.54	7451969.73	60.54	7293872.74			157.40	23878400.16	133.69	18295453.02
	0.00	46.66	5691340.55	68.69	8093248.04			93.47	14604981.17	106.34	14946758.36
	0.00	44.49	5508648.86					107.78	16505216.95		
52.18	6006347.79	45.94	5672162.19					93.70	14484249.79		
55.19	6646681.61	55.94	7130077.58	49.39	6056045.04	30.16	4327204.63			91.86	13265912.82
46.68	5481260.85			49.11	6258284.15	36.87	5569158.96			78.75	10902272.78
110.08	13329219.13			42.21	5064553.35	85.85	12611991.40	55.48	8309789.82	142.27	19950478.73
78.79	8742443.53	36.39	4533117.13	36.98	4372181.44			59.07	9039079.17	137.53	18492371.45
		33.67	4075156.09	77.24	10065166.31			62.01	9514886.37	108.09	14712020.95
		38.33	4722498.05			61.13	8464994.79	54.57	8370390.85		
55.31	6120112.39	60.23	7064503.11			45.40	6367489.53	49.40	7507953.58		
62.79	7112900.48	55.01	6682510.59	54.90	7086653.79	47.73	6710172.75			82.80	11066231.40
60.60	7085176.58			51.66	6664017.55	44.63	5858874.92			113.65	16081469.21
107.86	12873544.44			46.89	6218601.63	38.93	5285547.22	39.07	5861499.92	121.90	16846908.64
95.08	11380174.32	37.95	4995867.86	44.63	5806953.67			93.86	14755358.44	104.25	13999331.32
		37.40	4658547.71	42.06	5498416.87			67.67	10208002.76	169.58	23648082.86
		42.75	5563703.38			37.59	5357228.47	132.80	20390414.24		
81.70	10109183.50	44.59	5794252.82			47.88	7080461.47	132.13	20088344.55		
75.03	8850904.62	42.32	5118950.54	38.98	4888186.96	103.78	15077769.69			198.06	26569777.19
57.82	6846209.36			46.43	5971833.71	71.22	10067610.52			174.60	24395817.60
53.08	6494277.97			45.76	5919521.27	62.23	8802021.74	123.37	18450590.76	155.66	20473785.48
91.68	14458263.71	45.27	5632051.80	37.91	4780968.69			175.03	25213532.99	151.61	20516743.43
		39.32	4924592.90	36.56	4542888.51			114.68	16583806.19	121.44	15737383.36
		35.89	4446614.74			57.90	7986506.99	102.17	14961348.73		
48.89	6522744.88	40.65	4748494.88			67.90	10144263.36	84.52	12004908.09		
43.20	5497813.34	46.52	5714022.36	37.54	4882407.02	93.78	13159072.35			104.60	14093033.31
48.00	6552080.90			45.14	6059606.97	59.85	8787058.93			115.47	15176574.09
						65.99	9987477.58			111.50	14562383.51

2-17 2003 年深圳股票每日成交量、成交额

日期 Date	1月 Jan.		2月 Feb.		3月 Mar.		4月 Apr.		5月 May		6月 Jun.	
	成交额 Turnover	成交量 Volume	成交额 Turnover	成交量 Volume	成交额 Turnover	成交量 Volume	成交额 Turnover	成交量 Volume	成交额 Turnover	成交量 Volume	成交额 Turnover	成交量 Volume
1							61.71	7416581.42				
2	24.73	3387975.95					47.78	5658189.61			68.83	8214810.25
3	20.07	2879432.29			40.28	4598286.98	45.35	5398863.61			63.12	7823710.49
4					37.01	4157979.50	51.43	6472428.47			70.11	9388020.59
5					40.38	4630287.24					54.60	6799945.17
6	23.21	3174036.03			41.69	4973536.69					51.01	6220250.47
7	25.36	3444323.64			36.95	4398224.34	55.18	6841057.19				
8	34.24	4639549.55					61.62	7907783.22				
9	64.85	8726297.07					80.79	10662489.96			42.35	5147457.16
10	59.28	7812705.75	31.10	3897719.17	38.27	4719185.00	115.96	14271355.25			33.47	4187180.44
11			31.07	3824827.09	27.95	3278767.60	113.75	14780995.08			53.16	6628516.82
12			49.15	6137851.23	31.32	3539925.24			65.01	7947711.38	43.06	5507787.17
13	35.32	4501316.59	60.19	7311900.43	29.33	3434146.34			98.27	11892055.94	47.53	6212617.81
14	117.48	15135691.19	43.75	5242267.16	33.57	3822324.54	160.37	19602279.38	87.05	11091055.14		
15	101.11	12762209.86					138.30	15993145.90	112.36	13426932.59		
16	72.34	9004031.20					189.41	21010718.74	88.81	10351785.76	38.53	5004077.97
17	69.08	8696221.77	47.24	5869708.18	38.60	4586942.47	121.76	13618342.56			36.41	4653181.03
18			35.33	4377810.52	39.37	4477132.79	107.48	12246455.26			38.38	4680683.21
19			34.99	4252643.17	32.79	3916707.80			77.35	9050101.17	45.29	5749572.38
20	54.86	6748021.61	38.66	4591896.91	33.10	3971807.10			66.92	7787295.54	35.10	4457342.33
21	58.10	7272653.70	47.91	6048239.64	31.18	3535039.98	94.65	10964209.72	57.85	6570765.89		
22	51.06	6497184.47					63.50	7159015.18	59.91	6939881.46		
23	49.29	6555285.25					88.42	10261972.71	102.55	11877663.92	36.92	4706344.91
24	48.23	6423624.80	31.72	3811756.88	25.30	2841003.42	98.17	11647613.63			28.77	3599629.57
25			50.81	5928552.08	26.48	3087277.05	65.77	8013634.53			31.57	4087663.09
26			37.05	4176621.51	27.81	3249081.69			80.92	9729232.34	43.14	5360776.44
27	57.22	7592416.09	37.23	4311487.82	51.19	6172797.95			74.55	9219202.19	34.16	4591489.76
28	43.89	5427760.49	32.78	3756807.97	56.29	6656397.90	93.34	11278783.47	82.88	9987325.77		
29	50.75	6061228.90					91.59	10722053.94	94.07	10524953.85		
30							77.51	9588834.57	92.05	10584458.24	26.45	3571096.05
31					53.87	6456501.78						

数据来源：深圳证券交易所
Source: Shenzhen Stock Exchange

Daily Trading Volume and Value of Shenzhen Stock Exchange in 2003

成交额：亿元；成交量：手

7月 Jul.		8月 Aug.		9月 Sep.		10月 Oct.		11月 Nov.		12月 Dec.	
成交额 Turnover	成交量 Volume	成交额 Turnover	成交量 Volume	成交额 Turnover	成交量 Volume	成交额 Turnover	成交量 Volume	成交额 Turnover	成交量 Volume	成交额 Turnover	成交量 Volume
31.88	4369605.05	32.29	3972196.48	31.10	4194890.15					58.05	8568902.61
32.65	4421002.95			36.28	4054605.80					61.86	9062851.77
29.53	3872519.05			29.13	3922759.62			36.91	5981395.18	67.15	9872742.39
29.98	3797435.10	41.19	5210558.91	29.28	4023618.65			76.86	11731848.27	61.98	9005549.17
		34.10	4585902.36	29.21	4027454.34			47.79	7438025.01	56.63	7866638.09
		34.64	4344055.08					57.74	9245897.00		
31.98	4005181.62	28.54	3648770.72					46.97	7535885.92		
35.79	4449076.45	32.43	4329862.03	25.30	3505236.23	21.02	3246572.53			45.38	6537168.85
29.06	3557007.56			22.80	3151664.55	18.89	2823534.96			36.10	5295117.56
54.66	6567053.07			18.70	2588691.71	42.49	6364001.99	30.18	4802728.18	52.11	7554502.74
37.50	4556870.67	22.71	2951694.67	17.95	2443703.10			29.68	4704254.67	54.81	7962028.33
		23.83	3195695.89	19.74	2799870.67			26.53	4204271.36	42.90	6419957.06
		25.62	3184674.68			34.41	5236969.70	28.97	4609438.81		
34.11	4409520.91	30.88	3847726.51			27.67	4186996.46	25.88	4083405.37		
39.74	5161055.90	26.03	3284984.57	19.27	2757722.28	30.79	4841469.46			40.41	5849124.87
34.25	4505041.50			22.69	3275875.11	25.37	3840917.03			47.71	7157479.38
60.04	7389318.37			24.03	3402334.42	19.84	2984903.97	21.37	3364383.19	55.61	7993364.19
54.34	6833316.26	18.86	2403674.79	21.19	3085985.78			25.73	4185175.76	50.77	7534552.23
		21.86	2966045.18	19.99	2910953.16			32.17	5080429.32	83.87	12302844.77
		23.13	3123599.34			20.22	3106467.59	64.34	10115895.94		
45.20	5963865.22	20.18	2570248.22			23.63	3721896.20	64.25	10084942.90		
36.41	4627811.34	25.50	3375723.19	17.59	2469403.62	46.07	6987486.52			92.03	13566321.05
30.08	3741710.12			19.24	2693271.71	33.00	4984063.32			74.50	10560272.87
27.00	3329347.19			20.74	2793792.08	29.84	4499442.63	59.15	9235279.31	73.38	10399259.81
37.68	4736487.55	25.39	3409325.94	21.11	2922249.31			86.55	13404902.47	70.28	9762325.92
		22.44	3009062.04	20.04	2896524.79			64.14	10007031.81	51.68	7043255.90
		20.91	2877605.98			30.53	4572449.02	53.09	8311704.93		
25.33	3258020.51	22.75	3009168.91			34.10	5210284.95	39.43	5983328.81		
23.64	3002687.37	23.83	3258783.37	20.31	2970819.11	44.07	6846828.91			50.22	7022372.19
23.05	2893421.77			23.34	3397809.12	28.16	4313702.70			49.51	7238632.97
27.42	3121828.54					30.58	4914113.47			49.79	7095064.32

2-18 2003年全国A股每日成交量、成交额

日期 Date	1月 Jan.		2月 Feb.		3月 Mar.		4月 Apr.		5月 May		6月 Jun.	
	成交额 Turnover	成交量 Volume	成交额 Turnover	成交量 Volume	成交额 Turnover	成交量 Volume	成交额 Turnover	成交量 Volume	成交额 Turnover	成交量 Volume	成交额 Turnover	成交量 Volume
1							175.55	20275393.68				
2	62.28	8142809.91					123.97	15110879.92			169.56	19127363.85
3	46.45	6323233.19			119.57	13076655.00	114.79	13233076.88			158.37	18175130.75
4					110.55	11822664.51	121.81	14250206.63			181.20	23079407.41
5					100.93	11117383.57					145.47	18087647.60
6	61.80	8747889.89			111.92	13085447.89					137.24	16113145.80
7	68.29	9707707.43			93.85	11172209.06	146.68	17639860.40				
8	88.00	12636119.36					170.45	21950145.99				
9	172.92	23996372.67					259.73	37978458.56			116.81	14523285.48
10	162.12	21820117.33	79.57	10158866.39	98.76	11806753.46	356.41	44646497.94			89.42	10607463.92
11			73.59	8924611.48	72.85	8189345.24	327.05	42277381.46			142.69	19192774.70
12			122.08	14947972.45	76.02	8598218.99			192.92	22886884.62	108.12	13200621.84
13	92.67	12061187.53	151.65	17772448.90	75.07	8553690.66			267.68	33168068.98	122.28	15269557.40
14	335.36	44746612.02	112.16	13079928.27	75.20	8527804.97	444.40	53503527.87	217.76	28206478.77		
15	308.09	43941970.60					402.58	46098710.58	289.63	35209005.98		
16	224.10	29185387.94					506.47	57610269.58	221.25	25498977.04	104.03	12522475.00
17	198.91	26414010.02	123.06	14893525.80	88.75	10693902.82	344.00	40537477.28			96.79	11402735.97
18			89.08	10758489.38	89.18	10087600.68	297.34	35600218.45			105.32	12876277.03
19			99.69	12331220.35	87.54	10166592.66			186.43	21802885.81	119.66	15112373.22
20	159.05	20237934.53	107.62	12502748.87	88.44	10421428.11			155.49	18506062.15	88.38	10726641.90
21	153.97	19642295.91	125.59	15333210.75	78.85	8673155.45	261.66	31160056.91	131.43	15177382.82		
22	126.73	16290078.17					158.28	17703781.66	138.23	15934171.56		
23	121.07	15869932.85					209.12	24639724.70	251.80	29349124.04	92.89	11653550.14
24	137.78	18961682.09	87.13	9986739.98	67.92	7419448.55	248.02	29910620.94			78.90	9687437.72
25			133.53	15166815.15	75.08	8572928.50	160.66	19276628.82			84.89	10509015.90
26			99.14	10886371.35	76.19	8577173.06			200.51	24234372.52	119.39	14257636.31
27	148.12	18999145.58	102.57	11632291.55	158.58	19176321.14			190.90	22705237.76	96.54	11929830.93
28	114.49	13908442.57	91.21	9960990.29	164.82	19334667.05	279.95	33979049.94	200.86	23914261.35		
29	129.64	15488736.28					242.78	28188272.02	221.68	24355570.63		
30							227.28	27424584.79	230.98	25778564.44	71.63	8882873.02
31					141.13	16569895.00						

数据来源:上海、深圳证券交易所

Source:Shanghai Shenzhen Stock Exchange

Daily Trading Volume and Value of A Shares in 2003

成交额:亿元;成交量:手

7月 Jul.		8月 Aug.		9月 Sep.		10月 Oct.		11月 Nov.		12月 Dec.	
成交额 Turnover	成交量 Volume	成交额 Turnover	成交量 Volume	成交额 Turnover	成交量 Volume	成交额 Turnover	成交量 Volume	成交额 Turnover	成交量 Volume	成交额 Turnover	成交量 Volume
84.73	10653198.78	81.52	9789821.56	103.93	12664972.06					178.62	25796236.55
87.35	10883233.41			116.74	13166723.69					191.15	27814438.56
86.79	10046213.16			92.00	10964830.30			87.76	13293902.31	208.83	30238535.61
82.90	9671608.42	98.44	11783532.56	88.36	10997501.12			216.13	32062140.99	191.56	26538259.75
		77.65	9661696.66	96.14	11730265.96			130.81	20038345.32	158.51	21984971.86
		77.25	9439393.91					151.24	23046123.52		
80.15	9311473.85	72.39	8883897.64					131.32	20185232.74		
89.00	10707486.61	85.76	10943684.10	73.44	9293226.05	48.01	6980243.14			134.31	19246225.58
74.06	8706024.60			70.66	9135199.69	52.37	7753440.87			111.82	15628060.76
160.40	19007269.40			60.01	7450147.10	115.10	16330213.97	77.15	11549516.35	191.79	27022810.53
113.45	12736739.69	56.54	6959178.45	54.12	6641342.86			83.86	12837836.92	189.47	25850328.08
		55.61	6883139.86	96.03	12659003.73			83.46	12838078.23	148.41	20569509.58
		62.33	7581669.09			86.47	11903988.67	78.86	12143483.83		
86.07	9853242.02	89.14	10489193.10			65.05	9025891.26	71.83	11012986.10		
97.60	11293436.00	79.28	9587674.07	73.41	9672222.68	70.27	9855378.52			120.73	16443929.84
91.31	10851948.23			73.06	9662234.17	65.65	8815540.48			157.84	22572050.67
160.06	18702386.54			69.48	9339982.65	55.11	7544701.13	58.10	8803817.66	173.37	24089546.22
144.02	17167869.44	54.18	6794120.86	63.50	8448672.08			113.78	17890659.70	152.43	21038730.42
		55.64	6852596.00	59.85	7982356.62			96.29	14610826.60	248.47	34951405.93
		61.57	7686893.18			53.52	7681754.42	190.29	29193386.77		
123.22	15338921.17	62.97	7954796.49			66.96	9902898.92	191.89	29325661.23		
108.53	12916748.85	65.49	7985999.54	55.73	7170849.70	143.20	20685622.55			283.59	38811417.41
85.95	10202339.29			64.29	8362728.14	99.70	14138226.95			243.40	33852831.11
78.70	9552763.84			65.22	8450490.83	88.63	12633413.93	178.60	26924778.85	221.45	29393165.79
126.77	18701301.94	69.12	8693308.04	57.77	7445100.52			256.61	37643385.04	216.11	29116899.50
		60.43	7640135.96	55.74	7254765.27			175.94	26039288.01	169.79	22078494.72
		55.67	7072031.75			85.80	12032192.00	152.30	22707837.67		
72.89	9514501.26	62.42	7538938.80			97.20	14486922.19	121.74	17577848.40		
65.03	8130528.83	69.17	8707100.53	56.86	7640643.73	129.68	18548652.37			151.76	20524711.72
69.42	9120719.38			67.33	9204896.89	82.48	12129761.86			160.13	21449884.51
70.00	8365057.02					86.25	12998670.14			155.55	20633083.92

2-19 2003年上海A股每日成交量、成交额

日期 Date	1月 Jan.		2月 Feb.		3月 Mar.		4月 Apr.		5月 May		6月 Jun.	
	成交额 Turnover	成交量 Volume	成交额 Turnover	成交量 Volume	成交额 Turnover	成交量 Volume	成交额 Turnover	成交量 Volume	成交额 Turnover	成交量 Volume	成交额 Turnover	成交量 Volume
1							115.25	13165592.78				
2	37.99	4872654.47					77.14	9646510.20			102.92	11384128.60
3	26.69	3526919.03			80.02	8653152.47	70.74	8113437.91			97.42	10859592.55
4					74.19	7806617.84	74.00	8577957.57			112.70	14084114.98
5					61.08	6609200.49					93.01	11704591.58
6	39.04	5687932.87			70.98	8285877.49					88.60	10352684.58
7	43.41	6388811.91			57.41	6890797.90	94.97	11533414.24				
8	54.52	8187897.78					111.69	14664905.59				
9	109.55	15638259.41					182.27	28060902.04			76.10	9697332.31
10	103.95	14296380.85	49.38	6456150.47	61.39	7299595.26	245.29	31413887.60			57.02	6663703.92
11			43.10	5230342.66	45.38	5029237.76	219.31	28768875.59			91.27	12926890.15
12			74.04	9055721.54	45.14	5162177.74			129.22	15198984.56	66.63	8070536.68
13	57.98	7716728.65	92.95	10805157.75	46.21	5229339.53			173.63	22041592.73	77.19	9658918.98
14	221.54	30490057.19	69.25	8028511.89	42.23	4844136.75	291.64	35508113.74	133.09	17652911.35		
15	209.13	31689586.14					270.15	31281703.95	180.49	22423530.91		
16	153.07	20488679.43					325.37	38170063.72	135.33	15734643.21	67.48	7954210.11
17	131.14	18039659.12	76.48	9178132.68	50.66	6221577.97	227.38	27901218.04			62.04	7101625.87
18			54.27	6497402.13	50.99	5844568.28	193.61	24087828.10			69.24	8648007.40
19			65.27	8208906.89	56.01	6522316.61			111.39	13210596.97	76.05	9766079.38
20	104.92	13666842.77	69.38	8008515.31	56.37	6666800.84			90.55	11098275.18	54.56	6555696.73
21	97.17	12678518.17	78.51	9480441.66	48.24	5263749.74	171.04	20972323.37	74.90	8878118.49		
22	76.31	9944305.11					96.82	10933397.83	80.23	9377877.29		
23	72.51	9490127.02					123.72	14953480.14	151.62	17958676.93	57.34	7225762.13
24	90.57	12770775.88	55.81	6268167.73	43.03	4663411.09	153.59	18962947.45			51.08	6288900.53
25			83.40	9404317.80	49.18	5603094.17	97.00	11686040.03			54.84	6740855.82
26			62.47	6797625.19	49.00	5463345.02			122.27	15070184.21	77.71	9192952.42
27	91.88	11629707.77	65.92	7459029.94	108.46	13235693.46			118.60	14005869.23	63.64	7628429.66
28	71.50	8679020.99	58.94	6324620.84	109.88	12964626.54	190.13	23397296.86	121.37	14661797.01		
29	80.01	9679729.34					154.57	18127858.08	130.69	14546278.78		
30							152.55	18398528.48	141.69	15779695.85	46.73	5701437.72
31					88.49	10373724.29						

数据来源：上海证券交易所
Source：Shanghai Stock Exchange

Daily Trading Volume and Value of A Shares in Shanghai Stock Exchange in 2003

成交额:亿元;成交量:手

7月 Jul.		8月 Aug.		9月 Sep.		10月 Oct.		11月 Nov.		12月 Dec.	
成交额 Turnover	成交量 Volume	成交额 Turnover	成交量 Volume	成交额 Turnover	成交量 Volume	成交额 Turnover	成交量 Volume	成交额 Turnover	成交量 Volume	成交额 Turnover	成交量 Volume
53.87	6527476.17	50.99	6159962.67	74.37	8777047.20					124.77	17915330.90
55.62	6665509.73			81.71	8784347.02					132.48	19278943.84
58.43	6421931.19			63.90	7256215.13			61.67	9312375.30	146.52	21173750.60
54.70	6219318.92	60.78	7287478.34	60.05	7179072.16			151.81	22697926.89	132.78	18106733.96
		46.13	5577879.71	68.16	7957507.02			89.90	13852919.95	105.33	14747166.07
		44.10	5425730.14					103.49	15630270.11		
51.72	5902570.22	45.48	5569882.45					90.96	13908928.68		
54.79	6564699.57	55.31	6991792.59	49.08	5980031.22	29.64	4210783.86			91.07	13098177.55
46.48	5436874.05			48.76	6172399.65	36.30	5449965.92			77.74	10698039.39
109.13	13125850.84			41.95	5000448.04	82.70	11881625.50	53.71	7957447.87	141.45	19784343.20
78.12	8593445.67	35.51	4329924.47	36.79	4323272.62			57.94	8813283.35	136.57	18247133.73
		33.08	3945738.58	76.96	9997236.27			60.78	9275997.93	107.32	14517127.21
		37.85	4613178.49			59.65	8120711.04	53.41	8131305.02		
54.78	6010363.51	59.57	6914427.02			44.11	6078760.02	48.58	7352694.73		
62.11	6970902.00	54.33	6522141.24	54.63	7017376.48	46.20	6354522.04			82.21	10934341.76
59.97	6946554.58			51.29	6572682.21	43.89	5681654.64			112.58	15850370.60
105.33	12332184.84			46.59	6145393.49	38.28	5137950.55	38.48	5751894.81	120.93	16632602.74
93.68	11079253.19	36.46	4622532.54	44.32	5728817.81			92.55	14512610.61	103.56	13862743.98
		36.53	4437963.54	41.76	5423554.62			66.76	10029813.87	167.71	23234177.86
		41.01	5111762.56			37.04	5241346.63	130.92	20003185.78		
80.75	9893855.27	43.85	5600813.33			47.45	6983147.02	131.00	19857502.58		
74.38	8711880.96	41.32	4872167.20	38.75	4830133.49	102.30	14721759.85			195.32	25958826.34
57.40	6753946.90			46.05	5866710.27	70.14	9811797.90			172.62	23940614.35
52.78	6429349.68			45.31	5809849.67	61.62	8664170.52	122.16	18209309.66	153.18	19922618.04
91.14	14346677.11	44.65	5481552.16	37.53	4692032.75			173.60	24912430.33	149.71	20094158.61
		38.87	4809016.06	36.42	4508002.40			114.00	16452355.48	120.30	15442893.02
		35.51	4348384.94			57.35	7856892.98	101.30	14779904.77		
48.50	6437268.09	40.29	4658280.68			66.93	9920069.98	83.90	11876511.85		
42.75	5402770.77	46.05	5598625.80	37.31	4825834.00	92.21	12837000.82			103.72	13893599.38
47.55	6463020.96			44.75	5967368.71	58.19	8452754.95			114.04	14878148.91
43.84	5484976.65					63.19	9430611.27			110.04	14282658.52

2-20 2003年深圳A股每日成交量、成交额

日期 Date	1月 Jan. 成交额 Turnover	1月 Jan. 成交量 Volume	2月 Feb. 成交额 Turnover	2月 Feb. 成交量 Volume	3月 Mar. 成交额 Turnover	3月 Mar. 成交量 Volume	4月 Apr. 成交额 Turnover	4月 Apr. 成交量 Volume	5月 May 成交额 Turnover	5月 May 成交量 Volume	6月 Jun. 成交额 Turnover	6月 Jun. 成交量 Volume
1							60.30	7109800.90				
2	24.29	3270155.44					46.83	5464369.72			66.64	7743235.25
3	19.76	2796314.16			39.55	4423502.53	44.05	5119638.97			60.95	7315538.20
4					36.36	4016046.67	47.81	5672249.06			68.50	8995292.43
5					39.85	4508183.08					52.46	6383056.02
6	22.76	3059957.02			40.94	4799570.40					48.64	5760461.22
7	24.88	3318895.52			36.44	4281411.16	51.71	6106446.16				
8	33.48	4448221.58					58.76	7285240.40				
9	63.37	8358113.26					77.46	9917556.52			40.71	4825953.17
10	58.17	7523736.48	30.19	3702715.92	37.37	4507158.20	111.12	13232610.34			32.40	3943760.00
11			30.49	3694268.82	27.47	3160107.48	107.74	13508505.87			51.42	6265884.55
12			48.04	5892250.91	30.88	3436041.25			63.70	7687900.06	41.49	5130085.16
13	34.69	4344458.88	58.70	6967291.15	28.86	3324351.13			94.05	11126476.25	45.09	5610638.42
14	113.82	14256554.83	42.91	5051416.38	32.97	3683668.22	152.76	17995414.13	84.67	10553567.42		
15	98.96	12252384.46					132.43	14817006.63	109.14	12785475.07		
16	71.03	8696708.51					181.10	19440205.86	85.92	9764333.83	36.55	4568264.89
17	67.77	8374350.90	46.58	5715393.12	38.09	4472324.85	116.62	12636259.24			34.75	4301110.10
18			34.81	4261087.25	38.19	4243032.40	103.73	11512390.35			36.08	4228269.63
19			34.42	4122313.46	31.53	3644276.05			75.04	8592288.84	43.61	5346293.84
20	54.13	6571091.76	38.24	4494233.56	32.07	3754627.27			64.94	7407786.97	33.82	4170945.17
21	56.80	6963777.74	47.08	5852769.09	30.61	3409405.71	90.62	10187733.54	56.53	6299264.33		
22	50.42	6345773.06					61.46	6770383.83	58.00	6556294.27		
23	48.56	6379805.83					85.40	9686244.56	100.18	11390447.11	35.55	4427788.01
24	47.21	6190906.21	31.32	3718572.25	24.89	2756037.46	94.43	10947673.49			27.82	3398537.19
25			50.13	5762497.35	25.90	2969834.33	63.66	7590588.79			30.05	3768160.08
26			36.67	4088746.16	27.19	3113828.04			78.24	9164188.31	41.68	5064683.89
27	56.24	7369437.81	36.65	4173261.61	50.12	5940627.68			72.30	8699368.53	32.90	4301401.27
28	42.99	5229421.58	32.27	3636369.45	54.94	6370040.51	89.82	10581753.08	79.49	9252464.34		
29	49.63	5809006.94					88.21	10060413.94	90.99	9809291.85		
30							74.73	9026056.31	89.29	9998868.59	24.90	3181435.30
31					52.64	6196170.71						

数据来源:深圳证券交易所
Source: Shenzhen Stock Exchange

Daily Trading Volume and Value of A Shares in Shenzhen Stock Exchange in 2003

成交额:亿元;成交量:手

7月 Jul.		8月 Aug.		9月 Sep.		10月 Oct.		11月 Nov.		12月 Dec.	
成交额 Turnover	成交量 Volume	成交额 Turnover	成交量 Volume	成交额 Turnover	成交量 Volume	成交额 Turnover	成交量 Volume	成交额 Turnover	成交量 Volume	成交额 Turnover	成交量 Volume
30.86	4125722.61	30.53	3629858.89	29.56	3887924.86					53.85	7880905.65
31.73	4217723.68			35.03	4382376.67					58.67	8535494.72
28.36	3624281.97			28.10	3708615.17			26.09	3981527.01	62.31	9064785.01
28.20	3452289.50	37.66	4496054.22	28.31	3818428.96			64.32	9364214.10	58.78	8431525.79
		31.52	4083816.95	27.98	3772758.94			40.91	6185425.37	53.18	7237805.79
		33.15	4013663.77					47.75	7415853.41		
28.43	3408903.63	26.91	3314015.19					40.36	6276304.06		
34.21	4142787.04	30.45	3951891.51	24.36	3313194.83	18.37	2769459.28			43.24	6148048.03
27.58	3269150.55			21.90	2962800.04	16.07	2303474.95			34.08	4930021.37
51.27	5881418.56			18.06	2449699.06	32.40	4448588.47	23.44	3592068.48	50.34	7238467.33
35.33	4143294.02	21.03	2629253.98	17.33	2318070.24			25.92	4024553.57	52.90	7603194.35
		22.53	2937401.28	19.07	2661767.46			22.68	3562080.30	41.09	6052382.37
		24.48	2968490.60			26.82	3783277.63	25.45	4012178.81		
31.29	3842878.51	29.57	3574766.08			20.94	2947131.24	23.25	3660291.37		
35.49	4322534.00	24.95	3065532.83	18.78	2654846.20	24.07	3500856.48			38.52	5509588.08
31.34	3905393.65			21.77	3089551.96	21.76	3133885.84			45.26	6721680.07
54.73	6370201.70			22.89	3194589.16	16.83	2406750.58	19.62	3051922.85	52.44	7456943.48
50.34	6088616.25	17.72	2171588.32	19.18	2719854.27			21.23	3378049.09	48.87	7175986.44
		19.11	2414632.46	18.09	2558802.00			29.53	4581012.73	80.76	11717228.07
		20.56	2575130.62			16.48	2440407.79	59.37	9190200.99		
42.47	5445065.90	19.12	2353983.16			19.51	2919751.90	60.89	9468158.65		
34.15	4204867.89	24.17	3113832.34	16.98	2340716.21	40.90	5963862.70			88.27	12852591.07
28.55	3448392.39			18.24	2496017.87	29.56	4326429.05			70.78	9912216.76
25.92	3123414.16			19.91	2640641.16	27.01	3969243.41	56.44	8715469.19	68.27	9470547.75
35.63	4354624.83	24.47	3211755.88	20.24	2753067.77			83.01	12730954.71	66.40	9022740.89
		21.56	2831119.90	19.32	2746762.87			61.94	9586932.53	49.49	6635601.70
		20.16	2723646.81			28.45	4175299.02	51.00	7927932.90		
24.39	3077233.17	22.13	2880658.12			30.27	4566852.21	37.84	5701336.55		
22.28	2727758.06	23.12	3108474.73	19.55	2814809.73	37.47	5711651.55			48.04	6631112.34
21.87	2657698.42			22.58	3237528.18	24.29	3677006.91			46.09	6571735.60
26.16	2880080.37					23.06	3568058.87			45.51	6350425.40

2-21 2003年全国B股每日成交量、成交额

日期 Date	1月 Jan.		2月 Feb.		3月 Mar.		4月 Apr.		5月 May		6月 Jun.	
	成交额 Turnover	成交量 Volume	成交额 Turnover	成交量 Volume	成交额 Turnover	成交量 Volume	成交额 Turnover	成交量 Volume	成交额 Turnover	成交量 Volume	成交额 Turnover	成交量 Volume
1							2.21	472925.33				
2	1.28	310854.67					1.60	338278.39			3.64	755749.69
3	0.86	205462.93			1.36	297010.10	2.05	465427.77			3.32	751589.76
4					1.39	288817.06	5.88	1276240.09			2.50	583956.40
5					1.16	250452.09					2.86	562170.83
6	1.15	276684.62			1.57	342472.70					3.16	627145.04
7	1.18	283690.81			1.30	281819.38	5.04	1066963.51				
8	2.06	480767.91					4.12	899566.83				
9	4.06	915650.14					6.85	1528510.56			2.29	451609.30
10	2.74	631743.63	1.96	411378.88	1.71	382903.65	8.06	1742020.22			1.67	370404.46
11			1.30	275089.23	1.09	245068.29	9.03	1925926.15			2.67	553283.79
12			2.07	445930.41	1.05	235078.99			2.86	558235.20	2.26	514461.92
13	1.39	316283.03	2.75	602746.57	0.93	209071.60			6.70	1263493.45	2.98	724318.56
14	10.02	2166196.01	1.55	336649.30	1.13	253820.42	13.03	2671150.96	4.48	1060637.01		
15	6.36	1360344.92					10.18	2011206.22	5.40	1116550.07		
16	5.67	1161953.90					13.10	2499576.10	4.31	888297.11	2.36	522543.60
17	4.09	875600.52	1.68	360352.06	0.99	216742.42	7.73	1481440.42			2.18	463790.81
18			0.99	213601.41	1.83	366241.26	5.50	1093529.81			2.65	533337.85
19			1.27	274167.91	1.74	372291.68			3.53	724872.40	2.42	574610.33
20	2.51	533659.10	1.04	225474.23	1.46	307192.94			3.11	612204.11	1.70	379495.19
21	3.68	788087.70	2.12	466457.79	0.94	202529.25	6.98	1357367.08	2.37	480414.67		
22	2.16	465294.67					3.29	658073.80	2.99	599612.12		
23	2.03	450438.97					5.55	1159670.41	3.92	799633.43	1.86	392338.33
24	2.74	595632.20	1.00	217807.65	0.72	148608.57	6.65	1311350.47			1.31	281640.67
25			2.07	451248.90	1.15	236661.65	4.06	822391.09			1.90	400972.98
26			0.92	198158.90	1.16	254786.62			3.63	748479.54	1.95	403238.69
27	2.65	567702.48	1.29	282954.49	2.28	491857.68			3.09	681901.50	1.52	348727.21
28	1.95	411361.97	1.20	261599.30	2.30	486883.70	6.15	1181674.75	5.30	1179441.81		
29	2.25	478033.02					5.35	1073210.16	4.41	983700.73		
30							5.29	1062659.77	4.68	952769.62	1.92	468642.67
31					1.87	395991.91						

数据来源:上海、深圳证券交易所

Source:Shanghai Shenzhen Stock Exchange

Daily Trading Volume and Value of B Shares in 2003

成交额:亿元;成交量:手

7月 Jul.		8月 Aug.		9月 Sep.		10月 Oct.		11月 Nov.		12月 Dec.	
成交额 Turnover	成交量 Volume	成交额 Turnover	成交量 Volume	成交额 Turnover	成交量 Volume	成交额 Turnover	成交量 Volume	成交额 Turnover	成交量 Volume	成交额 Turnover	成交量 Volume
1.46	349563.82	2.40	480460.33	2.40	519667.69					5.27	906832.28
1.30	286944.75			2.06	469480.88					4.07	694954.54
1.58	340221.47			1.50	330472.49			16.73	3225422.07	6.30	1090761.62
2.19	438815.65	4.29	878996.08	1.46	319990.27			18.13	3548107.44	4.11	762742.44
		3.11	615546.25	1.75	390436.42			10.45	2004660.86	4.45	828424.59
		1.88	413310.03					14.29	2704990.43		
4.01	700055.56	2.10	437035.27					9.34	1834902.97		
1.97	388271.45	2.61	516255.51	1.23	268055.22	3.17	593534.02			2.94	556856.09
1.69	332243.81			1.26	274749.01	3.39	639253.05			3.02	569329.58
4.33	889002.80			0.91	203097.96	13.22	2645779.42	8.51	1563001.65	2.60	482170.94
2.86	562574.51	2.56	525633.35	0.81	174541.68			4.89	905496.92	2.87	604071.70
		1.88	387712.12	0.94	206033.25			5.08	881079.50	2.58	562468.43
		1.62	325503.64			9.07	1797975.82	4.68	836345.83		
3.36	676391.28	1.96	423036.52			8.01	1528594.73	3.45	578372.85		
4.93	980520.38	1.78	379821.09	0.76	172153.39	8.25	1696263.69			2.49	471426.43
3.53	738269.85			1.29	277658.49	4.35	884251.47			3.52	666897.92
7.85	1560476.27			1.43	280953.40	3.66	725750.06	2.34	422065.45	4.14	750726.61
5.40	1045621.14	2.63	605421.79	2.33	444267.37			5.81	1049874.50	2.59	495153.13
		3.62	771996.89	2.20	427013.41			3.55	677605.48	4.97	999521.70
		4.30	1000409.54			4.30	781941.64	6.84	1312923.41		
3.69	734127.55	1.81	409704.55			4.55	899458.75	4.49	847626.22		
2.91	561967.11	2.33	508674.19	0.83	186740.88	6.65	1379633.66			6.50	1324680.83
1.95	385580.19			1.38	302377.28	4.52	913446.89			5.69	1103259.36
1.39	270861.32			1.28	262822.52	3.44	668050.44	3.91	761091.22	7.60	1479879.50
2.58	493449.32	1.53	348069.70	1.24	258117.48			4.98	975050.42	5.79	1162169.85
		1.33	293518.98	0.87	184648.03			2.88	551549.99	3.33	702144.54
		1.13	252188.97			2.61	526764.01	2.96	565215.99		
1.34	266264.13	0.98	218724.99			4.80	867626.12	2.21	410388.50		
1.81	369971.88	1.17	265705.20	0.99	212582.40	8.17	1457248.89			3.06	590693.78
1.62	324783.29			1.16	252519.20	5.54	970999.77			4.86	965322.55
1.64	322620.35					10.31	1902920.91			5.73	1024363.91

2-22 2003 年上海 B 股每日成交量、成交额

日期 Date	1月 Jan.		2月 Feb.		3月 Mar.		4月 Apr.		5月 May		6月 Jun.	
	成交额 Turnover	成交量 Volume	成交额 Turnover	成交量 Volume	成交额 Turnover	成交量 Volume	成交额 Turnover	成交量 Volume	成交额 Turnover	成交量 Volume	成交额 Turnover	成交量 Volume
1							0.81	166144.81				
2	0.84	193034.16					0.65	144458.50			1.44	284174.69
3	0.55	122344.80			0.62	122225.65	0.75	186203.13			1.15	243417.47
4					0.74	146884.23	2.26	476060.68			0.89	191228.24
5					0.63	128347.93					0.71	145281.68
6	0.71	162605.61			0.82	168506.41					0.79	167355.79
7	0.71	158262.69			0.79	165006.20	1.56	332352.48				
8	1.30	289439.94					1.26	277024.01				
9	2.58	547466.33					3.52	783577.12			0.65	130105.31
10	1.63	342774.36	1.05	216375.63	0.81	170876.85	3.22	703275.31			0.61	126984.02
11			0.71	144530.96	0.61	126408.17	3.02	653436.94			0.93	190651.52
12			0.96	200330.09	0.61	131195.00			1.54	298423.88	0.69	136759.91
13	0.76	159425.32	1.26	258137.29	0.46	99276.39			2.47	497913.76	0.54	122339.17
14	6.36	1287059.65	0.71	145798.52	0.53	115164.10	5.41	1064285.71	2.10	523149.29		
15	4.21	850519.52					4.31	835066.95	2.18	475092.55		
16	4.35	854631.21					4.79	929063.22	1.42	300845.18	0.38	86730.52
17	2.78	553729.65	1.02	206037.00	0.48	102124.80	2.59	499357.10			0.52	111719.88
18			0.47	96878.14	0.65	132140.87	1.75	359464.90			0.36	80924.27
19			0.69	143838.20	0.47	99859.93			1.22	267060.07	0.75	171331.79
20	1.78	356729.25	0.62	127810.88	0.43	90013.11			1.14	232695.54	0.42	93098.03
21	2.39	479211.74	1.29	270987.24	0.37	76894.98	2.95	580890.90	1.05	208913.11		
22	1.52	313883.26					1.25	269442.45	1.08	216024.93		
23	1.31	274959.55					2.53	583942.26	1.56	312416.62	0.49	113781.43
24	1.72	362913.61	0.60	124623.02	0.31	63642.61	2.91	611410.33			0.36	80548.29
25	0.00	0.00	1.38	285194.17	0.57	119218.93	1.96	399345.35			0.38	81469.97
26	0.00	0.00	0.54	110283.55	0.54	119532.97			0.95	183435.51	0.49	107146.14
27	1.67	344724.20	0.71	144728.28	1.22	259687.41			0.84	162067.84	0.27	58638.72
28	1.06	213023.06	0.69	141160.78	0.95	200526.31	2.63	484644.36	1.91	444580.38		
29	1.13	225811.06					1.97	411570.16	1.33	268038.73		
30							2.51	499881.51	1.92	367179.97	0.37	78981.92
31					0.64	135660.84						

数据来源:上海证券交易所

Source:Shanghai Stock Exchange

Daily Trading Volume and Value of B Shares in Shanghai Stock Exchange in 2003

成交额:亿元;成交量:手

7月 Jul.		8月 Aug.		9月 Sep.		10月 Oct.		11月 Nov.		12月 Dec.	
成交额 Turnover	成交量 Volume	成交额 Turnover	成交量 Volume	成交额 Turnover	成交量 Volume	成交额 Turnover	成交量 Volume	成交额 Turnover	成交量 Volume	成交额 Turnover	成交量 Volume
0.44	105681.38	0.64	138122.74	0.85	212702.40					1.07	218835.32
0.38	83665.48			0.82	197251.75					0.88	167597.49
0.42	91984.39			0.47	116328.04			5.91	1225553.90	1.46	282804.24
0.41	93670.05	0.76	164491.39	0.49	114800.58			5.59	1180473.27	0.91	188719.06
		0.53	113460.84	0.53	135741.02			3.57	752061.22	1.00	199592.29
		0.39	82918.72					4.30	874946.84		
0.46	103777.57	0.47	102279.74					2.74	575321.11		
0.39	81982.04	0.63	138284.99	0.30	76013.82	0.52	116420.77			0.80	167735.27
0.21	44386.80			0.35	85884.50	0.57	119193.04			1.00	204233.39
0.94	203368.29			0.27	64105.31	3.14	730365.90	1.77	352341.95	0.82	166135.53
0.68	148997.86	0.88	203192.66	0.20	48908.82			1.13	225795.82	0.96	245237.72
		0.59	129417.51	0.27	67930.04			1.23	238888.44	0.77	194893.74
		0.48	109319.56			1.48	344283.75	1.16	239085.83		
0.53	109748.88	0.65	150076.09			1.28	288729.51	0.82	155258.85		
0.68	141998.48	0.69	160369.35	0.27	69277.31	1.53	355650.71			0.60	131889.64
0.63	138622.00			0.37	91335.34	0.74	177220.28			1.07	231098.61
2.53	541359.60			0.30	73208.14	0.65	147596.67	0.59	109605.11	0.97	214305.90
1.40	300921.13	1.49	373335.32	0.32	78135.86			1.31	242747.83	0.69	136587.34
		0.87	220584.17	0.30	74862.25			0.91	178188.89	1.87	413905.00
		1.73	451940.82			0.55	115881.84	1.88	387228.46		
0.96	215328.23	0.75	193439.49			0.42	97314.45	1.13	230841.97		
0.65	139023.66	1.00	246783.34	0.23	58053.47	1.48	356009.84			2.74	610950.85
0.42	92262.46			0.38	105123.44	1.08	255812.62			1.98	455203.25
0.31	64928.29			0.45	109671.60	0.61	137851.22	1.20	241281.10	2.49	551167.44
0.53	111586.60	0.61	150499.64	0.37	88935.94			1.43	301102.66	1.91	422584.82
		0.45	115576.84	0.15	34886.11			0.68	131450.71	1.14	294490.34
		0.38	98229.80			0.54	129614.01	0.87	181443.96		
0.39	85476.79	0.36	90214.20			0.97	224193.38	0.62	128396.24		
0.45	95042.57	0.46	115396.56	0.23	56573.02	1.57	322071.53			0.88	199433.93
0.44	89059.94			0.40	92238.26	1.67	334303.98			1.44	298425.18
0.38	80872.18					2.79	556866.31			1.45	279724.99

2-23 2003年深圳B股每日成交量、成交额

日期 Date	1月 Jan.		2月 Feb.		3月 Mar.		4月 Apr.		5月 May		6月 Jun.	
	成交额 Turnover	成交量 Volume	成交额 Turnover	成交量 Volume	成交额 Turnover	成交量 Volume	成交额 Turnover	成交量 Volume	成交额 Turnover	成交量 Volume	成交额 Turnover	成交量 Volume
1							1.40	306780.52				
2	0.44	117820.51					0.95	193819.89			2.20	471575.00
3	0.31	83118.13			0.74	174784.45	1.30	279224.64			2.17	508172.29
4					0.65	141932.83	3.62	800179.41			1.61	392728.16
5					0.53	122104.16					2.15	416889.15
6	0.44	114079.01			0.75	173966.29					2.37	459789.25
7	0.47	125428.12			0.51	116813.18	3.48	734611.03				
8	0.76	191327.97					2.86	622542.82				
9	1.48	368183.81					3.33	744933.44			1.64	321503.99
10	1.11	288969.27	0.91	195003.25	0.90	212026.80	4.84	1038744.91			1.06	243420.44
11			0.59	130558.27	0.48	118660.12	6.01	1272489.21			1.74	362632.27
12			1.11	245600.32	0.44	103883.99			1.32	259811.32	1.57	377702.01
13	0.63	156857.71	1.49	344609.28	0.47	109795.21			4.23	765579.69	2.44	601979.39
14	3.66	879136.36	0.84	190850.78	0.60	138656.32	7.62	1606865.25	2.38	537487.72		
15	2.15	509825.40					5.87	1176139.27	3.22	641457.52		
16	1.32	307322.69					8.31	1570512.88	2.89	587451.93	1.98	435813.08
17	1.31	321870.87	0.66	154315.06	0.51	114617.62	5.14	982083.32			1.66	352070.93
18			0.52	116723.27	1.18	234100.39	3.75	734064.91			2.29	452413.58
19			0.58	130329.71	1.27	272431.75			2.31	457812.33	1.67	403278.54
20	0.73	176929.85	0.42	97663.35	1.03	217179.83			1.97	379508.57	1.28	286397.16
21	1.29	308875.96	0.83	195470.55	0.57	125634.27	4.03	776476.18	1.32	271501.56		
22	0.64	151411.41					2.04	388631.35	1.91	383587.19		
23	0.72	175479.42					3.02	575728.15	2.36	487216.81	1.37	278556.90
24	1.02	232718.59	0.40	93184.63	0.41	84965.96	3.74	699940.14			0.95	201092.38
25			0.69	166054.73	0.58	117442.72	2.10	423045.74			1.52	319503.01
26			0.38	87875.35	0.62	135253.65			2.68	565044.03	1.46	296092.55
27	0.98	222978.28	0.58	138226.21	1.06	232170.27			2.25	519833.66	1.25	290088.49
28	0.89	198338.91	0.51	120438.52	1.35	286357.39	3.52	697030.39	3.39	734861.43		
29	1.12	252221.96					3.38	661640.00	3.08	715662.00		
30							2.78	562778.26	2.76	585589.65	1.55	389660.75
31					1.23	260331.07						

数据来源：深圳证券交易所

Source: Shenzhen Stock Exchange

Daily Trading Volume and Value of B Shares in Shenzhen Stock Exchange in 2003

成交额:亿元;成交量:手

7月 Jul.		8月 Aug.		9月 Sep.		10月 Oct.		11月 Nov.		12月 Dec.	
成交额 Turnover	成交量 Volume	成交额 Turnover	成交量 Volume	成交额 Turnover	成交量 Volume	成交额 Turnover	成交量 Volume	成交额 Turnover	成交量 Volume	成交额 Turnover	成交量 Volume
1.02	243882.44	1.76	342337.59	1.55	306965.29					4.20	687996.96
0.92	203279.27			1.24	272229.13					3.19	527357.05
1.16	248237.08			1.03	214144.45			10.82	1999868.17	4.84	807957.38
1.78	345145.60	3.53	714504.69	0.97	205189.69			12.54	2367634.17	3.20	574023.38
		2.58	502085.41	1.22	254695.40			6.88	1252599.64	3.45	628832.30
		1.49	330391.31					9.99	1830043.59		
3.55	596277.99	1.63	334755.53					6.60	1259581.86		
1.58	306289.41	1.98	377970.52	0.93	192041.40	2.65	477113.25			2.14	389120.82
1.48	287857.01			0.91	188864.51	2.82	520060.01			2.02	365096.19
3.39	685634.51			0.64	138992.65	10.08	1915413.52	6.74	1210659.70	1.78	316035.41
2.18	413576.65	1.68	322440.69	0.61	125632.86			3.76	679701.10	1.91	358833.98
		1.29	258294.61	0.67	138103.21			3.85	642191.06	1.81	367574.69
		1.14	216184.08			7.59	1453692.07	3.52	597260.00		
2.83	566642.40	1.31	272960.43			6.73	1239865.22	2.63	423114.00		
4.25	838521.90	1.09	219451.74	0.49	102876.08	6.72	1340612.98			1.89	339536.79
2.90	599647.85			0.92	186323.15	3.61	707031.19			2.45	435799.31
5.32	1019116.67			1.13	207745.26	3.01	578153.39	1.75	312460.34	3.17	536420.71
4.00	744700.01	1.14	232086.47	2.01	366131.51			4.50	807126.67	1.90	358565.79
		2.75	551412.72	1.90	352151.16			2.64	499416.59	3.10	585616.70
		2.57	548468.72			3.75	666059.80	4.96	925694.95		
2.73	518799.32	1.06	216265.06			4.13	802144.30	3.36	616784.25		
2.26	422943.45	1.33	261890.85	0.60	128687.41	5.17	1023623.82			3.76	713729.98
1.53	293317.73			1.00	197253.84	3.44	657634.27			3.71	648056.11
1.08	205933.03			0.83	153150.92	2.83	530199.22	2.71	519810.12	5.11	928712.06
2.05	381862.72	0.92	197570.06	0.87	169181.54			3.55	673947.76	3.88	739585.03
		0.88	177942.14	0.72	149761.92			2.20	420099.28	2.19	407654.20
		0.75	153959.17			2.07	397150.00	2.09	383772.03		
0.95	180787.34	0.62	128510.79			3.83	643432.74	1.59	281992.26		
1.36	274929.31	0.71	150308.64	0.76	156009.38	6.60	1135177.36			2.18	391259.85
1.18	235723.35			0.76	160280.94	3.87	636695.79			3.42	666897.37
1.26	241748.17					7.52	1346054.60			4.28	744638.92

2-24 2003年全国股票分行业成交量、成交额

Trading Volume and Value for Stocks in 2003 (Categorized by Industries)

行　业 Industry	成交数量 Transaction Volume(10000)		成交金额 Turnover(10000)	
	数量(万股)Volume	(%)	金额(万元)	(%)
合计 Total	41630840.62	100	321152703.30	100
其中:15000万股以上	38664561.19	92.87	292214900.69	90.99
5000万股—15000万股	2926259.29	7.03	28776904.93	8.96
5000万股以下	40020.14	0.10	160897.69	0.05
农、林、牧、副、渔业 Agriculture, Forestry, Fishing and Hunting	657661.95	1.58	4374801.18	1.36
采掘业 Mining	1671273.86	4.01	10449068.79	3.25
食品、饮料 Food, Beverage	1562264.92	3.75	13128860.85	4.09
纺织、服装、毛皮 Textile, Apparel, Leather	1081320.71	2.60	8249185.23	2.57
木材、家具 Wood Product	27859.07	0.07	206333.61	0.06
造纸、印刷 Paper, Printing	582462.03	1.40	4363091.84	1.36
石油、化学、橡胶、塑料 Petroleum, Chemical Product, Plastics, Rubber	3423210.78	8.22	23694329.94	7.38
电子 Electrical Equipment	1387817.70	3.33	12326857.69	3.84
金属、非金属 Metal, Nonmetallic Mineral Product	5346920.32	12.84	36635350.56	11.41
机械、设备、仪表 Machinery, Equipment, Meter	5187794.59	12.46	44573679.53	13.88
医药、生物 Medicine, Biologic Product	1634137.84	3.93	14651478.40	4.56
其他制造业 Other Manufacuring	286357.42	0.69	2378622.41	0.74
电力、蒸汽及水的生产及供应业 Electricity, Gas, Water Supply	2279766.34	5.48	18745487.02	5.84
建筑业 Construction	490008.94	1.18	3647327.54	1.14
交通运输、仓储业 Transport, Storage	2662971.38	6.40	19960340.93	6.22
信息技术业 Information, Technology	4100414.99	9.85	27567099.29	8.58
批发和零售贸易 Wholesale and Retail Trade	1702550.42	4.09	13359797.00	4.16
金融、保险业 Finance, Insurance	2423127.98	5.82	23112508.10	7.20
房地产业 Real Estate	1169275.57	2.81	9696592.90	3.02
社会服务业 Social Services	872269.52	2.10	6656514.54	2.07
传播及文化产业 Transmission, Culture	272094.23	0.65	2912637.90	0.91
综合类 Conglomerat	2809280.09	6.75	20462738.04	6.37

数据来源:上海、深圳证券交易所

Source: Shanghai Shenzhen Stock Exchange

2-25　2003年上海股票分行业成交量、成交额

Trading Volume and Value of Shanghai Stock Exchange in 2003 (Categorized by Industries)

行　业 Industry	成交数量 Transaction Volume(10000)		成交金额 Turnover(10000)	
	数量(万股) Volume	(%)	金额(万元)	(%)
合计	26927288.42	100	208241374.13	100
其中:15000万股以上	25032260.62	92.96	187065258.70	89.83
5000万股—15000万股	1888897.87	7.01	21145347.28	10.15
5000万股以下	6129.93	0.02	30768.16	0.01
农、林、牧、副、渔业 Agriculture, Forestry, Fishing and Hunting	467697.48	1.74	3155674.57	1.52
采掘业 Mining	1202616.05	4.47	6487918.53	3.12
食品、饮料 Food, Beverage	971880.63	3.61	8022460.18	3.85
纺织、服装、毛皮 Textile, Apparel, Leather	697603.10	2.59	5741529.00	2.76
木材、家具 Wood Product	9587.04	0.04	109618.38	0.05
造纸、印刷 Paper, Printing	337769.92	1.25	2679930.49	1.29
石油、化学、橡胶、塑料 Petroleum, Chemical Product, Plastics, Rubber	1647320.56	6.12	12068686.49	5.80
电子 Electrical Equipment	960187.05	3.57	8973425.81	4.31
金属、非金属 Metal, Nonmetallic Mineral Product	3334750.86	12.38	23227759.42	11.15
机械、设备、仪表 Machinery, Equipment, Meter	2687154.78	9.98	24710696.66	11.87
医药、生物 Medicine, Biologic Product	895624.37	3.33	9167161.61	4.40
其他制造业 Other Manufacuring	219936.27	0.82	1924771.25	0.92
电力、蒸汽及水的生产及供应业 Electricity, Gas, Water Supply	1393892.68	5.18	12023166.30	5.77
建筑业 Construction	366811.69	1.36	2846009.83	1.37
交通运输、仓储业 Transport, Storage	2270924.44	8.43	16952613.93	8.14
信息技术业 Information, Technology	3231214.98	12.00	18817989.59	9.04
批发和零售贸易 Wholesale and Retail Trade	1099568.73	4.08	8985321.78	4.31
金融、保险业 Finance, Insurance	2066047.69	7.67	19535459.26	9.38
房地产业 Real Estate	534727.11	1.99	4636248.59	2.23
社会服务业 Social Services	524669.91	1.95	3873821.87	1.86
传播及文化产业 Transmission, Culture	181544.64	0.67	1973753.78	0.95
综合类 Conglomerat	1825758.45	6.78	12327356.80	5.92

数据来源:上海证券交易所
Source: Shanghai Stock Exchange

2-26　2003年深圳股票分行业成交量、成交额
Trading Volume and Value of Shenzhen Stock Exchange in 2003 (Categorized by Industries)

行　业 Industry	成交数量 Transaction Volume(10000)		成交金额 Turnover(10000)	
	数量(万股)Volume	(%)	金额(万元)	(%)
合计	14703552.20	100	112911329.17	100
其中:15000万股以上	13632300.57	92.71	105149641.99	93.13
5000万股—15000万股	1037361.42	7.06	7631557.65	6.76
5000万股以下	33890.21	0.23	130129.53	0.12
农、林、牧、副、渔业 Agriculture, Forestry, Fishing and Hunting	189964.47	1.29	1219126.61	1.08
采掘业 Mining	468657.81	3.19	3961150.26	3.51
食品、饮料 Food, Beverage	590384.29	4.02	5106400.67	4.52
纺织、服装、毛皮 Textile, Apparel, Leather	383717.61	2.61	2507656.23	2.22
木材、家具 Wood Product	18272.03	0.12	96715.23	0.09
造纸、印刷 Paper, Printing	244692.11	1.66	1683161.35	1.49
石油、化学、橡胶、塑料 Petroleum, Chemical Product, Plastics, Rubber	1775890.22	12.08	11625643.45	10.30
电子 Electrical Equipment	427630.65	2.91	3353431.88	2.97
金属、非金属 Metal, Nonmetallic Mineral Product	2012169.46	13.68	13407591.14	11.87
机械、设备、仪表 Machinery, Equipment, Meter	2500639.81	17.01	19862982.87	17.59
医药、生物 Medicine, Biologic Product	738513.47	5.02	5484316.79	4.86
其他制造业 Other Manufacuring	66421.15	0.45	453851.16	0.40
电力、蒸汽及水的生产及供应业 Electricity, Gas, Water Supply	885873.66	6.02	6722320.72	5.95
建筑业 Construction	123197.25	0.84	801317.71	0.71
交通运输、仓储业 Transport, Storage	392046.94	2.67	3007727.00	2.66
信息技术业 Information, Technology	869200.01	5.91	8749109.70	7.75
批发和零售贸易 Wholesale and Retail Trade	602981.69	4.10	4374475.22	3.87
金融、保险业 Finance, Insurance	357080.29	2.43	3577048.84	3.17
房地产业 Real Estate	634548.46	4.32	5060344.31	4.48
社会服务业 Social Services	347599.61	2.36	2782692.67	2.46
传播及文化产业 Transmission,Culture	90549.59	0.62	938884.12	0.83
综合类 Conglomerat	983521.64	6.69	8135381.24	7.21

数据来源:深圳证券交易所
Source: Shenzhen Stock Exchange

2-27　2003年股票成交金额地区分布

Regional Distribution of Stock Turnover in 2003

成交额:百万元;(1000000)

地区 Region	总成交额 Turnover	比例(%)
安　徽	81709.27	2.54
北　京	395859.29	12.33
福　建	93436.37	2.91
甘　肃	30328.50	0.94
广　东	468217.16	14.58
广　西	27822.75	0.87
贵　州	14071.67	0.44
海　南	28786.86	0.90
河　北	49036.62	1.53
河　南	76813.89	2.39
黑龙江	76118.57	2.37
湖　北	92966.92	2.89
湖　南	48819.30	1.52
吉　林	50141.01	1.56
江　苏	179835.50	5.60
江　西	47398.13	1.48
辽　宁	124838.68	3.89
内蒙古	36415.33	1.13
宁　夏	11357.49	0.35
青　海	8422.85	0.26
山　东	138556.67	4.31
山　西	34741.97	1.08
陕　西	41352.62	1.29
上　海	650529.07	20.26
四　川	92505.33	2.88
天　津	51206.05	1.59
西　藏	5522.24	0.17
新　疆	43468.52	1.35
云　南	21083.24	0.66
浙　江	152249.68	4.74
重　庆	35750.27	1.11
境　外	4015.04	0.13
合　计	3211527.20	100.00

数据来源:上海、深圳证券交易所

Source: Shanghai Shenzhen Stock Exchange

2-28　2003年全国A股按成交量排序前50名

Top 50 of A Share Trading Volume in 2003

序号 No.	代码 Code	股票简称 Shares	年成交量(百万股) Trading Volume(1000000)	交易所 Exchange
1	600050	中国联通	22120.16	上　海
2	600028	中国石化	9010.56	上　海
3	600019	宝钢股份	7402.21	上　海
4	600036	招商银行	6023.41	上　海
5	600030	中信证券	4372.57	上　海
6	600653	申华控股	3782.01	上　海
7	600029	南方航空	3415.84	上　海
8	600016	民生银行	3097.61	上　海
9	600000	浦发银行	3066.56	上　海
10	600808	马钢股份	3005.12	上　海
11	000875	吉电股份	2996.30	深　圳
12	600104	上海汽车	2936.02	上　海
13	600015	华夏银行	2887.03	上　海
14	600900	长江电力	2636.51	上　海
15	000800	一汽轿车	2411.41	深　圳
16	600012	皖通高速	2406.48	上　海
17	000898	鞍钢新轧	2342.02	深　圳
18	000866	扬子石化	2157.26	深　圳
19	600688	上海石化	2145.77	上　海
20	600026	中海发展	2135.24	上　海
21	000001	深发展A	2113.16	深　圳
22	600609	金杯汽车	1997.79	上　海
23	000717	韶钢松山	1980.13	深　圳
24	000825	太钢不锈	1904.10	深　圳
25	000510	金路集团	1756.90	深　圳
26	600004	白云机场	1680.19	上　海
27	600231	凌钢股份	1679.48	上　海
28	600350	山东基建	1674.75	上　海
29	000002	万 科 A	1551.62	深　圳
30	600569	安阳钢铁	1537.25	上　海
31	600602	广电电子	1535.23	上　海
32	600018	上港集箱	1441.27	上　海
33	000682	ST 东 方	1437.58	深　圳
34	600812	华北制药	1397.07	上　海
35	000629	新 钢 钒	1383.23	深　圳
36	600002	齐鲁石化	1374.18	上　海
37	600005	武钢股份	1350.81	上　海
38	600362	江西铜业	1292.35	上　海
39	000557	ST 银广夏	1260.07	深　圳
40	600591	上海航空	1232.27	上　海
41	000009	深宝安A	1219.76	深　圳
42	600839	四川长虹	1198.50	上　海
43	600805	悦达投资	1180.13	上　海
44	000817	辽河油田	1135.26	深　圳
45	000927	* ST 夏利	1071.52	深　圳
46	000562	宏源证券	1050.78	深　圳
47	000839	中信国安	1009.79	深　圳
48	000932	华菱管线	1007.23	深　圳
49	000027	深能源A	1001.65	深　圳
50	600021	上海电力	996.57	上　海

数据来源:上海、深圳证券交易所

Source: Shanghai Shenzhen Stock Exchange

2-29 2003年上海A股按成交量排序前50名

Top 50 of Shanghai Stock Exchange A Share Trading Volume in 2003

序号 No.	代码 Code	股票简称 Shares	年成交量(百万股) Trading Volume(1000000)	年成交金额(百万元) Turnover (1000000)
1	600050	中国联通	22120.16	73331.78
2	600028	中国石化	9010.56	35445.36
3	600019	宝钢股份	7402.21	42809.71
4	600036	招商银行	6023.41	66652.33
5	600030	中信证券	4372.57	31160.43
6	600653	申华控股	3782.01	15576.67
7	600029	南方航空	3415.84	14231.89
8	600016	民生银行	3097.61	32438.53
9	600000	浦发银行	3066.56	34055.89
10	600808	马钢股份	3005.12	12221.78
11	600104	上海汽车	2936.02	33224.21
12	600015	华夏银行	2887.03	20691.69
13	600900	长江电力	2636.51	18802.66
14	600012	皖通高速	2406.48	13013.57
15	600688	上海石化	2145.77	9586.21
16	600026	中海发展	2135.24	13239.22
17	600609	金杯汽车	1997.79	14515.16
18	600004	白云机场	1680.19	14728.84
19	600231	凌钢股份	1679.48	14030.00
20	600350	山东基建	1674.75	7997.05
21	600569	安阳钢铁	1537.25	10213.78
22	600602	广电电子	1535.23	14870.46
23	600018	上港集箱	1441.27	19071.79
24	600812	华北制药	1397.07	8287.90
25	600002	齐鲁石化	1374.18	7768.19
26	600005	武钢股份	1350.81	7731.24
27	600362	江西铜业	1292.35	7350.02
28	600591	上海航空	1232.27	9874.60
29	600839	四川长虹	1198.50	8665.36
30	600805	悦达投资	1180.13	7798.13
31	600021	上海电力	996.57	9231.67
32	600307	酒钢宏兴	977.89	6937.89
33	600009	上海机场	926.08	10088.29
34	600642	申能股份	889.98	10858.48
35	600221	海南航空	887.52	5150.29
36	600795	国电电力	879.61	8497.34
37	600710	常林股份	874.97	7772.15
38	600429	三元股份	871.16	5788.98
39	600282	南钢股份	827.56	7045.59
40	600033	福建高速	814.06	6987.51
41	600871	仪征化纤	796.27	4004.84
42	600100	清华同方	790.73	12733.44
43	600868	梅雁股份	788.74	3212.12
44	600115	东方航空	786.82	3676.11
45	600652	爱使股份	786.79	6071.51
46	600581	八一钢铁	784.23	5850.54
47	600705	北亚集团	777.13	5081.04
48	600010	钢联股份	765.23	3864.83
49	600608	上海科技	762.93	9651.16
50	600747	大显股份	760.59	5248.92

数据来源：上海、深圳证券交易所

Source: Shanghai Shenzhen Stock Exchange

2-30 2003年深圳A股按成交量排序前50名

Top 50 of Shenzhen Stock Exchange A Share Trading Volume in 2003

序号 No.	代码 Code	股票简称 Shares	年成交量(百万股) Trading Volume(1000000)	年成交金额(百万元) Turnover (1000000)
1	000875	吉电股份	2996.30	16710.30
2	000800	一汽轿车	2411.41	22616.64
3	000898	鞍钢新轧	2342.02	10434.80
4	000866	扬子石化	2157.26	16030.57
5	000001	深发展A	2113.16	23847.62
6	000717	韶钢松山	1980.13	20596.45
7	000825	太钢不锈	1904.10	9489.63
8	000510	金路集团	1756.90	11037.50
9	000002	万 科 A	1551.62	13024.57
10	000682	ST 东 方	1437.58	5426.76
11	000629	新 钢 钒	1383.23	9694.38
12	000557	ST 银广夏	1260.07	4825.62
13	000009	深宝安A	1219.76	6287.85
14	000817	辽河油田	1135.26	9977.94
15	000927	*ST 夏利	1071.52	9553.27
16	000562	宏源证券	1050.78	8638.11
17	000839	中信国安	1009.79	15843.68
18	000932	华菱管线	1007.23	5311.23
19	000027	深能源A	1001.65	8486.27
20	000625	长安汽车	979.36	14063.82
21	000503	海虹控股	976.55	16767.79
22	000956	中原油气	974.21	10587.60
23	000031	深宝恒A	877.46	8050.12
24	000540	世纪中天	868.16	5768.81
25	000627	百科药业	820.52	4716.60
26	000702	正虹科技	782.95	7188.78
27	000040	*ST 鸿基	773.42	4551.83
28	000029	深深房A	764.71	6245.79
29	000892	长丰通信	756.87	7016.22
30	000858	五 粮 液	755.40	7987.16
31	000680	山推股份	738.34	6951.46
32	000597	东 北 药	736.79	6590.13
33	000688	朝华集团	735.97	5371.27
34	000709	唐钢股份	712.07	4155.70
35	000550	江铃汽车	710.66	7908.45
36	000410	沈阳机床	668.97	5053.96
37	000005	*ST 星源	668.82	2458.55
38	000594	ST 宏 峰	648.60	3134.13
39	000518	四环生物	637.54	4645.90
40	000930	丰原生化	633.17	5063.85
41	000406	石油大明	631.06	5197.36
42	000089	深圳机场	624.28	5821.19
43	000021	深科技A	617.23	8200.79
44	000528	桂柳工A	597.41	6099.57
45	000425	徐工科技	589.45	4583.81
46	000063	中兴通讯	573.35	10436.47
47	000012	南 玻 A	567.57	6009.04
48	000585	ST 东北电	555.30	2355.87
49	000701	厦门信达	551.92	5557.11
50	000983	西山煤电	537.18	4396.37

数据来源:上海、深圳证券交易所

Source: Shanghai Shenzhen Stock Exchange

2-31 2003 年全国 A 股按成交额排序前 50 名

Top 50 of A Share Turnover in 2003

序号 No.	代码 Code	股票简称 Shares	年成交额(百万元) Tutnover(1000000)	交易所 Exchange
1	600050	中国联通	73331.78	上 海
2	600036	招商银行	66652.33	上 海
3	600019	宝钢股份	42809.71	上 海
4	600028	中国石化	35445.36	上 海
5	600000	浦发银行	34055.89	上 海
6	600104	上海汽车	33224.21	上 海
7	600016	民生银行	32438.53	上 海
8	600030	中信证券	31160.43	上 海
9	000001	深发展 A	23847.62	深 圳
10	000800	一汽轿车	22616.64	深 圳
11	600015	华夏银行	20691.69	上 海
12	000717	韶钢松山	20596.45	深 圳
13	600018	上港集箱	19071.79	上 海
14	600900	长江电力	18802.66	上 海
15	000503	海虹控股	16767.79	深 圳
16	000875	吉电股份	16710.30	深 圳
17	000866	扬子石化	16030.57	深 圳
18	000839	中信国安	15843.68	深 圳
19	600653	申华控股	15576.67	上 海
20	600602	广电电子	14870.46	上 海
21	600004	白云机场	14728.84	上 海
22	600609	金杯汽车	14515.16	上 海
23	600029	南方航空	14231.89	上 海
24	000625	长安汽车	14063.82	深 圳
25	600231	凌钢股份	14030.00	上 海
26	600026	中海发展	13239.22	上 海
27	000002	万 科 A	13024.57	深 圳
28	600012	皖通高速	13013.57	上 海
29	600100	清华同方	12733.44	上 海
30	600808	马钢股份	12221.78	上 海
31	600832	东方明珠	11336.51	上 海
32	000510	金路集团	11037.50	深 圳
33	600642	申能股份	10858.48	上 海
34	000956	中原油气	10587.60	深 圳
35	000063	中兴通讯	10436.47	深 圳
36	000898	鞍钢新轧	10434.80	深 圳
37	600569	安阳钢铁	10213.78	上 海
38	600009	上海机场	10088.29	上 海
39	000817	辽河油田	9977.94	深 圳
40	600591	上海航空	9874.60	上 海
41	000629	新 钢 钒	9694.38	深 圳
42	600608	上海科技	9651.16	上 海
43	600688	上海石化	9586.21	上 海
44	000927	* ST 夏利	9553.27	深 圳
45	000825	太钢不锈	9489.63	深 圳
46	600021	上海电力	9231.67	上 海
47	600011	华能国际	9009.08	上 海
48	600664	哈药集团	8699.92	上 海
49	600839	四川长虹	8665.36	上 海
50	000562	宏源证券	8638.11	深 圳

数据来源：上海、深圳证券交易所

Source: Shanghai Shenzhen Stock Exchange

2-32 2003年上海A股按成交额排序前50名

Top 50 of Shanghai Stock Exchange A Share Turnover in 2003

序号 No.	代码 Code	股票简称 Shares	年成交额(百万元) Tutnover(1000000)	年成交量(百万股) Trading Volume (1000000)
1	600050	中国联通	73331.78	22120.16
2	600036	招商银行	66652.33	6023.41
3	600019	宝钢股份	42809.71	7402.21
4	600028	中国石化	35445.36	9010.56
5	600000	浦发银行	34055.89	3066.56
6	600104	上海汽车	33224.21	2936.02
7	600016	民生银行	32438.53	3097.61
8	600030	中信证券	31160.43	4372.57
9	600015	华夏银行	20691.69	2887.03
10	600018	上港集箱	19071.79	1441.27
11	600900	长江电力	18802.66	2636.51
12	600653	申华控股	15576.67	3782.01
13	600602	广电电子	14870.46	1535.23
14	600004	白云机场	14728.84	1680.19
15	600609	金杯汽车	14515.16	1997.79
16	600029	南方航空	14231.89	3415.84
17	600231	凌钢股份	14030.00	1679.48
18	600026	中海发展	13239.22	2135.24
19	600012	皖通高速	13013.57	2406.48
20	600100	清华同方	12733.44	790.73
21	600808	马钢股份	12221.78	3005.12
22	600832	东方明珠	11336.51	715.57
23	600642	申能股份	10858.48	889.98
24	600569	安阳钢铁	10213.78	1537.25
25	600009	上海机场	10088.29	926.08
26	600591	上海航空	9874.60	1232.27
27	600608	上海科技	9651.16	762.93
28	600688	上海石化	9586.21	2145.77
29	600021	上海电力	9231.67	996.57
30	600011	华能国际	9009.08	610.16
31	600664	哈药集团	8699.92	503.51
32	600839	四川长虹	8665.36	1198.50
33	600795	国电电力	8497.34	879.61
34	600812	华北制药	8287.90	1397.07
35	600350	山东基建	7997.05	1674.75
36	600805	悦达投资	7798.13	1180.13
37	600710	常林股份	7772.15	874.97
38	600002	齐鲁石化	7768.19	1374.18
39	600005	武钢股份	7731.24	1350.81
40	600006	东风汽车	7470.79	588.10
41	600362	江西铜业	7350.02	1292.35
42	600637	广电信息	7245.46	604.51
43	600282	南钢股份	7045.59	827.56
44	600171	上海贝岭	7000.89	680.41
45	600033	福建高速	6987.51	814.06
46	600307	酒钢宏兴	6937.89	977.89
47	600887	伊利股份	6771.23	442.19
48	600601	方正科技	6735.92	641.94
49	600489	中金黄金	6648.81	739.65
50	600271	航天信息	6638.39	200.39

数据来源：上海证券交易所
Source: Shanghai Stock Exchange

2-33 2003 年深圳 A 股按成交额排序前 50 名

Top 50 of Shenzhen Stock Exchange A Share Turnover in 2003

序号 No.	代码 Code	股票简称 Shares	年成交额(百万元) Tutnover(1000000)	年成交量(百万股) Trading Volume (1000000)
1	000001	深发展 A	23847.62	2113.16
2	000800	一汽轿车	22616.64	2411.41
3	000717	韶钢松山	20596.45	1980.13
4	000503	海虹控股	16767.79	976.55
5	000875	吉电股份	16710.30	2996.30
6	000866	扬子石化	16030.57	2157.26
7	000839	中信国安	15843.68	1009.79
8	000625	长安汽车	14063.82	979.36
9	000002	万 科 A	13024.57	1551.62
10	000510	金路集团	11037.50	1756.90
11	000956	中原油气	10587.60	974.21
12	000063	中兴通讯	10436.47	573.35
13	000898	鞍钢新轧	10434.80	2342.02
14	000817	辽河油田	9977.94	1135.26
15	000629	新 钢 钒	9694.38	1383.23
16	000927	* ST 夏利	9553.27	1071.52
17	000825	太钢不锈	9489.63	1904.10
18	000562	宏源证券	8638.11	1050.78
19	000027	深能源 A	8486.27	1001.65
20	000021	深科技 A	8200.79	617.23
21	000031	深宝恒 A	8050.12	877.46
22	000858	五 粮 液	7987.16	755.40
23	000550	江铃汽车	7908.45	710.66
24	000702	正虹科技	7188.78	782.95
25	000892	长丰通信	7016.22	756.87
26	000680	山推股份	6951.46	738.34
27	000597	东 北 药	6590.13	736.79
28	000009	深宝安 A	6287.85	1219.76
29	000549	湘火炬 A	6275.24	374.51
30	000029	深深房 A	6245.79	764.71
31	000528	桂柳工 A	6099.57	597.41
32	000012	南 玻 A	6009.04	567.57
33	000089	深圳机场	5821.19	624.28
34	000540	世纪中天	5768.81	868.16
35	000701	厦门信达	5557.11	551.92
36	000682	ST 东 方	5426.76	1437.58
37	000688	朝华集团	5371.27	735.97
38	000932	华菱管线	5311.23	1007.23
39	000406	石油大明	5197.36	631.06
40	000061	农 产 品	5082.06	488.64
41	000930	丰原生化	5063.85	633.17
42	000410	沈阳机床	5053.96	668.97
43	000539	粤电力 A	4840.55	446.66
44	000557	ST 银广夏	4825.62	1260.07
45	000542	TCL 通讯	4800.44	257.47
46	000627	百科药业	4716.60	820.52
47	000518	四环生物	4645.90	637.54
48	000425	徐工科技	4583.81	589.45
49	000040	* ST 鸿基	4551.83	773.42
50	000778	新兴铸管	4536.68	401.80

数据来源:深圳证券交易所

Source: Shenzhen Stock Exchange

2-34 2003年全国B股按成交量排序前50名

Top 50 of B Share Trading Volume in 2003

序号 No.	代码 Code	股票简称 Shares	年成交量(百万股) Trading Volume(1000000)	交易所 Exchange
1	200625	长 安 B	1231.51	深 圳
2	900919	*ST大江B	854.27	上 海
3	200539	粤电力B	832.76	深 圳
4	200488	晨 鸣 B	766.34	深 圳
5	200761	ST板材B	684.39	深 圳
6	900949	东电B股	502.92	上 海
7	200725	京东方B	413.29	深 圳
8	900937	龙电B股	346.88	上 海
9	200160	帝 贤 B	336.07	深 圳
10	200550	江 铃 B	325.12	深 圳
11	200017	ST中华B	313.24	深 圳
12	200012	南 玻 B	300.08	深 圳
13	200058	深赛格B	280.34	深 圳
14	200429	粤高速B	275.24	深 圳
15	200002	万 科 B	255.92	深 圳
16	900936	鄂绒B股	251.95	上 海
17	200152	山 航 B	217.98	深 圳
18	200553	沙隆达B	210.86	深 圳
19	900932	陆家B股	209.75	深 圳
20	200039	中 集 B	199.78	深 圳
21	200512	闽灿坤B	193.44	深 圳
22	900901	上电B股	191.86	上 海
23	200770	武 锅 B	191.02	深 圳
24	200570	*ST常柴B	187.97	深 圳
25	200613	ST东海B	168.77	深 圳
26	200022	深赤湾B	162.84	深 圳
27	200418	*ST天鹅B	160.50	深 圳
28	900908	氯碱B股	159.27	上 海
29	900952	ST锦港B	156.28	上 海
30	900953	凯马B股	150.44	上 海
31	200771	杭汽轮B	149.22	深 圳
32	200029	深深房B	148.33	深 圳
33	200037	深南电B	148.18	深 圳
34	200992	ST中鲁B	143.90	深 圳
35	200055	方 大 B	138.92	深 圳
36	200468	宁通信B	138.17	深 圳
37	200024	招商局B	137.53	深 圳
38	200016	深康佳B	137.09	深 圳
39	200986	粤华包B	136.66	深 圳
40	200054	*ST建摩B	136.12	深 圳
41	900948	伊煤B股	134.87	上 海
42	200726	鲁 泰 B	132.05	深 圳
43	200057	ST大洋B	131.53	深 圳
44	900909	轮胎B股	130.46	上 海
45	900910	海立B股	126.64	上 海
46	900920	上柴B股	124.91	上 海
47	900902	二纺B股	117.23	上 海
48	900906	中纺B股	108.64	上 海
49	200025	ST特力B	107.75	深 圳
50	200513	丽 珠 B	106.96	深 圳

数据来源：上海、深圳证券交易所

Source: Shanghai Shenzhen Stock Exchange

2-35 2003年上海B股按成交量排序前50名

Top 50 of Shanghai Stock Exchange B Share Trading Volume in 2003

序号 No.	代码 Code	股票简称 Shares	年成交量(百万股) Trading Volume(1000000)	年成交金额(百万元) Turnover (1000000)
1	900919	*ST大江B	854.27	2828.83
2	900949	东电B股	502.92	2916.69
3	900937	龙电B股	346.88	1681.02
4	900936	鄂绒B股	251.95	1280.96
5	900932	陆家B股	209.75	1270.36
6	900901	上电B股	191.86	1027.30
7	900908	氯碱B股	159.27	623.09
8	900952	ST锦港B	156.28	639.54
9	900953	凯马B股	150.44	596.53
10	900948	伊煤B股	134.87	762.49
11	900909	轮胎B股	130.46	568.60
12	900910	海立B股	126.64	550.04
13	900920	上柴B股	124.91	652.74
14	900902	二纺B股	117.23	453.02
15	900906	中纺B股	108.64	463.01
16	900938	ST天海B	106.28	381.69
17	900925	电气B股	105.70	721.59
18	900903	大众B股	100.94	621.37
19	900941	东信B股	92.21	467.35
20	900947	振华B股	88.19	776.21
21	900916	凤凰B股	87.98	376.07
22	900914	新锦B股	87.23	410.38
23	900940	华源B股	85.96	356.08
24	900950	新城B股	83.92	351.05
25	900926	宝 信 B	83.87	471.03
26	900911	金桥B股	81.74	429.25
27	900924	上工B股	81.65	376.98
28	900923	友谊B股	80.02	513.96
29	900917	海欣B股	79.06	403.32
30	900913	ST联华B	74.88	343.04
31	900934	锦江B股	69.61	346.66
32	900921	大盈B股	67.42	268.75
33	900928	ST自仪B	67.00	248.11
34	900915	ST永久B	64.49	277.47
35	900957	凌云B股	60.73	245.92
36	900933	华新B股	55.56	247.55
37	900912	外高B股	52.18	266.35
38	900918	耀皮B股	51.28	290.85
39	900945	海航B股	47.74	244.86
40	900930	邮通B股	47.65	262.93
41	900935	阳晨B股	47.22	241.85
42	900951	大化B股	45.92	175.16
43	900905	中铅B股	44.98	192.21
44	900942	黄山B股	44.32	205.64
45	900956	东贝B股	36.36	141.52
46	900939	汇丽B股	34.82	148.29
47	900927	物贸B股	32.01	145.36
48	900904	*ST永生B	29.41	126.98
49	900943	开开B股	26.56	133.37
50	900929	国旅B股	23.15	138.04

数据来源:上海证券交易所

Source: Shanghai Stock Exchange

2-36 2003年深圳B股按成交量排序前50名

Top 50 of Shenzhen Stock Exchange B Share Trading Volume in 2003

序号 No.	代码 Code	股票简称 Shares	年成交量(百万股) Trading Volume(1000000)	年成交金额(百万元) Turnover (1000000)
1	200625	长 安 B	1231.51	8643.51
2	200539	粤电力B	832.76	4562.88
3	200488	晨 鸣 B	766.34	4978.16
4	200761	ST板材B	684.39	2476.10
5	200725	京东方B	413.29	2644.97
6	200160	帝 贤 B	336.07	1612.93
7	200550	江 铃 B	325.12	1915.69
8	200017	ST中华B	313.24	686.99
9	200012	南 玻 B	300.08	1346.12
10	200058	深赛格B	280.34	1021.25
11	200429	粤高速B	275.24	967.49
12	200002	万 科 B	255.92	1454.28
13	200152	山 航 B	217.98	830.78
14	200553	沙隆达B	210.86	683.82
15	200039	中 集 B	199.78	2213.15
16	200512	闽灿坤B	193.44	894.38
17	200770	武 锅 B	191.02	813.06
18	200570	* ST常柴B	187.97	617.46
19	200613	ST东海B	168.77	364.94
20	200022	深赤湾B	162.84	1548.80
21	200418	* ST天鹅B	160.50	623.52
22	200771	杭汽轮B	149.22	864.49
23	200029	深深房B	148.33	492.85
24	200037	深南电B	148.18	1167.90
25	200992	ST中鲁B	143.90	431.40
26	200055	方 大 B	138.92	560.95
27	200468	宁通信B	138.17	624.82
28	200024	招商局B	137.53	979.77
29	200016	深康佳B	137.09	665.65
30	200986	粤华包B	136.66	603.63
31	200054	* ST建摩B	136.12	290.81
32	200726	鲁 泰 B	132.05	751.28
33	200057	ST大洋B	131.53	294.37
34	200025	ST特力B	107.75	511.69
35	200513	丽 珠 B	106.96	555.00
36	200020	深华发B	106.73	417.61
37	200413	宝 石 B	103.42	329.17
38	200581	苏威孚B	96.51	697.38
39	200168	雷 伊 B	96.10	435.57
40	200521	皖美菱B	88.63	278.97
41	200530	大 冷 B	88.38	376.97
42	200869	张 裕 B	88.17	610.82
43	200030	* ST盛润B	87.54	205.73
44	200505	* ST珠江B	80.19	208.13
45	200011	ST物业B	74.10	214.51
46	200013	* ST石化B	69.00	181.83
47	200706	瓦 轴 B	65.55	286.95
48	200053	深基地B	65.51	436.20
49	200026	飞亚达B	58.80	248.13
50	200541	粤照明B	58.77	489.86

数据来源:深圳证券交易所

Source: Shenzhen Stock Exchange

2-37 2003年全国B股按成交额排序前50名

Top 50 of B Share Turnover in 2003

序号 No.	代码 Code	股票简称 Shares	年成交额(百万元) Turnover(1000000)	交易所 Exchange
1	200625	长 安 B	8643.51	深 圳
2	200488	晨 鸣 B	4978.16	深 圳
3	200539	粤电力B	4562.88	深 圳
4	900949	东电B股	2916.69	上 海
5	900919	*ST大江B	2828.83	上 海
6	200725	京东方B	2644.97	深 圳
7	200761	ST板材B	2476.10	深 圳
8	200039	中 集 B	2213.15	深 圳
9	200550	江 铃 B	1915.69	深 圳
10	900937	龙电B股	1681.02	上 海
11	200160	帝 贤 B	1612.93	深 圳
12	200022	深赤湾B	1548.80	深 圳
13	200002	万 科 B	1454.28	深 圳
14	200012	南 玻 B	1346.12	深 圳
15	900936	鄂绒B股	1280.96	上 海
16	900932	陆家B股	1270.36	上 海
17	200037	深南电B	1167.90	深 圳
18	900901	上电B股	1027.30	上 海
19	200058	深赛格B	1021.25	深 圳
20	200024	招商局B	979.77	深 圳
21	200429	粤高速B	967.49	深 圳
22	200512	闽灿坤B	894.38	深 圳
23	200771	杭汽轮B	864.49	深 圳
24	200152	山 航 B	830.78	深 圳
25	200770	武 锅 B	813.06	深 圳
26	900947	振华B股	776.21	上 海
27	900948	伊煤B股	762.49	上 海
28	200726	鲁 泰 B	751.28	深 圳
29	900925	电气B股	721.59	上 海
30	200581	苏威孚B	697.38	深 圳
31	200017	ST中华B	686.99	深 圳
32	200553	沙隆达B	683.82	深 圳
33	200016	深康佳B	665.65	深 圳
34	900920	上柴B股	652.74	上 海
35	900952	ST锦港B	639.54	上 海
36	200468	宁通信B	624.82	深 圳
37	200418	*ST天鹅B	623.52	深 圳
38	900908	氯碱B股	623.09	上 海
39	900903	大众B股	621.37	上 海
40	200570	*ST常柴B	617.46	深 圳
41	200869	张 裕 B	610.82	深 圳
42	200986	粤华包B	603.63	深 圳
43	900953	凯马B股	596.53	上 海
44	900909	轮胎B股	568.60	上 海
45	200055	方 大 B	560.95	深 圳
46	200513	丽 珠 B	555.00	深 圳
47	900910	海立B股	550.04	上 海
48	900923	友谊B股	513.96	上 海
49	200025	ST特力B	511.69	深 圳
50	200029	深深房B	492.85	深 圳

数据来源:上海、深圳证券交易所

Source: Shanghai Shenzhen Stock Exchange

2-38 2003年上海B股按成交额排序前50名

Top 50 of Shanghai Stock Exchange B Share Trading Volume in 2003

序号 No.	代码 Code	股票简称 Shares	年成交额(百万元) Turnover(1000000)	年成交量(百万股) Trading Volume(1000000)
1	900949	东电B股	2916.69	502.92
2	900919	*ST大江B	2828.83	854.27
3	900937	龙电B股	1681.02	346.88
4	900936	鄂绒B股	1280.96	251.95
5	900932	陆家B股	1270.36	209.75
6	900901	上电B股	1027.30	191.86
7	900947	振华B股	776.21	88.19
8	900948	伊煤B股	762.49	134.87
9	900925	电气B股	721.59	105.70
10	900920	上柴B股	652.74	124.91
11	900952	ST锦港B	639.54	156.28
12	900908	氯碱B股	623.09	159.27
13	900903	大众B股	621.37	100.94
14	900953	凯马B股	596.53	150.44
15	900909	轮胎B股	568.60	130.46
16	900910	海立B股	550.04	126.64
17	900923	友谊B股	513.96	80.02
18	900926	宝 信 B	471.03	83.87
19	900941	东信B股	467.35	92.21
20	900906	中纺B股	463.01	108.64
21	900902	二纺B股	453.02	117.23
22	900911	金桥B股	429.25	81.74
23	900914	新锦B股	410.38	87.23
24	900917	海欣B股	403.32	79.06
25	900938	ST天海B	381.69	106.28
26	900924	上工B股	376.98	81.65
27	900916	凤凰B股	376.07	87.98
28	900940	华源B股	356.08	85.96
29	900950	新城B股	351.05	83.92
30	900934	锦江B股	346.66	69.61
31	900913	ST联华B	343.04	74.88
32	900918	耀皮B股	290.85	51.28
33	900915	ST永久B	277.47	64.49
34	900921	大盈B股	268.75	67.42
35	900912	外高B股	266.35	52.18
36	900930	邮通B股	262.93	47.65
37	900928	ST自仪B	248.11	67.00
38	900933	华新B股	247.55	55.56
39	900957	凌云B股	245.92	60.73
40	900945	海航B股	244.86	47.74
41	900935	阳晨B股	241.85	47.22
42	900942	黄山B股	205.64	44.32
43	900905	中铅B股	192.21	44.98
44	900951	大化B股	175.16	45.92
45	900939	汇丽B股	148.29	34.82
46	900927	物贸B股	145.36	32.01
47	900956	东贝B股	141.52	36.36
48	900929	国旅B股	138.04	23.15
49	900943	开开B股	133.37	26.56
50	900904	*ST永生B	126.98	29.41

数据来源:上海证券交易所

Source: Shanghai Stock Exchange

2-39 2003年深圳B股按成交额排序前50名

Top 50 of Shenzhen Stock Exchange B Share Turnover in 2003

序号 No.	代码 Code	股票简称 Shares	年成交额(百万元) Turnover(1000000)	年成交量(百万股) Trading Volume(1000000)
1	200625	长 安 B	8643.51	1231.51
2	200488	晨 鸣 B	4978.16	766.34
3	200539	粤电力B	4562.88	832.76
4	200725	京东方B	2644.97	413.29
5	200761	ST板材B	2476.10	684.39
6	200039	中 集 B	2213.15	199.78
7	200550	江 铃 B	1915.69	325.12
8	200160	帝 贤 B	1612.93	336.07
9	200022	深赤湾B	1548.80	162.84
10	200002	万 科 B	1454.28	255.92
11	200012	南 玻 B	1346.12	300.08
12	200037	深南电B	1167.90	148.18
13	200058	深赛格B	1021.25	280.34
14	200024	招商局B	979.77	137.53
15	200429	粤高速B	967.49	275.24
16	200512	闽灿坤B	894.38	193.44
17	200771	杭汽轮B	864.49	149.22
18	200152	山 航 B	830.78	217.98
19	200770	武 锅 B	813.06	191.02
20	200726	鲁 泰 B	751.28	132.05
21	200581	苏威孚B	697.38	96.51
22	200017	ST中华B	686.99	313.24
23	200553	沙隆达B	683.82	210.86
24	200016	深康佳B	665.65	137.09
25	200468	宁通信B	624.82	138.17
26	200418	*ST天鹅B	623.52	160.50
27	200570	*ST常柴B	617.46	187.97
28	200869	张 裕 B	610.82	88.17
29	200986	粤华包B	603.63	136.66
30	200055	方 大 B	560.95	138.92
31	200513	丽 珠 B	555.00	106.96
32	200025	ST特力B	511.69	107.75
33	200029	深深房B	492.85	148.33
34	200541	粤照明B	489.86	58.77
35	200053	深基地B	436.20	65.51
36	200168	雷 伊 B	435.57	96.10
37	200992	ST中鲁B	431.40	143.90
38	200020	深华发B	417.61	106.73
39	200530	大 冷 B	376.97	88.38
40	200613	ST东海B	364.94	168.77
41	200413	宝 石 B	329.17	103.42
42	200057	ST大洋B	294.37	131.53
43	200054	*ST建摩B	290.81	136.12
44	200706	瓦 轴 B	286.95	65.55
45	200521	皖美菱B	278.97	88.63
46	200026	飞亚达B	248.13	58.80
47	200028	一 致 B	243.44	56.52
48	200011	ST物业B	214.51	74.10
49	200505	*ST珠江B	208.13	80.19
50	200596	古井贡B	206.01	40.77

数据来源:深圳证券交易所

Source: Shenzhen Stock Exchange

2-40　2003 年上海证券交易所每日收市指数
Daily Closing Composite Index of Shanghai Stock Exchange in 2003

日期 Date	1月 Jan.	2月 Feb.	3月 Mar.	4月 Apr.	5月 May	6月 Jun.	7月 Jul.	8月 Aug.	9月 Sep.	10月 Oct.	11月 Nov.	12月 Dec.
1				1522.55			1484.70	1476.97	1449.82			1432.70
2	1320.63			1521.32		1576.53	1499.68		1446.51			1435.31
3	1319.87		1525.48	1511.73		1562.24	1504.44		1447.85		1364.06	1445.03
4			1524.30	1521.13		1574.11	1502.35	1494.37	1447.43		1389.55	1452.81
5			1517.18			1556.25		1494.31	1431.53		1385.11	1451.12
6	1334.68		1498.34			1538.92		1486.25			1356.79	
7	1332.06		1493.09	1515.13			1501.48	1487.37			1335.21	
8	1372.07			1520.55			1512.02	1471.27	1425.73	1371.69		1436.66
9	1397.38			1543.67		1530.22	1503.31		1420.07	1369.17		1443.37
10	1384.86	1480.17	1468.92	1551.18		1538.76	1531.93		1423.18	1404.01	1340.10	1469.42
11		1492.76	1469.55	1576.86		1565.84	1528.85	1474.41	1423.96		1343.62	1470.02
12		1510.67	1475.01		1531.87	1562.11		1479.28	1409.16		1317.79	1470.79
13	1386.31	1504.34	1464.65		1485.31	1566.77		1465.83		1399.66	1319.61	
14	1466.85	1510.95	1466.04	1616.07	1522.92		1521.41	1455.90		1388.17	1331.05	
15	1459.92			1631.47	1555.29		1525.44	1450.20	1397.54	1383.10		1470.36
16	1485.62			1606.24	1554.45	1559.71	1529.49		1406.10	1365.51		1466.34
17	1478.68	1496.52	1469.27	1613.60		1557.18	1539.36		1389.82	1370.58	1328.10	1454.00
18		1496.47	1459.89	1603.08		1553.88	1507.16	1445.09	1390.49		1316.56	1457.30
19		1510.80	1469.96		1555.45	1538.75		1449.71	1391.37		1338.87	1446.29
20	1482.68	1509.49	1464.54		1535.52	1529.47		1441.66		1359.50	1376.51	
21	1454.89	1478.87	1474.66	1571.71	1533.48		1495.89	1441.09		1364.30	1361.56	
22	1460.53			1568.69	1546.11		1498.49	1438.88	1381.44	1398.01		1492.96
23	1450.62			1541.96	1560.96	1511.37	1502.15		1390.17	1386.65		1500.64
24	1479.07	1481.94	1477.77	1503.59		1512.43	1493.45		1394.23	1381.83	1404.01	1513.83
25		1511.28	1462.40	1487.15		1502.08	1477.65	1422.18	1376.29		1408.42	1512.60
26		1513.18	1456.27		1569.51	1515.38		1425.21	1370.84		1411.91	1514.78
27	1496.16	1513.70	1499.35		1568.34	1497.05		1425.36		1369.46	1389.10	
28	1500.64	1511.93	1491.94	1537.69	1551.81		1470.39	1415.69		1369.33	1397.23	
29	1499.82			1509.31	1568.16		1477.30	1421.98	1355.34	1361.49		1496.43
30				1521.44	1576.26	1486.02	1479.65		1367.16	1344.63		1511.69
31			1510.58				1476.74			1348.30		1497.04

数据来源：上海、深圳证券交易所
Source: Shanghai Shenzhen Stock Exchange

2-41 2003年上海证券交易所每日收市A股指数

Daily Closing A Share Composite Index of Shanghai Stock Exchange in 2003

日期 Date	1月 Jan.	2月 Feb.	3月 Mar.	4月 Apr.	5月 May	6月 Jun.	7月 Jul.	8月 Aug.	9月 Sep.	10月 Oct.	11月 Nov.	12月 Dec.
1				1592.45			1554.51	1546.49	1519.47			1499.34
2	1380.02			1591.32		1650.77	1570.23		1516.00			1502.15
3	1379.09		1594.83	1581.16		1635.83	1575.27		1517.41		1426.23	1512.45
4			1593.56	1590.53		1648.43	1573.22	1564.83	1517.08		1453.52	1520.77
5			1586.15			1629.70		1564.88	1500.57		1448.48	1519.08
6	1394.37		1566.41			1611.54		1556.40			1418.27	
7	1391.52		1561.02	1584.36			1572.46	1557.62			1395.77	
8	1433.28			1590.27			1583.49	1540.79	1494.57	1436.97		1503.86
9	1459.91			1614.75		1602.42	1574.36		1488.69	1434.23		1511.07
10	1446.88	1547.00	1535.53	1622.99		1611.35	1604.42		1491.93	1470.08	1401.35	1538.68
11		1560.26	1536.29	1649.81		1639.74	1601.23	1544.47	1492.73		1404.80	1539.52
12		1579.07	1542.09		1603.76	1635.80		1549.49	1477.19		1377.61	1540.38
13	1448.30	1572.40	1531.26		1555.38	1640.79		1535.41		1465.66	1379.51	
14	1532.18	1579.39	1532.71	1690.69	1594.99		1593.40	1525.05		1453.38	1391.70	
15	1525.14			1706.69	1628.62		1597.59	1519.28	1464.96	1448.14		1539.90
16	1551.65			1680.26	1627.76	1633.36	1601.98		1473.78	1429.78		1535.72
17	1544.55	1564.25	1536.20	1687.94		1630.66	1611.82		1456.72	1435.15	1388.51	1522.63
18		1564.15	1526.32	1676.88		1627.17	1578.10	1514.82	1457.31		1376.70	1526.25
19		1579.24	1536.98		1628.70	1611.31		1519.69	1458.26		1400.15	1515.26
20	1548.92	1577.92	1531.20		1607.81	1601.50		1511.73		1423.33	1439.71	
21	1520.00	1545.76	1541.88	1644.22	1605.73		1566.32	1511.01		1428.35	1424.02	
22	1525.97			1641.13	1619.09		1568.97	1508.38	1447.72	1463.62		1564.95
23	1515.79			1613.33	1634.75	1582.43	1572.82		1456.76	1451.73		1572.93
24	1545.43	1549.05	1545.26	1573.06		1583.51	1563.65		1460.96	1446.63	1468.81	1586.31
25		1579.68	1529.30	1555.84		1572.63	1546.98	1490.90	1442.14		1473.55	1585.33
26		1581.74	1523.00		1643.73	1586.75		1493.90	1436.38		1477.30	1587.68
27	1563.35	1582.35	1567.82		1642.46	1567.45		1494.05		1433.65	1453.39	
28	1568.02	1580.53	1560.15	1609.21	1624.71		1539.32	1483.91		1433.50	1461.94	
29	1567.29			1579.48	1641.78		1546.56	1490.40	1419.91	1425.16		1568.41
30				1592.20	1650.30	1555.91	1549.11		1432.36	1407.24		1584.53
31			1579.80				1546.14			1410.78		1569.13

数据来源：上海、深圳证券交易所

Source: Shanghai Shenzhen Stock Exchange

2-42 2003年上海证券交易所每日收市B股指数

Daily Closing B Share Composite Index of Shanghai Stock Exchange in 2003

日期 Date	1月 Jan.	2月 Feb.	3月 Mar.	4月 Apr.	5月 May	6月 Jun.	7月 Jul.	8月 Aug.	9月 Sep.	10月 Oct.	11月 Nov.	12月 Dec.
1				122.80			112.28	111.33	102.63			111.84
2	112.20			122.03		118.65	113.21		102.44			111.68
3	112.73		126.22	121.83		117.47	113.29		102.51		112.66	111.75
4			126.27	124.67		117.60	112.50	112.07	101.94		111.67	111.50
5			125.51			116.37		111.55	100.13		113.23	110.98
6	114.89		124.20			115.13		111.13			113.79	
7	115.21		123.28	123.74			111.79	110.99			111.66	
8	118.80			123.10			112.57	109.63	99.32	100.06		110.31
9	120.14			123.60		114.52	112.00		98.71	100.41		109.91
10	118.84	124.52	122.27	122.41		115.26	113.70		98.99	105.99	109.85	110.28
11		125.17	121.88	124.68		117.12	113.32	108.05	99.12		111.22	109.31
12		126.21	121.88		116.42	116.97		108.78	98.23		110.02	109.07
13	119.41	125.93	121.03		111.22	116.80		107.74		105.03	110.12	
14	127.49	126.14	121.21	128.43	113.02		112.95	106.83		105.38	110.00	
15	126.00			130.16	116.61		113.37	105.47	97.64	104.61		109.15
16	129.75			128.34	116.49	116.44	112.97		98.99	103.01		108.73
17	128.44	125.21	120.94	129.00		116.47	116.01		97.80	103.13	110.27	108.59
18		125.39	120.49	128.37		116.41	113.65	100.89	98.35		108.06	108.10
19		126.09	120.71		117.05	115.39		101.07	98.30		109.33	104.59
20	127.97	125.74	120.78		115.65	115.09		98.29		103.33	111.42	
21	125.04	123.91	121.14	125.21	115.26		112.67	98.81		103.74	110.48	
22	125.16			124.63	115.61		113.17	100.15	98.26	106.41		104.18
23	123.52			121.76	116.14	114.24	113.37		99.40	105.52		105.04
24	126.35	123.74	120.80	119.30		114.51	113.02		99.93	105.44	112.01	108.09
25		126.38	119.09	118.06		113.89	112.45	98.80	98.74		111.76	106.53
26		126.21	118.06		116.68	113.99		99.91	98.63		111.54	106.35
27	127.54	126.00	122.61		116.81	113.15		99.92		104.65	109.97	
28	127.94	125.69	121.66	119.85	117.62		112.16	99.29		104.67	110.37	
29	127.27			117.75	119.04		112.62	100.20	98.54	104.67		105.25
30				118.61	119.50	112.30	112.44		99.12	104.74		105.70
31			122.47				111.84			106.48		104.94

数据来源:上海、深圳证券交易所

Source: Shanghai Shenzhen Stock Exchange

2-43 2003年上海证券交易所每日收市180指数

Daily Closing 180 Shares Index of Shanghai Stock Exchange in 2003

日期 Date	1月 Jan.	2月 Feb.	3月 Mar.	4月 Apr.	5月 May	6月 Jun.	7月 Jul.	8月 Aug.	9月 Sep.	10月 Oct.	11月 Nov.	12月 Dec.
1				2835.60			2837.02	2868.62	2792.12			2747.19
2	2476.96			2833.63		3010.03	2866.49		2786.18			2749.45
3	2470.58		2825.98	2814.40		2979.92	2872.20		2788.99		2619.37	2760.64
4			2824.42	2833.98		3011.22	2867.85	2900.88	2786.37		2672.27	2776.46
5			2812.36			2972.75		2896.46	2758.38		2665.29	2771.75
6	2493.82		2775.94			2936.95		2877.97			2617.25	
7	2484.40		2764.40	2823.21			2871.45	2877.28			2583.01	
8	2556.33			2836.40			2888.69	2845.21	2744.55	2623.62		2740.32
9	2606.87			2889.37		2907.45	2871.21		2731.93	2617.22		2750.32
10	2584.51	2750.97	2716.51	2914.20		2921.82	2935.72		2741.88	2680.79	2593.06	2791.42
11		2773.73	2716.97	2968.19		2975.50	2930.46	2852.73	2742.49		2595.09	2790.32
12		2804.57	2725.63		2919.35	2966.24		2859.99	2709.85		2548.93	2788.00
13	2588.04	2790.85	2708.42		2832.65	2977.48		2824.79		2671.31	2553.65	
14	2736.89	2803.47	2711.52	3048.41	2894.82		2919.86	2804.62		2651.34	2573.74	
15	2721.22			3076.13	2963.19		2926.24	2798.64	2683.10	2642.44		2789.72
16	2765.01			3033.04	2962.57	2967.38	2941.27		2696.08	2610.22		2777.47
17	2749.82	2779.97	2715.84	3044.63		2953.10	2966.76		2667.38	2621.74	2566.23	2757.65
18		2780.86	2706.45	3026.57		2941.93	2903.37	2791.40	2669.78		2532.06	2770.57
19		2808.83	2723.87		2961.83	2917.07		2799.26	2672.29		2575.85	2752.58
20	2755.11	2805.38	2718.92		2922.19	2893.52		2786.29		2600.84	2645.56	
21	2705.43	2749.10	2740.47	2965.88	2915.58		2885.36	2783.11		2609.88	2616.03	
22	2707.19			2960.04	2943.24		2890.46	2774.26	2650.89	2675.37		2829.68
23	2691.80			2907.47	2973.46	2866.05	2898.53		2666.44	2653.28		2842.55
24	2743.08	2752.77	2746.86	2830.39		2873.28	2880.85		2672.50	2645.08	2696.80	2867.13
25		2803.48	2720.71	2802.14		2855.96	2855.53	2740.48	2640.43		2703.53	2860.11
26		2803.06	2711.92		2993.74	2884.91		2743.71	2628.76		2709.33	2860.18
27	2780.89	2804.32	2784.25		2996.02	2846.85		2741.55		2626.10	2666.35	
28	2790.99	2799.88	2776.85	2912.81	2958.43		2844.15	2721.17		2629.91	2681.86	
29	2794.97			2863.39	2999.04		2857.05	2741.57	2597.88	2616.96		2837.42
30				2890.03	3013.32	2833.19	2861.77		2619.23	2591.36		2858.82
31			2815.61				2861.77			2592.19		2828.80

数据来源:上海、深圳证券交易所

Source: Shanghai Shenzhen Stock Exchange

2-44 2003年深圳证券交易所每日收市综合指数
Daily Closing Composite Index of Shenzhen Stock Exchange in 2003

日期 Date	1月 Jan.	2月 Feb.	3月 Mar.	4月 Apr.	5月 May	6月 Jun.	7月 Jul.	8月 Aug.	9月 Sep.	10月 Oct.	11月 Nov.	12月 Dec.
1				426.82			405.58	402.10	398.89			378.98
2	380.44			426.42		442.00	408.46		398.05			379.14
3	381.41		433.61	424.60		437.08	410.26		398.98		369.21	380.80
4			433.42	426.31		437.60	409.97	407.19	398.18		375.21	381.99
5			431.67			432.56		407.50	393.52		371.83	382.11
6	387.16		426.04			426.21		406.99			364.28	
7	386.14		424.96	423.03			410.22	406.92			358.84	
8	395.91			421.49			413.56	401.75	391.75	376.98		378.48
9	402.92			425.83		422.10	411.10		390.48	376.53		379.86
10	398.89	422.52	416.81	428.94		424.97	418.05		391.07	386.18	358.61	383.31
11		427.07	416.87	434.75		431.81	416.92	403.27	391.32		359.84	383.83
12		432.22	418.86		418.65	430.74		405.46	387.04		353.46	382.80
13	400.83	430.41	416.39		406.51	432.00		400.62		385.18	354.56	
14	419.46	431.85	417.27	444.81	415.96		415.58	398.73		382.62	356.94	
15	416.34			449.42	426.95		416.58	398.45	382.93	381.67		383.33
16	423.50			443.65	427.31	430.67	417.66		386.68	376.20		380.77
17	421.91	428.50	416.92	445.78		429.16	419.03		382.39	376.86	355.47	378.32
18		428.63	413.42	444.38		429.11	409.54	397.24	382.08		350.74	377.32
19		432.32	414.58		429.94	424.08		398.12	382.57		356.15	370.38
20	424.36	431.89	412.30		426.28	422.00		395.87		374.33	367.32	
21	416.27	423.07	416.47	437.30	425.86		404.93	395.62		375.42	362.45	
22	418.77			437.91	428.82		407.05	395.65	381.07	383.77		378.68
23	414.87			432.41	433.43	416.55	408.60		383.00	380.64		381.33
24	420.43	423.64	416.99	420.68		417.76	405.34		384.43	378.27	372.29	384.29
25		432.05	412.73	415.09		414.27	400.84	391.07	379.46		374.91	383.77
26		432.03	410.33		436.31	416.64		392.29	377.38		376.62	384.15
27	425.93	431.64	420.05		437.48	410.50		392.38		373.41	369.14	
28	426.99	431.29	419.15	425.45	434.07		398.71	389.60		372.00	371.25	
29	426.63			418.58	438.95		400.97	391.72	371.58	367.28		380.75
30				418.67	441.19	407.36	400.96		374.82	362.56		381.95
31			423.82				401.20			364.80		378.63

数据来源：上海、深圳证券交易所
Source: Shanghai Shenzhen Stock Exchange

2-45 2003年深圳证券交易所每日收市A股综合指数

Daily Closing A Share Composite Index of Shenzhen Stock Exchange in 2003

日期 Date	1月 Jan.	2月 Feb.	3月 Mar.	4月 Apr.	5月 May	6月 Jun.	7月 Jul.	8月 Aug.	9月 Sep.	10月 Oct.	11月 Nov.	12月 Dec.
1				450.16			426.38	421.60	418.23			393.81
2	401.06			449.72		465.22	429.42		417.40			394.02
3	402.03		457.37	447.73		460.02	431.29		418.37		383.05	395.68
4			457.16	449.06		460.63	430.94	426.81	417.58		389.83	396.98
5			455.33			455.36		427.20	412.68		385.80	397.19
6	408.09		449.36			448.78		426.71			377.31	
7	407.00		448.23	445.59			431.09	426.62			371.73	
8	417.33			444.08			434.67	421.20	410.78	394.19		393.40
9	424.77			448.59		444.34	432.00		409.48	393.58		394.93
10	420.49	445.38	439.70	452.02		447.32	439.18		410.09	402.84	372.03	398.68
11		450.23	439.78	457.94		454.51	437.94	422.75	410.29		373.07	399.22
12		455.61	441.87		440.74	453.34		425.07	405.75		366.17	398.02
13	422.56	453.74	439.27		428.03	454.61		419.93		402.06	367.38	
14	442.07	455.34	440.15	468.39	438.04		436.26	417.89		398.77	370.22	
15	438.88			472.88	449.69		437.07	417.57	401.34	398.02		398.58
16	446.44			466.98	449.91	453.20	438.15		405.20	392.46		395.77
17	444.76	451.80	439.89	469.13		451.62	439.52		400.58	393.04	368.71	393.25
18		451.98	436.13	467.81		451.51	429.76	416.39	400.07		364.26	392.12
19		455.89	437.34		452.67	446.19		417.85	400.58		369.91	384.79
20	447.42	455.49	434.95		448.91	443.90		415.60		390.04	381.38	
21	438.85	446.09	439.38	460.50	448.50		424.74	415.23		391.17	376.49	
22	441.48			461.17	451.57		426.93	415.07	399.00	399.95		393.70
23	437.37			455.41	456.43	438.18	428.59		401.03	396.83		396.36
24	443.14	446.70	439.95	442.81		439.38	425.18		402.56	394.38	386.80	399.33
25		455.66	435.48	437.03		435.54	420.41	410.11	397.25		389.65	398.90
26		455.60	432.87		459.35	438.06		411.33	395.09		391.57	399.28
27	449.00	455.20	443.06		460.53	431.61		411.50		389.15	383.70	
28	450.06	454.85	442.10	447.93	456.83		418.15	408.54		387.27	385.84	
29	449.63			440.73	462.11		420.52	410.70	388.77	382.03		395.68
30				440.80	464.40	428.32	420.53		392.23	376.96		396.95
31			446.97				420.70			379.05		393.47

数据来源：上海、深圳证券交易所

Source: Shanghai Shenzhen Stock Exchange

2-46　2003 年深圳证券交易所每日收市 B 股综合指数
Daily Closing B Share Composite Index of Shenzhen Stock Exchange in 2003

日期 Date	1月 Jan.	2月 Feb.	3月 Mar.	4月 Apr.	5月 May	6月 Jun.	7月 Jul.	8月 Aug.	9月 Sep.	10月 Oct.	11月 Nov.	12月 Dec.
1				204.12			215.70	231.27	229.42			272.89
2	184.89			204.22		226.43	217.20		228.23			272.29
3	186.19		206.70	204.48		224.33	218.39		228.87		275.64	274.52
4			206.70	212.78		223.65	219.02	236.26	227.71		271.52	274.47
5			205.63			220.51		235.44	225.29		277.16	273.02
6	189.08		203.37			215.47		234.44			281.78	
7	188.85		202.75	211.37			220.87	234.54			276.70	
8	192.94			208.86			221.68	231.52	224.84	233.41		270.59
9	195.67			212.02		215.37	221.68		223.78	235.44		270.29
10	194.27	206.07	197.87	211.11		217.30	227.30		224.22	254.54	268.12	270.16
11		207.36	197.59	217.24		221.00	227.46	233.04	225.23		272.78	270.57
12		210.66	198.58		212.98	221.18		234.09	223.46		272.31	271.79
13	194.81	209.20	197.38		205.64	222.84		232.34		249.61	272.06	
14	205.81	208.58	198.52	224.57	209.50		230.84	232.21		257.55	268.08	
15	202.83			232.67	214.01		235.13	232.33	222.74	253.27		271.94
16	206.03			226.99	216.53	222.17	236.56		226.15	247.39		272.48
17	205.33	207.00	196.66	229.46		221.24	238.35		225.56	249.48	266.76	270.32
18		206.59	196.12	226.40		222.16	229.98	230.14	228.08		256.12	270.97
19		207.98	196.90		218.03	219.97		222.57	228.43		259.58	267.83
20	205.36	206.98	195.54		214.70	220.65		219.40		253.54	269.93	
21	202.04	204.24	197.13	220.42	213.98		230.19	220.96		254.21	263.42	
22	203.26			220.25	216.20		232.00	223.97	227.71	258.59		269.39
23	201.31			217.15	218.48	217.41	232.40		228.66	254.39		272.71
24	205.58	204.26	197.12	215.02		219.18	230.34		229.07	252.40	269.24	276.48
25		206.96	194.54	210.67		220.09	228.47	223.87	227.85		268.85	274.39
26		207.61	194.77		221.72	221.02		225.56	226.22		267.58	274.93
27	207.37	207.11	200.29		223.00	217.64		224.40		251.72	263.91	
28	208.77	206.73	200.07	216.00	223.05		227.74	223.37		257.13	266.38	
29	209.30			211.91	223.39		229.08	225.54	226.71	258.89		273.63
30				212.37	225.57	215.74	228.65		227.48	258.26		274.11
31			203.07				229.98			263.47		272.05

数据来源：上海、深圳证券交易所

Source: Shanghai Shenzhen Stock Exchange

2-47 2003年深圳证券交易所每日收市成份指数

Daily Closing Composite Component Index of Shenzhen Stock Exchange in 2003

日期 Date	1月 Jan.	2月 Feb.	3月 Mar.	4月 Apr.	5月 May	6月 Jun.	7月 Jul.	8月 Aug.	9月 Sep.	10月 Oct.	11月 Nov.	12月 Dec.
1				3118.91			3226.34	3326.86	3249.19			3343.73
2	2689.49			3127.66		3498.85	3263.96		3238.86			3336.35
3	2687.72		3073.44	3118.46		3455.37	3276.10		3233.79		3237.06	3357.64
4			3076.99	3154.84		3491.44	3280.29	3362.57	3226.91		3296.53	3370.52
5			3070.35			3433.28		3361.25	3181.69		3287.60	3353.18
6	2722.28		3030.95			3362.30		3341.36			3271.65	
7	2718.33		3027.74	3140.14			3306.70	3346.06			3214.39	
8	2790.04			3146.30			3329.52	3294.31	3157.37	3085.94		3320.76
9	2835.49			3219.08		3327.97	3306.43		3136.61	3089.90		3335.99
10	2811.19	3010.63	2974.37	3259.95		3347.61	3383.05		3148.67	3199.56	3216.63	3368.36
11		3031.31	2971.49	3310.49		3411.10	3377.04	3305.14	3160.82		3227.58	3365.71
12		3063.02	2995.96		3307.02	3395.65		3318.66	3135.53		3182.27	3359.93
13	2821.60	3043.89	2978.23		3221.29	3402.88		3273.86		3181.50	3183.62	
14	2999.40	3046.60	2994.67	3382.82	3292.96		3378.69	3258.21		3171.47	3190.53	
15	2963.99			3433.39	3393.58		3395.92	3261.66	3100.55	3154.68		3367.94
16	3010.61			3445.87	3414.13	3392.78	3412.39		3128.90	3107.15		3357.42
17	2998.67	3021.91	2989.84	3453.32		3376.41	3443.70		3093.61	3116.71	3172.31	3333.71
18		3018.70	2979.30	3408.35		3381.25	3341.50	3255.84	3098.74		3110.67	3359.43
19		3046.27	3000.76		3434.63	3327.29		3246.43	3095.74		3147.90	3347.02
20	3012.08	3041.89	2976.10		3395.35	3307.21		3215.49		3116.13	3231.93	
21	2953.52	2990.01	3005.59	3325.72	3394.14		3323.13	3212.11		3128.18	3188.50	
22	2961.89			3334.18	3431.02		3328.89	3208.77	3075.78	3215.82		3438.60
23	2942.16			3285.12	3478.26	3258.91	3342.72		3092.25	3187.06		3470.63
24	2992.11	2990.08	3012.27	3188.61		3273.45	3316.49		3102.99	3185.54	3275.48	3530.67
25		3043.17	2979.09	3150.96		3248.84	3276.39	3181.07	3069.44		3278.77	3506.78
26		3044.07	2968.82		3503.37	3286.30		3188.39	3054.59		3289.44	3505.56
27	3031.45	3051.92	3046.34		3488.86	3227.63		3181.06		3174.51	3237.40	
28	3044.03	3057.24	3048.61	3293.92	3440.52		3263.61	3155.53		3194.71	3267.94	
29	3051.22			3238.81	3489.88		3289.39	3192.37	3017.42	3193.18		3478.21
30				3260.75	3503.69	3224.81	3303.16		3054.89	3163.02		3509.70
31			3101.86				3318.42			3167.34		3479.80

数据来源：上海、深圳证券交易所

Source: Shanghai Shenzhen Stock Exchange

2-48 2003年深圳证券交易所每日收市成份A股指数
Daily Closing A Share Composite Component Index of Shenzhen Stock Exchange in 2003

日期 Date	1月 Jan.	2月 Feb.	3月 Mar.	4月 Apr.	5月 May	6月 Jun.	7月 Jul.	8月 Aug.	9月 Sep.	10月 Oct.	11月 Nov.	12月 Dec.
1				3444.40			3522.95	3597.53	3504.12			3477.69
2	2972.08			3453.16		3831.17	3563.89		3494.28			3471.38
3	2964.82		3395.26	3438.90		3784.74	3578.54		3486.10		3347.67	3491.77
4			3399.25	3465.97		3829.44	3579.77	3630.15	3480.13		3427.36	3506.67
5			3393.52			3766.72		3628.06	3430.40		3408.08	3491.74
6	2999.72		3348.88			3694.71		3607.12			3372.83	
7	2994.41		3345.77	3449.16			3600.28	3612.53			3311.58	
8	3075.75			3461.18			3628.71	3554.32	3402.27	3279.29		3458.52
9	3127.61			3539.92		3651.06	3596.24		3379.60	3277.59		3478.20
10	3099.96	3320.70	3288.54	3592.57		3671.70	3673.71		3393.30	3366.20	3341.66	3519.31
11		3344.11	3284.69	3629.67		3744.07	3664.40	3564.49	3404.07		3341.76	3515.27
12		3377.30	3313.18		3621.43	3726.49		3579.68	3376.62		3276.87	3503.12
13	3112.18	3358.15	3291.50		3524.68	3733.75		3528.18		3357.06	3281.10	
14	3310.86	3364.81	3308.97	3703.53	3603.85		3659.56	3507.70		3324.46	3301.01	
15	3273.62			3750.85	3719.99		3670.53	3512.28	3333.30	3318.37		3513.47
16	3326.74			3775.14	3740.18	3718.18	3688.33		3358.41	3268.36		3499.30
17	3314.39	3336.43	3307.52	3781.18		3698.78	3727.16		3314.91	3276.43	3283.35	3471.44
18		3333.13	3292.06	3735.24		3700.66	3619.36	3508.54	3312.08		3233.62	3501.07
19		3363.67	3314.28		3765.00	3638.89		3518.30	3309.20		3271.94	3492.93
20	3330.99	3359.89	3285.77		3725.82	3613.02		3487.03		3261.73	3356.37	
21	3262.24	3299.33	3319.62	3647.91	3724.63		3596.65	3480.27		3277.38	3316.72	
22	3268.60			3657.69	3762.92		3598.74	3469.21	3285.37	3375.63		3599.93
23	3247.24			3604.59	3816.52	3563.87	3615.04		3304.67	3351.63		3631.86
24	3299.03	3299.48	3327.94	3483.75		3578.88	3587.94		3315.89	3352.03	3408.58	3691.91
25		3360.04	3292.30	3448.49		3545.46	3543.37	3432.94	3276.08		3414.46	3668.41
26		3359.85	3278.02		3838.44	3588.19		3438.34	3264.20		3430.01	3663.12
27	3345.64	3369.93	3363.55		3821.32	3524.17		3432.26		3335.40	3371.56	
28	3358.49	3376.23	3365.86	3609.42	3766.10		3528.71	3403.35		3343.52	3401.70	
29	3365.65			3546.59	3826.93		3556.34	3443.61	3214.61	3332.47		3630.32
30				3571.47	3839.54	3522.19	3574.06		3260.36	3293.43		3660.67
31			3425.07				3588.75			3291.56		3620.89

数据来源:上海、深圳证券交易所

Source: Shanghai Shenzhen Stock Exchange

2-49 2003年深圳证券交易所每日收市成份B股指数

Daily Closing B Share Composite Component Index of Shenzhen Stock Exchange in 2003

日期 Date	1月 Jan.	2月 Feb.	3月 Mar.	4月 Apr.	5月 May	6月 Jun.	7月 Jul.	8月 Aug.	9月 Sep.	10月 Oct.	11月 Nov.	12月 Dec.
1				1316.53			1468.51	1605.70	1592.63			1997.18
2	1130.37			1322.57		1562.84	1486.03		1584.18			1988.33
3	1143.50		1294.57	1329.23		1540.14	1487.93		1588.75		1988.19	2006.72
4			1295.91	1378.38		1541.83	1498.51	1638.48	1581.60		1973.65	2009.56
5			1288.96			1513.21		1639.57	1561.90		1996.40	1989.07
6	1166.63		1275.22			1465.66		1628.49			2039.39	
7	1167.43		1272.74	1373.66			1532.18	1629.91			2009.91	
8	1192.09			1362.81			1533.44	1610.75	1554.95	1648.78		1968.26
9	1206.93			1397.74		1467.13	1541.77		1545.49	1667.48		1966.24
10	1198.81	1281.45	1245.84	1395.63		1478.31	1592.76		1549.57	1804.50	1933.05	1963.98
11		1288.71	1246.35	1465.20		1498.75	1597.15	1620.00	1561.59		1971.43	1966.15
12		1306.81	1252.89		1475.12	1493.69		1625.03	1549.67		1994.43	1980.47
13	1201.28	1293.63	1250.80		1444.29	1498.74		1611.34		1766.76	1987.29	
14	1270.27	1285.32	1259.50	1511.27	1474.49		1615.16	1613.02		1822.71	1955.52	
15	1250.45			1554.57	1503.99		1643.38	1612.49	1548.30	1780.89		1979.40
16	1265.85			1532.75	1519.13	1506.72	1651.34		1577.60	1754.12		1982.33
17	1258.60	1277.78	1247.44	1541.55		1503.51	1653.56		1575.63	1765.07	1940.98	1977.29
18		1275.77	1252.83	1512.96		1515.18	1597.19	1603.02	1601.67		1863.61	1984.46
19		1287.19	1265.74		1522.19	1498.55		1546.82	1599.23		1886.96	1963.42
20	1259.65	1282.62	1258.63		1494.12	1500.35		1526.20		1804.06	1946.71	
21	1245.46	1269.13	1267.76	1467.92	1493.19		1595.71	1532.60		1802.56	1902.91	
22	1256.43			1470.37	1515.69		1609.23	1550.32	1595.92	1835.11		1984.53
23	1247.01			1446.85	1531.24	1468.37	1612.41		1599.68	1801.41		2007.59
24	1276.75	1268.98	1268.17	1443.04		1477.43	1596.46		1605.97	1794.95	1950.33	2050.28
25		1286.40	1251.55	1410.78		1484.49	1580.23	1553.32	1599.74		1944.31	2032.18
26		1289.85	1254.79		1558.27	1496.45		1563.37	1580.80		1936.25	2042.92
27	1285.22	1289.49	1287.71		1555.27	1469.58		1555.04		1802.82	1919.20	
28	1293.24	1290.66	1289.20	1463.25	1539.99		1576.25	1546.09		1850.99	1942.73	
29	1298.27			1445.09	1543.39		1589.35	1562.76	1589.30	1876.56		2039.04
30				1452.65	1556.52	1465.45	1588.64		1592.68	1880.06		2064.70
31			1310.62				1600.72			1900.47		2071.25

数据来源：上海、深圳证券交易所

Source: Shanghai Shenzhen Stock Exchange

2-50 2003年上海股票交易所A股平均市盈率、换手率
P/E Ratio and Turnover Velocity of A Shares in Shanghai Stock Exchange in 2003

年 份	市盈率 P/E		换手率（%）Turnover Velocity
年份 Year	发行股数平均 Total Shares	流通股数平均 Negotiable Shares	流通股平均换手率 Negotiable Shares
1992			
1993			
1994			
1995	16.32	13.66	519.41
1996	32.65	31.13	760.05
1997	43.43	42.44	534.99
1998	34.36	33.66	355.30
1999	38.13	36.59	421.55
2000	59.14	58.63	504.07
2001	124.23	37.59	216.67
2002	34.50	37.44	208.74
2003	36.64	37.22	268.58

数据来源：上海、深圳证券交易所
Source：Shanghai Shenzhen Stock Exchange

2-51 2003年深圳股票交易所A股平均市盈率、换手率
P/E Ratio and Turnover Velocity of A Shares in Shenzhen Stock Exchange in 2003

年 份	市盈率 P/E		换手率（%）Turnover Velocity
年份 Year	发行股数平均 Total Shares	流通股数平均 Negotiable Shares	流通股平均换手率 Negotiable Shares
1992	36.44	34.68	265.45
1993	35.94	37.90	324.44
1994	10.56	10.38	691.79
1995	9.97	9.39	309.56
1996	38.88	38.52	949.68
1997	42.66	42.38	662.32
1998	32.31	32.18	411.14
1999	37.56	38.28	371.61
2000	58.75	59.62	396.47
2001	40.76	41.02	189.97
2002	38.22	38.75	200.65
2003	37.43	37.55	216.97

数据来源：上海、深圳证券交易所
Source：Shanghai Shenzhen Stock Exchange

2-52 2003年上海股票交易所B股平均市盈率、换手率
P/E Ratio and Turnover Velocity of B Shares in Shanghai Stock Exchange in 2003

年 份	市盈率 P/E		换手率（%）Turnover Velocity
年份 Year	发行股数平均 Total Shares	流通股数平均 Negotiable Shares	流通股平均换手率 Negotiable Shares
1992			
1993			
1994			
1995	8.00	8.00	56.26
1996	14.04	14.04	61.58
1997	11.99	11.99	74.60
1998	6.04	6.04	57.30
1999	10.05	10.05	92.59
2000	25.23	25.23	151.24
2001	43.39	43.39	452.26
2002	30.61	30.61	95.99
2003	30.32	30.32	64.26

数据来源：上海、深圳证券交易所
Source: Shanghai Shenzhen Stock Exchange

2-53 2003年深圳股票交易所B股平均市盈率、换手率
P/E Ratio and Turnover Velocity of B Shares in Shenzhen Stock Exchange in 2003

年 份	市盈率 P/E		换手率（%）Turnover Velocity
年份 Year	发行股数平均 Total Shares	流通股数平均 Negotiable Shares	流通股平均换手率 Negotiable Shares
1992	35.56	17.76	124.28
1993	20.11	16.24	52.58
1994	7.02	6.97	42.16
1995	6.01	5.86	30.79
1996	14.07	12.54	96.85
1997	10.66	10.71	131.32
1998	5.71	5.82	45.88
1999	10.38	10.39	95.40
2000	13.06	13.50	89.09
2001	25.30	25.59	417.47
2002	17.51	18.34	89.98
2003	20.92	21.57	133.87

数据来源：上海、深圳证券交易所
Source: Shanghai Shenzhen Stock Exchange

2-54 2003年上海股票交易所A股按行业平均市盈率、换手率

P/E Ratio and Turnover Velocity of A Shares in Shanghai Stock Exchange Classified by Industries in 2003

行业 Industries	市盈率 P/E 发行股数平均 Total Shares	市盈率 P/E 流通股数平均 Negotiable Shares	换手率(%) Turnover Velocity 流通股换手率 Negotiable Shares
农、林、牧、副、渔业 Agriculture, Forestry, Fishing and Hunting	31.95	33.44	232.41
采掘业 Mining	30.87	33.24	321.83
食品、饮料 Food, Beverage	44.12	46.27	219.16
纺织、服装、毛皮 Textile, Apparel, Leather	28.81	28.40	165.85
木材、家具 Wood Product	25.70	25.70	199.73
造纸、印刷 Paper, Printing	42.15	39.20	219.55
石油、化学、橡胶、塑料 Petroleum, Chemical Product, Plastics, Rubber	50.95	43.95	202.54
电子 Electrical Equipment	37.22	37.55	250.43
金属、非金属 Metal, Nonmetallic Mineral Product	30.54	32.03	318.19
机械、设备、仪表 Machinery, Equipment, Meter	40.40	37.21	223.51
医药、生物 Medicine, Biologic Product	38.14	38.07	198.96
其他制造业 Other Manufacuring	44.69	42.32	169.96
电力、蒸汽及水的生产及供应业 Electricity, Gas, Water Supply	37.38	40.69	219.09
建筑业 Construction	34.75	35.26	174.09
交通运输、仓储业 Transport, Storage	39.43	34.18	334.05
信息技术业 Information, Technology	41.71	42.50	384.87
批发和零售贸易 Wholesale and Retail Trade	37.29	37.48	179.68
金融、保险业 Finance, Insurance	39.56	40.63	504.16
房地产业 Real Estate	27.91	25.21	131.93
社会服务业 Social Services	32.67	30.44	158.90
传播及文化产业 Transmission, Culture	68.01	66.48	324.03
综合类 Conglomerat	46.40	45.03	202.40

数据来源:上海、深圳证券交易所

Source: Shanghai Shenzhen Stock Exchange

2-55 2003年深圳股票交易所A股按行业平均市盈率、换手率

P/E Ratio and Turnover Velocity of A Shares in Shenzhen Stock Exchange Classified by Industries in 2003

行业 Industries	市盈率 P/E 发行股数平均 Total Shares	市盈率 P/E 流通股数平均 Negotiable Shares	换手率(%) Turnover Velocity 流通股换手率 Negotiable Shares
农、林、牧、副、渔业 Agriculture, Forestry, Fishing and Hunting	51.91	56.07	159.98
采掘业 Mining	28.77	28.64	291.37
食品、饮料 Food, Beverage	30.51	29.87	228.76
纺织、服装、毛皮 Textile, Apparel, Leather	40.92	35.68	177.87
木材、家具 Wood Product	0.00	0.00	218.99
造纸、印刷 Paper, Printing	32.69	33.83	174.23
石油、化学、橡胶、塑料 Petroleum, Chemical Product, Plastics, Rubber	41.47	39.84	222.84
电子 Electrical Equipment	87.45	88.33	185.88
金属、非金属 Metal, Nonmetallic Mineral Product	28.16	28.97	225.42
机械、设备、仪表 Machinery, Equipment, Meter	37.44	38.26	223.59
医药、生物 Medicine, Biologic Product	41.53	42.01	214.33
其他制造业 Other Manufacuring	45.78	42.52	254.36
电力、蒸汽及水的生产及供应业 Electricity, Gas, Water Supply	34.00	35.73	228.80
建筑业 Construction	47.15	46.58	159.50
交通运输、仓储业 Transport, Storage	32.51	33.14	130.93
信息技术业 Information, Technology	38.59	37.61	265.48
批发和零售贸易 Wholesale and Retail Trade	53.19	50.94	210.47
金融、保险业 Finance, Insurance	47.87	44.13	209.11
房地产业 Real Estate	34.88	28.60	229.52
社会服务业 Social Services	37.48	37.51	162.03
传播及文化产业 Transmission, Culture	67.92	68.33	354.92
综合类 Conglomerat	86.87	87.75	225.14

数据来源:上海、深圳证券交易所
Source: Shanghai Shenzhen Stock Exchange

主要统计指标解释
Definition and Explanation

1. 成交金额和成交数量(Trading Volume and Value)

成交金额和成交数量为买卖单方计算。

Trading volume and value counted on a one-way basis.

2. 上市公司(Listed Companies)

上市公司为向社会公开发行股票且股票在交易所上市的公司。

A pubic, limited-liability company with issued shares that are listed on an Exchange.

3. 上市股票数(Number of Listed Stocks)

上市股票数是指在交易所上市的A股、B股的总数目。

The figure of Number of listed stocks refers to the total number of A and B shares listed on an Exchange.

4. 市价总值(Total Market Capitalization)

指在交易所上市的证券在某一时点按市价与发行数量计算的总金额。

∑(市价×发行数量)

This figure represents the aggregate taken at a given time of the market price the listed volume for each security in the market.

∑(Marked Price×Negotiable Volume)

5. 流通市值(Negotiable Market Capitalization)

指在交易所上市的证券在某一时点按市价与上市流通量计算的总金额。

∑(市价×可流通量)

This figure represents the aggregate taken at a given time of the market price the negotiable volume for each security in the market.

∑(Marked Price×Negotiable Volume)

6. 流通数量(Total Negotiable Volume)

指在交易所上市的证券中可以流通的数量。

The total negotiable volume of all listed securities at certain time.

7. 数量单位(Trading Unit)

· 股:A股、B股均使用1元人民币面额为一股。对历史曾出现的大于1元面额的股票,在本年报的成交或交易股数指标中均已被换算到当前面额。

· 手:国债现货和国债回购品种均以1000元人民币面额为一手。

· 口:上海证券交易所国债期货以20000元国债面额为一口,深圳证券交易所国债期货以10000元国债面额为一口。

· 份:基金以1元面额为一份。

· Par value for both A and B share is calculated at 1.00 RMB. Trading volume of stocks whose actuarial par value is greater than 1. 00 RMB has been converted correspondingly.

- For Bonds and T-Bond repurchase each block consists of 1000 RMB par value.
- For t-Bond Futures each block consists of 20000 RMB par value in Shanghai Stock Exchange, and is Shenzhen stock Exchange each block consists of 10000 RMB par Value.
- Par value of Investment Fund is 1. 00 RMB par share.

8. 市盈率(Price-to-Earning Ratio (P/E Ratio)

$$\text{市盈率} = \frac{\text{股价}}{\text{每股盈利}}$$

$$\text{P/E Ratio} = \frac{\text{Stock Price}}{\text{Earnings Per Share}}$$

第三部分　债　券

Bonds

2003年债券市场综述

Summary for Chinese Bonds Market 2003

2003年债券发行规模进一步扩大,交易所交易的国债品种进一步增加,国债现货成交萎缩,国债回购、企业债和可转债交易活跃。

2003年债券发行规模进一步扩大。其中,国债累计发行6280亿元,比上年增加了351亿元,增幅为6%;金融债累计发行4561亿元,比上年增加了1486亿元,增幅达48%;企业债累计发行358亿元,比去年增加了33亿元。

截止2003年底,在交易所交易的债券共115只,比2002年底增加了41只。其中,国债61只,企业债31只,可转债23只,分别是2002年底的1.22、2.16和2.56倍;债券托管市值4068亿元,比去年底增加了39%。其中,国债托管市值3479亿元,企业债托管市值367亿元,可转债托管市值222亿元,分别比去年底增加了24%、63%和242%。

2003年交易所交易的各种债券累计成交62136亿元,比2002年增加了87%。其中,国债现货成交5756亿元,比2002年减少了34%;国债回购成交53000亿元,比2002年增加了117%。随着企业债回购的推出,2003年企业债的成交大幅增加,全年累计成交2717亿元,是2002年的39倍。此外,由于上市数目的大幅增加,2003年可转债成交也成倍增加,全年成交663亿元,是2002年的9倍。

从二级市场的走势来看,在上半年资金面推动、下半年政策面紧缩的先后作用下,国债市场呈现出大幅震荡的态势。全年行情可分为四个阶段:

第一阶段　年初至6月初的持续上涨阶段。在此期间,在充裕资金的推动下,国债市场表现出稳步攀升的态势。4、5月份,SARS疫情的扩大导致市场对国民经济发展的担忧,投资国债市场成为众多机构资金的选择。6月12日,上证国债指数报收于101.77点,比年初上涨了1.7%。

第二阶段　6月初至8月初的高位平台整理阶段。由于经济持续向好,且SARS在全国范围内得到有效控制,部分机构获利后套现离场,导致国债市场行情高位受阻,展开整理。

第三阶段　8月初至10月中旬的巨幅下跌阶段。受存款准备金率上调、股市大盘股发行等利空因素的影响,各国债品种大幅下跌。上证国债指数在短短的两个多月时间内,由101.77点最低跌至96.86点,其中超长期品种跌幅甚至超过10%。7期、8期国债上市后均迅速跌破发行价,承销、分销机构损失惨重。虽然央行加大资金投放,但仍然难以稳定市场利率水平。

第四阶段　10月下旬至年底的恢复性回升阶段。伴随资金供求形势的缓解以及市场结构性失衡的缓和,国债市场的投资者心态得以恢复。中短期债券在调整到位后开始由底部稳步回升,浮动利率品种由于具有一定的利率风险回避功能,在物价指数上涨的鼓舞下,也受到了市场资金的追捧。但超长期品种由于受制于国民经济向好和升息预期等因素,再现一轮跌势。12月10日,央行宣布将银行超额存款准备金利率从1.98%降低到1.62%,

引发了国债二级市场的进一步反弹。年底上证国债指数报收于99.39点，比年开盘降低了0.61%。

3-1 历年全国债券发行情况汇总表(1990—2003)

Issuing Summary of Bonds (1990—2003)

单位:亿元 Unit:100000000

时期 Year	国债 T-Bonds			金融债 Financial Bonds			企业债 Enterprise Bonds		
	发行额 Amounts Issued	兑付额 Amounts Repayed	期末余额 Balance	发行额 Amounts Issued	兑付额 Amounts Repayed	期末余额 Balance	发行额 Amounts Issued	兑付额 Amounts Repayed	期末余额 Balance
1990 年	197.23	76.22	890.34	64.40	50.07	84.88	126.37	77.29	195.44
1991 年	281.25	111.60	1059.99	66.91	33.67	118.12	249.96	114.31	331.09
1992 年	460.78	238.05	1282.72	55.00	30.00	143.12	683.71	192.76	822.04
1993 年	381.31	123.29	1540.74		34.29	108.83	235.84	255.48	802.40
1994 年	1137.55	391.89	2286.40		13.54	95.29	161.75	282.04	682.11
1995 年	1510.86	496.96	3300.30			1708.49	300.80	336.30	646.61
1996 年	1847.77	786.64	4361.43	1055.60	254.50	2509.59	268.92	317.80	597.73
1997 年	2411.79	1264.29	5508.93	1431.50	312.30	3628.80	255.23	219.81	521.02
1998 年	3808.77	2060.86	7765.70	1950.23	320.40	5121.13	147.89	105.25	676.93
1999 年	4015.00	1238.70	10542.00	1800.89	473.20	6447.48	158.20	56.50	778.63
2000 年	4657.00	2179.00	13020.00	1645.00	709.20	7383.28	83.00	0.00	861.63
2001 年	4884.00	2286.00	15618.00	2590.00	1438.80	8534.48	147.00		
2002 年	5934.30	2216.20	19336.10	3075.00	1555.70	10054.10	325.00		
2003 年	6280.10	2755.80	22603.60	4561.40	2505.30	11650.00	358.00		
1 月			19079.30	200.00	100.00	9693.90	25.00		
2 月	710.00	57.60	19731.70	0.00	0.00	9693.90	40.00		
3 月	240.00	667.00	19304.70	200.00	70.00	9823.90			
4 月	1080.00	122.70	20262.00	200.00	176.90	9847.00			
5 月	650.00	392.20	20519.80	300.00	242.80	9904.20			
6 月	460.00	76.40	20903.40	480.00	209.30	10174.90			
7 月	360.00	369.90	20893.50	700.00	269.50	10605.40	48.00		
8 月	460.00	238.00	21115.50	400.00	161.10	10844.30	30.00		
9 月	361.00	157.00	21319.00	661.00	300.10	11205.60	6.00		
10 月	420.00	191.70	21547.30	400.00	59.00	11546.60	15.00		
11 月	680.00	483.30	21744.00	420.00	304.00	11662.60	24.00		
12 月	859.60	0.00	22603.60	600.00	612.60	11650.00	170.00		

数据来源:中国人民银行

Source:The People's Bank of China

3-2 主要存款项目利率表(1996—2003)

Interest Rates of Major Saving Deposits (1996—2003)

项 目	Item	1996-05-01 May 1 1996	1996-08-23 Aug 23 1996	1997-10-23 Oct 23 1997	1998-03-25 Mar 25 1998	1998-07-01 Jul 1 1998	1998-12-07 Dec 7 1998	1999-06-10 June 10 1999	2002-02-21 Feb. 21 2002
个人人民币储蓄存款	Household Saving Deposits								
活期	Demand	2.97	1.98	1.71	1.71	1.44	1.40	0.99	0.72
定期	Time								
3个月	3 Months	4.86	3.33	2.88	2.88	2.79	2.79	1.98	1.71
6个月	6 Months	7.20	5.40	4.14	4.14	3.96	3.33	2.16	1.89
1年	1 Year	9.18	7.47	5.67	5.22	4.77	3.78	2.25	1.98
2年	2 Years	9.90	7.92	5.94	5.58	4.86	3.96	2.43	2.25
3年	3 Years	10.80	8.28	6.21	6.21	4.95	4.14	2.70	2.52
5年	5 Years	12.06	9.00	6.66	6.66	5.22	4.50	2.88	2.79
8年及8年以上	8 Years or Longer								
企业单位	Enterprise Deposits								
活期	Demand	2.97	1.98	1.71	1.71	1.44	1.44	0.99	0.72
定期	Time								
3个月	3 Months	4.86	3.33	2.88	2.88	2.79	2.79	1.98	1.71
6个月	6 Months	7.20	5.40	4.14	4.14	3.96	3.33	2.16	1.89
1年	1 Year	9.18	7.47	5.67	5.22	4.77	3.78	2.25	1.98
2年	2 Years	9.90	7.92	5.94	5.58	4.86	3.96		
3年	3 Years	10.80	8.28	6.21	6.21	4.95	4.14		
5年	5 Years	12.06	9.00	6.66	6.66	5.22	4.50		
8年及8年以上	8 Years or Longer								
大额可转让定期存单	CDs								
1个月	1 Month	3.96	2.70						
3个月	3 Months	4.86	3.33	2.88	2.88	2.79	2.79	1.98	
6个月	6 Months	7.20	5.40	4.14	4.14	3.96	3.33	2.16	
9个月	9 Months	8.19	6.66						
12个月	12 Months	9.18	7.47	5.67	5.22	4.77	3.78	2.25	

注:2003年存款利率没有调整

数据来源:中国人民银行

Source: The People's Bank of China

3-3 2003年全国银行间同业拆借利率统计表

Interbank Offer Rates in 2003

单位:%

时期	隔夜	7天内	8~14天内	15~20天内	21~30天内	31~60天内	61~90天内	91~120天内
1月	2.06	2.16		2.23	2.30	2.50	2.35	3.79
2月	2.05	2.13		2.23	2.36	2.51	2.71	3.61
3月	1.99	2.06		2.16	2.37	2.55	2.52	2.90
4月	1.96	1.97	1.97	2.03	2.02	2.28	2.41	3.44
5月	1.99	2.02	2.02	2.21	2.14	2.21	3.59	3.50
6月	2.08	2.10	2.10	2.26	2.21	2.54	2.39	3.28
7月	2.13	2.15	2.15	2.27	2.35	2.76	2.40	3.25
8月	2.09	2.20	2.20	2.15	2.81	2.57	2.96	3.39
9月	2.52	2.68	2.68	2.90	2.84	3.09	4.02	3.55
10月	2.78	2.83	2.83	3.25	3.29	4.11	3.18	1.89
11月	2.37	2.57	2.57	2.95	3.16	3.05	2.89	2.50
12月	2.04	2.24	2.24	2.45	2.94	2.93	3.13	4.51

注:表中利率为加权平均利率

数据来源:中国人民银行

Source: The People's Bank of China

3-4 2003年全国银行间市场债券回购利率统计表

Interbank Bonds Repurchase Rate in 2003

单位:%

时期	1天	7天	14天	21天	1个月	2个月	3个月	4个月	6个月	9个月	一年
1月		2.27	2.30	2.29	2.31	2.38	2.39	2.41	0.00	0.00	0.00
2月		2.24	2.26	2.28	2.29	2.30	2.31	2.31	0.00	0.00	0.00
3月		2.03	2.08	2.11	2.17	2.23	2.24	2.30	2.29	0.00	0.00
4月	1.96	1.96	1.98	1.99	2.05	2.11	2.17	2.18	2.25	0.00	0.00
5月	2.02	2.03	2.04	2.10	2.13	2.14	2.16	0.00	2.25	0.00	0.00
6月	2.16	2.16	2.19	2.22	2.24	2.23	2.28	0.00	2.38	0.00	0.00
7月	2.18	2.20	2.22	2.30	2.34	2.29	2.34	0.00	2.48	0.00	0.00
8月	2.21	2.25	2.23	2.26	2.37	2.43	2.36	2.60	2.34	0.00	0.00
9月	2.89	2.86	3.14	3.08	3.08	3.25	3.68	3.76	3.05	0.00	0.00
10月	3.06	3.09	3.17	3.23	3.28	3.44	3.45	3.45	3.75	0.00	0.00
11月	2.50	2.70	2.90	2.80	3.20	3.20	3.10	3.50	3.50	0.00	0.00
12月	2.14	2.14	2.17	2.37	2.77	2.83	2.94	0.00	3.20	0.00	0.00

注:表中利率为加权平均利率

数据来源:中国人民银行

Source: The People's Bank of China

3-5 2003年货币市场7天品种利率统计表

Rates for 7-days Items in Money Market in 2003

金额单位:亿元

时期 Month	银行间同业拆借市场信用拆借 Interbank Offer		银行间债券市场债券回购 Interbank Bonds Repurchase	
	交易额 Trading Value	利率 Rate (%)	交易额 Trading Value	利率 Rate (%)
1月	791.54	2.16	4730.89	2.27
2月	649.34	2.13	5828.66	2.24
3月	850.81	2.06	10288.72	2.03
4月	1622.58	1.97	5532.89	1.96
5月	1164.92	2.02	5635.05	2.03
6月	1511.61	2.10	5796.30	2.16
7月	1670.79	2.15	8198.21	2.20
8月	1851.46	2.20	8454.01	2.25
9月	1236.62	2.68	7213.57	2.86
10月	932.06	2.83	5841.35	3.09
11月	1080.89	2.57	5058.96	2.70
12月	1200.51	2.24	5752.32	2.14

注:表中利率为加权平均利率

数据来源:中国人民银行

Source:The People's Bank of China

3-6 2003年国债发行统计表

Issuing Summary for T-Bond In 2003

单位:亿元 Unit:100000000

	发行对象 Issue Target	累计发行额 Total Amount Issued	发行利率(%) Interest Rate	偿还期限 Maturity
一、2003年发行的国债 Issued In 2003		6280.00		
(一) 凭证式国债 Certificate TB.				
1. 凭证式国债(1) Certificate TB.(1)		600.00		
三年期 3 Years	个人投资者	300.00	2.32	3
五年期 5 Years	个人投资者	300.00	2.63	5
2. 凭证式国债(2) Certificate TB.(2)		900.00		
三年期 3 Years	个人投资者	450.00	2.32	3
五年期 5 Years	个人投资者	450.00	2.63	5
3. 凭证式国债(3) Certificate TB.(3)		500.00		
三年期 3 Years	个人投资者	250.00	2.32	3
五年期 5 Years	个人投资者	250.00	2.63	5
4. 凭证式国债(4) Certificate TB.(4)		504.60		
三年期 3 Years	个人投资者	203.40	1.98	1
五年期 5 Years	个人投资者	301.20	2.25	2

续表 Continued

	发行对象 Issue Target	累计发行额 Total Amount Issued	发行利率(%) Interest Rate	偿还期限 Maturity
(二) 记账式国债 Bookentry TB.		3775.50		
1. 记账式国债一期 Bookentry TB.(1)	银行间/交易所	350.00	2.66	7
2. 记账式国债二期 Bookentry TB.(2)	银行间	260.00	2.80	10
3. 记账式国债三期 Bookentry TB.(3)	交易所	260.00	3.40	20
4. 记账式国债四期 Bookentry TB.(4)	银行间	260.00	2.45	5
5. 记账式国债一期(续)Bookentry TB.(1+)	银行间/交易所	350.00	2.66	7
6. 记账式国债五期 Bookentry TB.(5)	银行间	260.00	2.32	3
7. 记账式国债六期 Bookentry TB.(6)	银行间	260.00	2.53	5
8. 记账式国债七期 Bookentry TB.(7)	银行间/交易所/商业银行柜台	460.00	2.66	7
9. 记账式国债八期 Bookentry TB.(8)	交易所	160.50	3.02	10
10. 记账式国债九期 Bookentry TB.(9)	银行间	220.00	4.12	15
11. 记账式国债十期 Bookentry TB.(10)	银行间	220.00	2.77	2
12. 记账式国债十一期 Bookentry TB.(11)	银行间/交易所/商业银行柜台	360.00	3.50	7
13. 记账式国债十二期 Bookentry TB.(12)	银行间	255.00	2.55	1
14. 记账式国债十三期 Bookentry TB.(13)	银行间	100.00	2.37	0.3
二、2003 年以前国债发行与兑付		32704.30		
三、当前累计 Total		38984.40		

数据来源:中国人民银行
Source:The People's Bank of China

3-7 1990—2003 年国债余额一览表

The Balance of T-Bond(1990—2003)

单位:亿元 Unit: 100000000

年份 Year	年底余额 Balance at the end of the year
1990	890.34
1991	1059.99
1992	1282.72
1993	1540.74
1994	2286.40
1995	3300.30
1996	4361.43
1997	5508.93
1998	7765.70
1999	10542.00
2000	13020.00
2001	15618.00
2002	19336.10
2003	22603.60

数据来源:中国人民银行
Source:The People's Bank of China

3-8 1995—2003 年全国债券交易情况汇总表

Summary for Bonds Trading(1995—2003)

		1995 年	1996 年	1997 年	1998 年	1999 年	2000 年	2001 年	2002 年	2003 年
年末上市数目合计	Listed Numbers	62	43	42	39	43	46	54	74	115
金融债	Financial Bonds	4	2	0	0	0	0	0	0	0
企业债	Enterprise Bonds	13	6	7	7	12	12	13	15	31
企业债现货	Enterprise Bonds Cash	13	6	7	7	12	12	13	15	24
企业债回购	Enterprise Bonds Repurchase									7
可转换债券	Converse Bonds	1	0	0	1	2	3	3	9	23
国债	T-Bonds	44	35	35	31	29	31	38	50	61
现货	T-Bond Cash	12	18	18	14	12	14	21	33	41
期货	T-Bond Futures	12	0	0	0	0	0	0	0	0
回购	T-Bond Repurchase	20	17	17	17	17	17	17	17	20
成交数量(万手/口)	Transaction Volume	100660.50	174297.17	161732.38	203161.40	170716.33	197979.00	204707.68	329252.26	620194.41
金融债	Financial Bonds									
企业债(万手)	Enterprise Bonds	29.35	38.00	356.12	946.39	471.12	906.15	672.13	639.81	26973.40
企业债现货	Enterprise Bonds Cash	29.35	38.00	356.12	946.39	471.12	906.15	672.13	639.81	3439.33
企业债回购	Enterprise Bonds Repurchase									23534.07
可转换债券(万手)	Converse Bonds	70905.00	0.00	0.00	833.45	3133.54	11717.48	3684.55	688.29	5830.70
国债(万手)	T-Bond	29726.15	174259.17	161376.26	201381.56	167111.67	185355.37	200351.00	328152.15	587390.31
现货(万手)	T-Bond Cash	6105.57	44172.76	32615.20	45973.57	38206.39	38018.57	45474.64	83955.76	57391.85
期货(万口)	T-Bond Future	21151.63	0.00	0.00	0.00	0.00	0.00	0.00	0.00	0.00
回购(万手)	T-Bond Repurchase	2468.95	130086.41	128761.06	155407.99	128905.28	147336.80	154876.36	244196.39	529998.46
成交金额(百万元)	Transaction Turnover	5936760.69	1803934.55	1647689.03	2166177.72	1828412.24	1911915.83	2041776.34	3324952.62	6213635.97
金融债	Financial Bonds	0.03	0.05	0.00	0.00	0.00	0.00	0.00	0.00	0.00
企业债	Enterprise Bonds	84.10	146.09	1808.10	4068.57	4799.48	9292.27	6884.31	7033.09	271701.63
企业债现货	Enterprise Bonds Cash	84.10	146.09	1808.10	4068.57	4799.48	9292.27	6884.31	7033.09	36360.93
企业债回购	Enterprise Bonds Repurchase									235340.70
可转换债券	Converse Bonds	676.85	0.00	0.00	2030.17	4473.35	13506.68	4568.04	7369.70	66338.72
国债	T-Bond	5935999.71	1803788.41	1645880.93	2160078.98	1819139.41	1889116.88	2030323.99	3312831.83	5875595.62
现货	T-Bond Cash	77520.01	502924.30	358274.52	605994.78	530086.53	415748.83	481560.35	870867.90	575610.99
期货	T-Bond Future	5733628.12	0.00	0.00	0.00	0.00	0.00	0.00	0.00	0.00
回购	T-Bond Repurchase	124851.58	1300864.12	1287606.41	1554084.00	1289052.88	1473368.05	1548763.64	2441963.93	5299984.63
成交笔数合计(万笔)	Transaction Turnover	3941177	2546422	1535030	1700434	1586663	1937637	1161774	2136984	4789412
金融债	Financial Bonds	2	4	2	0	0	0	0	0	0
企业债	Enterprise Bonds	6288	13400	51350	310499	233767	434395	173256	120462	333915
企业债现货	Enterprise Bonds Cash	6288	13400	51350	310499	233767	434395	173256	120462	207187
企业债回购	Enterprise Bonds Repurchase									126728
可转换债券	Converse Bonds	36721	0	0	172571	513702	827248	208841	191200	665889
国债	T-Bond	3898166	2533018	1483678	1217364	839194	675994	779677	1902951	3789608
现货	T-Bond Cash	629531	1832141	1118563	796406	536532	385348	476656	1105316	1299017
期货	T-Bond Future	3185378	0	0	0	0	0	0	0	40801
回购	T-Bond Repurchase	83257	700877	365115	420958	302662	290646	303021	797635	2490591

数据来源:上海、深圳证券交易所

Source:Shanghai Shenzhen Stock Exchange

3-9 1995—2003年上海债券交易情况统计表

Summary for Bonds Trading in Shanghai Stock Exchange (1995—2003)

		1995年	1996年	1997年	1998年	1999年	2000年	2001年	2002年	2003年
年末上市数目合计	Listed Numbers	47	24	22	20	23	25	31	39	65
金融债	Financial Bonds	4	2	0	0	0	0	0	0	0
企业债	Enterprise Bonds	12	5	5	5	9	10	12	11	22
企业债现货	Enterprise Bonds Cash	12	5	5	5	9	10	12	11	19
企业债回购	Enterprise Bonds Repurchase									3
可转换债券	Converse Bonds								3	13
国债	T-Bonds	31	17	17	15	14	15	19	25	30
现货	T-Bond Cash	6	9	9	7	6	7	11	17	21
期货	T-Bond Futures	12	0	0	0	0	0	0	0	0
回购	T-Bond Repurchase	13	8	8	8	8	8	8	8	9
成交数量(万手/口)	Transaction Volume	24246.06	167937.07	150768.00	197912.00	159528.81	165336.68	195274.87	305478.71	615065.44
金融债	Financial Bonds									
企业债(万手)	Enterprise Bonds	5.51	9.76	128.00	170.00	300.44	790.26	610.45	454.99	26523.60
企业债现货	Enterprise Bonds Cash	5.51	9.76	128.00	170.00	300.44	790.26	610.45	454.99	2992.22
企业债回购	Enterprise Bonds Repurchase									23531.38
可转换债券(万手)	Converse Bonds								228.00	3888.19
国债(万手)	T-Bond	24240.55	167927.31	150640.00	197742.00	159228.37	164546.42	194664.42	305023.72	584653.65
现货(万手)	T-Bond Cash	6004.60	43535.71	31518.00	45857.00	37987.20	33074.28	41234.63	60831.83	54838.27
期货(万口)	T-Bond Future	16520.00	0.00	0.00	0.00	0.00	0.00	0.00	0.00	0.00
回购(万手)	T-Bond Repurchase	1715.95	124391.60	119122.00	151885.00	121241.17	131472.14	153429.79	244191.89	529815.38
成交金额(百万元)	Transaction Turnover	5162822.95	1740269.88	1539606.07	2126655.84	1744673.41	1689582.58	1979403.51	3085105.73	6159638.70
金融债	Financial Bonds	0.03	0.05	0.00	0.00	0.00	0.00	0.00	0.00	0.00
企业债	Enterprise Bonds	61.06	116.12	1550.32	3131.84	4584.47	9155.65	6799.92	5103.67	266918.03
企业债现货	Enterprise Bonds Cash	61.06	116.12	1550.32	3131.84	4584.47	9155.65	6799.92	5103.67	31604.23
企业债回购	Enterprise Bonds Repurchase									235313.80
可转换债券	Converse Bonds								2282.00	44531.21
国债	T-Bond	5162761.86	1740153.71	1538055.75	2123524.00	1740088.94	1680426.93	1972603.59	3080002.06	5848189.46
现货	T-Bond Cash	76444.46	496237.71	346839.95	604669.80	527677.24	365705.53	438305.69	638083.16	550035.66
期货	T-Bond Future	4969157.90	0.00	0.00	0.00	0.00	0.00	0.00	0.00	0.00
回购	T-Bond Repurchase	117159.50	1243916.00	1191215.80	1518854.00	1212411.70	1314721.40	1534297.90	2441918.90	5298153.80
成交笔数合计(万笔)	Transaction Turnover	2992638	2502405	1501749	1509904	1054994	1047980	914158	1899455	4474444
金融债	Financial Bonds	2	4	2	0	0	0	0	0	0
企业债	Enterprise Bonds	4442	11032	49205	304452	225834	427365	169902	104113	311351
企业债现货	Enterprise Bonds Cash	4442	11032	49205	304452	225834	427365	169902	104113	184647
企业债回购	Enterprise Bonds Repurchase									126704
可转换债券	Converse Bonds								77629	414286
国债	T-Bond	2988194	2491369	1452542	1205452	829160	620615	744256	1795342	3748807
现货	T-Bond Cash	622155	1805154	1096789	787783	531248	347069	443748	997717	1258530
期货	T-Bond Future	2287468	0	0	0	0	0	0	0	0
回购	T-Bond Repurchase	78571	686215	355753	417669	297912	273546	300508	797625	2490277

数据来源:上海、深圳证券交易所

Source:Shanghai Shenzhen Stock Exchange

3-10 1995—2003 年深圳债券交易情况统计表

Summary for Bonds Trading in Shenzhen Stock Exchange(1995—2003)

		1995 年	1996 年	1997 年	1998 年	1999 年	2000 年	2001 年	2002 年	2003 年
年末上市数目合计	Listed Numbers	15	19	20	19	20	21	23	35	50
金融债	Financial Bonds								0	
企业债	Enterprise Bonds	1	1	2	2	3	2	1	4	9
企业债现货	Enterprise Bonds Cash	1	1	2	2	3	2	1	4	5
企业债回购	Enterprise Bonds Repurchase									4
可转换债券	Converse Bonds	1			1	2	3	3	6	10
国债	T-Bonds	13	18	18	16	15	16	19	25	31
现货	T-Bond Cash	6	9	9	7	6	7	10	16	20
期货	T-Bond Futures								0	
回购	T-Bond Repurchase	7	9	9	9	9	9	9	9	11
成交数量(万手/口)	Transaction Volume	76414.44	6360.10	10964.38	5249.40	11187.52	32642.32	9432.81	23773.55	5128.97
金融债	Financial Bonds									
企业债(万手)	Enterprise Bonds	23.84	28.24	228.12	776.39	170.68	115.89	61.68	184.82	449.80
企业债现货	Enterprise Bonds Cash	23.84	28.24	228.12	776.39	170.68	115.89	61.68	184.82	447.11
企业债回购	Enterprise Bonds Repurchase									2.69
国债(万手)	T-Bonds	70905.00			833.45	3133.54	11717.48	3684.55	460.29	1942.51
可转换债券(万手)	Converse Bonds	5485.60	6331.86	10736.26	3639.56	7883.30	20808.95	5686.58	23128.43	2736.66
现货(万手)	T-Bond Cash	100.97	637.05	1097.20	116.57	219.19	4944.29	4240.01	23123.93	2553.58
期货(万口)	T-Bond Future	4631.63								
回购(万手)	T-Bond Repurchase	753.00	5694.81	9639.06	3522.99	7664.11	15864.66	1446.57	4.50	183.08
成交金额(百万元)	Transaction Turnover	773937.74	63664.67	108082.96	39521.88	83738.83	222333.25	62372.83	239846.89	53997.27
金融债	Financial Bonds								0.00	
企业债	Enterprise Bonds	23.04	29.97	257.78	936.73	215.01	136.62	84.39	1929.42	4783.60
企业债现货	Enterprise Bonds Cash	23.04	29.97	257.78	936.73	215.01	136.62	84.39	1929.42	4756.70
企业债回购	Enterprise Bonds Repurchase									26.90
可转换债券	Converse Bonds	676.85			2030.17	4473.35	13506.68	4568.04	5087.70	21807.51
国债	T-Bond	773237.85	63634.70	107825.18	36554.98	79050.47	208689.95	57720.40	232829.77	27406.16
现货	T-Bond Cash	1075.55	6686.59	11434.57	1324.98	2409.29	50043.30	43254.66	232784.74	25575.33
期货	T-Bond Future	764470.22								
回购	T-Bond Repurchase	7692.08	56948.12	96390.61	35230.00	76641.18	158646.65	14465.74	45.03	1830.83
成交笔数合计(万笔)	Transaction Turnover	948539	44017	33281	190530	531669	889657	247616	237529	314968
金融债	Financial Bonds								0	
企业债	Enterprise Bonds	1846	2368	2145	6047	7933	7030	3354	16349	22564
企业债现货	Enterprise Bonds Cash	1846	2368	2145	6047	7933	7030	3354	16349	22540
企业债回购	Enterprise Bonds Repurchase									24
可转换债券	Converse Bonds	36721			172571	513702	827248	208841	113571	251603
国债	T-Bond	909972	41649	31136	11912	10034	55379	35421	107609	40801
现货	T-Bond Cash	7376	26987	21774	8623	5284	38279	32908	107599	40487
期货	T-Bond Future	897910								40801
回购	T-Bond Repurchase	4686	14662	9362	3289	4750	17100	2513	10	314

数据来源：上海、深圳证券交易所

Source：Shanghai Shenzhen Stock Exchange

3-11 2003 年全国国债现货每日成交量、成交额

日期 Date	1月 Jan.		2月 Feb.		3月 Mar.		4月 Apr.		5月 May		6月 Jun.	
	成交额 Turnover	成交量 Volume	成交额 Turnover	成交量 Volume	成交额 Turnover	成交量 Volume	成交额 Turnover	成交量 Volume	成交额 Turnover	成交量 Volume	成交额 Turnover	成交量 Volume
1							40.50	3946652				
2	13.46	1323709					28.76	2775668			20.79	2040944
3	14.93	1457114			13.90	1357681	26.08	2535401			30.75	3018236
4					18.04	1745291	33.03	3226802			24.69	2409821
5					23.74	2290690					17.80	1737769
6	7.73	756916			21.91	2149699					13.25	1304676
7	13.47	1329957			48.10	4743258	29.03	2818295				
8	11.55	1142094					27.88	2711380				
9	17.42	1715796					19.27	1894048			28.16	2775180
10	30.05	2933214	18.60	1803496	29.24	2847041	16.13	1574950			20.25	2001978
11			20.78	2009253	27.63	2687714	24.22	2375625			22.43	2215540
12			23.43	2270868	21.44	2098387			28.08	2767337	25.77	2553052
13	21.36	2081409	21.37	2054881	25.52	2488752			24.60	2417973	24.58	2427105
14	29.51	2887739	31.71	3081940	26.43	2583903	19.57	1927761	37.47	3637043		
15	16.79	1633007					17.76	1749850	43.29	4238162		
16	25.16	2462519					21.93	2136904	47.25	4644172	48.07	4722494
17	14.53	1412419	33.98	3337609	17.46	1716201	32.74	3199309			23.88	2340210
18			15.39	1511781	24.03	2356161	31.06	3049865			19.21	1878358
19			20.07	1955481	16.60	1616620			38.83	3763162	25.25	2487408
20	15.21	1500582	22.11	2155888	27.15	2674888			31.12	3058199	22.95	2267603
21	16.88	1638678	19.61	1917018	25.71	2523388	19.83	1963314	27.89	2713928		
22	14.51	1408102					23.97	2365505	164.74	16421382		
23	20.95	1991710					32.78	3224162	20.74	2031834	29.09	2859385
24	18.67	1810475	17.11	1649065	25.68	2517851	23.99	2366021			24.96	2461665
25			13.11	1283278	33.62	3314765	72.59	7114114			26.00	2560479
26			54.65	5426167	30.92	2982735			16.75	1650001	30.99	3054346
27	20.40	1986718	22.98	2277000	26.75	2531461			21.03	2041416	18.44	1819325
28	19.82	1956691	27.41	2711621	28.43	2764957	47.48	4668851	25.38	2453781		
29	31.56	3119002					26.97	2641862	25.18	2435717		
30							38.80	3786531	24.42	2393767	27.03	2668188
31					23.60	2281216						

数据来源：上海、深圳证券交易所

Source：Shanghai Shenzhen Stock Exchange

Daily Trading of T-Bonds in 2003

成交额：亿元；成交量：手

7月 Jul.		8月 Aug.		9月 Sep.		10月 Oct.		11月 Nov.		12月 Dec.	
成交额 Turnover	成交量 Volume	成交额 Turnover	成交量 Volume	成交额 Turnover	成交量 Volume	成交额 Turnover	成交量 Volume	成交额 Turnover	成交量 Volume	成交额 Turnover	成交量 Volume
20.97	2075610	13.68	1336153	25.95	2602779					24.59	2561047
19.66	1937502			10.60	1064365					41.78	4258107
26.31	2606310			15.56	1558287			15.16	1602321	26.28	2715455
22.04	2179344	16.41	1623781	17.23	1732042			17.55	1830495	24.12	2500369
		14.01	1359180	14.19	1419382			17.54	1819394	23.96	2494002
		15.11	1490284					17.99	1872339		
17.84	1754892	18.33	1784943					15.45	1599789		
14.79	1452950	13.31	1315774	16.65	1639062	13.44	1379075			24.16	2518966
20.46	2004395			9.75	963071	18.86	1930302			28.00	2913481
19.76	1953030			17.37	1734125	16.19	1661055	16.83	1748879	24.59	2554616
17.77	1741942	13.34	1297388	12.55	1253325			17.34	1803008	41.01	4228970
		11.83	1156216	18.90	1896292			16.76	1737788	32.32	3342418
		12.21	1199324			15.98	1637752	17.93	1859270		
14.87	1476848	13.50	1338432			20.48	2111113	23.43	2418938		
18.74	1845495	15.17	1507447	21.31	2139149	23.46	2441682			34.20	3535060
16.68	1624375			17.41	1741748	28.18	2905823			58.51	5995872
13.82	1345267			12.43	1240192	16.19	1704314	14.24	1457321	48.95	5028091
16.44	1580927	13.49	1335084	19.43	1959100			14.68	1512550	52.00	5309469
		14.40	1409566	16.35	1633655			17.00	1745363	35.75	3666999
		12.25	1194105			16.30	1699984	16.13	1657427		
10.74	1066467	36.97	3597050			22.13	2322444	21.43	2202260		
17.81	1756311	20.59	2023267	17.57	1773516	31.79	3343999			37.00	3801236
15.48	1534775			16.31	1651331	28.85	3044365			42.84	4387118
15.53	1531196			24.04	2428715	21.51	2257049	20.13	2080444	54.92	5622464
13.88	1376319	27.01	2684352	40.48	4178183			17.32	1794840	37.62	3868366
		18.12	1807459	22.66	2328626			27.45	2839332	27.74	2840340
		16.28	1627019			22.77	2378579	27.37	2837340		
12.48	1229256	15.08	1504447			24.09	2494998	18.09	1870066		
11.94	1177941	14.41	1433692	28.96	2973900	15.02	1585490			45.06	4582299
15.43	1536640			12.44	1272368	11.62	1228439			44.92	4615345
13.77	1345092					12.39	1295260			48.20	4936131

3-12 2003年上海国债现货每日成交量、成交额

日期 Date	1月 Jan.		2月 Feb.		3月 Mar.		4月 Apr.		5月 May		6月 Jun.	
	成交额 Turnover	成交量 Volume	成交额 Turnover	成交量 Volume	成交额 Turnover	成交量 Volume	成交额 Turnover	成交量 Volume	成交额 Turnover	成交量 Volume	成交额 Turnover	成交量 Volume
1							40.49	3945958				
2	13.22	1299600					28.71	2770539			20.57	2019382
3	14.92	1455635			13.86	1354040	26.02	2529822			30.69	3012255
4					18.02	1743563	32.97	3220677			24.11	2352035
5					23.73	2289916					17.55	1712758
6	7.73	756555			21.89	2147527					13.19	1299051
7	13.46	1329393			48.04	4737411	29.02	2816911				
8	11.54	1141553					27.85	2708053				
9	17.41	1715336					19.25	1891869			28.09	2767797
10	30.04	2931828	18.58	1801529	29.23	2845784	16.09	1570950			20.17	1993739
11			20.76	2007247	27.58	2683150	24.16	2369570			22.37	2209402
12			23.40	2268110	21.42	2096849			22.40	2209581	25.71	2546650
13	21.34	2079511	21.36	2053461	25.50	2487235			24.42	2400447	24.51	2419760
14	29.27	2863995	31.70	3081038	26.42	2582967	19.54	1924591	36.35	3528361		
15	16.77	1631049					17.74	1748245	42.62	4173069		
16	25.12	2458297					21.91	2135201	47.00	4619230	48.03	4718754
17	14.32	1391545	33.97	3337046	17.45	1715297	28.30	2767826			23.83	2335235
18			15.28	1501118	24.01	2353914	28.20	2771905			19.13	1870787
19			20.05	1953918	16.59	1615822			37.58	3641935	25.17	2479578
20	15.20	1500045	21.81	2125783	26.50	2610245			31.05	3050786	22.84	2256763
21	16.87	1638042	19.27	1883981	25.24	2476172	18.57	1840815	27.86	2710980		
22	14.48	1404902					20.81	2057839	25.47	2515594		
23	20.94	1990975					28.07	2766649	20.42	2000381	29.04	2854288
24	18.64	1807431	16.72	1612030	24.62	2412312	21.23	2097421			24.93	2459153
25			13.10	1282096	32.17	3169991	59.91	5871562			25.97	2557702
26			54.59	5419991	30.53	2944071			16.54	1629279	30.95	3050554
27	20.38	1985223	22.94	2273037	25.88	2447283			20.74	2012653	18.41	1816488
28	19.81	1955275	27.38	2708124	25.51	2481798	30.27	2983133	25.07	2422797		
29	31.52	3114824					26.90	2635316	24.88	2406327		
30							38.76	3783080	24.09	2360873	27.02	2666801
31					23.39	2260339						

数据来源:上海证券交易所

Source:Shanghai Stock Exchange

Daily Trading of T-Bonds Cash in Shanghai Stock Exchange in 2003

成交额:亿元;成交量:手

7月 Jul.		8月 Aug.		9月 Sep.		10月 Oct.		11月 Nov.		12月 Dec.	
成交额 Turnover	成交量 Volume	成交额 Turnover	成交量 Volume	成交额 Turnover	成交量 Volume	成交额 Turnover	成交量 Volume	成交额 Turnover	成交量 Volume	成交额 Turnover	成交量 Volume
20.95	2073647	13.60	1333446	25.93	2600914					24.34	2533034
19.62	1933573			10.59	1063408					41.77	4257143
26.29	2604435			15.52	1554578			15.15	1601323	26.27	2714477
22.01	2176392	16.40	1623174	17.23	1731743			17.54	1829621	24.02	2491536
		14.00	1357713	13.38	1338663			17.53	1818623	23.93	2490802
		15.09	1488419					17.98	1871210		
17.82	1753400	18.31	1783401					15.45	1599303		
14.78	1451795	13.25	1309430	16.62	1635942	11.53	1182720			19.47	2037301
20.43	2001794			9.73	961535	16.39	1675926			26.77	2787548
19.72	1949268			17.33	1730141	14.58	1494603	16.82	1747866	24.55	2550761
17.75	1739647	13.30	1293389	12.53	1251311			17.33	1802388	37.51	3871385
		11.80	1153141	18.89	1895320			16.75	1736936	32.31	3340893
		12.17	1195820			14.66	1500718	17.93	1858833		
14.86	1475895	13.47	1335461			18.50	1904732	23.42	2418238		
18.71	1842677	15.13	1503103	21.28	2136377	20.95	2179714			34.19	3534171
16.63	1619654			17.39	1739899	27.31	2814897			58.50	5994544
13.77	1340470			12.41	1238382	15.60	1642130	14.19	1451980	48.94	5027071
16.39	1575883	13.46	1331971	19.41	1957255			14.68	1512217	51.99	5308581
		14.36	1405577	15.92	1590660			16.90	1735445	35.74	3665775
		12.22	1190789			15.32	1596695	16.12	1656832		
10.70	1062849	36.91	3591113			21.54	2260743	21.42	2201328		
17.77	1751823	20.54	2018200	17.54	1770418	31.77	3341728			36.99	3800186
15.43	1530035			16.29	1649769	28.83	3042526			42.45	4345944
15.49	1527038			23.60	2384335	21.50	2255802	20.03	2069230	53.60	5487460
13.83	1371427	26.94	2677447	38.09	3933159			17.09	1769251	36.64	3766591
		18.10	1805379	20.30	2084299			27.21	2812892	26.66	2727693
		16.23	1622122			22.74	2375950	27.30	2829447		
12.46	1226938	15.02	1498441			23.88	2473174	18.06	1867549		
11.91	1175289	14.35	1427464	27.22	2795157	14.57	1539572			44.56	4530278
15.39	1532244			11.24	1149199	11.45	1210917			44.90	4613249
13.74	1342011					12.34	1289969			47.22	4833281

3-13 2003年深圳国债现货每日成交量、成交额

日期 Date	1月 Jan.		2月 Feb.		3月 Mar.		4月 Apr.		5月 May		6月 Jun.	
	成交额 Turnover	成交量 Volume	成交额 Turnover	成交量 Volume	成交额 Turnover	成交量 Volume	成交额 Turnover	成交量 Volume	成交额 Turnover	成交量 Volume	成交额 Turnover	成交量 Volume
1							0.01	694				
2	0.24	24109					0.05	5129			0.22	21562
3	0.01	1479			0.04	3641	0.06	5579			0.06	5981
4					0.02	1728	0.06	6125			0.58	57786
5					0.01	774					0.25	25011
6	0.00	361			0.02	2172					0.06	5625
7	0.01	564			0.06	5847	0.01	1384				
8	0.01	541					0.03	3327				
9	0.01	460					0.02	2179			0.07	7383
10	0.01	1386	0.02	1967	0.01	1257	0.04	4000			0.08	8239
11			0.02	2006	0.05	4564	0.06	6055			0.06	6138
12			0.03	2758	0.02	1538			5.68	557756	0.06	6402
13	0.02	1898	0.01	1420	0.02	1517			0.18	17526	0.07	7345
14	0.24	23744	0.01	902	0.01	936	0.03	3170	1.12	108682		
15	0.02	1958					0.02	1605	0.67	65093		
16	0.04	4222					0.02	1703	0.25	24942	0.04	3740
17	0.21	20874	0.01	563	0.01	904	4.44	431483			0.05	4975
18			0.11	10663	0.02	2247	2.86	277960			0.08	7571
19			0.02	1563	0.01	798			1.25	121227	0.08	7830
20	0.01	537	0.30	30105	0.65	64643			0.07	7413	0.11	10840
21	0.01	636	0.34	33037	0.47	47216	1.26	122499	0.03	2948		
22	0.03	3200					3.16	307666	139.27	13905788		
23	0.01	735					4.71	457513	0.32	31453	0.05	5097
24	0.03	3044	0.39	37035	1.06	105539	2.76	268600			0.03	2512
25			0.01	1182	1.45	144774	12.68	1242552			0.03	2777
26			0.06	6176	0.39	38664			0.21	20722	0.04	3792
27	0.02	1495	0.04	3963	0.87	84178			0.29	28763	0.03	2837
28	0.01	1416	0.03	3497	2.92	283159	17.21	1685718	0.31	30984		
29	0.04	4178					0.07	6546	0.30	29390		
30							0.04	3451	0.33	32894	0.01	1387
31					0.21	20877						

数据来源：深圳证券交易所
Source: Shenzhen Stock Exchange

Daily Trading of T-Bonds Cash in Shenzhen Stock Exchange in 2003

成交额：亿元；成交量：手

7月 Jul.		8月 Aug.		9月 Sep.		10月 Oct.		11月 Nov.		12月 Dec.	
成交额 Turnover	成交量 Volume	成交额 Turnover	成交量 Volume	成交额 Turnover	成交量 Volume	成交额 Turnover	成交量 Volume	成交额 Turnover	成交量 Volume	成交额 Turnover	成交量 Volume
0.02	1963	0.03	2707	0.02	1865					0.25	28013
0.04	3929			0.01	957					0.01	964
0.02	1875			0.04	3709			0.01	998	0.01	978
0.03	2952	0.01	607	0.00	299			0.01	874	0.10	8833
		0.01	1467	0.81	80719			0.01	771	0.03	3200
		0.02	1865					0.01	1129		
0.02	1492	0.02	1542					0.00	486		
0.01	1155	0.06	6344	0.03	3120	1.91	196355			4.69	481665
0.03	2601			0.02	1536	2.47	254376			1.23	125933
0.04	3762			0.04	3984	1.61	166452	0.01	1013	0.04	3855
0.02	2295	0.04	3999	0.02	2014			0.01	620	3.50	357585
		0.03	3075	0.01	972			0.01	852	0.01	1525
		0.04	3504			1.32	137034	0.00	437		
0.01	953	0.03	2971			1.98	206381	0.01	700		
0.03	2818	0.04	4344	0.03	2772	2.51	261968			0.01	889
0.05	4721			0.02	1849	0.87	90926			0.01	1328
0.05	4797			0.02	1810	0.59	62184	0.05	5341	0.01	1020
0.05	5044	0.03	3113	0.02	1845			0.00	333	0.01	888
		0.04	3989	0.43	42995			0.10	9918	0.01	1224
		0.03	3316			0.98	103289	0.01	595		
0.04	3618	0.06	5937			0.59	61701	0.01	932		
0.04	4488	0.05	5067	0.03	3098	0.02	2271			0.01	1050
0.05	4740			0.02	1562	0.02	1839			0.39	41174
0.04	4158			0.44	44380	0.01	1247	0.10	11214	1.32	135004
0.05	4892	0.07	6905	2.39	245024			0.23	25589	0.98	101775
		0.02	2080	2.36	244327			0.24	26440	1.08	112647
		0.05	4897			0.03	2629	0.07	7893		
0.02	2318	0.06	6006			0.21	21824	0.03	2517		
0.03	2652	0.06	6228	1.74	178743	0.45	45918			0.50	52021
0.04	4396			1.20	123169	0.17	17522			0.02	2096
0.03	3081					0.05	5291			0.98	102850

3-14 2003年全国国债回购每日成交量、成交额

日期 Date	1月 Jan.		2月 Feb.		3月 Mar.		4月 Apr.		5月 May		6月 Jun.	
	成交额 Turnover	成交量 Volume	成交额 Turnover	成交量 Volume	成交额 Turnover	成交量 Volume	成交额 Turnover	成交量 Volume	成交额 Turnover	成交量 Volume	成交额 Turnover	成交量 Volume
1							182.36	18235900				
2	208.11	20811100					162.01	16200700			343.60	34360100
3	131.58	13157700			280.91	28091200	227.18	22718000			173.85	17385100
4					170.53	17053400	159.76	15975500			137.86	13786200
5					113.59	11359200					233.43	23343100
6	229.38	22937600			208.23	20823100					138.94	13893500
7	181.76	18176000			152.20	15219500	300.08	30008400				
8	80.93	8093200					200.29	20029400				
9	192.05	19204700					133.69	13368700			409.82	40982000
10	155.46	15545900	404.29	40428800	327.54	32753900	236.23	23623300			193.01	19301000
11			177.12	17712400	190.00	18999600	166.33	16632500			157.57	15756800
12			85.58	8558000	119.62	11962000			634.93	63493400	231.23	23123300
13	228.03	22803300	168.06	16806100	218.03	21803400			182.61	18261100	144.40	14439800
14	159.91	15991300	123.68	12367900	176.96	17695800	279.19	27918600	119.63	11963000		
15	96.64	9664230					196.02	19602100	200.29	20028500		
16	211.29	21129400					149.60	14959700	130.34	13033900	348.64	34864000
17	154.12	15411800	286.30	28630100	306.75	30674800	213.44	21344400			167.08	16708100
18			191.92	19192300	217.28	21727900	173.03	17302500			154.89	15488700
19			129.01	12901000	172.10	17209700			337.65	33765200	245.32	24531500
20	224.49	22449200	193.11	19311100	218.31	21830700			180.60	18059600	180.22	18021900
21	178.42	17841600	138.11	13811300	180.91	18090800	310.37	31037200	143.45	14345300		
22	130.51	13051100					166.10	16610300	236.13	23613200		
23	191.92	19192000					154.15	15415100	166.62	16661600	356.39	35639400
24	140.53	14053400	286.52	28652100	302.48	30248300	238.55	23854700			185.15	18515300
25			169.94	16994200	197.90	19789600	212.57	21256600			153.79	15378600
26			127.15	12714800	139.61	13961400			393.43	39343300	262.83	26282900
27	227.66	22766300	212.23	21223400	232.20	23219700			189.75	18974700	205.25	20524600
28	184.77	18477000	150.97	15096800	182.87	18287400	333.20	33319600	143.30	14329700		
29	63.13	6312700					187.43	18742500	233.43	23342500		
30							70.66	7065500	159.53	15952800	318.00	31799900
31					274.58	27457600						

数据来源:上海、深圳证券交易所

Source:Shanghai Shenzhen Stock Exchange

Daily Trading Volume and Value of T-Bonds Repurchase in 2003

成交额:亿元;成交量:手

7月 Jul.		8月 Aug.		9月 Sep.		10月 Oct.		11月 Nov.		12月 Dec.	
成交额 Turnover	成交量 Volume	成交额 Turnover	成交量 Volume	成交额 Turnover	成交量 Volume	成交额 Turnover	成交量 Volume	成交额 Turnover	成交量 Volume	成交额 Turnover	成交量 Volume
166.74	16674300	121.88	12188100	365.67	36566900					278.68	27868300
141.95	14194600			199.86	19986200					165.02	16501900
226.72	22672000			156.76	15675700			404.79	40478700	227.08	22707500
141.45	14144700	295.13	29512900	268.57	26856500			161.57	16157100	231.19	23119000
		168.28	16828000	166.64	16664000			235.71	23571100	186.86	18685900
		126.69	12669200					225.16	22515700		
343.57	34357400	217.48	21747800					207.41	20740500		
189.89	18989200	145.20	14519900	367.13	36712700	588.42	58841600			329.98	32997700
155.45	15544500			217.91	21790600	272.93	27292900			179.87	17987300
216.86	21686200			172.40	17240000	165.86	16586400	377.16	37715700	216.77	21676700
137.35	13734600	304.44	30444100	290.89	29088500			203.92	20392300	245.78	24578200
		170.94	17093500	170.46	17046400			190.00	19000100	190.56	19056000
		131.33	13132500			354.72	35471600	253.58	25357700		
293.98	29397600	210.82	21081700			151.02	15101700	176.28	17627500		
178.06	17805500	146.41	14641200	356.80	35680300	271.68	27168300			321.62	32162400
139.99	13999200			197.48	19747500	280.69	28069200			204.80	20479700
292.71	29271000			165.03	16502600	192.02	19202200	301.58	30158300	251.18	25118000
197.50	19750100	291.16	29115900	280.95	28094600			168.77	16876500	284.16	28416200
		180.44	18044200	212.88	21287500			218.20	21819800	223.78	22377500
		139.51	13951000			327.77	32776500	215.14	21514300		
329.82	32982400	243.33	24332500			157.24	15724200	174.10	17409500		
179.76	17975700	208.51	20850600	392.05	39205400	273.46	27345900			350.74	35073600
143.13	14313100			233.90	23389500	267.83	26783000			203.63	20363300
252.29	25229300			202.00	20200300	191.76	19175500	307.77	30777000	250.95	25094900
139.24	13923500	445.00	44500100	309.10	30910100			181.18	18117500	289.85	28984900
		351.66	35165600	208.00	20800300			204.46	20445500	217.90	21790400
		156.99	15699000			409.71	40970800	257.70	25769900		
296.30	29629900	236.02	23601700			196.67	19667400	190.71	19070900		
165.98	16598100	175.21	17520500	319.78	31977700	283.08	28307800			358.49	35849000
141.13	14112600			120.58	12058400	360.36	36036000			233.66	23365700
205.05	20505100					246.85	24685400			151.53	15152600

3-15 2003 年上海国债回购每日成交量、成交额

日期 Date	1月 Jan.		2月 Feb.		3月 Mar.		4月 Apr.		5月 May		6月 Jun.	
	成交额 Turnover	成交量 Volume	成交额 Turnover	成交量 Volume	成交额 Turnover	成交量 Volume	成交额 Turnover	成交量 Volume	成交额 Turnover	成交量 Volume	成交额 Turnover	成交量 Volume
1							182.36	18235900				
2	208.11	20811100					162.01	16200700			343.60	34360100
3	131.58	13157700			280.91	28091200	227.18	22718000			173.85	17385100
4					170.53	17053400	159.76	15975500			137.86	13786200
5					113.59	11359200					233.43	23343100
6	229.38	22937600			208.23	20823100					138.94	13893500
7	181.76	18176000			152.20	15219500	300.08	30008400				
8	80.93	8093200					200.29	20029400				
9	192.05	19204700					133.69	13368700			409.82	40982000
10	155.46	15545900	404.29	40428800	327.54	32753900	236.23	23623300			193.01	19301000
11			177.12	17712400	190.00	18999600	166.33	16632500			157.57	15756800
12			85.58	8558000	119.62	11962000			634.93	63493400	231.23	23123300
13	228.03	22803300	168.06	16806100	218.03	21803400			182.61	18261100	144.40	14439800
14	159.91	15991300	123.68	12367900	176.96	17695800	279.19	27918600	119.63	11963000		
15	96.64	9664200					196.02	19602100	200.29	20028500		
16	211.29	21129400					149.60	14959700	130.34	13033900	348.64	34864000
17	154.02	15401800	286.30	28630100	306.75	30674800	213.44	21344400			167.08	16708100
18			191.92	19192300	217.11	21710500	173.03	17302500			154.89	15488700
19			129.01	12901000	171.66	17166200			337.65	33765200	245.32	24531500
20	224.49	22449200	193.11	19311100	217.96	21795900			180.60	18059600	180.22	18021900
21	178.42	17841600	138.11	13811300	180.91	18090800	298.37	29837200	143.45	14345300		
22	130.51	13051100					166.10	16610300	236.13	23613200		
23	191.92	19192000					154.15	15415100	166.62	16661600	356.39	35639400
24	140.53	14053400	286.52	28652100	302.48	30248300	238.55	23854700			185.15	18515300
25			169.94	16994200	197.90	19789600	212.57	21256600			153.79	15378600
26			127.15	12714800	139.35	13935300			393.43	39343300	262.83	26282900
27	227.66	22766300	212.23	21223400	232.20	23219700			189.75	18974700	205.25	20524600
28	184.77	18477000	150.97	15096800	182.87	18287400	328.21	32820600	143.30	14329700		
29	63.13	6312700					187.43	18742500	233.43	23342500		
30							70.66	7065500	159.53	15952800	318.00	31799900
31					274.58	27457600						

数据来源:上海证券交易所
Source:Shanghai Stock Exchange

Daily Trading Volume and Value of T-Bonds Repurchase in Shanghai in 2003

成交额:亿元;成交量:手

7月 Jul.		8月 Aug.		9月 Sep.		10月 Oct.		11月 Nov.		12月 Dec.	
成交额 Turnover	成交量 Volume	成交额 Turnover	成交量 Volume	成交额 Turnover	成交量 Volume	成交额 Turnover	成交量 Volume	成交额 Turnover	成交量 Volume	成交额 Turnover	成交量 Volume
166.74	16674300	121.88	12188100	365.67	36566900					278.68	27868300
141.95	14194600			199.86	19986200					165.02	16501900
226.72	22672000			156.76	15675700			404.79	40478700	227.08	22707500
141.45	14144700	295.13	29512900	268.57	26856500			161.57	16157100	231.19	23119000
		168.28	16828000	166.64	16664000			235.71	23571100	186.86	18685900
		126.69	12669200					225.16	22515700		
343.57	34357400	217.48	21747800					207.41	20740500		
189.89	18989200	145.20	14519900	367.13	36712700	588.42	58841600			329.98	32997700
155.45	15544500			217.91	21790600	272.93	27292900			179.87	17987300
216.86	21686200			172.40	17240000	165.86	16586400	377.16	37715700	216.77	21676700
137.35	13734600	304.44	30444100	290.89	29088500			203.92	20392300	245.78	24578200
		170.94	17093500	170.46	17046400			190.00	19000100	190.56	19056000
		131.33	13132500			354.72	35471600	253.58	25357700		
293.98	29397600	210.82	21081700			151.02	15101700	176.28	17627500		
178.06	17805500	146.41	14641200	356.80	35680300	271.68	27168300			321.62	32162400
139.99	13999200			197.48	19747500	280.69	28069200			204.80	20479700
292.71	29271000			165.03	16502600	192.02	19202200	301.58	30158300	251.18	25118000
197.50	19750100	291.16	29115900	280.95	28094600			168.77	16876500	284.16	28416200
		180.44	18044200	212.88	21287500			218.20	21819800	223.78	22377500
		139.51	13951000			327.77	32776500	215.14	21514300		
329.82	32982400	243.33	24332500			157.24	15724200	174.10	17409500		
179.76	17975700	208.51	20850600	392.05	39205400	273.46	27345900			350.74	35073600
143.13	14313100			233.90	23389500	267.83	26783000			203.63	20363300
252.29	25229300			202.00	20200300	191.76	19175500	307.77	30777000	250.95	25094900
139.24	13923500	445.00	44500100	309.10	30910100			181.18	18117500	289.85	28984900
		351.66	35165600	208.00	20800300			204.46	20445500	217.90	21790400
		156.99	15699000			409.71	40970800	257.70	25769900		
296.30	29629900	236.02	23601700			196.67	19667400	190.71	19070900		
165.98	16598100	175.21	17520500	319.78	31977700	283.08	28307800			358.49	35849000
141.13	14112600			120.58	12058400	360.36	36036000			233.66	23365700
205.05	20505100					246.85	24685400			151.53	15152600

3-16 2003年深圳国债回购每日成交量、成交额

日期 Date	1月 Jan.		2月 Feb.		3月 Mar.		4月 Apr.		5月 May		6月 Jun.	
	成交额 Turnover	成交量 Volume	成交额 Turnover	成交量 Volume	成交额 Turnover	成交量 Volume	成交额 Turnover	成交量 Volume	成交额 Turnover	成交量 Volume	成交额 Turnover	成交量 Volume
1							0.00	0				
2	0.00	0					0.00	0			0.00	0
3	0.00	0			0.00	0	0.00	0			0.00	0
4					0.00	0	0.00	0			0.00	0
5					0.00	0					0.00	0
6	0.00	0			0.00	0					0.00	0
7	0.00	0			0.00	0	0.00	0				
8	0.00	0					0.00	0				
9	0.00	0					0.00	0			0.00	0
10	0.00	0	0.00	0	0.00	0	0.00	0			0.00	0
11			0.00	0	0.00	0	0.00	0			0.00	0
12			0.00	0	0.00	0			0.00	0	0.00	0
13	0.00	0	0.00	0	0.00	0			0.00	0	0.00	0
14	0.00	0	0.00	0	0.00	0	0.00	0	0.00	0		
15	0.00	30					0.00	0	0.00	0		
16	0.00	0					0.00	0	0.00	0	0.00	0
17	0.10	10000	0.00	0	0.00	0	0.00	0			0.00	0
18			0.00	0	0.17	17400	0.00	0			0.00	0
19			0.00	0	0.44	43500			0.00	0	0.00	0
20	0.00	0	0.00	0	0.35	34800			0.00	0	0.00	0
21	0.00	0	0.00	0	0.00	0	12.00	1200000	0.00	0		
22	0.00	0					0.00	0	0.00	0		
23	0.00	0					0.00	0	0.00	0	0.00	0
24	0.00	0	0.00	0	0.00	0	0.00	0			0.00	0
25			0.00	0	0.00	0	0.00	0			0.00	0
26			0.00	0	0.26	26100			0.00	0	0.00	0
27	0.00	0	0.00	0	0.00	0			0.00	0	0.00	0
28	0.00	0	0.00	0	0.00	0	4.99	499000	0.00	0		
29	0.00	0					0.00	0	0.00	0		
30							0.00	0	0.00	0	0.00	
31					0.00	0						

数据来源:深圳证券交易所
Source:Shenzhen Stock Exchange

Daily Trading Volume and Value of T-Bonds Repurchase in Shenzhen in 2003

成交额:亿元;成交量:手

7月 Jul.		8月 Aug.		9月 Sep.		10月 Oct.		11月 Nov.		12月 Dec.	
成交额 Turnover	成交量 Volume	成交额 Turnover	成交量 Volume	成交额 Turnover	成交量 Volume	成交额 Turnover	成交量 Volume	成交额 Turnover	成交量 Volume	成交额 Turnover	成交量 Volume
0.00	0	0.00	0	0.00	0					0.00	0
0.00	0			0.00	0					0.00	0
0.00	0			0.00	0			0.00	0	0.00	0
0.00	0	0.00	0	0.00	0			0.00	0	0.00	0
		0.00	0	0.00	0			0.00	0	0.00	0
		0.00	0					0.00	0		
0.00	0	0.00	0					0.00	0		
0.00	0	0.00	0	0.00	0	0.00	0			0.00	0
0.00	0			0.00	0	0.00	0			0.00	0
0.00	0			0.00	0	0.00	0	0.00	0	0.00	0
0.00	0	0.00	0	0.00	0			0.00	0	0.00	0
		0.00	0	0.00	0			0.00	0	0.00	0
		0.00	0			0.00	0	0.00	0		
0.00	0	0.00	0			0.00	0	0.00	0		
0.00	0	0.00	0	0.00	0	0.00	0			0.00	0
0.00	0			0.00	0	0.00	0			0.00	0
0.00	0			0.00	0	0.00	0	0.00	0	0.00	0
0.00	0	0.00	0	0.00	0			0.00	0	0.00	0
		0.00	0	0.00	0			0.00	0	0.00	0
		0.00	0			0.00	0	0.00	0		
0.00	0	0.00	0			0.00	0	0.00	0		
0.00	0	0.00	0	0.00	0	0.00	0			0.00	0
0.00	0			0.00	0	0.00	0			0.00	0
0.00	0			0.00	0	0.00	0	0.00	0	0.00	0
0.00	0	0.00	0	0.00	0			0.00	0	0.00	0
		0.00	0	0.00	0			0.00	0	0.00	0
		0.00	0			0.00	0	0.00	0		
0.00	0	0.00	0			0.00	0	0.00	0		
0.00	0	0.00	0	0.00	0	0.00	0			0.00	0
0.00	0			0.00	0	0.00	0			0.00	0
0.00	0					0.00	0			0.00	0

3-17 2003年全国企业债现货每日成交量、成交额

日期 Date	1月 Jan.		2月 Feb.		3月 Mar.		4月 Apr.		5月 May		6月 Jun.	
	成交额 Turnover	成交量 Volume	成交额 Turnover	成交量 Volume	成交额 Turnover	成交量 Volume	成交额 Turnover	成交量 Volume	成交额 Turnover	成交量 Volume	成交额 Turnover	成交量 Volume
1							11.42	1136830				
2	0.19	18173					9.41	931813			10.16	1010407
3	0.20	18990			9.89	977510	4.84	480734			7.87	772815
4					7.50	736673	11.74	1167234			4.75	460959
5					9.03	859849					9.77	965043
6	0.28	26861			12.44	1224493					10.32	1029124
7	0.19	18033			11.17	1097516	13.20	1313167				
8	0.46	45177					11.23	1120643				
9	0.40	37192					6.53	646523			14.16	1398219
10	0.42	40366	5.76	571686	11.69	1154140	8.00	792381			9.19	914085
11			6.04	601342	15.90	1560181	12.67	1262383			6.75	671294
12			2.49	244815	3.76	370781			22.94	2265731	5.45	540808
13	10.48	1011707	5.09	504458	11.08	1098510			8.40	827740	11.33	1121050
14	6.03	579089	7.57	753724	11.85	1179156	11.78	1167642	3.62	348840		
15	2.24	215819					9.64	955428	9.47	933288		
16	3.64	356920					5.64	557447	10.70	1054423	17.01	1686944
17	1.07	104359	5.35	531200	12.56	1249148	7.74	768495			9.74	959367
18			7.32	721793	10.47	1043894	21.55	2124784			6.23	613938
19			5.68	556613	5.75	568433			16.29	1617013	14.88	1453754
20	2.18	208305	6.17	609585	7.13	710610			13.71	1347309	15.93	1562026
21	2.16	211611	7.86	781609	11.82	1175709	17.02	1687032	6.01	576198		
22	12.32	1208040					12.53	1247257	10.10	987117		
23	8.08	800845					10.70	1052738	13.95	1376986	23.70	2311097
24	5.71	564820	8.61	853328	12.15	1208576	9.89	973981			11.05	1085029
25			6.52	643874	9.99	993578	16.56	1649712			7.37	719210
26			4.50	443710	5.76	567196			15.80	1566484	9.75	961240
27	6.13	607762	8.22	817319	6.71	663323			7.43	732173	11.51	1135014
28	4.49	446950	7.62	755887	11.03	1099393	14.59	1451231	9.53	927421		
29	2.31	228696					10.76	1065083	14.23	1414763		
30							8.39	836625	7.92	782370	19.69	1942995
31					13.52	1341282						

数据来源:上海、深圳证券交易所

Source: Shanghai Shenzhen Stock Exchange

Daily Trading Volume and Value of Enterprise Bonds Cash in 2003

成交额:亿元;成交量:手

7月 Jul.		8月 Aug.		9月 Sep.		10月 Oct.		11月 Nov.		12月 Dec.	
成交额 Turnover	成交量 Volume	成交额 Turnover	成交量 Volume	成交额 Turnover	成交量 Volume	成交额 Turnover	成交量 Volume	成交额 Turnover	成交量 Volume	成交额 Turnover	成交量 Volume
12.15	1213722	15.91	1586788	10.05	1003263					19.30	1928484
7.61	759343			10.46	1045559					12.77	1278480
8.32	825379			7.72	768190			12.90	1288870	9.96	1002143
10.21	1014728	17.32	1727031	18.02	1759841			8.40	839867	16.19	1623216
		15.30	1480761	22.79	2271965			9.95	993622	12.57	1248273
		8.25	821903					11.03	1103035		
12.57	1254700	11.29	1125580					14.76	1469075		
10.46	1043903	15.63	1545671	17.16	1715050	30.46	3043305			12.48	1244256
5.78	573181			9.71	964332	12.97	1296105			12.11	1209177
9.35	932470			6.90	683215	13.90	1387291	15.07	1506671	7.19	716533
14.05	1403252	15.50	1545528	12.74	1269203			15.53	1551772	15.62	1561713
		10.26	1011225	16.85	1681209			8.51	849021	15.28	1514517
		8.59	826752			9.39	937483	12.24	1223294		
16.41	1632788	12.74	1267493			4.87	486325	13.20	1319907		
10.57	1054476	14.72	1469303	15.99	1593847	17.44	1742041			21.50	2132264
10.12	1008784			12.45	1225052	13.55	1354193			17.14	1686792
11.52	1140107			11.92	1156057	14.43	1441083	18.93	1891710	8.46	848603
14.11	1404564	23.17	2255325	10.19	1013186			12.71	1270159	15.36	1539188
		10.24	1016581	17.97	1792198			10.61	1042112	19.27	1931300
		7.22	714729			17.60	1761282	10.44	1043455		
15.43	1540000	11.82	1176479			11.51	1151930	10.23	1023930		
11.30	1127057	18.60	1847947	16.15	1610092	11.44	1144057			18.15	1820502
10.63	1060456			14.97	1495339	10.99	1098509			18.10	1813754
14.28	1421321			12.05	1201122	13.35	1334017	15.14	1513039	10.34	1031408
11.27	1124981	8.32	828729	11.71	1165036			14.37	1441002	12.06	1209021
		10.62	1060503	19.67	1965824			13.26	1327668	18.05	1805994
		5.29	522830			20.18	2015706	15.24	1514944		
14.14	1405436	5.56	547655			11.33	1136344	15.01	1498310		
22.32	2158484	15.50	1549098	10.20	1018942	19.10	1913385			18.01	1806600
10.99	1091940			8.56	853421	15.83	1583235			14.42	1440385
12.35	1224727					12.86	1285437			14.14	1413602

3-18 2003年上海企业债现货每日成交量、成交额

日期 Date	1月 Jan.		2月 Feb.		3月 Mar.		4月 Apr.		5月 May		6月 Jun.	
	成交额 Turnover	成交量 Volume	成交额 Turnover	成交量 Volume	成交额 Turnover	成交量 Volume	成交额 Turnover	成交量 Volume	成交额 Turnover	成交量 Volume	成交额 Turnover	成交量 Volume
1							11.38	1132832				
2	0.05	5063					9.31	922775			10.15	1009339
3	0.04	4120			9.74	963176	4.78	474977			7.84	770425
4					7.17	706686	11.64	1157754			4.73	458838
5					7.19	691024					9.74	962326
6	0.04	3845			12.27	1208680					10.28	1025103
7	0.07	6715			10.95	1077339	13.17	1310712				
8	0.05	4967					11.20	1118027				
9	0.05	4501					6.49	642995			13.79	1363343
10	0.07	6367	5.54	550770	11.54	1139750	7.91	783745			9.15	910841
11			5.94	591723	15.75	1546614	12.58	1254064			6.58	655083
12			2.45	240714	3.69	364687			22.73	2246145	5.21	518323
13	10.16	980612	4.92	488607	10.83	1075793			8.29	816891	11.02	1093101
14	5.68	545919	7.54	751338	11.80	1174067	11.63	1153396	3.51	339144		
15	2.14	206372					9.51	942877	9.31	918973		
16	3.52	345750					5.57	550480	10.58	1043449	16.19	1614606
17	0.97	94516	5.31	527364	12.47	1240960	7.69	763616			9.65	950904
18			7.10	701152	10.43	1040339	21.48	2118592			6.16	607870
19			5.49	539208	5.73	566499			16.18	1607493	14.82	1448003
20	1.17	113902	5.91	585702	7.10	707625			13.53	1330791	14.84	1459410
21	1.90	186584	7.72	768672	11.77	1170491	16.06	1598373	5.94	570032		
22	11.92	1170101					12.43	1237449	10.03	980748		
23	7.64	759723					10.12	997583	13.84	1367290	22.57	2205100
24	5.41	536870	8.52	845232	12.09	1203275	9.28	916456			10.07	994966
25			6.30	623510	9.88	983769	16.44	1638456			6.67	654708
26			4.38	432866	5.72	563457			15.69	1556349	9.74	960420
27	5.78	574946	8.08	804486	6.64	656532			7.03	695211	9.17	914052
28	4.39	436823	7.40	735798	11.01	1097641	14.53	1445566	9.46	920752		
29	2.30	227442					10.73	1062448	14.04	1397537		
30							8.35	832947	7.85	775842	17.29	1716793
31					13.36	1326706						

数据来源:上海证券交易所
Source:Shanghai Stock Exchange

Daily Trading Volume and Value of Enterprise Bonds Cash in Shanghai in 2003

成交额:亿元;成交量:手

7月 Jul.		8月 Aug.		9月 Sep.		10月 Oct.		11月 Nov.		12月 Dec.	
成交额 Turnover	成交量 Volume	成交额 Turnover	成交量 Volume	成交额 Turnover	成交量 Volume	成交额 Turnover	成交量 Volume	成交额 Turnover	成交量 Volume	成交额 Turnover	成交量 Volume
12.14	1213016	15.90	1586041	9.97	996178					19.24	1922821
7.60	758430			10.46	1045444					12.74	1275480
7.95	791333			7.71	767134			12.80	1279371	9.93	999528
9.81	977365	17.27	1722766	17.98	1756280			8.34	834365	16.18	1622260
		15.28	1478830	22.74	2267458			9.90	988854	12.56	1247337
		8.23	820064					10.97	1096772		
12.43	1241833	11.29	1125210					13.16	1315373		
10.44	1041982	15.61	1543877	17.15	1714206	30.45	3042739			12.46	1242373
5.76	571238			9.64	957979	12.93	1291782			12.10	1208212
9.35	932267			6.89	682641	13.90	1387216	15.02	1501873	6.46	645810
14.04	1402190	15.41	1536809	12.73	1268525			15.51	1549305	15.59	1558498
		10.26	1010971	16.81	1676963			8.50	848393	15.21	1507640
		8.56	824275			9.37	935191	12.15	1214561		
16.39	1631042	12.74	1267197			4.86	484929	13.14	1314391		
10.52	1050001	14.72	1468905	15.95	1589609	17.37	1735700			21.42	2124820
10.07	1004459			12.36	1216645	13.54	1352996			17.10	1682828
10.36	1031104			11.91	1155219	14.39	1437489	18.76	1874865	8.26	828201
13.92	1386875	16.09	1600307	10.19	1012735			12.67	1265926	15.22	1524088
		9.57	954120	17.93	1787998			10.55	1035918	18.89	1892234
		7.06	700073			17.58	1758842	10.43	1042198		
15.34	1531547	11.80	1174896			11.50	1150783	10.04	1004364		
11.30	1126809	18.16	1806937	16.12	1607290	11.41	1141497			18.09	1814538
10.63	1060115			14.76	1474989	10.94	1093298			18.03	1806901
14.28	1421009			11.92	1189088	13.34	1333237	15.13	1511683	10.20	1017760
11.26	1123725	8.11	809114	11.66	1160103			14.34	1438175	11.98	1200617
		10.58	1056605	19.66	1964408			13.22	1323806	18.01	1801953
		5.24	517937			19.74	1972367	15.22	1513483		
14.11	1402503	5.42	534143			10.87	1090593	15.00	1497447		
22.32	2158148	15.49	1548498	10.15	1013874	19.04	1907859			17.99	1804530
10.99	1091529			8.55	852837	15.79	1579139			14.37	1435370
12.34	1223811					12.84	1283842			14.01	1400384

3-19 2003年深圳企业债现货每日成交量、成交额

日期 Date	1月 Jan.		2月 Feb.		3月 Mar.		4月 Apr.		5月 May		6月 Jun.	
	成交额 Turnover	成交量 Volume	成交额 Turnover	成交量 Volume	成交额 Turnover	成交量 Volume	成交额 Turnover	成交量 Volume	成交额 Turnover	成交量 Volume	成交额 Turnover	成交量 Volume
1							0.04	3998				
2	0.14	13110					0.10	9038			0.01	1068
3	0.16	14870			0.15	14334	0.06	5757			0.03	2390
4					0.33	29987	0.10	9480			0.02	2121
5					1.84	168825					0.03	2717
6	0.24	23016			0.17	15813					0.04	4021
7	0.12	11318			0.22	20177	0.03	2455				
8	0.41	40210					0.03	2616				
9	0.35	32691					0.04	3528			0.37	34876
10	0.35	33999	0.22	20916	0.15	14390	0.09	8636			0.04	3244
11			0.10	9619	0.15	13567	0.09	8319			0.17	16211
12			0.04	4101	0.07	6094			0.21	19586	0.24	22485
13	0.32	31095	0.17	15851	0.25	22717			0.11	10849	0.31	27949
14	0.35	33170	0.03	2386	0.05	5089	0.15	14246	0.11	9696		
15	0.10	9447					0.13	12551	0.16	14315		
16	0.12	11170					0.07	6967	0.12	10974	0.82	72338
17	0.10	9843	0.04	3836	0.09	8188	0.05	4879			0.09	8463
18			0.22	20641	0.04	3555	0.07	6192			0.07	6068
19			0.19	17405	0.02	1934			0.11	9520	0.06	5751
20	1.01	94403	0.26	23883	0.03	2985			0.18	16518	1.09	102616
21	0.26	25027	0.14	12937	0.05	5218	0.96	88659	0.07	6166		
22	0.40	37939					0.10	9808	0.07	6369		
23	0.44	41122					0.58	55155	0.11	9696	1.13	105997
24	0.30	27950	0.09	8096	0.06	5301	0.61	57525			0.98	90063
25			0.22	20364	0.11	9809	0.12	11256			0.70	64502
26			0.12	10844	0.04	3739			0.11	10135	0.01	820
27	0.35	32816	0.14	12833	0.07	6791			0.40	36962	2.34	220962
28	0.10	10127	0.22	20089	0.02	1752	0.06	5665	0.07	6669		
29	0.01	1254					0.03	2635	0.19	17226		
30							0.04	3678	0.07	6528	2.40	226202
31					0.16	14576						

数据来源：深圳证券交易所

Source: Shenzhen Stock Exchange

Daily Trading Volume and Value of Enterprise Bonds Cash in Shenzhen in 2003

成交额:亿元;成交量:手

7月 Jul.		8月 Aug.		9月 Sep.		10月 Oct.		11月 Nov.		12月 Dec.	
成交额 Turnover	成交量 Volume	成交额 Turnover	成交量 Volume	成交额 Turnover	成交量 Volume	成交额 Turnover	成交量 Volume	成交额 Turnover	成交量 Volume	成交额 Turnover	成交量 Volume
0.01	706	0.01	717	0.08	7085					0.06	5663
0.01	913			0.00	115					0.03	3000
0.37	34046			0.01	1056			0.10	9499	0.03	2615
0.40	37363	0.05	4265	0.04	3561			0.06	5502	0.01	956
		0.02	1931	0.05	4507			0.05	4768	0.01	936
		0.02	1839					0.06	6263		
0.14	12867	0.00	370					1.60	153702		
0.02	1921	0.02	1794	0.01	844	0.01	566			0.02	1883
0.02	1943			0.07	6353	0.04	4323			0.01	965
0.00	203			0.01	574	0.00	75	0.05	4798	0.73	70723
0.01	1062	0.09	8719	0.01	678			0.02	2467	0.03	3215
		0.00	254	0.04	4246			0.01	628	0.07	6877
		0.03	2477			0.02	2292	0.09	8733		
0.02	1746	0.00	296			0.01	1396	0.06	5516		
0.05	4475	0.00	398	0.04	4238	0.07	6341			0.08	7444
0.05	4325			0.09	8407	0.01	1197			0.04	3964
1.16	109003			0.01	838	0.04	3594	0.17	16845	0.20	20402
0.19	17689	7.08	655018	0.00	451			0.04	4233	0.14	15100
		0.67	62461	0.04	4200			0.06	6194	0.38	39066
		0.16	14656			0.02	2440	0.01	1257		
0.09	8453	0.02	1583			0.01	1147	0.19	19566		
0.00	248	0.44	41010	0.03	2802	0.03	2560			0.06	5964
0.00	341			0.21	20350	0.05	5211			0.07	6853
0.00	312			0.13	12034	0.01	780	0.01	1356	0.14	13648
0.01	1256	0.21	19615	0.05	4933			0.03	2827	0.08	8404
		0.04	3898	0.01	1416			0.04	3862	0.04	4041
		0.05	4893			0.44	43339	0.02	1461		
0.03	2933	0.14	13512			0.46	45751	0.01	863		
0.00	336	0.01	600	0.05	5068	0.06	5526			0.02	2070
0.00	411			0.01	584	0.04	4096			0.05	5015
0.01	916					0.02	1595			0.13	13218

3-20 2003年全国企业债回购每日成交量、成交额

日期 Date	1月 Jan.		2月 Feb.		3月 Mar.		4月 Apr.		5月 May		6月 Jun.	
	成交额 Turnover	成交量 Volume	成交额 Turnover	成交量 Volume	成交额 Turnover	成交量 Volume	成交额 Turnover	成交量 Volume	成交额 Turnover	成交量 Volume	成交额 Turnover	成交量 Volume
1							10.68	1067700				
2							8.02	801500			9.66	966000
3					7.47	747300	4.38	437900			6.19	618900
4					5.48	548000	10.78	1078300			2.61	260600
5					2.86	286000					8.07	806500
6					9.01	900000					9.87	986800
7					7.89	789100	12.35	1234900				
8							10.85	1084500				
9							5.76	576300			11.69	1168900
10			4.75	474500	9.06	906100	6.89	689100			8.70	869700
11			5.44	543800	11.53	1153100	12.04	1203900			6.28	628000
12			1.73	173300	3.12	311700			19.39	1938900	4.85	485300
13	0.36	35700	3.79	378600	9.70	970200			6.55	654600	10.12	1011600
14	1.01	100700	6.69	669400	10.79	1078700	10.06	1005600	1.91	191100		
15	0.38	37900					8.33	832800	7.31	731300		
16	2.34	234300					4.63	462500	8.45	844900	15.61	1561300
17	0.42	41700	4.35	435200	11.66	1165700	6.79	678900			8.16	815900
18			5.04	504300	10.07	1006900	15.42	1541900			5.34	534300
19			3.23	323000	4.80	479800			14.71	1471400	10.08	1008000
20	0.64	63900	4.72	472300	6.81	681200			10.00	999800	11.48	1147600
21	1.18	117500	6.95	695000	10.79	1079200	14.87	1487500	2.53	252600		
22	3.87	386800					11.63	1162800	7.15	715000		
23	6.21	621200					7.95	794800	12.01	1201300	16.34	1633900
24	4.24	424200	6.94	694300	11.35	1134800	7.62	762200			8.36	835600
25			5.01	501300	9.32	931500	15.34	1534000			4.99	498600
26			3.32	331500	4.55	455000			14.26	1425500	8.50	849800
27	5.00	499600	7.35	734700	5.53	552600			6.00	599600	8.84	883500
28	3.66	365600	6.53	653200	10.41	1040900	13.47	1347300	6.63	662500		
29	1.76	175500					8.94	893700	13.15	1314800		
30							8.06	806400	6.95	695200	15.56	1556200
31					12.06	1206200						

数据来源:上海证券交易所

Source:Shanghai Stock Exchange

Enterprise Bonds Repurchase Daily Trading in 2003

成交额:亿元;成交量:手

7月 Jul.		8月 Aug.		9月 Sep.		10月 Oct.		11月 Nov.		12月 Dec.	
成交额 Turnover	成交量 Volume	成交额 Turnover	成交量 Volume	成交额 Turnover	成交量 Volume	成交额 Turnover	成交量 Volume	成交额 Turnover	成交量 Volume	成交额 Turnover	成交量 Volume
12.01	1200800	15.42	1542200	9.84	983500					18.07	1807300
7.46	746200			10.28	1028300					11.60	1159500
7.61	761000			7.24	724200			11.98	1197600	6.91	691400
9.43	942600	16.72	1671600	10.67	1066900			7.73	773300	14.02	1401600
		10.20	1020300	21.62	2161800			9.61	961300	9.63	963000
		7.84	783700					10.51	1051300		
12.25	1224600	10.82	1082200					12.81	1281100		
10.22	1021800	13.62	1361600	16.98	1698100	29.76	2976200			12.15	1215300
5.23	522500			8.58	858000	12.37	1236600			10.58	1058400
8.94	894200			5.71	570800	13.11	1310800	14.70	1469900	4.63	463400
13.87	1387300	14.91	1491300	11.91	1190800			14.70	1469900	13.29	1329100
		9.05	905200	16.20	1620000			7.58	757700	13.83	1382500
		5.93	592600			8.74	873500	11.63	1163400		
15.44	1544300	11.90	1189600			4.36	435700	12.13	1213400		
10.27	1027000	14.37	1437400	15.10	1510400	16.83	1682500			18.97	1896600
9.81	981400			10.23	1022600	13.09	1308500			14.93	1493300
9.89	989100			6.55	654600	13.77	1376900	17.81	1781000	7.14	713900
13.33	1332700	14.83	1482700	8.94	893700			12.08	1207600	13.79	1378900
		9.26	926100	16.89	1689300			8.36	835500	17.09	1709400
		6.30	629600			16.74	1673600	9.64	964000		
15.08	1507800	11.17	1116600			10.51	1050700	9.03	903400		
10.98	1097900	16.71	1670500	15.14	1514400	10.85	1084500			16.69	1668900
10.27	1026700			14.40	1440300	10.56	1056200			16.44	1644200
13.18	1317900			10.88	1087900	12.57	1257400	14.59	1459400	8.84	883600
11.02	1102000	7.92	791600	9.68	967800			11.74	1174300	10.50	1050000
0.00	0	10.37	1037400	19.20	1919700			10.26	1025700	16.10	1609500
0.00	0	4.56	455700			16.86	1686200	14.11	1410700		
13.16	1316200	4.98	497700			9.76	975700	14.09	1409100		
14.67	1466600	15.38	1537900	9.74	973900	16.93	1692700			15.22	1522300
10.19	1019200			7.83	783200	15.42	1541700			13.74	1373600
11.32	1131900					12.66	1266300			13.51	1350800

3-21　2003年上海企业债回购每日成交量、成交额

日期 Date	1月 Jan.		2月 Feb.		3月 Mar.		4月 Apr.		5月 May		6月 Jun.	
	成交额 Turnover	成交量 Volume	成交额 Turnover	成交量 Volume	成交额 Turnover	成交量 Volume	成交额 Turnover	成交量 Volume	成交额 Turnover	成交量 Volume	成交额 Turnover	成交量 Volume
1							10.68	1067700				
2							8.02	801500			9.66	966000
3					7.47	747300	4.38	437900			6.19	618900
4					5.48	548000	10.78	1078300			2.61	260600
5					2.86	286000					8.07	806500
6					9.00	899500					9.87	986800
7					7.89	789100	12.35	1234900				
8							10.85	1084500				
9							5.76	576300			11.69	1168900
10			4.75	474500	9.06	906100	6.89	689100			8.70	869700
11			5.44	543800	11.53	1153100	12.04	1203900			6.20	620300
12			1.73	173300	3.12	311700			19.39	1938900	4.85	485300
13	0.34	33700	3.79	378600	9.70	970200			6.55	654600	10.12	1011600
14	0.99	98700	6.69	669400	10.79	1078700	10.06	1005600	1.91	191100		
15	0.38	37900					8.33	832800	7.31	731300		
16	2.30	230300					4.63	462500	8.45	844900	15.61	1561300
17	0.42	41700	4.35	435200	11.66	1165700	6.79	678900			8.16	815900
18			5.04	504300	10.07	1006900	15.42	1541900			5.34	534300
19			3.23	323000	4.80	479800			14.71	1471400	10.08	1008000
20	0.64	63900	4.72	472300	6.81	681200			10.00	999800	11.48	1147600
21	1.18	117500	6.95	695000	10.79	1079200	14.87	1487300	2.53	252600		
22	3.87	386800					11.63	1162800	7.15	715000		
23	6.21	621200					7.95	794800	12.01	1201300	16.34	1633900
24	4.24	424200	6.94	694300	11.35	1134800	7.62	762200			8.36	835600
25			5.01	501300	9.32	931500	15.34	1534000			4.99	498600
26			3.32	331500	4.55	455000			14.26	1425500	8.50	849800
27	5.00	499600	7.35	734700	5.53	552600			6.00	599600	8.84	883500
28	3.66	365600	6.53	653200	10.41	1040900	13.47	1347300	6.63	662500		
29	1.76	175500					8.94	893700	13.15	1314800		
30							8.06	806400	6.95	695200	15.56	1556200
31					12.06	1206200						

数据来源：上海证券交易所
Source: Shanghai Stock Exchange

Enterprise Bonds Repurchase Daily Trading in Shanghai in 2003

成交额:亿元;成交量:手

7月 Jul.		8月 Aug.		9月 Sep.		10月 Oct.		11月 Nov.		12月 Dec.	
成交额 Turnover	成交量 Volume	成交额 Turnover	成交量 Volume	成交额 Turnover	成交量 Volume	成交额 Turnover	成交量 Volume	成交额 Turnover	成交量 Volume	成交额 Turnover	成交量 Volume
12.01	1200800	15.42	1542200	9.84	983500					18.07	1807300
7.46	746200			10.28	1028300					11.60	1159500
7.61	761000			7.24	724200			11.98	1197600	6.91	691400
9.43	942600	16.72	1671600	10.67	1066900			7.73	773300	14.02	1401600
		10.20	1020300	21.62	2161800			9.61	961300	9.63	963000
		7.84	783700					10.51	1051300		
12.25	1224600	10.82	1082200					12.81	1281100		
10.22	1021800	13.62	1361600	16.98	1698100	29.76	2976200			12.15	1215300
5.23	522500			8.58	858000	12.37	1236600			10.58	1058400
8.94	894200			5.71	570800	13.11	1310800	14.70	1469900	4.63	463400
13.87	1387300	14.91	1491300	11.91	1190800			14.70	1469900	13.29	1329100
		9.05	905200	16.20	1620000			7.58	757700	13.83	1382500
		5.93	592600			8.74	873500	11.63	1163400		
15.44	1544300	11.90	1189600			4.36	435700	12.13	1213400		
10.27	1027000	14.37	1437400	15.10	1510400	16.83	1682500			18.97	1896600
9.81	981400			10.23	1022600	13.09	1308500			14.93	1493300
9.89	989100			6.55	654600	13.77	1376900	17.81	1781000	7.14	713900
13.33	1332700	14.83	1482700	8.94	893700			12.08	1207600	13.79	1378900
		9.26	926100	16.89	1689300			8.36	835500	17.09	1709400
		6.30	629600			16.74	1673600	9.64	964000		
15.08	1507800	11.17	1116600			10.51	1050700	9.03	903400		
10.98	1097900	16.71	1670500	15.14	1514400	10.85	1084500			16.69	1668900
10.27	1026700			14.40	1440300	10.56	1056200			16.44	1644200
13.18	1317900			10.88	1087900	12.57	1257400	14.59	1459400	8.84	883600
11.02	1102000	7.92	791600	9.68	967800			11.74	1174300	10.50	1050000
0.00	0	10.37	1037400	19.20	1919700			10.26	1025700	16.10	1609500
0.00	0	4.56	455700			16.86	1686200	14.11	1410700		
13.16	1316200	4.98	497700			9.76	975700	14.09	1409100		
14.67	1466600	15.38	1537900	9.74	973900	16.93	1692700			15.22	1522300
10.19	1019200			7.83	783200	15.42	1541700			13.74	1373600
11.32	1131900					12.66	1266300			13.51	1350800

3-22 2003 年深圳企业债回购每日成交量、成交额

日期 Date	1月 Jan.		2月 Feb.		3月 Mar.		4月 Apr.		5月 May		6月 Jun.	
	成交额 Turnover	成交量 Volume	成交额 Turnover	成交量 Volume	成交额 Turnover	成交量 Volume	成交额 Turnover	成交量 Volume	成交额 Turnover	成交量 Volume	成交额 Turnover	成交量 Volume
1							0.00	0				
2	0.03	3000					0.00	0			0.00	0
3	0.04	3500			0.00	0	0.00	0			0.00	0
4					0.00	0	0.00	0			0.00	0
5					0.00	0					0.00	0
6	0.00	0			0.01	500					0.00	0
7	0.02	2000			0.00	0	0.00	0				
8	0.00	0					0.00	0				
9	0.02	2000					0.00	0			0.00	0
10	0.00	0	0.00	0	0.00	0	0.00	0			0.00	0
11			0.00	0	0.00	0	0.00	0			0.08	7700
12			0.00	0	0.00	0			0.00	0	0.00	0
13	0.02	2000	0.00	0	0.00	0			0.00	0	0.00	0
14	0.02	2000	0.00	0	0.00	0	0.00	0	0.00	0		
15	0.00	0					0.00	0	0.00	0		
16	0.04	4000					0.00	0	0.00	0	0.00	0
17	0.00	0	0.00	0	0.00	0	0.00	0			0.00	0
18			0.00	0	0.00	0	0.00	0			0.00	0
19			0.00	0	0.00	0			0.00	0	0.00	0
20	0.00	0	0.00	0	0.00	0			0.00	0	0.00	0
21	0.00	0	0.00	0	0.00	0	0.00	200	0.00	0		
22	0.00	0					0.00	0	0.00	0		
23	0.00	0					0.00	0	0.00	0	0.00	0
24	0.00	0	0.00	0	0.00	0	0.00	0			0.00	0
25			0.00	0	0.00	0	0.00	0			0.00	0
26			0.00	0	0.00	0			0.00	0	0.00	0
27	0.00	0	0.00	0	0.00	0			0.00	0	0.00	0
28	0.00	0	0.00	0	0.00	0	0.00	0	0.00	0		
29	0.00	0					0.00	0	0.00	0		
30							0.00	0	0.00	0	0.00	0
31					0.00	0						

数据来源：上海证券交易所

Source: Shanghai Stock Exchange

Enterprise Bonds Repurchase Daily Trading in Shenzhen in 2003

成交额:亿元;成交量:手

7月 Jul.		8月 Aug.		9月 Sep.		10月 Oct.		11月 Nov.		12月 Dec.	
成交额 Turnover	成交量 Volume	成交额 Turnover	成交量 Volume	成交额 Turnover	成交量 Volume	成交额 Turnover	成交量 Volume	成交额 Turnover	成交量 Volume	成交额 Turnover	成交量 Volume
0.00	0	0.00	0	0.00	0					0.00	0
0.00	0			0.00	0					0.00	0
0.00	0			0.00	0			0.00	0	0.00	0
0.00	0	0.00	0	0.00	0			0.00	0	0.00	0
		0.00	0	0.00	0			0.00	0	0.00	0
		0.00	0					0.00	0		
0.00	0	0.00	0					0.00	0		
0.00	0	0.00	0	0.00	0	0.00	0			0.00	0
0.00	0			0.00	0	0.00	0			0.00	0
0.00	0			0.00	0	0.00	0	0.00	0	0.00	0
0.00	0	0.00	0	0.00	0			0.00	0	0.00	0
		0.00	0	0.00	0			0.00	0	0.00	0
		0.00	0			0.00	0	0.00	0		
0.00	0	0.00	0			0.00	0	0.00	0		
0.00	0	0.00	0	0.00	0	0.00	0			0.00	0
0.00	0			0.00	0	0.00	0			0.00	0
0.00	0			0.00	0	0.00	0	0.00	0	0.00	0
0.00	0	0.00	0	0.00	0			0.00	0	0.00	0
		0.00	0	0.00	0			0.00	0	0.00	0
		0.00	0			0.00	0	0.00	0		
0.00	0	0.00	0			0.00	0	0.00	0		
0.00	0	0.00	0	0.00	0	0.00	0			0.00	0
0.00	0			0.00	0	0.00	0			0.00	0
0.00	0			0.00	0	0.00	0	0.00	0	0.00	0
0.00	0	0.00	0	0.00	0			0.00	0	0.00	0
		0.00	0	0.00	0			0.00	0	0.00	0
		0.00	0			0.00	0	0.00	0		
0.00	0	0.00	0			0.00	0	0.00	0		
0.00	0	0.00	0	0.00	0	0.00	0			0.00	0
0.00	0			0.00	0	0.00	0			0.00	0
0.00	0					0.00	0			0.00	0

3-23 2003年全国可转债每日成交量、成交额

日期 Date	1月 Jan.		2月 Feb.		3月 Mar.		4月 Apr.		5月 May		6月 Jun.	
	成交额 Turnover	成交量 Volume	成交额 Turnover	成交量 Volume	成交额 Turnover	成交量 Volume	成交额 Turnover	成交量 Volume	成交额 Turnover	成交量 Volume	成交额 Turnover	成交量 Volume
1							3.08	293581				
2	0.16	15171					1.96	184815			3.39	271579
3	0.14	14087			0.76	74615	2.89	272741			3.71	299353
4					1.85	174002	2.92	276132			7.37	623037
5					1.24	112453					4.34	348189
6	0.10	9115			0.93	89393					2.99	239568
7	0.12	11244			1.01	97673	3.65	336022				
8	0.16	14864					2.91	268057				
9	0.15	14750					6.22	573045			3.50	293400
10	0.18	17595	0.61	51757	0.59	57002	9.79	872008			2.04	164786
11			0.49	45865	0.16	15551	8.45	747970			3.01	245830
12			0.33	31438	0.53	53091			4.29	349771	3.83	317841
13	0.15	12898	0.56	51629	0.42	39100			4.75	399054	3.80	303557
14	0.37	35003	0.36	31380	0.38	37691	7.53	651224	2.99	255464		
15	0.77	67700					5.96	504126	6.72	559177		
16	0.42	39822					9.29	785519	4.52	378816	0.90	78134
17	0.53	48008	2.50	246707	0.32	30560	4.43	380814			2.71	224568
18			0.86	81725	8.78	873833	8.20	704579			6.91	598839
19			1.36	125499	2.19	209836			6.24	522312	3.06	259319
20	0.50	51606	0.79	78513	0.86	81884			7.26	616715	3.02	257128
21	0.22	21104	0.65	62981	2.60	256295	10.31	917158	3.87	323146		
22	0.58	50559					6.84	589302	4.04	327319		
23	0.38	39485					3.41	298813	10.20	814348	3.32	278913
24	0.31	30230	1.23	118826	1.49	144691	5.86	522091			1.90	161083
25			0.63	59686	2.13	208432	2.24	203022			2.23	190066
26			0.59	58102	3.79	365989			7.12	581944	2.96	252699
27	0.35	33255	0.62	60430	4.47	425650			5.75	439645	0.89	75741
28	0.50	48435	0.40	39049	2.09	199706	6.46	552159	4.83	387720		
29	0.32	29545					5.08	428227	4.01	321273		
30							3.91	331378	3.35	275570	1.21	102061
31					2.13	203542						

数据来源：上海、深圳证券交易所

Source: Shanghai Shenzhen Stock Exchange

Daily Trading Volume and Value of Converse Bonds in 2003

成交额:亿元;成交量:手

7月 Jul.		8月 Aug.		9月 Sep.		10月 Oct.		11月 Nov.		12月 Dec.	
成交额 Turnover	成交量 Volume	成交额 Turnover	成交量 Volume	成交额 Turnover	成交量 Volume	成交额 Turnover	成交量 Volume	成交额 Turnover	成交量 Volume	成交额 Turnover	成交量 Volume
3.46	309393	9.69	887727	1.30	115429					4.43	403403
5.07	419430			1.03	91683					3.68	335969
3.25	267379			1.04	93463			1.33	121586	3.44	310087
2.73	228811	2.72	238352	1.18	105622			5.30	470507	5.95	525800
		2.85	253999	0.85	75919			3.41	303217	3.35	298463
		3.20	289003					2.04	181503		
2.48	210755	3.90	331088					1.43	129024		
3.22	262869	2.03	179469	1.18	108393	0.41	38391			2.64	238014
1.40	116688			1.50	139238	1.56	147442			2.28	198851
3.82	311907			1.04	95531	1.96	187426	0.83	76370	4.33	382213
3.38	277980	1.45	126808	0.91	82817			1.57	145632	10.69	1001876
		1.52	129994	0.81	74034			1.31	123093	7.65	663546
		1.58	135433			3.18	289896	1.74	159496		
1.45	117785	1.17	102389			2.08	190647	1.90	167996		
5.17	469066	2.69	233445	1.09	101535	0.98	90439			4.75	416030
3.47	291307			1.70	165698	0.82	76640			4.12	365253
4.48	379356			0.84	79429	1.03	94278	1.37	127459	4.78	436390
3.45	298263	1.45	130099	0.59	55427			0.98	92204	5.02	441072
		4.43	390138	0.62	59384			1.41	130903	6.13	534633
		3.04	261430			0.70	65182	1.46	138129		
2.04	173335	2.23	192887			0.65	61855	3.33	303686		
2.91	243297	2.04	174609	0.83	76775	2.76	251649			7.53	645149
2.19	185456			2.15	197817	1.79	167130			6.15	518504
2.48	214429			1.98	185273	1.51	134227	3.77	337087	7.17	598520
3.64	312357	1.55	135271	3.70	353760			3.49	318862	5.82	496417
		2.93	274690	2.01	190654			2.32	210482	3.95	344936
		1.06	96084			1.61	146063	1.60	144238		
1.91	163282	0.63	56928			2.09	186166	1.36	123932		
2.26	200614	0.83	73647	0.89	86360	3.13	283199			2.63	230900
3.42	300146			1.24	120322	1.47	136454			3.49	300482
2.28	197842					1.50	138384			5.33	500052

3-24 2003年上海可转债每日成交量、成交额

日期 Date	1月 Jan.		2月 Feb.		3月 Mar.		4月 Apr.		5月 May		6月 Jun.	
	成交额 Turnover	成交量 Volume	成交额 Turnover	成交量 Volume	成交额 Turnover	成交量 Volume	成交额 Turnover	成交量 Volume	成交额 Turnover	成交量 Volume	成交额 Turnover	成交量 Volume
1							1.91	181136				
2	0.08	8084					1.48	140184			2.39	186652
3	0.05	5577			0.35	34856	2.32	219835			2.43	191265
4					0.41	40270	2.01	188627			2.19	167753
5					0.13	12380					2.61	198231
6	0.05	4617			0.26	25356					2.08	159874
7	0.01	1088			0.07	6470	3.03	276427				
8	0.05	4768					1.99	181629				
9	0.06	6101					4.17	374705			2.09	163066
10	0.06	5473	0.13	12766	0.15	15046	6.26	538214			1.56	122776
11			0.07	7049	0.06	5629	4.96	426334			1.85	146552
12			0.04	4404	0.10	9999			3.98	321228	2.47	201210
13	0.03	2525	0.18	17678	0.13	12650			3.41	278539	2.36	181987
14	0.10	10510	0.05	5321	0.06	6380	4.71	399673	2.43	204737		
15	0.08	7917					4.02	334024	4.76	388450		
16	0.09	9260					5.95	496624	3.64	300733	0.29	25749
17	0.17	16687	0.10	10122	0.18	17578	2.74	232453			1.96	159710
18			0.07	6360	8.10	809836	5.53	467798			6.02	520182
19			0.10	9688	1.56	155431			3.69	301296	2.01	168997
20	0.21	21288	0.10	10230	0.61	60436			4.06	323767	2.21	185788
21	0.09	8976	0.12	11767	1.91	189271	8.90	790581	2.58	206251		
22	0.03	3078					6.44	553728	3.32	263237		
23	0.04	3928					2.47	215094	7.87	609079	2.70	224407
24	0.09	8837	0.02	1583	1.00	97787	4.71	413510			1.39	115432
25			0.08	8095	1.55	151723	1.55	138601			1.47	123405
26			0.13	12971	2.57	246615			4.61	352640	2.20	185014
27	0.13	12813	0.08	7782	3.51	334625			4.93	369269	0.64	53263
28	0.29	29078	0.10	9589	1.39	132423	5.70	483571	2.72	209900		
29	0.13	12911					4.21	348326	3.14	248817		
30							3.28	274621	1.79	144050	0.63	52211
31					1.51	143868						

数据来源:上海证券交易所

Source: Shanghai Stock Exchange

Daily Trading Volume and Value of Converse Bonds in Shanghai in 2003

成交额:亿元;成交量:手

7月 Jul.		8月 Aug.		9月 Sep.		10月 Oct.		11月 Nov.		12月 Dec.	
成交额 Turnover	成交量 Volume	成交额 Turnover	成交量 Volume	成交额 Turnover	成交量 Volume	成交额 Turnover	成交量 Volume	成交额 Turnover	成交量 Volume	成交额 Turnover	成交量 Volume
3.19	285119	9.13	836672	1.01	90222					3.20	295166
4.36	356442			0.77	67777					2.33	213268
2.74	222839			0.73	65351			0.77	72748	2.18	200963
1.35	111734	2.37	207268	0.86	77377			1.76	162748	5.01	442396
		2.33	209057	0.67	60118			1.23	112039	2.49	220146
		2.26	205914					1.06	96492		
0.93	79919	3.26	273501					0.45	42024		
1.72	138776	1.49	130321	0.72	65504	0.29	27193			2.13	193996
0.66	54921			1.16	107492	1.40	132858			1.31	118309
2.37	194450			0.80	73129	1.04	99299	0.46	43223	3.41	303412
2.04	165813	0.93	80639	0.71	63466			0.87	82591	10.14	953858
		1.03	87871	0.69	62328			0.78	73357	7.10	614360
		0.66	58524			1.37	127805	0.77	74849		
0.54	43483	0.91	80366			0.53	50476	0.45	43250		
3.99	371964	1.91	166538	0.98	91724	0.61	57835			3.74	327718
2.35	199457			0.70	67017	0.35	33603			2.81	252867
2.74	231508			0.56	52181	0.34	32255	0.61	59657	3.64	338143
2.04	177345	0.70	64328	0.36	33206			0.65	62677	2.53	234815
		1.12	97115	0.41	39001			0.84	80723	3.53	324908
		1.85	162259			0.30	29817	1.27	120590		
1.28	107482	1.61	137314			0.35	34084	2.22	207021		
2.30	191897	1.83	155183	0.72	66888	1.12	106646			5.54	485056
1.44	122676			1.23	113154	1.05	101026			4.86	406483
1.39	121016			1.30	120134	0.41	38877	2.18	203370	6.24	518223
2.90	246668	1.16	101319	2.20	212988			2.79	257624	4.29	365168
		2.57	241915	1.19	113478			1.30	123993	3.20	281542
		0.72	65555			0.94	87811	1.02	94596		
1.61	136504	0.50	45276			0.75	69806	0.74	69448		
1.45	127029	0.67	59491	0.60	58650	1.64	151222			1.93	173562
2.31	200177			0.76	73532	0.86	79861			3.00	260586
1.12	99667					0.68	62861			1.86	163817

3-25 2003年深圳可转债每日成交量、成交额

日期 Date	1月 Jan.		2月 Feb.		3月 Mar.		4月 Apr.		5月 May		6月 Jun.	
	成交额 Turnover	成交量 Volume	成交额 Turnover	成交量 Volume	成交额 Turnover	成交量 Volume	成交额 Turnover	成交量 Volume	成交额 Turnover	成交量 Volume	成交额 Turnover	成交量 Volume
1							1.17	112445				
2	0.08	7087					0.48	44631			1.00	84927
3	0.09	8510			0.41	39759	0.57	52906			1.28	108088
4					1.44	133732	0.91	87505			5.18	455284
5					1.11	100073					1.73	149958
6	0.05	4498			0.67	64037					0.91	79694
7	0.11	10156			0.94	91203	0.62	59595				
8	0.11	10096					0.92	86428				
9	0.09	8649					2.05	198340			1.41	130334
10	0.12	12122	0.48	38991	0.44	41956	3.53	333794			0.48	42010
11			0.42	38816	0.10	9922	3.49	321636			1.16	99278
12			0.29	27034	0.43	43092			0.31	28543	1.36	116631
13	0.12	10373	0.38	33951	0.29	26450			1.34	120515	1.44	121570
14	0.27	24493	0.31	26059	0.32	31311	2.82	251551	0.56	50727		
15	0.69	59783					1.94	170102	1.96	170727		
16	0.33	30562					3.34	288895	0.88	78083	0.61	52385
17	0.36	31321	2.40	236585	0.14	12982	1.69	148361			0.75	64858
18			0.79	75365	0.68	63997	2.67	236781			0.89	78657
19			1.26	115811	0.63	54405			2.55	221016	1.05	90322
20	0.29	30318	0.69	68283	0.25	21448			3.20	292948	0.81	71340
21	0.13	12128	0.53	51214	0.69	67024	1.41	126577	1.29	116895		
22	0.55	47481					0.40	35574	0.72	64082		
23	0.34	35557					0.94	83719	2.33	205269	0.62	54506
24	0.22	21393	1.21	117243	0.49	46904	1.15	108581			0.51	45651
25			0.55	51591	0.58	56709	0.69	64421			0.76	66661
26			0.46	45131	1.22	119374			2.51	229304	0.76	67685
27	0.22	20442	0.54	52648	0.96	91025			0.82	70376	0.25	22478
28	0.21	19357	0.30	29460	0.70	67283	0.76	68588	2.11	177820		
29	0.19	16634					0.87	79901	0.87	72456		
30							0.63	56757	1.56	131520	0.58	49850
31					0.62	59674						

数据来源：深圳证券交易所

Source: Shenzhen Stock Exchange

Daily Trading Volume and Value of Converse Bonds in Shenzhen in 2003

成交额:亿元;成交量:手

7月 Jul.		8月 Aug.		9月 Sep.		10月 Oct.		11月 Nov.		12月 Dec.	
成交额 Turnover	成交量 Volume	成交额 Turnover	成交量 Volume	成交额 Turnover	成交量 Volume	成交额 Turnover	成交量 Volume	成交额 Turnover	成交量 Volume	成交额 Turnover	成交量 Volume
0.27	24274	0.56	51055	0.29	25207					1.23	108237
0.71	62988			0.26	23906					1.35	122701
0.51	44540			0.31	28112			0.56	48838	1.26	109124
1.38	117077	0.35	31084	0.32	28245			3.54	307759	0.94	83404
		0.52	44942	0.18	15801			2.18	191178	0.86	78317
		0.94	83089					0.98	85011		
1.55	130836	0.64	57587					0.98	87000		
1.50	124093	0.54	49148	0.46	42889	0.12	11198			0.51	44018
0.74	61767			0.34	31746	0.16	14584			0.97	80542
1.45	117457			0.24	22402	0.92	88127	0.37	33147	0.92	78801
1.34	112167	0.52	46169	0.20	19351			0.70	63041	0.55	48018
		0.49	42123	0.12	11706			0.53	49736	0.55	49186
		0.92	76909			1.81	162091	0.97	84647		
0.91	74302	0.26	22023			1.55	140171	1.45	124746		
1.18	97102	0.78	66907	0.11	9811	0.37	32604			1.01	88312
1.12	91850			1.00	98681	0.47	43037			1.31	112386
1.74	147848			0.28	27248	0.69	62023	0.76	67802	1.14	98247
1.41	120918	0.75	65771	0.23	22221			0.33	29527	2.49	206257
		3.31	293023	0.21	20383			0.57	50180	2.60	209725
		1.19	99171			0.40	35365	0.19	17539		
0.76	65853	0.62	55573			0.30	27771	1.11	96665		
0.61	51400	0.21	19426	0.11	9887	1.64	145003			1.99	160093
0.75	62780			0.92	84663	0.74	66104			1.29	112021
1.09	93413			0.68	65139	1.10	95350	1.59	133717	0.93	80297
0.74	65689	0.39	33952	1.50	140772			0.70	61238	1.53	131249
		0.36	32775	0.82	77176			1.02	86489	0.75	63394
		0.34	30529			0.67	58252	0.58	49642		
0.30	26778	0.13	11652			1.34	116360	0.62	54484		
0.81	73585	0.16	14156	0.29	27710	1.49	131977			0.70	57338
1.11	99969			0.48	46790	0.61	56593			0.49	39896
1.16	98175					0.82	75523			3.47	336235

第四部分　证券投资基金

Securities Investment Funds

2003 年证券投资基金市场综述

Summary for Chinese Securities Investment Funds Market 2003

2003 年是中国基金业大发展的一年，基金品种与基金规模获得了空前的丰富和增加。基金投资理念发生重大改变。

截止 2003 年底，基金管理公司达 34 家，比去年增加了 13 家；共管理证券投资基金 95 只，比去年增加了 24 只，其中，封闭式基金 54 只，开放式基金 41 只。基金份额达 1615 亿元，比 2002 年底增加了 22%。

2003 年共有 39 只开放式基金发行，首发规模 678 亿元，远远超过 2001 年 117 亿元(3 只)和 2002 年 448 亿元(14 只)。与此同时，基金品种也更加丰富，伞型基金、保本基金以及准货币市场基金等新品种的推出，使市场中的基金贯穿了高中低风险的各个系列，为社会大众提供了广泛的选择。

2003 年是基金价值投资理念正式确立并大行其道的一年。2002 年，由于规模尚小，证券投资基金还难以对市场的运行发挥主导作用。虽然部分基金提出了价值投资的理念，但难对市场产生影响。在业绩压力面前，大多数基金采取了“仓位控制、时机选择、分散投资”或者指数化被动投资的策略。这些策略虽然规避了市场的非系统风险，但在大盘持续下跌的情况下，却无法避免全行业亏损的尴尬局面。基金“专业理财”的形象和存在的价值遭到各界质疑。基金迫切需要寻找一种能够被市场广泛认同、能够在风险可控前提下实现盈利最大化的投资理念和盈利模式。2002 年下半年，随着股指的持续大幅下跌，许多上市公司投资价值得以显现。而国家宏观经济的持续向好，特别是汽车、石化、钢铁等行业令人惊喜的繁荣，为价值投资提供了稳固的支撑。于是，2002 年下半年开始，基金的投资策略开始向“重行业、重业绩”的价值投资转变，并在 2003 年初的大盘蓝筹股行情中初尝胜果。受此鼓舞，并随着规模扩大所带来影响力的不断增加，基金的价值投资之路越走越坚定，并获得了喜人的收获。2003 年底，基金累计持有市值前 30 位股票的平均每股收益为 0.43 元，平均净资产收益率 12.78%，平均流通股本 4.99 亿股，分别比 2002 年底提高了 18.95%、20.68% 和 47.70%。从基金重仓股票的行业分布来看，金属、非金属制造业，机械、设备、仪表制造业，交通运输、仓储业以及金融、保险业等国民经济发展的明星行业所占比重明显提高，并占据了绝对比重，而食品、饮料制造业，纺织、服装、毛皮制造业，医药、生物制造业，批发、零售商业和社会服务业等行业的比重显著下降。截止 2003 年 12 月 31 日，国内 71 只可比证券投资基金加权平均净值增长率高达 21%，大大超过了同期上证综合指数 10%的涨幅。

4-1　封闭式基金概况

List of Close Securities Investment Funds

序号 No.	基金简称 Investment Funds	发行时间 Date Issued	上市时间 Date Listed	基金存续期 Duration	基金规模(亿) Manage Capital	基金总资产净值(亿元) Net Asset	基金管理公司 Manager	基金托管银行 Castodian	上市地点 Exchange Listed in
1	基金开元	1998-03-27	1998-04-07	15	20	22.24	南方	工行	深圳
2	基金金泰	1998-03-27	1998-04-07	15	20	20.85	国泰	工行	上海
3	基金兴华	1998-04-28	1998-05-08	15	20	25.82	华夏	建行	上海
4	基金安信	1998-06-22	1998-06-26	15	20	21.41	华安	工行	上海
5	基金裕阳	1998-07-25	1998-07-30	15	20	21.80	博时	农行	上海
6	基金普惠	1999-01-06	1999-01-27	15	20	20.94	鹏华	交行	深圳
7	基金泰和	1999-04-08	1999-04-20	15	20	21.45	嘉实	建行	上海
8	基金同益	1999-04-08	1999-04-21	15	20	22.26	长盛	工行	深圳
9	基金景宏	1999-05-05	1999-05-18	15	20	17.75	大成	中行	深圳
10	基金汉盛	1999-05-10	1999-05-18	15	20	20.52	富国	农行	上海
11	基金安顺	1999-06-15	1999-06-22	15	30	32.41	华安	交行	上海
12	基金裕隆	1999-06-15	1999-06-24	15	30	32.38	博时	农行	深圳
13	基金兴和	1999-07-14	1999-07-30	15	30	34.01	华夏	建行	上海
14	基金普丰	1999-07-14	1999-07-30	15	30	29.69	鹏华	工行	深圳
15	基金天元	1999-08-26	1999-09-20	15	30	34.61	南方	工行	深圳
16	基金景阳	1999-09-17	1999-10-22	15	10	10.62	大成	农行	上海
17	基金景博	1999-09-22	1999-10-22	15	10	9.98	大成	农行	深圳
18	基金裕元	1999-09-21	1999-10-28	15	15	17.64	博时	工行	上海
19	基金金鑫	1999-10-21	1999-11-26	15	30	31.65	国泰	建行	上海
20	基金同盛	1999-11-05	1999-11-26	15	30	30.60	长盛	中行	深圳
21	基金景福	1999-12-30	2000-01-10	15	30	29.43	大成	农行	深圳
22	基金汉兴	1999-12-30	2000-01-10	15	30	27.44	富国	交行	上海
23	基金裕华	2000-07-14	2000-02-24	15	5	5.63	博时	交行	深圳
24	基金同智	2000-07-21	2000-05-15	15	5	5.05	长盛	中行	深圳
25	基金裕泽	2000-07-14	2000-05-17	15	5	5.48	博时	工行	深圳
26	基金金盛	2000-09-08	2000-06-30	15	5	5.46	国泰	建行	深圳
27	基金金元	2000-09-08	2000-07-11	15	5	4.75	南方	工行	上海

续表 Continued

序号 No.	基金简称 Investment Funds	发行时间 Date Issued	上市时间 Date Listed	基金存续期 Duration	基金规模(亿) Manage Capital	基金总资产净值(亿元) Net Asset	基金管理公司 Manager	基金托管银行 Castodian	上市地点 Exchange Listed in
28	基金兴科	2000-08-25	2000-07-18	15	5	5.72	华夏	交行	深圳
29	基金金鼎	2000-10-20	2000-08-04	15	5	4.87	国泰	建行	上海
30	基金汉鼎	2000-10-27	2000-08-17	15	5	4.31	富国	工行	上海
31	基金兴安	2000-11-10	2000-09-20	15	5	5.18	华夏	中行	深圳
32	基金汉博	2000-11-24	2000-10-17	15	5	4.61	富国	建行	上海
33	基金隆元	2000-12-01	2000-10-18	15	5	4.55	南方	工行	深圳
34	基金科讯	2001-07-12	2001-06-20	10	8	9.07	易方达	交行	上海
35	基金科汇	2001-07-12	2001-06-20	10	8	9.78	易方达	交行	深圳
36	基金科翔	2001-07-12	2001-06-20	10	8	9.79	易方达	工行	深圳
37	基金兴业	2000-08-18	2001-07-27	10	5	4.53	华夏	农行	上海
38	基金同德	2001-09-04	2001-08-01	10	5	5.09	长盛	农行	上海
39	基金天华	2001-09-04	2001-08-08	10	25	22.93	银华	农行	深圳
40	基金普华	2001-10-19	2001-08-29	10	5	4.30	鹏华	工行	深圳
41	基金安瑞	2001-11-03	2001-08-30	15	5	4.63	华安	工行	上海
42	基金安久	2000-07-04	2001-08-31	10	5	4.64	华安	交行	深圳
43	基金普润	2001-10-25	2001-09-04	10	5	4.73	鹏华	工行	上海
44	基金通宝	2001-10-23	2001-09-06	10	5	4.58	融通	建行	深圳
45	基金通乾	2001-08-29	2001-09-21	15	20	20.83	融通	建行	上海
46	基金鸿飞	2001-05-18	2001-11-28	10	5	5.25	宝盈	交行	深圳
47	基金鸿阳	2001-12-10	2001-12-18	15	20	19.49	宝盈	农行	深圳
48	基金景业	2000-08-16	2001-12-19	10	5	4.34	大成	农行	上海
49	基金科瑞	2002-03-12	2002-03-20	15	30	34.27	易方达	交行	上海
50	基金丰和	2002-03-22	2002-04-04	15	30	31.46	嘉实	交行	深圳
51	基金久富	2001-12-27	2002-04-18	10	5	5.14	长城	交行	深圳
52	基金久嘉	2002-07-05	2002-08-27	15	20	21.93	长城	农行	深圳
53	基金融鑫	2002-08-09	2002-09-02	15	8	10.35	中融	工行	深圳
54	基金银丰	2002-08-15	2002-09-10	15	30	33.76	银河	建行	上海
合计					817	862.00	—	—	—

数据来源:中国证监会
Source:CSRC

4-2　开放式基金概况

List of Open Securities Investment Funds

序号 No.	基金简称 Investment Funds	基金性质 Sort	成立时间 Date Founded	基金规模 (亿元) Manage Capital	基金总资产 净值(亿元) Net Asset	基金管理 公司 Manager	基金托管 银行 Castodian	备　注 Note
1	华安创新	开放式、契约型	2001-09-21	27.66	29.31	华安	交行	—
2	南方稳健成长	开放式、契约型	2001-09-28	25.85	28.47	南方	工行	—
3	华夏成长	开放式、契约型	2001-12-18	29.74	30.76	华夏	建行	—
4	国泰金鹰增长	开放式、契约型	2002-05-09	14.42	15.31	国泰	交行	—
5	鹏华行业成长	开放式、契约型	2002-05-24	24.34	24.28	鹏华	工行	—
6	富国动态平衡	开放式、契约型	2002-08-16	15.40	16.60	富国	农行	—
7	易方达平稳增长	开放式、契约型	2002-08-23	22.02	24.46	易方达	中行	—
8	融通新蓝筹	开放式、契约型	2002-09-13	12.69	13.70	融通	建行	—
9	长盛成长价值	开放式、契约型	2002-09-18	11.31	11.64	长盛	农行	—
10	南方宝元债券型	开放式、契约型	2002-09-20	21.85	22.80	南方	工行	—
11	宝盈鸿利收益	开放式、契约型	2002-10-08	5.40	5.64	宝盈	农行	—
12	博时价值增长	开放式、契约型	2002-10-09	21.52	25.71	博时	建行	—
13	华夏债券	开放式、契约型	2002-10-23	20.88	21.32	华夏	交行	—
14	嘉实成长收益	开放式、契约型	2002-11-05	12.85	13.67	嘉实	中行	—
15	华安上证180指数增强型	开放式、契约型	2002-11-08	12.05	12.35	华安	工行	—
16	大成价值增长	开放式、契约型	2002-11-11	10.35	11.22	大成	农行	—
17	银华优势企业	开放式、契约型	2002-11-13	10.82	11.54	银华	中行	—
18	天同180指数	开放式、契约型	2003-03-15	11.72	11.77	天同	中行	—
19	融华债券型	开放式、契约型	2003-04-16	10.65	11.28	中融	光大	—
20	湘财成长类行业 湘财周期类行业 湘财稳定类行业	开放式、契约型 开放式、契约型 开放式、契约型	2003-04-26	4.11 4.52 5.05	4.05 4.99 5.23	湘财合丰	交行	湘财合丰系列行业基金
21	安泰股票 安泰平衡型 安泰债券	开放式、契约型 开放式、契约型 开放式、契约型	2003-04-28	13.20 5.25 13.54	14.34 5.51 13.70	招商	招行	招商安泰系列基金
22	大成债券投资	开放式、契约型	2003-06-12	9.60	9.88	大成	农行	—
23	金鹰成分股优选	开放式、契约型	2003-06-16	7.45	7.73	金鹰	中行	—
24	南方避险增值	开放式、契约型	2003-06-27	42.09	43.71	南方	工行	—
25	嘉实稳健 嘉实债券 嘉实增长	开放式、契约型 开放式、契约型 开放式、契约型	2003-07-09	9.14 4.32 7.44	9.63 4.35 7.85	嘉实	中行	嘉实理财通系列基金
26	普天收益 普天债券	开放式、契约型 开放式、契约型	2003-07-12	1.98 1.84	2.14 1.88	鹏华	交行	鹏华普天系列基金
27	宝康消费品 宝康灵活配置 宝康债券	开放式、契约型 开放式、契约型 开放式、契约型	2003-07-15	14.72 10.19 7.94	15.30 10.53 8.12	华宝兴业	建行	华宝兴业宝康系列基金
28	银河稳健 银河收益	开放式、契约型 开放式、契约型	2003-08-04	7.59 6.26	8.31 6.52	银河	农行	银河银联系列基金

续表 Continued

序号 No.	基金简称 Investment Funds	基金性质 Sort	成立时间 Date Founded	基金规模(亿元) Manage Capital	基金总资产净值(亿元) Net Asset	基金管理公司 Manager	基金托管银行 Castodian	备 注 Note
29	德盛稳健	开放式、契约型	2003-08-08	26.32	27.82	国联安	工行	—
30	海富通精选	开放式、契约型	2003-08-22	18.76	20.72	海富通	交行	—
31	博时裕富指数	开放式、契约型	2003-08-26	41.64	44.40	博时	建行	—
32	华夏回报	开放式、契约型	2003-09-05	32.66	34.69	华夏	中行	—
33	融通蓝筹成长 融通深证 100 融通债券	开放式、契约型 开放式、契约型 开放式、契约型	2003-09-30	7.82 4.58 8.13	8.12 4.72 8.32	融通	工行	融通通利系列基金
34	景顺长城优选股票 景顺长城恒丰债券 景顺长城动力平衡	开放式、契约型 开放式、契约型 开放式、契约型	2003-10-24	7.83 3.29 4.77	8.36 3.31 4.95	景顺长城	中行	景顺长城景系列
35	中信全债指数增强型	开放式、契约型	2003-10-25	6.29	6.44	长盛	农行	—
36	长城久恒平衡型	开放式、契约型	2003-10-31	13.06	13.31	长城	建行	—
37	富国天利增长债券	开放式、契约型	2003-12-02	12.02	12.04	富国	工行	—
38	广发聚富	开放式、契约型	2003-12-03	31.32	31.98	广发	工行	—
39	金龙行业精选 金龙债券	开放式、契约型 开放式、契约型	2003-12-05	6.84 10.63	6.90 10.69	国泰	浦发	国泰金龙系列
40	易方达策略成长	开放式、契约型	2003-12-09	21.42	22.31	易方达	中行	—
41	华安现金富利	开放式、契约型	2003-12-30	42.54	42.54	华安	工行	—
合计				797.67	837.22			

数据来源:中国证监会

Source:CSRC

4-3 历年全国基金交易情况汇总表(1994—2003)

Trading Summary of Funds in Recent Years (1994—2003)

年月 Data	基金数量(只) Number of Funds	成交数量(亿单位) Trading Volume(1000000000)	成交金额(亿元) Turnover(100000000)
1994 年	20	237.89	357.50
1995 年	22	241.80	510.19
1996 年	25	474.30	1566.50
1997 年	25	228.72	807.91
1998 年	29	555.33	1016.89
1999 年	42	1623.12	2485.48
2000 年	36	2180.62	2801.84
2001 年	48	2208.62	2561.88
2002 年	54	1218.60	1166.62
2003 年	54	849.18	682.65

注:2000 年以前数据中包括非证券投资基金

数据来源:上海、深圳证券交易所

Source:Shanghai Shenzhen Stock Exchange

4-4　历年上海基金交易情况汇总表（1994—2003）

Trading Summary of Funds in Shanghai Stock Exchange(1994—2003)

年月 Data	基金数量(只) Number of Funds	成交数量(亿单位) Trading Volume(1000000000)	成交金额(亿元) Turnover(100000000)
1994 年	12	56.73	117.34
1995 年	12	107.21	305.67
1996 年	15	128.01	497.38
1997 年	15	55.57	219.53
1998 年	19	329.58	605.28
1999 年	26	827.95	1365.82
2000 年	18	995.32	1334.18
2001 年	23	1148.35	1348.92
2002 年	25	573.69	556.77
2003 年	25	441.62	362.16

注:2000 年以前数据中包括非证券投资基金

数据来源:上海证券交易所

Source:Shenzhen Stock Exchange

4-5　历年深圳基金交易情况汇总表（1994—2003）

Trading Summary of Funds in Shenzhen Stock Exchange(1994—2003)

年月 Data	基金数量(只) Number of Funds	成交数量(亿单位) Trading Volume(1000000000)	成交金额(亿元) Turnover(100000000)
1994 年	8	181.16	240.16
1995 年	10	134.59	204.52
1996 年	10	346.29	1069.12
1997 年	10	173.15	588.38
1998 年	10	225.75	411.61
1999 年	16	795.17	1119.66
2000 年	18	1185.30	1467.66
2001 年	25	1060.27	1212.96
2002 年	29	644.91	609.85
2003 年	29	407.56	320.49

注:2000 年以前数据中包括非证券投资基金

数据来源:深圳证券交易所

Source:Shenzhen Stock Exchange

4-6 2003 年全国基金成交概况

Trading Summary of Funds in 2003

		本年	上年	增减(%)
交易日数(天)	No. of Dates	241	237	1.69
基金上市品种(个)	Variety	54	54	0.00
基金成交金额(亿元)	Turnover (100000000)	682.65	1166.62	−41.48
其中:证券投资基金	Securities Investment Funds	682.65	1166.62	−41.48
非证券投资基金		0	0	0.00
基金日均成交金额(亿元)	Average Turnover (100000000)	2.83	4.92	−42.48
基金成交股数(亿股)	Transcation Volume(100000000)	849.18	1218.60	−30.32
其中:证券投资基金	Securities Investment Funds	849.18	1218.60	−30.32
非证券投资基金		0	0	0.00
基金成交笔数(百万笔)		4.34	6.15	−29.43
其中:证券投资基金	Securities Investment Funds	4.34	6.15	−29.43
非证券投资基金		0	0	0.00
上证基金指数开市	Opening Composite Index of Shanghai Stock Exchange	933.964	1168.82	−20.09
上证基金指数最高	Highest	1057.463	1237.98	−14.58
上证基金指数最低	Lowest	889.808	934.54	−4.79
上证基金指数收市	Closing	1016.957	942.33	7.92
深证基金指数开市	Opening Composite Index of Shenzhen Stock Exchange	876.97	1139.75	−23.06
深证基金指数最高	Highest	975.31	1176.06	−17.07
深证基金指数最低	Lowest	824.25	866.22	−4.85
深证基金指数收市	Closing	938.47	876.97	7.01

数据来源:上海、深圳证券交易所

Source:Shanghai、Shenzhen Stock Exchange

4-7　2003年上海证券交易所基金成交概况

Trading Summary of Securities Investment Funds in Shanghai Stock Exchange in 2003

		本年	上年	增减(%)
交易日数(天)	No. of Dates	241	237	1.69
基金上市品种(个)	Variety	25	25	0.00
基金成交金额(亿元)	Turnover (100000000)	362.16	556.77	－34.95
其中:证券投资基金	Securities Investment Funds	362.16	556.77	－34.95
非证券投资基金		0	0	0.00
基金日均成交金额(亿元)	Average Turnover (100000000)	1.50	2.35	－36.17
基金成交股数(亿股)	Transcation Volume(100000000)	441.62	573.69	－23.02
其中:证券投资基金	Securities Investment Funds	441.62	573.69	－23.02
非证券投资基金		0	0	0.00
基金成交笔数(百万笔)		2.27	3.08	－26.30
其中:证券投资基金	Securities Investment Funds	2.27	3.08	－26.30
非证券投资基金		0	0	0.00
上证基金指数开市	Opening Composite Index of Shanghai Stock Exchange	933.964	1168.82	－20.09
上证基金指数最高	Highest	1057.463	1237.98	－14.58
上证基金指数最低	Lowest	889.808	934.54	－4.79
上证基金指数收市	Closing	1016.957	942.33	7.92

数据来源:上海、深圳证券交易所

Source:Shanghai、Shenzhen Stock Exchange

4-8　2003年深圳证券交易所基金成交概况

Trading Summary of Securities Investment Funds in Shenzhen Stock Exchange in 2003

		本年	上年	增减(%)
交易日数(天)	No. of Dates	241	237	1.69
基金上市品种(个)	Variety	29	29	0.00
基金成交金额(亿元)	Turnover (100000000)	320.49	609.85	－47.45
其中:证券投资基金	Securities Investment Funds	320.49	609.85	－47.45
非证券投资基金		0	0	0.00
基金日均成交金额(亿元)	Average Turnover (100000000)	1.33	2.57	－48.25
基金成交股数(亿股)	Transcation Volume(100000000)	407.56	644.91	－36.80
其中:证券投资基金	Securities Investment Funds	407.56	644.91	－36.80
非证券投资基金		0	0	0.00
基金成交笔数(百万笔)		2.07	3.07	－32.57
其中:证券投资基金	Securities Investment Funds	2.07	3.07	－32.57
非证券投资基金		0	0	0.00
深证基金指数开市	Opening Composite Index of Shanghai Stock Exchange	876.97	1139.75	－23.06
深证基金指数最高	Highest	975.31	1176.06	－17.07
深证基金指数最低	Lowest	824.25	866.22	－4.85
深证基金指数收市	Closing	938.47	876.97	7.01

数据来源:上海、深圳证券交易所

Source:Shanghai、Shenzhen Stock Exchange

4-9 基金管理公司概况

序号 No.	基金管理公司全称 Company	注册资本(万元) Registered Capital	注册地点 Registered in	法定代表人 corporation	总经理 Manager
1	国泰基金管理有限公司	11000	上海市	陈勇胜	李春平
2	南方基金管理有限公司	10000	深圳市	刘　波	高良玉
3	华夏基金管理有限公司	13800	北京市	凌新源	范勇宏
4	华安基金管理有限公司	15000	上海市	杜建国	韩方河
5	博时基金管理有限公司	10000	深圳市	吴雄伟	肖　风
6	鹏华基金管理有限公司	10000	深圳市	陈正蓉	孙晓刚
7	长盛基金管理有限公司	10000	深圳 市	王其华	蒋月勤
8	嘉实基金管理有限公司	6000	北京市	余利平	赵学军
9	大成基金管理有限公司	10000	深圳市	胡学光	龙小波
10	富国基金管理有限公司	10000	上海市	虞志浩	李建国
11	易方达基金管理有限公司	12000	珠海市	梁　棠	叶俊英
12	宝盈基金管理有限公司	10000	深圳市	谭向东	刘京湘
13	融通基金管理有限公司	12500	深圳市	孟立坤	冯立新
14	银华基金管理有限公司	10000	深圳市	彭　越	于　楠
15	长城基金管理有限公司	10000	深圳市	杨光裕	关林戈(副总代行总经理职责)
16	银河基金管理有限公司	10000	上海市	刘澎湃	谭庆中(副总代行总经理职责)
17	湘财合丰基金管理公司	10000	上海市	程国安	李克难
18	中融基金管理公司	10000	深圳市	武铁锁	万朝领
19	天同基金管理公司	10000	深圳市	柳亚男	马志刚
20	金鹰基金管理公司	10000	广州市	吴　张	林金腾
21	招商基金管理公司	10000	深圳市	牛冠兴	成保良
22	华宝兴业基金管理公司	10000	上海市	郑安国	裴长江
23	巨田基金管理公司	10000	深圳市	王一楠	张云昆
24	国联安基金管理公司	10000	上海市	金建栋	先　江
25	海富通基金管理公司	10000	上海市	邵国有	田仁灿
26	长信基金管理公司	9000	上海市	田　丹	陈永青
27	泰信基金管理公司	10000	上海市	朱崇利	高清海
28	天治基金管理公司	10000	上海市	赵玉彪	屈年增
29	景顺长城基金管理公司	10000	深圳市	徐　英	梁华栋
30	广发基金管理公司	10000	珠海市	董正青	林传辉
31	兴业基金管理公司	10000	上海市	郑苏芬	杨　东
32	中信基金管理公司	10000	深圳市	王东明	杨　鹗
33	诺安基金管理公司	10000	深圳市	刘德树	姜永凯
34	申万巴黎基金管理公司	10000	上海市	姜国芳	唐熹明

Summary of Securities Investment Funds Management Corp

成立时间 Date Founded	管理基金只数 No. of Funds Managed	管理基金规模（亿份） Manage Capital	管理基金名称 Funds Managed
199803	6	91.89	国泰金鹰增长、基金金泰、基金金鑫、基金金盛、基金金鼎、国泰金龙系列（金龙行业、金龙债券）
199803	7	149.79	南方稳健成长、基金开元、基金天元、基金金元、基金隆元、南方宝元债券型、南方避险增值
199804	8	148.28	华夏成长、基金兴华、基金兴和、基金兴科、基金兴安、基金兴业、华夏债券、华夏回报
199805	7	142.25	华安创新、基金安信、基金安顺、基金安瑞、基金安久、华安180指数增强型、华安现金富利
199807	7	138.16	基金裕阳、基金裕隆、基金裕元、基金裕华、基金裕泽、博时价值增长、博时裕富指数
199812	6	88.16	鹏华行业成长、基金普惠、基金普丰、基金普华、基金普润、鹏华普天系列基金
199903	6	77.60	基金同益、基金同盛、基金同智、基金同德、长盛成长价值、中信全债指数增强型
199903	4	83.75	基金泰和、基金丰和、嘉实成长收益、嘉实理财通系列基金
199904	7	94.95	基金景宏、基金景阳、基金景博、基金景福、基金景业、大成价值增长、大成债券投资
199904	6	87.42	富国动态平衡、基金汉盛、基金汉兴、基金汉鼎、基金汉博、天利债券
200104	6	97.44	易方达平稳增长、基金科讯、基金科汇、基金科翔、基金科瑞、策略成长
200105	3	30.40	基金鸿飞 、基金鸿阳、宝盈鸿利收益
200105	4	58.21	基金通宝、基金通乾、融通新蓝筹、融通通利系列基金（包括蓝筹成长、深证180、融通债券）
200105	2	35.82	基金天华、银华优势企业
200111	3	38.06	基金久富、基金久嘉、久恒平衡型
200205	2	43.85	基金银丰、银河稳健系列基金
200206	1	13.68	湘财合丰系列行业基金（包括湘财成长类行业、湘财稳定类行业、湘财周期类行业）
200206	2	18.65	基金融鑫、融华债券型
200208	1	11.72	天同180指数
200212	1	7.45	金鹰成分股优选
200212	1	31.99	招商安泰系列基金（包括安泰股票基金、安泰平衡型基金、安泰债券基金）
200301	1	32.85	华宝兴业宝康系列基金
200303	0		—
200303	1	26.32	国联安德盛稳健
200304	1	18.76	海富通精选
200304	0		—
200305	0		—
200305	0		—
200306	1	15.89	景顺长城景系列基金（包括优选股票、恒丰债券、动力平衡）
200307	1	31.32	广发聚富
200309	0		—
200309	0		—
200312	0		—
200312	0		—

4-10 2003年全国证券投资基金每日成交量、成交额

日期 Date	1月 Jan.		2月 Feb.		3月 Mar.		4月 Apr.		5月 May		6月 Jun.	
	成交额 Turnover	成交量 Volume	成交额 Turnover	成交量 Volume	成交额 Turnover	成交量 Volume	成交额 Turnover	成交量 Volume	成交额 Turnover	成交量 Volume	成交额 Turnover	成交量 Volume
1							3.26	3994569.95			0.00	0.00
2	2.43	3244941.89					2.10	2614790.50			2.50	3169384.59
3	1.45	1979752.71			2.29	2807759.02	1.84	2292024.43			2.70	3425539.36
4	0.00	0.00			2.01	2466622.61	2.02	2504624.35			2.74	3459049.53
5	0.00	0.00			2.20	2731828.65	0.00	0.00			2.60	3318073.48
6	1.41	1935540.64			2.26	2820673.83	0.00	0.00			6.41	8053725.18
7	1.46	1998237.67			2.40	2982901.37	2.45	3023291.31				
8	2.19	2965630.19					1.92	2365565.72				
9	3.93	5173550.84					4.48	5416235.61			2.43	3067756.98
10	2.57	3371563.76	2.33	2896242.31	2.35	2957857.01	18.26	21595563.02			1.86	2392920.27
11			1.14	1428936.96	2.01	2522395.96	16.38	19280921.26			3.17	3974360.95
12			2.03	2505362.06	1.65	2094663.22			2.68	3347990.35	1.79	2253038.13
13	1.37	1803089.58	3.40	4191195.80	1.25	1584304.27			4.17	5221288.45	2.26	2840464.75
14	14.89	18889855.72	1.55	1922101.69	1.27	1629182.33	18.23	21382988.47	2.92	3728148.88		
15	7.18	9023091.98	0.00				9.39	11019187.48	5.73	7149335.18		
16	5.42	6781991.03					9.66	11306468.32	3.23	4044392.73	1.69	2134232.09
17	4.46	5568668.27	2.42	2998832.07	1.47	1888680.38	5.91	6993354.39			4.08	5031127.42
18			1.00	1266722.14	1.69	2152723.31	5.29	6295373.06			7.23	8808269.08
19			5.65	6913035.15	1.44	1872404.84			4.75	5942776.57	7.10	8664565.02
20	13.41	16534932.76	2.77	3418963.29	1.37	1761958.32			2.95	3683851.35	4.28	5217319.97
21	6.81	8460540.05	4.06	5048547.87	2.76	3422183.72	5.94	7200591.07	2.12	2675375.90		
22	2.65	3346391.27	0.00	0.00	0.00	0.00	3.40	4090385.27	1.96	2494239.23		
23	2.63	3314468.93	0.00	0.00	0.00	0.00	2.92	3554064.13	4.02	5012012.33	2.87	3500367.80
24	2.95	3714506.46	2.32	2873561.67	2.08	2550140.33	7.13	8830019.08			2.05	2548144.94
25			5.97	7331158.98	1.14	1462231.59	2.98	3724987.47			3.54	4219427.84
26			2.64	3185175.84	1.39	1737025.05			3.55	4402372.22	5.17	6395119.49
27	4.18	5162059.86	4.77	5824276.17	2.67	3382977.30			2.76	3481250.74	4.23	5251919.99
28	2.36	2925617.02	3.49	4248896.06	2.63	3283269.84	4.19	5278757.80	3.47	4366621.92		
29	4.56	5545593.68					3.41	4301709.17	3.31	4141354.98		
30							3.15	3977184.25	3.52	4451957.57	8.66	10573915.70
31					2.07	2625926.32						

数据来源:上海、深圳证券交易所

Source:Shanghai Shenzhen Stock Exchange

Daily Trading Volume and Value of Securities Investment Funds in 2003

成交量:手　成交额:亿元

7月 Jul.		8月 Aug.		9月 Sep.		10月 Oct.		11月 Nov.		12月 Dec.	
成交额 Turnover	成交量 Volume	成交额 Turnover	成交量 Volume	成交额 Turnover	成交量 Volume	成交额 Turnover	成交量 Volume	成交额 Turnover	成交量 Volume	成交额 Turnover	成交量 Volume
2.69	3272515.70	0.91	1136195.82	1.29	1057970.38	0.00	0.00	0.00	0.00	2.69	3517600.26
1.91	2345814.38			0.98	1254162.71	0.00	0.00	0.00	0.00	2.58	3358702.52
1.30	1611971.62			0.76	970026.54	0.00	0.00	3.80	5022928.69	2.80	3618202.56
1.48	1795482.32	1.14	1411209.47	0.71	897340.05	0.00	0.00	5.67	7216478.84	2.25	2886493.51
		0.85	1039140.53	0.92	1180173.08	0.00	0.00	2.11	2734668.04	3.29	4187390.90
		0.93	1121108.47	0.00	0.00	0.00	0.00	2.24	2894237.69	0.00	0.00
1.67	2011863.84	0.87	1083414.97	0.00	0.00	0.00	0.00	1.66	2194355.41	0.00	0.00
1.48	1821143.94	1.09	1368415.46	0.66	873399.95	0.53	725163.32	0.00	0.00	3.70	4748511.47
1.25	1529213.55			0.76	1000245.77	0.62	853840.47	0.00	0.00	1.95	2475035.71
3.72	4475084.30			0.83	1083183.67	1.33	1790348.98	1.06	1392371.84	3.23	4102346.40
1.79	2164966.87	0.84	1062923.83	0.75	1000666.16	0.00	0.00	1.20	1569677.61	3.27	4088084.80
		0.98	1214972.80	0.97	1285229.05	0.00	0.00	1.13	1508461.69	2.25	2823625.42
		0.87	1077890.24	0.00	0.00	1.01	1372398.35	1.30	1735962.76	0.00	0.00
1.49	1791168.53	0.93	1168128.23	0.00	0.00	0.84	1142891.62	0.95	1284934.90	0.00	0.00
2.91	3476555.69	0.98	1227616.85	0.90	1207564.42	0.90	1205980.40	0.00	0.00	3.14	3862168.71
3.96	4662250.99			1.11	1457036.52	0.71	955961.18	0.00	0.00	4.01	5002728.82
3.75	4410895.43			1.06	1425995.94	0.54	727394.68	0.67	907429.49	2.85	3560345.90
3.81	4535675.47	1.06	1344733.41	0.84	1164939.78	0.00	0.00	0.85	1161666.00	2.62	3309465.17
		0.76	962866.66	0.62	851923.47	0.00	0.00	0.95	1304868.53	3.85	4901133.29
		1.31	1645858.59			0.53	724772.58	2.07	2820455.63	0.00	0.00
3.27	3956812.16	0.76	986666.85			0.56	760893.15	1.69	2284377.83	0.00	0.00
2.12	2525774.39	0.83	1079617.21	0.65	887522.77	1.40	1880060.79	0.00	0.00	5.10	6349721.61
1.69	2108139.07			0.81	1100252.88	1.00	1341283.20	0.00	0.00	6.29	7677064.76
1.16	1395550.99			0.72	970680.46	0.83	1123396.16	2.17	2906143.47	5.88	7173433.80
1.99	2441368.26	0.94	1207728.36	0.69	922511.07	0.00	0.00	3.53	4758688.36	6.77	8220079.53
		1.20	1548351.91	0.56	758730.22	0.00	0.00	1.62	2185145.13	6.53	7974450.82
		0.92	1180258.09			0.76	1025105.15	3.17	4273064.92	0.00	0.00
1.06	1302012.74	0.70	901131.02			1.04	1385320.34	1.61	2141237.96	0.00	0.00
0.90	1110220.91	0.81	1052142.55	0.92	1244603.56	1.41	1909105.81	0.00	0.00	8.90	10681144.34
1.11	1348140.58			0.78	1058376.60	0.95	1288453.89	0.00	0.00	6.78	8026539.98
0.96	1196372.64					0.96	1301959.99	0.00	0.00	12.00	14444966.04

4-11 2003年上海证券投资基金每日成交量、成交额

日期 Date	1月 Jan.		2月 Feb.		3月 Mar.		4月 Apr.		5月 May		6月 Jun.	
	成交额 Turnover	成交量 Volume	成交额 Turnover	成交量 Volume	成交额 Turnover	成交量 Volume	成交额 Turnover	成交量 Volume	成交额 Turnover	成交量 Volume	成交额 Turnover	成交量 Volume
1							1.56	1891043.04			0.00	0.00
2	1.10	1435159.56					1.05	1299244.87			1.16	1444512.82
3	0.70	927209.78			1.21	1460764.61	0.96	1179556.37			1.26	1562075.26
4	0.00	0.00			1.03	1244995.08	0.97	1186896.80			1.33	1652360.77
5	0.00	0.00			1.15	1405340.85	0.00	0.00			0.94	1172192.64
6	0.67	899642.01			1.25	1527823.09	0.00	0.00			2.72	3354458.35
7	0.59	796285.87			1.05	1279595.47	1.40	1683525.88				
8	1.01	1346164.82					1.10	1311851.57				
9	1.81	2343672.74					2.52	2918157.56			1.22	1519082.99
10	1.26	1624223.52	1.10	1327044.66	1.20	1476873.31	10.01	11493850.88			1.07	1372601.68
11			0.49	604979.79	0.97	1180563.57	8.75	9996483.87			1.94	2394322.54
12			1.13	1371770.99	0.90	1110297.88			1.55	1881334.59	1.08	1340160.02
13	0.57	731619.11	1.69	2030169.28	0.57	705172.31			2.45	2990083.04	1.37	1697622.37
14	7.45	9235333.17	0.87	1074352.17	0.61	766140.16	8.95	10197352.12	1.66	2078345.96		
15	3.66	4482925.50			0.00	0.00	5.27	6034240.89	3.14	3816878.48		
16	2.64	3232149.16					5.03	5707711.40	1.72	2094949.68	0.95	1181018.81
17	2.42	2973495.99	1.40	1702322.28	0.69	863677.09	3.22	3718412.92			2.28	2760999.32
18			0.53	658461.59	0.89	1112034.20	2.57	2967599.60			3.72	4478956.65
19			3.15	3804408.65	0.79	1015244.67			2.48	3029923.99	3.82	4566882.61
20	7.01	8551802.31	1.55	1883658.20	0.71	898925.56			1.59	1935643.32	2.20	2604487.88
21	3.59	4393547.08	1.91	2302007.37	1.88	2277276.76	3.01	3545729.79	1.11	1356998.19		
22	1.51	1881754.23	0.00	0.00	0.00	0.00	2.00	2354357.50	1.11	1395971.32		
23	1.35	1662641.11	0.00	0.00	0.00	0.00	1.79	2127347.82	2.06	2542244.27	1.50	1782363.40
24	1.36	1681097.00	1.27	1555021.94	1.50	1797136.02	4.37	5280123.05			0.97	1185083.51
25			2.68	3223325.38	0.60	752920.27	1.46	1816449.08			2.01	2297226.17
26			1.34	1578312.58	0.55	688590.36			1.71	2103401.97	2.71	3274390.86
27	2.23	2698288.86	2.37	2812440.73	1.27	1556512.53			1.48	1847425.08	2.12	2572000.80
28	1.29	1586520.10	1.57	1894401.72	1.22	1495630.40	2.08	2580664.85	1.88	2330215.42		
29	2.35	2792832.66					1.73	2135471.42	1.70	2096701.78		
30							1.68	2067913.45	1.73	2174398.90	4.71	5637878.23
31					1.07	1332184.52						

数据来源：上海证券交易所

Source: Shanghai Stock Exchange

Daily Trading Volume and Value of Securities Investment Funds in Shanghai Stock Exchange in 2003

成交量:手 成交额:亿元

7月 Jul.		8月 Aug.		9月 Sep.		10月 Oct.		11月 Nov.		12月 Dec.	
成交额 Turnover	成交量 Volume	成交额 Turnover	成交量 Volume	成交额 Turnover	成交量 Volume	成交额 Turnover	成交量 Volume	成交额 Turnover	成交量 Volume	成交额 Turnover	成交量 Volume
1.46	1726558.70	0.55	676183.02	0.63	797969.13					1.51	1933751.30
0.99	1192142.76			0.51	637077.19					1.59	2029403.13
0.71	852321.24			0.45	561700.09			2.38	3101691.96	1.65	2091149.87
0.83	984756.68	0.72	873124.95	0.41	510448.15			3.22	4076860.22	1.30	1645656.19
		0.46	556818.55	0.56	704310.09			1.25	1600444.30	1.70	2119976.85
		0.56	661436.37	0.00	0.00			1.38	1749502.73		
0.98	1159101.39	0.45	542281.51	0.00	0.00			1.03	1324758.96		
0.79	964530.30	0.53	656367.94	0.40	515972.47	0.31	417926.73			1.92	2398507.95
0.66	803158.98			0.48	614427.63	0.37	500383.29			1.23	1530688.11
1.58	1892134.95			0.58	741121.14	0.80	1059905.67	0.58	752462.95	1.77	2198309.38
0.87	1052947.31	0.46	579985.78	0.47	611164.70			0.60	765657.31	1.91	2330051.20
		0.47	576181.74	0.64	833629.57			0.60	781596.12	1.11	1366212.54
		0.54	662185.14	0.00	0.00	0.59	789780.08	0.76	986023.26		
0.69	831830.24	0.56	686821.70	0.00	0.00	0.51	676034.21	0.48	627328.75		
1.39	1657500.89	0.57	697782.88	0.57	750904.79	0.58	760881.35			1.63	1964209.04
2.05	2372828.59			0.69	885001.25	0.43	568545.48			2.07	2537427.46
2.01	2358052.07			0.66	880612.44	0.36	474231.48	0.36	472490.84	1.58	1920701.51
1.90	2258315.37	0.57	710838.52	0.47	642673.76			0.46	610595.06	1.47	1819821.37
		0.41	516168.21	0.42	570102.67			0.47	628907.43	2.15	2691845.86
		0.59	738601.34			0.35	467676.07	1.01	1349222.23		
1.75	2105840.33	0.44	562932.20			0.36	477825.79	0.81	1073207.36		
1.14	1362212.71	0.42	536833.90	0.38	513898.80	0.90	1188703.49			2.85	3451602.95
0.84	1031751.66			0.46	611574.62	0.62	811443.31			3.34	3976755.69
0.53	636297.78			0.47	615247.38	0.48	625469.24	1.10	1442495.24	3.07	3686196.25
0.98	1170188.38	0.49	615473.31	0.46	606595.28			1.92	2546419.50	3.76	4450659.10
		0.63	794475.38	0.39	515826.54			0.85	1127344.66	3.52	4183539.37
		0.59	739245.26			0.47	617073.83	1.75	2343411.98		
0.60	725662.12	0.40	503655.94			0.66	859382.12	0.76	995624.94		
0.49	599727.10	0.43	541897.42	0.61	810978.73	0.83	1099845.45			4.49	5290831.03
0.69	821768.38			0.48	636162.79	0.61	803931.53			3.68	4272580.05
0.56	668599.27					0.60	800856.31			6.08	7083141.15

4-12 2003年深圳证券投资基金每日成交量、成交额

日期 Date	1月 Jan.		2月 Feb.		3月 Mar.		4月 Apr.		5月 May		6月 Jun.	
	成交额 Turnover	成交量 Volume	成交额 Turnover	成交量 Volume	成交额 Turnover	成交量 Volume	成交额 Turnover	成交量 Volume	成交额 Turnover	成交量 Volume	成交额 Turnover	成交量 Volume
1							1.70	2103526.91				
2	1.33	1809782.33					1.05	1315545.63			1.34	1724871.77
3	0.75	1052542.93			1.08	1346994.41	0.88	1112468.06			1.44	1863464.10
4					0.98	1221627.53	1.05	1317727.55			1.41	1806688.76
5					1.05	1326487.80					1.66	2145880.84
6	0.74	1035898.63			1.01	1292850.74					3.69	4699266.83
7	0.87	1201951.80			1.35	1703305.90	1.05	1339765.43				
8	1.18	1619465.37					0.82	1053714.15				
9	2.12	2829878.10					1.96	2498078.05			1.21	1548673.99
10	1.31	1747340.24	1.23	1569197.65	1.15	1480983.70	8.25	10101712.14			0.79	1020318.59
11			0.65	823957.17	1.04	1341832.39	7.63	9284437.39			1.23	1580038.41
12			0.90	1133591.07	0.75	984365.34			1.13	1466655.76	0.71	912878.11
13	0.80	1071470.47	1.71	2161026.52	0.68	879131.96			1.72	2231205.41	0.89	1142842.38
14	7.44	9654522.55	0.68	847749.52	0.66	863042.17	9.28	11185636.35	1.26	1649802.92		
15	3.52	4540166.48					4.12	4984946.59	2.59	3332456.70		
16	2.78	3549841.87					4.63	5598756.92	1.51	1949443.05	0.74	953213.28
17	2.04	2595172.28	1.02	1296509.79	0.78	1025003.29	2.69	3274941.47			1.80	2270128.10
18			0.47	608260.55	0.80	1040689.11	2.72	3327773.46			3.51	4329312.43
19			2.50	3108626.50	0.65	857160.17			2.27	2912852.58	3.28	4097682.41
20	6.40	7983130.45	1.22	1535305.09	0.66	863032.76			1.36	1748208.03	2.08	2612832.09
21	3.22	4066992.97	2.15	2746540.50	0.88	1144906.96	2.93	3654861.28	1.01	1318377.71		
22	1.14	1464637.04					1.40	1736027.77	0.85	1098267.91		
23	1.28	1651827.82					1.13	1426716.31	1.96	2469768.06	1.37	1718004.40
24	1.59	2033409.46	1.05	1318539.73	0.58	753004.31	2.76	3549896.03			1.08	1363061.43
25			3.29	4107833.60	0.54	709311.32	1.52	1908538.39			1.53	1922201.67
26			1.30	1606863.26	0.84	1048434.69			1.84	2298970.25	2.46	3120728.63
27	1.95	2463771.00	2.40	3011835.44	1.40	1826464.77			1.28	1633825.66	2.11	2679919.19
28	1.07	1339096.92	1.92	2354494.34	1.41	1787639.44	2.11	2698092.95	1.59	2036406.50		
29	2.21	2752761.02					1.68	2166237.75	1.61	2044653.20		
30							1.47	1909270.80	1.79	2277558.67	3.95	4936037.47
31					1.00	1293741.80						

数据来源:深圳证券交易所
Source: Shenzhen Stock Exchange

Daily Trading Volume and Value of Securities Investment Funds in Shenzhen Stock Exchange in 2003

成交量:手　成交额:亿元

7月 Jul.		8月 Aug.		9月 Sep.		10月 Oct.		11月 Nov.		12月 Dec.	
成交额 Turnover	成交量 Volume	成交额 Turnover	成交量 Volume	成交额 Turnover	成交量 Volume	成交额 Turnover	成交量 Volume	成交额 Turnover	成交量 Volume	成交额 Turnover	成交量 Volume
1.23	1545957.00	0.36	460012.80	0.66	860007.25					1.18	1583848.96
0.92	1153671.62			0.47	617085.52					0.99	1329299.39
0.59	759650.38			0.31	408326.45			1.42	1921236.73	1.15	1527052.69
0.65	810725.64	0.42	538084.52	0.30	386891.90			2.45	3139618.62	0.95	1240837.32
		0.39	482321.98	0.36	475862.99			0.86	1134223.74	1.59	2067414.05
		0.37	459672.10					0.86	1144734.96		
0.69	852762.45	0.42	541133.46					0.63	869596.45		
0.69	856613.64	0.56	712047.52	0.26	357427.48	0.22	307236.59			1.78	2350003.52
0.59	726054.57			0.28	385818.14	0.25	353457.18			0.72	944347.60
2.14	2582949.35			0.25	342062.53	0.53	730443.31	0.48	639908.89	1.46	1904037.02
0.92	1112019.56	0.38	482938.05	0.28	389501.46			0.60	804020.30	1.36	1758033.60
		0.51	638791.06	0.33	451599.48			0.53	726865.57	1.14	1457412.88
		0.33	415705.10			0.42	582618.27	0.54	749939.50		
0.80	959338.29	0.37	481306.53			0.33	466857.41	0.47	657606.15		
1.52	1819054.80	0.41	529833.97	0.33	456659.63	0.32	445099.05			1.51	1897959.67
1.91	2289422.40			0.42	572035.27	0.28	387415.70			1.94	2465301.36
1.74	2052843.36			0.40	545383.50	0.18	253163.20	0.31	434938.65	1.27	1639644.39
1.91	2277360.10	0.49	633894.89	0.37	522266.02			0.39	551070.94	1.15	1489643.80
		0.35	446698.45	0.20	281820.80			0.48	675961.10	1.70	2209287.43
		0.72	907257.25			0.18	257096.51	1.06	1471233.40		
1.52	1850971.83	0.32	423734.65			0.20	283067.36	0.88	1211170.47		
0.98	1163561.68	0.41	542783.31	0.27	373623.97	0.50	691357.30			2.25	2898118.66
0.85	1076387.41			0.35	488678.26	0.38	529839.89			2.95	3700309.07
0.63	759253.21			0.25	355433.08	0.35	497926.92	1.07	1463648.23	2.81	3487237.55
1.01	1271179.88	0.45	592255.05	0.23	315915.79			1.61	2212268.86	3.01	3769420.43
		0.57	753876.53	0.17	242903.68			0.77	1057800.47	3.01	3790911.45
		0.33	441012.83			0.29	408031.32	1.42	1929652.94		
0.46	576350.62	0.30	397475.08			0.38	525938.22	0.85	1145613.02		
0.41	510493.81	0.38	510245.13	0.31	433624.83	0.58	809260.36			4.41	5390313.31
0.42	526372.20			0.30	422213.81	0.34	484522.36			3.10	3753959.93
0.40	527773.37					0.36	501103.68			5.92	7361824.89

4-13 2003年上海证券交易所每日收市基金指数

Daily Closing B-Share Composite Index of Shanghai Stock Exchange in 2003

日期 Date	1月 Jan.	2月 Feb.	3月 Mar.	4月 Apr.	5月 May	6月 Jun.	7月 Jul.	8月 Aug.	9月 Sep.	10月 Oct.	11月 Nov.	12月 Dec.
1				974.63			992.37	967.29	947.09		0.00	932.15
2	910.76			974.68		980.26	991.55		945.51		0.00	931.89
3	903.29		992.35	972.03		973.20	989.76		943.36		923.37	934.82
4			990.34	978.32		973.11	987.75	969.66	941.33		935.71	936.56
5			983.89			970.50		967.81	937.88		927.98	942.75
6	903.99		972.52			973.32		965.88			922.94	
7	900.13		970.61	979.79			983.44	965.69			912.59	
8	923.34			980.56			984.97	961.22	932.25	895.08		943.49
9	936.73			994.65		968.33	981.99		927.69	895.85		944.57
10	925.45	973.82	957.50	1016.34		968.71	989.74		927.04	912.79	919.46	951.02
11		980.53	956.98	1051.11		976.47	989.44	959.54	927.45		920.91	952.27
12		989.26	957.43		968.22	973.49		959.80	923.33		909.71	952.81
13	923.19	985.10	954.53		950.35	974.05		956.48		911.22	908.37	
14	973.36	987.75	954.69	1047.70	956.11		989.95	953.71		906.15	910.44	
15	965.15			1038.16	975.71		993.42	949.62	918.47	904.18		959.16
16	978.03			1027.44	974.98	972.23	998.34		915.01	894.48		955.14
17	975.62	978.72	950.60	1023.18		978.95	1001.59		902.84	895.02	907.86	949.99
18		978.78	948.23	1017.67		990.44	991.48	947.56	902.16		901.42	949.70
19		990.70	948.14		983.79	986.15		950.44	902.29		906.40	950.44
20	998.83	985.95	949.41		974.27	984.88		946.60		892.31	919.98	
21	973.52	972.76	961.95	1000.63	972.32		985.93	945.35		892.66	913.27	
22	968.10			996.58	973.11		986.85	945.53	900.45	908.82		964.99
23	963.04			986.92	980.59	983.19	984.45		902.54	903.29		968.66
24	974.81	976.83	953.77	960.22		983.30	980.89		904.19	901.33	925.31	977.29
25		992.51	947.77	957.29		983.83	975.90	941.45	900.80		926.81	991.06
26		991.15	945.72		982.37	990.05		940.08	900.06		921.62	1006.98
27	988.44	996.66	961.57		979.28	990.40		941.57		899.42	920.75	
28	985.34	999.43	960.36	975.94	978.42		972.49	938.64		904.13	921.86	
29	986.10			959.99	977.79		974.72	937.99	893.05	903.58		1011.24
30				966.79	982.09	999.90	972.35		895.59	898.92		1012.06
31			967.48				970.14			899.02		1016.96

数据来源:上海、深圳证券交易所

Source:Shanghai Shenzhen Stock Exchange

4-14 2003年深圳证券交易所每日收市基金指数

Daily Closing B-Share Composite Index of Shenzhen Stock Exchange in 2003

日期 Date	1月 Jan.	2月 Feb.	3月 Mar.	4月 Apr.	5月 May	6月 Jun.	7月 Jul.	8月 Aug.	9月 Sep.	10月 Oct.	11月 Nov.	12月 Dec.
1				897.59			921.49	902.55	880.13			862.36
2	840.21			897.89		912.20	921.16		877.46			861.75
3	832.86		918.60	896.38		906.10	919.52		875.12		858.57	863.09
4			916.33	902.24		906.63	918.26	904.61	872.48		868.85	865.24
5			909.42			903.60		902.95	867.36		862.01	870.88
6	835.29		898.58			904.96		900.07			854.96	
7	835.70		895.81	901.43			916.55	898.91			846.28	
8	856.65			902.27			918.29	895.12	862.22	832.46		870.35
9	867.92			914.83		900.23	915.62		858.90	833.00		871.75
10	859.40	905.55	883.60	935.03		900.62	923.86		859.62	849.16	851.66	879.00
11		910.65	882.51	967.21		908.70	924.08	893.81	860.06		855.68	881.26
12		916.47	881.80		896.07	905.25		893.51	856.34		845.17	882.77
13	858.66	913.56	878.56		879.01	906.65		890.92		846.94	842.79	
14	905.44	914.11	878.23	965.82	887.39		924.34	887.75		844.20	845.64	
15	894.79			959.30	906.79		928.13	884.95	852.25	841.45		885.64
16	907.30			949.33	905.69	906.65	932.70		850.86	834.28		879.99
17	907.29	908.03	874.10	943.85		912.92	935.13		842.43	835.47	842.15	874.87
18		910.07	871.22	935.08		922.53	925.90	882.25	839.47		835.73	874.07
19		918.66	870.87		912.71	918.71		883.54	839.39		840.54	875.41
20	923.44	912.07	871.64		904.27	918.50		880.25		830.96	853.43	
21	901.46	897.39	882.29	920.78	903.51		921.20	878.75		831.85	845.50	
22	899.46			919.25	904.75		921.94	878.18	838.83	845.41		890.18
23	893.49			909.90	913.75	916.63	919.44		841.27	841.07		895.31
24	903.95	903.04	876.89	887.65		916.93	915.52		842.79	839.19	856.50	906.53
25		918.55	869.88	883.77		917.12	910.08	874.97	839.08		858.51	915.60
26		917.22	870.05		914.42	921.15		872.38	837.94		854.36	929.83
27	913.11	921.09	884.67		910.94	921.77		871.82		837.60	852.72	
28	912.00	927.36	883.88	900.72	909.64		905.92	868.73		840.93	854.01	
29	915.77			884.21	909.04		907.66	869.56	831.90	839.84		932.66
30				891.40	912.98	928.82	904.79		833.45	836.37		935.05
31			890.85				903.92			837.42		938.47

数据来源:上海、深圳证券交易所

Source:Shanghai Shenzhen Stock Exchange

4-15 基金托管人概况

Summary of Securities Investment Funds Custodian

序号	托管人名称	注册地点	取得托管资格时间	托管基金只数	托管基金名称	月末托管基金总规模（亿份）	月末托管基金资产净值（亿元）
No.	Custodian	Registered in	Founding Date	No. of Funds Custodied	Funds Custodied	Volume	Net Asset
1	工商银行	北京市	35850	26	基金开元、基金天元、基金隆元、基金金元、基金安信、基金安瑞、基金裕元、基金裕泽、基金普丰、基金普华、基金普润、基金同益、基金金泰、基金科翔、基金汉鼎、基金融鑫、南方稳健成长、鹏华行业成长、南方宝元债券型、华安180指数增强型、南方避险增值、国联安德盛稳健、融通通利系列基金、富国天利增长债券、广发聚富、华安现金富利	464.91	488.74
2	建设银行	北京市	35872	17	基金鸿飞、基金金盛、基金通宝、基金泰和、基金兴华、基金金鑫、基金兴和、基金金鼎、基金汉博、基金通乾、基金银丰、华夏成长、融通新蓝筹、博时价值增长、华宝兴业宝康系列基金、博时裕富指数、长城久恒平衡型	326.50	354.12
3	农业银行	北京市	35944	20	基金裕隆、基金景博、基金景福、基金天华、基金丰和、基金鸿阳、基金汉盛、基金裕阳、基金景阳、基金景业、基金兴业、基金同德、基金久嘉、富国动态平衡、宝盈鸿利收益、长盛成长价值、大成价值增长、大成债券投资、银河稳健系列基金、长盛中信全债指数增强型	302.20	310.75
4	交通银行	上海市	35979	16	基金裕华、基金久富、基金汉兴、基金安久、基金安顺、基金兴科、基金普惠、基金科汇、基金科讯、基金科瑞、国泰金鹰增长、华安创新、华夏债券、湘财合丰系列行业基金、鹏华普天系列基金、海富通精选	245.22	259.99
5	中国银行	北京市	35983	13	基金景宏、基金同盛、基金同智、基金兴安、易方达平稳增长、银华优势企业、嘉实成长收益、天同180指数、金鹰成分股优选、嘉实理财通系列基金、华夏回报、景顺长城景系列、易方达策略成长	215.73	223.20
6	中国光大银行	北京市	37552	1	融华债券型	10.65	11.28
7	招商银行	深圳市	37566	1	招商安泰系列基金	31.99	33.55
8	浦发银行	上海市	37874	1	国泰金龙系列	17.47	17.59

数据来源：中国证监会

Source：CSRC

第五部分　上市公司

Listed Companies

2003 年上市公司综述

Summary for Listed Companies 2003

1. 上市公司数量突破千家,公司股本规模进一步扩大。

截至 2003 年底,在沪深两个证券交易所挂牌上市的公司共有 1287 家,其中,在上交所上市的公司有 780 家,在深交所上市的公司有 507 家。在 1287 家公司中发行 A 股公司有 1263 家;在 1263 家发行 A 股公司中有 30 家公司还发行了 H 股,有 87 家公司还发行了 B 股;另外有 24 家公司仅发行了 B 股,发行 B 股的共有 111 家公司。

据统计 1996 年底,股本总额在 5 亿股以上的上市公司仅 35 家,到 2003 年底为 228 家。1996 年末总股本 10 亿元以上的特大型企业 10 家,到 2003 年底为 81 家。2002 年底上市公司总股本达 5875 亿股。上市公司平均总股本及流通股本达到 4.80 亿股和 1.66 亿股。2003 年底上市公司总股本达 6428 亿股。上市公司平均总股本及流通股本达到 4.99 亿股和 1.76 亿股。

2. 国有控股的上市公司占全部上市公司比重较大。

截至 2003 年底,上市公司第一大股东为国资局或国有控股企业的上市公司共有 940 家,占全部上市公司的 73.04%;集体企业控股的上市公司 40 家,占全部上市公司的 3.11%;民营企业控股上市公司 235 家,占全部上市公司比例为 18.26%。外资控股公司 11 家,占全部上市公司比例为 0.85%;有限公司等控股的上市公司 61 家,占全部上市公司比例为 4.74%。

3. 地区、行业布局更加合理,资产质量明显提高。

上市公司已经遍布我国除台湾省外的各个省市,以上海、江苏、深圳、北京为多,分别有 144 家、81 家、77 家、76 家,西藏、青海、宁夏等西部少数民族地区也分别有 8 家、9 家、11 家上市公司。产业结构正由以往的以工业、商业和综合类为主转向以钢铁、冶金、港口、化工、电子、汽车、电力、能源等基础产业、支柱产业为主导的新格局。2003 年底,我国工业类上市公司占上市公司总数的比例由 1994 年 55.7%上升至 66.59%,商业、地产类公司所占比重则由 94 年的 14.4%和 7.38%下降至 7.76%和 2.64%。上市公司的产业比例进一步合理化。

上市公司 2002 年平均每股收益 0.141 元,2001 年为 0.136 元,上升了 3.67%;2002 年净利润总额 826.95 亿元,2001 年为 694.22 亿元,同比上升 19.12%。2003 年业绩正在公布当中,从目前公布情况看,2003 年业绩较 2002 年增幅在 2 成以上。公司主营业务收入和主营业务利润的持续增长和净现金流量的大幅增长,表明上市公司的盈利能力和资产质量持续向好。(上市公司监管部)

5-1　1990—2003 年上市公司数量变化

Changes of Listed Companies (1990—2003)

年份 Year	全国 National	上交所 Shanghai Stock Exchange	深交所 Shenzhen Stock Exchange
1990 年	10	8	2
1991 年	14	8	6
1992 年	53	29	24
1993 年	183	106	77
1994 年	291	171	120
1995 年	323	188	135
1996 年	530	293	237
1997 年	745	383	362
1998 年	851	438	413
1999 年	949	484	465
2000 年	1088	572	516
2001 年	1160	646	514
2002 年	1224	715	509
2003 年	1287	780	507

数据来源：上海、深圳证券交易所
Source: Shanghai Shenzhen Stock Exchange

5-2　2003 年上市公司行业分类

Industrial Distribution of Listed Companies in 2003

行业 Industries	全国合计 Total		上交所 Shanghai Stock Exchange		深交所 Shenzhen Stock Exchange	
	公司数量 No. of Listed Companies	占总额 (%)	公司数量 No. of Listed Companies	占总额 (%)	公司数量 No. of Listed Companies	占总额 (%)
农、林、牧、副、渔业 Agriculture, Forestry, Fishing and Hunting	30	2.33	18	2.31	12	2.37
采掘业 Mining	20	1.55	10	1.28	10	1.97
制造业 Manufacuring	742	57.65	445	57.05	297	58.58
食品、饮料 Food, Beverage	59	4.58	36	4.62	23	4.54
纺织、服装、毛皮 Textile, Apparel, Leather	58	4.51	36	4.62	22	4.34
木材、家具 Wood Product	2	0.16	1	0.13	1	0.20
造纸、印刷 Paper, Printing	26	2.02	17	2.18	9	1.78
石油、化学、橡胶、塑料 Petroleum, Chemical Product, Plastics, Rubber	140	10.88	77	9.87	63	12.43
电子 Electrical Equipment	40	3.11	25	3.21	15	2.96
金属、非金属 Metal, Nonmetallic Mineral Product	120	9.32	72	9.23	48	9.47
机械、设备、仪表 Machinery, Equipment, Meter	201	15.62	119	15.26	82	16.17
医药、生物 Medicine, Biologic Product	79	6.14	49	6.28	30	5.92
其他制造业 Other Manufacuring	17	1.32	13	1.67	4	0.79
电力、蒸汽及水的生产及供应业 Electricity, Gas, Water Supply	52	4.04	32	4.10	20	3.94
建筑业 Construction	25	1.94	18	2.31	7	1.38
交通运输、仓储业 Transport, Storage	55	4.27	38	4.87	17	3.35
信息技术业 Information, Technology	79	6.14	47	6.03	32	6.31
批发和零售贸易 Wholesale and Retail Trade	96	7.46	64	8.21	32	6.31
金融、保险业 Finance, Insurance	10	0.78	7	0.90	3	0.59
房地产业 Real Estate	45	3.50	25	3.21	20	3.94
社会服务业 Social Services	41	3.19	21	2.69	20	3.94
传播及文化产业 Transmission, Culture	11	0.85	8	1.03	3	0.59
综合类 Conglomerat	81	6.29	47	6.03	34	6.71
合计 Total	1287	100	780	100	507	100

数据来源：上海、深圳证券交易所
Source: Shanghai Shenzhen Stock Exchange

5-3 2003年新上市公司行业分类

Industrial Distribution of New Listed Companies in 2003

行业 Industries	全国合计 Total		上交所 Shanghai Stock Exchange		深交所 Shenzhen Stock Exchange	
	公司数量 No. of Listed Companies	占总额 (%)	公司数量 No. of Listed Companies	占总额 (%)	公司数量 No. of Listed Companies	占总额 (%)
农、林、牧、副、渔业 Agriculture, Forestry, Fishing and Hunting	1	1.49	1	1.49	0	—
采掘业 Mining	3	4.48	3	4.48	0	—
制造业 Manufacuring	40	59.70	40	59.70	0	—
食品、饮料 Food, Beverage	3	4.48	3	4.48	0	—
纺织、服装、毛皮 Textile, Apparel, Leather	4	5.97	4	5.97	0	—
木材、家具 Wood Product	0	0.00	0	0.00	0	—
造纸、印刷 Paper, Printing	2	2.99	2	2.99	0	—
石油、化学、橡胶、塑料 Petroleum, Chemical Product, Plastics, Rubber	8	11.94	8	11.94	0	—
电子 Electrical Equipment	4	5.97	4	5.97	0	—
金属、非金属 Metal, Nonmetallic Mineral Product	6	8.96	6	8.96	0	—
机械、设备、仪表 Machinery, Equipment, Meter	9	13.43	9	13.43	0	—
医药、生物 Medicine, Biologic Product	4	5.97	4	5.97	0	—
其他制造业 Other Manufacuring	0	0.00	0	0.00	0	—
电力、蒸汽及水的生产及供应业 Electricity, Gas, Water Supply	2	2.99	2	2.99	0	—
建筑业 Construction	5	7.46	5	7.46	0	—
交通运输、仓储业 Transport, Storage	5	7.46	5	7.46	0	—
信息技术业 Information, Technology	9	13.43	9	13.43	0	—
批发和零售贸易 Wholesale and Retail Trade	0	0.00	0	0.00	0	—
金融、保险业 Finance, Insurance	2	2.99	2	2.99	0	—
房地产业 Real Estate	0	0.00	0	0.00	0	—
社会服务业 Social Services	0	0.00	0	0.00	0	—
传播及文化产业 Transmission, Culture	0	0.00	0	0.00	0	—
综合类 Conglomerat	0	0.00	0	0.00	0	—
合计 Total	67	100.00	67	100.00	0	—

数据来源:上海、深圳证券交易所

Source: Shanghai Shenzhen Stock Exchange

5-4　1994—2003 年全国按股份类别划分的上市公司年末数量变化

Changes of Listed Companies by Shares Categories (1994—2003)

年份 Year	1994	1995	1996	1997	1998	1999	2000	2001	2002	2003
仅发 A 股 Only A Shares	227	242	431	627	727	822	955	1025	1085	1146
发 A、H 股 A&H Shares	6	11	14	17	18	19	19	23	28	30
发 A、B 股 A&B Shares	54	58	69	76	80	82	86	88	87	87
仅发 B 股 Only B Shares	4	12	16	25	26	26	28	24	24	24
合 计 Total	291	324	530	745	851	949	1088	1160	1224	1287
A 股合计 Total of A Shares	287	311	514	720	825	923	1060	1136	1200	1263
B 股合计 Total of B Shares	58	70	85	101	106	108	114	112	111	111

数据来源：上海、深圳证券交易所
Source: Shanghai Shenzhen Stock Exchange

按股份类别划分的上市公司年末数量构成(2002)

Number of Listed Companies by Shares Categories in 2002

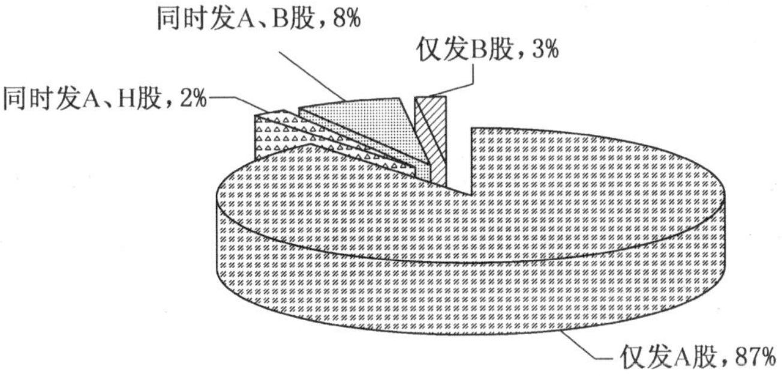

5-5　上交所按股份类别划分的上市公司年末数量变化

Changes of Listed Companies by Shares Categories (Shanghai Stock Exchange)

年份 Year	1994	1995	1996	1997	1998	1999	2000	2001	2002	2003
仅发 A 股 Only A Shares	131	142	240	321	373	417	504	573	639	702
发 A、H 股 A&H Shares	6	10	11	12	13	13	13	19	22	24
发 A、B 股 A&B Shares	32	32	36	39	39	41	42	44	44	44
仅发 B 股 Only B Shares	2	4	6	11	13	13	13	10	10	10
合 计 Total	171	189	293	383	438	484	572	646	715	780
A 股合计 Total of A Shares	169	184	287	372	425	471	559	636	705	770
B 股合计 Total of B Shares	34	36	42	50	52	54	55	54	54	54

数据来源：上海证券交易所
Source: Shanghai Stock Exchange

5-6 深交所按股份类别划分的上市公司年末数量变化

Changes of Listed Companies by Shares Categories (Shenzhen Stock Exchange)

年份 Year	1994	1995	1996	1997	1998	1999	2000	2001	2002	2003
仅发 A 股 Only A Shares	96	100	191	306	354	405	451	452	446	444
发 A、H 股 A&H Shares	0	1	3	5	5	6	6	4	6	6
发 A、B 股 A&B Shares	22	26	33	37	41	41	44	44	43	43
仅发 B 股 Only B Shares	2	8	10	14	13	13	15	14	14	14
合 计 Total	120	135	237	362	413	465	516	514	509	507
A 股合计 Total of A Shares	118	127	227	348	400	452	501	500	495	493
B 股合计 Total of B Shares	24	34	43	51	54	54	59	58	57	57

数据来源：深圳证券交易所

Source: Shenzhen Stock Exchange

5-7 2003 年按股本规模划分的上市公司年末数量变化

Changes of Listed Companies by Stock Capital in 2003

股本规模 Stock Capital	上海 Shanghai	深圳 Shenzhen	合计 Total
1 亿以下	55	19	74
1—2 亿	240	137	377
2—3 亿	164	135	299
3—5 亿	180	129	309
5—10 亿	85	62	147
10 亿以上	56	25	81
合计 Total	780	507	1287

数据来源：上海、深圳证券交易所

Source: Shanghai Shenzhen Stock Exchange

5-8　1992—2003 年全国上市公司总体股份的历年年末数量

Capital Structure Figures(1992—2003)

单位:亿股,每股面值一元

年份 Year	1992	1993	1994	1995	1996	1997	1998	1999	2000	2001	2002	2003
国家股 State-owned Shares	29.00	190.22	296.47	328.67	432.01	612.28	865.51	1116.07	1475.13	2410.61	2773.43	3029.58
发起法人股 Sponsor's Legal Person's Shares	9.05	34.97	73.87	135.18	224.63	439.91	528.06	590.51	642.54	663.17	664.51	699.95
外资法人股 Foreign Legal Person's Shares	2.80	4.09	7.52	11.84	14.99	26.07	35.77	40.51	46.20	45.80	53.26	56.23
定向募集法人股 Private Placement of Legal Person's Shares	6.49	41.06	72.82	61.93	91.82	130.48	152.34	190.10	214.20	245.25	299.70	309.71
内部职工股 Staff Shares	0.85	9.32	6.72	3.07	14.64	39.62	51.70	36.71	24.29	23.75	15.62	10.97
其他(转配股、基金配售股份、战略投资者配售股份) Others	0.00	0.19	1.10	6.27	11.60	22.87	31.47	33.20	35.07	16.28	32.02	34.36
A 股 A Shares	10.93	61.34	143.76	179.94	267.32	442.68	608.03	813.18	1078.16	1318.13	1509.22	1714.73
B 股 B Shares	10.25	24.70	41.46	56.52	78.65	117.31	133.96	141.92	151.56	163.10	167.61	175.35
H 股 H Shares	0.00	21.84	40.82	65.00	83.88	111.45	119.95	124.54	124.54	331.94	360.07	377.62
合计 Total Shares	68.87	387.73	684.54	848.42	1219.54	1942.67	2526.79	3088.95	3791.71	5218.01	5875.45	6428.46

数据来源:上海、深圳证券交易所
Source:Shanghai Shenzhen Stock Exchange

5-9 2003 年上市公司地区分布

Regional Distribution of Listed Companies in 2003

地区 Area	上市公司家数 Listed Companies		
	上交所 Shanghai Stock Exchange	深交所 Shenzhen Stock Exchange	全国合计 National
安 徽	21	15	36
北 京	53	22	75
福 建	27	16	43
甘 肃	10	8	18
广 东	22	41	63
广 西	9	12	21
贵 州	8	5	13
海 南	8	14	22
河 北	16	16	32
河 南	20	11	31
黑龙江	24	9	33
湖 北	30	28	58
湖 南	14	24	38
吉 林	20	14	34
江 苏	59	22	81
江 西	15	8	23
辽 宁	28	29	57
内蒙古	15	5	20
宁 夏	4	7	11
青 海	6	3	9
山 东	42	27	69
山 西	12	10	22
陕 西	14	11	25
上 海	142	2	144
深 圳	7	72	79
四 川	33	29	62
天 津	16	7	23
西 藏	6	2	8
新 疆	20	6	26
云 南	11	8	19
浙 江	55	10	65
重 庆	13	14	27
总 计	780	507	1287

数据来源:上海、深圳证券交易所

Source:Shanghai Shenzhen Stock Exchange

5-10　1992—2003年全国上市公司股本结构变动情况汇总表

Changes in the Capital Structure of Listed Companies(1992—2003)

单位：亿股，每股面值一元

栏目序号	1	2	3	4	5	6	7	8
	92年底 No. at the end of 1992	新公司上市 New Listed Companies	送股 Bonus Issues	配股 Rights Issues	上市后发行 Issues after Listed	其他变动 Other Changes	增量合计 Total	2003年末 No. at the end of 2001
							(2—6合计)	(=1+7)
国家股 State-owned Shares	28.50	2414.41	462.43	48.23	12.28	63.72	3001.08	3029.58
发起法人股 Sponsor's Legal Person's Shares	9.05	528.34	278.54	24.87	3.87	−132.37	703.25	712.30
外资法人股 Foreign Legal Person's Shares	2.80	31.99	24.13	1.90	0.36	−4.49	53.89	56.69
募集法人股 Private Placement of Legal Person's Shares	6.49	133.51	135.52	13.44	−0.12	37.77	320.12	326.61
内部职工股 Staff Shares	0.85	83.11	27.87	7.17	0.44	−108.41	10.18	11.03
其他（转配股、基金配售股份、战略投资者配售股份） Others	0.00	82.72	12.23	23.46	5.33	−102.69	21.05	21.05
A股 A Shares	10.93	684.67	505.17	187.55	78.29	250.33	1706.02	1716.95
B股 B Shares	10.25	63.05	48.23	5.72	32.98	15.12	165.10	175.35
H股 H Shares	0.00	364.54	0.00	0.00	10.50	2.58	377.62	377.62
合计 Total Shares	68.87	4386.34	1494.14	312.35	143.93	21.57	6358.32	6428.46

注：H股为同时发A、H股公司的H股

数据来源：上海、深圳证券交易所

Source：Shanghai Shenzhen Stock Exchange

5-11 2003年分行业股本结构统计表

行业 Industries	国家股 State-owned Shares	发起法人股 Sponsor's Legal Person's Shares	外资法人股 Foreign Legal Person's Shares	募集法人股 Private Placement of Legal Person's Shares
农、林、牧、副、渔业 Agriculture, Forestry, Fishing and Hunting	20.58	10.59	0.00	5.97
采掘业 Mining	698.93	9.57	0.51	2.13
制造业 Manufacuring	893.16	415.31	40.12	106.68
食品、饮料 Food, Beverage	54.36	27.89	3.44	11.03
纺织、服装、毛皮 Textile, Apparel, Leather	28.65	30.70	3.59	9.18
木材、家具 Wood Product	0.00	1.12	0.16	0.26
造纸、印刷 Paper, Printing	21.71	8.50	0.00	1.45
石油、化学、橡胶、塑料 Petroleum, Chemical Product, Plastics, Rubber	166.61	122.40	2.71	20.95
电子 Electrical Equipment	45.77	28.62	4.87	5.48
金属、非金属 Metal, Nonmetallic Mineral Product	323.82	67.68	8.89	14.73
机械、设备、仪表 Machinery, Equipment, Meter	186.76	89.71	12.71	28.02
医药、生物 Medicine, Biologic Product	58.01	31.26	2.40	11.39
其他制造业 Other Manufacuring	7.50	7.42	1.37	4.19
电力、蒸汽及水的生产及供应业 Electricity, Gas, Water Supply	135.12	48.64	1.66	21.85
建筑业 Construction	24.50	9.75	0.00	2.48
交通运输、仓储业 Transport, Storage	136.63	53.02	2.14	19.50
信息技术业 Information, Technology	33.39	33.84	3.05	18.01
批发和零售贸易 Wholesale and Retail Trade	73.29	11.26	0.24	31.22
金融、保险业 Finance, Insurance	10.02	9.37	3.09	44.58
房地产业 Real Estate	53.46	18.21	3.80	10.67
社会服务业 Social Services	59.52	27.29	1.03	8.56
传播及文化产业 Transmission, Culture	2.03	6.58	0.00	3.58
综合类 Conglomerat	26.91	46.53	3.57	34.49

数据来源：上海、深圳证券交易所

Source: Shanghai Shenzhen Stock Exchange

Capital Structure Categorized by Industries in 2003

内部职工股 Staff Shares	转配股 Trans-Rights Issue Shares	基金配售股份 Issued to Funds	战略投资者配售股份	其他未流通股 other	A股 A Share	B股 B Share	H股 H Share	股份总数 Total
0.52	0.00	0.11	0.00	15.19	31.95	0.00	0.00	84.94
0.00	0.00	0.00	0.00	30.33	53.13	2.26	178.00	974.87
7.28	0.09	0.60	0.00	317.06	862.91	109.31	113.53	2868.36
0.16	0.00	0.00	0.00	29.79	70.08	5.39	4.07	206.21
1.29	0.00	0.13	0.00	18.27	54.76	14.88	0.00	163.29
0.00	0.00	0.00	0.00	0.11	1.31	0.00	0.00	2.96
0.97	0.00	0.00	0.00	5.40	24.53	5.99	0.00	68.54
0.38	0.00	0.23	0.00	54.98	157.18	11.78	46.95	584.18
1.19	0.00	0.00	0.00	14.13	55.64	10.44	0.00	166.13
2.80	0.00	0.20	0.00	99.14	191.65	13.47	43.90	766.29
0.11	0.09	0.06	0.00	70.88	207.10	43.84	13.90	653.18
0.38	0.00	0.00	0.00	19.36	85.40	1.93	4.70	215.27
0.00	0.00	0.00	0.00	5.00	15.24	1.60	0.00	42.30
1.22	0.00	0.00	1.30	110.98	100.30	20.32	15.28	456.81
0.03	0.00	0.00	0.00	14.55	27.44	2.72	0.00	81.45
0.12	0.00	0.00	0.00	82.74	103.01	9.12	65.00	471.29
0.00	0.05	0.00	0.00	170.07	124.09	4.63	2.42	389.56
0.76	0.00	0.00	0.00	15.69	92.62	2.97	0.00	228.03
0.00	0.00	0.00	0.00	92.10	68.61	0.00	0.00	227.78
0.74	0.00	0.00	0.00	8.74	58.58	14.90	0.00	169.09
0.00	0.00	0.00	0.00	23.85	47.73	7.78	3.40	179.15
0.00	0.00	0.00	0.00	5.02	7.71	0.46	0.00	25.38
0.31	0.00	0.00	0.00	22.45	136.63	0.88	0.00	271.76

5-12 2003年分地区股本结构统计表

Capital Structure Figures Categorized by Industries in 2003

地区 Area	国家股 State-owned Shares	发起法人股 Sponsor's Legal Person's Shares	外资法人股 Foreign Legal Person's Shares	募集法人股 Private Placement of Legal Person's Shares	内部职工股 Staff Shares	基金配售股份 Issued to Funds	其他(转配股等) Trans-Rights Issue Shares other	A股 A Share	B股 B Share	H股 H Share	股份总数 Total
安 徽	72.88	9.64	0.41	3.05	0.00	0.06	18.53	38.94	2.77	25.87	172.13
北 京	784.19	42.98	0.67	33.71	0.10	1.30	288.83	187.79	1.79	184.08	1525.43
福 建	32.60	17.91	8.83	8.02	0.00	0.00	3.40	40.36	2.38	0.00	113.50
甘 肃	10.67	6.85	0.00	2.05	0.52	0.00	9.84	19.83	0.00	0.00	49.76
广 东	76.54	51.47	6.78	17.96	0.88	0.13	27.32	104.75	14.33	20.11	320.27
广 西	12.64	3.95	0.00	4.56	0.13	0.00	8.95	17.72	0.00	0.00	47.98
贵 州	6.10	3.82	0.00	2.08	0.00	0.00	7.17	11.15	0.00	0.00	30.33
海 南	6.96	17.52	1.14	15.12	0.39	0.00	2.02	30.35	2.23	0.00	75.73
河 北	85.49	1.42	0.00	3.64	0.27	0.00	8.24	44.21	3.35	0.00	146.60
河 南	43.81	13.85	0.53	1.18	2.19	0.00	23.29	39.99	0.00	2.50	127.34
黑龙江	32.53	9.60	0.00	13.24	0.00	0.00	12.11	48.56	4.32	0.00	120.37
湖 北	32.35	20.72	0.00	16.34	0.09	0.00	46.68	62.54	5.19	0.00	183.91
湖 南	20.85	30.99	0.00	3.12	0.21	0.11	10.63	43.20	0.00	0.00	109.11
吉 林	23.67	42.54	0.00	4.65	1.17	0.23	10.48	48.47	0.00	9.65	140.86
江 苏	61.47	82.22	3.11	21.87	0.26	0.00	30.82	85.23	5.50	28.64	319.12
江 西	14.44	5.13	0.32	1.33	0.19	0.00	26.47	21.15	3.44	11.56	84.03
辽 宁	67.79	36.60	0.94	10.62	0.00	0.00	27.34	77.00	9.12	11.48	240.89
内蒙古	12.68	21.03	0.92	3.20	0.00	0.00	20.81	27.97	5.86	0.00	92.45
宁 夏	7.57	1.95	0.05	1.15	0.00	0.00	1.55	10.25	0.00	0.00	22.53
青 海	4.34	1.93	0.00	2.58	0.00	0.00	5.81	7.03	0.00	0.00	21.69
山 东	92.99	20.62	1.45	11.96	1.75	0.00	45.18	98.47	8.70	15.77	296.89
山 西	22.48	12.08	0.00	1.91	0.00	0.00	16.68	32.92	0.00	1.81	87.87
陕 西	14.34	6.12	0.12	6.42	0.00	0.00	7.24	25.19	0.00	0.00	59.44
上 海	348.24	78.98	14.17	51.82	0.31	0.00	121.08	236.39	63.57	51.93	966.47
深 圳	91.89	64.51	16.32	16.13	0.01	0.00	57.44	129.09	27.13	7.48	410.01
四 川	75.21	12.26	0.00	16.78	0.26	0.00	10.52	68.25	0.00	1.70	184.97
天 津	42.25	6.62	0.00	4.91	0.97	0.00	10.86	28.19	1.80	4.40	100.00
西 藏	1.77	2.27	0.00	0.00	0.00	0.00	3.39	4.62	0.00	0.00	12.05
新 疆	7.32	12.95	2.47	3.97	0.03	0.00	17.46	28.41	0.00	0.00	72.61
云 南	12.37	8.45	0.00	2.63	0.00	0.20	3.83	15.44	0.00	0.65	43.58
浙 江	18.21	51.01	0.45	17.48	1.22	0.00	22.59	59.40	9.20	0.00	179.56
重 庆	30.87	1.95	0.54	6.23	0.00	0.00	4.81	21.87	4.70	0.00	70.96

数据来源：上海、深圳证券交易所

Source: Shanghai Shenzhen Stock Exchange

5-13　1992—2002 年上市公司主要财务指标一览表

Summary of Financial Figures for Listed Companies(1992—2002)

年份 year	资产总额(亿元) Total Assets (100000000)	净资产额(亿元) Net Assets (100000000)	主营收入(亿元) Accrued Revernue (100000000)	利润总额(亿元) Total Profit (100000000)	净利润(亿元) Net Profit (100000000)	资产负债率% Debt Ratio	净资产收益率% Net Asset Ratio	每股净资产(元) Net Asset Per Share	每股收益(元) EPS
1992 年	481.00	168.27	225.55	31.64	24.03	65.02	14.28	2.44	0.35
1993 年	1821.00	933.00	954.00	157.00	137.00	48.76	14.68	2.44	0.36
1994 年	3309.00	1628.00	1680.00	256.00	214.12	50.80	13.15	2.39	0.31
1995 年	4295.00	1958.00	2204.00	256.00	211.00	54.41	10.78	2.31	0.25
1996 年	6352.00	2940.00	3235.00	344.00	282.00	53.72	9.59	2.41	0.23
1997 年	9660.58	4824.77	5076.51	577.33	467.76	50.06	9.69	2.47	0.24
1998 年	12407.52	6266.76	6269.71	614.40	466.97	49.49	7.45	2.48	0.19
1999 年	16107.36	7639.35	7974.56	806.31	628.88	52.57	8.23	2.48	0.20
2000 年	21673.88	10079.77	10783.87	1007.43	769.22	53.49	7.63	2.66	0.20
2001 年	29257.03	12975.66	15475.80	1016.48	694.22	55.65	5.35	2.49	0.13
2002 年	41526.17	14636.98	19001.97	1298.89	826.95	64.75	5.65	2.49	0.14

数据来源：中国证监会

Source：CSRC

5-14 2002年报上市公司分地区主要财务指标

Regional Summary of Financial Figures for Listed Companies 2002

	总资产(亿元) Total Assets	股东权益(亿元) Stockholders' Equtiy	净利润(亿元) Net Profit	每股收益(元) EPS	净资产收益率(%) Net Profit Ratio	资产负债率(%) Debt Ratio	每股净资产(元) Net Asset Per Share
安　徽	647.65	380.19	15.61	0.11	4.11	41.30	2.61
北　京	9685.77	2917.92	259.21	0.19	8.88	69.87	2.12
福　建	651.63	277.33	21.90	0.21	7.90	57.44	2.68
甘　肃	273.84	135.88	5.53	0.12	4.07	50.38	2.87
广　东	1425.46	675.29	33.95	0.13	5.03	52.63	2.60
广　西	226.81	122.72	8.31	0.19	6.77	45.89	2.87
贵　州	171.14	105.97	4.92	0.16	4.65	38.08	3.55
海　南	430.33	137.54	4.03	0.06	2.93	68.04	1.91
河　北	758.35	388.03	28.03	0.21	7.22	48.83	2.90
河　南	528.75	315.54	18.49	0.17	5.86	40.32	2.91
黑龙江	566.02	303.14	8.90	0.08	2.94	46.44	2.65
湖　北	886.76	462.34	13.74	0.08	2.97	47.86	2.61
湖　南	639.28	328.18	11.67	0.11	3.56	48.66	3.18
吉　林	689.35	317.52	−2.44	−0.02	−0.77	53.94	2.23
江　苏	1392.25	780.27	32.38	0.11	4.15	43.96	2.75
江　西	386.13	206.49	8.75	0.11	4.24	46.52	2.49
辽　宁	1257.39	556.59	20.65	0.09	3.71	55.73	2.41
内蒙古	461.21	243.25	7.78	0.11	3.20	47.26	3.30
宁　夏	110.99	42.38	−0.20	−0.01	−0.48	61.82	1.99
青　海	91.44	43.30	2.24	0.12	5.18	52.65	2.32
山　东	1471.25	789.60	9.78	0.03	1.24	46.33	2.78
山　西	428.95	222.09	11.35	0.15	5.11	48.22	3.03
陕　西	285.36	147.85	3.00	0.05	2.03	48.19	2.62
上　海	7380.58	2179.00	158.89	0.17	7.29	70.48	2.38
深　圳	7131.86	891.47	66.72	0.18	7.48	87.50	2.43
四　川	982.36	526.55	14.59	0.09	2.77	46.40	3.11
天　津	459.43	219.74	−0.14	0.00	−0.06	52.17	2.39
西　藏	49.22	26.42	−1.72	−0.14	−6.52	46.32	2.19
新　疆	455.95	161.27	13.10	0.21	8.12	64.63	2.56
云　南	233.85	110.57	4.31	0.10	3.90	52.72	2.60
浙　江	977.21	464.49	32.06	0.19	6.90	52.47	2.81
重　庆	389.62	158.07	11.57	0.18	7.32	59.43	2.44

数据来源：中国证监会
Source：CSRC

5-15　2002年报上市公司分行业主要财务指标

Industry Summary of Financial Figures for Listed Companies 2002

	总资产（亿元）Total Assets	股东权益（亿元）Stockholders' Equtiy	净利润（亿元）Net Profit	每股收益（元）EPS	净资产收益率（%）Net Profit Ratio	资产负债率（%）Debt Ratio	每股净资产（元）Net Asset Per Share	每股经营活动现金（元）Operating Cash Flow Per Share
农、林、牧、副、渔业 Agriculture, Forestry, Fishing and Hunting	422.96	207.26	2.18	0.02	0.95	51.00	2.60	0.09
采掘业 Mining	4139.18	1785.86	174.36	0.18	9.63	56.85	1.84	0.69
食品、饮料 Food, Beverage	1107.54	578.29	27.88	0.15	4.77	47.79	3.08	0.44
纺织、服装、毛皮 Textile, Apparel, Leather	917.64	453.24	15.06	−0.02	−0.97	50.61	2.22	0.25
木材、家具 Wood Product	17.89	10.31	−0.19	−0.07	−1.87	42.35	3.49	−0.09
造纸、印刷 Paper, Printing	421.96	170.01	−4.05	−0.07	−2.37	59.71	2.84	0.44
石油、化学、橡胶、塑料 Petroleum, Chemical Product, Plastics, Rubber	2627.59	1301.42	36.43	0.08	3.33	50.47	2.40	0.35
电子 Electrical Equipment	1026.97	552.98	25.40	0.16	4.68	46.15	3.43	0.21
金属、非金属 Metal, Nonmetallic Mineral Product	3795.62	1941.60	156.12	0.21	7.91	48.85	2.65	0.53
机械、设备、仪表 Machinery, Equipment, Meter	3300.67	1529.87	69.36	0.11	4.57	53.65	2.50	0.40
医药、生物 Medicine, Biologic Product	1108.09	521.53	28.28	0.16	5.51	52.93	2.85	0.36
其他制造业 Other Manufacuring	241.08	100.23	−2.84	−0.07	−3.20	58.43	2.28	0.26
电力、蒸汽及水的生产及供应业 Electricity, Gas, Water Supply	2275.95	1252.70	127.34	0.30	10.16	44.96	2.94	0.62
建筑业 Construction	625.90	221.09	10.07	0.12	4.55	64.68	2.71	0.14
交通运输、仓储业 Transport, Storage	2397.75	1115.31	86.30	0.20	7.80	53.48	2.59	0.55
信息技术业 Information, Technology	2762.14	924.59	47.26	0.13	5.32	66.53	2.48	0.40
批发和零售贸易 Wholesale and Retail Trade	1443.44	561.07	18.25	0.08	3.22	61.13	2.53	0.39
金融、保险业 Finance, Insurance	12734.85	458.16	52.18	0.26	11.53	96.40	2.22	5.45
房地产业 Real Estate	933.93	403.49	22.08	0.14	5.36	56.80	2.66	0.15
社会服务业 Social Services	774.87	437.99	29.62	0.16	6.66	43.48	2.44	0.29
传播及文化产业 Transmission, Culture	135.47	79.41	0.87	0.01	0.38	41.38	2.94	0.00
综合类 Conglomerat	1233.05	525.06	−4.37	−0.02	−0.77	57.42	2.07	0.17

注：净资产收益率、每股净资产、每股收益、每股经营活动现金、资产负债率为总股本加权的

数据来源：上海、深圳证券交易所

Source: Shanghai Shenzhen Stock Exchange

5-16 2002年报上市公司分行业每股收益分布

EPS of Listed Companies by Industries 2002

	1.00元以上	0.80—1.00	0.50—0.80	0.20—0.50	0.10—0.20	0.05—0.10	0.05—0.00	亏损	合计	扭亏
农、林、牧、副、渔业 Agriculture, Forestry, Fishing and Hunting	0	0	0	9	8	6	2	5	30	4
采掘业 Mining	0	0	2	9	4	0	1	1	17	1
食品、饮料 Food, Beverage	1	0	3	20	7	6	12	8	57	3
纺织、服装、毛皮 Textile, Apparel, Leather	0	1	2	19	10	3	15	8	58	0
木材、家具 Wood Product	0	0	0	1	0	0	0	1	2	1
造纸、印刷 Paper, Printing	0	1	2	5	3	2	5	6	24	1
石油、化学、橡胶、塑料 Petroleum, Chemical Product, Plastics, Rubber	0	0	1	45	28	17	20	20	131	6
电子 Electrical Equipment	1	0	1	9	10	6	7	4	38	2
金属、非金属 Metal, Nonmetallic Mineral Product	0	1	6	42	24	15	14	13	115	7
机械、设备、仪表 Machinery, Equipment, Meter	0	0	12	52	43	22	35	31	195	9
医药、生物 Medicine, Biologic Product	0	0	4	26	21	4	8	5	68	1
其他制造业 Other Manufacuring	0	0	0	4	5	1	4	4	18	1
电力、蒸汽及水的生产及供应业 Electricity, Gas, Water Supply	0	0	4	22	12	5	4	2	49	0
建筑业 Construction	0	0	0	5	6	4	3	3	21	2
交通运输、仓储业 Transport, Storage	0	2	3	18	14	4	2	7	50	5
信息技术业 Information, Technology	3	1	3	21	16	11	4	9	68	3
批发和零售贸易 Wholesale and Retail Trade	0	1	2	29	26	12	16	13	99	9
金融、保险业 Finance, Insurance	0	0	0	4	0	1	3	0	8	1
房地产业 Real Estate	1	0	3	14	8	4	7	4	41	3
社会服务业 Social Services	0	0	1	14	9	5	8	4	41	3
传播及文化产业 Transmission, Culture	0	0	0	3	2	2	1	4	12	0
综合类 Conglomerat	0	0	0	13	19	15	11	23	81	10

注:各区间包括下限不包括上限

数据来源:上海、深圳证券交易所

Source: Shanghai Shenzhen Stock Exchange

5-17　2002年报上市公司分行业每股净资产分布
Net Asset Per Share of Listed Companies by Industries 2002

	5元以上	3—5元	2—3元	1—2元	0.5—1元	0—0.5元	小于0元	合计	扭亏
农、林、牧、副、渔业 Agriculture, Forestry, Fishing and Hunting	2	8	13	6	1	0	0	30	3
采掘业 Mining	1	8	7	3	0	0	0	19	1
食品、饮料 Food, Beverage	4	18	25	9	2	1	0	59	3
纺织、服装、毛皮 Textile, Apparel, Leather	3	18	19	17	3	1	0	61	0
木材、家具 Wood Product	1	0	1	0	0	0	0	2	1
造纸、印刷 Paper, Printing	2	8	6	6	1	1	1	25	1
石油、化学、橡胶、塑料 Petroleum, Chemical Product, Plastics, Rubber	7	43	43	39	5	1	0	138	6
电子 Electrical Equipment	4	15	11	9	1	1	0	41	2
金属、非金属 Metal, Nonmetallic Mineral Product	5	42	41	27	1	2	3	121	7
机械、设备、仪表 Machinery, Equipment, Meter	10	60	56	58	9	7	1	201	9
医药、生物 Medicine, Biologic Product	8	31	14	13	1	1	3	71	1
其他制造业 Other Manufacuring	2	5	5	5	0	0	1	18	1
电力、蒸汽及水的生产及供应业 Electricity, Gas, Water Supply	2	24	18	7	0	0	0	51	0
建筑业 Construction	0	7	6	11	2	0	0	26	1
交通运输、仓储业 Transport, Storage	3	20	22	8	1	0	1	55	5
信息技术业 Information, Technology	12	20	16	25	0	1	1	75	2
批发和零售贸易 Wholesale and Retail Trade	3	34	28	27	3	1	3	99	6
金融、保险业 Finance, Insurance	0	1	4	5	0	0	0	10	0
房地产业 Real Estate	4	14	9	11	2	0	1	41	1
社会服务业 Social Services	0	14	16	9	1	1	0	41	2
传播及文化产业 Transmission, Culture	1	4	1	4	1	0	0	11	0
综合类 Conglomerat	0	12	24	31	4	3	7	81	6

注：各区间包括下限不包括上限
数据来源：上海、深圳证券交易所
Source: Shanghai Shenzhen Stock Exchange

5-18 2002年报上市公司分行业净资产收益率分布

Net Asset Ratio of Listed Companies by Industries 2002

	100%以上	60%—100%	40%—60%	30%—40%	20%—30%	10%—20%	5%—10%	0%—5%	小于0	合计	扭亏
农、林、牧、副、渔业 Agriculture, Forestry, Fishing and Hunting	0	0	0	0	1	4	9	12	4	30	3
采掘业 Mining	0	0	0	0	1	10	5	2	1	19	1
食品、饮料 Food, Beverage	0	0	0	0	2	9	21	19	8	59	3
纺织、服装、毛皮 Textile, Apparel, Leather	0	0	0	0	4	7	23	19	8	61	0
木材、家具 Wood Product	0	0	0	0	0	0	1	0	1	2	1
造纸、印刷 Paper, Printing	1	0	0	0	0	3	8	8	4	24	1
石油、化学、橡胶、塑料 Petroleum, Chemical Product, Plastics, Rubber	0	0	0	1	5	16	49	47	20	138	6
电子 Electrical Equipment	0	2	0	0	3	4	10	18	4	41	2
金属、非金属 Metal, Nonmetallic Mineral Product	0	0	0	0	3	28	38	40	12	121	7
机械、设备、仪表 Machinery, Equipment, Meter	0	0	2	2	4	38	61	64	30	201	9
医药、生物 Medicine, Biologic Product	1	1	0	0	1	15	25	24	4	71	1
其他制造业 Other Manufacuring	0	0	0	0	0	3	3	9	3	18	1
电力、蒸汽及水的生产及供应业 Electricity, Gas, Water Supply	0	0	0	1	0	13	21	14	2	51	0
建筑业 Construction	0	0	1	1	1	3	10	7	3	26	2
交通运输、仓储业 Transport, Storage	0	0	0	0	3	14	21	11	6	55	5
信息技术业 Information, Technology	0	1	1	3	4	10	24	24	8	75	3
批发和零售贸易 Wholesale and Retail Trade	0	0	1	0	1	14	34	39	10	99	10
金融、保险业 Finance, Insurance	0	0	0	0	0	5	1	4	0	10	1
房地产业 Real Estate	1	0	0	1	1	6	17	12	3	41	4
社会服务业 Social Services	0	0	0	0	2	7	12	16	4	41	3
传播及文化产业 Transmission, Culture	0	0	0	0	0	2	3	3	3	11	0
综合类 Conglomerat	2	0	0	0	1	9	24	25	20	81	8

注:各区间包括下限不包括上限

数据来源:上海、深圳证券交易所

Source: Shanghai Shenzhen Stock Exchange

5-19　2002年报上市公司每股未分配利润分布

Returned Profit Per Share of Listed Companies by Industries 2002

	3.00元以上	2.50—3.00	2.00—2.50	1.50—2.00	1.00—1.50	0.50—1.00	0.00—0.50	小于0	合计
农、林、牧、副、渔业 Agriculture, Forestry, Fishing and Hunting	0	0	0	0	0	6	19	5	30
采掘业 Mining	0	0	0	0	1	4	13	1	19
食品、饮料 Food, Beverage	0	0	0	1	3	9	32	14	59
纺织、服装、毛皮 Textile, Apparel, Leather	0	0	0	0	2	8	36	15	61
木材、家具 Wood Product	0	0	0	0	0	1	0	1	2
造纸、印刷 Paper, Printing	0	0	0	0	2	5	10	8	25
石油、化学、橡胶、塑料 Petroleum, Chemical Product, Plastics, Rubber	0	0	0	1	2	16	93	26	138
电子 Electrical Equipment	0	0	0	0	1	9	21	10	41
金属、非金属 Metal, Nonmetallic Mineral Product	0	0	0	0	4	19	84	14	121
机械、设备、仪表 Machinery, Equipment, Meter	0	0	0	0	3	19	127	51	200
医药、生物 Medicine, Biologic Product	0	0	0	0	2	12	44	13	71
其他制造业 Other Manufacuring	0	0	0	0	1	0	12	5	18
电力、蒸汽及水的生产及供应业 Electricity, Gas, Water Supply	0	0	0	1	1	8	39	2	51
建筑业 Construction	0	0	0	0	0	4	17	5	26
交通运输、仓储业 Transport, Storage	0	0	0	0	1	12	36	6	55
信息技术业 Information, Technology	0	0	0	1	4	14	44	12	75
批发和零售贸易 Wholesale and Retail Trade	0	0	0	0	0	12	59	28	99
金融、保险业 Finance, Insurance	0	0	0	0	0	0	7	3	10
房地产业 Real Estate	0	0	0	2	0	4	26	9	41
社会服务业 Social Services	0	0	0	0	0	3	29	9	41
传播及文化产业 Transmission, Culture	0	0	0	0	0	2	7	2	11
综合类 Conglomerat	0	0	0	0	1	4	43	33	81

注：各区间包括下限不包括上限

数据来源：上海、深圳证券交易所

Source: Shanghai Shenzhen Stock Exchange

5-20 2002年报上市公司每股经营活动现金分布

Operating Cash Flow Per Share of Listed Companies by Industries 2002

	3.00元以上	2.50—3.00	2.00—2.50	1.50—2.00	1.00—1.50	0.50—1.00	0.00—0.50	小于0	合计
农、林、牧、副、渔业 Agriculture, Forestry, Fishing and Hunting	0	0	0	2	0	4	14	16	18
采掘业 Mining	0	0	0	0	3	7	9	10	9
食品、饮料 Food, Beverage	0	0	1	2	3	12	32	21	29
纺织、服装、毛皮 Textile, Apparel, Leather	0	0	0	0	1	11	36	22	26
木材、家具 Wood Product	0	0	0	0	0	0	0	0	0
造纸、印刷 Paper, Printing	0	0	1	1	1	3	13	7	12
石油、化学、橡胶、塑料 Petroleum, Chemical Product, Plastics, Rubber	0	0	1	0	3	30	81	55	60
电子 Electrical Equipment	0	1	0	0	2	10	23	15	21
金属、非金属 Metal, Nonmetallic Mineral Product	0	0	0	2	7	32	58	37	62
机械、设备、仪表 Machinery, Equipment, Meter	1	0	2	4	10	30	114	71	90
医药、生物 Medicine, Biologic Product	0	0	0	0	4	17	45	21	45
其他制造业 Other Manufacuring	0	0	0	0	0	2	13	3	12
电力、蒸汽及水的生产及供应业 Electricity, Gas, Water Supply	0	0	0	2	4	17	27	20	32
建筑业 Construction	0	0	0	0	1	6	11	10	18
交通运输、仓储业 Transport, Storage	0	0	0	2	5	12	32	15	38
信息技术业 Information, Technology	1	1	1	1	2	13	27	32	46
批发和零售贸易 Wholesale and Retail Trade	2	0	0	2	5	21	50	46	64
金融、保险业 Finance, Insurance	5	0	0	0	1	0	1	4	7
房地产业 Real Estate	0	0	1	1	1	4	19	19	25
社会服务业 Social Services	0	0	0	0	1	8	27	21	21
传播及文化产业 Transmission, Culture	0	0	0	0	0	2	5	5	8
综合类 Conglomerat	0	0	1	1	1	10	43	33	47

注:各区间包括下限不包括上限

数据来源:上海、深圳证券交易所

Source: Shanghai Shenzhen Stock Exchange

5-21 2003年上市公司配股情况一览表

Summary for Rights Issuing of Listed Companies in 2003

序号 No.	股权登记日 Record Data	交易所 Exchange	股票代码 Code	公司简称 Companied	配股比例 Percent	配股价 Price	配股前总股本 Shares Befor Issue	配股后总股本 Shares After Issue	筹资总额（万元） Raised Capital	增加股本 Shares Changed
1	2002-12-11	上交所	600269	赣粤高速	3.00	10.20	353000000	389222493	36946.94	36222493
2	2003-01-20	上交所	600668	尖峰集团	3.00	5.00	300459139	344083828	21812.34	43624689
3	2003-03-10	上交所	600166	福田汽车	3.00	9.35	280466000	304466000	22440.00	24000000
4	2003-03-28	深交所	000061	农 产 品	3.00	9.19	184857643	215368579	28039.55	30510936
5	2003-04-14	上交所	600078	澄星股份	3.00	8.98	180061968	199944984	17854.95	19883016
6	2003-04-18	深交所	000811	烟台冰轮	3.00	8.21	123673100	134905100	9221.47	11232000
7	2003-05-13	上交所	600697	欧亚集团	3.00	6.60	122737187	142210877	12852.64	19473690
8	2003-05-26	上交所	600731	湖南海利	3.00	5.44	233921176	256314098	12181.75	22392922
9	2003-06-02	上交所	600215	长春经开	3.00	8.00	306000000	357717600	41374.08	51717600
10	2003-06-06	深交所	000755	山西三维	3.00	5.21	277713851	311053851	17370.14	33340000
11	2003-06-16	上交所	600881	亚泰集团	3.00	4.77	475106267	557760953	39426.29	82654686
12	2003-06-20	深交所	000920	南方汇通	3.00	10.98	190000000	211000000	23058.00	21000000
13	2003-06-27	深交所	000659	珠海中富	3.00	6.70	378792500	430184750	34432.81	51392250
14	2003-07-08	上交所	600601	方正科技	3.00	5.58	373248000	485223514	62481.72	111975514
15	2003-07-31	上交所	600171	上海贝岭	2.31	7.27	564764200	612552521	34742.11	47788321
16	2003-08-06	上交所	600125	铁龙股份	3.00	6.66	190776000	221008800	20135.04	30232800
17	2003-08-15	深交所	000158	常山股份	3.00	5.07	400000000	430000000	15210.00	30000000
18	2003-08-21	深交所	000956	中原油气	2.50	9.10	816000000	874650000	53371.50	58650000
19	2003-09-08	上交所	600038	哈飞股份	1.88	14.09	240000000	259500000	27475.50	19500000
20	2003-09-12	上交所	600608	上海科技	3.00	10.26	151262212	180374523	29869.23	29112311
21	2003-09-26	深交所	000793	燃气股份	3.00	11.59	291411513	340123144	56456.78	48711631
22	2003-10-13	深交所	000690	宝 丽 华	3.00	5.19	193500000	211050000	9108.45	17550000
23	2003-10-27	上交所	600739	辽宁成大	3.00	8.00	247572000	276915600	23474.88	29343600
24	2003-11-11	深交所	000024	招商局A	3.00	8.93	287871950	327161510	35085.58	39289560
25	2003-12-04	深交所	000099	中信海直	3.00	7.12	235200000	256800000	15379.20	21600000

数据来源：上海、深圳证券交易所

Source: Shanghai Shenzhen Stock Exchange

5-22 2003年上市公司送转股情况一览表
Summary for Bonus Shares of Listed Companies in 2003

序号 No.	交易所 Exchange	股票代码 Code	公司简称 Companies	送转股比例 Percent	股权登记日期 Record Data	送转股上市交易日 Date	送转股前总股本 Previous Shares	送股股本数 Bonus Shares 1	转股股本数 Bonus Shares 2	送转股后总股本 Shares Now
1	上交所	600652	爱使股份	3.00	2003-02-26	2003-02-28	299624832	0	89887450	389512282
2	上交所	600791	天创置业	3.00	2003-03-28	2003-04-01	99000000	19800000	9900000	128700000
3	上交所	600580	卧龙科技	6.00	2003-04-03	2003-04-07	109104261	0	65462557	174566818
4	深交所	000988	华工科技	10.00	2003-04-04	2003-04-07	115000000	11500000	103500000	230000000
5	上交所	600018	上港集箱	10.00	2003-04-09	2003-04-11	902200000	270660000	631540000	1804400000
6	上交所	600016	民生银行	3.00	2003-04-11	2003-04-15	2586721322	517344264	258672132	3362737719
7	上交所	600235	民丰特纸	4.00	2003-04-11	2003-04-15	177000000	0	70800000	247800000
8	上交所	600710	常林股份	10.00	2003-04-14	2003-04-16	164999999	33000000	131999999	329999998
9	上交所	600792	马龙产业	5.00	2003-04-14	2003-04-16	51000000	0	25500000	76500000
10	深交所	000402	金 融 街	10.00	2003-04-15	2003-04-16	147356400	0	147356400	294712800
11	深交所	000858	五 粮 液	2.00	2003-04-15	2003-04-16	1129752000	0	225950400	1355702400
12	上交所	600132	重庆啤酒	5.00	2003-04-16	2003-04-18	170872000	0	85436000	256308000
13	上交所	600231	凌钢股份	3.00	2003-04-16	2003-04-18	403000000	0	120900000	523900000
14	上交所	600488	天药股份	3.00	2003-04-16	2003-04-18	193711548	0	58113464	251825012
15	上交所	600868	梅雁股份	0.40	2003-04-18	2003-04-22	1113571056	0	44542842	1158113898
16	深交所	000416	健特生物	2.50	2003-04-21	2003-04-22	251230697	62807674	0	314038371
17	深交所	000850	华茂股份	3.00	2003-04-22	2003-04-23	350399974	0	105119992	455519966
18	深交所	000612	焦作万方	6.00	2003-04-24	2003-04-25	300110052	0	180066031	480176083
19	深交所	000069	华侨城 A	8.00	2003-04-25	2003-04-28	447120000	268272000	89424000	804816000
20	深交所	000652	泰达股份	8.00	2003-04-25	2003-04-28	450419369	45041937	315293558	810754863
21	上交所	600656	华源制药	4.00	2003-04-25	2003-04-29	93218445	0	37287378	130505823
22	上交所	600863	内蒙华电	10.00	2003-04-25	2003-04-29	990610013	0	990610013	1981220026
23	深交所	000700	模塑科技	10.00	2003-04-29	2003-04-30	154521800	15452180	139069620	309043600
24	上交所	600033	福建高速	2.00	2003-04-29	2003-05-12	685000000	137000000	0	822000000
25	上交所	600093	禾嘉股份	5.00	2003-04-29	2003-05-12	191250000	38250000	57375000	286875000
26	深交所	000549	湘火炬 A	5.00	2003-04-30	2003-05-12	624191040	62419104	249676416	936286560
27	上交所	600355	精伦电子	10.00	2003-05-14	2003-05-16	123022300	0	123022300	246044600
28	深交所	000792	盐湖钾肥	10.00	2003-05-16	2003-05-19	255850000	0	255850000	511700000
29	深交所	000726	鲁 泰 A	2.00	2003-05-19	2003-05-20	216827000	0	43365400	260192400
30	深交所	000995	皇台酒业	1.00	2003-05-19	2003-05-20	140000000	0	14000000	154000000
31	深交所	200726	鲁 泰 B	2.00	2003-05-19	2003-05-23	135200000	0	27040000	162240000
32	深交所	000488	晨鸣纸业	8.00	2003-05-20	2003-05-21	292257174	58451435	175354304	526062913
33	深交所	200488	晨 鸣 B	8.00	2003-05-20	2003-05-26	498737727	99747545	299242636	371664990
34	深交所	000929	兰州黄河	4.00	2003-05-21	2003-05-22	117840000	0	47136000	164976000
35	上交所	600328	兰太实业	3.00	2003-05-21	2003-05-23	172652899	0	51795870	224448769
36	上交所	600529	山东药玻	5.00	2003-05-21	2003-05-23	82407448	24722234	16481490	123611172
37	上交所	600556	北生药业	4.00	2003-05-21	2003-05-23	90000000	9000000	27000000	126000000
38	上交所	600895	张江高科	3.00	2003-05-21	2003-05-23	935130000	93513000	187026000	1215669000

续表 1 Continued 1

序号 No.	交易所 Exchange	股票代码 Code	公司简称 Companies	送转股比例 Percent	股权登记日期 Record Data	送转股上市交易日 Date	送转股前总股本 Previous Shares	送股股本数 Bonus Shares 1	转股股本数 Bonus Shares 2	送转股后总股本 Shares Now.
39	深交所	000002	万 科 A	10.00	2003-05-22	2003-05-23	548092670	0	548092670	1096185340
40	深交所	000063	中兴通讯	2.00	2003-05-22	2003-05-23	556080000	0	111216000	667296000
41	深交所	200002	万 科 B	10.00	2003-05-22	2003-05-28	121755136	0	121755136	243510272
42	上交所	600290	苏 福 马	4.00	2003-05-22	2003-05-26	124500000	0	49800000	174300000
43	深交所	000883	三环股份	1.00	2003-05-23	2003-05-26	259443359	0	25944336	285387695
44	深交所	000912	泸 天 化	3.00	2003-05-26	2003-05-27	450000000	0	135000000	585000000
45	深交所	000953	河池化工	5.00	2003-05-26	2003-05-27	196039625	0	98019813	294059437
46	上交所	600581	八一钢铁	2.00	2003-05-26	2003-05-28	409427850	81885570	0	491313420
47	上交所	600582	天地科技	3.00	2003-05-26	2003-05-28	75000000	0	22500000	97500000
48	深交所	000517	甬 成 功	6.00	2003-05-27	2003-05-28	145817185	0	87490311	233307496
49	深交所	000693	聚友网络	5.00	2003-05-27	2003 05 28	128462606	64231303	0	192693909
50	上交所	600308	华泰股份	3.00	2003-05-27	2003-05-29	230967970	46193594	23096797	300258361
51	上交所	600371	华冠科技	5.50	2003-05-27	2003-05-29	100000000	10000000	45000000	155000000
52	上交所	600595	中孚实业	3.00	2003-05-27	2003-05-29	135282720	40584816	0	175867536
53	上交所	600774	汉商集团	1.00	2003-05-27	2003-05-29	99190560	0	9919056	109109616
54	上交所	600079	人福科技	4.00	2003-05-29	2003-06-02	145236000	14523600	43570800	203330400
55	上交所	600312	平高电气	7.00	2003-05-29	2003-06-02	183500000	0	128450000	311950000
56	上交所	600536	中软股份	2.00	2003-05-29	2003-06-02	84172824	0	16834565	101007389
57	上交所	600057	夏新电子	2.00	2003-05-30	2003-06-03	358200000	71640000	0	429840000
58	上交所	600237	铜峰电子	10.00	2003-05-30	2003-06-03	100000000	20000000	80000000	200000000
59	上交所	600780	通宝能源	10.00	2003-05-30	2003-06-03	290980326	58196065	232784261	581960652
60	上交所	600535	天 士 力	5.00	2003-06-02	2003-06-04	190000000	0	95000000	285000000
61	上交所	600843	上工股份	1.50	2003-06-02	2003-06-04	154966372	0	23244956	178211328
62	深交所	000732	福建三农	3.00	2003-06-03	2003-06-04	152668800	0	45800640	198469440
63	深交所	000510	金路集团	3.00	2003-06-04	2003-06-05	468601734	46860173	93720347	609182254
64	深交所	000869	张 裕 A	2.00	2003-06-05	2003-06-06	172000000	0	34400000	206400000
65	深交所	200869	张 裕 B	2.00	2003-06-05	2003-06-11	88000000	0	17600000	105600000
66	上交所	600131	岷江水电	7.00	2003-06-05	2003-06-09	296544209	59308842	148272105	504125155
67	上交所	900924	上工 B 股	1.50	2003-06-05	2003-06-09	97500000	0	14625000	112125000
68	深交所	000901	航天科技	4.00	2003-06-06	2003-06-09	158399999	0	63360000	221759998
69	上交所	600005	武钢股份	2.00	2003-06-06	2003-06-10	2090480000	418096000	0	2508576000
70	上交所	600692	亚通股份	2.00	2003-06-06	2003-06-10	139039113	13903911	13903911	166846936
71	深交所	000725	京东方 A	2.00	2003-06-09	2003-06-10	400054000	0	80010800	480064800
72	深交所	000859	国风塑业	6.00	2003-06-09	2003-06-10	262800000	0	157680000	420480000
73	深交所	200725	京东方 B	2.00	2003-06-09	2003-06-13	149500000	0	29900000	179400000
74	上交所	600056	中技贸易	6.00	2003-06-09	2003-06-11	130350000	0	78210000	208560000
75	上交所	600367	红星发展	4.00	2003-06-09	2003-06-11	130000000	26000000	26000000	182000000
76	上交所	600699	辽源得亨	0.17	2003-06-09	2003-06-11	179796328	3002599	0	182798927
77	深交所	000999	三九医药	3.00	2003-06-10	2003-06-11	753000000	0	225900000	978900000
78	深交所	200512	闽灿坤 B	3.00	2003-06-10	2003-06-16	676406250	202921875	0	879328125
79	上交所	600250	南纺股份	5.00	2003-06-11	2003-06-13	132662800	26532560	39798840	198994200
80	上交所	600772	石油龙昌	2.00	2003-06-11	2003-06-13	239616000	0	47923200	287539200

续表 2 Continued 2

序号 No.	交易所 Exchange	股票代码 Code	公司简称 Companies	送转股比例 Percent	股权登记日期 Record Data	送转股上市交易日 Date	送转股前总股本 Previous Shares	送股股本数 Bonus Shares 1	转股股本数 Bonus Shares 2	送转股后总股本 Shares Now
81	深交所	000032	深桑达 A	3.00	2003-06-12	2003-06-13	149272000	0	44781600	194053600
82	上交所	600058	五矿发展	3.00	2003-06-12	2003-06-16	424088710	0	127226613	551315323
83	上交所	600295	鄂尔多斯	10.00	2003-06-12	2003-06-16	306000000	0	306000000	612000000
84	上交所	600499	科达机电	8.00	2003-06-12	2003-06-16	55300000	11060000	33180000	99540000
85	上交所	600640	联通国脉	1.00	2003-06-12	2003-06-16	364882899	0	36488290	401371189
86	上交所	600120	浙江东方	6.00	2003-06-13	2003-06-17	315920909	31592091	157960455	505473454
87	上交所	600515	第一投资	5.80	2003-06-13	2003-06-17	154160000	12332800	77080000	243572800
88	上交所	600520	三佳模具	8.00	2003-06-13	2003-06-17	62800000	0	50240000	113040000
89	上交所	600714	山川股份	4.00	2003-06-13	2003-06-17	107812500	0	43125000	150937500
90	深交所	000425	徐工科技	1.00	2003-06-16	2003-06-17	495534200	49553420	0	545087620
91	上交所	900936	鄂绒 B 股	10.00	2003-06-17	2003-06-19	210000000	0	210000000	420000000
92	深交所	000709	唐钢股份	3.00	2003-06-18	2003-06-19	1503829839	0	451148952	1954978790
93	深交所	000958	东方热电	5.00	2003-06-18	2003-06-19	229150000	22915000	91660000	343725000
94	上交所	600586	金晶科技	3.00	2003-06-18	2003-06-20	96850000	29055000	0	125905000
95	上交所	600849	上海医药	5.00	2003-06-18	2003-06-20	316207158	0	158103579	474310737
96	上交所	600879	火箭股份	5.00	2003-06-18	2003-06-20	234333196	46866639	70299959	351499796
97	上交所	600835	上海电气	2.00	2003-06-20	2003-06-24	466727026	0	93345405	560072431
98	深交所	000655	华光陶瓷	6.00	2003-06-23	2003-06-24	162033984	32406797	64813594	259254373
99	上交所	600620	天宸股份	2.00	2003-06-23	2003-06-25	266774325	53354865	0	320129190
100	上交所	600831	广电网络	1.00	2003-06-23	2003-06-25	111288397	0	11128840	122417237
101	上交所	600761	安徽合力	5.00	2003-06-24	2003-06-26	204636318	0	102318159	306954477
102	深交所	000767	漳泽电力	3.00	2003-06-25	2003-06-26	435000000	0	130500000	565500000
103	上交所	600509	天富热电	5.00	2003-06-25	2003-06-27	169085000	0	84542500	253627500
104	上交所	600837	都市股份	10.00	2003-06-25	2003-06-27	78293905	15658781	62635124	156587810
105	上交所	900925	电气 B 股	2.00	2003-06-25	2003-06-27	125136000	0	25027200	150163200
106	上交所	600587	新华医疗	4.00	2003-06-27	2003-07-01	61300000	0	24520000	85820000
107	上交所	600275	武 昌 鱼	4.00	2003-07-02	2003-07-04	317955170	15897759	111284310	445137238
108	上交所	600588	用友软件	2.00	2003-07-03	2003-07-07	100000000	0	20000000	120000000
109	上交所	600657	青鸟天桥	7.00	2003-07-03	2003-07-07	179077832	35815566	89538916	304432314
110	上交所	600832	东方明珠	4.00	2003-07-03	2003-07-07	688028710	34401436	240810049	963240194
111	上交所	600072	江南重工	1.00	2003-07-04	2003-07-08	329496960	0	32949696	362446656
112	上交所	600220	江苏阳光	2.00	2003-07-04	2003-07-08	329175893	0	65835179	395011071
113	上交所	600505	西昌电力	8.00	2003-07-04	2003-07-08	165000000	0	132000000	297000000
114	上交所	600225	天香集团	1.00	2003-07-07	2003-07-09	201000000	0	20100000	221100001
115	深交所	000515	渝 钛 白	2.00	2003-07-09	2003-07-10	156006240	0	31201248	187207488
116	深交所	000568	泸州老窖	6.00	2003-07-09	2003-07-10	525874796	0	315524878	841399673
117	深交所	000721	西安饮食	5.00	2003-07-09	2003-07-10	114415100	0	57207550	171622650
118	上交所	600887	伊利股份	10.00	2003-07-09	2003-07-11	195632494	0	195632494	391264988
119	深交所	000598	蓝星清洗	2.00	2003-07-10	2003-07-11	193891499	38778300	0	232669798
120	深交所	200168	雷 伊 B	5.00	2003-07-10	2003-07-16	177000000	70800000	17700000	265500000
121	上交所	600519	贵州茅台	1.00	2003-07-11	2003-07-15	275000000	27500000	0	302500000
122	上交所	600737	新疆屯河	4.00	2003-07-11	2003-07-15	575431590	115086318	115086318	805604226

续表 3 Continued 3

序号 No.	交易所 Exchange	股票代码 Code	公司简称 Companies	送转股比例 Percent	股权登记日期 Record Data	送转股上市交易日 Date	送转股前总股本 Previous Shares	送股股本数 Bonus Shares 1	转股股本数 Bonus Shares 2	送转股后总股本 Shares Now
123	深交所	000417	合肥百货	2.00	2003-07-16	2003-07-17	131416504	0	26283301	157699804
124	上交所	600664	哈药集团	5.00	2003-07-16	2003-07-18	636925883	0	318462942	955388825
125	上交所	600209	罗顿发展	7.00	2003-07-17	2003-07-21	258241864	0	180769305	439011169
126	上交所	600118	中国卫星	2.00	2003-07-21	2003-07-23	189504000	37900800	0	227404800
127	上交所	600270	外运发展	5.00	2003-07-22	2003-07-24	365851200	73170240	109755360	548776800
128	深交所	000852	江钻股份	1.00	2003-07-24	2003-07-25	280000000	28000000	0	308000000
129	上交所	600834	申通地铁	1.00	2003-07-25	2003-07-29	394530500	39453050	0	433983550
130	上交所	600247	物华股份	2.00	2003-08-13	2003-08-15	110000000	22000000	0	132000000
131	上交所	600764	三星石化	8.00	2003-08-13	2003-08-15	183181658	54954497	91590829	329726984
132	深交所	000599	青岛双星	2.00	2003-08-18	2003-08-19	187566106	0	37513221	225079327
133	深交所	200160	帝 贤 B	2.00	2003-08-20	2003-08-26	365500000	73100000	0	438600000
134	上交所	600252	中恒集团	2.00	2003-08-20	2003-08-22	139389360	27877872	0	167267232
135	深交所	000825	太钢不锈	2.00	2003-08-21	2003-08-22	1076170000	161425500	53808500	1291404000
136	深交所	000922	阿继电器	7.00	2003-08-22	2003-08-25	175550000	0	122885000	298435000
137	深交所	000518	四环生物	10.00	2003-08-25	2003-08-26	514778111	118398966	396379145	1029556222
138	深交所	000061	农 产 品	8.00	2003-09-15	2003-09-16	215368579	107684290	64610574	387663442
139	深交所	000717	韶钢松山	5.00	2003-09-16	2003-09-17	558800000	0	279400000	838200000
140	深交所	000626	如意集团	5.00	2003-09-25	2003-09-26	135000000	47250000	20250000	202500000
141	上交所	600768	宁波富邦	2.00	2003-09-26	2003-09-30	92880000	0	18576000	111456000
142	深交所	000069	华侨城 A	3.00	2003-10-09	2003-10-10	804816000	0	241444800	1046260800
143	上交所	600583	海油工程	1.00	2003-10-14	2003-10-16	250000000	0	25000000	275000000
144	深交所	000811	烟台冰轮	3.00	2003-10-16	2003-10-17	134905100	0	40471530	175376630
145	上交所	600577	精达股份	8.00	2003-10-17	2003-10-21	60000000	0	48000000	108000000
146	上交所	600078	澄星股份	10.00	2003-10-20	2003-10-22	199944984	0	199944984	399889968
147	上交所	600087	南京水运	9.96	2003-10-20	2003-10-22	240278478	0	239319767	479602999
148	上交所	600166	福田汽车	5.00	2003-10-20	2003-10-22	304466000	121786400	30446600	456699000
149	上交所	600830	大 红 鹰	5.00	2003-10-20	2003-10-22	175146814	0	87573407	262720222
150	深交所	000662	广西红日	4.00	2003-10-21	2003-10-22	107137500	21427500	21427500	149992500
151	上交所	600696	利嘉股份	3.00	2003-10-21	2003-10-23	261973667	0	78592100	340565767
152	上交所	600712	南宁百货	6.00	2003-10-22	2003-10-24	90420000	0	54252000	144672000
153	深交所	000633	合金投资	2.00	2003-10-23	2003-10-24	320921978	64184396	0	385106373
154	上交所	600200	江苏吴中	5.00	2003-10-27	2003-10-29	277200000	0	138600000	415800000
155	深交所	000153	丰原药业	10.00	2003-10-30	2003-10-31	65002300	13000460	52001840	130004600
156	上交所	600176	中国化建	6.00	2003-11-04	2003-11-06	222600000	0	133560000	356160000
157	上交所	600531	豫光金铅	8.00	2003-11-04	2003-11-06	126816200	0	101452960	228269160
158	上交所	600380	健 康 元	5.00	2003-11-14	2003-11-18	406620000	0	203310000	609930000
159	上交所	600747	大显股份	2.00	2003-11-14	2003-11-18	490778806	0	98155761	588934568
160	深交所	000096	广聚能源	6.00	2003-11-19	2003-11-20	330000000	0	198000000	528000000
161	上交所	600009	上海机场	3.00	2003-12-25	2003-12-29	1424438500	427331550	0	1851770050

数据来源：上海、深圳证券交易所

Source: Shanghai Shenzhen Stock Exchange

5-23 2003年上市公司红利分配一览表

Summary for Dividend Distributions of Listed Companies in 2003

序号 No.	年月 Month	交易所 Exchange	公司代码 Code	公司简称 Companies	红利派发日 Data	每股现金红利	现金分配合计(万元) Total Dividend
1	200303	深交所	000607	华立控股	2003-03-10	0.10	1909.75
2	200303	深交所	000920	南方汇通	2003-03-25	0.42	7980.00
3	200303	深交所	000401	冀东水泥	2003-03-31	0.10	8817.86
4	200304	深交所	000155	川化股份	2003-04-01	0.11	5076.00
5	200304	深交所	000988	华工科技	2003-04-07	0.13	1495.00
6	200304	深交所	000755	山西三维	2003-04-08	0.13	3471.42
7	200304	深交所	000402	金 融 街	2003-04-16	0.20	2947.13
8	200304	深交所	000639	金德发展	2003-04-16	0.05	364.32
9	200304	深交所	000659	珠海中富	2003-04-16	0.10	3787.93
10	200304	深交所	000630	铜都铜业	2003-04-18	0.08	3724.45
11	200304	深交所	000416	健特生物	2003-04-22	0.07	1633.00
12	200304	深交所	000850	华茂股份	2003-04-23	0.15	5256.00
13	200304	深交所	000888	峨眉山 A	2003-04-23	0.20	2373.20
14	200304	深交所	000990	诚志股份	2003-04-24	0.06	1075.50
15	200304	深交所	000612	焦作万方	2003-04-25	0.20	6002.20
16	200304	深交所	000831	关铝股份	2003-04-25	0.09	3267.00
17	200304	深交所	000895	双汇发展	2003-04-25	0.50	17118.50
18	200304	深交所	000069	华侨城 A	2003-04-28	0.15	6706.80
19	200304	深交所	000652	泰达股份	2003-04-28	0.03	1351.26
20	200304	深交所	000014	沙河股份	2003-04-29	0.03	268.94
21	200304	深交所	000903	云内动力	2003-04-29	0.35	6993.00
22	200304	深交所	000700	模塑科技	2003-04-30	0.20	3090.44
23	200304	深交所	000970	中科三环	2003-04-30	0.10	2349.00
24	200305	深交所	000549	湘火炬 A	2003-05-12	0.03	1560.48
25	200305	深交所	000731	四川美丰	2003-05-19	0.20	4913.31
26	200305	深交所	000538	云南白药	2003-05-20	0.32	5946.18
27	200305	深交所	000726	鲁 泰 A	2003-05-20	0.30	6504.81
28	200305	深交所	000900	现代投资	2003-05-20	0.10	3991.66
29	200305	深交所	000948	南天信息	2003-05-20	0.20	2800.01
30	200305	深交所	000973	佛塑股份	2003-05-20	0.21	7842.46
31	200305	深交所	200726	鲁 泰 B	2003-05-23	0.30	4056.00
32	200305	深交所	000488	晨鸣纸业	2003-05-21	0.05	1461.29
33	200305	深交所	000782	美达股份	2003-05-21	0.07	2394.00
34	200305	深交所	000819	岳阳兴长	2003-05-21	0.05	825.67
35	200305	深交所	000906	南方建材	2003-05-21	0.02	475.00
36	200305	深交所	000972	新 中 基	2003-05-21	0.10	1245.89
37	200305	深交所	000976	春晖股份	2003-05-21	0.25	10528.65
38	200305	深交所	200488	晨 鸣 B	2003-05-26	0.05	2350.05

续表 1　Continued 1

序号 No.	年月 Month	交易所 Exchange	公司代码 Code	公司简称 Companies	红利派发日 Data	每股现金红利	现金分配合计(万元) Total Dividend
39	200305	深交所	000778	新兴铸管	2003-05-22	0.50	31074.39
40	200305	深交所	000932	华菱管线	2003-05-22	0.10	17653.75
41	200305	深交所	000002	万　科　A	2003-05-23	0.20	10961.85
42	200305	深交所	000063	中兴通讯	2003-05-23	0.20	11121.60
43	200305	深交所	000978	桂林旅游	2003-05-23	0.21	3717.00
44	200305	深交所	000987	广州友谊	2003-05-23	0.10	2393.05
45	200305	深交所	000989	九　芝　堂	2003-05-23	0.33	5517.80
46	200305	深交所	200002	万　科　B	2003-05-28	0.19	2295.08
47	200305	深交所	000559	万向钱潮	2003-05-27	0.20	7325.62
48	200305	深交所	000837	秦川发展	2003-05-27	0.02	418.46
49	200305	深交所	000912	泸　天　化	2003-05-27	0.20	9000.00
50	200305	深交所	000953	河池化工	2003-05-27	0.06	1176.24
51	200305	深交所	000517	甬　成　功	2003-05-28	0.07	1020.72
52	200305	深交所	000693	聚友网络	2003-05-28	0.13	1605.78
53	200305	深交所	000158	常山股份	2003-05-29	0.10	4000.00
54	200305	深交所	000539	粤电力 A	2003-05-30	0.23	45863.47
55	200305	深交所	000637	茂化实华	2003-05-30	0.12	3477.43
56	200305	深交所	000727	华东科技	2003-05-30	0.08	2873.26
57	200305	深交所	000933	神火股份	2003-05-30	0.40	10000.00
58	200305	深交所	000959	首钢股份	2003-05-30	0.23	53130.00
59	200305	深交所	200539	粤电力 B	2003-06-04	0.22	14397.29
60	200306	深交所	000860	顺鑫农业	2003-06-03	0.15	4562.25
61	200306	深交所	000956	中原油气	2003-06-03	0.10	8160.00
62	200306	深交所	000301	丝绸股份	2003-06-05	0.07	3274.53
63	200306	深交所	000510	金路集团	2003-06-05	0.03	1171.50
64	200306	深交所	000823	超声电子	2003-06-06	0.03	1077.60
65	200306	深交所	000869	张　裕　A	2003-06-06	0.20	3440.00
66	200306	深交所	000905	厦门路桥	2003-06-06	0.50	14750.00
67	200306	深交所	000937	金牛能源	2003-06-06	0.40	17000.00
68	200306	深交所	001896	豫能控股	2003-06-06	0.07	3010.00
69	200306	深交所	200869	张　裕　B	2003-06-11	0.19	1658.80
70	200306	深交所	000790	华神集团	2003-06-09	0.15	1919.70
71	200306	深交所	000936	华　西　村	2003-06-09	0.10	1680.00
72	200306	深交所	000983	西山煤电	2003-06-09	0.10	8080.00
73	200306	深交所	000619	海螺型材	2003-06-10	0.06	2160.00
74	200306	深交所	000969	安泰科技	2003-06-10	0.16	3906.56
75	200306	深交所	000898	鞍钢新轧	2003-06-11	0.10	20713.83
76	200306	深交所	000913	钱江摩托	2003-06-11	0.10	4535.36
77	200306	深交所	000968	神州股份	2003-06-11	0.01	395.19
78	200306	深交所	000999	三九医药	2003-06-11	0.09	7002.90
79	200306	深交所	000520	中国凤凰	2003-06-12	0.08	4153.35

续表 2　Continued 2

序号 No.	年月 Month	交易所 Exchange	公司代码 Code	公司简称 Companies	红利派发日 Data	每股现金红利	现金分配合计(万元) Total Dividend
80	200306	深交所	000676	思达高科	2003-06-12	0.06	1887.52
81	200306	深交所	000899	赣能股份	2003-06-12	0.10	5480.32
82	200306	深交所	000961	大连金牛	2003-06-12	0.03	901.59
83	200306	深交所	000032	深桑达 A	2003-06-13	0.20	2985.44
84	200306	深交所	000407	胜利股份	2003-06-13	0.10	2395.89
85	200306	深交所	000429	粤高速 A	2003-06-13	0.10	9533.68
86	200306	深交所	000629	新 钢 钒	2003-06-13	0.16	16372.80
87	200306	深交所	000916	华北高速	2003-06-13	0.15	16350.00
88	200306	深交所	000960	锡业股份	2003-06-13	0.01	429.48
89	200306	深交所	200429	粤高速 B	2003-06-18	0.09	2857.68
90	200306	深交所	000425	徐工科技	2003-06-17	0.04	1982.14
91	200306	深交所	000610	西安旅游	2003-06-17	0.06	1005.59
92	200306	深交所	000615	湖北金环	2003-06-17	0.05	774.54
93	200306	深交所	000812	陕西金叶	2003-06-17	0.10	1900.80
94	200306	深交所	000012	南玻科控	2003-06-18	0.15	5668.84
95	200306	深交所	000151	中成股份	2003-06-18	0.13	3847.74
96	200306	深交所	000422	湖北宜化	2003-06-18	0.10	2138.80
97	200306	深交所	000690	宝 丽 华	2003-06-18	0.15	2902.50
98	200306	深交所	000817	辽河油田	2003-06-18	0.20	22000.00
99	200306	深交所	000977	浪潮信息	2003-06-18	0.10	2150.00
100	200306	深交所	200012	深南玻 B	2003-06-23	0.14	4228.30
101	200306	深交所	200771	杭汽轮 B	2003-06-23	0.09	2073.50
102	200306	深交所	000004	北大高科	2003-06-19	0.03	251.93
103	200306	深交所	000551	创元科技	2003-06-19	0.10	2417.26
104	200306	深交所	000605	四环药业	2003-06-19	0.01	99.00
105	200306	深交所	000709	唐钢股份	2003-06-19	0.25	37595.75
106	200306	深交所	000815	美利纸业	2003-06-19	0.04	528.00
107	200306	深交所	000949	新乡化纤	2003-06-19	0.05	2452.86
108	200306	深交所	000958	东方热电	2003-06-19	0.10	2291.50
109	200306	深交所	000428	华天酒店	2003-06-20	0.15	2592.60
110	200306	深交所	000564	西安民生	2003-06-20	0.10	2020.07
111	200306	深交所	000758	中色建设	2003-06-20	0.10	3872.00
112	200306	深交所	000786	北新建材	2003-06-20	0.06	3450.90
113	200306	深交所	000805	炎黄物流	2003-06-20	0.10	572.18
114	200306	深交所	000821	京山轻机	2003-06-20	0.10	3452.39
115	200306	深交所	200986	粤华包 B	2003-06-25	0.10	1549.57
116	200306	深交所	000430	张 家 界	2003-06-23	0.03	459.00
117	200306	深交所	000541	佛山照明	2003-06-23	0.42	11589.83
118	200306	深交所	000702	正虹科技	2003-06-23	0.12	3393.65
119	200306	深交所	000715	中兴商业	2003-06-23	0.08	1652.57
120	200306	深交所	000822	山东海化	2003-06-23	0.10	4587.00

续表 3　Continued 3

序号 No.	年月 Month	交易所 Exchange	公司代码 Code	公司简称 Companies	红利派发日 Data	每股现金红利	现金分配合计(万元) Total Dividend
121	200306	深交所	200541	粤照明 B	2003-06-26	0.40	3265.76
122	200306	深交所	000024	招商局 A	2003-06-24	0.12	3454.46
123	200306	深交所	000519	银河创新	2003-06-24	0.10	1365.38
124	200306	深交所	000655	华光陶瓷	2003-06-24	0.05	810.17
125	200306	深交所	000759	武汉中百	2003-06-24	0.05	1047.71
126	200306	深交所	000985	大庆华科	2003-06-24	0.06	690.00
127	200306	深交所	200024	招商局 B	2003-06-27	0.11	2131.83
128	200306	深交所	000625	长安汽车	2003-06-25	0.08	7013.33
129	200306	深交所	000877	天山股份	2003-06-25	0.10	1733.52
130	200306	深交所	200625	长　安　B	2003-06-30	0.08	2639.00
131	200306	深交所	000513	丽珠集团	2003-06-26	0.10	1837.28
132	200306	深交所	000531	穗恒运 A	2003-06-26	0.20	5330.43
133	200306	深交所	000767	漳泽电力	2003-06-26	0.36	15660.00
134	200306	深交所	000878	云南铜业	2003-06-26	0.05	3993.44
135	200306	深交所	200513	丽　珠　B	2003-07-01	0.09	1152.99
136	200306	深交所	000043	深南光 A	2003-06-27	0.10	1393.25
137	200306	深交所	000421	南京中北	2003-06-27	0.10	1971.83
138	200306	深交所	000623	吉林敖东	2003-06-27	0.20	4673.29
139	200306	深交所	000651	格力电器	2003-06-27	0.32	17182.08
140	200306	深交所	000917	电广传媒	2003-06-27	0.10	2584.00
141	200306	深交所	000966	长源电力	2003-06-27	0.07	2590.99
142	200306	深交所	000975	科　学　城	2003-06-27	0.15	4440.00
143	200306	深交所	000679	大连友谊	2003-06-30	0.10	2376.00
144	200306	深交所	000982	圣　雪　绒	2003-06-30	0.10	740.00
145	200307	深交所	000530	大冷股份	2003-07-01	0.10	2350.15
146	200307	深交所	200530	大　冷　B	2003-07-04	0.09	1083.53
147	200307	深交所	000031	深宝恒 A	2003-07-02	0.06	2797.81
148	200307	深交所	000777	中核科技	2003-07-02	0.08	1344.00
149	200307	深交所	000099	中信海直	2003-07-03	0.06	1411.20
150	200307	深交所	000596	古井贡 A	2003-07-03	0.10	1750.00
151	200307	深交所	200596	古井贡 B	2003-07-08	0.09	565.32
152	200307	深交所	000055	方　大　A	2003-07-04	0.07	1057.22
153	200307	深交所	000400	许继电气	2003-07-04	0.10	3782.72
154	200307	深交所	000528	桂柳工 A	2003-07-04	0.20	6550.74
155	200307	深交所	200055	方　大　B	2003-07-09	0.07	958.99
156	200307	深交所	000527	粤美的 A	2003-07-07	0.10	4848.90
157	200307	深交所	000981	兰光科技	2003-07-07	0.10	1610.00
158	200307	深交所	200770	武　锅　B	2003-07-10	0.03	412.25
159	200307	深交所	000037	深南电 A	2003-07-08	0.42	12940.13
160	200307	深交所	000789	江西水泥	2003-07-08	0.04	1191.75
161	200307	深交所	000839	中信国安	2003-07-08	0.10	6600.00
162	200307	深交所	200037	深南电 B	2003-07-11	0.40	9492.52
163	200307	深交所	000060	中金岭南	2003-07-09	0.06	2592.00
164	200307	深交所	000068	赛格三星	2003-07-09	0.05	3929.85
165	200307	深交所	000090	深　天　健	2003-07-09	0.11	2411.23
166	200307	深交所	000423	东阿阿胶	2003-07-10	0.25	6811.86

续表4 Continued 4

序号 No.	年月 Month	交易所 Exchange	公司代码 Code	公司简称 Companies	红利派发日 Data	每股现金红利	现金分配合计(万元) Total Dividend
167	200307	深交所	000721	西安饮食	2003-07-10	0.06	686.49
168	200307	深交所	000897	津滨发展	2003-07-10	0.12	5436.00
169	200307	深交所	000598	蓝星清洗	2003-07-11	0.05	969.46
170	200307	深交所	000719	焦作鑫安	2003-07-11	0.05	646.88
171	200307	深交所	000997	新 大 陆	2003-07-11	0.30	3480.00
172	200307	深交所	000636	风华高科	2003-07-14	0.03	1325.83
173	200307	深交所	000685	公用科技	2003-07-16	0.03	676.27
174	200307	深交所	000756	新华制药	2003-07-16	0.06	1843.88
175	200307	深交所	000768	西飞国际	2003-07-16	0.10	3915.00
176	200307	深交所	000800	一汽轿车	2003-07-16	0.20	32550.00
177	200307	深交所	000807	云铝股份	2003-07-16	0.30	10920.00
178	200307	深交所	000417	合肥百货	2003-07-17	0.10	1314.17
179	200307	深交所	000525	红 太 阳	2003-07-17	0.10	2802.39
180	200307	深交所	000021	深科技 A	2003-07-18	0.10	7329.32
181	200307	深交所	000666	经纬纺机	2003-07-18	0.06	2538.00
182	200307	深交所	000667	华一投资	2003-07-18	0.16	3920.45
183	200307	深交所	000711	天伦置业	2003-07-18	0.03	321.80
184	200307	深交所	000793	燃气股份	2003-07-18	0.10	2914.12
185	200307	深交所	200053	深基地 B	2003-07-23	0.13	1429.22
186	200307	深交所	000518	四环生物	2003-07-22	0.01	669.21
187	200307	深交所	000578	数码网络	2003-07-22	0.02	396.31
188	200307	深交所	000729	燕京啤酒	2003-07-23	0.12	8009.09
189	200307	深交所	000006	深振业 A	2003-07-24	0.08	2028.73
190	200307	深交所	000022	深赤湾 A	2003-07-24	0.29	7922.02
191	200307	深交所	000532	粤华电 A	2003-07-24	0.05	1419.55
192	200307	深交所	000543	皖能电力	2003-07-24	0.13	9662.61
193	200307	深交所	200022	深赤湾 B	2003-07-29	0.27	2889.18
194	200307	深交所	000062	深圳华强	2003-07-25	0.10	2704.00
195	200307	深交所	000066	长城电脑	2003-07-25	0.20	9169.83
196	200307	深交所	000748	湘计算机	2003-07-25	0.10	2763.75
197	200307	深交所	000852	江钻股份	2003-07-25	0.10	2800.00
198	200307	深交所	000088	盐田港 A	2003-07-28	0.10	5850.00
199	200307	深交所	000096	广聚能源	2003-07-29	0.20	6600.00
200	200308	深交所	000581	威孚高科	2003-08-01	0.20	6959.32
201	200308	深交所	000601	韶能股份	2003-08-01	0.10	3903.81
202	200308	深交所	200581	苏威孚 B	2003-08-06	0.19	1666.52
203	200308	深交所	000516	陕解放 A	2003-08-06	0.20	2607.57
204	200308	深交所	000542	TCL 通讯	2003-08-06	0.13	2445.41
205	200308	深交所	000887	飞彩股份	2003-08-07	0.05	1505.00
206	200308	深交所	000712	锦龙股份	2003-08-08	0.07	1066.18
207	200308	深交所	000798	中水渔业	2003-08-08	0.03	756.00
208	200308	深交所	000998	隆平高科	2003-08-11	0.05	525.00
209	200308	深交所	200706	瓦 轴 B	2003-08-15	0.03	367.64
210	200308	深交所	000406	石油大明	2003-08-14	0.30	10920.83
211	200308	深交所	000919	金陵药业	2003-08-15	0.22	6048.00
212	200308	深交所	000963	华东医药	2003-08-15	0.07	2660.00

续表 5 Continued 5

序号 No.	年月 Month	交易所 Exchange	公司代码 Code	公司简称 Companies	红利派发日 Data	每股现金红利	现金分配合计(万元) Total Dividend
213	200308	深交所	000548	湖南投资	2003-08-18	0.10	3406.08
214	200308	深交所	000657	中钨高新	2003-08-18	0.06	940.95
215	200308	深交所	000890	法 尔 胜	2003-08-18	0.10	2920.32
216	200308	深交所	000935	四川双马	2003-08-19	0.06	1916.46
217	200308	深交所	000042	深长城 A	2003-08-20	0.08	1915.70
218	200308	深交所	000825	太钢不锈	2003-08-22	0.05	5380.85
219	200308	深交所	000787	创智科技	2003-08-25	0.05	1253.80
220	200308	深交所	000518	四环生物	2003-08-26	0.06	2959.97
221	200308	深交所	000967	上风高科	2003-08-26	0.06	820.72
222	200308	深交所	000971	湖北迈亚	2003-08-26	0.13	2337.50
223	200308	深交所	000993	闽东电力	2003-08-26	0.06	1800.00
224	200308	深交所	000752	西藏发展	2003-08-29	0.03	527.52
225	200309	深交所	000027	深能源 A	2003-09-05	0.15	18037.43
226	200309	深交所	000779	三毛派神	2003-09-11	0.02	366.31
227	200309	深交所	000061	农 产 品	2003-09-16	0.20	4307.37
228	200309	深交所	000717	韶钢松山	2003-09-17	0.30	16764.00
229	200309	深交所	000550	江铃汽车	2003-09-25	0.10	5192.14
230	200309	深交所	000875	吉电股份	2003-09-25	0.13	7875.00
231	200309	深交所	200550	江 铃 B	2003-09-30	0.09	3242.54
232	200309	深交所	000046	光彩建设	2003-09-26	0.10	2440.84
233	200309	深交所	000001	深发展 A	2003-09-29	0.15	29187.33
234	200310	深交所	000617	石油济柴	2003-10-16	0.08	780.00
235	200310	深交所	000811	烟台冰轮	2003-10-17	0.20	2698.10
236	200310	深交所	000911	南宁糖业	2003-10-17	0.20	4816.00
237	200310	深交所	000662	广西红日	2003-10-22	0.06	642.83
238	200310	深交所	000939	凯迪电力	2003-10-23	0.10	2163.00
239	200310	深交所	000633	合金投资	2003-10-24	0.05	1604.61
240	200310	深交所	000153	丰原药业	2003-10-31	0.05	325.01
241	200310	深交所	000515	渝 钛 白	2003-10-31	0.02	374.41
242	200311	深交所	000668	武汉石油	2003-11-17	0.07	1027.89
243	200311	深交所	000739	普洛药业	2003-11-18	0.05	728.75
244	200312	深交所	001896	豫能控股	2003-12-09	0.07	3010.00
245	200312	深交所	000933	神火股份	2003-12-11	0.28	7000.00
246	200312	深交所	000568	泸州老窖	2003-12-23	0.06	5048.40
247	200303	上交所	600161	天坛生物	2003-03-14	0.10	19200000.00
248	200303	上交所	600660	福耀玻璃	2003-03-17	0.15	67859185.05
249	200303	上交所	600125	铁龙股份	2003-03-26	0.10	19077600.00
250	200303	上交所	600725	云维股份	2003-03-26	0.20	22000000.00
251	200303	上交所	600155	宝硕股份	2003-03-28	0.10	41250000.00
252	200303	上交所	600296	兰州铝业	2003-03-31	0.15	44250672.00
253	200303	上交所	600791	天创置业	2003-03-31	0.05	4950000.00
254	200304	上交所	600881	亚泰集团	2003-04-02	0.05	23755313.35
255	200304	上交所	600580	卧龙科技	2003-04-04	0.20	21820852.20
256	200304	上交所	600215	长春经开	2003-04-07	0.10	30600000.00
257	200304	上交所	600697	欧亚集团	2003-04-08	0.20	24547437.40
258	200304	上交所	600018	上港集箱	2003-04-10	0.40	360880000.00

续表 6 Continued 6

序号 No.	年月 Month	交易所 Exchange	公司代码 Code	公司简称 Companies	红利派发日 Data	每股现金红利	现金分配合计(万元) Total Dividend
259	200304	上交所	600238	海南椰岛	2003-04-10	0.06	9960000.00
260	200304	上交所	600317	营 口 港	2003-04-10	0.02	6000000.00
261	200304	上交所	600016	民生银行	2003-04-14	0.06	155203279.32
262	200304	上交所	600200	江苏吴中	2003-04-14	0.07	19404000.00
263	200304	上交所	600235	民丰特纸	2003-04-14	0.21	37170000.00
264	200304	上交所	600303	曙光股份	2003-04-14	0.20	32400000.00
265	200304	上交所	600710	常林股份	2003-04-15	0.07	11549999.93
266	200304	上交所	600010	钢联股份	2003-04-16	0.15	187500000.00
267	200304	上交所	600567	山鹰纸业	2003-04-16	0.05	8025000.00
268	200304	上交所	600063	皖维高新	2003-04-17	0.13	31612500.00
269	200304	上交所	600132	重庆啤酒	2003-04-17	0.15	25630800.00
270	200304	上交所	600210	紫江企业	2003-04-17	0.30	163920021.30
271	200304	上交所	600231	凌钢股份	2003-04-17	0.15	60450000.00
272	200304	上交所	600205	山东铝业	2003-04-18	0.15	84000000.00
273	200304	上交所	600563	法拉电子	2003-04-21	0.30	45000000.00
274	200304	上交所	600868	梅雁股份	2003-04-21	0.11	122492816.16
275	200304	上交所	600500	中化国际	2003-04-22	0.25	139743750.00
276	200304	上交所	600731	湖南海利	2003-04-22	0.02	4678423.52
277	200304	上交所	600510	黑 牡 丹	2003-04-24	0.50	73061800.00
278	200304	上交所	600219	南山实业	2003-04-28	0.15	38550000.00
279	200304	上交所	600656	华源制药	2003-04-28	0.04	3728737.80
280	200304	上交所	600711	雄震集团	2003-04-28	0.05	3018000.00
281	200304	上交所	600863	内蒙华电	2003-04-28	0.12	118873201.56
282	200304	上交所	600008	首创股份	2003-04-29	0.35	385000000.00
283	200304	上交所	600033	福建高速	2003-04-30	0.05	34250000.00
284	200305	上交所	600316	洪都航空	2003-05-13	0.30	63000000.00
285	200305	上交所	600720	祁 连 山	2003-05-14	0.05	17347712.60
286	200305	上交所	600355	精伦电子	2003-05-15	0.40	49208920.00
287	200305	上交所	600880	博瑞传播	2003-05-15	0.10	13018005.00
288	200305	上交所	600098	广州控股	2003-05-16	0.30	375840000.00
289	200305	上交所	600171	上海贝岭	2003-05-16	0.06	33885852.00
290	200305	上交所	600268	国电南自	2003-05-16	0.15	17700000.00
291	200305	上交所	600177	雅 戈 尔	2003-05-19	0.20	113619010.40
292	200305	上交所	600705	北亚集团	2003-05-19	0.05	32656872.00
293	200305	上交所	600178	东安动力	2003-05-21	0.20	92416000.00
294	200305	上交所	600381	白 唇 鹿	2003-05-21	0.07	7480000.00
295	200305	上交所	600632	华联商厦	2003-05-21	0.12	50711983.32
296	200305	上交所	600736	苏州高新	2003-05-21	0.12	54896400.00
297	200305	上交所	600062	双鹤药业	2003-05-22	0.10	44107570.00
298	200305	上交所	600087	南京水运	2003-05-22	0.40	95729228.80
299	200305	上交所	600227	赤 天 化	2003-05-22	0.20	34000000.00
300	200305	上交所	600328	兰太实业	2003-05-22	0.16	27624463.84
301	200305	上交所	600529	山东药玻	2003-05-22	0.10	8240744.80
302	200305	上交所	600556	北生药业	2003-05-22	0.10	9000000.00
303	200305	上交所	600724	宁波富达	2003-05-22	0.13	45546107.63
304	200305	上交所	600160	巨化股份	2003-05-23	0.25	92800000.00

续表 7　Continued 7

序号 No.	年月 Month	交易所 Exchange	公司代码 Code	公司简称 Companies	红利派发日 Data	每股现金红利	现金分配合计(万元) Total Dividend
305	200305	上交所	600232	金鹰股份	2003-05-23	0:10	21885188.00
306	200305	上交所	600262	北方股份	2003-05-23	0.11	18700000.00
307	200305	上交所	600290	苏 福 马	2003-05-23	0.03	3735000.00
308	200305	上交所	600310	桂东电力	2003-05-23	0.30	47025000.00
309	200305	上交所	600560	京自天正	2003-05-23	0.20	15292000.00
310	200305	上交所	600801	华新水泥	2003-05-23	0.04	6576000.00
311	200305	上交所	600874	创业环保	2003-05-23	0.09	113050000.00
312	200305	上交所	900933	华新 B 股	2003-05-23	0.00	792612.00
313	200305	上交所	600299	星新材料	2003-05-26	0.10	24000000.00
314	200305	上交所	600102	莱钢股份	2003-05-27	0.25	230568273.00
315	200305	上交所	600111	稀土高科	2003-05-27	0.05	20183700.00
316	200305	上交所	600549	厦门钨业	2003-05-27	0.30	36000000.00
317	200305	上交所	600581	八一钢铁	2003-05-27	0.20	81885570.00
318	200305	上交所	600717	天 津 港	2003-05-27	0.12	79182455.88
319	200305	上交所	600308	华泰股份	2003-05-28	0.05	11548398.50
320	200305	上交所	600371	华冠科技	2003-05-28	0.03	3000000.00
321	200305	上交所	600416	湘电股份	2003-05-28	0.22	42900000.00
322	200305	上交所	600456	宝钛股份	2003-05-28	0.15	30012000.00
323	200305	上交所	600532	华阳科技	2003-05-28	0.13	11250000.00
324	200305	上交所	600537	海通集团	2003-05-28	0.25	41077500.00
325	200305	上交所	600552	方兴科技	2003-05-28	0.10	9000000.00
326	200305	上交所	600595	中孚实业	2003-05-28	0.20	27056544.00
327	200305	上交所	600126	杭钢股份	2003-05-29	0.20	129067500.00
328	200305	上交所	600226	升华拜克	2003-05-29	0.15	40554924.75
329	200305	上交所	600278	东方创业	2003-05-29	0.10	32000000.00
330	200305	上交所	600300	维维股份	2003-05-29	0.23	75900000.00
331	200305	上交所	600356	恒丰纸业	2003-05-29	0.05	7000000.00
332	200305	上交所	600366	宁波韵升	2003-05-29	0.15	42896250.00
333	200305	上交所	600383	金地集团	2003-05-29	0.25	67500000.00
334	200305	上交所	600512	腾达建设	2003-05-29	0.15	23960274.60
335	200305	上交所	600561	江西长运	2003-05-29	0.15	13929300.00
336	200305	上交所	600562	高淳陶瓷	2003-05-29	0.10	8408929.40
337	200305	上交所	600566	洪城股份	2003-05-29	0.05	5315400.00
338	200305	上交所	600782	新华股份	2003-05-29	0.13	24152546.75
339	200305	上交所	600079	人福科技	2003-05-30	0.03	3630900.00
340	200305	上交所	600180	九发股份	2003-05-30	0.20	50198016.00
341	200305	上交所	600297	美罗药业	2003-05-30	0.10	11500000.00
342	200305	上交所	600312	平高电气	2003-05-30	0.10	18350000.00
343	200305	上交所	600332	广州药业	2003-05-30	0.06	48654000.00
344	200305	上交所	600418	江淮汽车	2003-05-30	0.25	57500000.00
345	200305	上交所	600426	华鲁恒升	2003-05-30	0.12	20040000.00
346	200305	上交所	600486	扬农化工	2003-05-30	0.20	20000000.00
347	200305	上交所	600526	菲达环保	2003-05-30	0.20	20000000.00
348	200305	上交所	600531	豫光金铅	2003-05-30	0.10	12681620.00
349	200305	上交所	600536	中软股份	2003-05-30	0.30	25251847.20
350	200305	上交所	600675	中华企业	2003-05-30	0.20	139491019.40
351	200306	上交所	600006	东风汽车	2003-06-02	0.20	200000000.00
352	200306	上交所	600057	夏新电子	2003-06-02	0.38	136116000.00

续表 8 Continued 8

序号 No.	年月 Month	交易所 Exchange	公司代码 Code	公司简称 Companies	红利派发日 Data	每股现金红利	现金分配合计(万元) Total Dividend
353	200306	上交所	600237	铜峰电子	2003-06-02	0.10	10000000.00
354	200306	上交所	600307	酒钢宏兴	2003-06-02	0.18	131040000.00
355	200306	上交所	600599	浏阳花炮	2003-06-02	0.10	12600000.00
356	200306	上交所	600780	通宝能源	2003-06-02	0.05	14549016.30
357	200306	上交所	600824	益民百货	2003-06-02	0.15	29047363.80
358	200306	上交所	600884	杉杉股份	2003-06-02	0.20	82171649.40
359	200306	上交所	600051	宁波联合	2003-06-03	0.10	30240000.00
360	200306	上交所	600183	生益科技	2003-06-03	0.10	63801562.50
361	200306	上交所	600363	联创光电	2003-06-03	0.08	19776360.00
362	200306	上交所	600372	昌河股份	2003-06-03	0.17	69700000.00
363	200306	上交所	600511	国药股份	2003-06-03	0.10	13300000.00
364	200306	上交所	600535	天 士 力	2003-06-03	0.50	95000000.00
365	200306	上交所	600558	大 西 洋	2003-06-03	0.12	14400000.00
366	200306	上交所	600674	川投控股	2003-06-03	0.03	9655211.60
367	200306	上交所	600253	天方药业	2003-06-04	0.05	21000000.00
368	200306	上交所	600377	宁沪高速	2003-06-04	0.13	654907175.00
369	200306	上交所	600655	豫园商城	2003-06-04	0.08	37226676.40
370	200306	上交所	600152	维科精华	2003-06-05	0.10	29349420.00
371	200306	上交所	600589	广东榕泰	2003-06-05	0.20	32000000.00
372	200306	上交所	600680	上海邮通	2003-06-05	0.04	7205013.48
373	200306	上交所	600750	江中药业	2003-06-05	0.10	14611200.00
374	200306	上交所	900930	邮通 B 股	2003-06-05	0.00	603158.40
375	200306	上交所	600084	新天国际	2003-06-06	0.10	23518040.00
376	200306	上交所	600131	岷江水电	2003-06-06	0.10	29654420.90
377	200306	上交所	600138	中 青 旅	2003-06-06	0.12	32040000.00
378	200306	上交所	600196	复星实业	2003-06-06	0.16	61102080.00
379	200306	上交所	600207	安彩高科	2003-06-06	0.20	88000000.00
380	200306	上交所	600005	武钢股份	2003-06-09	0.05	104524000.00
381	200306	上交所	600168	武汉控股	2003-06-09	0.15	66172500.00
382	200306	上交所	600327	大厦股份	2003-06-09	0.10	10868996.10
383	200306	上交所	600339	天利高新	2003-06-09	0.15	53550000.00
384	200306	上交所	600522	中天科技	2003-06-09	0.12	24997200.00
385	200306	上交所	600577	精达股份	2003-06-09	0.10	6000000.00
386	200306	上交所	600585	海螺水泥	2003-06-09	0.05	59174000.00
387	200306	上交所	600056	中技贸易	2003-06-10	0.10	13035000.00
388	200306	上交所	600128	弘业股份	2003-06-10	0.05	9972375.00
389	200306	上交所	600135	乐凯胶片	2003-06-10	0.36	123120000.00
390	200306	上交所	600195	中牧股份	2003-06-10	0.12	47970000.00
391	200306	上交所	600367	红星发展	2003-06-10	0.20	26000000.00
392	200306	上交所	600380	健 康 元	2003-06-10	0.35	142317000.00
393	200306	上交所	600516	海龙科技	2003-06-10	0.10	20000000.00
394	200306	上交所	600518	康美药业	2003-06-10	0.25	17700000.00
395	200306	上交所	600565	迪马股份	2003-06-10	0.36	28800000.00
396	200306	上交所	600699	辽源得亨	2003-06-10	0.02	2876741.25
397	200306	上交所	600785	新华百货	2003-06-10	0.12	12347100.00
398	200306	上交所	600123	兰花科创	2003-06-11	0.10	37125000.00
399	200306	上交所	600309	烟台万华	2003-06-11	0.20	76800000.00
400	200306	上交所	600326	西藏天路	2003-06-11	0.15	27000000.00

续表 9　Continued 9

序号 No.	年月 Month	交易所 Exchange	公司代码 Code	公司简称 Companies	红利派发日 Data	每股现金红利	现金分配合计(万元) Total Dividend
401	200306	上交所	600468	特精股份	2003-06-11	0.05	5500000.00
402	200306	上交所	600597	光明乳业	2003-06-11	0.10	65118285.00
403	200306	上交所	600602	广电电子	2003-06-11	0.05	34765716.10
404	200306	上交所	900901	上电 B 股	2003-06-11	0.01	1400988.92
405	200306	上交所	600007	中国国贸	2003-06-12	0.10	83200000.00
406	200306	上交所	600117	西宁特钢	2003-06-12	0.52	302754400.00
407	200306	上交所	600148	长春一东	2003-06-12	0.06	8490987.00
408	200306	上交所	600250	南纺股份	2003-06-12	0.13	17246164.00
409	200306	上交所	600258	首旅股份	2003-06-12	0.19	43966000.00
410	200306	上交所	600357	承德钒钛	2003-06-12	0.30	114100056.00
411	200306	上交所	600428	中远航运	2003-06-12	0.13	46800000.00
412	200306	上交所	600571	信 雅 达	2003-06-12	0.30	17538000.00
413	200306	上交所	600590	泰豪科技	2003-06-12	0.10	13305682.80
414	200306	上交所	600661	交大南洋	2003-06-12	0.10	14473068.80
415	200306	上交所	600795	国电电力	2003-06-12	0.06	84137564.16
416	200306	上交所	600796	钱江生化	2003-06-12	0.20	23418970.00
417	200306	上交所	600888	新疆众和	2003-06-12	0.08	8271120.00
418	200306	上交所	900948	伊煤 B 股	2003-06-12	0.01	4864140.00
419	200306	上交所	600058	五矿发展	2003-06-13	0.30	127226613.00
420	200306	上交所	600236	桂冠电力	2003-06-13	0.21	141826236.93
421	200306	上交所	600267	海正药业	2003-06-13	0.05	12480000.00
422	200306	上交所	600295	鄂尔多斯	2003-06-13	0.29	88740000.00
423	200306	上交所	600301	南化股份	2003-06-13	0.18	33326665.20
424	200306	上交所	600323	南海发展	2003-06-13	0.20	41702833.60
425	200306	上交所	600331	宏达股份	2003-06-13	0.15	19500000.00
426	200306	上交所	600389	江山股份	2003-06-13	0.05	9000000.00
427	200306	上交所	600419	新疆天宏	2003-06-13	0.05	4008000.00
428	200306	上交所	600499	科达机电	2003-06-13	0.10	5530000.00
429	200306	上交所	600569	安阳钢铁	2003-06-13	0.20	269098051.80
430	200306	上交所	600640	联通国脉	2003-06-13	0.03	10946486.97
431	200306	上交所	600857	工大首创	2003-06-13	0.05	9614592.00
432	200306	上交所	900936	鄂绒 B 股	2003-06-13	0.04	7357770.00
433	200306	上交所	600050	中国联通	2003-06-16	0.04	689380873.83
434	200306	上交所	600120	浙江东方	2003-06-16	0.05	15796045.45
435	200306	上交所	600223	万杰高科	2003-06-16	0.50	268125000.00
436	200306	上交所	600311	荣华实业	2003-06-16	0.10	20000000.00
437	200306	上交所	600515	第一投资	2003-06-16	0.02	3083200.00
438	200306	上交所	600559	裕丰股份	2003-06-16	0.05	7000000.00
439	200306	上交所	600578	京能热电	2003-06-16	0.12	65936400.00
440	200306	上交所	600719	大连热电	2003-06-16	0.08	16183984.00
441	200306	上交所	600798	宁波海运	2003-06-16	0.10	51187500.00
442	200306	上交所	600104	上海汽车	2003-06-17	0.36	907199748.00
443	200306	上交所	600218	全柴动力	2003-06-17	0.02	5668000.00
444	200306	上交所	600351	亚宝药业	2003-06-17	0.14	16100000.00
445	200306	上交所	600528	中铁二局	2003-06-17	0.30	123000000.00
446	200306	上交所	600548	深 高 速	2003-06-17	0.12	261684000.00
447	200306	上交所	600551	科大创新	2003-06-17	0.08	6000000.00
448	200306	上交所	600666	西南药业	2003-06-17	0.10	14879297.30

续表 10　Continued 10

序号 No.	年月 Month	交易所 Exchange	公司代码 Code	公司简称 Companies	红利派发日 Data	每股现金红利	现金分配合计(万元) Total Dividend
449	200306	上交所	600682	南京新百	2003-06-17	0.15	34531231.65
450	200306	上交所	600778	友好集团	2003-06-17	0.10	31149135.20
451	200306	上交所	600019	宝钢股份	2003-06-18	0.20	2502400000.00
452	200306	上交所	600026	中海发展	2003-06-18	0.10	332600000.00
453	200306	上交所	600070	浙江富润	2003-06-18	0.15	12838950.30
454	200306	上交所	600130	波导股份	2003-06-18	0.35	56000000.00
455	200306	上交所	600213	亚星客车	2003-06-18	0.06	11400000.00
456	200306	上交所	600302	标准股份	2003-06-18	0.15	47851470.60
457	200306	上交所	600319	亚星化学	2003-06-18	0.10	31559400.00
458	200306	上交所	600333	长春燃气	2003-06-18	0.10	40653120.00
459	200306	上交所	600728	新太科技	2003-06-18	0.05	10409009.00
460	200306	上交所	600257	洞庭水殖	2003-06-19	0.10	7300000.00
461	200306	上交所	600315	上海家化	2003-06-19	0.15	40500000.00
462	200306	上交所	600321	国栋建设	2003-06-19	0.25	43800000.00
463	200306	上交所	600336	澳 柯 玛	2003-06-19	0.08	27282880.00
464	200306	上交所	600382	广东明珠	2003-06-19	0.15	25630995.00
465	200306	上交所	600466	迪康药业	2003-06-19	0.10	12740000.00
466	200306	上交所	600586	金晶科技	2003-06-19	0.30	29055000.00
467	200306	上交所	600596	新安股份	2003-06-19	0.18	24139865.34
468	200306	上交所	600820	隧道股份	2003-06-19	0.05	29556436.75
469	200306	上交所	600849	上海医药	2003-06-19	0.20	63241431.60
470	200306	上交所	600879	火箭股份	2003-06-19	0.05	11716659.80
471	200306	上交所	600011	华能国际	2003-06-20	0.34	2040093146.40
472	200306	上交所	600283	钱江水利	2003-06-20	0.15	42799500.00
473	200306	上交所	600288	大恒科技	2003-06-20	0.10	21000000.00
474	200306	上交所	600350	山东基建	2003-06-20	0.11	370018000.00
475	200306	上交所	600694	大商股份	2003-06-20	0.10	26701690.50
476	200306	上交所	600747	大显股份	2003-06-20	0.06	30428285.97
477	200306	上交所	600854	春兰股份	2003-06-20	0.10	51945853.80
478	200306	上交所	600000	浦发银行	2003-06-23	0.10	391500000.00
479	200306	上交所	600028	中国石化	2003-06-23	0.06	5202146340.00
480	200306	上交所	600055	万东医疗	2003-06-23	0.10	11100000.00
481	200306	上交所	600153	厦门建发	2003-06-23	0.50	148000000.00
482	200306	上交所	600298	安琪酵母	2003-06-23	0.10	13570000.00
483	200306	上交所	600337	美克股份	2003-06-23	0.10	11049600.00
484	200306	上交所	600676	交运股份	2003-06-23	0.15	25344278.40
485	200306	上交所	600707	彩虹股份	2003-06-23	0.18	75806784.00
486	200306	上交所	600835	上海电气	2003-06-23	0.10	46672702.60
487	200306	上交所	600896	中海海盛	2003-06-23	0.10	31728255.00
488	200306	上交所	900925	电气 B 股	2003-06-23	0.01	1511893.15
489	200306	上交所	600229	青岛碱业	2003-06-24	0.15	44268931.50
490	200306	上交所	600281	太化股份	2003-06-24	0.02	5383590.00
491	200306	上交所	600287	江苏舜天	2003-06-24	0.22	48047568.14
492	200306	上交所	600400	红豆股份	2003-06-24	0.10	17952300.00
493	200306	上交所	600557	康缘药业	2003-06-24	0.30	27540000.00
494	200306	上交所	600620	天宸股份	2003-06-24	0.04	10670973.00
495	200306	上交所	600787	中储股份	2003-06-24	0.04	10861819.68
496	200306	上交所	600141	兴发集团	2003-06-25	0.10	16000000.00

续表 11　Continued 11

序号 No.	年月 Month	交易所 Exchange	公司代码 Code	公司简称 Companies	红利派发日 Data	每股现金红利	现金分配合计(万元) Total Dividend
497	200306	上交所	600289	亿阳信通	2003-06-25	0.20	21178000.00
498	200306	上交所	600761	安徽合力	2003-06-25	0.20	40927263.60
499	200306	上交所	600105	永鼎光缆	2003-06-26	0.12	32653255.44
500	200306	上交所	600176	中国化建	2003-06-26	0.05	11130000.00
501	200306	上交所	600509	天富热电	2003-06-26	0.25	42271250.00
502	200306	上交所	600611	大众交通	2003-06-26	0.18	71262284.40
503	200306	上交所	900903	大众 B 股	2003-06-26	0.02	4410494.40
504	200306	上交所	600362	江西铜业	2003-06-30	0.03	70021146.00
505	200306	上交所	600587	新华医疗	2003-06-30	0.05	3065000.00
506	200306	上交所	600600	青岛啤酒	2003-06-30	0.22	220000000.00
507	200306	上交所	600616	第一食品	2003-06-30	0.14	26655385.82
508	200306	上交所	600755	厦门国贸	2003-06-30	0.10	19812000.00
509	200307	上交所	600172	黄河旋风	2003-07-01	0.05	13400000.00
510	200307	上交所	600202	哈 空 调	2003-07-01	0.01	2457312.00
511	200307	上交所	600397	安源股份	2003-07-01	0.10	22000000.00
512	200307	上交所	600636	三 爱 富	2003-07-01	0.10	18678202.90
513	200307	上交所	600704	中大股份	2003-07-01	0.10	28826903.90
514	200307	上交所	600189	吉林森工	2003-07-03	0.30	93150000.00
515	200307	上交所	600275	武 昌 鱼	2003-07-03	0.02	6359103.40
516	200307	上交所	600458	时代新材	2003-07-03	0.10	8514800.00
517	200307	上交所	600614	三九发展	2003-07-03	0.10	7338837.80
518	200307	上交所	600633	白猫股份	2003-07-03	0.05	7602540.00
519	200307	上交所	600637	广电信息	2003-07-03	0.10	81981248.50
520	200307	上交所	600845	宝信软件	2003-07-03	0.05	8712203.50
521	200307	上交所	900907	发展 B 股	2003-07-03	0.01	504321.35
522	200307	上交所	900926	宝 信 B	2003-07-03	0.01	531608.00
523	200307	上交所	600241	辽宁时代	2003-07-04	0.12	12720000.00
524	200307	上交所	600588	用友软件	2003-07-04	0.60	60000000.00
525	200307	上交所	600688	上海石化	2003-07-04	0.05	360000000.00
526	200307	上交所	600808	马钢股份	2003-07-04	0.04	225935500.00
527	200307	上交所	600809	山西汾酒	2003-07-04	0.02	10390179.19
528	200307	上交所	600832	东方明珠	2003-07-04	0.10	68802871.00
529	200307	上交所	600163	福建南纸	2003-07-07	0.20	61189328.00
530	200307	上交所	600220	江苏阳光	2003-07-07	0.02	6583517.86
531	200307	上交所	600505	西昌电力	2003-07-07	0.20	33000000.00
532	200307	上交所	600365	通葡萄酒	2003-07-08	0.10	14000000.00
533	200307	上交所	600415	小商品城	2003-07-08	0.10	10403000.90
534	200307	上交所	600861	北京城乡	2003-07-08	0.06	24344336.76
535	200307	上交所	600867	通化东宝	2003-07-08	0.20	64898607.20
536	200307	上交所	600054	黄山旅游	2003-07-09	0.02	3978000.00
537	200307	上交所	600230	沧州大化	2003-07-09	0.05	12966581.00
538	200307	上交所	600390	金瑞科技	2003-07-09	0.14	14938000.00
539	200307	上交所	600422	昆明制药	2003-07-09	0.32	31417600.00
540	200307	上交所	600523	贵航股份	2003-07-09	0.02	3300000.00
541	200307	上交所	600538	北海国发	2003-07-09	0.10	11080000.00
542	200307	上交所	600663	陆 家 嘴	2003-07-09	0.05	67904200.00
543	200307	上交所	600841	上柴股份	2003-07-09	0.10	26330928.00
544	200307	上交所	900920	上柴 B 股	2003-07-09	0.01	2777817.00

续表 12　Continued 12

序号 No.	年月 Month	交易所 Exchange	公司代码 Code	公司简称 Companies	红利派发日 Data	每股现金红利	现金分配合计(万元) Total Dividend
545	200307	上交所	900932	陆家 B 股	2003-07-09	0.01	3078493.60
546	200307	上交所	900942	黄山 B 股	2003-07-09	0.00	251264.00
547	200307	上交所	600201	金宇集团	2003-07-10	0.30	32763975.00
548	200307	上交所	600243	青海华鼎	2003-07-10	0.03	4698000.00
549	200307	上交所	600376	天鸿宝业	2003-07-10	0.20	34640000.00
550	200307	上交所	600686	厦门汽车	2003-07-10	0.20	30303504.00
551	200307	上交所	600690	青岛海尔	2003-07-10	0.30	239294484.60
552	200307	上交所	600865	百大集团	2003-07-10	0.13	35061821.60
553	200307	上交所	600887	伊利股份	2003-07-10	0.20	39126498.80
554	200307	上交所	600001	邯郸钢铁	2003-07-11	0.11	163520841.00
555	200307	上交所	600012	皖通高速	2003-07-11	0.03	49758300.00
556	200307	上交所	600085	同 仁 堂	2003-07-11	0.30	99539979.90
557	200307	上交所	600197	伊 力 特	2003-07-11	0.28	61740000.00
558	200307	上交所	600280	南京中商	2003-07-11	0.06	7275653.04
559	200307	上交所	600353	旭光股份	2003-07-11	0.28	23128138.32
560	200307	上交所	600188	兖州煤业	2003-07-14	0.10	298480000.00
561	200307	上交所	600246	先锋股份	2003-07-14	0.10	9200000.00
562	200307	上交所	600508	上海能源	2003-07-14	0.35	140528500.00
563	200307	上交所	600519	贵州茅台	2003-07-14	0.20	55000000.00
564	200307	上交所	600635	大众公用	2003-07-14	0.18	98312699.88
565	200307	上交所	600737	新疆屯河	2003-07-14	0.05	28771579.50
566	200307	上交所	600741	巴士股份	2003-07-14	0.10	72611560.00
567	200307	上交所	600279	重庆港九	2003-07-15	0.07	15987367.20
568	200307	上交所	600330	天通股份	2003-07-15	0.13	28683750.00
569	200307	上交所	600346	冰山橡塑	2003-07-15	0.05	5250000.00
570	200307	上交所	600378	天科股份	2003-07-15	0.04	7822935.64
571	200307	上交所	600530	交大昂立	2003-07-15	0.21	42000000.00
572	200307	上交所	600742	一汽四环	2003-07-15	0.08	16921872.00
573	200307	上交所	600036	招商银行	2003-07-16	0.12	684818163.60
574	200307	上交所	600181	云大科技	2003-07-16	0.02	6962724.48
575	200307	上交所	600359	新农开发	2003-07-16	0.10	32100000.00
576	200307	上交所	600368	五洲交通	2003-07-16	0.09	39780000.00
577	200307	上交所	900949	东电 B 股	2003-07-16	0.03	60221610.00
578	200307	上交所	600089	特变电工	2003-07-17	0.10	25949017.60
579	200307	上交所	600292	九龙电力	2003-07-17	0.40	66900000.00
580	200307	上交所	600305	恒顺醋业	2003-07-17	0.14	17801000.00
581	200307	上交所	600664	哈药集团	2003-07-17	0.12	76431105.96
582	200307	上交所	600726	龙电股份	2003-07-17	0.10	68926496.00
583	200307	上交所	900937	龙电 B 股	2003-07-17	0.01	5219424.00
584	200307	上交所	600209	罗顿发展	2003-07-18	0.03	7747255.92
585	200307	上交所	600386	北京巴士	2003-07-18	0.32	80640000.00
586	200307	上交所	600642	申能股份	2003-07-18	0.30	537926330.70
587	200307	上交所	600828	成商集团	2003-07-18	0.05	10157401.30
588	200307	上交所	600889	南京化纤	2003-07-18	0.03	4846421.79
589	200307	上交所	600212	江泉实业	2003-07-21	0.08	25592069.28
590	200307	上交所	600310	桂东电力	2003-07-21	0.06	9405000.00
591	200307	上交所	600320	振华港机	2003-07-21	0.20	69300000.00
592	200307	上交所	600388	龙净环保	2003-07-21	0.07	11690000.00

续表 13 Continued 13

序号 No.	年月 Month	交易所 Exchange	公司代码 Code	公司简称 Companies	红利派发日 Data	每股现金红利	现金分配合计(万元) Total Dividend
593	200307	上交所	600498	烽火通信	2003-07-21	0.12	49200000.00
594	200307	上交所	600621	上海金陵	2003-07-21	0.10	52408235.10
595	200307	上交所	600797	浙大网新	2003-07-21	0.06	28695652.74
596	200307	上交所	600810	神马实业	2003-07-21	0.05	28314000.00
597	200307	上交所	900947	振华 B 股	2003-07-21	0.02	2657820.00
598	200307	上交所	600108	亚盛集团	2003-07-22	0.05	31252260.00
599	200307	上交所	600118	中国卫星	2003-07-22	0.05	9475200.00
600	200307	上交所	600322	天房发展	2003-07-22	0.04	16948296.68
601	200307	上交所	600553	太行股份	2003-07-22	0.05	9500000.00
602	200307	上交所	600626	申达股份	2003-07-22	0.20	67642173.00
603	200307	上交所	600827	友谊股份	2003-07-22	0.15	30671144.55
604	200307	上交所	600871	仪征化纤	2003-07-22	0.02	60000000.00
605	200307	上交所	900923	友谊 B 股	2003-07-22	0.02	2277645.38
606	200307	上交所	600037	歌华有线	2003-07-23	0.15	52650000.00
607	200307	上交所	600270	外运发展	2003-07-23	0.25	91462800.00
608	200307	上交所	600282	南钢股份	2003-07-23	0.20	100800000.00
609	200307	上交所	600345	长江通信	2003-07-23	0.05	9900000.00
610	200307	上交所	600607	上实联合	2003-07-23	0.12	36781482.12
611	200307	上交所	600744	华银电力	2003-07-24	0.00	2846592.00
612	200307	上交所	600860	北人股份	2003-07-25	0.10	42200000.00
613	200307	上交所	600261	浙江阳光	2003-07-28	0.25	30790000.00
614	200307	上交所	600329	中新药业	2003-07-28	0.15	55448154.00
615	200307	上交所	600533	栖霞建设	2003-07-28	0.25	35000000.00
616	200307	上交所	600606	金丰投资	2003-07-28	0.10	25494254.60
617	200307	上交所	600834	申通地铁	2003-07-28	0.10	39453050.00
618	200307	上交所	600082	海泰发展	2003-07-29	0.03	4022481.14
619	200307	上交所	600248	秦丰农业	2003-07-29	0.05	6441000.00
620	200307	上交所	600361	华联综超	2003-07-29	0.20	25114580.00
621	200307	上交所	600628	新 世 界	2003-07-29	0.12	38268404.04
622	200307	上交所	900957	凌云 B 股	2003-07-29	0.00	421592.00
623	200307	上交所	600771	东盛科技	2003-07-30	0.07	12708313.28
624	200307	上交所	600819	耀皮玻璃	2003-07-30	0.20	72500000.00
625	200307	上交所	900918	耀皮 B 股	2003-07-30	0.02	3020375.00
626	200307	上交所	600221	海南航空	2003-07-31	0.02	13071456.02
627	200307	上交所	600630	龙头股份	2003-07-31	0.06	25491695.82
628	200307	上交所	900945	海航 B 股	2003-07-31	0.00	185258.88
629	200308	上交所	600851	海欣股份	2003-08-04	0.10	40219981.10
630	200308	上交所	900917	海欣 B 股	2003-08-04	0.01	2432451.36
631	200308	上交所	600496	长江股份	2003-08-06	0.05	5500000.00
632	200308	上交所	600276	恒瑞医药	2003-08-07	0.10	25507200.00
633	200308	上交所	600598	北 大 荒	2003-08-08	0.13	191094800.00
634	200308	上交所	600009	上海机场	2003-08-11	0.20	281664520.40
635	200308	上交所	600395	盘江股份	2003-08-11	0.10	37130000.00
636	200308	上交所	600501	航天晨光	2003-08-11	0.15	28097156.25
637	200308	上交所	600641	中远发展	2003-08-11	0.10	44786597.10
638	200308	上交所	600846	同济科技	2003-08-12	0.08	22247178.48
639	200308	上交所	600110	中科英华	2003-08-14	0.03	10023713.82
640	200308	上交所	600247	物华股份	2003-08-14	0.06	6600000.00

续表 14 Continued 14

序号 No.	年月 Month	交易所 Exchange	公司代码 Code	公司简称 Companies	红利派发日 Data	每股现金红利	现金分配合计(万元) Total Dividend
641	200308	上交所	600272	开开实业	2003-08-14	0.08	13040000.00
642	200308	上交所	600764	三星石化	2003-08-14	0.08	14654532.64
643	200308	上交所	900943	开开B股	2003-08-14	0.01	773200.00
644	200308	上交所	600059	古越龙山	2003-08-15	0.20	46560000.00
645	200308	上交所	600064	南京高科	2003-08-15	0.20	68829177.60
646	200308	上交所	600662	强生控股	2003-08-15	0.30	92710332.00
647	200308	上交所	600151	航天机电	2003-08-18	0.13	60819200.00
648	200308	上交所	600233	大连创世	2003-08-18	0.10	16500000.00
649	200308	上交所	600269	赣粤高速	2003-08-18	0.20	77844498.60
650	200308	上交所	600684	珠江实业	2003-08-18	0.05	9351970.00
651	200308	上交所	600096	云 天 化	2003-08-19	0.40	147272720.00
652	200308	上交所	600649	原水股份	2003-08-19	0.08	150751601.12
653	200308	上交所	600716	耀华玻璃	2003-08-20	0.03	10449000.03
654	200308	上交所	600864	岁宝热电	2003-08-20	0.07	9561618.43
655	200308	上交所	600897	厦门机场	2003-08-20	0.10	27000000.00
656	200308	上交所	600252	中恒集团	2003-08-21	0.05	6969468.00
657	200308	上交所	600266	北京城建	2003-08-21	0.15	90000000.00
658	200308	上交所	600815	厦工股份	2003-08-21	0.10	44941379.90
659	200308	上交所	600883	富邦科技	2003-08-21	0.02	3963600.00
660	200308	上交所	600100	清华同方	2003-08-22	0.20	114922459.00
661	200308	上交所	600101	明星电力	2003-08-22	0.25	42451341.75
662	200308	上交所	600373	鑫新股份	2003-08-22	0.02	2750000.00
663	200308	上交所	600729	重庆百货	2003-08-22	0.15	30600000.00
664	200308	上交所	600030	中信证券	2003-08-28	0.00	7444500.00
665	200308	上交所	600391	成发科技	2003-08-28	0.17	23800000.00
666	200309	上交所	600593	大连圣亚	2003-09-01	0.04	3680000.00
667	200309	上交所	600170	上海建工	2003-09-04	0.13	89912250.00
668	200309	上交所	600591	上海航空	2003-09-08	0.05	36050000.00
669	200309	上交所	600754	锦江酒店	2003-09-19	0.10	44724074.00
670	200309	上交所	600859	王 府 井	2003-09-19	0.05	19648651.30
671	200309	上交所	900934	锦江B股	2003-09-19	0.01	1884792.00
672	200309	上交所	600028	中国石化	2003-09-22	0.03	2601073170.00
673	200309	上交所	600555	茉 织 华	2003-09-26	0.15	48675000.00
674	200309	上交所	900955	茉织华B	2003-09-26	0.02	1993420.00
675	200310	上交所	600583	海油工程	2003-10-15	0.10	25000000.00
676	200310	上交所	600428	中远航运	2003-10-16	0.10	36000000.00
677	200310	上交所	600301	南化股份	2003-10-20	0.10	18514814.00
678	200310	上交所	600078	澄星股份	2003-10-21	0.20	39988996.80
679	200310	上交所	600166	福田汽车	2003-10-21	0.11	33491260.00
680	200310	上交所	600713	南京医药	2003-10-22	0.10	19426071.60
681	200310	上交所	600730	中国高科	2003-10-24	0.05	8730000.00
682	200311	上交所	600015	华夏银行	2003-11-04	0.35	1235500000.00
683	200311	上交所	600158	中体产业	2003-11-07	0.02	5072964.00
684	200312	上交所	600789	鲁抗医药	2003-12-24	0.10	41175421.50

数据来源:上海、深圳证券交易所
Source:Shanghai Shenzhen Stock Exchange

5-24 2003年上市公司增发一览表

Summary for Re-Issuing of Listed Companies in 2003

序号 No.	交易所 Exchage	股票代码 Code	公司简称 Companies	增发公告日 Record Data	流通股上市日 Data of listed	主承销商 Lead Underwriter	增发总股数 Shares Changed	每股增发价格 Price	筹资总额 Rised Capital
1	深交所	000717	韶钢股份	2003-01-20	2003-02-17	西南证券	111600000	7.17	800172000
2	深交所	000503	海虹控股	2003-03-14	2003-04-03	国信证券	32222058	13.60	438219989
3	深交所	000036	华联股份	2003-06-30	2003-07-21	国信证券	90000000	6.08	547200000
4	深交所	000989	九芝堂	2003-07-17	2003-08-08	东方证券	51002218	10.00	510002180
5	深交所	000607	华立股份	2003-07-25	2003-08-14	天同证券	32747157	11.43	374300005
6	深交所	000562	宏源股份	2003-09-17	2003-10-13	银河证券	90000000	7.00	630000000
7	深交所	000039	中集集团	2003-11-14	2003-12-05	西南证券	120000000	15.00	1800000000
8	上交所	600000	浦发银行	2003-01-02	2003-01-20	光大证券	300000000	8.45	2535000000
9	上交所	600153	厦门建发	2003-09-03	2003-09-23	国信证券	90000000	8.93	803700000
10	上交所	600161	天坛生物	2003-08-15	2003-09-05	渤海证券	25000000	11.20	280000000
11	上交所	600209	罗顿发展	2003-01-03	2003-01-20	国信证券	22500000	6.70	150750000
12	上交所	600210	紫江企业	2003-12-10	2003-12-26	银河证券	95000000	9.45	897750000
13	上交所	600235	民丰特纸	2003-06-19	2003-07-09	大鹏证券	15600000	16.00	249600000
14	上交所	600660	福耀玻璃	2003-08-01	2003-08-21	招商证券	48352016	12.00	580224192
15	上交所	600777	新潮实业	2003-06-05	2003-06-25	天同证券	60000000	8.37	502200000
16	上交所	600789	鲁抗医药	2003-05-23	2003-06-10	华夏证券	47000000	7.66	360020000
17	上交所	900924	上工股份	2003-11-27		南方证券	100000000	0.428 美元	42800000 美元

数据来源：上海、深圳证券交易所
Source: Shanghai Shenzhen Stock Exchange

5-25 2003年上市公司职工股上市一览表

Summary for Staff Shares of Listed Companies in 2003

年月 Month	交易所 Exchange	公司代码 Code	公司简称 Companies	上市日期 Data	上市内部职工股数 Negotiable Staff Shares	总股本 Total Shares	未流通股本 Non-Negotiable Shares	已流通股合计 Negotiable Shares
200302	上交所	600229	青岛碱业	02-18-03	34445373	295126210	170680837	124445373
200303	上交所	600236	桂冠电力	03-07-03	33333333	675363033	532029700	143333333
200304	上交所	600231	凌钢股份	04-07-03	34450000	403000000	238550000	164450000
200304	上交所	600233	大连创世	04-28-03	22500000	165000000	90000000	75000000
200305	上交所	600234	*ST天龙	05-12-03	13000000	93860000	50860000	43000000
200305	上交所	600259	兴业聚酯	05-12-03	24600000	213400000	118800000	94600000
200308	上交所	600287	江苏舜天	08-14-03	4029951	218398037	157168086	61229951
200309	上交所	600280	南京中商	09-08-03	5956584	121260884	48624300	72636584
200309	上交所	600308	华泰股份	09-10-03	40014000	300258361	119844361	180414000
200309	上交所	600293	三峡新材	09-19-03	36504000	274300000	166296000	108004000
200310	上交所	600366	宁波韵升	10-13-03	4455000	285975000	202770000	83205000
200310	上交所	600252	中恒集团	10-27-03	15819540	167267232	92047692	75219540
200311	上交所	600247	物华股份	11-03-03	14400000	132000000	75600000	56400000
200311	上交所	600242	华龙集团	11-21-03	27959800	174029825	86070025	87959800
200311	上交所	600333	长春燃气	11-24-03	59731200	406531200	244800000	161731200
200312	上交所	600260	凯乐科技	12-03-03	24176000	175880000	96704000	79176000
200312	上交所	600368	五洲交通	12-03-03	22000000	442000000	340000000	102000000
200312	上交所	600323	南海发展	12-08-03	3069660	208514168	140444508	68069660
200312	上交所	600303	曙光股份	12-11-03	20250000	162000000	69750000	92250000
200312	上交所	600306	商业城	12-11-03	4945235	178138918	114693683	63445235
200312	上交所	600369	长运股份	12-22-03	2557500	172300000	99742500	72557500
200312	上交所	600356	恒丰纸业	12-23-03	20000000	140000000	80000000	60000000

数据来源：上海、深圳证券交易所
Source: Shanghai Shenzhen Stock Exchange

5-26 上海证券交易所上市公司名录

代码 Code	股票简称 Shares Abbreviation	公司全称 Companies	主营业务范围 Fields
600000	浦发银行	上海浦东发展银行股份有限公司	金融与信托投资业务。
600001	邯郸钢铁	邯郸钢铁股份有限公司	黑色金属产冶炼、钢坯、钢材轧制;烧结矿冶炼;诊断炭及副产品制造;机械备件加工及维修。
600002	齐鲁石化	中国石化齐鲁股份有限公司	石油化工产品及无机化工产品的生产、加工、销售及科研开发和综合技术服务。
600003	东北高速	东北高速公路股份有限公司	公路开发、建设管理、养护、经营。
600004	白云机场	广州白云国际机场股份有限公司	旅客过港服务;提供与航空运输有关的地面服务;交通运输服务、仓储服务;提供航空营业场所;航空器维修。
600005	武钢股份	武汉钢铁股份有限公司	冶金产品及副产品、钢铁延伸产品制造;冶金产品和技术开发、咨询和服务。
600006	东风汽车	东风汽车股份有限公司	开发、设计、生产、销售汽车、汽车发动机及其零部件、铸件。
600007	中国国贸	中国国际贸易中心股份有限公司	写字楼、宾馆、公寓、商场、展览厅、会议厅、停车场的出租、服务;提供住宿、餐饮等。
600008	首创股份	北京首创股份有限公司	公用基础设施的投资及投资管理;高科技产品的技术开发、技术咨询、技术转让、技术服务。
600009	上海机场	上海国际机场股份有限公司	为国内外航空运输企业、过港和转港旅客提供过港服务和地面运输服务;经营、出租候机楼。
600010	钢联股份	内蒙古包钢钢联股份有限公司	
600011	华能国际	华能国际电力股份有限公司	投资、建设、经营管理电厂;开发、投资、经营以出口为主的其他相关企业。
600012	皖通高速	安徽皖通高速公路股份有限公司	高等级公路建设、设计、监理、收费、养护、管理、技术咨询及广告、配套服务、施救、公路运输、仓储、汽车。
600015	华夏银行	华夏银行股份有限公司	吸收人民币存款;发放短期、中期和长期贷款;办理结算;办理票据贴现;发行金融债券;代理发行、代理兑付。
600016	民生银行	中国民生银行股份有限公司	
600018	上港集箱	上海港集装箱股份有限公司	集装箱装卸、储存、拆装箱;水陆运输、中转、多式联运;货运代理、船务代理、信息及管理。
600019	宝钢股份	宝山钢铁股份有限公司	钢铁冶炼、加工、电力、煤炭、工业气体生产、码头、仓储、运输等与钢铁相关的业务等。
600020	中原高速	河南中原高速公路股份有限公司	高等级公路、大型和特大型独立桥梁等交通基础设施项目投资、经营管理和维护;高科技项目投资、开发等。
600021	上海电力	上海电力股份有限公司	电力、热力的生产、建设、经营。
600026	中海发展	中海发展股份有限公司	沿海、远洋、长江货物运输、国际旅客运输、船舶租赁、货物代理、代运业务、船舶买卖、集装箱修造、船舶配件供应。
600028	中国石化	中国石油化工股份有限公司	
600029	南方航空	中国南方航空股份有限公司	一、提供国内、地区和国际定期及不定期航空客、货、邮、行李运输服务;二、提供通用航空服务等。
600030	中信证券	中信证券股份有限公司	证券的代理买卖、代理还本付息和分红派息;证券的代保管、鉴证;代理登记开户;证券的自营买卖;证券的承销。
600031	三一重工	三一重工股份有限公司	建筑工程机械、起重机械、停车库、通用设备、机电设备、金属制品及电子产品的生产与经销。
600033	福建高速	福建发展高速公路股份有限公司	
600036	招商银行	招商银行股份有限公司	吸收公众存款;发放短期、中期和长期贷款;办理结算;办理票据贴现;发行金融债券;代理发行、代理兑付。

List of Listed Companies in Shanghai Stock Exchange

行业代码 Industries Code	董事长 Board Chairman	地址 Address	电话 Telephone Number	邮编 Zipcode
I	张广生	上海市中山东一路 12 号	021-63611226	200002
C6	刘如军	河北省邯郸市复兴路 232 号	0310-6075599	056015
C4	张 深	山东省淄博高新技术产业开发区	0533-3583728	255086
F	张晓光	吉林省长春市经济开发区浦东路 19-1 号	0431-4622168	130033
F	刘子静	广州市机场路 282 号	020-86122361	510406
C6	刘本仁	武汉市青山区沿港路 3 号	027-86306023	430080
C7	苗 圩	湖北省襄樊市车城大道 1 号	0710-3396805	441004
K	杨文生	北京市建国门外大街 1 号	010-65053206	100004
K	刘晓光	北京市朝阳区北三环东路 8 号静安中心七层	010-64689035	100028
F	杜春才	上海市浦东新区启航路 900 号	021-68341609	201202
C6	林东鲁	包头市昆区钢铁大街 85 号	0472-2105037	014010
D	李小鹏	北京市西城区复兴门南大街丙 2 号天银大厦 C 段西区	010-66491009	100031
F	王 水	安徽省合肥市美菱大道 8 号	0551-3432521	230051
I	刘海燕	北京市西城区西单北大街 111 号	010-66151199-2907、2912	100003
I	经叔平	北京市东城区正义路 4 号	010-65269592	100006
F	陈戌源	上海市军工路 4049 号吉发大厦	021-56441469	200432
C6	谢企华	上海市宝山区富锦路果园	021-26647000	201900
F	宋春雷	郑州市中原中路 220 号	0371-7717696	450007
D	丁中智	上海市徐家汇路 430 号电力大楼 15 层	021-64722678	200025
F	李克麟	东大名路 700 号海运大楼	021-65966162	200080
B	陈同海	中国北京市朝阳区惠新东街甲六号	010-64990482	100029
F	颜志卿	广州白云国际机场	020-86124737	510405
I	王东明	北京市朝阳区新源南路 6 号京城大厦三层	010-84864818-63682	518001
C7	梁稳根	湖南长沙经济技术开发区	0731-4031555	410100
F	唐建辉	福州市东水路 18 号福建交通综合大楼 26 层	0591-7077366	350001
I	秦 晓	深圳市福田区深南大道 7088 号招商银行大厦	0755-83195105	518040

续表 1

代码 Code	股票简称 Shares Abbreviation	公司全称 Companies	主营业务范围 Fields
600037	歌华有线	北京歌华有线电视网络股份有限公司	
600038	哈飞股份	哈飞航空工业股份有限公司	航空产品及零部件的开发、设计研制、生产和销售,航空科学技术开发、咨询、服务等。
600039	四川路桥	四川路桥建设股份有限公司	公路工程施工及相关技术咨询服务;交通及附属设施、高新技术及产品的投资、开发、经营;工程机械的租赁、销售。
600050	中国联通	中国联合通信股份有限公司	电信业的投资。
600051	宁波联合	宁波联合集团股份有限公司	能源、交通、通讯项目及市政基础设施的开发与建设;高新技术项目及产品投资开发生产。
600052	浙江广厦	浙江广厦股份有限公司	房屋建筑、建筑材料、建筑机械、服装的制造、销售,水电设备安装、家电销售。
600053	* ST 江纸	江西纸业股份有限公司	纸及纸制品、纸浆、造纸机械、造纸原料。
600054	黄山旅游	黄山旅游发展股份有限公司	旅游接待、服务,旅游商品开发、销售,旅游运输,饮食服务,旅游资源开发等。
600055	万东医疗	北京万东医疗装备股份有限公司	各类医疗器械的生产和销售。
600056	中技贸易	中技贸易股份有限公司	自营和代理除国家组织统一联合经营的 16 种出口商品和国家核定公司经营的 14 种进口商品。
600057	夏新电子	夏新电子股份有限公司	声像电子产品及其他机械电子产品开发、制造;房地产开发与经营;旅馆,餐饮,批发等。
600058	五矿发展	五矿龙腾科技股份有限公司	进出口贸易、国内贸易、高新科技、金融、国际招标、国际货运、货代、仓储、酒店经营等。
600059	古越龙山	浙江古越龙山绍兴酒股份有限公司	绍兴黄酒的生产和销售。
600060	海信电器	青岛海信电器股份有限公司	电视机制造、广播电视设备及电子计算机制造;通讯产品制造;信息技术产品制造。
600061	中纺投资	中纺投资发展股份有限公司	纺织原材料;纺织新型材料;纺织品;特种纤维;跨行业新材料的开发;生产,批发,零售,代购。
600062	双鹤药业	北京双鹤药业股份有限公司	加工、制造制剂药品、化学、生物医药原料、医药包装材料。
600063	皖维高新	安徽皖维高新材料股份有限公司	聚乙烯醇、高强高模聚乙醇纤维、聚乙烯醇强力纱、醋酸乙烯乳液醋酸乙烯、高档面料。
600064	南京高科	南京新港高科技股份有限公司	高新技术产业投资、开发;市政基础设施建设;土地成片开发;建筑安装工程;商品房开发等。
600065	大庆联谊	大庆联谊石化股份有限公司	石油炼制、石油开采、石油化工等产品及国内商业(国家限制、禁止商品除外)。
600066	宇通客车	郑州宇通客车股份有限公司	客车及配件,附件制造,机械加工;汽车及其配件,附件销售,五金交电,化工产品,百货。
600067	冠城大通	冠城大通股份有限公司	电磁线、高低压架空线、电缆、信息传输线、无氧铜杆、机械、电器、自动化仪表。
600068	葛 洲 坝	葛洲坝股份有限公司	建筑工程承包施工和水泥生产等。
600069	银鸽投资	河南银鸽实业投资股份有限公司	纸张、纸浆及其深加工产品,电,房地产开发;餐饮服务;百货,工业生产资料;技术服务等。
600070	浙江富润	浙江富润股份有限公司	针纺织品、绢纺、精纺呢绒、服装、印染、纺织原料及药品等。
600071	凤凰光学	凤凰光学股份有限公司	光学镜头、照相器材、望远镜、钢片快门、水晶饰品、光学加工、机械加工。
600072	江南重工	江南重工股份有限公司	生产钢结构工程、压力容器工程、工业性作业等。
600073	上海梅林	上海梅林正广和股份有限公司	资产经营,电子商务,信息采集,信息加工,信息发布,经济信息服务,食品,食品用原辅料。
600074	中达股份	江苏中达新材料集团股份有限公司	生产、销售双向拉伸聚酯薄膜(BOPET)、双向拉伸聚丙烯膜(BOPP)、聚乙烯薄膜(PE)等。

Continued 1

行业代码 Industries Code	董事长 Board Chairman	地址 Address	电话 Telephone Number	邮编 Zipcode
L	卢东涛	北京市海淀区花园北路 35 号东门	010-82085826	100083
C7	王　斌	哈尔滨市平房区友协大街 15 号	0451-86528350	150066
E	孙　云	成都市一环路南四段 17 号	028-85076365	610041
G	王建宙	上海市世纪大道 88 号金茂大厦 40 楼	021-50473188	200121
M	周孝成	宁波开发区东海路 1 号联合大厦	0574-86221227	315803
J	楼江跃	杭州市玉古路 166 号	0571-87961320	322100
C3	宗伟民	江西省南昌市董家窑 112 号	0791-8624842	330006
K	江　山	安徽黄山市黄山风景区温泉	0559-5561113	242709
C7	许家驹	北京市朝阳区建国门外郎家园 6 号	010-65682598	100022
H	吴多誉	北京市海淀区西三环北路 21 号久凌大厦公寓楼三层	010-68404720	100089
C5	柳学宏	厦门市体育路 45 号	0592-5058123＊3557	361012
H	苗耕书	北京市海淀区三里河路 5 号 B 座	010-68494208	100044
C0	傅建伟	浙江省绍兴市北海桥	0575-5158435	312000
C5	于淑珉	山东青岛经济技术开发区团结路 18 号	0532-6761318	266555
C4	常俊传	上海市延安西路 1228 号嘉利大厦 33 层	010-64958201	200052
C8	乔俊峰	北京市朝阳区光华路九号	010-65060077＊2190/2191	100020
C4	陈信生	安徽省巢湖市皖维路 56 号	0565-2317280	238002
J	徐益民	南京经济技术开发区新港大道 100 号	025-85800946	210038
C4	李秀军	黑龙江省大庆市大同区林源南街 5 号	0459-6717944	163852
C7	汤玉祥	郑州市宇通工业园	0371-6806316	450016
C7	韩国龙	福建省福州市鼓楼区五一中路 32 号元洪大厦 26 层	0591-3350029	350005
E	张　野	湖北省武汉市解放大道 558 号葛洲坝大酒店 15 层	027-83777626-1517	430033
C3	杨松贺	河南省漯河市人民东路 95 号	0395-2355611	462000
C1	赵林中	浙江省诸暨市安平路 42 号	0575-7222043	311800
C7	王熙晏	江西省上饶市光学路 1 号	0793-8259547	334000
C7	陈金海	上海市鲁班路 600 号江南造船大厦 11-13 楼	021-53023456＊672	200020
C0	吕永杰	上海市通北路 400 号	021-65419725	200082
C4	石纪闵	江苏省江阴市申港镇镇澄路 999 号	0510-6684039	214443

续表 2

代码 Code	股票简称 Shares Abbreviation	公司全称 Companies	主营业务范围 Fields
600075	新疆天业	新疆天业股份有限公司	从事农膜、农用塑料管材、PVC 食品与烟草包装膜、烧碱、硫酸、盐酸等塑料制品。
600076	青鸟华光	潍坊北大青鸟华光科技股份有限公司	电子出版系统及光机电一体化设备、计算机及应用系统、程控交换机等。
600077	国能集团	辽宁国能集团(控股)股份有限公司	电子通讯产品;半导体材料及半导体制冷产品;核能检测设备;干燥设备,一、二类压力容器。
600078	澄星股份	江苏澄星磷化工股份有限公司	专业从事绢纺丝绸的纺织、炼整、染色、砂洗、印花、制衣和出口贸易等一体化生产经营。
600079	人福科技	武汉人福高科技产业股份有限公司	化工、生物工程、电子、通信、新材料、光机电一体化等技术及产品的开发、研制、技术服务。
600080	金花股份	金花企业(集团)股份有限公司	生物制药、旅游开发、影视及软件开发等。
600081	东风科技	东风电子科技股份有限公司	研究、开发、制造发动机电喷系统部件、ABS 防抱死制动系统部件等汽车电子系统产品。
600082	海泰发展	天津海泰科技发展股份有限公司	设计、制作、宣传广告;日用电子器具、日用机械、首饰修理及改制;中餐、快餐;提供信息。
600083	ST 博讯	成都博讯数码技术股份有限公司	电子元器件和电子整机,广播通信设备,工业气体,电光源,电子工业专用设备及材料。
600084	新天国际	新天国际经贸股份有限公司	承包境外工程及境内国际招标工程;上述境外工程所需的设备、材料和零配件的出口;种植。
600085	同 仁 堂	北京同仁堂股份有限公司	制造、销售中成药、西药饮片、中药材、营养保健品、卫生保健品、化妆品等。
600086	多佳股份	湖北多佳股份有限公司	纺织品、服装制造与销售;五金交电、百货、建筑材料、钢材批发与零售;公路货物运输。
600087	南京水运	南京水运实业股份有限公司	石油及制品、化学制品及其他货物仓储运输;船舶代理;船舶技术服务;修理;拆船等。
600088	中视传媒	中视传媒股份有限公司	从事影视基地的开发和经营,影视设备租赁,旅游商品销售等。
600089	特变电工	特变电工股份有限公司	变压器、电线电缆、电子灭菌设备、矿用非标准设备等的制造与销售。
600090	ST 啤酒花	新疆啤酒花股份有限公司	啤酒花、啤酒花制品、啤酒大麦、香精香料及其他农副产品的生产、加工、销售。房地产经营与开发。
600091	明天科技	包头明天科技股份有限公司	基础化工原料产品,信息产业,远程网络教育,环保设备的生产和销售,参股银行业等。
600092	精密股份	陕西精密合金股份有限公司	金属材料及元器件的生产、加工、销售;国内贸易(国家法律、法规禁止生产和经营的除外)。
600093	禾嘉股份	四川禾嘉股份有限公司	优质小麦、水稻种子培育及种植,蔬果及其他农副产品加工、销售;食品加工机械的设计等。
600094	华源股份	上海华源股份有限公司	从事瓶级聚酯切片、涤纶长丝、涤棉复合丝、织造、特种复合面料、成衣生产与销售。
600095	哈 高 科	哈尔滨高科技(集团)股份有限公司	从事高新技术产品开发、生产、销售;提供技术咨询、技术服务;开发区内土地开发等。
600096	云 天 化	云南云天化股份有限公司	化肥、化工产品、化工原料的产生、销售等。
600097	华立科技	浙江华立科技股份有限公司	芒果种植与销售、芒果原浆生产与销售及"园之梦"系列饮料的生产与销售。
600098	广州控股	广州发展实业控股集团股份有限公司	从事电力产业项目的设计、投资、工程总承包建设、生产、管理、销售;从事基础设施项目。
600099	林海股份	林海股份有限公司	摩托车发动机、摩托车、小型汽油机和营林机械及其他普通机械的生产和销售。

Continued 2

行业代码 Industries Code	董事长 Board Chairman	地址 Address	电话 Telephone Number	邮编 Zipcode
A	郭庆人	新疆石河子市经济开发区北三东路 36 号	0993-2623118	832000
G	刘永进	山东省潍坊高新技术产业开发区华光电子区	0536-2991601	261061
C8	郑朝晖	北京市顺义区林河工业开发区林河大街 21 号	010-89496310	101300
C4	周忠明	江苏省江阴市花山路 208 号	0510-6281316*431	214432
M	艾路明	武汉市洪山区关山街鲁磨路 369 号	027-87597232	430074
C8	吴一坚	西安市振兴路 1 号	029-8404118	710068
C7	欧阳洁	上海市中山北路 2000 号 22 楼	021-62033003	200063
J	任学锋	天津市华苑产业区物华道 2 号海泰火炬创业园 C 座 2 层	022-23078897	300384
C5	刘国真	广东省东莞市南城区莞太大道 255 号彩管厂 5 号楼	0769-2906116	523071
H	贾伯炜	新疆维吾尔自治区乌鲁木齐市红山路 40 号	0991-8880986	830002
C8	殷顺海	北京市崇文区东兴隆街 52 号	010-67054601	100062
C1	田西平	武汉市关东科技园高科大厦 18 楼	027-87592157	430074
F	刘锡汉	南京市中山北路 241 号江苏华侨大厦十楼	025-83720378	210009
L	吴达审	上海浦东新区福山路 450 号新国际大厦 17 层 A 座	0510-5555168	200122
C7	张　新	新疆昌吉市延安南路 52 号	0994-2724766	831100
C0	艾克拉木艾沙由夫	乌鲁木齐市解放北路 17 号酒花大厦	0991-2835219	830002
C4	程东胜	包头稀土高新技术产业开发区曙光路 22 号	0472-2207068	014030
C6	徐　伟	西安市莲湖区枣园东路 2 号	029-4610536	710077
A	夏朝嘉	四川省成都市高新技术开发区九兴大道 3 号	028-85155498	610041
C4	吴云生	上海市浦东陆家嘴东路 161 号招商局大厦 31 楼	021-58787570/58799888*262	200120
C0	杨登瑞	哈尔滨高新技术产业开发区迎宾路集中区 5 号街区	0451-84348065	150078
C4	李如岗	云南省水富县云富镇	0870-8664318	657800
C7	汪力成	浙江省杭州市西斗门路 18 号	0571-88471777	310012
D	杨丹地	广州市东风中路 509 号建银大厦 27、29 楼	020-83606539	510045
C7	陆海民	江苏省泰州市泰九路 14 号	0523-6551888	225300

续表 3

代码 Code	股票简称 Shares Abbreviation	公司全称 Companies	主营业务范围 Fields
600100	清华同方	清华同方股份有限公司	计算机及信息技术、人工环境控制及工程设备、仪器仪表及光一机一体化、精细化工等。
600101	明星电力	四川明星电力股份有限公司	电力生产供应、送变电工程、线路及设备安装,自来水生产供应,宾馆服务等。
600102	莱钢股份	莱芜钢铁股份有限公司	生铁、钢锭、钢坯、钢材、大锻件、水渣、炼焦化产品及炼钢副产品等产品的生产、销售。
600103	青山纸业	福建省青山纸业股份有限公司	纸袋纸、塔尔油、松节油的生产、销售。工业生产资料,百货、日用杂货。
600104	上海汽车	上海汽车股份有限公司	汽车、摩托车、拖拉机等各类机动车整车、总成及零部件、物业管理、国内贸易、咨询服务。
600105	永鼎光缆	江苏永鼎股份有限公司	通信电缆、通信光缆及其他通信设备、铜丝的制造、销售。
600106	重庆路桥	重庆路桥股份有限公司	重庆市牛角沱嘉陵江大桥、长江石板坡大桥经营维护管理,桥梁建设和基础设施建设维护等。
600107	美 尔 雅	湖北美尔雅股份有限公司	纺织原材料、服装、纺织服装及辅料制造;批发零售办公自动化设备、仪器仪表、五金交电。
600108	亚盛集团	甘肃亚盛实业(集团)股份有限公司	高科技农业新技术、新产品开发、加工;农副产品的种植,无机盐及其副产品的生产等。
600109	成都建设	成都城建投资发展股份有限公司	批发零售日用百货、针纺织品、五金交电、办公机械等。
600110	中科英华	中科英华高技术股份有限公司	研制和销售热缩材料、高分子材料、电线电缆、电工器材、非标设备;进行辐照加工等。
600111	稀土高科	内蒙古包钢稀土高科技股份有限公司	稀土精矿、稀土深加工产品、稀土新材料的生产、销售;稀土高科技应用产品的开发、生产。
600112	长征电器	贵州长征电器股份有限公司	高低压电器成套装置、高低压电器元件的生产和销售。
600113	浙江东日	浙江东日股份有限公司	离心浇铸玻璃钢大口径管道、管接头、管配件生产和灯具市场的租赁经营。
600115	东方航空	中国东方航空股份有限公司	国内和经批准的国际、地区航空客、货、邮、行李运输业务及延伸服务;航空器维修。
600116	三峡水利	重庆三峡水利电力(集团)股份有限公司	发电、供电、供水、水产养殖。
600117	西宁特钢	西宁特殊钢股份有限公司	特殊钢冶炼及压延、机械设备制造、来料加工、副产品出售,科技咨询服务等。
600118	中国卫星	中国天地卫星股份有限公司	旅游资源和旅游设施的投资、开发、建设、经营;经销全国旅游待业所需的商品、物资等。
600119	长江投资	长发集团长江投资实业股份有限公司	实业投资、国内贸易(除专项审批之外)、房地产、信息咨询服务。
600120	浙江东方	浙江东方集团股份有限公司	进出口贸易(按经贸部核定目录经营)、进口商品的国内销售、仓储、运输,实业投资开发等。
600121	郑州煤电	郑州煤电股份有限公司	煤炭生产及销售、发电及输变电以及煤炭、电力机械设备安装、建材、运输、商贸、技术。
600122	宏图高科	江苏宏图高科技股份有限公司	计算机软件、系统集成及网络设备,激光影碟机产品,通信设备等产品的开发、生产与销售。
600123	兰花科创	山西兰花科技创业股份有限公司	煤炭、型煤、型焦。化工产品(不含火工品)、建筑材料的生产、销售。
600125	铁龙股份	大连铁龙实业股份有限公司	铁、公、水路运输服务;仓储;旅游;货物装卸;混凝土加工;煤炭销售。
600126	杭钢股份	杭州钢铁股份有限公司	钢、铁及其压延产品的生产和销售,最终产品有建筑用钢材和工业用钢。
600127	金健米业	湖南金键米业股份有限公司	开发、生产、销售粮油及制品、饲料及饲料原料、新型食品、食品包装材料,提供旅游服务。

Continued 3

行业代码 Industries Code	董事长 Board Chairman	地址 Address	电话 Telephone Number	邮编 Zipcode
G	荣泳霖	北京市海淀区五道口清华同方科技广场	010-82399888	100084
D	周益明	四川省遂宁市明月路88号明星大酒店11楼	0825-2210076	629000
C6	李名岷	山东省莱芜市钢城区	0634-6820601	271104
C3	刘天金	福建省福州市五一北路171号新都会花园广场16层	0591-3367773	365506
C7	陈祥麟	上海张江高科技园区松涛路563号A幢5层	021-50803808-207	201203
G	莫林弟	江苏省吴江市芦墟镇汾湖经济技术开发区	0512-63272395	215211
F	江　津	重庆南坪经济技术开发区丹龙路1号	023-62803632	400060
C1	杨闻孙	湖北省黄石市团城山开发区美尔雅工业园	0714-6360299	435003
A	周长生	甘肃省兰州市张掖路219号基隆大厦20层(兰州市中央广场邮局1011信箱)	0931-8471961	730030
H	张思冰	成都市青羊区小河街12号天纬商务楼八楼	028-86139010	610015
C9	王利祥	吉林省长春市高新技术开发区火炬路286号	0431-5161088	130022
C6	崔　臣	内蒙古自治区包头市稀土高新技术产业开发区青工南路	0472-2207766	014030
C7	唐　勇	贵州省遵义市上海路100号	0852-8622952	563002
C9	滕增寿	浙江省温州市矮凳桥92号	0577-88835216	325003
F	叶毅干	上海市虹桥路2550号	021-62686268	200335
D	王陶浪	重庆市渝中区八一路183号谊德大厦十二层	023-63801161	400010
C6	刘克林	青海省西宁市柴达木西路52号	0971-5299089	810005
C9	芮晓武	北京市海淀区阜成路16号航天科技大厦15楼	010-68768890;68371188-890	100037
M	居　亮	上海浦东新区世纪大道1500号	021-68407009	200122
H	刘宁生	杭州庆春路199号	0571-87215009	310006
D	李国安	郑州市二七区大学路30号	0371-6591159	450052
G	刘小峰	南京市湖北路83号	025-83300922	210009
B	贺贵元	山西省晋城市泽州路181号	0356-2040123	048000
F	王占柱	辽宁省大连市中山区新安街1号	0411-2810881	116001
C6	童云芳	浙江省杭州市半山路132号	0571-88132917	310022
C0	梁宋模	湖南省常德市德山经济开发区金健米业总部办公大楼	0736-7308643	415001

续表 4

代码 Code	股票简称 Shares Abbreviation	公司全称 Companies	主营业务范围 Fields
600128	弘业股份	江苏弘业股份有限公司	工艺品等商品的进出口业务,接受委托、代理上述进出口业务,承办中外合资业务等。
600129	太极集团	重庆太极实业(集团)股份有限公司	中成药、西药、保健用品、医疗包装制品、医疗器械产销及中药材药用包装的进出口业务。
600130	波导股份	宁波波导股份有限公司	电子通讯产品、通讯系统、计算机及配件、现代办公设备和太阳能电源的研究开发、制造。
600131	岷江水电	四川岷江水利电力股份有限公司	供水、发电、售电、水产养殖及水利、水电设备安装建施工和磷化系列。
600132	重庆啤酒	重庆啤酒股份有限公司	啤酒生产、销售等。
600133	东湖高新	武汉东湖高新集团股份有限公司	高新技术产品的开发、研制、技术服务及咨询、开发产品的销售;科技工业园开发及管理。
600135	乐凯胶片	乐凯胶片股份有限公司	彩色胶卷、彩色相纸、彩色电影胶片等彩色感光材料产品的生产、科研、销售及相关业务。
600136	道博股份	武汉道博股份有限公司	螺旋藻制品、羊绒制品、电子及环境工程的研究、开发、生产与销售;其他高新技术研究。
600137	*ST 长控	四川长江包装控股股份有限公司	机制纸、水泥纸袋、造纸技术攻关及咨询服务,造纸仪器。一类汽车修理、造纸机械安装。
600138	中 青 旅	中青旅控股股份有限公司	从事旅游、高科技、风险投资、证券行业的投资;经营入境旅游、国内旅游等。
600139	ST 鼎天	鼎天科技股份有限公司	电工专用设备、金属制品、普通机械、电器机械及器材、拖拉机配件、汽车配件加工销售。
600141	兴发集团	湖北兴发化工集团股份有限公司	磷化工系列产品、电石产品、元明粉、免烧砖、编织袋的制造、销售;百货、副食品等。
600145	四维瓷业	重庆四维瓷业(集团)股份有限公司	制造和销售普通与工业陶瓷产品、复合材料浴缸、灰沙砖、水泥预制件及其原辅材料。
600146	大元股份	宁夏大元化工股份有限公司	燃料油、液化气、重油、石脑油、氢氧化钾、聚丙烯等。
600148	长春一东	长春一东离合器股份有限公司	生产和销售重、中、客、轻、轿、微等各种型号的汽车离合器,农用车离合器。
600149	邢台轧辊	邢台轧辊股份有限公司	各类轧辊的设计制造及销售;大型铸、锻件的生产销售;机械设备及备件的设计与制造;钢坯。
600150	沪东重机	沪东重机股份有限公司	船用柴油机及备配件、铸锻件的设计、制造、销售;陆用电站、冶金设备、工程机械等。
600151	航天机电	上海航天汽车机电股份有限公司	汽车空调器、传感器、电机、自动天线等汽车零部件、机械加工及设备、电子电器、通讯。
600152	维科精华	宁波维科精华集团股份有限公司	生产涤纶缝纫线、人造丝绣花线、高档纯棉丝光烧毛纱线、纱包线、针织衫等。
600153	厦门建发	厦门建发股份有限公司	进出口贸易、港口贸易配套服务、临港工业基地建设于一体的港口经济。
600155	宝硕股份	河北宝硕股份有限公司	PE 农地膜、包装薄膜、PVC 管材管件、PVC 异型材及塑钢门窗、氯碱产品的生产和销售。
600156	益 鑫 泰	湖南华升益鑫泰股份有限公司	苎麻纺织品、服装及维尼纶系列产品的生产、销售与出口。
600157	鲁润股份	泰安鲁润股份有限公司	润滑油、油脂添加剂的生产、加工、销售;液化气批发、零售;装饰装潢业、房地产开发。
600158	中体产业	中体产业股份有限公司	体育产品的生产、加工、经销、体育场馆设施的建设、开发、经营;体育商品的国内贸易等。
600159	ST 宁 窖	内蒙古宁城老窖生物科技股份有限公司	酒类系列产品、天然保健饮品生产与销售;酒配套包装系列、饲料加工与销售;农副产品生产与销售。

Continued 4

行业代码 Industries Code	董事长 Board Chairman	地址 Address	电话 Telephone Number	邮编 Zipcode
H	刘绥芝	江苏省南京市中华路 50 号	025-52308738	210001
C8	白礼西	重庆市涪陵区建设路 68 号	023-89886719	408000
G	徐立华	浙江省奉化市金中路 588 号	0574-88918939	315500
D	何源森	四川省汶川县卜索桥	028-87731485	623007
C0	华正兴	重庆市九龙坡区石桥铺石杨路 16 号	023-68629476	400039
M	黄立平	武汉市东湖高新科技工业园东湖高新大楼	027-87561686	430074
C4	杜昌焘	河北省保定市建设南路 1 号	0312-7922838	071054
M	周起宏	武汉市汉口中山大道 888 号佳丽广场 45 层	027-82702848	430020
C3	陈　瑜	四川宜宾市马鞍石	0831-7115013	644004
K	张　骏	北京市朝阳区东环南路 2 号艾维克大厦 17 层中青旅证券部	010-65686690,010-65679900-7302	100022
G	王　勇	四川省绵阳高新区火炬大厦 B 区 5 楼	0816-2545906	621000
C4	牛　涛	湖北省宜昌市兴山县古夫镇昭君路昭君山庄	0717-2587999	443711
E	陈宗云	重庆市石坪桥正街特 21 号	023-61088888	400051
C4	王朝刚	银川市鼓楼北街 2 号	0951-2024921-6427,6168	750004
C7	姜成颜	吉林省长春市繁荣路 17-1 号	0431-5173591*6224	130012
C7	何　强	河北省邢台市新兴西路 1 号	0319-2116168	054025
C7	周建能	上海市浦东大道 2851 号	021-68509887	200129
C7	曲　雁	上海市漕溪路 222 号航天大厦南楼八楼	021-64827176	200235
C1	周正一	宁波市体育场路 2 号	0574-87343916	315016
H	王宪榕	厦门市鹭江道海滨大厦七楼	0592-2132319	361001
C4	周　山	河北省保定国家高新技术产业开发区朝阳北路 175 号	0312-3109607	071051
C1	刘郁文	湖南省长沙市芙蓉南路 257 号	0731-5215526	410015
M	王振宣	山东省泰安市青年路 111 号	0538-8201817	271000
K	魏纪中	北京市朝阳区朝外大街 225 号	010-65536158-121	100020
C0	马德海	内蒙古赤峰市宁城县八里罕镇	0476-4800807	024231

续表 5

代码 Code	股票简称 Shares Abbreviation	公司全称 Companies	主营业务范围 Fields
600160	巨化股份	浙江巨化股份有限公司	氟化工原料及后续产品、基本化工原料及后续产品和化肥、农药的生产与销售。提供有关技术服务。
600161	天坛生物	北京天坛生物制品股份有限公司	疫苗、菌苗、类毒素、抗毒素、血液制品、诊断用品、新生物制品的研发、生产和销售。
600162	山东临工	山东临沂工程机械股份有限公司	主要从事"伟力牌"轮式装载机和液压挖掘机的生产与销售。
600163	福建南纸	福建省南纸股份有限公司	新闻纸及其他文化用纸、纸制品、纸浆及副产品、水、电、蒸汽等的生产销售。
600165	宁夏恒力	宁夏恒力钢丝绳股份有限公司	钢丝绳、钢绞线等金属制品的生产与销售、冶金建筑安装、建筑材料加工与生产。
600166	福田汽车	北汽福田汽车股份有限公司	农用车、柴油汽车、摩托车、机械电器设备的技术开发、技术转让、技术咨询、技术服务。
600167	沈阳新开	沈阳新区开发建设股份有限公司	研究、设计、制作高中档服装、精粗毛纺织品生产。
600168	武汉控股	武汉三镇实业控股股份有限公司	城市给排水、污水综合治理;道路桥梁、供气、供电、通讯等基础设施的投资、建设和经营。
600169	太原重工	太原重工股份有限公司	制造销售火车轴、冶金、轧钢、锻压、起重、非标设备、加压气化炉;压力容器,工矿配件。
600170	上海建工	上海建工股份有限公司	各类建设工程总承包、设计、施工、咨询、设备、材料、构配件生产、经营、销售等。
600171	上海贝岭	上海贝岭股份有限公司	集成电路分立器件、相关模块和多媒体信息系统配套产品的设计、制造、销售与技术服务。
600172	黄河旋风	河南黄河旋风股份有限公司	人造金刚石,人造金刚石磨料磨具磨削及其他金刚石制品,建筑、装修磨削机具。
600173	牡 丹 江	黑龙江省牡丹江新材料科技股份有限公司	生产和销售硅酸盐水泥、特种水泥及水泥制品。
600175	美都控股	美都控股股份有限公司	旅游业开发、海洋资源开发、现代农业开发、餐饮娱乐服务、房地产开发经营、仓储业等。
600176	中国化建	中国化学建材股份有限公司	玻璃纤维及其制品,建筑塑料制品的研究、开发、生产与销售,公用及民用建筑功能材料销售。
600177	雅 戈 尔	雅戈尔集团股份有限公司	服装服饰产品的设计、制造、销售及进出口贸易等。
600178	东安动力	哈尔滨东安汽车动力股份有限公司	微型汽车发动机、变速器、零部件及相关产品的研制、生产、销售及售后服务。
600179	黑化股份	黑龙江黑化股份有限公司	焦炭及焦化产品、化肥产品、石油加工产品、聚氯乙烯、多孔硝酸铵、甲醇、阻聚剂。
600180	九发股份	山东九发食用菌股份有限公司	食用菌菌种的培育,食用菌产品的养殖、加工、销售,生物制品的生产销售,包装物料的生产。
600181	云大科技	云大科技股份有限公司	植物生长调节剂及生化制品的生产、开发、经营销售;农业机械,农药的经营、开发、生产。
600182	*ST 桦林	桦林轮胎股份有限公司	生产销售轮胎、轮胎原辅材料,生产橡胶工业专用设备,技术咨询。
600183	生益科技	广东生益科技股份有限公司	生产、销售敷铜板和粘结片、印刷线路板、陶瓷电子元件、液晶产品、电子级玻璃布等。
600184	新 华 光	湖北新华光信息材料股份有限公司	光学玻璃、光学玻璃一次、二次型件、微晶玻璃基板以及光电子材料的生产与销售。
600185	海星科技	西安海星现代科技股份有限公司	计算机硬件产品开发、生产、销售、维修;网络工程、系统集成及软件开发;电子通讯器材。
600186	莲花味精	河南莲花味精股份有限公司	味精及其副产品的生产与销售。
600187	黑龙股份	黑龙江黑龙股份有限公司	新闻纸、文化印刷纸和冰雪运动器材的生产与销售;经营本企业自产新闻纸的出口业务等。

Continued 5

行业代码 Industries Code	董事长 Board Chairman	地址 Address	电话 Telephone Number	邮编 Zipcode
C4	叶志翔	浙江省衢州市柯城区	0570-3091704	324004
C8	倪道明	北京市朝阳区三间房南里四号	010-65762911	100024
C7	王志中	山东省临沂市金雀山路 17 号	0539-8308809	276004
C3	黄国英	福建省南平市滨江北路 177 号	0599-8808805	353000
C6	苑尔卓	宁夏自治区石嘴山市区河滨街	0952-3671240	753202
C7	安庆衡	北京市昌平区沙河镇沙阳路	010-80717180	102206
J	赵家祯	沈阳市和平区三好街 35 号	024-23904434	110004
D	陈莉茜	武汉市发展大道东方商都 5 楼	027-85600546	430023
C7	岳普煜	太原市万柏林区玉河街 53 号	0351-6361155	030024
E	徐　征	上海市浦东新区福山路 33 号	021-68872178	200120
C5	方培琦	上海市漕河泾开发区宜山路 810 号	021-64853333	200233
C6	乔秋生	河南省长葛市人民路 200 号	0374-6165530	461500
C6	王奎廷	黑龙江省牡丹江市温春镇公司大楼	0453-6497427	157041
K	闻掌华	杭州市中山北路中大广场 1 号楼 28 楼	0571-85777910	310003
C4	曹江林	北京市海淀区紫竹院南路 2 号	010-88411666	100044
C1	李如成	浙江宁波鄞县大道西段 2 号	0574-87425136	315153
C7	须桐兴	哈尔滨市平房区保国街 51 号	0451-86528173	150066
C4	阎树忠	黑龙江省齐齐哈尔市富拉基尔区向阳大街 2 号	0452-8927411	161041
A	蒋绍庆	山东省烟台市南大街 9 号金都大厦 28 楼	0535-6623880	264001
C4	付文明	昆明市国家高新技术产业开发区科医路 59 号	0871-8350069	650106
C4	吴庆荣	黑龙江省牡丹江市桦林镇	0453-6306948	157032
C7	李　锦	广东省东莞市万江区莞穗大道 411 号	0769-2271828*8183	523039
C6	詹祖盛	湖北省襄樊市长虹北路 129 号	0710-3349712	441003
K	荣　海	西安高新技术产业开发区科技二路 62 号	029-82307605	710075
C0	李怀清	河南省项城市莲花大道 18 号	0394-4298666	466200
C3	张伟东	黑龙江省齐齐哈尔市龙沙区长青路 27 号	0452-2816931-2436	161005

续表 6

代码 Code	股票简称 Shares Abbreviation	公司全称 Companies	主营业务范围 Fields
600188	兖州煤业	兖州煤业股份有限公司	煤炭的开采、洗选和销售。
600189	吉林森工	吉林森林工业股份有限公司	森林采伐和运输、木材、木制品、人造板、纸。林化产品加工和销售、进出口贸易。
600190	ST 锦州港	锦州港股份有限公司	港务管理、港口装卸、水运辅助业(除客货运输)、公路运输、物资仓储;成品油、化工产品装卸。
600191	华资实业	包头华资实业股份有限公司	生产、销售:糖、食用酒精、颗粒粕;销售:电子元器件、制糖机械设备。
600192	长城电工	兰州长城电工股份有限公司	发电、配电、用电及控制成套装置和电器元件系列产品的开发、生产和销售。
600193	创兴科技	厦门创兴科技股份有限公司	水产品加工、饲料加工业务,海水、淡水养殖,蔬菜、水果的冷冻,保鲜业务,进出口贸易业务。
600195	中牧股份	中牧实业股份有限公司	饲料、饲料添加剂、饲料原料、动物保健品、生物制品、畜禽制品及其副产品的加工、生产。
600196	复星实业	上海复星实业股份有限公司	现代生物医药产品、试剂的开发与生产,生物四技服务,生产销售自身开发的产品和医疗器械。
600197	伊 力 特	新疆伊力特实业股份有限公司	白酒生产和销售、农业综合开发,农副产品(粮食收储,批发及棉花除外)加工和销售。
600198	大唐电信	大唐电信科技股份有限公司	各类通信设备和系统(含无线、卫星及移动通信);各类通信终端;计算机硬件,软件,系统集成。
600199	金牛实业	安徽金牛实业股份有限公司	黄牛繁育,饲料、牛肉、皮革及皮件、生化制品及生化药品、人造奶油及精炼食用油。
600200	江苏吴中	江苏吴中实业股份有限公司	服装、工艺美术品,国内贸易,房地产开发,经营。原料药、输液剂、注射剂等制造、销售。
600201	金宇集团	内蒙古金宇集团股份有限公司	生物药品制造、毛纱加工、精纺毛织品制造、高新技术开发应用;经销金属材料(除专营)等。
600202	哈 空 调	哈尔滨空调股份有限公司	空气冷却冷凝设备、高中低压换热器、制冷空调设备、环保除尘设备、散热器制造。
600203	福日股份	福建福日电子股份有限公司	电视机、多媒体电子信息产品、电子计算机终端显示器及配件、电子产品及通讯设备的制造。
600205	山东铝业	山东铝业股份有限公司	氧化铝、氢氧化铝、多品种氧化铝、金属镓、电解铝、铝合金、碳素制品的生产、销售。
600206	有研硅股	有研半导体材料股份有限公司	研究、开发、生产和销售单晶硅、锗,化合物半导体材料及其制品;半导体行业的技术开发等。
600207	安彩高科	河南安彩高科股份有限公司	生产、销售彩色显像管玻壳、彩色显示器玻壳、节能灯、电子玻璃管等。
600208	中宝股份	中宝科控投资股份有限公司	珠宝、黄金饰品生产、加工、批发、零售;珠宝玉器的加工与销售;矿产地质勘查,矿物分析。
600209	罗顿发展	罗顿发展股份有限公司	酒店经营、装饰工程、油品经营和网络设备及通信业。
600210	紫江企业	上海紫江企业集团股份有限公司	生产 PET 瓶及瓶坯等容器包装、各种瓶盖、标签、涂装材料和其他新型包装材料,销售自产产品。
600211	西藏药业	西藏诺迪康药业股份有限公司	生产和销售诺迪康系列药品(口服液、冲剂、胶囊、酊水剂),天然药物制剂的科研、开发等。
600212	江泉实业	山东江泉实业股份有限公司	陶瓷制品、搪瓷制品、金属制品、铸件、建筑材料的生产、销售;技术开发、转让。
600213	亚星客车	扬州亚星客车股份有限公司	客车、特种车、农用车、汽车零部件的开发、制造、销售及维修服务。

Continued 6

行业代码 Industries Code	董事长 Board Chairman	地址 Address	电话 Telephone Number	邮编 Zipcode
B	莫立崎	山东省邹城市凫山路 40 号	0537-5382319	273500
A	田树华	吉林省长春市人民大街 4036 号	0431-8912969	130021
F	赵(hong)?	锦州经济技术开发区锦港大街 1 段 1 号	0416-3586462	121007
C0	张洪新	包头市东河区	0472-4190473	014045
C7	张晓喜	兰州市城关区农民巷 125 号	0931-8415912	730000
M	陈榕生	厦门市建业路 18 号阳明楼 9 楼(厂址:杏林区苑亭路 89 号)	0592-5311857	361012
C0	区仲生	北京市丰台区星火路 1 号	010-83607506;010-83607777-2206	100070
C8	郭广昌	上海市复兴东路 2 号	021-63325070	200010
C0	徐勇辉	新疆新源县肖尔布拉克	0991-3843248	835811
G	周　寰	北京市海淀区学院路 40 号	010-62302130	100083
C0	锁炳勋	安徽省阜阳市莲花路 259 号	0558-2210568	236023
M	赵唯一	江苏省苏州市吴中区宝带东路 388 号	0512-65253088	215128
C8	张翀宇	内蒙古呼和浩特市鄂尔多斯大街 26 号	0471-5972266*8259	010020
C7	高延生	哈尔滨市道里区买卖街 25 号	0451-84644521	150010
C5	刘捷明	福州市五一北路 169 号福日大厦	0591-3315984	350005
C6	刘兴亮	山东省淄博市淄博高新技术产业开发区柳泉路北首	0533-2930136	255086
C9	敖　宏	北京市新街口外大街 2 号	010-62355380	100088
C5	李留恩	河南省安阳市中州路南段	0372-3932916*2533	455000
C9	沈建伟	上海南京东路 328 号中宝银楼八楼	021-63518156	200001
M	李　维	海南省海口市人民大道 68 号	0898-66266364	570208
C9	李　彧	上海市莘庄工业区申富路 618 号	021-54421100-167	201108
C8	陈达彬	拉萨市北京中路 93 号(成都市中新街 49 号锦贸大厦 18 楼)	028-86653915	850000
C6	王廷江	山东省临沂市罗庄双月门北 300 米东江泉商务楼	0539-8246243	276017
C7	赵振东	扬州市经济开发区扬子江中路 188 号	0514-7850400	225009

续表 7

代码 Code	股票简称 Shares Abbreviation	公司全称 Companies	主营业务范围 Fields
600215	长春经开	长春经济技术开发区开发建设(集团)股份有限公司	开发区内城市基础、公益设施的开发建设;开发区内房地产开发建设与经营。
600216	浙江医药	浙江医药股份有限公司	片剂、胶囊剂、口服液、注射剂、滴服剂、原料药的生产,化学原料药、化学药、抗生素制剂。
600217	秦岭水泥	陕西秦岭水泥股份有限公司	水泥、水泥熟料及水泥深加工产品、水泥生产及研究开发所需原料、其他建材的生产,销售。
600218	全柴动力	安徽全柴动力股份有限公司	柴油机的生产和销售。
600219	南山实业	山东南山实业股份有限公司	毛纺织品、服装、铝材、板材的产品开发、生产、加工、销售;住宿及餐饮服务。
600220	江苏阳光	江苏阳光股份有限公司	呢绒、毛纱、毛线、针纺织品、服装、纺织机械及配件制造、销售、毛洗净分梳、纺织原料。
600221	海南航空	海南航空股份有限公司	经批准的国内航空客货运输业务、周边国家和地区公务包机飞机业务、航空器维修和服务等。
600222	竹林众生	河南竹林众生制约股份有限公司	研制、开发、生产和销售中成药和西药。
600223	万杰高科	山东万杰高科技股份有限公司	化纤新材料、医疗器械、保健用品、热能电力生产销售及许可范围内的医疗服务、康复疗养。
600225	天香集团	华通天香集团股份有限公司	从事油脂业及农业产品的生产、销售。
600226	升华拜克	浙江升华拜克生物股份有限公司	生物农药、兽药原料药及制剂产品的开发、生产、销售业务、热电联供。
600227	赤 天 化	贵州赤天化股份有限公司	尿素的生产及销售。
600228	昌九生化	江西昌九生物化工股份有限公司	尿素、合成氨、甲醇、聚丙烯、白炭黑、丙烯酸及酯等化肥化工原料的开发生产与销售。
600229	青岛碱业	青岛碱业股份有限公司	纯碱、肥料、农药及其他化工产品的生产、加工、销售、服务。
600230	沧州大化	河北沧州大化股份有限公司	尿素、合成氨、硝酸、硝铵等化肥化工产品的产生及销售。
600231	凌钢股份	凌源钢铁股份有限公司	连铸钢坯、热轧小型材、热轧钢坯、焊接钢管的生产和销售。
600232	金鹰股份	浙江金鹰股份有限公司	机械、纺织品、丝绸、服装的生产、加工和销售;黑色及有色金属、机电及机配件的购销等。
600233	大连创世	大连大杨创世股份有限公司	服装制造、服装洗水、包装制品、服饰辅料制造、商业贸易(不含专项审批),进出口业务。
600234	* ST 天龙	太原天龙集团股份有限公司	批发零售副食品及其他食品、针纺织品、百货、劳保用品、日用杂品、五金交电、化工产品。
600235	民丰特纸	民丰特种纸股份有限公司	纸浆、纸和纸制品的制造、销售;造纸设备的设计、制造、安装、维修和技术服务。
600236	桂冠电力	广西桂冠电力股份有限公司	开发建设和管理水电站、火电厂和输变电工程,电力金融方面的经济技术咨询等。
600237	铜峰电子	安徽铜峰电子股份有限公司	电工薄膜、金属化膜、电容器、电力节能装置、元器件的研究、开发、生产、销售等。
600238	海南椰岛	海南椰岛股份有限公司	药酒、饮料、啤酒、医疗保健品、营养食品的生产与销售。
600239	红河光明	云南红河光明股份有限公司	啤酒、饮料、矿泉水、饲料、酱油、二氧化碳、塑料制品、涂料、建筑材料等。
600240	仕奇实业	内蒙古仕奇实业股份有限公司	从事中高档西服、服装、精纺面料的加工及精梳羊毛毛条、化纤条的生产销售及科研开发。
600241	辽宁时代	辽宁时代服装进出口股份有限公司	服装及服装面料辅料的进出口和代理业务;其他商品的进出口及代理业务;服装面料纺织、印染等。
600242	华龙集团	广东华龙集团股份有限公司	
600243	青海华鼎	青海华鼎实业股份有限公司	高科技机械产品开发、制造、数控机床、加工中心、专用机械设备、石油机械、环保设备等。

Continued 7

行业代码 Industries Code	董事长 Board Chairman	地址 Address	电话 Telephone Number	邮编 Zipcode
J	江　才	吉林省长春市自由大路 118 号	0431-4644225	130031
C8	李春波	浙江省杭州市中河路司马渡巷 60 号	0571-87213883	310003
C6	兰建文	陕西省耀县县城东郊	0919-6233649	727100
C7	肖正海	安徽省全椒县襄河镇建设东路 70 号	0550-5011156	239500
C1	宋建波	山东省龙口市东江镇前宋村	0535-8616188	265718
C1	陈丽芬	江苏省江阴市新桥镇马嘶桥	0510-6121688	214426
F	陈　峰	海南省海口市海秀路 29 号海航发展大厦	0898-66739996	570206
C8	李景亮	郑州市高新技术产业开发区金梭路 8 号	0371-7982194	450001
M	刘　东	山东省淄博市高新技术产业开发区	0533-3585809	255086
A	薛仕成	上海市黄浦区宁波路 1 号申华金融大厦 17 楼	021-63372066	200002
C4	夏士林	浙江省德清县钟管工业区	0572-8402738	313220
C4	郑才友	贵州省赤水市化工路	0852-2878874	564707
C4	肖建国	南昌市洪都北大道 316 号四楼	0791-8504560	330077
C4	罗方辉	青岛市四流北路 78 号	0532-4822574	266043
C4	杨　立	河北省沧州市北环中路 66 号沧州大化办公楼	0317-3556143	061000
C6	高益荣	辽宁省凌源市钢铁路 3 号	0421-6834429	122500
C1	傅国定	浙江省舟山市定海区小沙镇	0580-8021228	316051
C1	石祥麟	大连经济技术开发区哈尔滨路 23 号	0411-7610778	116600
H	田根牛	太原市迎泽大街 291 号	0351-4040922	030001
C3	吕士林	浙江省嘉兴市用里街 70 号	0573-2812992	314000
K	杨　庆	中国广西南宁市民主北四里 6 号	0771-5636271	530023
C7	陈升斌	安徽省铜陵市石城路 168 号	0562-2809105	244000
C0	张春昌	海南省海口市龙昆北路东 12 号椰岛办公大楼	0898-66532989	570135
C0	赵　超	云南省开远市市西南路 120 号	0873-7123420	661600
C1	于志辉	呼和浩特市诺和木勒大街 54 号	0471-5920334	010020
C1	范晓远	大连市中山区港湾街 7 号时代大厦	0411-2798051	116001
A	岑长篇	广州市寺右新马路 111 号五羊新城广场 21 楼	020-87377000	510600
C7	于世光	青海省西宁市解放路 16 号	0971-8224982	810000

续表 8

代码 Code	股票简称 Shares Abbreviation	公司全称 Companies	主营业务范围 Fields
600246	先锋股份	北京万通先锋置业股份有限公司	农副产品、粮油制品、饲料的加工、开发、销售。
600247	物华股份	吉林物华集团股份有限公司	柜台和场地出租、办公自动化设备及配件、消耗材料经销;废旧物资及闲置物资的经销。
600248	秦丰农业	杨凌秦丰农业科技股份有限公司	农作物种子及种畜的培育、生产、销售;农业新技术及野生植物资源的研究开发等。
600249	两 面 针	柳州两面针股份有限公司	口腔卫生用品、妇女卫生用品和洗涤用品等日用化工产品的生产销售。
600250	南纺股份	南京纺织品进出口股份有限公司	
600251	冠农股份	新疆冠农果茸股份有限公司	果业种植、仓储、加工及销售;农业综合开发;马鹿养殖;机电设备、五金交电产品、百货、建筑材料、化工产品。
600252	中恒集团	广西梧州中恒集团股份有限公司	城市基础设施的建设和经营、工程施工、工程设计、建筑材料、住宅建设、物业管理、装饰。
600253	天方药业	河南天方药业股份有限公司	
600255	鑫科材料	安徽鑫科材料股份有限公司	稀土光亮铜杆、稀土合金铜带、超薄铜箔、金属基碳纤维复合材料制品的开发、生产、销售。
600256	广汇股份	新疆广汇实业股份有限公司	花岗岩开采、加工、销售,塑钢门窗生产、销售及安装服务;房地产购销与租赁;国内商业。
600257	洞庭水殖	湖南洞庭水殖股份有限公司	水产品、水禽养殖、加工、销售及深度综合开发;生物工程(国家有专项规定的除外)研究等。
600258	首旅股份	北京首都旅游股份有限公司	项目投资及管理、旅游服务、饭店经营及管理、旅游资源开发及销售、承办展览展示活动。
600259	兴业聚酯	海南兴业聚酯股份有限公司	聚酯切片及化纤、纺织原料及成品的生产及销售;化工产品(专营除外)、五金工具等。
600260	凯乐科技	湖北凯乐新材料科技股份有限公司	塑料硬管及管件、软管、塑料零件及塑料土工合成材料、新型建材装饰材料的制造、销售。
600261	浙江阳光	浙江阳光集团股份有限公司	节能电光源、照明电器、仪器设备的开发、制造、销售;照明电器的进出口国际业务等。
600262	北方股份	内蒙古北方重型汽车股份有限公司	生产、销售"特雷克斯"各种不同型号的非公路自卸汽车和铲运机、装载机等工程机械。
600263	路桥建设	路桥集团国际建设股份有限公司	公路、桥梁、机场、隧道、给水、排水及其他土木工程建设项目的总承包;建筑机械开发等。
600265	景谷林业	云南景谷林业股份有限公司	经营本企业自产的脂松香、脂松节油等林产化工产品;人造板,森林资源培育,木材采运等。
600266	北京城建	北京城建投资发展股份有限公司	承担各类工业、民用、能源、交通、市政、地铁、水电、公共建筑等工程建设的工程总承包。
600267	海正药业	浙江海正药业股份有限公司	化学原料药,化学中间体,医药制剂、生物制药,中成药、中药制剂的生产、开发、销售。
600268	国电南自	国电南京自动化股份有限公司	输配电线路保护,电力主设备保护及自动装置;调度自动化系统等各类自动化产品的研制开发。
600269	赣粤高速	江西赣粤高速公路股份有限公司	项目融资、建设、经营、管理、公路、桥梁和其他交通基础设施的投资、建设、管理、收费。
600270	外运发展	中外运空运发展股份有限公司	
600271	航天信息	航天信息股份有限公司	电子及通信设备、计算机及外部设备、智能化机电产品、财税专用设备的研制、生产、销售;信息安全技术开发与销售。
600272	开开实业	上海开开实业股份有限公司	衬衫、羊毛衫、日用百货、针棉织品、服装鞋帽、五金家电、一般工业品、雨具、纺织品。

Continued 8

行业代码 Industries Code	董事长 Board Chairman	地址 Address	电话 Telephone Number	邮编 Zipcode
J	张　研	北京市朝阳区辛店路 162 号亚运新新家园院内	010-51737536	010002
H	成卫文	吉林省吉林市怀德街 29 号	0432-2491247	132001
A	庄　峰	西安经济技术开发区凤城二路 6 号	029-6522223 * 8615	710016
C4	梁英奇	广西柳州市柳北区长风路 2 号	0772-2506005	545001
H	单晓钟	南京市鼓楼区云南北路 77 号	025-83306789-1602	210009
A	王　平	新疆库尔勒市人民西路 86 号	0996-2038156	841000
M	黄葆源	广西梧州市蝶山一路 3 号	0774-5830828	543002
C8	崔晓峰	河南省驻马店市光明路 2 号	0396-3823517	463003
C9	周瑞庭	安徽省芜湖市经济技术开发区珠江路 23 号	0553-5847323	241009
J	杨铁军	新疆维吾尔自治区乌鲁木齐经济技术开发区上海路 6 号	0991-3719668	830026
A	罗祖亮	湖南省常德市人民中路 358 号华都大酒店 6-7 层	0736-7223888 * 3688	415000
K	刘　毅	北京市西城区复兴门内大街 51 号(民族饭店四层)	010-66014466 * 446	100031
C1	刘连琏	海南省海口市港澳工业区兴业路 19 号	0898-68669470	570314
C4	朱弟雄	湖北省公安县斗湖堤镇城关	0716-5209491	434300
C5	陈森洁	浙江省上虞市凤山路 129 号阳光大厦	0575-2027721	312300
C7	周宝亮	内蒙古包头市青山区	0472-2207888	014030
E	马国栋	北京东城区东中街 9 号东环广场 A 座写字楼八层	010-64181166	100027
A	马春华	云南省景谷傣族彝族自治县威远路 47 号	0879-5224784	666400
E	佟永贵	北京市朝阳区北土城西路 11 号新城市科技大厦	010-82275566-608	100029
C8	白　骅	浙江省台州市椒江区外沙路 46 号	0571-85278141、8827809	318000
C7	江自生	江苏省南京市新模范马路 38 号	025-83410173	210003
F	吴绍明	南昌市洪城路 508 号方兴大厦	0791-6504265	330025
F	张　斌	北京市海淀区西三环北路 21 号久凌大厦	010-68405606	100089
G	夏国洪	北京市海淀区中关村南大街二号北京科技会展中心写字楼 30 层	010-82513232	100080
C1	江玉森	上海市万航渡路 888 号 24 层	86-21-62127558	200042

续表 9

代码 Code	股票简称 Shares Abbreviation	公司全称 Companies	主营业务范围 Fields
600273	华芳纺织	华芳纺织股份有限公司	针纺织品、服装制造、纺织原料销售,实业投资;经营本企业自产产品及技术的出口业务;经营本企业生产、科研。
600275	武昌鱼	湖北武昌鱼股份有限公司	淡水鱼类及其他水产品养殖(屠宰)、蔬菜种植及以上产品的加工、储运、销售;科技服务等。
600276	恒瑞医药	江苏恒瑞医药股份有限公司	原料药、片剂、硬胶囊剂、注射剂、SP 铝箔、PTP 铝箔、OP 保护剂、VC 黏和剂制造、销售。
600277	亿利科技	内蒙古亿利科技实业股份有限公司	芒硝矿、湖盐、原碱开采利用,无机化学品、医药产品科技开发和生产、销售。
600278	东方创业	东方国际创业股份有限公司	自营和代理除国家统一组织或核定经营的进出口商品以外的商品及技术进出口业务。
600279	重庆港九	重庆港九股份有限公司	主要从事内河货物运输、货物装卸、搬运,商品储存(不含危险品),船舶修理。
600280	南京中商	南京中央商场股份有限公司	百货、食品、针织服装、五金交电化工等商品的零售、变电站计算机监控系统产品的研制等。
600281	太化股份	太原化工股份有限公司	研制、开发、生产、销售化工产品及原料,化肥,焦炭,煤气,生物化工产品,精细化工产品。
600282	南钢股份	南京钢铁股份有限公司	黑色金属冶炼及压延加工,钢材、钢坯及其他金属材料销售。
600283	钱江水利	钱江水利开发股份有限公司	水力发电、供水(凭卫生许可证)、水利资源开发、水利工程承包、水产养殖、实业投资。
600285	羚锐股份	河南羚锐制药股份有限公司	从事中药硬膏剂、冲剂、搽剂、片剂、胶囊剂等的生产和销售。
600286	国光瓷业	湖南国光瓷业集团股份有限公司	日用瓷、工艺瓷、建筑瓷、卫生瓷、耐火材料、纸箱、瓷用花纸制造、销售等。
600287	江苏舜天	江苏舜天股份有限公司	各类服装、面料、辅料及相关的纺织服装产品的生产、加工和进出口贸易。
600288	大恒科技	大恒新纪元科技股份有限公司	光学、激光、红外元器件及设备、计算机软硬件、多媒体产品、办公自动化设备、医疗器械。
600289	亿阳信通	亿阳信通股份有限公司	计算机软、硬件技术开发、生产、销售及应用系统集成;通讯技术等研制、开发、生产等。
600290	苏福马	苏福马股份有限公司	林业机械、木工机械、人造板机械、柴油发动机的制造、销售;各种车辆(不含小轿车)销售。
600291	西水股份	内蒙古西水创业股份有限公司	水泥、熟料的制造、销售,计算机硬件销售及软件开发。
600292	九龙电力	重庆九龙电力股份有限公司	电力生产,电力技术服务;销售电机,输变电设备,电器机械及器材,电子元件,煤炭,化工产品。
600293	三峡新材	湖北三峡新型建材股份有限公司	石膏及制品、平板玻璃及玻璃深加工制品的生产和销售、新型建材的科研、开发与生产销售。
600295	鄂尔多斯	内蒙古鄂尔多斯羊绒制品股份有限公司	羊绒制品的生产和销售。
600296	兰州铝业	兰州铝业股份有限公司	铝冶炼、铝材加工、批发零售、技术培训。
600297	美罗药业	大连美罗药业股份有限公司	原料药、片剂、粉针剂、口服液、胶囊剂、抗生素、玻璃仪器生产、批发和零售。
600298	安琪酵母	湖北安琪酵母股份有限公司	酵母及深加工产品、生物制品、食品添加剂、豆制品、奶制品、调味品、粮食制品的生产等。
600299	星新材料	蓝星化工新材料股份有限公司	有机硅单体及相关产品的研制、生产、销售;化学合成材料、化工产品的开发、生产、销售。
600300	维维股份	徐州维维食品饮料股份有限公司	研究、开发、生产食品、饮料系列产品及相关产品,销售自产产品等。
600301	南化股份	南宁化工股份有限公司	主要从事氯碱化工产品及其系列产品、农药、消毒剂的生产和销售等。

Continued 9

行业代码 Industries Code	董事长 Board Chairman	地址 Address	电话 Telephone Number	邮编 Zipcode
C1	张正龙	张家港市塘桥镇人民南路 1 号	0512-58438202	215611
A	傅小安	湖北省鄂州市鄂城区南浦南路特一号	0711-3252863	436000
C8	孙飘扬	连云港市新浦区人民东路 145 号	0518-5465745	222002
C4	王瑞丰	内蒙古鄂尔多斯市东胜区鄂尔多斯西街亿利科技大厦	0477 8372708	017000
H	汪　阳	上海市娄山关路 85 号 A 座	021-62785489	200336
F	张延礼	重庆市九龙坡区盘龙镇盘龙五村 113-13 号	023-63805249	400051
H	胡晓军	江苏省南京市中山南路 79 号	025-84728470	210005
C4	余乾元	山西省太原市迎泽区文源巷 15 号	0351-4181612	030001
C6	肖同友	江苏省南京市六合区卸甲甸	025-57052160,57072486	210035
D	何中辉	浙江省杭州市赤山埠路 47 号	0571-87974386	310013
C8	熊维政	河南省新县向阳路 232 号	0397-2989188	465550
C6	陈旭光	长沙市芙蓉中路松桂园海东青大厦八楼	0731-4323118	410005
H	董启彬	南京市建邺路 98 号舜天大厦	025-84208688 * 81424	210004
G	张家林	北京市海淀区中关村大街 22 号中科大厦十一层	010-62628443	100080
G	邓　伟	北京市海淀区亮甲店 130 号亿阳大厦、哈尔滨高新技术产业开发区 1 号楼	010-82666789	100038
C7	蒋祖辉	江苏省苏州市西大营门 57 号	0512-67513621	215003
C6	胡佃平	内蒙古乌海市海南区	0473-4661666	016032
D	田　勇	重庆市九龙坡区渝州路 37 号	023-68637303	400041
C9	徐　麟	湖北省当阳市经济技术开发区	0717-3280108	444105
C1	王林祥	内蒙古鄂尔多斯市东胜区达拉特南路 102 号	0477-8543509	017000
C6	冯诗伟	兰州市西固区山丹街 375 号	0931-7549414	730060
C8	张成海	大连市中山区中山路 112 号	0411-3631991 * 905	116001
C0	俞学锋	湖北省宜昌市中南路 24 号	0717-6352865	443003
C4	文亚非	北京市朝阳区北三环东路 17 号	010-64421553	100029
C0	崔桂亮	江苏省徐州市城南开发区维维集团总部	0516-3290169	221111
C4	陈载华	广西南宁市亭洪路 80 号	0771-4835135	530031

续表 10

代码 Code	股票简称 Shares Abbreviation	公司全称 Companies	主营业务范围 Fields
600302	标准股份	西安标准工业股份有限公司	经营系列工业缝纫机,特种工业缝纫机,机电一体化产品,机械设备的研制、开发、生产及销售。
600303	曙光股份	辽宁曙光汽车集团股份有限公司	
600305	恒顺醋业	江苏恒顺醋业股份有限公司	
600306	商 业 城	沈阳商业城股份有限公司	
600307	酒钢宏兴	甘肃酒钢集团宏兴钢铁股份有限公司	
600308	华泰股份	山东华泰纸业股份有限公司	造纸,非出版物印刷,纸制品加工及纸料加工,热电,化工产品,机械制造、销售,货物运输。
600309	烟台万华	烟台万华聚氨酯股份有限公司	
600310	桂东电力	广西桂东电力股份有限公司	
600311	荣华实业	甘肃荣华实业(集团)股份有限公司	
600312	平高电气	河南平高电气股份有限公司	
600313	*ST 中农	中垦农业资源开发股份有限公司	
600315	上海家化	上海家化联合股份有限公司	
600316	洪都航空	江西洪都航空工业股份有限公司	基础教练机、通用飞机、其他航空产品及零部件的设计、研制、生产、销售、维修。
600317	营 口 港	营口港务股份有限公司	港口装卸、堆存、运输服务。
600318	巢东股份	安徽巢东水泥股份有限公司	水泥及相关产品、轻钢结构、新型建材产品生产、销售;建材设计;设备制造、安装、调试等。
600319	亚星化学	潍坊亚星化学股份有限公司	
600320	振华港机	上海振华港口机械(集团)股份有限公司	设计、制造及销售大型港口设备、工程船舶以及大型金属结构和它们的部件、配件。
600321	国栋建设	四川国栋建设股份有限公司	
600322	天房发展	天津市房地产发展(集团)股份有限公司	房地产开发及商品房销售;(以下限分支机构经营)物业管理;建筑设计、咨询;商业(内贸);物资供销和仓储。
600323	南海发展	南海发展股份有限公司	
600325	华发股份	珠海华发实业股份有限公司	
600326	西藏天路	西藏天路交通股份有限公司	
600327	大厦股份	无锡商业大厦股份有限公司	国内贸易,金饰品的修理改制,摩托车维修,家用电器的安装、维修,服装、眼镜的加工业务,商品包装、仓储业。
600328	兰太实业	内蒙古兰太实业股份有限公司	
600329	中新药业	天津中新药业集团股份有限公司	
600330	天通股份	浙江天通电子股份有限公司	
600331	宏达股份	四川宏达化工股份有限公司	普通过磷酸钙、复合肥、锌锭、氧化铵、销酸钾、氯化铵、氟硅酸钠、塑料编织袋、硫酸钾、磷酸二氢钾、磷酸氢。
600332	广州药业	广州药业股份有限公司	
600333	长春燃气	长春燃气股份有限公司	煤气、冶金焦炭、煤焦油生产销售、天然气生产销售、电力项目开发、燃气具生产销售。
600335	中 发 展	中外建发展股份有限公司	
600336	澳 柯 玛	青岛澳柯玛股份有限公司	
600337	美克股份	美克国际家具股份有限公司	生产销售装饰、装修材料、实木家具、聚酯家具及配套产品。
600338	*ST 珠峰	西藏珠峰工业股份有限公司	
600339	天利高新	新疆独山子天利高新技术股份有限公司	
600340	国祥股份	浙江国祥制冷工业股份有限公司	恒温恒湿机、冷冻机组、冷水机组及其他制冷设备,风机盘管、组合式空调机组及其他空调末端设备,节能环保空调。
600343	航天动力	陕西航天动力高科技股份有限公司	航天技术流体机械系列液力变矩器;特种泵的研究、设计、试验、生产、销售;智能仪器仪表系列产品、机电产品。

Continued 10

行业代码 Industries Code	董事长 Board Chairman	地址 Address	电话 Telephone Number	邮编 Zipcode
C7	赵新庆	西安市太白南路 1 号	029-8279352	710068
C7	李进巅	丹东市振安区曙光路 50 号	0415-4146825	118001
C0	叶有伟	镇江市中山西路 84 号	0511-5233758	212004
H	张殿华	沈阳市沈河区中街路 212 号	024-24865838	110011
C6	王酒生	甘肃省嘉峪关市雄关东路 12 号	0937-6715370	735100
C3	李建华	山东省东营市广饶县大王镇	0546-6871957	257335
C4	丁建生	烟台市幸福南路 7 号	0535-6837888 * 8537	264002
D	温昌伟	广西贺州市平安西路 12 号	0774-5297881	542800
C0	张严德	甘肃省武威市东关街荣华路 1 号	0935-6151222	733000
C7	张炳文	河南省平顶山市南环东路 22 号	0375-3804061	467001
A	李小平	北京市丰台区桥南科学城星火路 1 号昌宁大厦 11 层 A 室	010-83607371	100070
C4	葛文耀	上海市保定路 527 号	021-65456400 * 3725	200082
C7	田　民	南昌市新溪桥	0791-8467843	330024
F	高宝玉	辽宁省营口市鲅鱼圈区新港大路一号	0417-6268507	115007
C6	陈学祥	巢湖市长江西路 269 号	0565-2391720	238001
C4	董顺兴	山东省潍坊市奎文区鸢飞路 899 号	0536-8667941	261031
C7	刘怀远	上海市浦东南路 3470 号	021-58395000	200125
C6	王春鸣	四川省成都市双流板桥	028-5805811	610206
J	张连选	天津市和平区常德道 80 号	022-23122254	300050
D	何向明	广东省佛山市南海区桂城南海大道建行大厦 22 楼	0757-86284278	528200
J	刘亚非	珠海市拱北丽景花园华发楼	0756-8282938	519020
F	扎西江措	西藏拉萨市夺底路 14 号	0891-6389878	850000
H	潘霄燕	江苏省无锡市中山路 343 号	0510-2702093	214001
C4	王　刚	内蒙古自治区阿拉善左旗吉兰泰镇	0483-8838636	750333
C8	詹原竟	天津市南开区白堤路云居里 5 号	022-27020926	300193
C5	潘广通	浙江省海宁市龙祥写字楼 18 层	0573-7230878	314400
C4	刘沧龙	成都市锦里东路 2 号宏大大厦	028-86141081	610041
C8	蔡志祥	中国广东省广州市沙面北街 45 号	020-81218084	510130
D	王　振	长春市朝阳区延安大路 421 号	0431-5954615	130021
C7	李鹤鹏	天津河东区津塘路 156 号	022-24935580	300180
C7	鲁群生	青岛经济技术开发区前湾港路 315 号	0532-6765129	266510
C2	冯东明	新疆乌鲁木齐经济技术开发区迎宾南路 15 号	0991-3836028	830014
C7	旦　增	四川省成都市西南航空港经济开发区长城路 8 号	028-85885216	610225
C4	付德新	新疆独山子区大庆东路 2 号	0992-3655959	833600
C5	陈天麟	浙江省上虞市百官镇中塘	0575-2158818	312300
C7	王新敏	西安高新技术产业开发区高新一路 17 号	029-5208628	710075

续表 11

代码 Code	股票简称 Shares Abbreviation	公司全称 Companies	主营业务范围 Fields
600345	长江通信	武汉长江通信产业集团股份有限公司	
600346	冰山橡塑	大连冰山橡塑股份有限公司	橡胶机械专用设备、塑料机械专用设备及其零部件的开发、研制和销售。
600348	国阳新能	山西国阳新能股份有限公司	煤炭生产、洗选加工、销售。电力生产、销售。
600350	山东基建	山东基建股份有限公司	对高等级公路、桥梁、隧道基础设施的投资、管理、养护、咨询服务及批准的收费、救援、加油、清障、仓储。
600351	亚宝药业	山西亚宝药业集团股份有限公司	生产及销售原料药、小容量注射剂、片剂、硬胶囊剂、颗粒剂、茶剂、口服液、软膏剂、保健用品、卫生材料。
600352	浙江龙盛	浙江龙盛集团股份有限公司	染料及助剂、化工产品的技术开发、技术转让,技术咨询服务、生产、销售(化学危险品凭许可证经营)。
600353	旭光股份	成都旭光电子股份有限公司	研制、开发、生产和销售电子真空器件、电子整机、高低压成套配电装置、电子通信产品、电子元器件、集成电路。
600354	敦煌种业	甘肃省敦煌种业股份有限公司	农作物种子的繁育、生产、加工与销售;棉花的收购、加工销售及副产品经营。
600355	精伦电子	武汉精伦电子股份有限公司	电子、通信、计算机、光机电一体化技术的开发、研制、技术服务及咨询;电子产品及通信设备、机电产品、仪器。
600356	恒丰纸业	牡丹江恒丰纸业股份有限公司	
600357	承德钒钛	承德新新钒钛股份有限公司	含钒低合金钢棒材,包括含钒低合金螺纹钢筋、含钒低合金圆钢的生产与销售;五氧化二钒、钒铁合金的生产。
600358	国旅联合	国旅联合股份有限公司	旅游产业投资、汽车客运、出租汽车经营,旅游信息咨询服务,国内贸易,旅游电子商务。
600359	新农开发	新疆塔里木农业综合开发股份有限公司	棉花、粮食的生产、加工及销售。
600360	华微电子	吉林华微电子股份有限公司	
600361	华联综超	北京华联综合超市股份有限公司	销售百货、针纺织品、日用杂品、医疗器材、五金交电化工、化工轻工材料、包装食品、包装饮料、土产品等。
600362	江西铜业	江西铜业股份有限公司	有色金属矿、稀贵金属、非金属矿;有色金属及相关副产品的冶炼、压延加工与深加工;自产产品的售后服务。
600363	联创光电	江西联创光电科技股份有限公司	
600365	通葡萄酒	通化葡萄酒股份有限公司	
600366	宁波韵升	宁波韵升(集团)股份有限公司	经营八音琴、八音琴工艺礼品及玩具、计算机配件、模具、磁性材料制造。
600367	红星发展	贵州红星发展股份有限公司	
600368	五洲交通	广西五洲交通股份有限公司	
600369	长运股份	重庆长江水运股份有限公司	
600370	三 房 巷	江苏三房巷实业股份有限公司	化纤原料及制品、棉制品、印染布、色织布、服装生产与销售;布匹染整、印花;经营本企业自产产品及技术输出。
600371	华冠科技	黑龙江华冠科技股份有限公司	以玉米为主的农副产品深加工的技术研究和生产经营,目前产品包括柠檬酸系列产品、生物驱油剂、饲料等。
600372	昌河股份	江西昌河汽车股份有限公司	
600373	鑫新股份	江西鑫新实业股份有限公司	客车制造、发动机及电器使用的各类铜线材、管材的制造;汽车配件、铜制品及其他有色金属材料的生产、加工。
600375	星马汽车	安徽星马汽车股份有限公司	专用汽车、汽车配件、建材、建筑机械、金属材料生产、销售;自产 AH 系列专用改装车出口;本企业生产所需要原料的采购。
600376	天鸿宝业	北京天鸿宝业房地产股份有限公司	
600377	宁沪高速	江苏宁沪高速公路股份有限公司	
600378	天科股份	四川天一科技股份有限公司	

Continued 11

行业代码 Industries Code	董事长 Board Chairman	地址 Address	电话 Telephone Number	邮编 Zipcode
G	熊瑞忠	武昌珞瑜路 546 号东湖新技术开发区管理大楼 16-17 层	027-67880329	430070
C7	穆传江	辽宁省大连市甘井子区周水子广场 1 号	0411-6641378	116033
B	石盛奎	山西省阳泉市北大街 5 号	0353-7078728	045000
K	孙　亮	济南市经十路 71 号山东大学科技园创业中心	0531-2662922	250061
C8	任武贤	山西芮城县富民路 43 号	0359-3088178	044600
C4	阮水龙	浙江省上虞市道墟镇	0575-2040698	312368
C5	何　琼	成都市新都区电子路 172 号	028-83967182	610500
A	王大和	甘肃省酒泉市盘旋东路 10 号	0937-2663938	735000
C5	张学阳	湖北省武汉市东湖开发区庙山小区	027-87921111-3226	430223
C3	徐　祥	黑龙江省牡丹江市阳明区造纸路 11 号	0453-6331111-6600	157013
C6	晋心翠	承德市双滦区	0314-4073574	067002
K	李禄安	南京汉中路 89 号金鹰国际商城 18 层 A 座	025-84711172	210029
A	李　兵	新疆阿克苏市健康路 3 号社会保险大楼 5 层	0997-2134083	843000
C5	夏增文	吉林省吉林市高新区深圳街 99 号	0432-4678411	132013
H	赵国清	北京西城区阜外大街 1 号	010-88363718	100037
C6	何昌明	江西省贵溪市冶金大道 15 号	0701-3777735	335424
C5	程德保	南昌国家高新京东大道 168 号	0791-8161878	330029
C0	于永利	通化市前兴路 28 号	0435-3948012	134002
C7	竺韵德	浙江省宁波市江东民安路 348 号	0574-87776804	315040
C4	姜志光	贵州省安顺市镇宁县丁旗镇贵州红星发展股份有限公司	0853-6780066	561206
F	王维平	广西南宁市新民路 48 号	0771-2838485	530012
F	陈建威	重庆市渝中区陕西路 1 号	023-63819926	400011
C1	卞平刚	江苏江阴周庄镇三房巷	0510-6229867	214423
C0	付华廷	哈尔滨市南岗区玉山路 18 号	0451-82368418 转 8807	150090
C7	吴　全	江西省景德镇市东郊	0798-8448974	333002
C6	温显来	江西省上饶市南环路 2 号	0793-8231052	334001
C7	刘汉如	安徽马鞍山经济技术开发区	0555-823012	243041
J	潘刚升	北京市东城区安定门外大街 183 号京宝花园二层	010-64256268	100011
F	沈长全	中华人民共和国江苏省南京市石鼓路 69 号江苏交通大厦	8625-84469332	210004
C4	冯孝庭	四川省成都市机场路 445 信箱	028-85963417	610225

续表 12

代码 Code	股票简称 Shares Abbreviation	公司全称 Companies	主营业务范围 Fields
600379	宝光股份	陕西宝光真空电器股份有限公司	高、中、低压真空电力电器，无线电元器件、器材、材料，高新元件、弹性元件的研制、生产、批发、零售及服务。
600380	健 康 元	健康元药业集团股份有限公司	
600381	白 唇 鹿	青海白唇鹿股份有限公司	
600382	广东明珠	广东明珠集团股份有限公司	
600383	金地集团	金地(集团)股份有限公司	
600385	ST 金泰	山东金泰集团股份有限公司	
600386	北京巴士	北京巴士股份有限公司	
600387	海越股份	浙江海越股份有限公司	
600388	龙净环保	福建龙净环保股份有限公司	
600389	江山股份	南通江山农药化工股份有限公司	
600390	金瑞科技	金瑞新材料科技股份有限公司	
600391	成发科技	四川成发航空科技股份有限公司	从事研究、制造、加工、维修、销售航空发动机及零部件、燃气轮机及零部件、机械设备、非标准设备、环保设备。
600392	太工天成	太原理工天成科技股份有限公司	
600393	东华实业	广州东华实业股份有限公司	
600395	盘江股份	贵州盘江精煤股份有限公司	
600396	金山股份	沈阳金山热电股份有限公司	
600397	安源股份	安源实业股份有限公司	煤矸石综合开发利用、煤矸石发电及其技术服务，煤炭生产、销售，汽轮发电机的维修，客车空调及其他制冷设备。
600398	凯诺科技	凯诺科技股份有限公司	
600399	抚顺特钢	抚顺特殊钢股份有限公司	
600400	红豆股份	江苏红豆实业股份有限公司	
600401	江苏申龙	江苏申龙高科股份有限公司	新型包装材料、塑料制品、精密膜具、印花印刷辊筒的研制、销售，纸制品、通讯设备(卫星地面接收设施除外)。
600403	欣网视讯	南京欣网视讯科技股份有限公司	电子计算机软件设计、开发、销售、技术服务；通信设备产品(不含地面卫星接收设备)及配套设备电子元器件。
600406	国电南瑞	国电南瑞科技股份有限公司	发电、输电、变电、配电、供电控制系统设备；计算机及外部设备；通信交换、通信终端及通信设备(不含卫星地面接收设备)。
600408	安泰集团	山西安泰集团股份有限公司	生产、销售焦炭及副产品、生铁、钢材、水泥及制品、电力、碳素制品；煤炭洗选；石灰石开采、加工；货物运输。
600409	三友化工	唐山三友化工股份有限公司	纯碱、食用添加剂碳酸钠及系列产品的生产、销售，经营本企业自产产品和技术的出口业务和本企业所需的原辅材料。
600415	小商品城	浙江中国小商品城集团股份有限公司	实业投资开发，市场开发经营，市场配套服务，金属材料、建筑装饰材料、百货、针纺织品、五金交电化工、办公用品。
600416	湘电股份	湘潭电机股份有限公司	生产、销售发电机、交直流电动机、特种电机、矿用电机车、电动轮自卸车、工矿配件、轻轨车、地铁车辆。
600418	江淮汽车	安徽江淮汽车股份有限公司	汽车底盘、齿轮箱等汽车配件的开发、制造、销售；汽车修理；新技术开发、新产品研制。
600419	新疆天宏	新疆天宏纸业股份有限公司	
600422	昆明制药	昆明制药集团股份有限公司	三七系列产品、蒿甲醚系列产品、天麻素、秋水仙碱等名、特、优、新天然药物产品。
600423	柳化股份	柳州化工股份有限公司	硝铵、硝酸、氮肥、纯碱、硝酸钠、亚硝酸钠、工业甲醇、工业甲醛、液氨、硫磺、重碱制造，煤炭的销售与经营。
600425	青松建化	新疆青松建材化工股份有限公司	建筑材料、工业用氧气、无机酸、烧碱、磷肥、复合肥、电力的生产和经营；铸钢铁、汽车运输、机械维修。

Continued 12

行业代码 Industries Code	董事长 Board Chairman	地址 Address	电话 Telephone Number	邮编 Zipcode
C7	张荣华	陕西省宝鸡市高新技术开发区英达路五号	0917-3561507	721006
C8	朱保国	深圳市罗湖区深南东路 5002 号地王商业大厦 23F	0755-82478966	518008
C1	黄贤优	青海省西宁市团结桥路 53 号	0971-8018897	810015
C7	张坚力	广东省兴宁市兴城镇赤巷口	0753-3338549	514500
J	凌　克	深圳市福田区福强路金地商业大楼 5-6 楼	0755-83303333	518048
C8	黄俊钦	山东省济南市洪楼西路 29 号	0531-8902341	250100
F	张国光	北京市海淀区紫竹院路 32 号	010-68477383	100044
F	吕小奎	浙江省诸暨市西施大街 59 号	2575-7011796	311800
C7	周苏华	福建省龙岩市新罗区陵园路 81 号	0597-2210288	364000
C4	蔡建国	江苏省南通市姚港路 35 号	0513-3517961	226006
C9	王晓梅	湖南省长沙市岳麓区麓山南路 1 号	0731-8657400	410012
C7	赵桂斌	成都市双桥子	028-84509005	610067
G	杜文广	太原市千峰南路鸿峰花园 10-11 号楼 5 层	0351-6018786	030024
J	杨树坪	广州市东山区寺右新马路 111 号 30 楼	020-87393888	510600
B	郑　华	贵州省六盘水市红果经济开发区干沟桥	0858-3703046	553536
D	赵首先	沈阳市和平区南五马路 189 巷 1 号	024-23229022-302	110006
C7	徐绍芳	江西省萍乡市昭萍东路 3 号	0799-6581388	337003
C1	叶惠丽	江苏省江阴市新桥镇	0510-6121388	214426
C6	赵明远	辽宁省抚顺市望花区鞍山路东段 8 号	0413-6678441	113001
C1	周海江	江苏省锡山市港下镇	0510-8761888 * 278	214199
C4	陆建平	江苏省江阴市申港镇申圩路	0510-6620263	214443
G	周　易	南京市龙蟠中路 168 号江苏软件园 53 号楼	025-84669999	210002
G	闵　涛	南京市高新技术产业开发区 D10 幢	025-83429900-2315、83407064	210061
C4	李安民	山西省介休市安泰工业区安泰集团股份公司	0354-7531034	032002
C4	么志义	河北省唐山市南堡开发区	0315-8517040	063305
H	傅日高	浙江省义乌市宾王路 158 号	0579-5544419	322000
C7	周建雄	湖南省湘潭市下摄司街 302 号	0732-8595089	411101
C7	左延安	安徽合肥市东流路 176 号	0551-3453130	230022
C3	李国民	新疆石河子市西三路(公司办公楼)	0993-7526008	832009
C8	李南高	云南省昆明市国家高新技术开发区科医路 166 号	0871-8170006	650118
C4	吴铭爵	柳州市北雀路 67 号	0772-2516580	545002
C6	甘　军	新疆维吾尔自治区阿克苏市林园	0097-2811282	843005

续表 13

代码 Code	股票简称 Shares Abbreviation	公司全称 Companies	主营业务范围 Fields
600426	华鲁恒升	山东华鲁恒升化工股份有限公司	化学肥料、醇类、醛类、树脂、胺类、羰基化合物的生产、销售;资格证书范围内的进出口业务。
600428	中远航运	中远航运股份有限公司	远洋运输及沿海运输业,水陆空联运;批发、零售贸易;船舶代理、租赁、买卖、维修及制造;装卸服务;仓储。
600429	三元股份	北京三元食品股份有限公司	加工乳制品、饮料、食品、原材料、保健食品、冷食冷饮;生产乳品机械、食品机械;住宿(限广安门宾馆经营)。
600432	吉恩镍业	吉林吉恩镍业股份有限公司	镍、铜、钴、硫冶炼及副产品加工;企业经营本企业自产产品及相关技术的出口业务;经营本企业生产等。
600433	冠豪高新	广东冠豪高新技术股份有限公司	生产和销售热敏传真纸及其原纸、无碳复写纸及其原纸、微胶囊、电脑打印纸、商业表格纸、科学仪器记录纸。
600435	北方天鸟	北京北方天鸟智能科技股份有限公司	纺织服装业自动化成套设备及零配件、电子计算机软硬件及外部设备、机电一体化产品的技术开发、技术服务等。
600436	片 仔 癀	漳州片仔癀药业股份有限公司	锭剂、片剂、颗粒剂、胶囊剂、软膏剂、糖浆剂、酊剂等中成药的生产和经营,片仔癀牌蜂乳胶囊的生产销售。
600439	瑞 贝 卡	河南瑞贝卡发制品股份有限公司	生产、销售发制品系列产品,技术服务与贸易,本企业自产产品相关技术的出口业务。
600444	国通管业	安徽国通高新管业股份有限公司	
600446	金证科技	深圳市金证科技股份有限公司	计算机应用系统及配套设备的技术开发、生产、销售;电子产品、通讯器材、机械设备的购销及国内商业,物资供应。
600448	华纺股份	华纺股份有限公司	棉、毛纺织、针织、服装的生产、加工、销售;新产品的技术开发、技术咨询服务及技术转让;机电设备的销售。
600449	赛马实业	宁夏赛马实业股份有限公司	水泥制造、销售,水泥制品、水泥熟料、塑料管材、精细石膏的制造与销售。
600456	宝钛股份	宝鸡钛业股份有限公司	钛及钛合金等稀有金属材料、各种金属复合材料的生产、加工、销售;对外投资、科技开发等。
600458	时代新材	株洲时代新材料科技股份有限公司	橡塑元件开发,橡胶、塑料模具制造,胶木制品、机械零配件生产加工及其技术咨询服务;铁路配件、橡胶制品。
600459	贵研铂业	贵研铂业股份有限公司	贵金属信息功能材料、环保材料、高纯材料、电气功能材料及相关合金、化合物的研究、开发、生产、销售等。
600460	士 兰 微	杭州士兰微电子股份有限公司	电子元器件、电子零部件及其他电子产品设计、制造、销售,经营进出口业务等。
600462	石岘纸业	延边石岘白麓纸业股份有限公司	新闻纸、胶版纸、商品木浆、箱板纸、茶板纸、复印纸、卫生纸、粘合剂;经营本企业自产产品及相关技术的出口等。
600466	迪康药业	四川迪康科技药业股份有限公司	
600468	特精股份	天津特精液压股份有限公司	
600469	风神股份	风神轮胎股份有限公司	经营本企业生产的轮胎及相关技术的出口业务,经营本企业生产所需原辅材料、机械设备、零配件、仪器仪表等。
600475	华光股份	无锡华光锅炉股份有限公司	电站锅炉、工业锅炉、锅炉辅机、水处理设备、压力容器的制造、销售,金属材料(贵金属除外)的销售,锅炉。
600476	湘邮科技	湖南湘邮科技股份有限公司	研制、开发、生产、销售计算机软、硬件及邮电高科技电子产品;设计、安装、维护计算机网络、无线通信工程。
600477	杭萧钢构	浙江杭萧钢构股份有限公司	钢结构工程的制作、安装;地基与基础施工;专项工程设计。
600478	力元新材	长沙力元新材料股份有限公司	连续化带状泡沫镍产品、电池及相关材料的生产、销售并提供相关技术咨询(不含中介)服务。
600480	凌云股份	凌云工业股份有限公司	生产和销售塑料燃气管道系统、给水管道系统、供热管道系统、大口径排水管道系统及相关施工设备和产品的设计。
600481	双良股份	江苏双良空调设备股份有限公司	空调产品及其零部件的制造,销售本企业自产产品。

Continued 13

行业代码 Industries Code	董事长 Board Chairman	地址 Address	电话 Telephone Number	邮编 Zipcode
C4	王春涛	山东德州市德城区	0534-2465426	253024
F	陈洪生	广州市珠江新城华利路 19 号远洋明珠大厦 4 楼	020-37585333-8007	510623
C0	包宗业	北京市西城区鼓楼西大街 75 号	010-84033634	100009
C6	柴连志	吉林省磐石市红旗岭镇	0432-5610629	132311
C3	韩晓进	广东省湛江市经济技术开发区高新技术区昌平路	0759-3399898	524022
C7	陈济民	北京市丰台区科学城星火路 7 号	010-83682722	100070
C8	何建文	福建省漳州市芗城区上街	0596-2305239	363000
C1	郑有全	河南许昌市文峰南路 288 号	0374-5136699	461100
C4	郭传余	安徽省合肥市长江西路 665 号	0551-3817860	230088
G	杜　宣	深圳市福田区福华路 322 号文蔚大厦 20-22 楼	0755-82955524	518026
C1	邹鹏宏	山东省滨州市黄河二路 819 号	0543-3288255	256617
C6	李永进	宁夏银川市西夏区新小线二公里处	0951-2085256	750021
C6	胡清熊	宝鸡市钛城路 1 号	0917-3382151	721014
C4	廖　斌	株洲市天元区黄山路	0733-2884718	412007
C6	唐　俊	昆明二环北路核桃箐	0871-5133828	650221
C5	陈向东	浙江省杭州市黄姑山路 4 号	0571-88212980	310012
C3	王相阁	吉林省延边图们市	0433-3868173	133101
C8	孙继林	成都市高新区科园二路一号 404 信箱	028-87845999*1853	610041
C7	张文利	天津市西青经济开发区宏源道 21 号	022-83963876	300385
C7	曹朝阳	河南省焦作市焦东南路 48 号	0391-3999006	454003
C7	万冠清	无锡市城南路 3 号	0510-5215556	214028
G	阮大平	长沙国家高新区麓谷急地湘邮科技园	0731-8998688,8998858	410205
E	单银木	杭州市中河中路 258 号瑞丰国际商务大厦三楼证券办	0571-87246788	310003
C5	张世明	长沙市经济技术开发区星沙南路 6 号	0731-4019421	410100
C4	李喜增	河北省涿州市松林店镇	0312-3951002	072761
C7	缪志强	江苏江阴利港双良工业区	0510-6632358	214444

续表 14

代码 Code	股票简称 Shares Abbreviation	公司全称 Companies	主营业务范围 Fields
600485	中创信测	北京中创信测科技股份有限公司	技术开发、技术咨询、技术服务;销售开发后的产品、电讯器材、化工、计算机软硬件及外围设备、机械电器设备。
600486	扬农化工	江苏扬农化工股份有限公司	卫生用、农用拟除虫菊酯产品、精细化工产品制造、加工、销售及技术开发、应用服务。
600487	亨通光电	江苏亨通光电股份有限公司	光纤光缆、电力电缆、特种通信线缆、光纤拉丝、电源材料及附件、电子元器件、通信设备(卫星地面接收设施除外)。
600488	天药股份	天津天药药业股份有限公司	
600489	中金黄金	中金黄金股份有限公司	黄金等有色金属地质勘察、采选、冶炼;黄金生产副产品加工、销售;黄金生产所需原材料、燃料、设备仓储、销售。
600490	中科合臣	上海中科合臣股份有限公司	GMP 条件下的医用原料的制造和销售;特种高分子新材料;液晶原料的生产和销售;化学技术的合同研究和咨询。
600493	凤竹纺织	福建凤竹纺织科技股份有限公司	
600496	长江股份	安徽长江农业装备股份有限公司	拖拉机、联合收割机、配套农机具及其他农机产品的生产、销售。
600498	烽火通信	烽火通信科技股份有限公司	从事光纤通信设备及系统、光接入网设备、光纤、光缆、电缆等的科研开发、生产和销售。
600499	科达机电	广东科达机电股份有限公司	陶瓷、石材、玻璃等建材机械设备制造,自动化技术及装备的研究、开发与制造。
600500	中化国际	中化国际贸易股份有限公司	从事化工原料、精细化工、农用化工、塑料、橡胶制品的进出口贸易及仓储运输、货运代理。
600501	航天晨光	南京航天晨光股份有限公司	
600502	安徽水利	安徽水利开发股份有限公司	水利水电工程施工、水资源综合开发;工民建、交通市政工程施工。
600503	ST 宏智	宏智科技股份有限公司	电子计算机技术服务及电子计算机网络安装,通讯技术服务,技术咨询及培训,电子产品及通讯设备、电子计算机。
600505	西昌电力	四川西昌电力股份有限公司	生产、开发、销售电力产品。
600506	香梨股份	新疆库尔勒香梨股份有限公司	农业、林业、果业的种植,农副产品(粮食收储、批发及棉花除外)的加工和销售;农业、林业、果业的科技开发。
600507	长力股份	江西长力汽车弹簧股份有限公司	汽车钢板弹簧,扭杆弹簧,圆簧,弹簧扁钢,减震器,弹簧专用设备的研制开发、制造、销售,汽车销售等。
600508	上海能源	上海大屯能源股份有限公司	煤炭的开采、洗选加工、煤炭销售,铁路运输(限管辖内的煤矿专用铁路),实业投资,国内贸易(除专项审批项)。
600509	天富热电	新疆天富热电股份有限公司	火电、水电、供电、供热、送变电设备安装、电力设计。房地产开发,机电设备(汽车和国家有专项规定的除外)。
600510	黑 牡 丹	黑牡丹(集团)股份有限公司	针纺织品、服装的制造、加工,棉花收购、加工、销售。公司自产产品及技术的出口业务,公司生产所需原辅材料。
600511	国药股份	国药集团药业股份有限公司	组织药品生产;化学原料药、西药制剂、生化药品、生物制品、中成药的销售;自营和代理各类商品的进出口业务。
600512	腾达建设	腾达建设集团股份有限公司	市政工程建筑(资质壹级)、公路工程施工(贰级)。
600513	联环药业	江苏联环药业股份有限公司	化学原料药、化学药制剂、有机中间体的制造。
600515	第一投资	海南省第一投资招商股份有限公司	高科技及信息产业、工业、农牧渔业、商业、旅游业的投资经营;公路运输服务;能源开发;非融资性租赁。
600516	海龙科技	兰州海龙新材料科技股份有限公司	石墨及碳素制品的生产加工、批发零售。
600517	置信电气	上海置信电气股份有限公司	电气(母线槽、高低压柜、开关箱、变压器、箱式变电站、电缆、输配电工具及材料)领域内的科技咨询、技术开发。
600518	康美药业	广东康美药业股份有限公司	

Continued 14

行业代码 Industries Code	董事长 Board Chairman	地址 Address	电话 Telephone Number	邮编 Zipcode
G	张春光	北京市海淀区学院南路四道口一号中创信测大厦	010-62125566-8364	100081
C4	周其钧	江苏省扬州市文峰路 39 号	0514-7813243-7486	225009
G	崔根良	江苏省吴江市七都镇	0512-63802858	215234
C8	郝于田	天津市河东区八纬路 109 号	022-24160861	300171
B	宋　鑫	天津开发区洞庭路 27 号九州大厦 13 楼	022-66293576	300457
C4	姜　标	浦东陆家嘴路 166 号中保大厦 9 楼	021-68419800	200120
C1	陈澄清	福建省晋江市青阳凤竹工业区	0595-5656506	362200
C7	严　宏	安徽省六安市江淮路 28 号	0564-3366648	237009
G	江廷林	武汉市洪山区邮科院路 88 号	027-87693931	430074
C7	卢　勤	广东省佛山市顺德区陈村镇大都工业区	0757-23833869	528313
H	施国梁	上海市浦东新区世纪大道 88 号金茂大厦三区 18 层	021-50495988	200121
C7	孙　俊	南京市秦淮区正学路一号	025-52413078-2043	210006
E	王世才	安徽省蚌埠市黑虎山路 21 号	0552-3950270	233010
G	黄曼民	福州市铜盘路软件大道 89 号福州市软件园 22 号楼	0591-7411281	350002
D	张　斌	四川省西昌市老西门街 13 号	0834-3830505	615000
A	冯国胜	新疆库尔勒市团结北路兰干路口	0996-2196256	841000
C7	李其祥	南昌市高新技术产业开发区火炬大道 31 号	0791-8394025、8394075	330012
B	曹祖民	上海市浦东新区桃林路 18 号	021-68550118	200127
D	成　锋	石河子市红星路 54 号	0993-2902860	
C1	曹德法	江苏省常州市和平南路 47 号	0519-8166510	213001
H	付明仲	北京市崇文区永外三元西巷甲 12 号	010-67262917	100077
E	叶洋友	浙江省台州市路桥区路桥大道东 1 号	56983912	318050
C8	姚兴田	江苏省扬州市文峰路 21 号	0514-7813082	225009
H	蒋会成	海口滨海大道南洋大厦 15 层	0898-68512252	570105
C6	谢信跃	兰州红古区海石湾 2 号街坊 354 号	0931-6239218	730084
C7	徐锦鑫	上海虹桥路 2239 号	021-62623388	200336
C8	马兴田	广东省普宁市长春路中段	0663-2913819	515300

续表 15

代码 Code	股票简称 Shares Abbreviation	公司全称 Companies	主营业务范围 Fields
600519	贵州茅台	贵州茅台酒股份有限公司	茅台酒系列产品的生产与销售;饮料、食品、包装材料的生产与销售;防伪技术开发;信息产业相关产品的研制。
600520	三佳模具	铜陵三佳模具股份有限公司	精密工装模具、化学建材模具、化学建材、环保设备、环保检测设备、电子设备、注塑产品、冲压产品材料制造。
600521	华海药业	浙江华海药业股份有限公司	制剂、硬胶囊剂、原料药制造、医药中间体制造,出口本企业自产的医药中间体;进口本企业生产、科研所需的原料。
600522	中天科技	江苏中天科技股份有限公司	光纤、光缆、电缆材料及附件、有源器件、无源器件、数据电缆的制造与销售,光缆及电缆监测管理系统及网络工程。
600523	贵航股份	贵州贵航汽车零部件股份有限公司	汽车、摩托车零部件制造、销售;汽车(不含小轿车)、摩托车,二、三类机电产品的批零兼营;橡胶、塑料制品经营。
600525	长园新材	深圳市长园新材料股份有限公司	高分子热缩材料、功能材料、生物材料、辐照加工、机电产品、通讯电缆附件、电力电缆附件;经营热收缩材料。
600526	菲达环保	浙江菲达环保科技股份有限公司	除尘器、气力输送设备、烟气脱硫设备、电控设备、钢结构件的研究开发、设计、生产、销售及安装服务。
600527	江南高纤	江苏江南高纤股份有限公司	涤纶毛条、涤纶短纤维、聚酯切片、塑料编织套、人造毛皮生产、销售、废塑料瓶片、废塑料收购等。
600528	中铁二局	中铁二局股份有限公司	
600529	山东药玻	山东省药用玻璃股份有限公司	模制抗生素瓶、管制抗生素瓶、管制口服液瓶、曲颈易折安瓿、玻璃管、玻璃输液瓶、固体药用聚烯烃塑料瓶等。
600530	交大昂立	上海交大昂立股份有限公司	
600531	豫光金铅	河南豫光金铅股份有限公司	有色金属、化工原料的生产、销售;贵金属冶炼及进出口业务等。
600532	华阳科技	山东华阳科技股份有限公司	许可范围的农药及农药中间体的研究、开发、推广、制造、销售。
600533	栖霞建设	南京栖霞建设股份有限公司	住宅小区综合开发建设;商品房销售、租赁、售后服务;新型住宅构配件、建筑材料、装潢材料生产、加工、销售。
600535	天士力	天津天士力制药股份有限公司	中药材、中成药加工,化学药品原药、化学药品制剂、生物制品、滋补营养保健品制造;汽车货物运输。
600536	中软股份	中软网络技术股份有限公司	操作系统软件、嵌入式软件、机器翻译软件、医用专家系统软件,以及财税、军队、铁路通信、民航等领域应用软件。
600537	海通集团	浙江海通食品集团股份有限公司	果蔬速冻、脱水、保鲜、冷藏、加工;食品、饮料制造、加工、批发、零售;肉、蛋制品、水产品加工等。
600538	北海国发	北海国发海洋生物产业股份有限公司	藻类、贝类、甲壳类等海洋生物系列产品的研究、生产和销售,珍珠及其系列产品的生产和销售。
600539	狮头股份	太原狮头水泥股份有限公司	主营水泥、熟料、商品混凝土、新型墙体材料的生产及销售,兼营水泥设备制造安装、技术咨询、水泥袋加工。
600540	新赛股份	新疆赛里木现代农业股份有限公司	棉花种植、粮棉种子研发、繁殖和销售,棉花及相关副产品销售。
600545	新疆城建	新疆城建股份有限公司	市政工程建设和市政设施的开发利用,城市源水生产供应,房地产开发经营,委托代建,机电设备等。
600546	中油化建	中油吉林化建工程股份有限公司	化工石油工程、市政公用工程、机电安装工程、房屋建筑工程、冶炼工程、电力工程施工承包;境外化工和建筑。
600547	山东黄金	山东黄金矿业股份有限公司	批准许可范围内的黄金开采、选冶,黄金矿山专用设备、建筑装饰材料(不含国家法律法规限制产品)的生产、销售。
600548	深高速	深圳高速公路股份有限公司	收费公路的经营及管理。
600549	厦门钨业	厦门钨业股份有限公司	主营钨及有色金属冶炼、加工;出口本企业生产加工的产品和进口本企业生产所需的生产技术、设备、原辅材料。
600550	天威保变	保定天威保变电气股份有限公司	

Continued 15

行业代码 Industries Code	董事长 Board Chairman	地址 Address	电话 Telephone Number	邮编 Zipcode
C0	袁仁国	贵州省仁怀市茅台镇	0852-2386002	564501
C7	黄明玖	安徽省铜陵市石城路电子工业区	0562-2627520	244000
C8	陈保华	浙江省临海市汛桥镇经济开发区	0576-5016009	317024
G	薛济萍	江苏省南通市经济技术开发区中大路西	0513-3599505	226009
C7	张　军	贵阳市小河经济技术开发区锦江路 110 号	0851-8317556	550009
C9	许晓文	深圳南山区科技工业园科苑大道长园新材料港	0755-26717828	518057
C7	舒英钢	浙江诸暨市	0575-7385602	311800
C4	陶国平	江苏省苏州市相城区黄埭镇	0512-65481181	215140
E	翁景庆	成都市通锦路 16 号中铁二局大厦	028-87684612	610032
C6	柴　文	山东省淄博市沂源县二郎山路 8 号	0533-3242312*2028	256100
C8	许晓鸣	上海市虹桥路 811 号	021-62810808-111	200030
C6	杨安国	河南省济源市济水大街中段 525 号	0391-6665958	454650
C4	封照波	山东省宁阳县磁窑镇	0538-5826209	271411
J	陈兴汉	南京市龙蟠路 218 号兴隆大厦 2107 号	025-85633668-2104	210037
C8	闫希军	天津市北辰科技园区	022-26736699	300402
G	唐　敏	北京市海淀区学院南路 55 号中软大厦	010-51527603;010-62169520	100081
C0	陈龙海	浙江慈溪市海通路 528 号	0574-63039966	315300
C8	王世全	广西壮族自治区北海市北京路西侧 9 号	0779-3200619	536000
C6	邓守信	山西省太原市万柏林区开城街一号	0351-6532621	030056
A	王成耀	新疆博乐市红星路 158 号	0909-2268156	2268162
E	刘　军	新疆维吾尔自治区乌鲁木齐市红山路 51 号	0991-8883975	830002
E	杜钟灵	吉林省吉林市龙潭区遵义东路 31 号	0432-3993300	132021
B	张万青	山东济南市解放路 16 号	0531-8562816	250014
F	陈　潮	深圳市滨河路北 5022 号联合广场 A 座 19 楼	0755-82945608	518033
C6	陈维铉	厦门市湖滨南路 619 号 16 层	0592-5363856	361004
C7	丁　强	河北省保定市天威西路 318 号	0312-3308713	071056

续表 16

代码 Code	股票简称 Shares Abbreviation	公司全称 Companies	主营业务范围 Fields
600551	科大创新	科大创新股份有限公司	电子和信息、光机电一体化、化工、新材料、生物工程、环保、节能、医疗器械、核仪器、等离子体、低温超导。
600552	方兴科技	安徽方兴科技股份有限公司	浮法玻璃、在线镀膜玻璃、ITO 导电膜玻璃、玻璃深加工制品及新型材料的开发、研究、生产、销售和信息咨询。
600553	太行股份	河北太行水泥股份有限公司	普通硅酸盐水泥、矿渣硅酸盐水泥及熟料的制造与销售。
600555	茉 织 华	上海茉织华股份有限公司	生产服装、服饰制品、服装辅料、纺织品、服装机械、印刷制品、印刷机械;销售自产产品。
600556	北生药业	广西北生药业股份有限公司	
600557	康缘药业	江苏康缘药业股份有限公司	中成药制剂、保健品制造、销售;出口本企业自产的中成药制剂、保健品;进口本企业生产、科研所需要的原辅材料。
600558	大 西 洋	四川大西洋焊接材料股份有限公司	
600559	裕丰股份	河北裕丰实业股份有限公司	畜禽养殖、动物饲养及销售,饲料、白酒的生产、销售。
600560	京自天正	北京金自天正智能控制股份有限公司	自动化系统的技术开发、技术转让、技术咨询、技术培训、技术服务;制造销售计算机控制系统软硬件及网络产品。
600561	江西长运	江西长运股份有限公司	公路客货运输、仓储、集装箱货运、石油制品的贮销、住宿、饮食供应、旅游服务、道路清障及停车、汽车修理。
600562	高淳陶瓷	江苏高淳陶瓷股份有限公司	日用陶瓷、窑具制造;包装材料及制品、酒类销售;经营本企业自产产品及技术的出口业务等。
600563	法拉电子	厦门法拉电子股份有限公司	薄膜电容器及其金属化镀膜材料的制造;研究、开发各种类型的高新科技电子基础元器件及相关配套件;高新技术。
600565	迪马股份	重庆市迪马实业股份有限公司	制造、销售运钞车、特种车及零部件,上述汽车售后服务;经营本企业自产的机电产品出口业务等。
600566	洪城股份	湖北洪城通用机械股份有限公司	主营类阀门、水工环保设备的生产、销售。
600567	山鹰纸业	安徽山鹰纸业股份有限公司	纸、纸板、纸箱制造,本公司生产产品出口及本公司生产、科研所需的原辅材料、机械设备、仪器仪表、零配件进出口。
600568	潜江制药	湖北潜江制药股份有限公司	
600569	安阳钢铁	安阳钢铁股份有限公司	生产和经营冶金产品和副产品、钢铁延伸产品、化工产品(除易燃易爆危险品)。
600570	恒生电子	杭州恒生电子股份有限公司	证券软件业务、银行业软件业务、投资管理(基金业)软件业务。
600571	信 雅 达	杭州信雅达系统工程股份有限公司	软件技术开发及其咨询服务;成果转让;票据、文档缩微及自动化处理系统技术,金融证券业软件及系统集成技术。
600573	惠泉啤酒	福建省惠泉啤酒集团股份有限公司	啤酒、饮料制造。
600575	芜 湖 港	芜湖港储运股份有限公司	货物装卸、仓储、中转服务、国际集装箱装卸,物流配送,多式联运。
600576	庆丰股份	无锡庆丰股份有限公司	针纺织品、服装及其他缝纫制品、纱、线、布的生产、加工、销售;化工产品、纺织原料、印染助剂、普通机械。
600577	精达股份	铜陵精达特种电磁线股份有限公司	漆包电磁线、裸铜线、电线电缆制造和销售。
600578	京能热电	北京京能热电股份有限公司	生产、销售电力、热力产品,电力设备运行,发电设备检测、修理。
600579	黄海股份	青岛黄海橡胶股份有限公司	橡胶轮胎的制造、销售;橡胶化工产品的开发、生产及销售;进出口业务;高新技术开发、咨询及服务;工艺开发。
600580	卧龙科技	浙江卧龙科技股份有限公司	各类电机,发电机及机组,电器,电动车,自动化办公设备,电子控制产品的制造、销售、开发、安装。
600581	八一钢铁	新疆八一钢铁股份有限公司	钢铁冶炼、轧制、加工;黑色金属材料、冶金炉料、冶金设备及产品、建筑材料的销售;机械加工、金属制品。
600582	天地科技	天地科技股份有限公司	电子产品、环保设备、矿山机电产品的生产、销售;地下工程的工艺技术及产品开发;煤炭洗选工程、煤炭综合利用。

Continued 16

行业代码 Industries Code	董事长 Board Chairman	地址 Address	电话 Telephone Number	邮编 Zipcode
C5	陈宗海	安徽省合肥市长江西路 669 号	0551-5329668	230088
C6	孙东兴	安徽省蚌埠市涂山路 767 号	0552-4077780	233054
C6	王里顺	河北省邯郸市峰峰矿区建国路 2 号	0310-5062986	056200
C1	李勤夫	上海静安区南京西路 1266 号恒隆广场 63-65 层	0086-21-62883080	200040
C8	何玉良	广西北海市北海大道 168 号	0779-3226316	536000
C8	肖　伟	连云港市海昌南路 58 号	0518-5521990	222001
C6	余大全	四川省自贡市大安区马冲口街 2 号	0813-5100549	643010
C0	张新广	河北省衡水市人民东路 39 号裕丰股份董秘办	0318-2122755	053000
C7	张剑武	北京市丰台区丰台路 84 号	010-63848915;010-63812255-3978	100071
F	张　平	江西南昌广场南路 118 号	0791-6298107	330003
C6	张铭金	江苏南京高淳县固城镇	025-57377228	211304
C5	曾福生	福建省厦门市金桥路 101 号	0592-5114116	361012
C7	陈鸿增	重庆市南岸区南城大道 199 号正联大厦 22 楼	023-89021877,89021876	400060
C7	王洪运	湖北省荆州市红门路 3 号	0716-8221198	434000
C3	王德贤	安徽省马鞍山市勤俭路 3 号	0555-2826275	243021
C8	叶继革	湖北省潜江市横堤路特 18 号	0728-6296288	433100
C6	王子亮	河南省安阳市殷都区梅元庄	0372-3120175	455004
G	彭政纲	杭州西湖大道 266-268 涌金广场聚景苑 405 室	0571 87770103	310009
G	郭华强	杭州市高新技术产业开发区(滨江)高新软件园二期信雅达科技大厦	0571-56686501	310053
C0	程汉川	福建省惠安县螺城镇建设大街 157 号	0595-7389018	362100
F	孙新华	安徽省芜湖市芜湖经济开发区内	0553-5840528	
C1	许鲁平	江苏无锡市锡沪西路 203 号	0510-2353065	214008
C7	王世根	安徽铜陵经济技术开发区	0562-2809086	244000
D	刘海峡	北京石景山区广宁路 10 号	010-88992758	100041
C4	高巨谦	山东省青岛市沧安路 1 号	0532-4678085	266041
C7	陈建成	浙江上虞舜江西路 378 号	0575-2129895	312300
C6	沈东新	新疆乌鲁木齐市头屯河区新钢路	0991-3890166	830022
C7	李延江	北京和平里青年沟东路 5 号天地大厦	010-84262803	100013

续表 17

代码 Code	股票简称 Shares Abbreviation	公司全称 Companies	主营业务范围 Fields
600583	海油工程	海洋石油工程股份有限公司	工程总承包;石油天然气(海洋石油工程、石油机械制造与修理工程、管道输送工程、油气处理加工工程、油气化)。
600584	长电科技	江苏长电科技股份有限公司	生产销售半导体、电子元件、专用电子电气装置,经营本企业自产机电产品、成套设备及相关技术的出口业务。
600585	海螺水泥	安徽海螺水泥股份有限公司	水泥及辅料、水泥制品生产、销售、出口,机械设备、仪器仪表、零配件及企业生产、科研所需的原辅材料生产。
600586	金晶科技	山东金晶科技股份有限公司	浮法玻璃、在线镀膜玻璃和超白玻璃的生产销售。
600587	新华医疗	山东新华医疗股份有限公司	消毒灭菌设备、放射诊断治疗设备、医用化学指示产品和制药设备、环保设备的生产、销售、技术服务。
600588	用友软件	北京用友软件股份有限公司	
600589	广东榕泰	广东榕泰实业股份有限公司	
600590	泰豪科技	泰豪科技股份有限公司	计算机及软件产品、空调机组、发电机组、输变电配套设备、电子产品及通信设备、光机电一体化设备、医疗仪器。
600591	上海航空	上海航空股份有限公司	国内、国际和地区航空客、货、邮运输及代理,行业相关材料、设备及技术的进口业务,民用航空器及设备、车辆进口。
600592	龙溪股份	福建龙溪轴承股份有限公司	轴承,汽车零部件,普通机械,电器机械及器材的制造、销售;金属材料的批发、零售;咨询服务。
600593	大连圣亚	大连圣亚海洋世界股份有限公司	建设、经营水族馆、海洋探险人造景观、游乐园、海洋生物标本陈列馆、船舶模型陈列馆、餐饮、酒吧。
600595	中孚实业	河南中孚实业股份有限公司	电解铝及铝型材系列的生产、销售;火力发电、蒸汽生产。
600596	新安股份	浙江新安化工集团股份有限公司	化工原料及产品、化工机械、农药、化肥、包装物的制造和经营,本企业自产的化工原料及化工产品。
600597	光明乳业	光明乳业股份有限公司	开发、加工和生产乳和乳制品、冰淇淋、非碳酸饮料、饮用水、相关食品、饲料和添加剂。
600598	北 大 荒	黑龙江北大荒农业股份有限公司	水稻、大豆、小麦、玉米等粮食作物的生产、精深加工、销售,尿素的生产与销售以及与种植业生产及农产品加工。
600599	浏阳花炮	湖南浏阳花炮股份有限公司	销售烟花鞭炮及其原材料;提供烟花鞭炮燃放服务。
600600	青岛啤酒	青岛啤酒股份有限公司	啤酒的生产与销售。
600601	方正科技	方正科技集团股份有限公司	文化办公用品及材料、电子计算机及配件、复印机及消耗材料。
600602	广电电子	上海广电电子股份有限公司	生产真空电子器件及其应用产品、配件、基础材料及其生产线设备、销售自产产品。
600603	*ST兴业	上海兴业房产股份有限公司	房地产开发、经营、系统房私房代理经租。
600604	二 纺 机	上海二纺机股份有限公司	生产制造销售纺织机械、电子电器、零件、纺织用品等三来一补。
600605	轻工机械	上海轻工机械股份有限公司	轻工机械及成套设备的制造、销售。
600606	金丰投资	上海金丰投资股份有限公司	纺织产品的生产与销售等。
600607	上实联合	上海实业联合集团股份有限公司	与境内外企业在国内投资举办纺织业和其他工业的合资企业。
600608	上海科技	上海宽频科技股份有限公司	无缝异型钢管及金属型材、波纹管。
600609	金杯汽车	金杯汽车股份有限公司	主要生产轻型货车和轻型客车及零部件。
600610	中国纺机	中国纺织机械股份有限公司	纺织机械、通用机械、电子电器、粉末冶金制品。
600611	大众交通	大众交通(集团)股份有限公司	汽车出租。
600612	第一铅笔	中国第一铅笔股份有限公司	笔类制品和笔类产品表面处理材料、包装材料及配套延伸产品,以独资、合资、合作经营。
600613	*ST永生	上海永生数据科技股份有限公司	城市地理数据的采集、处理,开发与销售城市信息系统的软件及提供相关的咨询服务等。
600614	三九发展	上海三九科技发展股份有限公司	开发生产销售胶带、橡胶制品、胶鞋、化工产品、化工原料。

Continued 17

行业代码 Industries Code	董事长 Board Chairman	地址 Address	电话 Telephone Number	邮编 Zipcode
B	何德祥	天津市塘沽区闸北路3号	022-25807793	300452
C5	王新潮	江苏省江阴市滨江中路275号	0510-6851811	214431
C6	郭文参	安徽芜湖人民路209号	0553-3118668*8901	241000
C6	朱永强	淄博市高新技术开发区宝石镇王庄	0533-3586666	255086
C7	赵毅新	山东省淄博高新技术产业开发区新华医疗科技园	0533-3587735	255086
G	王文京	北京市海淀区上地信息产业基地开拓路15号	010-62986688	100085
C6	杨启昭	广东省揭阳市榕城区新兴东二路1号	0663-8676616	522000
C7	陆致成	江西省南昌高新开发区泰豪大厦	0791-8110590	330029
F	周　赤	上海市江宁路212号	021-62552072,62558888-6700	200041
C7	陈福胜	福建省漳州市延安北路	0596-2072091	363000
K	栗东生	大连市沙河区中山路608？6号	0411-4685225	116023
C6	张洪恩	河南省巩义市新华路31号	0371-4381551	451200
C4	王　伟	浙江省建德市新安江镇大桥路93号	0571-64715693	311600
C0	王佳芬	上海市吴中路578号	021-64654632	201103
A	孙勇才	黑龙江省哈尔滨市南岗区汉水路163号150090	0451-55195980	
C4	易怀泉	湖南浏阳市金沙北路369号	0731-3620966	410300
C0	李桂荣	青岛市香港中路五四广场青啤大厦	0532-5713831	266071
G	魏　新	上海市浦东南路360号新上海国际大厦36楼	021-58407668*650	200120
C5	顾培柱	上海市长寿路97号世纪商务大厦26楼	021-62980202*646	200040
J	唐相道	上海市中山南路1088号(南浦大厦)18楼	021-63187549	200011
C7	郑元湖	上海场中路687号	021-65318888*2300	200434
C7	郑树昌	上海南京西路1576号	021-62566022	200040
M	肖宏振	上海市延安西路129号华侨大厦17楼	021-62496858	200040
M	丁忠德	上海市桃江路8号宝轻大厦五楼	021-64331098*55,64319966	200031
G	张　杰	上海市银城东路139号华能大厦4楼	021-68865313	200120
C7	张　弘	中国沈阳高新技术产业开发区浑南产业区世纪路1号(二十一世纪大厦)A座	024-23745246	110179
C7	钱建忠	上海市长阳路1687号	021-65432970-512	200090
K	杨国平	上海市中山西路1515号大众大厦12楼	021-64289129	200235
C9	胡书刚	上海浦东金桥出口加工区川桥路1295号	021-58543307	201206
L	张芝庭	上海斜土路2669号11楼	021-64399900	200030
C4	赵新先	上海浦东世纪大道1600号(或浦电路480号)浦项商务广场19	021-50813939-201	200122

续表 18

代码 Code	股票简称 Shares Abbreviation	公司全称 Companies	主营业务范围 Fields
600615	*ST 丰华	上海丰华(集团)股份有限公司	圆珠笔、活动铅笔、水性笔、自来水笔、彩色水笔的生产与销售。
600616	第一食品	上海市第一食品商店股份有限公司	副食品及其他食品、粮油、百货、日用杂货、工艺美术。
600617	ST 联 华	上海联华合纤股份有限公司	聚酯切片、各类不同品种规格的合成纤维及其深加工产品。
600618	氯碱化工	上海氯碱化工股份有限公司	烧碱、氯、氟和聚氯乙烯系列化工原料及加工产品。
600619	海立股份	上海海立(集团)股份有限公司	冰箱压缩机、空调压缩机、制冷设备、燃气用具、脱水机等。
600620	天宸股份	上海市天宸股份有限公司	实业投资、国内贸易(除专项规定外)、信息网络安全产品开发、房地产开发经营。
600621	上海金陵	上海金陵股份有限公司	网络工程和网络产品、印刷电路基板装联加工、电度表和微型电机等。
600622	嘉宝集团	上海嘉宝实业(集团)股份有限公司	生产经营激光、光电、精密仪器、照明电器、家用电器、化工、百货五金、机电产品等。
600623	轮胎橡胶	上海轮胎橡胶(集团)股份有限公司	斜交汽车轮胎、子午线汽车轮胎等。
600624	复旦复华	上海复旦复华科技股份有限公司	电脑系统、应用软件、通讯设备、自动化仪表、生物技术、开发科技。
600625	PT 水 仙	上海水仙电器股份有限公司	生产、销售各类洗衣机、干衣机、分马力电机、燃气具、厨房吸油机及配套设备等。
600626	申达股份	上海申达股份有限公司	两纱两布、各类纺织品、服装、复制品及技术出口、生产所需原辅材料、设备及技术进出口。
600627	电器股份	上海电器股份有限公司	高中低压电器电子及其成套装置、输配电设备、蓄电池、特种电器、电工会金、电器触头。
600628	新 世 界	上海新世界股份有限公司	国内贸易,自营和代理内销商品范围内商品的出口业务;自营本企业零售和自用商品的进口。
600629	ST 棱 光	上海棱光实业股份有限公司	硅多晶、硅单晶、石英玻璃、工业气体、出租车。
600630	龙头股份	上海龙头(集团)股份有限公司	生产经营纺织品、实业投资,资产经营与管理,国内贸易(除专项规定),进出口贸易。
600631	第一百货	上海市第一百货商店股份有限公司	综合百货,广告,进出口贸易,商业咨询等。
600632	华联商厦	上海华联商厦股份有限公司	日用百货、针纺织品、服装鞋帽、五金交电等。
600633	白猫股份	上海白猫股份有限公司	各类电器、整容器具、保健器具、机电产品。
600634	海鸟发展	上海海鸟企业发展股份有限公司	激光电子产品、可变电容、机芯、单放机、闹钟收音机。
600635	大众公用	上海大众公用事业(集团)股份有限公司	投资高新技术、海洋生物、新药和保健品、通讯网络等项目研制开发等。
600636	三 爱 富	上海三爱富新材料股份有限公司	主要从事含氟材料的研究、生产、销售及化工设备的制造与贸易。
600637	广电信息	上海广电信息产业股份有限公司	电视机、录音机、录像机、洗衣机、微波炉、通讯设备、三来一补。
600638	新 黄 浦	上海新黄浦置业股份有限公司	危旧房改造、房地产经营、建筑施工、装饰装潢、物业管理。
600639	浦东金桥	上海金桥出口加工区开发股份有限公司	房地产开发、经营、销售和土地使用权投资及投资兴办企业。
600640	联通国脉	联通国脉通信股份有限公司	无线通信、图像、数据及各类通信产品,通信系统的设计、开通,技术咨询、服务等。
600641	中远发展	中远发展股份有限公司	实业投资、资产经营、房地产开发经营国内贸易(除专项规定外)、钢材、木材等。
600642	申能股份	申能股份有限公司	电力建设,能源、节能、资源综合利用及相关项目,与能源建设相关的原材料、高新技术的生产与开发。
600643	爱建股份	上海爱建股份有限公司	实业投资、房地产开发、经营及咨询、外经贸部批准的进出口业务(按批文),商务咨询。
600644	乐山电力	乐山电力股份有限公司	电力开发、经营和电力调度;房地产开发。
600645	望 春 花	上海望春花(集团)股份有限公司	平绒系列产品、平绒制品等。
600646	ST 国 嘉	上海国嘉实业股份有限公司	开发生产激光、光电、精密机械的技术、产品。

Continued 18

行业代码 Industries Code	董事长 Board Chairman	地址 Address	电话 Telephone Number	邮编 Zipcode
C0	宋　波	上海中山东二路 22-1 号	021-63741290*820	200002
H	吴顺宝	上海市浦东新区张杨路 579 号(三鑫大厦内)	021-58352625	200120
C4	李克让	上海嘉定区沪宜公路 4290 号	021-64411148	201800
C4	周　波	上海市龙吴路 4747 号	021-64340601	200241
C7	顾惠龙	上海长阳路 2555 号	021-65660000-241,65696628	200090
M	叶立润	上海市徐家汇路 550 号 15 楼	021-64458781	200025
G	佘宝庆	上海福州路 666 号 26 楼	021-63222658	200001
M	钱　明	上海市嘉定区清河路 55 号嘉宝商厦 6-7F	021-59529711	201800
C4	范　宪	上海市四川中路 63 号	021-63390372	200002
M	陈苏阳	上海国权路 525 号	021-63872288	200433
C7	宋伟民	上海汶水路 19 号	021-56651410	200072
C1	席时平	上海市武宁南路 448 号申达大厦	021-62319898	200042
C7	马新生	上海市愚园路 1395 号	021-62102651	200002
H	顾振奋	上海市南京西路 2 号-68 号	021-63587734	200003
C6	张　斌	上海市龙吴路 4900 号	021-64348289	200241
C1	朱匡宇	上海市肇嘉浜路 736 号	021-34061116	200030
H	王迪苏	上海南京东路 830 号新一百大厦 18 楼	021-63225020	200001
H	吕勇明	上海南京东路 635 号	021-63226105	200001
C7	马立行	上海市金沙江路 1829 号	021-32023251	200333
J	唐海根	上海市江宁路 188 号 13 楼	021-62678574	200041
M	杨国平	上海中山西路 1515 号大众大厦 8 楼	021-64288888*5609	200235
C4	周云鹤	上海市漕溪路 250 号银海大楼 A805 室	021-64823552	200235
C5	蒋松涛	上海市金都路 3800 号	021-64189198*3522	201108
J	吴明烈	上海北京东路 668 号西楼 32、33 层	021-63238888	200001
J	杨小明	上海浦东新金桥路 27 号 1 号楼	021-50307761	201206
L	尚　冰	上海市江宁路 1207 号国脉大厦	021-62762171	200060
J	李建红	上海市浦东大道 720 号	021-50367717	200120
D	杨祥海	上海市复兴中路 1 号 22 楼	021-63900153	200021
I	顾　青	上海市零陵路 599 号(爱建城内)	021-64396600	200030
D	刘虎廷	四川省乐山市市中区嘉定北路 46 号	0833-2445800	614000
C1	高庆海	上海北翟路 1168 号	021-52171679	200335
L	王英玲	上海市中漕路 94 号上海市化学工业局招待所	021-54246105	200030

续表 19

代码 Code	股票简称 Shares Abbreviation	公司全称 Companies	主营业务范围 Fields
600647	ST 同 达	上海同达创业投资股份有限公司	实业投资及管理,国内贸易,房地产开发经营,食品及饮料的生产和销售。
600648	外 高 桥	上海外高桥保税区开发股份有限公司	房地产、工程承包、综合性商业、保税仓储、运输、贸易、国际业务。
600649	原水股份	上海市原水股份有限公司	原水供应、自来水开发。
600650	锦江投资	上海锦江国际实业投资股份有限公司	宾馆、物业管理、俱乐部、商场、房地产开发经营、车辆服务、洗涤制衣等。
600651	飞乐音响	上海飞乐音响股份有限公司	IC 智能卡、音视频类工程、音响设备等。
600652	爱使股份	上海爱使股份有限公司	石油制品、润滑油、防腐材料、饮料、饮用水等产品的生产、科研、销售及相关业务等。
600653	申华控股	上海申华控股股份有限公司	客运业、酒店、房地产等。
600654	飞乐股份	上海飞乐股份有限公司	IC 卡智能终端设备、IC 智能卡、有无线通信、电子元件、音响设备、无线电力用电管理系统。
600655	豫园商城	上海豫园旅游商城股份有限公司	日用百货、药材药品、餐饮服务、文化娱乐、旅游、宾馆饭店。
600656	华源制药	上海华源制药股份有限公司	生产销售化妆品、合成洗涤剂、皂类、碱产品、天然脂肪醇等。
600657	青鸟天桥	北京天桥北大青鸟科技股份有限公司	技术开发、技术服务、技术转让、技术咨询、销售百货、针纺织品、五金交电、劳保用品等。
600658	兆维科技	北京兆维科技股份有限公司	移动通讯、光通讯、计算机软硬件、网络、机箱制造、自动电话交换机、印制板等相关产品。
600659	神龙发展	福建省神龙发展股份有限公司	纺织原料贸易,进出口贸易,房地产开发,工业等。
600660	福耀玻璃	福耀玻璃工业集团股份有限公司	汽车用安全玻璃、建筑安全玻璃、装饰玻璃等各种工业技术玻璃。
600661	交大南洋	上海交大南洋股份有限公司	高新技术产品的生产销售、技工贸一体化服务、高新技术工业区。
600662	强生控股	上海强生控股股份有限公司	汽车出租、小公共汽车班线营运。
600663	陆 家 嘴	上海陆家嘴金融贸易区开发股份有限公司	房地产经营、市政公用基础设施开发、仓储运输、旅游。
600664	哈药集团	哈药集团股份有限公司	医药、医疗器械、制药机械制造。
600665	天 地 源	天地源股份有限公司	钢材及延伸制品。
600666	西南药业	西南药业股份有限公司	加工销售原料药、中西药制剂、销售化工原料(不含化学危险品)、包装材料。
600667	太极实业	无锡市太极实业股份有限公司	生产、销售丙纤烟用丝束、涤纶浸胶帘帆布等化纤工业产品,生产销售精纺呢绒、针织绒等。
600668	尖峰集团	浙江尖峰集团股份有限公司	药品、建材的制造与销售。
600669	*ST 鞍成	鞍山合成(集团)股份有限公司	涤纶长丝、涤纶短纤维。
600670	*ST 斯达	长春高斯达生物科技集团股份有限公司	从事"苷必妥"、"金葡液"的生产和销售;房地产开发与销售。
600671	天目药业	杭州天目山药业股份有限公司	中成药、中药材、西药、西药原料、营养补品、钟表螺钉零件的制造和销售以及商业贸易。
600672	ST 英 教	广东英豪科技教育投资股份有限公司	高科技农业和教育产业、自营产品进出口贸易。
600673	阳 之 光	成都阳之光实业股份有限公司	量具、刃具、量仪。
600674	川投控股	四川川投控股股份有限公司	铁合金生产与销售;铁路、交通系统自动化及智能控制产品开发、制造、销售。
600675	中华企业	中华企业股份有限公司	房地产开发、旧房改造、私房买卖及代理经租。
600676	交运股份	上海交运股份有限公司	汽车机械配件制造、销售,工程机械及专用汽车制造、销售。
600677	航天通信	航天通信控股集团股份有限公司	轻纺产品及原辅材料、针纺织品的生产和销售、进出口贸易、实业投资开发、房地产开发经营。
600678	四川金顶	四川金顶(集团)股份有限公司	水泥制造,矿泉水生产,房地产开发,卫浴洁具制造。
600679	凤凰股份	凤凰股份有限公司	生产经营自行车、机动车、健身车及相关系列配套产品。

Continued 19

行业代码 Industries Code	董事长 Board Chairman	地址 Address	电话 Telephone Number	邮编 Zipcode
M	陈玉华	上海市浦东新区金新路 58 号银桥大厦 25 楼	021-50318073	201206
J	刘新民	上海浦东东方路 873 弄 49-51 号	021-50812728	200131
D	刘　强	上海市四川北路 818 号五楼	021-63564432	200085
K	沈懋兴	上海市延安东路 100 号	021-63218800*709	200002
M	唐　岷	上海市长寿路 468 号中环商务大楼 A 幢 9 楼	021-62770068*1833	200060
M	邓景顺	上海市肇嘉浜路 666 号	021-64710022	200031
M	吴小安	上海市宁波路 1 号申华金融大厦上海申华控股股份有限公司	021-63372010;63372011	200002
G	郁建福	上海市昭化路 68 号	021-62512629	200050
H	吴　平	中国上海市方浜中路 269 号	021-63559999	200010
C4	丁公才	上海市中山北路 1958 号华源世界广场 25 层	021-62030205	200063
G	徐祗祥	北京市海淀区成府路 207 号(北大青鸟楼)	010-82615888-3357	100871
G	赵炳弟	北京市朝阳区酒仙桥路 14 号	010-84567920	100016
M	纪金华	福州市工业路 512 号	0591-3739283	350002
C6	曹德旺	福建福清市宏路镇福耀工业村	0591-5381042	350301
M	许晓鸣	上海番禺路 667 号六楼	021-62814035-38	200030
K	张同恩	上海南京西路 920 号 18 楼	021-62151181	200041
J	康慧军	上海浦东大道 981 号	021-58878888*529	200135
C8	刘存周	哈尔滨市道里区友谊路 431 号	0451-84604688	150018
C6	章东凡	上海浦东张扬路 500 号华润时代广场十楼	021-58367718	200122
C8	陈吉庆	重庆市沙坪坝区天星桥 21 号	023-89855126	400038
C4	荆朝晖	无锡市锡北路 321 号	0510-2351797	214010
C6	杜自弘	浙江金华市婺江东路 88 号	0579-2320582	321000
C4	贺殿斌	中国辽宁省鞍山市铁西区柳西街 168 号	0412-8840881	114012
M	陈树军	长春市高新区震宇街 36 号	0431-5179222	130012
C8	钱永涛	浙江临安锦城镇安阁弄 3 号	0571-63722229	311300
A	陈忠联	广州市从化新温泉旅游度假区英豪宾馆三楼	020-87841356	510960
C7	郭京平	广东东莞市长安镇上沙村第五工业区内;四川成都上东大街 53 号新良大厦 2410 房	0769-5370219	610056
C6	邹广严	四川峨眉山市九里镇	0833-5576179	614222
J	徐林宝	上海市华山路 2 号中华企业大厦	021-62170088	200040
C7	刘世才	平武路 38 号仁达商务楼三楼	021-62116002	200052
C1	陈鹏飞	浙江省杭州市解放路 138 号	0571-87079526	310009
C6	陈建龙	四川省峨眉山市名山路东段	0833-5521271	614200
C7	陈国强	上海市高阳路 168 号	021-65954641	200080

续表 20

代码 Code	股票简称 Shares Abbreviation	公司全称 Companies	主营业务范围 Fields
600680	上海邮通	上海邮电通信设备股份有限公司	光纤通信设备、程控交换设备、机械自动化设备、其他电子和机械设备及配套元器件。
600681	万鸿集团	武汉万鸿集团股份有限公司	纸塑包装及辅料开发、包装印刷机械、广告设计、装潢。
600682	南京新百	南京新街口百货商店股份有限公司	商品批发及零售。
600683	银泰股份	银泰控股股份有限公司	从事百货、服装、家用电器等商品的零售、批发,自营和代理核准产品的进出口业务等。
600684	珠江实业	广州珠江实业开发股份有限公司	土地开发建设销售、租赁商品房、实业投资、物业管理。
600685	广船国际	广州广船国际股份有限公司	船舶、集装箱、金属构件、轴承模具、玻璃钢、通用机械、压力容器。
600686	厦门汽车	厦门汽车股份有限公司	大、中、轻型客车的生产和销售。
600687	新宇软件	厦门新宇软件股份有限公司	从事计算机系统网络集成工程、生产销售计算机软、硬件、信息咨询等业务。
600688	上海石化	中国石化上海石油化工股份有限公司	原油加工、油品、化工产品、合成纤维、及单维体、塑料等。
600689	上海三毛	上海三毛企业(集团)股份有限公司	生产销售毛条、毛纱、毛纺织品及服装、毛纺织技术的咨询、投资兴办企业、销售自产产品。
600690	青岛海尔	青岛海尔股份有限公司	家用电冰箱、电冰柜、洗碗机、注塑件等产品的制造和销售。
600691	林凤股份	四川林凤控股股份有限公司	电碳制品、机械密封、粉末冶金。
600692	亚通股份	上海亚通股份有限公司	内河客货运输、货物堆存和代理业务;沿海客货运输和化工品运输;陆上出租汽车经营等。
600693	东百集团	福建东百集团股份有限公司	百货商业。
600694	大商股份	大商集团股份有限公司	商品零售兼批发、加工服务、仓储、收购、计算机技术服务、进出口业务等。
600695	* ST 大江	上海大江(集团)股份有限公司	畜、禽、水产的良种、饲料、肉食品及其加工产品的内外销业务等。
600696	利嘉股份	利嘉(上海)股份有限公司	建筑卫生陶瓷产品的生产与销售。
600697	欧亚集团	长春欧亚集团股份有限公司	百货、五金交电、化工产品、劳保用品、食品业、日杂业。
600698	ST 轻 骑	济南轻骑摩托车股份有限公司	制造、销售摩托车及零部件。
600699	辽源得亨	辽源得亨股份有限公司	涤纶长丝的生产、经营,发电、建材,计算机软、硬件开发、销售,餐饮、酒店服务等。
600700	数码测绘	陕西煤航数码测绘(集团)股份有限公司	生产和经营针织服装、五金交电、百货、劳保用品、烟酒副食。
600701	工大高新	哈尔滨工大高新技术产业开发股份有限公司	高新技术及产品的开发、生产、销售和技术服务、技术咨询。
600702	沱牌曲酒	四川沱牌曲酒股份有限公司	中国名酒"沱牌曲酒"及其系列产品。
600703	天颐科技	天颐科技股份有限公司	日用化工产品、饮品、房地产业、经营本企业生产和出口业务,化工原料,设备;农产品深加工。
600704	中大股份	浙江中大集团股份有限公司	进出口贸易,进口商品的国内销售,组织出口商品的制造与加工。
600705	北亚集团	北亚实业(集团)股份有限公司	铁路客运、铁路货运、煤炭生产及销售、电子及计算机产品开发生产销售网络设计、自营代理。
600706	长安信息	长安信息产业(集团)股份有限公司	计算机硬件、软件、系统、外部设备的开发、生产和销售等。
600707	彩虹股份	彩虹显示器件股份有限公司	彩色显像管的生产、开发与经营等。
600708	海博股份	上海海博股份有限公司	工业品加工、批发、零售、有色金属产品加工、经销。
600709	ST 生 态	湖北江湖生态农业股份有限公司	农副水产品种养、加工、销售。
600710	常林股份	常林股份有限公司	工程、林业、矿山、环保、采运机械设备的制造、生产、销售及维修。
600711	雄震集团	厦门雄震集团股份有限公司	电热水器、防盗门、房地产和工程销售。
600712	南宁百货	南宁百货大楼股份有限公司	商品零售与批发。
600713	南京医药	南京医药股份有限公司	经营药品、医疗器械、化学试剂和玻璃仪器四大类商品。
600714	山川股份	青海山川矿业发展股份有限公司	铁合金系列产品的开发、销售、开发。

Continued 20

行业代码 Industries Code	董事长 Board Chairman	地址 Address	电话 Telephone Number	邮编 Zipcode
G	鲍康荣	上海宜山路 700 号	021-64834310	200233
L	游文庆	武汉市武昌武珞路 28 号长信大厦	027-88066666-8333	430000
H	李三宁	南京市中山南路 3 号	025-84717494	210005
H	邱中伟	宁波市东渡路 55 号华联大厦 7 楼	0574-87092004	315000
J	郑暑平	广州市环市东路 362 366 号好世界广场 30 楼	020-83752408-808	510060
C7	胡国良	广州芳村大道南 40 号	020-81896411	510382
C7	凌玉章	厦门市厦禾路 820 号帝豪大厦 27-28 层	0592-2962062	361004
G	袁建华	厦门市湖滨西路大西洋海景城 A 栋 30 层	0592-2397318	361003
C4	陆益平	上海市金山区金一路 48 号	8621-57943143	200540
C1	倪志华	上海斜土路 791 号 B 幢	021-63059496	200023
C7	杨绵绵	青岛市经济技术开发区前湾港路海尔工业园内	0532-8938138	266555
C6	起　明	四川自贡自井区东光路桌子山 22 号	0813-2600887	643000
F	郁　葱	上海市崇明县八一路 9 号	021-69692714	202150
H	李非列	福建省福州市八一七北路 84 号东百大厦 18 层	0591-7531724	350001
H	牛　钢	辽宁省大连中山区青三街 1 号	0411-3643215	116001
C0	雷黎光	上海松江谷阳南路 26 号	021-57817571	201600
C6	陈隆基	上海市虹口区溧阳路 1111 号新元大酒店 25 层	021-55155766	200081
H	曹和平	长春市工农大路 1128 号	0431-5620053	130021
C7	王利民	济南市和平路 34 号	0531-6599896	250014
C4	孟祥杰	吉林省辽源市福兴路 3 号	0437-3512077	136200
M	宋　理	西安市南新街 28 号	029-7216331	710004
M	张大成	哈尔滨市南岗区西大直街 118 号	0451-6219247	150001
C0	李家顺	四川省射洪县柳树镇中街 149 号	0825-6768581	629209
C4	薛维军	湖北省荆州市沙市区高新技术开发区三湾路 1 号	0716-8328443	434000
H	陈继达	杭州市中大广场 A 座	0571-85777029	310003
M	刘贵亭	哈尔滨市南岗区红军街 16 号	0451-53600764	150001
G	蔡世杰	陕西省西安市友谊东路 41 号	029-82214266	710054
C5	马金泉	西安高新技术开发区西区高新一路 16 号	029-8311073	710075
M	叶观年	上海市定西路 1016 号银统北楼 11F	021-52551620	200050
A	保　田	湖北省洪湖市瞿家湾开发区	0716-2742181	433228
C7	尚德鑫	常州市芦墅常林路 10 号	0519-6752853	213002
M	姚雄杰	厦门市厦禾路 189 号银行中心 17 楼 6-8 单元	0592-2394688	361006
H	陈民群	广西南宁市朝阳路 39-41,45 号	0771-2610906	530012
C8	李家淼	江苏省南京市中山东路 486 号南京医药大厦	025-84453856	210002
C6	王俊卿	青海省西宁市朝阳西路 112 号	0971-5509464 7720083	810028

续表 21

代码 Code	股票简称 Shares Abbreviation	公司全称 Companies	主营业务范围 Fields
600715	*ST 松辽	松辽汽车股份有限公司	系列轻型越野客车、轻型客车制造、汽车改造及修理;汽车销售。
600716	耀华玻璃	秦皇岛耀华玻璃股份有限公司	为平板玻璃、工业技术玻璃、不饱和聚酯树脂及玻璃钢制品的生产、销售。
600717	天 津 港	天津港(集团)股份有限公司	商品储存;中转联运、汽车运输;装卸搬运;集装箱储运。
600718	东软股份	沈阳东软软件股份有限公司	计算机软、硬件,机电一体化产品开发、销售,技术咨询服务,场地出租,计算机软硬件租赁等。
600719	大连热电	大连热电股份有限公司	发电、供热、热电联产等。
600720	祁 连 山	甘肃祁连山水泥股份有限公司	水泥及其系列产品的研制、开发、生产和技术咨询服务。
600721	百 花 村	新疆百花村股份有限公司	旅馆、餐饮、旅游、商品经销、代销、外贸进出口、饮食生产等。
600722	沧州化工	沧州化学工业股份有限公司	化工原料、塑料制品、建筑材料、压力计等。
600723	西单商场	北京市西单商场股份有限公司	购销针纺织品,百货,五金交电,化工,机械电器设备等。
600724	宁波富达	宁波富达股份有限公司	家用电器、电机产品、室内缝纫用品、文具用品、鞋帽;自来水生产、接受委托经营等。
600725	云维股份	云南云维股份有限公司	聚乙烯醇及其相关原料,半成品的生产、加工和销售。
600726	龙电股份	黑龙江电力股份有限公司	电力生产、电厂检修、电力技术服务、技术咨询、批发零售电器
600727	鲁北化工	山东鲁北化工股份有限公司	磷铵、水泥、硫酸、溴素及溴系列产品的生产及销售。
600728	新太科技	新太科技股份有限公司	国内外海洋水产品捕捞、收购、加工、销售;计算机新产品研制、生产及其工程承接。
600729	重庆百货	重庆百货大楼股份有限公司	百货、五金、交电、日用杂品、家俱、计量器具、劳动保护用品。
600730	中国高科	中国高科集团股份有限公司	实业投资,发起设立各类科技风险投资基金,证券投资;人才交流及培训;技术及商品展示。
600731	湖南海利	湖南海利化工股份有限公司	农药、化肥和化工产品开发、生产、销售,化工产品的分析、检测;化工设计、化工环保评价。
600732	上海新梅	上海新梅置业股份有限公司	各类门座式起重机械,散货装卸机械,储装箱装卸机械等。
600733	前锋股份	成都前锋电子股份有限公司	研制生产电子仪器、燃气器具系列产品、医用仪器、防静电产品及有线电视网络工程的施工。
600734	实达电脑	福建实达电脑集团股份有限公司	电子计算机及其外部设备、仪器仪表及电传打字机制造;电子计算机及配件、通信设备。
600735	兰陵陈香	山东兰陵陈香酒业股份有限公司	饮料酒、饮料、食品及酒化工产品的生产与销售。
600736	苏州高新	苏州新区高新技术产业股份有限公司	高新技术产品的投资和开发生产,能源、交通、通讯等基础产业和市政基础设施的投资经营。
600737	新疆屯河	新疆屯河投资股份有限公司	番茄、其他农副产品(除粮、棉)的加工、制造及销售,水泥及其制品、活性石灰的制造及销售。
600738	*ST 民百	兰州民百(集团)股份有限公司	主营百货、针纺织品、照相器材、钟表眼镜、文体用品、办公用品。
600739	辽宁成大	辽宁成大股份有限公司	棉针织品、毛针织品、家用纺织品及服装的进出口业务,同时经营外经业务。
600740	山西焦化	山西焦化股份有限公司	焦炭及相关化工产品的生产、销售;经营本企业自产产品及技术的出口等。
600741	巴士股份	上海巴士实业(集团)股份有限公司	市区、郊县及埠际公共交通客运、出租汽车客运。
600742	一汽四环	长春一汽四环汽车股份有限公司	汽车改装(除小轿车、轻型车),制造汽车零部件,汽车修理等。
600743	ST 幸福	湖北幸福实业股份有限公司	服装、铝合金制品的生产和销售,电力开发,汽车运输等。
600744	华银电力	湖南华银电力股份有限公司	新建、扩建电厂,从事电力生产和经销及其配套设施建设。
600745	天华股份	湖北天华股份有限公司	从事纱、面料、T 恤衫及休闲服的生产和销售。
600746	江苏索普	江苏索普化工股份有限公司	化工原料及产品制造、销售、电力生产。

Continued 21

行业代码 Industries Code	董事长 Board Chairman	地址 Address	电话 Telephone Number	邮编 Zipcode
C7	吴金坤	沈阳市苏家屯区白松路22号(110101)	024-89811610	110101
C6	曹田平	河北省秦皇岛市西港路	0335-3028173	066013
F	王恩德	天津市塘沽区新港二号路35号	022-25702708	300456
G	刘积仁	沈阳高新技术产业开发区浑南产业区东大软件园	024-23783000-85712	110179
D	秦宏伟	大连市西岗区沿海街90号	0411-4438755	116021
C6	杨　皓	甘肃省永登县中堡镇	0931-6476501	730301
H	林　敏	乌鲁木齐市中山路141号	0991-7793678	830002
C4	周振德	河北省沧州市南环中路18号	0317-3030719	061000
H	刘秀玲	北京市西城区西单北大街120号	010-66024984	100031
C7	白小易	浙江省余姚市阳明西路355号	0574-62814275	315400
C4	李剑秋	云南省曲靖市沾益县花山镇云维公司	0874-3064350	065538
D	陈飞虎	哈尔滨市南岗区大成街209号	0451-82525998	150001
C4	冯久田	山东省无棣县埕口镇	0543-6451265	251909
G	邓龙龙	广州市天河高新技术产业开发区工业园建中路51-53号	020-85550260	510665
H	龚小力	重庆市渝中区民权路2号	023-63711374	400010
M	方中华	上海市成都北路333号上海招商局广场南栋第16、17层	021-52980809	200041
C4	王晓光	湖南长沙市芙蓉中路二段251号	0731-5552484	410007
C7	张静静	上海天目中路585号20楼	021-51002662	200070
G	杨晓斌	四川省成都市人民南路四段1号	028-86316709	610041
G	景　源	福州市福二工业区实达科技城	0591-3725878	350002
C0	张兴华	山东省临沂市罗庄区双月路153号	0539-8258002	276017
J	纪向群	苏州市苏州新区狮山路12号金狮大厦6层	0512-68096283	215011
C0	何贵品	新疆昌吉市乌伊东路33号	0994-2350079	831100
H	范余祯	兰州市中山路368号亚欧商厦8-10层	0931-8438318	730030
H	尚书志	辽宁省大连市中山区人民路71号	0411-2803736	116001
C4	潘得国	山西洪洞广胜寺镇	0357-6626012;6625471	031606
K	洪任初	上海市淮海中路398号世纪巴士大厦第25-27楼	021-63848484	200020
C7	徐建一	吉林省长春市普阳街99号	0431-7629105	130011
M	刘道明	湖北省潜江市张金镇幸福北路1号	0728-6641566	433140
D	李维建	湖南省长沙市芙蓉中路3段255号五华酒店十一层	0731-5388088	410007
C1	筱先生	湖北省黄石市团城山桂林路1号中银大厦附楼	0714-6366161	435003
C4	宋勤华	江苏省镇江市谏壁越河街50号	0511-3366244	212006

续表 22

代码 Code	股票简称 Shares Abbreviation	公司全称 Companies	主营业务范围 Fields
600747	大显股份	大连大显股份有限公司	彩色电子枪金属零件、彩色电子枪、高精密多层线路板、高精密金属轴以及单色显示管。
600748	上实发展	上海实业发展股份有限公司	生产、加工、销售热轧薄板及冷轧不锈薄板及其延伸制品。
600749	* ST 圣地	西藏圣地股份有限公司	多媒体综合业务宽带传输网络经营管理;有线电视网络的多功能项目开发;信息网络传输。
600750	江中药业	江西江中药业股份有限公司	原料药、粉针剂、片剂、冲剂、口服液、酊剂、外用洗剂、医药包装材料的生产、加工销售。
600751	ST 天 海	天津市海运股份有限公司	国际近洋集装箱班轮运输及相关业务。
600752	哈慈股份	哈慈股份有限公司	医疗器械,普通机械,建筑材料,电器机械,电子产品,通信设备,农业机械,化工产品等。
600753	ST 冰 熊	河南冰熊保鲜设备股份有限公司	各种卧式冷柜及其他制冷保鲜设备的生产和销售。
600754	锦江酒店	上海锦江国际酒店发展股份有限公司	以宾馆、餐饮、食品生产及连锁经营、旅游、摄影、汽车出租、国内贸易、物业管理。
600755	厦门国贸	厦门国贸集团股份有限公司	经营进出口及代理进出口贸易;承办合资合作和“三来一补”业务经营转口贸易。
600756	浪潮软件	山东浪潮齐鲁软件产业股份有限公司	索道运输;索道设计、安装、维修、调试、设备供应;饮食、汽车客运、旅游及住宿、娱乐。
600757	华源发展	上海华源企业发展股份有限公司	生产,加工,销售各类服务和家用装饰纺织品,进出口贸易,保税业务。
600758	* ST 金帝	辽宁金帝建设集团股份有限公司	土木建设工程及线路,管道,设备安装总承包,海外经济技术合作。
600759	ST 琼华侨	海南华侨投资股份有限公司	工业和高科技产品、农业综合开发、旅游资源开发、五金、交电等。
600760	* ST 黑豹	山东黑豹股份有限公司	“黑豹”系列农用运输车、肉类机械及其相关产品的研究、开发。
600761	安徽合力	安徽合力股份有限公司	叉车、工程机械、矿山起重运输机械及配件、铸锻件、热处理件制造及产品销售。
600762	金荔科技	衡阳市金荔科技农业股份有限公司	水泥生产销售,炼钢轧材,废旧物资回收,加工,销售,房地产开发等,计算机网络,高科技农业。
600763	ST 中燕	北京中燕探戈羽绒制品股份有限公司	制造销售羽毛羽绒产品,皮革制品,针纺织品。
600764	三星石化	甘肃三星石化(集团)股份有限公司	石油化工,精细化工产品的研制,生产,推广应用和经销。
600765	力源液压	贵州力源液压股份有限公司	工程机械配套用高压柱塞液压泵和马达,轿车配套球笼式等速万向节的制造和销售。
600766	* ST 烟发	烟台华联发展集团股份有限公司	商品零售及批发、药品的生产和销售、房地产、印刷、旅游等。
600767	运盛实业	运盛(上海)实业股份有限公司	城市基础设施开发及其配套服务,城市供水,交通,能源,工业,房地产项目开发,工程承包。
600768	宁波富邦	宁波富邦精业集团股份有限公司	公路货物运输、起重安装、装卸搬运、仓储,储运场站租赁、停车场服务;装卸机械。
600769	* ST 祥龙	武汉祥龙电业股份有限公司	发电,供电,供热,发电设备及配件,仪器仪表销售,安装,维修。
600770	综艺股份	江苏综艺股份有限公司	集装箱底板,胶合板,服装制造、加工、销售,建材,煤炭,纺织原辅材料,工艺品,五金交电等。
600771	东盛科技	东盛科技股份有限公司	各类医药产品的生产、批发、零售及新药研制等。
600772	石油龙昌	中油龙昌(集团)股份有限公司	天然气管道运输,改造,勘察,设计与施工,从事电子,医药,化工,房地产技术咨询服务等。
600773	西藏金珠	西藏金珠股份有限公司	进出口贸易(按经贸部核定的范围经营),国内贸易,出口商品制造与加工,矿产品加工,农牧产品加工。

Continued 22

行业代码 Industries Code	董事长 Board Chairman	地址 Address	电话 Telephone Number	邮编 Zipcode
C5	刘秉强	大连市甘井子区革镇堡	0411-6459612	116035
C6	陈伟恕	漕溪北路 18 号 7 楼	021-54258748	200030
K	欧阳旭	拉萨市林廓东路 6 号喜马拉雅饭店三层	0891-6339150	850000
C8	廖礼村	江西南昌市福州路 347 号	0791-8515742	330077
F	宋兴庭	天津河西区马场道 207 号	022-23281780	300204
C8	李秀峰	哈尔滨市动力区通乡街 169 号	0451-82688688	150046
C7	史进兵	河南省民权县府后街 22 号	0370-8585698	476800
K	俞敏亮	上海市广东路 51 号 6 楼	021-63217132	200002
H	何福龙	厦门市湖滨南路国贸大厦 8-18 层	0592-5160872	361004
G	王柏华	山东省济南市山大路 224 号	0531-8932888-8461	250013
C1	钱　锋	上海浦东新区商城路 660 号乐凯大厦 20-21 层	021-58792716	200120
E	胡毅力	沈阳市沈河区青年大街 118 号	024-22870330	110014
M	王跃仁	海南省海口市南航东路 28 号侨企大楼 B 座 8 楼	0898-66787220	570206
C7	谭瑞松	山东省文登市龙山路 107 号	0631-8352083	264400
C7	张德进	安徽省合肥市望江西路 15 号	0551-3648005 * 6902	230022
A	刘作超	衡阳市沿江北路 168 号	0734-8709868	421001
C1	晏子牛	新疆乌鲁木齐市建设路 2 号宏源大厦 17 楼	0991-2302568-1603	830000
C4	单　昶	北京宣武区广安门内大街 338 号新时代大酒店写字楼 603 室	010-63574758	100053
C7	李　利	贵阳市九十九号信箱公司办	0851-6321009	550018
H	陈伟东	山东省烟台市海关大厦 13 层	0535-6626431	264001
J	谭荣德	上海市南京西路 2066 号协和世界 1 号楼 5D	021-62719804	200040
F	郑锦浩	宁波市药行街 139 号中国银行大厦 20 层	0574-87300929	315010
D	江涤清	武汉市洪山区葛化街化工路 31 号	027-87602482	430078
M	昝圣达	江苏省通州市兴东镇黄金村	0513-6639999	226376
C8	郭家学	陕西省西安市高新技术开发区唐延路 23 号东盛大厦	029-8330836	710075
F	邱忠国	上海市中山南路 28 号久事大厦 20 层	021-63302552	200010
H	董金江	西藏自治区拉萨市北京中路 182 号	0891-6832913	850000

续表 23

代码 Code	股票简称 Shares Abbreviation	公司全称 Companies	主营业务范围 Fields
600774	汉商集团	武汉市汉商集团股份有限公司	百化、针纺织品、五金工具、其他食品、劳保用品、化工原料、中西药等。
600775	南京熊猫	南京熊猫电子股份有限公司	无线电通信设备,广播电视设备,五金交电,电子元器件,仪器仪表,电器机械及器材,普通机械。
600776	东方通信	东方通信股份有限公司	移动通信、程控交换、光电传输、激光照排设备及其配套产品,以及计算机和网络终端产品。
600777	新潮实业	烟台新潮实业股份有限公司	纺织、有线电视电缆、建筑安装、铸件、化工、娱乐及旅游服务。
600778	友好集团	新疆友好(集团)股份有限公司	商业综合经营(日用百货、食品、服装、针纺织品、家电、电讯);装饰工程施工等。
600779	全兴股份	四川全兴股份有限公司	抗生素原料药及各种制剂产品。
600780	通宝能源	山西通宝能源股份有限公司	电力、煤炭的生产和销售。
600781	* ST 民丰	上海民丰实业(集团)股份有限公司	纺织印染及加工;纺织行业的信息咨询;技术设计服务;投资举办业务。
600782	新华股份	新华金属制品股份有限公司	生产,经营预应力钢丝和钢绞线,铝包钢丝和钢绞线,CATV有线电视传输线等。
600783	四砂股份	四砂股份有限公司	磨料磨具,硅碳棒制品,金刚石及金刚石制品,耐火材料,国内外贸易和技术开发,技术咨询等。
600784	* ST 鲁银	鲁银投资集团股份有限公司	科技开发、技术改造、流通、农业综合开发及教、科、文、卫事业发展有偿投资。
600785	新华百货	银川新华百货商店股份有限公司	经营百货文化、服装鞋帽、针纺织品、五金交电、副食家俱、金银首饰、钟表工艺、医药。
600786	ST 东锅	东方锅炉(集团)股份有限公司	电站锅炉、电站辅机、工业锅炉、电站阀门、石油化工容器和核能反应设备。
600787	中储股份	中储发展股份有限公司	商品储存,加工,维修,包装,运输,检验;库场设备租赁;公路,水路的国际集装箱多式联运业务。
600788	达 尔 曼	西安达尔曼实业股份有限公司	珠宝,玉器,工艺美术,包装礼盒,机械设备,电子产品的加工,销售,活性蛋白和多肽等。
600789	鲁抗医药	山东鲁抗医药股份有限公司	生产抗生素原料药、半合成抗生素原料药及制剂等。
600790	轻 纺 城	浙江中国轻纺城集团股份有限公司	中国轻纺城市场营业用房的开发、建设、租赁及物业管理,轻纺面料的织造与销售,新型建筑开发。
600791	天创置业	天创置业股份有限公司	日用百货,针纺织品,服装鞋帽,文体用品,交电,烟,酒,糖,食品及加工,民族商品等。
600792	马龙产业	云南马龙产业集团股份有限公司	黄磷、磷酸等磷化工产品,水泥等建材产品的生产销售,开展进出口业务。
600793	ST 宜 纸	宜宾纸业股份有限公司	生产、经营新闻纸。
600794	保税科技	云南新概念保税科技股份有限公司	生物高新技术应用、开发;高新技术及电子商务、网络应用开发;机制纸及纸板的制造等。
600795	国电电力	国电电力发展股份有限公司	电力、热力生产、销售;电网经营;新能源项目、高新技术、环保产业的开发与应用等。
600796	钱江生化	浙江钱江生物化学股份有限公司	生物农药,酶制剂,赤霉素,柠檬酸的制造,销售及技术服务。
600797	浙大网新	浙江浙大网新科技股份有限公司	羽毛,羽绒及羽绒制品,防绒布,公司生产的羽绒制品等;有线电视网络投资和增值业务开发。
600798	宁波海运	宁波海运股份有限公司	沿海、内河(长江)货物运输、国际远洋运输和交通基础设施、交通附设服务设施的投资。
600799	ST 龙 科	黑龙江省科利华网络股份有限公司	Internet 网上项目经营、电子商务及计算机软件产品的开发、生产、销售;计算机系统网络。

Continued 23

行业代码 Industries Code	董事长 Board Chairman	地址 Address	电话 Telephone Number	邮编 Zipcode
H	张宪华	湖北省武汉市汉阳大道134号	027-84843197	430050
G	李安建	中国南京市中山东路301号	8625-84801442	210002
G	郑国民	中国浙江省杭州市文三路398号	0571-88865251	310013
C5	孙树刚	山东省烟台市牟平区牟山路98号	0535-4259777	264100
H	马雍全	乌鲁木齐市友好南路30号	0991-4541008	830000
C0	杨肇基	成都市人民中路二段68号	028-6252847	610031
D	常小刚	太原市高新技术产业开发区学府工业园区V-6区	0351-7021857	030006
C1	关永进	上海市松江区泗泾镇望东北路1号	021-57617381	201601
C6	熊小星	江西省新余市高新技术经济开发区	0790-6460888	338004
C6	李功臣	山东省淄博市张店区南定车站街69号	0533-2980151*8273	255055
M	李　玮	山东省济南市经十路128号	0531-2024156	250001
H	徐鸣凤	宁夏银川市新华东街29号	0951-4010058	750004
C7	易兴旺	四川自贡市五星街黄桷坪路150号	0813-4735000	643001
F	洪水坤	天津市河西区友谊路19号	022-28010734	300201
C9	许宗林	西安市建工路19号	029-2238824	710043
C8	章建辉	山东省济宁市太白楼西路173号	0537-2983174	272021
M	谢方员	浙江省绍兴县柯桥镇鉴湖路6号中轻大厦	0575-4116158	312030
J	王少武	北京市西城区复兴门南大街2号甲天银大厦A西8层	010-66413762	100031
C6	夏　蜀	云南省曲靖市马龙县王家庄镇	0871-3018339	655102
C3	罗　云	四川省宜宾市岷江西路54号	0831-3560668	644007
C3	叶效良	云南省昆明市春城路62号证券大厦15楼A1506	0871-3186316	650011
D	周大兵	北京市西城区三里河东路中商大厦五层	010-51975858	100045
C8	马　炎	浙江省海宁市硖石镇西山路598号	0573-7042800	314400
G	陈　纯	杭州市曙光路15号世贸中心写字楼C座12楼	0571-87950500	310007
F	夏　刚	宁波市中马路202号	0574-87352405	315020
G	宋朝弟	北京市海淀区上地信息产业基地创业东路33号科利华网络大厦	010-82899729/62988800-2005	100084

续表 24

代码 Code	股票简称 Shares Abbreviation	公司全称 Companies	主营业务范围 Fields
600800	天津磁卡	天津环球磁卡股份有限公司	软件系统设计开发;网络集成技术及高新技术产品开发与销售;数据卡的开发与制造等。
600801	华新水泥	华新水泥股份有限公司	水泥技术服务、水泥设备的研究、制造及安装修理、水泥进出口贸易等。
600802	福建水泥	福建水泥股份有限公司	建筑材料制造及技术服务、工业生产资料、汽车货物运输、柴油车总成大修;投资宾馆等。
600803	威远生化	河北威远生物化工股份有限公司	生物化工产品、精细化工产品的制造、销售;建材产品、机电产品的制造、销售。
600804	鹏 博 士	成都鹏博士科技股份有限公司	生产经营优质钢锭,优质锻钢件,精密铸造件,堆焊轧辊,平焊工具备件,机构加工件。
600805	悦达投资	江苏悦达投资股份有限公司	制造销售拖拉机、农机具、工程机械、面包车、客货车、铁路货运,销售煤炭、焦炭、石油。
600806	交大科技	交大昆机科技股份有限公司	设计、开发、生产及销售数控、数显机床、精密测量设备、精密位移传感器。
600807	*ST 济百	山东济南百货大楼(集团)股份有限公司	五金交电、家电、日用百货、针织品、烟酒糖茶、家具用品、金银首饰、玉器珠宝、工艺。
600808	马钢股份	马鞍山钢铁股份有限公司	钢铁产品的生产和销售。
600809	山西汾酒	山西杏花村汾酒厂股份有限公司	汾酒、竹叶青酒及其系列酒的生产、销售;酒类高新技术及产品研究、开发等。
600810	神马实业	神马实业股份有限公司	帘子布工业用布化纤及制品的制造、加工、销售。
600811	东方集团	东方集团股份有限公司	银行业务、房地产开发销售、物业管理、建材连锁经营、港口基础设施建设及仓储运输等。
600812	华北制药	华北制药股份有限公司	医药化工产品的生产和销售。
600813	ST 鞍一工	鞍山第一工程机械股份有限公司	生产、销售推土机、通井机、装载机、挖掘机。
600814	杭州解百	杭州解百集团股份有限公司	商品零售、批发、服务和进出口业务;房地产、运输、餐饮、旅游。
600815	厦工股份	厦门工程机械股份有限公司	工程机械产品信其配件、进出口贸易、房地产开发。
600816	鞍山信托	鞍山市信托投资股份有限公司	委托,信托存款委托,信托贷款及投资金融租赁贷款抵押贷款,代理发行有价证券,证券买卖等。
600817	宏盛科技	上海宏盛科技发展股份有限公司	实业投资、国内贸易(除专项规定),电脑及高科技产品的生产和销售,软件的研究、经营。
600818	ST 永 久	上海永久股份有限公司	自行车、童车、踏板车、健身车、机动两轮车、摩托车、助动自行车。
600819	耀皮玻璃	上海耀华皮尔金顿股份有限公司	生产销售透明浮法玻璃和本体着色玻璃及深加工系列产品。
600820	隧道股份	上海隧道工程股份有限公司	土木工程建设项目总承包、隧道、市政、建筑、公路及桥梁等业务。
600821	津 劝 业	天津劝业场(集团)股份有限公司	商业、各类物资的批发及零售;公共饮食、旅游服务、旅馆、理发、浴池等。
600822	物贸中心	上海物资贸易中心股份有限公司	金属材料、化工原料、建材、汽车等机电产品的经营及进出口贸易、宾馆经营、物业管理等。
600823	世茂股份	上海世茂股份有限公司	针纺织品、日用百货、五交交电、文体用品、日用化学品。
600824	益民百货	上海益民百货股份有限公司	针纺织品、皮革制品、五金交电化工、通讯设备、建筑材料。
600825	华联超市	华联超市股份有限公司	粮油及制品、副食品(烟零售)、服装鞋帽、百货、广告设计制作及发布、经营进出口业务。
600826	兰生股份	上海兰生股份有限公司	进出口贸易、代理进出口业务等。
600827	友谊股份	上海友谊集团股份有限公司	工艺品、旅游纪念品、百货、针织品、五金交电、食品、茶叶、旅游。
600828	成商集团	成都人民商场(集团)股份有限公司	百货、五金交电、化工原料、通讯设备。
600829	天鹅股份	哈尔滨天鹅实业股份有限公司	开发生产和经营水泥等建材、装饰装修材料、非金属矿产品等。

Continued 24

行业代码 Industries Code	董事长 Board Chairman	地址 Address	电话 Telephone Number	邮编 Zipcode
C9	姜肃敌	天津市河西区解放南路 325 号	022-23264012	300202
C6	陈木森	湖北黄石市黄石大道 897 号	0714-6328310	435002
C6	黄建民	福州市杨桥东路 118 号宏杨新城建福大厦	0591-7617751	350001
C4	霍丽君	石家庄市高新技术产业开发区新石北路 166 号	0311-3839696	050091
C6	杨学平	中国四川成都市华兴正街 5 号王府井商务公寓 B14 楼	0755-83432853	610016
M	胡友林	江苏盐城市通榆中路 36 号	0515-8222278	224002
C7	岳华峰	中华人民共和国云南省昆明市茨坝路 23 号	0871-5212410	650203
H	邢乐成	济南市泉城路 264 号	0531-6030094	250011
C6	顾建国	安徽省马鞍山市红旗中路 8 号	86-555-2888158	243003
C0	郭双威	山西汾阳市杏花村	0358-7229381	032205
C4	宋春迎	河南平顶山建设路中段 63 号	0375-3921231	467000
M	张宏伟	哈尔滨市南岗区红旗大街 240 号	0451-53666028	150001
C8	常　幸	河北省石家庄市和平东路 388 号	0311-6219063	050015
C7	沈铁方	辽宁省鞍山市立山区红旗路 30 号	0412-6225001	114042
H	周自力	杭州市上城区解放路 251 号	0571-87016888-5015	310001
C7	王昆东	厦门市厦禾路 668 号	0592-2115449	361004
I	曲玉春	辽宁鞍山市铁东区五道街 55 号	0412-2215945	114001
M	龙长生	上海市浦东新区商城路 618 号	021-58765800	200120
C7	顾觉新	上海市辽源西路 209 号	021-65136974	200092
C6	朱伯安	上海市浦东新区济阳路 100 号	021-58801177	200126
E	姜先赋	上海市大连路 118 号	021-65419590	200082
H	刘树明	天津市和平路 290 号	022-27301432	300022
H	陈伟宝	上海中山北路 2550 号	021-62168718	200063
H	许荣茂	上海市广东路 500 号世界贸易大厦 3008 室	021-63620099-160	200001
H	陈　圣	上海市南昌路 57 号甲	021-53066888	200020
H	华　洲	上海市隆昌路 609 号	021-65705873	200090
H	赵效定	上海中山北一路 1230 号	021-65445880*3307	200437
H	王宗南	上海市商城路 518 号 10 楼	021-58792123	200120
H	曾永江	成都市东御街 19 号	028-86665088	610011
C6	丁鸿利	哈尔滨市道里区共乐街 182 号	0451-84624124	150076

续表 25

代码 Code	股票简称 Shares Abbreviation	公司全称 Companies	主营业务范围 Fields
600830	大 红 鹰	宁波大红鹰实业投资股份有限公司	主要从事国内外贸易、生产加工、旅游服务、信息咨询等。
600831	广电网络	陕西广电网络传媒股份有限公司	彩色电视机、多媒体产品、电冰箱等家电产品的研制、生产、销售及相关业务。
600832	东方明珠	上海东方明珠(集团)股份有限公司	广播电视传输服务、电视塔设施租赁、旅游观光、房地产开发、广告、实业投资等。
600833	第一医药	上海第一医药股份有限公司	商业网点用房及调网用房开发建设、利用、转让。
600834	申通地铁	上海申通地铁股份有限公司	自来水、给水专用设备、给水设计、水厂建设和排管施工工程、对外投资等。
600835	上海电气	上海电气股份有限公司	生产制冰、冷藏设备;空调设备;微波炉、燃油取暖器等家用电器;印刷包装机械;电子计算机。
600836	界龙实业	上海界龙实业股份有限公司	包装、装潢、彩印、特种印刷、金属制品等。
600837	都市股份	上海市都市农商社股份有限公司	商业、服务业、工业。
600838	上海九百	上海九百股份有限公司	百货、针纺织品、五金交电、文教用品。
600839	四川长虹	四川长虹电器股份有限公司	视频产品、网络产品、激光读写系列产品、数字通讯产品、空调器的制造、销售及服务。
600840	新湖创业	浙江新湖创业投资股份有限公司	有线电视付费点播系统的开发、生产、销售、安装;通讯设备,通讯项目,电子计算机研发。
600841	上柴股份	上海柴油机股份有限公司	机电产品、柴油机及材料、金属材料、五金交电。
600842	*ST 中西	上海中西药业股份有限公司	医药原料、医药制剂、农药及家庭卫生用药等。
600843	上工股份	上工股份有限公司	生产、销售缝制设备及零部件、缝纫机专业设备、制衣、生产销售饮水机,饮用水、塑料制品等。
600844	大盈股份	大盈现代农业股份有限公司	农业投资,生产销售笔类文具、礼品类、电脑绘图仪器类、厨房设备、办公用品、建筑装潢材料等。
600845	宝信软件	上海宝信软件股份有限公司	计算机、自动化、网络系统的设计,开发。
600846	同济科技	上海同济科技实业股份有限公司	承接各类工程总承包、研制开发高科产品、进出口业务等。
600847	ST 渝万里	重庆万里蓄电池股份有限公司	从事各类铅酸蓄电池及零部件的生产和销售。
600848	ST 自 仪	上海自动化仪表股份有限公司	自动化仪表成套设备、仪表控制装置、仪器仪表用元器件等。
600849	上海医药	上海医药股份有限公司	现代生物医药、药品制剂,化学药物,天然医药,中西药制剂,中药材饮品,营养保健品等。
600850	华东电脑	上海华东电脑股份有限公司	计算机、电子元器件领域的科技业务,仪器仪表、通信设备。
600851	海欣股份	上海海欣集团股份有限公司	生产销售人造毛绒、毛皮面料、涤纶长丝、腈纶纱和长毛绒玩具。
600852	中川国际	中国四川国际合作股份有限公司	承包国内外各种工程建设项目、从事进出口贸易和国内贸易;批发和零售贸易(不含专营)。
600853	龙建股份	龙建路桥股份有限公司	钢材冶炼、轧制、压延加工及进出口业务等。
600854	春兰股份	江苏春兰制冷设备股份有限公司	生产、销售各种窗式、柜式、1.5 匹及以下壁挂式空调器、洗涤机械等。
600855	航天长峰	北京航天长峰股份有限公司	计算机软硬件、网络、通讯、卫星应用、自动控制、机床数控系统、医药设备、环保。
600856	长百集团	长春百货大楼集团股份有限公司	百货、天然气、针纺织品、五金交电、中西药、食品、工艺美术。
600857	工大首创	哈工大首创科技股份有限公司	百货、针纺织品、五金交电、化工、工艺美术品、日用杂品。
600858	*ST 渤海	银座渤海集团股份有限公司	从事热电供应、酒店、建材、娱乐服务等。
600859	王 府 井	北京王府井百货(集团)股份有限公司	零售代购代销百货、针纺织品、五金交电、化工、计算机及配件等。
600860	北人股份	北人印刷机械股份有限公司	开发、设计、生产、销售印刷机械、锻压设备、包装机械、零件。
600861	北京城乡	北京城乡贸易中心股份有限公司	国内商业、物资供销业、仓储业、日用品修理业、群众文化事业。
600862	*ST 纵横	南通纵横国际股份有限公司	数控机床、高级电子元器件等高科技产品及软件和网络技术的开发、生产、销售和技术服务。

Continued 25

行业代码 Industries Code	董事长 Board Chairman	地址 Address	电话 Telephone Number	邮编 Zipcode
H	赵万兴	宁波市开明街 130 弄 48 号	0574-87315310	315000
L	韩本毅	西安市太白南路 363 号影视大酒店副楼	029-88278115	710068
M	朱咏雷	上海浦东世纪大道 1 号	021-58799306	200120
H	赵　刚	上海市浙江中路 400 号 15 楼	021-63617711 * 158	200001
D	宋孝钧	上海市中山南路 28 号久事大厦 31 楼	021-58308595	200010
C7	王成明	上海市延安西路 358 号 12 楼(200040)	021-62898699-8685	200135
C3	费钧德	上海市浦东新区川周公路 7111 号	021-63746888	201205
H	曹晓风	上海市西藏南路 765 号永惠大厦 8 楼	021-63787858	200011
H	黄　跃	上海市南京西路 873-881 号上海静安新时代大厦九楼	021-32100758	200041
C5	倪润峰	四川绵阳市高新区绵兴东路 35 号	0816-2418132	621000
H	刘全民	杭州市体育场路 479 号 7 楼	0571-87055977	310007
C7	陈龙兴	上海军工路 2636 号	021-65743610	200432
C8	周德孚	上海浦东江心沙路 9 号	021-56082188	200065
C7	倪永刚	上海市浦东新区世纪大道 1500 号东方大厦 12 楼	021-68407700 * 617	200122
C3	廖德荣	上海江宁路 188 号兴业大厦 11 楼	021-32180736	200041
G	徐乐江	上海浦东新区张江高科技园区郭守敬路 515 号	021-50801155 * 1353	201203
M	钱　刚	上海市赤峰路 83 号	021-65985860	200092
C7	诸一军	重庆市巴南区土桥苦竹坝 31 号	010-62572098	400054
C7	肖宗义	上海市延安西路 1599 号怡翔大楼 7F	021-62800705	200050
C8	钱珽之	上海浦东新区金桥路 1399 号	021-58999802	201206
G	孙德炜	上海桂林路 418 号	021-64362789	200233
C1	严镇博	上海市福州路 666 号金陵海欣大厦 19 楼	021-63917000-1832	200001
E	从　钢	成都市永兴巷 15 号	028-6520852	610012
E	雷文峰	黑龙江省哈尔滨市南岗区嵩山路 109-1 号	0451-82281860	150009
C7	张鸿志	江苏省泰州市春兰工业园区春兰路 1 号	0523-6217958、6663663	225300
C7	唐刚斗	北京市海淀区永定路 51 号航天数控大楼	010-88271805	100854
H	王建国	长春市人民大街 77 号	0431-8962152	130061
G	杨士勤	宁波市海曙区中山东路 220 号 9 层	0574-87367060	315000
M	王仁泉	山东省济南市泺源大街 22 号中银大厦 20F	0531-6988888、6960688	250063
H	郑万河	中国北京王府井大街 255 号	010-65125960	100006
C7	朱武安	北京经济技术开发区荣昌东街 6 号	010-67802565	100176
H	周和平	北京市海淀区复兴路甲 23 号	010-68296595	100036
C7	张宗平	江苏南通市任港路 23 号	0513-5516141-8305	226006

续表 26

代码 Code	股票简称 Shares Abbreviation	公司全称 Companies	主营业务范围 Fields
600863	内蒙华电	内蒙古蒙电华能热电股份有限公司	火力发电及供热。
600864	岁宝热电	哈尔滨岁宝热电股份有限公司	热力、电力生产与销售,热力、电力工程设备及相关产品生产与销售。
600865	百大集团	百大集团股份有限公司	百货,音像制品,五金交电,针纺织品,食品,药品,化工产品,工艺美术品,金银饰品,烟等。
600866	星湖科技	广东肇庆星湖生物科技股份有限公司	氨基酸、肌苷(酸)、酶制剂、抗生菌素等工农医和食品添加剂系列产品的生产。
600867	通化东宝	通化东宝药业股份有限公司	中西成药、保健品、包装材料、山野菜、食用菌加工、印刷。
600868	梅雁股份	广东梅雁企业(集团)股份有限公司	主营汽车客货运输.建筑建材业、旅游州业、饮食服务、商业、汽车配件制造业和物业开发。
600869	三普药业	三普药业股份有限公司	研制、生产、销售中成药、销售中成药、西药、藏药、中西复合药、保健品、中药材、医疗器械、玻璃。
600870	ST 厦 华	厦门华侨电子股份有限公司	彩色电视机、移动通信、彩色显示器、计算机等电子产品。
600871	仪征化纤	中国石化仪征化纤股份有限公司	化纤、化工产品及原辅材料与纺织机械生产及自产产品的销售,纺织技术开发与自营产品。
600872	火炬高新	中炬高新技术实业(集团)股份有限公司	自营和代理出口商品及技术的进出口业务;进料加工和“三来一补”业务;对销贸易和转口贸易。
600873	* ST 明珠	西藏明珠股份有限公司	旅游饭店业、旅游运输业、餐饮娱乐、旅游产品加工业、商品贸易和房地产开发。
600874	创业环保	天津创业环保股份有限公司	纯碱、烧碱等种类碱产品,无机盐、无机酸及其他化工原料。
600875	东方电机	东方电机股份有限公司	水力发电设备、汽轮发电机、交直流电机、控制设备制造销售、普通机械。
600876	洛阳玻璃	洛阳玻璃股份有限公司	玻璃及其深加工制品、机构电器及配品。
600877	中国嘉陵	中国嘉陵工业股份有限公司(集团)	摩托车及摩托车配件制造、工业钢球、轴承、猎枪弹制造。
600878	* ST 北科	大连北大科技(集团)股份有限公司	高科技纺织、高新技术产品开发与生产、车辆修配、汽车及汽车配件经销、汽车出租等。
600879	火箭股份	长征火箭技术股份有限公司	民用航天与运载火箭技术及配套装备、新材料、计算机信息技术及计算机软硬件等。
600880	博瑞传播	成都博瑞传播股份有限公司	信息传播服务、报刊发行投递、高科技产品开发、国内贸易、高低压电器开关制造及销售。
600881	亚泰集团	吉林亚泰(集团)股份有限公司	科研、产品加工、建筑开发、经销。
600882	大成股份	山东大成农药股份有限公司	化学农药、基本化学原料的生产、销售;机械配件的加工;防腐蚀设备的制作等。
600883	富邦科技	云南富邦科技实业股份有限公司	计算机硬件生产、软件开发和网络开发、信息服务;硅酸盐水泥、水泥熟料及其他建材产品。
600884	杉杉股份	宁波杉杉股份有限公司	制造、加工、批发各类服装。
600885	力诺工业	武汉力诺工业股份有限公司	“双虎”牌油漆和精细化工产品的制造及销售。
600886	国投电力	国投华靖电力控股股份有限公司	石油化工产品的生产及深度加工和销售。
600887	伊利股份	内蒙古伊利实业集团股份有限公司	农畜产品加工业、畜牧业、食品、饮料工业、饲料加工业、食品饮料加工设备、原材料。
600888	新疆众和	新疆众和股份有限公司	铝及其相关业务,碳素及其相关业务。

Continued 26

行业代码 Industries Code	董事长 Board Chairman	地址 Address	电话 Telephone Number	邮编 Zipcode
D	乌若思	内蒙古呼和浩特市锡林南路 218 号	0471-6222388-8009	010020
D	邢继军	哈尔滨市南岗区昆仑商城隆顺街 27 号	0451-82332828	150090
H	董伟平	杭州市延安路 546 号	0571-85109129	310006
C8	黄增麟	广东省肇庆市工农北路 67 号	0758-2291123	526060
C8	李一奎	吉林省通化东宝新村	0435-3198126	134123
M	杨钦欢	广东梅州市湾水塘	0753-2218286	514011
C8	蒋锡培	青海省西宁市建国路 88 号	021-50543466	810007
C5	吴小敏	厦门市湖里大道 22 号	0592-5687203	361006
C4	傅兴堂	江苏省仪征市	0514-3232997	211900
M	葛志斌	广东省中山市中山火炬高技术产业开发区火炬大厦	0760-5599947	528437
K	何盛秋	成都市青羊区长顺中街 88 号	028-86600758	610031
K	马白玉	天津市和平区贵州路 45 号	86-22-23523036	300051
C7	朱元巢	四川省德阳市黄河西路 188 号	86-0838-2409358	618000
C6	郭晓寰	中华人民共和国河南省洛阳市西工区唐宫中路 9 号	86-379-3908588	471009
C7	靖　波	重庆市沙坪坝区双碑	023-65194095	400032
M	李　纯	大连市中山区民寿街 4 号银河公寓写字间 19F	0411-2643146	116001
C7	王宗银	武汉市建设大道 847 号瑞通广场 B 座 21 层	027-85487719	430015
L	孙旭军	成都市花牌坊街 185 号	028-87651183	610031
M	宋尚龙	长春市吉林大路 281 号	0431-4956688	130031
C4	耿佃杰	山东淄博张店区洪沟路 25 号	0533-2111919 * 6358	255009
M	刘志波	云南省保山市隆阳区人民路 78 号	0875-2218496 0871-7197370	678000
C1	郑永刚	宁波市百丈路 158 号杉杉金贸大厦 708 室	021-68752399	315040
C4	申英明	武汉市汉口建设大道 618 号信合大厦九楼	027-85497163	430035
D	卜繁森	北京市西城区阜外大街 7 号国投大厦 9 楼	010-68003595	100037
C0	郑俊怀	内蒙呼和浩特市金川开发区金四路 8 号	0471-3601621	010080
C6	刘　杰	新疆维吾尔自治区乌鲁木齐市喀什东路 18 号	0991-6689800	830013

续表 27

代码 Code	股票简称 Shares Abbreviation	公司全称 Companies	主营业务范围 Fields
600889	南京化纤	南京化纤股份有限公司	粘胶长丝、粘胶短纤维的生产和销售以及自来水的生产和供应。
600890	中房股份	中房置业股份有限公司	摩托车及系列产品的制造和销售,各种摩托车发动机及小汽车,微型车发动机的制造和销售。
600891	*ST 秋林	哈尔滨秋林集团股份有限公司	零售兼批发百货、食品、副食、纺织品、针织品等。
600892	湖大科教	河北湖大科技教育发展股份有限公司	零售、批发、代销、联营、服务。
600893	ST 吉发	吉林华润生化股份有限公司	食品加工业,以玉米等农副产品为原料的深加工,与加工业相配套的运输业,仓储业,包装业。
600894	广钢股份	广州钢铁股份有限公司	炼铁、焦化、烧结、炼钢、轧钢、空分等大型生产设备,以生产冶金产品、焦炭化工产品。
600895	张江高科	上海张江高科技园区开发股份有限公司	工程勘察、设计、施工承包、建筑装修工程、设备供应与安装、建筑材料经营。
600896	中海海盛	中海(海南)海盛船务股份有限公司	琼省及国内沿海运输、以琼港口为主的近洋国际航线运输,水路运输服务,船务代理等。
600897	厦门机场	厦门机场发展股份有限公司	为国内外航空运输企业和集团公司提供候机设施的使用保障和服务。
600898	三联商社	三联商社股份有限公司	百货文化用品、五金交电、油墨及印刷器材、家具、食品、针纺织品、日用杂品等。
600899	ST 信联	浙江信联股份有限公司	有线电视网络建设、开发、服务;网络传输软件及设备、材料的开发、销售;网络工程安装。
600900	长江电力	中国长江电力股份有限公司	电力生产、经营和投资,电力生产技术咨询,水电工程检修维护。
900929	国旅B股	上海中国国际旅行社股份有限公司	组织海外游客入境旅游、中国公民国内旅游和出境旅游、交通票务代理以及物业出租等。
900935	阳晨B股	上海阳晨投资股份有限公司	工程机械、打桩机、机械施工钻机、水文水井设备、地质勘探设备、矿山机械设备及上述配件。
900939	汇丽B股	上海汇丽建材股份有限公司	建筑涂料,各种化学建材,装潢材料,木业制品等生产开发,高科技产品销售及相关业务。
900948	伊煤B股	内蒙古伊泰煤炭股份有限公司	原煤生产、加工、运输和销售。
900949	东电B股	浙江东南发电股份有限公司	投资、开发及经营发电厂、发电机组。
900950	新城B股	江苏新城房产股份有限公司	柴油机制造,经营本公司自产机电产品、机械设备、仪器仪表、备品备件、零配件等。
900951	大化B股	大化集团大连化工股份有限公司	碱产品及副产品的生产及销售,技术开发、售后服务,境内外企业的合作与投资。
900953	凯马B股	中泰凯马股份有限公司	内燃机、农用车、拖拉机整机及农机具和其他农业机械及其零部件的研究开发、生产销售。
900956	东贝B股	黄石东贝电器股份有限公司	生产销售制冷压缩机,压缩机电机,高新技术开发、生产、咨询。
900957	凌云B股	上海凌云幕墙科技股份有限公司	建筑幕墙的设计、生产、销售及安装;生产、加工、销售建筑和工业铝型材及各类铝制品。

数据来源:上海证券交易所

Source:Shanghai Stock Exchange

Continued 27

行业代码 Industries Code	董事长 Board Chairman	地址 Address	电话 Telephone Number	邮编 Zipcode
C4	沈光宇	南京市中央门外伏家场	025-85561011*3685	210038
C7	殷友田	北京市东城区西滨河路9号中成大厦14层	010-64218263	100011
H	赵廷阁	哈尔滨市南岗区东大直街319号	0451-53644632	150001
C7	杨光泽	石家庄市中山东路51号劝业商场四层	0311-6032360	050000
C0	乔世波	长春经济技术开发区东盛大街345号	0431-5883118 5883022	130031
C6	陈嘉陵	广州市芳村区白鹤洞	020-81891212-3122	510381
M	陈剑波	上海浦东龙东大道300号	021-50800018	201203
F	王大雄	海南省海口市龙昆北路2号珠江广场帝豪大厦25层	0898-68583985	570125
F	王倜傥	厦门高崎国际机场3#候机楼西侧	0592-6022936*6005	361006
H	张继升	济南市北园大街409号三联家电商务中心五层	0531-5910528	250033
L	王宏建	杭州市上塘路86号	0571-85450093	310014
D	李永安	北京市西城区金融大街19号富凯大厦B座	010-58688890	100032
K	宋超麒	上海市北京西路1277号8楼	021-62898899*261	200040
C7	祝世寅	上海市徐家汇路555号10楼C座	021-639010016 3901800-118	200023
E	徐泽宪	上海浦东南路2161号	021-58705858-2525/68731437	200127
B	张东海	内蒙古鄂尔多斯市东胜区鄂尔多斯西街	0477-8524944	017000
D	孙永森	杭州市延安路528号标力大厦	0571-85774566	310006
J	王振华	江苏省常州市和平南路150号国际金融大厦6楼	0519-8127288	213003
C4	刘平芹	大连市甘井子区工兴路10号	0411-6893436	116032
C7	黄志伟	上海市中山北路1958号华源世界广场6楼	021-62034925	200063
C7	杨百昌	湖北省黄石市铁山区武黄路5号	0714-5415858	435006
E	郑介甫	上海浦东新区东方路877号嘉兴大厦18楼	021-50813736-158	200122

5-27 深圳证券交易所上市公司名录
List of Listed Companies in Shenzhen Stock Exchange

代码 Code	公司全称 Companies	董事长 Board Chairman	地址 Address	主营业务范围 Fields	行业代码 Industries Code	电话 Telephone Number
000001	深圳发展银行股份有限公司	许季才	深圳市深南中路178号	人民币的结算、汇兑、存贷款、票据贴现、各种信托;外汇存贷款、票据兑换、进出口结算等。	I01	0755-2088888
000002	万科企业股份有限公司	王　石	深圳市罗湖区翠竹北水贝二路十四栋万科大厦	五金矿产、日用百货、建筑材料、机电设备、化工产品、化工原料、水产品、土产品、家用电器、电子产品、医疗器材、文化用品、木材、副食品。	J01	0755-5516666
000003	金田实业(集团)股份有限公司	黄汉清	深圳罗湖区和平路42号金田大厦23—26	房地产开发、进出口贸易、高新技术开发、纺织、化工、电子产品。	M	0755-5573548
000004	深圳蛇口安达实业股份有限公司	熊栋梁	深圳蛇口工业大道招商局发展中心五楼	汽车货运、汽车修理、零售汽车配件。	F03	0755-6891245
000005	深圳世纪星源股份有限公司	丁　梵	深圳市人民南路发展中心大厦13层	纺织、印染、服装、轻工产品、电子产品、科技产品、小汽车出租、商业贸易、酒店。	M	0755-2208888
000006	深圳市振业股份有限公司	张　宝	深圳市宝安南路振业大厦30层	土地开发、房产销售及租赁、物业管理、发展高科技产业经营、饮食等。	J01	0755-5892061
000007	深圳市赛格达声股份有限公司	张万章	深圳市华强北路赛格工业大厦五楼	家用电器、通讯设备、仪器仪表、电子元件、电子乐器电子手表、电脑电话、汽车收录机。	J01	0755-3239242
000008	广东亿安科技发展股份有限公司	周瑞堂	深圳市南山区内环路5号	生产经营禽畜、仓储、进出口业务、电子通讯、生物工程等。	G87	0755-2257432
000009	中国宝安集团股份有限公司	曾汉雄	深圳市深南中路73号宝安大厦二楼	商贸、工业、"三来一补"产业,房地产及服务业。	M	0755-3355405
000010	深圳华新股份有限公司	赵志国	深圳市深南中路华联大厦十楼	纺织品及其原料,工艺首饰品,塑胶;国内商业、物资供销业(不含专营、专卖、专控商品);经营深贸管审字第207号《审定书》规定的进出口项目。	H21	0755-3351000
000011	深圳市物业发展(集团)股份有限公司	陈义林	深圳市人民南路国贸大厦42层	房地产开发及销售、商品楼宇的经营管理、兼营其他。	M	0755-2253020
000012	中国南方玻璃股份有限公司	江　波	深圳蛇口工业区工业六路10号南玻大厦	浮法玻璃及玻璃用品的加工、制造和销售。	C61	0755-6686315
000013	深圳石化集团股份有限公司	陈涌庆	深圳市福田区红荔西路石化大厦	自营和代理第二、三类商品出口及省内进口业务、生产销售化工产品及医药保健品。	H03	0755-3344355
000014	深圳华源实业股份有限公司	张建强	深圳市罗湖区布心路华源工业大厦	磁记录产品及其配件、通讯服务设备、计算机设备及办公自动化设备。	J01	0755-5517888
000015	深圳中浩(集团)股份有限公司	吕有珍	深圳市八卦四路中浩大厦九、十层	厨房设备、食品机械、食品饮料、房地产。	M	0755-2425359
000016	康佳集团股份有限公司	任克雷	深圳华侨城东部工业区	电器、电子整机及元器件精模具、注塑件、包装材料,主要产品有收录机、电视机、组合音响、录像机、对讲机等。	C55	0755-6601139
000017	深圳中华自行车(集团)股份有限公司	范惠明	深圳市布心路1号	生产装配各类自行车零部件及健身车,主要产品有轻便郊游车、赛车、童车、爬山车和高级铝合金车等。	C75	0755-5516998
000018	深圳中冠纺织印染股份有限公司	田志俊	深圳市罗湖区人民南路房地产大厦10楼C座	棉布、涤棉布和麻棉布等梭织布的生产经营。	C11	0755-2320942
000019	深圳市深宝实业股份有限公司	张德生	深圳市罗湖区文锦北路田贝东路10号大院	食品加工、饮料生产、土产品、食品进出口业务。	C05	0755-5507480
000020	深圳华发电子股份有限公司		深圳华发北路华发大厦	彩电、收录机、音响、电表、电子游戏机、电脑等工业、民用电子产品及配套印制电镀板、精密冷塑件、五金件等。	C5	0755-3352207

续表 1　Continued 1

代码 Code	公司全称 Companies	董事长 Board Chairman	地址 Address	主营业务范围 Fields	行业代码 Industries Code	电话 Telephone Number
000021	深圳开发科技股份有限公司	王　之	深圳市福田区彩田路开发大厦	开发生产经营计算硬件系统及其外设备通讯设备、电子仪器、仪表电子产品及其零件部件、元器件、接插件和原材料；生产经营家用电器及电子玩具。	G83	0755-3320713
000022	深圳赤湾港航股份有限公司	袁　庚	中国深圳赤湾港赤湾大厦	港口装卸、散货灌包、保税仓储水陆运输、集装箱运输及临港工业等。	F11	0755-6694888
000023	深圳市天地实业股份有限公司	陈德伦	深圳市宝安南路天地大厦 3 楼	建筑材料、装饰材料、机械电器设备、钢材、木材、五金、化工原料、油漆、塑料制品及复制品、日用杂货、日用百货、纺织品、汽车零配件和土产品、电设备维修。	E01	0755-5566321
000024	蛇口招商港务股份有限公司	周为民	深圳市蛇口港湾 1 路 1 号	房地产开发及销售、商品楼宇的经营管理、兼营其他。	D	0755-6687690
000025	深圳市特力机械股份有限公司	方时茂	深圳市人民北路 128 号永通大厦 10 楼	金属加工机械、通用设备、通用零件、磨料、仪器仪表、微型电器、电子元件、计算机、汽车零售件、橡胶制品、建材、日用化工产品、化工原料、五金工具等。	M	0755-2225342
000026	深圳飞亚达(集团)股份有限公司	门腾善	深圳深南中路中航苑飞亚达大厦	自营和代理第二、三类商品出口及省内进口业务、生产销售化工产品及医药保健品。	C78	0755-3348365
000027	深圳能源投资股份有限公司	劳德容	深圳市福田区华发北路桑达大厦 17 层	常规能源和新能源的投资、开发、生产、购销、与能源生产相关的原材料开发和运输、港口、仓储等。	D01	0755-3323769
000028	深圳市益力矿泉水股份有限公司	赵必元	深圳市罗湖区春风路食品大厦 4 楼	矿泉水及其饮料的生产、销售服务；进出口业务。	C8	0755-2413223
000029	深圳经济特区房地产(集团)股份有限公司	邓惠强	深圳市人民南路房地产大厦五楼	房地产开发、商品房销售、楼宇管理、租赁及建筑设计、建筑材料、酒店服务、日用百货等。	J01	0755-2339255
000030	深圳市莱英达集团股份有限公司	范惠明	深圳华强北路嘉华大厦	轻工产品的生产、经营、工业企业的投资参股和进口贸易以及以房地产开发为支柱包括饮食、宾馆在内的第三产业。	C99	0755-3361666
000031	深圳宝恒(集团)股份有限公司	潘秩庆	深圳市宝安区湖滨路宝恒大厦	房地产的开发经营，以及工业、建材、旅游、饮食服务等。	J01	0755-7754517
000032	深圳桑达实业股份有限公司	咚保安	深圳市福田区振华路 17 号 414 栋西二层	主营通讯设备、计算机及外部软件、办公室自动化、家用电器、电子玩具、微电子产品、电子检测设备、摄像录像设备与配件、五金建材等。	G81	0755-3222168
000033	深圳新都酒店股份有限公司	张炳文	深圳市春风路一号	经营酒店、商场餐厅及酒店附设的车队、康乐设施。	K32	0755-2220888
000034	深圳市华宝(集团)股份有限公司	麦汉波	深圳市深南中路宝安大厦三楼	主营畜牧业、种植业、饲料工业、食品工业及其他类型的工业、房地产开发、进出口贸易、国内外商贸易业务和对外投资；兼营商业批发、零售、饮食、旅业、物业租赁与物业管理等。	M	0755-3364056
000035	中国科健股份有限公司	侯自强	深圳市蛇口工业六路	主营电子信息、医疗设备、高新材料、能源工程、生物工程、海洋工程等高新技术产品；兼营信息咨询、信息服务物业经营、投资。	G81	0755-6692467
000036	深圳惠中化纤实业股份有限公司	周和文	深圳宝安区创业路新安 27 工业区	化纤及其他工业产品的生产、经营和出口化纤原、辅料及化纤机械零售配件的经营、化工产品及技术咨询引进本公司经营范围有关的投资。	C11	0755-7807197
000037	深圳南山热电股份有限公司	隋　克	深圳市南山区月亮湾大道	生产经营供电供热，从事发电厂(站)的建设工程总承包，提供技术咨询和技术服务。	D01	0755-6404572
000038	深圳大通实业股份有限公司	温惜今	深圳市华侨城东部工业区	生产经营积层陶瓷电容器，中高压陶瓷电容器，管状陶瓷电容器，图牌类陶瓷电容器，半导体件陶瓷电容器及微型高温电解电容器等电子元器等。	G87	0755-6608277
000039	中国国际海运集装箱(集团)股份有限公司	周祺芳	深圳蛇口金融中心五楼	主要从事干货集装箱的设计、制造及推销业务，以及旅客登机桥、货运站的设计和建造业务。	C69	0755-6691130

续表 2　Continued 2

代码 Code	公司全称 Companies	董事长 Board Chairman	地址 Address	主营业务范围 Fields	行业代码 Industries Code	电话 Telephone Number
000040	深圳市鸿基(集团)股份有限公司	邱瑞亨	深圳市晒布路2号三、四楼	主营装卸运输、汽车配件、建筑材料、家用电器、化工原料、五金交电、针纺织品、粮油副食品、塑料制品、家俱、公司历史用地的房地产开发业务、通讯设备。	M	0755-2237468
000042	深圳市长城地产股份有限公司	卓崇勋	深圳市百花村百花五路长源楼	房地产开发与销售、物业经营、股权投资;工业商业贸易等。	J01	0755-3222481
000043	深圳南光(集团)股份有限公司	李志正	深圳市深南中路68号航空大厦	各类投资、经营宾馆、服务及自有房地产的管理、经营、国内贸易、各类产品展销、科技交流活动等。	M	0755-3363698
000045	深圳市纺织(集团)股份有限公司	张应学	深圳市福田区华强北路三号深纺大厦6楼	主营纺织品、针织品、服装、装饰布带、自行车、工艺品、百货;兼营纺织品工业专用设备、纺织器材及配件、仪表、标准件、皮革制品、纺织原材料、染化料、电子产品、粮油产品、房地产开发。	C1	0755-3217043
000046	深圳南油物业发展股份有限公司	廖汉标	深圳市南山区新能源大厦9楼	房地产开发经营、承办国内外投资开发项目,承接工程地盘管理、经营有关的建筑设备,建筑材料、房地产物业综合管理、工程监理、酒店旅游、装饰装修。	J01	0755-6649732
000047	深圳市中侨发展股份有限公司	滕德祥	深圳市罗湖区宝安南路西湖花园三层	房地产业、纺织印染、机械设备、电子产品、新型材料、纺织品、服装、化工产品、建筑材料、激光技术、电子产品、生物工程、医疗器械、信息咨询。	J01	0755-5894316
000048	深圳康达尔(集团)股份有限公司	曾汉山	深圳市福田区滨河大道下步庙东侧	活鸡、鸡苗、饲料添加剂、食品、肉类制品、水产品、粮油、饲料、禽蛋、制冷工程安装、钢材、房地产、物业投资。	C01	0755-3225020
000049	深圳市万山实业股份有限公司	肖锦彬	深圳市红岭南路30号3号楼2层	建筑材料,电梯,家具,卫生洁具,灯具,装饰材料,钢材,电讯器材,五金,油漆,颜料,水暖器材,胶合板,钢坯,废船,废钢,化工原料,木材等。	J01	0755-5582741
000050	深圳天马微电子股份有限公司	李志正	深圳市深南中路中航工贸大厦六楼	各类液晶显示器及其与之相关的材料,设备和产品电子。	C51	3365301 33636
000055	深圳市方大实业股份有限公司	熊建明	深圳市南山区西丽龙井方大城	从事设计,生产,制造及安装幕墙,门窗产品及其他新型建材产品。	C69	0755-6608571
000056	深圳市国际企业股份有限公司	李锦全	中国深圳市人民南路发展中心大厦23层	以商业零售为主,拥有的深圳市国际商场是深圳市较早开设的大型高档综合百货商场,并于近年在深圳龙岗区、福田区上步路及哈尔滨、长沙等地开设连锁分店。	H11	0755-2281888
000058	深圳赛格股份有限公司	王殿甫	深圳市华强北路路宝华科技大厦16楼	生产和销售供装配彩色电视机所用的主要部件——彩色显像管,视听产品等。	C51	0755-5254567
000059	深圳辽河通达股份有限公司	刘家升	深圳市深南中路13号新城大厦西座11楼	化学肥料,化工产品的加工制造,销售。	C43	0755-2275541
000060	深圳中金实业股份有限公司	陈胜年	深圳市建设路南洋大厦C座11—12楼	有色金属及其产品的国内外贸易,仓储运输,工业及其它项目开发投资。	C67	0755-2294483
000061	深圳市农产品股份有限公司	林家宏	深圳市爱国路一路外贸轻工大厦15楼	开设和经经营管理深圳市布吉农产品批发市场;经营农产品,水产品,粮油副食品的批发,从事农产品信息咨询,运输等。	H01	0755-5418842
000062	深圳华强实业股份有限公司	张锦墙	深圳市深南中路华强路口	投资兴办各类实业项目,经营国内商业,物资供销业;商业信息咨询的服务。	M	0755-3365354
000063	深圳市中兴通讯股份有限公司	张太峰	深圳市莲塘鹏基工业区710栋6楼	生产程控交换系统、多媒体通讯系统、通讯传输系统及电子设备、计算机系统的软硬件、微电子器件。	G81	0755-5739300
000065	深圳西林实业股份有限公司	潘福明	深圳市宝安区宝城34区	铝制品、铝型材、铝门窗的制造、建筑幕墙和室内外装饰工程的设计、制作和施工,机械产品制造、机械安装及维修。	E01	0755-7809810

续表 3 Continued 3

代码 Code	公司全称 Companies	董事长 Board Chairman	地址 Address	主营业务范围 Fields	行业代码 Industries Code	电话 Telephone Number
000066	中国长城计算机深圳股份有限公司	王 之	深圳市南山区科技园长城计算机大厦	电子计算机硬件、软件系统及配套零部件、配套设备、网络、通讯系统、电子出版及其他电子信息技术产品的科研开发、配套生产、销售服务、系统集成、工程承包、技术转让、技术咨询与培训(进出口业务按有关规定办理)。	G83	0755-6639745
000068	深圳赛格中康股份有限公司	王殿甫	深圳市福田区梅林工业区	开发、设计、生产、销售彩色显像管、显示管玻璃及其材料，并进行售后服务；电子产品贸易及投资兴办其他实业。	C51	0755-3311988
000069	深圳华侨城实业发展股份有限公司	任克雷	深圳市南山区华侨城	经营旅游组团观光；酒店经营管理；景区管理技术服务；旅游商品设计、技术开发；旅游项目的规划与管理；投资兴办实业(具体项目另报)；国内商业，物资供销业(不含专营、专控、专卖商品)。	K34	0755-6000248
000070	深圳市特发信息股份有限公司	季德钧	深圳市香蜜湖度假村西座酒店1座	光纤、光缆及光纤预制棒、电子元器件、通讯设备生产；计算机网络系统集成、通讯信息服务；国内商业、物质供销业。	C51	0755-3711473
000078	深圳市海王生物工程股份有限公司	张思民	深圳市南山区南油大道海王大厦二十六层	生产、经营生物化学原料、制品、试用剂及其他相关制品(以上不含专营、专控和专卖商品)。	C81	0755-6649838
000088	深圳市盐田港股份有限公司	刘定桐	中华人民共和国深圳市盐田港海港大厦十九层	码头开发与经营，货物装卸与运输；港口配套交通设施建设与经营；港口配套仓储及工业设施配套与经营；港口配套生活服务设施的建设与经营；集装箱修理；转口贸易；房地产开发。	F11	0755-5290783
000089	深圳市机场股份有限公司	卢胜海	深圳市机场	航空客货地面运输及过港保障与服务；机场航空及其辅助设施投资业务；国际、国内航空客货销售代理业务；仓储、包装、装卸搬运业务；深圳港旅客运输、深港航空货物驳运业务；海港客货运输过港保障与服务；物业出租等。	F11	0755-7776085
000090	深圳市天健(集团)股份有限公司	邹志远	深圳市福田区红荔西路市政大厦	大型市政工程及城市基础设施的承建、投资兴办工业实业、国内商业、物贸供销业。	E	0755-3918446
000096	深圳市广聚能源股份有限公司	王建彬	深圳市蛇口新街蛇口大厦6楼	兴办实业；国内商业、物资供销业；投资电力企业；成品油；经营液化石油气。	H03	0755-6690988
000099	中信海洋直升机股份有限公司	李士林	深圳市罗湖区解放西路188号	为国内外用户提供陆目石油、海洋石油服务、人工降水、医疗救护、航空探矿、航空摄影、空中广告海洋监测、渔业飞行、气象探测、科学实验等。	F09	0755-5590755
000150	麦科特光电股份有限公司	钟伟贤	广东省惠州市麦地路63号麦科特中心	高新技术产品的研制开发，技术咨询，转让，服务；照相机、数码相机、多媒体投影设备的生产与销售。	C78	0752-2119664
000151	中成进出口股份有限公司	范全木	北京市丰台区科学城10D地块2号楼	自营和代理除国家组织统一联合经营的出口商品和国家核定公司经营的进口商品以外的其他商品及技术的进出口业务；经营进料加工和"三来一补"业务；经营对销贸易和转口贸易等。	K99	010-64258520
000153	安徽新力药业股份有限公司	许克强	安徽省无为县北门外大街108号	药物研究开发及西药原料药、合成药、大输液、片剂、胶囊剂、颗粒剂、软膏剂、糖浆剂、中药制剂、冻干粉针、罐材料、饮料添加剂生产、销售；货物运输。	C81	0565-6350827
000155	川化股份有限公司	谢木喜	四川省成都市青白江区大弯镇	化学肥料、基本化学原料、有机化学产品的生产、销售；化学工业方面科技开发与技术服务。	C43	028-3308291
000156	湖南安塑股份有限公司	何述金	湖南省洪江市安江大沙坪	PVC、PU人造革塑料制品的生产与销售。	C49	0731-8815031

续表 4　Continued 4

代码 Code	公司全称 Companies	董事长 Board Chairman	地址 Address	主营业务范围 Fields	行业代码 Industries Code	电话 Telephone Number
000157	长沙中联重工科技发展股份有限公司	方明华	长沙市银盆南路307号	开发、研制、销售工程机械及其他机械设备、电子产品、金属及非金属材料、光机电一体化高新技术及产品并提供相关售后技术服务;销售建筑装饰材料及政策允许的金属材料、化工原料、化工产品;经营本企业研制、开发的技术。	C7	0731-8807471
000158	石家庄常山纺织股份有限公司	韩希厚	河北省石家庄市和平东路183号	天然纤维和人造纤维的纺织产品、针织品、服装印染加工;家用服饰纺织品、产业用纺织品的设计、开发、制造、销售;本企业自产的天然纤维和人造纤维的纺织品、针织品、服装、印染加工产品、家用服饰的出口等。	C11	0311-6673856
000159	新疆国际实业股份有限公司	朱立田	新疆乌鲁木齐市北京中22号龙岭大厦8层	机电设备、化工产品,轻工产品、建筑材料、金属材料、现代办公用品,畜产品、农副产品,针、棉纺织品的销售;番茄种植、加工及番茄制品的销售;经营进出口业务;麻黄素及麻黄素类产品的出口;房地产开发。	H	0991-2886434
000301	吴江丝绸股份有限公司	董东立	江苏省吴江市盛泽镇舜新中路39号	资产经营、纺织原料(皮棉除外)、针纺织品生产、销售,电脑绣花,房地产开发、经营,仓储。	C11	0512-3558328
000400	许继电气股份有限公司	王纪年	河南省许昌市建设路178号	主营:继电器、控制保护屏及综合自动化装置等;兼营:高低压开关柜、电力成套设备的进出口业务。	C76	0374-3314554
000401	唐山冀东水泥股份有限公司	杜金弘	中国河北省唐山市新区林荫路	硅酸盐水泥制造、塑料制品制造、水泥生产技术服务、水泥设备安装、维修。	C61	0315-3244005
000402	重庆华亚现代纸业股份有限公司	周全福	中国重庆市沙坪坝区满山红村7号	制造、加工、自销纸包装制品、可发性聚乙烯制品、包装材料等。瓦楞纸板、纸箱。	J01	023-68614990
000403	宜春工程机械股份有限公司	李惕安	中国江西省宜春市环城西路1号	生产、销售装载机。	C43	0795-3222601
000404	华意压缩机股份有限公司	吴祥才	中国江西省景德镇市新厂东路28号	无氟压缩机、无氟电冰箱及配件的生产和销售。	C73	0798-441771
000405	珠海鑫光集团股份有限公司	吴建常	广东省珠海市吉大海洲路金苑大厦	电解铝的生产与经营,有色金属的进出口经营。	C67	0756-3338333
000406	胜利油田大明集团股份有限公司	王作然	山东省东营市济南路140号	石油开发作业,化工、建材、电子产品销售,机械加工制造、维修、饮食服务及相关产业的开发。	B03	0546-8556533
000407	山东胜利股份有限公司	徐建国	山东省济南市文化西路25号	塑胶管道及其相关产品生产和销售;核准的进出口贸易业务;石油及石油制品、化工产品销售。	C49	0531-6018518
000408	河北华玉股份有限公司	张士成	河北省邯郸市峰峰矿区彭新路21号	陶瓷制品的生产、销售、研制和开发。	C61	0310-5023927
000409	广东华立高科技集团股份有限公司	杨朱生	广东省吴川市人民东路华立大厦	石化设备及配件(主要包括高频焊接翅片管、管道配件及压力容器、高温合金炉管和旋风分离器)。	C73	0759-5561426
000410	沈阳机床股份有限公司	姚俊喜	辽宁省沈阳市沈河区西顺城街247号	主营金属切削机床制造、进出口贸易,国内一般商业贸易(国家专营、专控除外)的批发、零售、代购、代销、代储、代运。	C71	024-4855773
000411	杭州凯地丝绸股份有限公司	杨炳芳	杭州市环城北路15号	加工制造各类印染绸、服装、针织制品及丝绸制品。	H11	0571-5194316
000412	长春北方五环实业股份有限公司	王志杰	长春市朝阳区人民大街103号	文化体育基础设施开发、文化体育健身基项目经营、承办体育赛会、文艺演出、仪器仪表方面的技术服务、经销健材、钢材、木材、百货、食品等。	M	0431-8987097
000413	石家庄宝石电子玻璃股份有限公司	董庆祥	河北省石家庄市中山路819号	制造及销售黑白显像管及玻壳。	C51	0311-6044705
000415	新疆汇通股份有限公司	郭三九	新疆维吾尔自治区乌鲁木齐黄河路22号汇通大	水利建设、工程承包、建筑工程施工、工业设备制作及安装、房地产开发。	E01	0991-5852082

续表 5　Continued 5

代码 Code	公司全称 Companies	董事长 Board Chairman	地址 Address	主营业务范围 Fields	行业代码 Industries Code	电话 Telephone Number
000416	青岛国货股份有限公司	姜玉玲	山东省青岛市中山路 149 号	百货、针纺织品、五金、交电、音像制品、照相器材、文体用品、金银珠宝制品、化工产品(不包括危险品)、通讯器材。	C03	0532-2847960
000417	合肥百货大楼股份有限公司	金　杰	安徽省合肥市长江路 124 号	百货、五金交电、化工、针纺织品、工艺美术品、家俱、烟酒、其他食品、农副产品、汽车、摩托车、劳保用品、通讯设备、黄金首饰。	H11	0551-2647133
000418	无锡小天鹅股份有限公司	朱德坤	江苏省无锡市惠钱路 67 号	家用电器及零配件、附件、工业陶瓷产品的生产、销售;经营本公司产品及技术的出口业务;经营生产所需辅材、机械设备及技术的进出口业务;家电技术服务。开展对外合资经营、合作生产以及"三来一补"业务。	C76	0510-3707057
000419	长沙东塘百货股份有限公司	周兆达	湖南省长沙市劳动路 2 号	日用百货、文体用品、照相器材、金银首饰、食杂果品、农副产品、五金交电、家用电器、厨房机具、电子产品、机械设备、中成药、医疗器械、矿产品、加工制造、投资开发、信息服务和物业管理。	H11	0731-5535588
000420	吉林化纤股份有限公司	傅万才	吉林省吉林市昌邑区九站街 516-1 号	生产、销售粘胶纤维、合成纤维及其深加工产品。	C47	0432-3058446
000421	南京中北(集团)股份有限公司	王　毅	江苏省南京高新开发区 2 号公寓 101,102 室		K01	025-6650169
000422	湖北宜化化工股份有限公司	张永政	湖北省宜昌市　亭经济开发区		C43	0717-6514579
000423	山东东阿阿胶股份有限公司	刘维志	山东省东阿县阿胶街 78 号	主营医药、化工、轻工兼营交通运输。	C81	0635-3283001
000425	徐州工程机械股份有限公司	陆志昌	江苏省徐州市苏堤北路 5 号	主营:工程机械、建筑工程机械制造、销售、开发。兼营:工程机械配件制造、加工、销售;工程机械维修服务。	C73	0516-5756044
000426	赤峰富龙热力股份有限公司	石治中	内蒙古自治区赤峰市红山区北环路南 4 号	热力、电力产品生产、输配、煤气热力工程设计施工、节能设备、电子产品生产、计算机自动化工程,木制品生产,物资及石油产品经销,隔热防腐工程,信息咨询等。	D	0476-8239948
000428	湖南华天大酒店股份有限公司	朱方地	湖南省长沙市解放东路 16 号	出租客房,中西餐厅,汽车出租,娱乐场所,附设商场及洗衣服务,代售飞机票,提供物业清洗服务。	K34	0731-4442888
000429	广东省高速公路发展股份有限公司	李少峰	广东省广州市东风中路 503 号东建大厦四楼	高速公路、汽车专用公路、桥梁的建设施工,公路、桥梁的收费和养护管理,汽车加油、拯救、维修、清洗;与公路配套的汽车运输、餐饮、娱乐、仓储和房地产开发经营业务。	F11	020-87619093
000430	张家界旅游开发股份有限公司	肖碧文	湖南省张家界市南庄坪 1 号花园		K34	0744-8224448
000498	丹东化学纤维股份有限公司	安福江	丹东市振兴区纤维街 58 号	主营:化学纤维制造、化纤技术咨询与服务。	C47	0415-619184
000501	武汉武商集团股份有限公司	毛冬声	武汉市汉口解放大道 358 号	各种商品(国家有专项规定的除外)。	H11	027-5841995
000502	海南新能源股份有限公司	陈宇光	海口市椰林路 13 号	房地产开发经营、高新技术产品开发、建筑安装、工程承包及设计、种养殖业、商业服务、旅游资源开发及旅游服务。	J01	0898-6790274
000503	海南化纤工业股份有限公司	马熙焕	海口市龙昆北路 15 号中	投资兴建工业开发区、兴办轻工企业、投资开发新技术产业、生产销售各种轻纺、服装、化工、轻工、高科技产品、承包化工工程的安装和经营,兼营金融证券、房地产、旅游等产业。	M	0898-8510911
000504	海南港澳实业股份有限公司	刘耀齐	海口路海景湾大厦 22 层	房地产开发经营(一级)、工业投资、种养殖业,兼营其他业务。	L01	0898-6799516
000505	海南珠江实业股份有限公司	董明训	海口市龙昆北路 2 号龙珠大厦 22 层	工程承包、监理、建筑设计、工业投资、种养殖业、房地产开发经营、物业管理、物资供应、设备采购等,兼营其他。	J01	0898-6796307

续表 6　Continued 6

代码 Code	公司全称 Companies	董事长 Board Chairman	地址 Address	主营业务范围 Fields	行业代码 Industries Code	电话 Telephone Number
000506	四川峨嵋山盐化工业(集团)股份有限公司	何建勤	四川省乐山市五通桥区文化街220号	生产精制井矿盐、纯碱、药用及营养强化系列盐、氯化铵、水泥、烧碱、液氯、锅炉化学清灰剂、塑料编织袋、电子变频品等,兼营其他。	C31	0833-51799
000507	珠海经济特区富华股份有限公司	阎　前	珠海市拱北北岭工业区	主营房地产开发及销售、合成纤维聚合物、化学纤维及进出口兼营化工原料、颜料、建筑材料、五金、涂料等。	M	0756-886218
000508	海南民源现代农业发展股份有限公司	马玉和	海口机场东路龙舌坡办公住宅区	种植、养殖业及农副产品加工等综合产业。		0898-5358171
000509	四川天歌轻工(集团)股份有限公司	何　军	四川成都一环南路二段天歌大厦	羽毛、羽绒制品等的生产、出口。	A07	0817-225341
000510	四川金路股份有限公司	张成碧	德阳市岷江西路二段57号	化工产品的生产与销售。	C43	0838-224311
000511	沈阳物资开发股份有限公司	王林华	沈阳沈河区风雨坛街144号	再生资源回收、加工;超储积压物资、稀有金属、汽车及配件、建筑材料、劳保用品、农副产品等。	J01	024-2726722
000513	珠海经济特区丽珠医药股份有限公司	徐孝光	珠海拱北桂花北路	生产、加工销售中西药、医药原料药、医药中间体、保健滋补药、卫星材料、生化试剂、医疗器械等。	C81	0756-891070
000514	重庆市房地产开发股份有限公司	官忠富	重庆市渝中区曾家岩1号附1号	商品房屋及土地的开发、房屋租赁等。	J	0811-3850068
000515	重庆渝港钛白粉股份有限公司	周国柱	重庆建新北路41-1号	生产销售金红石型、钛型钛白粉及其副产品,其他化工产品、建材。	C43	0811-2850197
000516	西安市解放百货股份有限公司	王　科	西安解放市场6号	经营百货文化、针纺织品、服装鞋帽、办公体育用品、五金交电、通讯器材、家具缝纫、化工机电、水暖消防等。	H11	029-7272592
000517	宁波中元机械钢管股份有限公司	虞一新	浙江宁波中山路505号	生产冷轧、冷拔管设备、精密钢管、普通无缝钢管、金属切削机床、机械配件,精密再加工产品、军工机械维修、汽车货运等。	G81	0574-7374038
000518	昆山三山实业股份有限公司	张昌华	江苏昆山长江中路112号	纺织品、化学纤维、机电设备、化工产品、第三产业开发等。	C85	05224-556423
000519	成都动力配件股份有限公司	周天勤	成都市二环路东三段40号	拖拉机配件、汽车配件、摩托车配件、工矿配件等。	C71	028-4443641
000520	武汉凤凰股份有限公司	邹昆华	武汉长青山区长春路	原料后续产品的生产、销售。	C41	027-6865968
000521	合肥美菱股份有限公司	张巨声	合肥市临泉路(美菱经济开发区)	制冷电器、空调器、洗衣机、电脑数控注塑机、电脑热水器等。	C76	0551-2654261
000522	广州白云山制药股份有限公司	贝兆汉	广州同和镇	研制、生产、销售中西成药、化学原料药、外用药、儿童用药、保健药、自营进出口业务。	C81	020-7706688
000523	广州市浪奇实业股份有限公司	陈超麟	广州市黄埔大道128号	生产经营合成洗涤剂、香皂、甘油、化妆品、塑料制品等、开发和制造市场需要的其他产品、原料、自营进出口业务、咨询服务等。	C43	020-2305933
000524	广州市东方宾馆股份有限公司	陈汝锋	广州市流花路120号	主营旅馆业、办公楼房出租,兼营饮食服务、旅游业、文化娱乐服务、酒店业务咨询、汽车出租、修理、附设商场等。	K32	020-86669900
000525	南京天龙股份有限公司	崔兴盛	南京市下关姜完205号	主营制造、销售各类油漆、涂料,设计、制造、销售各类印铁包装物、兼营化工科技服务、房地产贸易。	C43	025-8801538
000526	厦门市海洋渔业开发股份有限公司	张金龙	厦门东渡路85号	主营海水生物捕捞、养殖、水产品收购、加工、销售。兼营水产品、粮油食品、副食品、公路客货运输等。	M	0592-6014279
000527	广东美的集团股份有限公司	何亨健	顺德北窖镇蓬莱路	生产、销售空调器、制冷设备、电风扇、微电机等电器产品及在关设备、仪器、零配件,提供与上述产品有关的工程技术咨询服务。	C76	0765-654011
000528	广西柳工机械股份有限公司	张　沛	柳州柳太路1号	主营装载机、挖掘机、推土机等工程机械产品及配件的开发、生产、经营、维修、技术服务。兼营房地产、设备租赁、商业贸易及其他经营业务。	C73	0772-386053

续表 7 Continued 7

代码 Code	公司全称 Companies	董事长 Board Chairman	地址 Address	主营业务范围 Fields	行业代码 Industries Code	电话 Telephone Number
000529	广东美雅股份有限公司	李澄海	鹤山沙坪镇人民西路 40 号	腈纶提花、簇绒毛毯、精编拉舍尔绒毛毯、粗纺羊毛针织绒、塑料胶膜、床罩等床上用品和特种腈纶等产品,兼营服务、贸易、房地产开发等业务。	C11	07680-883456
000530	大连冷冻机股份有限公司	章　和	大连沙河口区西南路 888 号	制冷设备及配套辅机、阀门、配件以及冷冻工程所需配套产品加工、制造、制冷空调系统设计、制造安装、维修、调试及技术咨询、技术服务、货物运输、商业贸易、物资供销。	C71	0411-6653081
000531	广州恒运热电股份有限公司	陈传实	广州经济技术开发区西基工业区	主营焊接材料、焊接设备、机械、电器设备的生产与销售、兼营金属制品、电子化工产品、建筑材料、房产开发等。	D01	0717-551591
000532	珠海华电股份有限公司	李治强	珠海九洲大道官村综合楼		D01	0756-338838-3
000533	广东万家乐股份有限公司	李振华	顺德大良镇环市北路 38 号		C76	0765-2283193
000534	汕头电力发展股份有限公司	林奕炯	汕头金沙中路金凤城龙座六楼		D01	0754-8611175
000535	猴王股份有限公司	易继纯	湖北宜昌夷陵路 344 号		C69	0717-351446
000536	闽东电机(集团)股份有限公司	陈洁人	福州五一中路 57 号闽东大厦		C76	0591-7533466
000537	天津立达国际商场股份有限公司	葛子平	天津和平区南京路 211 号	综合性商业、进口商品、合资企业产品。国际间小额贸易和邮购业务。	M	022-7315560
000538	云南白药实业股份有限公司	丁世南	昆明西坝路 51 号	化学原料药、化学药制剂、中药材(采集)、中成药、生物制品的加工与制造;保健仪器、化妆品、饮料的加工、经营以及运输业、仓储业等。	C81	0871-4141591
000539	广东电力发展股份有限公司	吴希荣	广州梅花路 75 号 21 楼	建设经营电站、输变电工程。	D01	020-7767888
000540	贵阳中天(集团)股份有限公司	鲁　石	贵州贵阳花溪大道北路 135 号		M	0581-5826467
000541	佛山电器照明股份有限公司	钟信才	佛山汾江北路 15 号	生产经营电光源材料、设备及其原配件附件等;有关产品进出口业务及投资业务。	C76	0757-2813838
000542	惠州 TCL 通讯设备股份有限公司	张济时	惠州上排大岭路 TCL 大厦	生产经营以多功能电话机为主的通讯产品及设备,并提供通讯设备服务和工程技术咨询。	G81	0752-2267668
000543	皖能股份有限公司	张绍仓	合肥芜湖路 81 号	主营电力、节能及相关项目投资、经营。兼营与建设相关的原材料开发。	D01	0551-247654
000544	郑州白鸽(集团)股份有限公司	郝延忠	郑州华山路 78 号	生产经营磨料及其相关工艺装备与进出口业务,兼营第三产业及科技成果转让。	C61	0371-7448013
000545	吉林制药股份有限公司	马井田	吉林市长春路 99 号	主营原料药、医学中间、中西药制剂;兼营化工产品、石油制品、医疗器械、保健用品等。	C81	0432-843363
000546	吉林轻工股份有限公司	万殿卿	长春市南关区平治路 5 号	生产销售不锈钢制品;核辐照技术的开发与应用,按受委托承力和经营轻工产品所需原料、设备的进口和轻工产品的进出口业务。	H21	0431-876090
000547	福建省福发股份有限公司	陈国相	福州工业路 223 号	经营同步交流发电机、柴油发电机组等电工、电器设备及机械电工产品;技术开发、转让,经营建筑材料、日用百货等。	G81	0591-3710865
000548	长沙中意电器股份有限公司	邓文全	长沙中意二路	主营家用电器及配件的开发、生产,兼营五金、交电、化工、机械、电子产品。	K01	0731-5632808
000549	株洲火炬火花塞股份有限公司	刘　勇	株洲红旗北路 3 号	火花塞、电热塞、机械密封件、标准件、刚玉喷件、特种工业陶瓷的制造与销售,兼营表格、作业本、包装物印刷。	C75	0733-8450029
000550	江铃汽车股份有限公司	孙　敏	南昌迎宾北大道 119 号	生产经营汽车总成及零部件。	C75	0791-251889
000551	苏州物资集团股份有限公司	顾衡如	苏州新区河用路狮山小区		C7	0512-8271928
000552	甘肃长风宝安实业股份有限公司	徐嘉庆	兰州安宁西路 164 号		C76	0931-7667111

续表 8 Continued 8

代码 Code	公司全称 Companies	董事长 Board Chairman	地址 Address	主营业务范围 Fields	行业代码 Industries Code	电话 Telephone Number
000553	湖北沙隆达股份有限公司	陈立洲	湖北荆沙市北京东路 5 号	生产经营农药、化工产品;医药及机械设备配件。	C43	0716-8314802
000554	山东泰山石化股份有限公司	谷焕章	山东泰安市东岳大街	主营石油制品、工业生产资料、百货五金交电、化工、建筑材料、煤炭、针纺织品、农副产品。	H03	0538-229533
000555	贵州凯涤股份有限公司	王声云	贵州省凯里市环西路 92 号		G81	0855-228128
000556	海南南洋船务实业股份有限公司	齐　放	海口市新港区海运综合大楼		F07	0898-6214759
000557	广夏(银川)实业股份有限公司	陈　川	宁夏银川市文化东街 58 号		C85	0755-3220849
000558	沈阳房天股份有限公司	杨大勇	沈阳市和平区哈尔滨路 60 号		J01	024-2501918
000559	万向钱潮股份有限公司	鲁冠球	浙江萧山市宁国镇		C75	0571-2716888
000560	昆明百货大楼(集团)股份有限公司	吴新元	昆明市东风西路 99 号		H11	0871-3610972
000561	长岭(集团)股份有限公司	王大中	陕西宝鸡市清姜路 75 号		C76	0917-314433-2
000562	新疆宏源信托投资股份有限公司	张全志	新疆乌鲁木齐文化路 2 号宏源大厦 8 楼		I21	0991-2301870
000563	陕西省国际信托投资股份有限公司	孙武学	西安市环城东路南段 8 号		I31	029-3239457
000564	西安民生百货股份有限公司	占军道	西安市解放路 103 号		H11	029-7215421
000565	重庆三峡油漆股份有限公司	陈光辉	重庆市九龙坡区石坪桥正街 121 号		C43	028-8823076
000566	海南海药实业股份有限公司	韩宇东	海南海口市海秀大道 51 号		C81	0898-5890422
000567	海南海德纺织实业股份有限公司	刘声奇	海南海口市南航路 18 号		M	0898-6799844
000568	泸州老窖股份有限公司	郭来虎	四川泸州市桂花街 46 号		C05	0830-2292023
000569	长城特殊钢股份有限公司	刘立中	四川省江油市江东路		C65	08244-652384
000570	常州股份有限公司	沈铁平	江苏省常州市怀德路 123 号		C71	0519-6600341
000571	海南新大洲摩托车股份有限公司	赵序宏	海南省海口市珠江广场帝豪大厦 26 层		C75	0898-6719966
000572	海南金盘实业股份有限公司	唐苏宁	海口市金盘开发区金盘大道 105 号		M	0898-6782672
000573	东莞宏远工业区股份有限公司	陈　林	东莞市宏远工业区		M	0769-2414228
000576	江门甘蔗化工厂(集团)股份有限公司	张铭熙	江门市北新路		C01	0750-3365000
000578	青海百货股份有限公司	张德雷	青海省西宁市五四大街 39 号	百货,文化用品,服装,针纺织品,五交化工,家用电器,通讯器材,金银饰品,家俱、土产,装饰建材,烟酒副食品,旅游饮食饭店,仓储运输等。	H21	0971-6138725
000581	无锡威孚股份有限公司	许良飞	中国无锡市人民西路 107 号	从事燃油喷射系统产品和零配件的生产和销售。	C71	0510-2719579
000582	北海新力实业股份有限公司	岳之巍	广西北海市海角路 75 号	港口、运输、装卸、外轮代理货等。兼营:房地产开发、商业贸易及经批准的其他经营业务。	F	0779-3036393
000583	长征机床股份有限公司	洪　涛	四川省自贡市贡井区建设路 284 号	金属加工机械制造,金属切削机床附件制造,铣床零件热处理加工,物资供销、运输房地产,汽车修理,本企业自产机电产品。	G87	0813-331270
000584	成都蜀都大厦股份有限公司	谢道学	四川省成都市蜀都大道暑林北三街 20 号	集经营管理蜀都大厦建筑群物业(宾馆、商场、餐厅、娱乐);兴办高新技术实业(电子粉体材料);大宗物资(生产、生活资料、石油、汽车、药品)的内外贸;对外投资参股和房产开发五方面经营业务为一体的综合性科、工贸产业。	M	028-6753888
000585	东北输电机械制造股份有限公司	项永春	中国辽宁省沈阳市铁西区北二中路 18 号	从事制造和销售电站及变电所的电力传输及变压设备。	C76	024-5850754

续表 9　Continued 9

代码 Code	公司全称 Companies	董事长 Board Chairman	地址 Address	主营业务范围 Fields	行业代码 Industries Code	电话 Telephone Number
000586	四川省长江企业(集团)股份有限公司	郭新荣	中国四川省成都市府青路一段34号	除国家规定统一经营的商品外,经营和代理各项进出口业务,承办国外商品寄售,技术交流,商品展销,机械设备维修,办理国内外租赁业务,开展"三来一补"业务,房地产经营,办理国内外广告业务,经营国内和边境贸易,经营运输等。	H21	028-3333926
000587	光明家具集团股份有限公司	冯永明	中国黑龙江省伊春市青山西路118号	家具、木制品及半成品、装饰材料、投资开发、药材。	C25	0458-3608178
000588	广东金曼集团股份有限公司	张旭强	广东潮州市潮枫路	食品、粮油等商品的出口,机械设备、化工类食品的进口,转口贸易及保税仓的业务。	A07	0768-2268098
000589	贵州轮胎股份有限公司	马世春	贵阳市百花大道41号	轮胎制造和销售、轮胎翻修、橡胶制品、化工产品(不含化学危险品)、机械设备、仪器仪表及技术进出口、机电产品、对外合作生产及"三来一补"业务。	C48	0851-4844248
000590	衡阳中药实业股份有限公司	申甲球	湖南省衡阳市郊罗金桥1号	研究、开发、生产"古汉养生精"系列产品;经营保健饮料、保健药品和种类中成药。	C81	0734-8411229
000591	重庆中药股份有限公司	廖志扬	重庆市渝中区解放西路120号	中成药制造、中药饮片加工、中药材(含麝香)、滋补药品。	C81	0811-3843398
000592	福建省中福实业股份有限公司	朱金民	福建省福州市华林路312号	国内外工程承包、置业发展、物业管理与经营、工程建筑设计、室内外装潢装修、实业投资、举办合资合作企业、职办"三来一补"业务和与上述业务相关的设备材料的生产、销售和进出口贸易,以及综合技术服务、技术咨询。	J01	0591-7581658
000593	成都华联商厦股份有限公司	陈　炜	四川省成都市建设路55号	百货。兼营:针纺织品,五金交电,现代办公机械,装饰材料,建筑材料,金属材料(不含稀贵金属),普通机械,汽车配件,劳保用品,家具,工艺美术品(不含金银首饰),其他食品等。	H11	028-4461238
000594	内蒙古宏峰实业股份有限公司	高建华	内蒙古赤峰市三东街东段61号	黄金、白银的采选、冶炼;绵白糖、甜菜颗粒粕、食用酒精等的生产和漆包线、塑料电线生产三大类。	B07	0476-8662782
000595	西北轴承股份有限公司	杜万治	宁夏银川市北京西路公司证券部	主要生产和销售各类滚动轴承。	C71	0591-2024884
000596	安徽古井贡酒股份有限公司	王效金	安徽省亳州市古井镇	酿制和销售中国名酒古井贡酒和其他古井系列白酒。	C03	0558-5571149
000597	东北制药集团股份有限公司	吴挺宝	沈阳市和平区和平北大街79号	化学生物制剂,原料药品,卫生材料,制药设备及配件制造,一般国内商业贸易,经济信息咨询。	C81	024-2821343
000598	蓝星清洗剂股份有限公司	任建新	甘肃省兰州市东岗西路196号	工业、民用清洗剂等精细化工产品的研制、生产、销售。	C43	0931-7557486
000599	青岛双星鞋业股份有限公司	汪　海	山东省青岛市贵州路5号青岛双星集团公司	鞋类制造及经销。	C48	0532-265798
000600	石家庄国际大厦(集团)股份有限公司	吕毅华	河北省石家庄市长安西路二十三号	经营客房、餐饮、商贸、出租写字楼等服务业。	M	0311-6047888
000601	广东韶能集团股份有限公司	林木清	广东省韶关市工业中路8号	能源开发,公路工程及设计,工业原材料;销售:机电产品,建筑装饰材料,金属材料,矿产品(含贵金属),五金,化工产品,家用电器,针纺织品,煤炭,重油(代购);房地产开发。	D01	0751-8764200
000602	广东金马旅游集团股份有限公司	章振城	广东省潮州市永护路口	开发旅游资源,承办国内外旅游业务,酒店业、餐饮业,客货运输业,旅游品生产,销售与经营。	G85	0768-2264298
000603	广东威达集团股份有限公司	刘之券	广东省揭西县城霖都大道221号	主营:生产、销售医疗器械、仪器仪表、普通机械、电子产品及通讯设备、保健品。	C73	0663-5582282
000605	中联建设装备股份有限公司	周敏敏	北京西城区西直门内桦皮厂三号桃园写字楼四	建筑工程机械,建筑材料,建筑工程设计,建筑装修,起重机械制造,工业生产资料,钢材,装饰材料;五金交电,医疗器械,电子产品及通讯设备,仪器仪表;粮油,副食品,矿产品,百货等。	C8	010-62212239

续表 10　Continued 10

代码 Code	公司全称 Companies	董事长 Board Chairman	地址 Address	主营业务范围 Fields	行业代码 Industries Code	电话 Telephone Number
000606	青海明胶股份有限公司	星晓明	青海省西宁市东川付家寨附9号		C43	0971-6144495
000607	重庆川仪股份有限公司	郑向行	四川省重庆市北碚区人民村1号	主营:仪器仪表制造，仪器仪表工艺设备，兼营:电子产品，通信设备(不含发射和接收设备)。	C78	0811-3833963
000608	广西虎威股份有限公司	黄培盛	广西北流市城郊老虎冲	水泥制造销售，水泥生产技术承包、水泥袋生产、百货、五金交电、化工产品零售、汽车运输及维修。	J01	0775-6222508
000609	北京燕化高新技术股份有限公司	茹玉哲	北京市房山区迎风街8号		C43	010-69347444
000610	西安旅游服务(集团)股份有限公司	马中秋	陕西西安市东大街315号		K34	029-7218156
000611	内蒙古民族商场股份有限公司(集团)	云文广	内蒙古呼和浩特市中山西路69号		H11	
000612	焦作万方铝业股份有限公司	金保庆	河南省焦作市塔南路31号		C67	0391-3934448
000613	海南大东海旅游中心股份有限公司	苏国华	海南三亚市大东海	酒店业，房地产开发经营，旅游服务，汽车客运运输，旅游设施开发及服务，文化娱乐服务，体育场地及设施服务。	K32	0899-8212298
000615	湖北金环股份有限公司	王海峰	湖北省襄阳县陈家湖		C47	0710-3225390
000616	大连渤海饭店(集团)股份有限公司	刘春堂	大连市中山区荣盛街27号	饮食服务业。兼营:汽车出租，国内商业，广告，咨询服务，旅游业，医疗等。	K30	0411-3639577
000617	济南柴油机股份有限公司	何清山	山东省济南市文化西路14号	采取生产，销售，租赁，经销，投资，服务，加工及咨询等经营方式。	C71	0531-2965971
000618	吉林化学工业股份有限公司	刘树林	吉林省吉林市遵义东路31号		C43	0432-3076445
000619	安徽红星宣纸股份有限公司	卢继延	中国安徽省合肥市寿春路111号	宣纸。	C49	0551-2634400
000620	牡丹江石化集团股份有限公司	王喜生	黑龙江省牡丹江市东三条路98号		C41	0453-6224097
000621	北京比特实业股份有限公司	刘戈建	北京市海淀区万寿路甲28号		G87	010-68224357
000622	岳阳恒立冷气设备股份有限公司	彭鹤仪	湖南省岳阳市金鄂山4号	制冷空调设备制造，安装，维修，销售。	C73	0730-8221311
000623	延边敖东药业(集团)股份有限公司	李秀林	吉林省敦化市胜利南大街88号	医药工业、种植业、养殖业、房地产开发。商业(国家专项控制、专营除外)、机械修理、仓储、饮食服务业等。	C81	0433-6222105
000625	重庆长安汽车股份有限公司	赵国华	重庆市南岸区南城大道309号	汽车(含轿车)、汽车发动机系列产品、配套零部件、模具、工具的开发、制造、销售、进出口业务、机械安装工程、科技技术咨询服务等。	C75	023-67591349
000626	连云港如意集团股份有限公司	侍守江	江苏省连云港市新浦丁字路东首	农副产品的种植，加工，销售，水产品养殖，开发捕捞，加工，销售，种子，农药，农膜(仅限集团蔬菜基地使用)。	M	0518-5454668
000627	湖北中天股份有限公司	向汉林	湖北省荆门市杨湾路122号		C43	0724-211003
000628	成都倍特发展集团股份有限公司	张学果	四川省成都市成都高新技术产业开发区	高新技术产品的开发、生产和经营，高新技术产业开发区的开发、建设，房地产的开发和经营，进出口贸易，国内贸易，高新技术交流与转让、展览，信息咨询，项目评估，证券投资，广告、租赁、培训。	J01	028-5186621
000629	攀钢集团板材股份有限公司	洪及鄙	四川省攀枝花市东区弄弄坪	铁、钢、钡冶炼及加工；钢压延加工；氧气、氢气、氩气、氮气、蒸汽制造；冶金技术开发、咨询、服务	C65	0821-3399298
000630	安徽铜都铜业股份有限公司	刘玉恩	安徽省铜陵市淮河北路	铜，银，金等贵金属及相关产品的生产加工，硫酸及硫酸铜，电子产品，铝型材生产加工，房地产开发，五金矿产贸易，旅游服务等。	C67	0562-2868888
000631	长春兰宝实业股份有限公司	刘铁杲	吉林省长春市朝阳区同志街34号	塑料燃油箱，塑料保险杠，电机制造。	C75	0431-4640318

续表 11　Continued 11

代码 Code	公司全称 Companies	董事长 Board Chairman	地址 Address	主营业务范围 Fields	行业代码 Industries Code	电话 Telephone Number
000632	福建三木集团股份有限公司	陈隆基	福州市广达路 141 号恒宇大厦九号	基础设施建设施工，土地连片开发，商品房开发与经营，装潢装修工程施工，向国(境)外派遣各类工程，生产及服务行业的劳务人员。兼营：建筑材料，家用电器，电器机械，金属材料，化工原料，粮食制品，日用百货，商业广告，纺织品，服装。	M	0591-3341509
000633	沈阳合金股份有限公司	常文斗	沈阳合金股份有限公司	铜镍合金材料，金属测温材料制造，铂铑制品加工，合金技术咨询。	M	024-4131291
000635	宁夏宁河民族化工股份有限公司	石进儒	宁夏石嘴山市石嘴山区康乐路	制造和销售电石，石炭氮，双氰胺，石灰氮颗粒肥，兼营汽车货运，电机修理及各种技术服务。	C43	0592-3019643
000636	广东风华高新科技股份有限公司	梁力平	广东省肇庆市端州三路	经营本企业自产电产品，成套设备及相关技术的出口和生产科研所需原辅材料，机械设备，仪器仪表，备品备件，零配件及技术的进口。	C51	0758-28233283
000637	茂名石化实华股份有限公司	何德先	茂名市官渡桥南东区 1 栋 1 楼	生产粉料聚丙烯树脂。	C41	0668-2276176
000638	中国辽宁国际合作(集团)股份有限公司	李　瑞	辽宁省沈阳市和平区中华路 126 号	高科技工业，商业含外汇商品供应，免税品销售，娱乐业，建筑和安装业，国内外工程承包，劳务输出，技术服务，对外经济技术援助项目，开展进出口贸易，技术进出口，信息咨询服务等。	M	024-3850976
000639	株洲庆云发展股份有限公司	李　东	湖南省株洲市车站路 1 号		C69	0733-8224851
000650	九江化纤股份有限公司	张棠华	江西省九江市庐山区蛤蟆石	粘胶纤维的生产和经营。	C47	0792-8234601
000651	珠海格力电器股份有限公司	苏结宏	珠海市前山金鸡西路	家用空调器制造、家用电风扇制造、家用空气调节器制造、家用清洁卫生器具制造、音响设备制造、扩音系统配套设备模具制造、塑料制品。	C76	0756-8614883
000652	天津美纶股份有限公司	张春亭	天津市北辰区引河南道	涤纶长丝，空气净化过滤材料及其他化纤产品制造。	F11	0533-2011798
000653	福建九州集团股份有限公司	赵裕昌	厦门市湖滨东路湖光大厦八楼	粮油食品，化工产品，机械轻工产品，五金矿产品，土产品，工艺品的自营出口及代理业务。	H21	0592-5055818
000655	山东淄博华光陶瓷股份有限公司	苏国强	山东省淄博市张店区湖田镇湖光路 6 号	日用陶瓷，艺术陶瓷，包装纸箱，板纸，化工产品的生产销售。	C61	0533-2011798
000656	重庆东源钢业股份有限公司	郭代仪	重庆市大渡口区重钢红楼 321 号綦江县三江镇	钢材，锰铁，氧气。	C65	0811-8875333
000657	海南金海股份有限公司	沃延枢	海南省海口市龙昆北路 2 号珠江广场帝都大厦 1	有色金属，稀有金属(国家专控产品除外)的加工生产及销售，钢材，贵金属和新合金，新材料的生产加工，化工产品及原料，机械设备，电子产品。	C67	0898-6777427
000658	厦门海洋实业(集团)股份有限公司	吴　乌	厦门市蜂巢山路 3 号	渔业，食品冷冻加工；机编渔网，石油及制品销售；水产品及渔需物资进出口业务。	M	0592-2086537
000659	珠海经济特区中富实业股份有限公司	黄乐夫	广东省珠海市香洲区湾仔镇第一工业区	饮料容器制造，瓶坯制造。	C49	0756-8823411
000660	广州南华西实业股份有限公司	何竟棠		中央空调设备制造、安装维修；各类机电产品生产、销售；各类进出口贸易(国家政策允许范围内)；国内商业及物资供销业。	M	020-84411196
000661	长春高新技术产业(集团)股份有限公司	刘成福	长春市同志街 64 号	高新技术产品的开发，生产，销售及服务；基础设施的开发，建设，物业管理，高新技术成果的转让及中介服务，商业供销业等。	C8	0431-5669409
000662	广西梧州市康达(集团)股份有限公司	金路达	广西梧州市北环路 12 号	进出口贸易，冷轧钢带及深加工产品的生产销售，酒店服务。	M	0744-2831582
000663	福建省永安林业(集团)股份有限公司	黄瑞红	福建省永安市燕江东路 12 号	木(竹)材采运，加工，家俱，食品，饮料，林产化工产品，水力发供电；林业，农业，生产服务业。	A03	0598-3614875

续表 12 Continued 12

代码 Code	公司全称 Companies	董事长 Board Chairman	地址 Address	主营业务范围 Fields	行业代码 Industries Code	电话 Telephone Number
000665	武汉塑料工业集团股份有限公司	刘文彦	武汉市江汉区新华路 287 号	开发,制造,经营高新科技工程塑料制品,新型建筑材料制品,塑料化工原辅材料,金属,纺织材料,承接装饰建筑工程业务;汽车运输及零部件,机电产品经销,国内商业物资供销。	C49	027-5769057
000666	经纬纺织机械股份有限公司	殷俊德	山西省太原市坞城路 15 号	开发,生产纺织机械及其专用配件和器材,及与上述产品相关的电器,机械,电子产品,铸锻件及通用零部件的制造,在国内外销售本公司生产的产品;与本公司产品相关之技术,经济信息咨询服务。	C73	0354-2421587
000667	昆明五华实业(集团)股份有限公司	江维新	中国云南昆明市东风西路 11 号	综合性百货批发,零售,代购代销,餐饮业,房地产业,运输业,科研信息咨询服务,物资供销业。	J01	0871-3610134
000668	武汉石油(集团)股份有限公司		湖北省武汉市万松小区 18 号楼	石油制品,石油副产品,原油,石油设备及器材;化工产品批发兼零售;代储代运,组织加工等。	H11	027-5866197
000669	吉林吉诺尔股份有限公司	韩志魁	吉林市高新技术开发区 C 区 26 号楼	家用电器系列产品。	G81	0432-4611771
000670	湖北天发企业(集团)股份有限公司	龚家龙	湖北省荆沙市区江汉北路 12 号	石油液化气及油品的储运,销售。	H11	0716-234108
000671	福建省石狮新发股份有限公司	吴彦赞	福建省石狮市民生路 208 号新湖集团大厦	基础设施开发,电子产品及轻工业产品制造。	M	0595-8875202
000672	白银铜城商厦(集团)股份有限公司	刘顺成	白银市白银区五一街 8 号	农副产品,建筑材料,金属材料,化工产品,汽车配件,机电产品,普通机械,五金交电等。	H11	09430-8238888
000673	大同水泥股份有限公司	胡振东	山西省大同市矿区口泉	水泥,熟料,兼营:水泥生产技术咨询服务业务等。	C61	0352-4042623
000675	四川银山化工(集团)股份有限公司	王治仲	四川省内江市资中县银山镇	磷铵,硫酸,过钙,碳酸氢铵,液氨,硫酸铝等。	C43	0832-5455216
000676	河南思达电子仪器股份有限公司	汪远思	河南省郑州市高新技术产业开发区龙柏路 2 号	仪器仪表,工业自动化设备,电子计算机及配件。	C78	0371-3812266
000677	山东潍坊海龙股份有限公司	潘景岫	山东省潍坊市寒亭区潍县北路 555 号	制盐,化纤用浆粕,水产品加工,冷藏,精盐加工。	C47	0536-8367358
000678	襄阳汽车轴承股份有限公司	张德炳	湖北省襄樊市轴承路 1 号	制造销售轴承及零部件,汽车零部件,机电设备,轴承设备及备件,模具磨料,油石砂轮;承揽机械工业基础设计,轴承工程设计,设备安装及维修;汽车,电器修理,建筑工程施工,设备安装及装饰装潢业务;技术咨询,技术转让,劳动服务。	C75	0710-3564101
000679	大连友谊(集团)股份有限公司	徐学敏	大连市中山区人民路 91 号	商业零售,酒店。	H11	0411-2802712
000680	山东山推工程机械股份有限公司	王富启	山东省济宁市太白楼东路 58 号	推土机,挖掘机,铲运机的开发,制造,出口业务,生产科研所需机械设备,样机零部件,工装模具,技术引进和技术出口及中外合作生产和"三来一补"业务。	C73	0537-2314636
000681	远东实业股份有限公司	乐佐良	江苏省常州市清潭荆川南路	生产销售服装,床上用品,纺织品,服装辅料,包装材料。	C13	0519-6966111
000682	烟台东方电子信息产业股份有限公司	隋元柏	中国山东省烟台市市府街 45 号	电力调度设备,计算机外部设备,通讯设备的生产与销售。	G87	0535-7214138
000683	内蒙古远兴天然碱股份有限公司	李　武	内蒙古自治区东胜市鄂托克西街 10 号	化工产品及其原料的生产,销售,化学矿开采。	C43	0477-8325001
000685	佛山市兴华集团股份有限公司	潘文钜	广东省佛山市祖庙路 42 号之一	国内商业,房地产经营,饮食业,娱乐服务,旅游服务。	K01	0575-2285126
000686	锦州技术开发区六陆实业股份有限公司	杨学庄	锦州市凌河区云飞街二段 11 号	精炼食用植物油、石油、石油制品、五金交电、化工产品(除危险品)、机电产品(除汽车),金属材料(贵金属除外)固定资产出租、建筑材料。	M	0416-3122571

续表 13　Continued 13

代码 Code	公司全称 Companies	董事长 Board Chairman	地址 Address	主营业务范围 Fields	行业代码 Industries Code	电话 Telephone Number
000687	保定天鹅股份有限公司	郑广银	河北省保定市金迪路59号	粘胶纤维制造,销售;粘胶纤维的原辅材料加工、销售;合作生产、来料加工、来样加工;粘胶纤维的深加工、科研开发、技术咨询、服务。	C47	0312-3137941
000688	涪陵建筑陶瓷股份有限公司	薛同建	四川省涪陵市江东群沱子街31号	建筑陶瓷。	G	0810-2223958
000689	汕头宏业(集团)股份有限公司	蔡承通	广东省汕头市天山路宏业大楼	主营:建筑材料。	C67	0754-8887811
000690	广东宝丽华实业股份有限公司	叶华能	广东省梅州市梅县华侨城香港花园香港大道宝	设计、开发、生产、销售服务、皮革;公路、桥梁、市政等基础设施工程的设计等。	M	0573-2511298
000691	海南寰岛实业股份有限公司	王福生	海南省海口市人民大道25号	旅游业的开发、经营,高科技开发,娱乐餐饮业,工程承包,运输业,食品饮料的开发、生产及销售,房地产开发经营(二级),商业贸易,建材、旅游工艺品、普通机械的批发零售、代购代销,技术服务。	M	0898-6255909
000692	沈阳惠天热电股份有限公司	孟庆民	沈阳市沈河区八纬路29号	供热管理;甲级市政热力工程设计、乙级综合性建设工程设计、大中型热力工程咨询、大中型工业、锅炉、管道、电气仪表采暖通风、空调制冷安装;保温、热力设备、非标结构制造安装;土建施工;一、二类压力容器、锅炉。	D01	024-2854104
000693	成都泰康化纤股份有限公司	王大伟	四川省温江县柳城镇新西路86号	制造销售化纤产品及化纤制品,批发零售纺织、原辅材料、编织器材、化工原料、日用杂品、日用百货、家用电器、技术开发、咨询服务、货物运输、机械加工。	L20	0815-722311
000695	天津灯塔涂料股份有限公司	刘冠林	天津市北辰南仓工业区南仓道	涂料及颜料制造。	C43	022--6345536
000697	咸阳偏转股份有限公司	杜庆松	陕西省咸阳市渭阳西路七十号	彩色显像管用偏转线圈及其配套产品、电子系列产品的生产及销售。	C51	0910-3320567
000698	沈阳化工股份有限公司	马文忠	中国辽宁省沈阳市沈大路888号	化工产品、化工设备、压力设备、PVC手套研制、开发、制造;建筑工程安装、设计、施工;汽车客货运输;化工技术转让、咨询服务。	C43	024-5820516-3
000699	佳木斯造纸股份有限公司	刘耀中	黑龙江省佳木斯市光复路306号	工业包装用纸、特种纸、制浆造纸副产品、造纸机械设备制造、安装、加工及维修、纸制品、科技咨询协作、对外贸易。	C31	0454-8379070
000700	江阴兴澄冶金股份有限公司	吴晓白	江苏省江阴市人民东路68号	主营:钢冶炼、钢材轧制、钢材加工、机械切割加工;兼营:工业气体(氧、氩、氮)、废钢铁收购、纺织原料、针纺织品、五金、交电销售。	C75	0510-6286088
000701	厦门信达股份有限公司	高　晓	厦门市湖里兴隆路信息大厦	信息科技产品生产、经营,信息咨询服务,仓储,房地产开发与经营,国内商品批发、零售,经营进出口贸易。	M	0592-6021666
000702	湖南正虹饲料股份有限公司	吴明夏	湖南岳阳市营田镇	主营:各类饲料的研制、产销、农业高科技开发。兼营:仓储、运输、进出口贸易、农产品加工服务。	C01	0730-5723508
000703	北海国际招商股份有限公司	王　进	北海市中山西路2号楼	五金交电、机械产品、电子通信产品、皮件制品、房地产开发(二级)、酒店业。	G81	0779-3036944
000705	浙江震元股份有限公司	孙舜官	浙江省绍兴市解放北路289号	主营:中药材、中药饮片、中成药、化学原料等及制剂、健字号营养滋补药品、医疗器械、化学试剂、玻璃仪器、营养食品、饲料添加剂、化工原料、五金交电、建筑材料的销售。	H01	0575-5144161
000707	湖北双环碱业股份有限公司	何光安	湖北省应城市东马坊团结大道26号	生产销售纯碱、氯化铵、烧碱、混配肥、精铵、小苏打、炭黑、盐及盐化工系列产品、精细化工、氯甲烷系列产品;承担与盐化工行业相关的科研、设计及新产品的开发、设备制造、安装和建设工程项目。	C43	0712-3591099
000708	大冶特钢股份有限公司	袁大焕	湖北省黄石市黄石大道(石灰窑地区内)	钢铁冶炼、钢材轧制、金属改制、压延加工、钢铁材料检测。	C65	0714-6294678

续表 14 Continued 14

代码 Code	公司全称 Companies	董事长 Board Chairman	地址 Address	主营业务范围 Fields	行业代码 Industries Code	电话 Telephone Number
000709	唐山钢铁股份有限公司	王天义	唐山市路北区滨河路九号	资产经营;矿山开采;焦化产品;金融;外经外贸;黑色金属冶炼及其压延加工;耐火材料制造;金属结构及其构件制造;自行车部件制造与组装。	C65	0315-272092
000710	成都天兴仪表股份有限公司	武卫华	四川省成都市高新技术产业开发区标准厂房	摩托车与汽车配件的生产、加工、非标设备与金属切削机床附件、工、卡、量刃具的生产、加工、模具制造销售;仪器仪表新技术、新产品的开发应用及技术咨询;工程塑料制品的生产。	C75	028-4600582
000711	黑龙江龙发股份有限公司	朱廷财	黑龙江省哈尔滨高科技开发区天顺街 68 号	主营:基础设施投资经营管理、高科技双金属粉末冶金;兼营:产品生产加工、物业管理。电子技术开发应用、卫生保健品。	K	0451-2118519
000712	广东金泰发展股份有限公司	苏　铭	广东清远经济开发试验区	主营:织布、漂染、织袜、化纤长丝及织造、建筑陶瓷、高压电瓷等;兼营:各类纺织品、纺织机械。	C11	0763-3364394
000713	合肥丰乐种业股份有限公司	张海银	安徽省合肥市西七里塘樊洼路 8 号	农作物种子,花卉、农药、微肥、植物生长素销售。	A01	0432-2703225
000715	中兴-沈阳商业大厦(集团)股份有限公司	李顺生	沈阳市和平区太原北街 86 号	主营国内一般商业贸易、食品、烟酒、熟食品、粮油、水产品、音像制品、金首饰、滋补中成材、中成药、西药、汽车及配件、民用通讯器材以及进出口贸易,兼营租赁服务、信托寄卖、餐饮、旅游、广告策划、美术装潢、建筑材料、科技开发、房地产经营。	H11	024-3831985
000716	广西斯壮股份有限公司	杜宝成	广西壮族自治区南宁市民生路 45 号	航空服务项目、旅游城市综合开发、通讯及日用百货、五金交电等。	M	0771-2821736
000717	广东韶钢松山股份有限公司	曾德新	广东省韶关市曲江县马坝	制造、加工、销售钢铁、冶金产品、金属制品、煤化工产品、技术协作、开发、转让、引进、咨询、科研、设计等。	C65	0751-8787265
000718	吉林纸业股份有限公司	马增源	吉林省吉林市林荫路 9 号	制浆造纸、进出口贸易、轻工设计、机械制造。	C31	0432-2703225
000719	焦作市碱业股份有限公司	蒋新棠	河南省焦作市民主北路 15 号	纯碱、优质重质纯碱、轻质碳酸钙的生产。	C43	0391-2925951
000720	山东电缆电器股份有限公司	李　田	山东省泰安市文化路 62 号	电缆及电线产品、电子器件及电器设备、橡胶及塑料制品、输变电设备的制造与销售、金属材料压延加工。	D01	0538-7223012
000721	西安饮食服务(集团)股份有限公司	王志刚	陕西省西安市东大街 263 号	饮食供应业、服务业;批零销售副食品、酒、饮料、百货、五金交电、针纺织品、餐具、灶具;投资项目信息咨询及中介服务;人员培训。	K30	029-7437752
000722	衡阳市金果农工商实业股份有限公司	胡振斌	衡阳市金果路 15 号(原衡阳市大码头横街 15 号)	主营:农产品(除棉花)、干鲜果品、水产品、副食品;兼营:餐饮娱乐、建筑材料、房地产开发、化工材料、橡胶制品、针纺织品等。	M	0734-8223091
000723	福州天宇电气股份有限公司	陈　鼎	福州市华林路 304 号金属大厦 6 层	电器机械及器材、普通机械,各种电气和成套装置的制造、销售、代购、代销;技术咨询;输变电产品的技术服务。	C76	0591-7577532
000727	南京华东电子集团股份有限公司	赵竟成	南京市浦口高新技术开发区 D03 栋	主营真空电子器件、电光源产品、电子计算机及配件、其他电子产品与通信产品等;兼营动力设备、照明设备安装、维修等。	C76	025-5502050
000728	北京化二股份有限公司	项大北	北京市朝阳区大郊亭	加工、制造聚氯乙烯,氯酸共聚物,烧碱(液体,固体),盐酸,次氯酸钠,液氯,聚氯乙烯制品,二氯乙烷,氯乙烯。	C43	010-67712530
000729	北京燕京啤酒股份有限公司	李福成	北京市顺义县双河路北侧	制造、销售啤酒、矿泉水、啤酒原料、饲料、酵母、兼箱;销售五金交电、建筑材料、日用百货;餐饮服务;技术咨询、技术培训、技术转让。	C05	010-69447711

续表 15　Continued 15

代码 Code	公司全称 Companies	董事长 Board Chairman	地址 Address	主营业务范围 Fields	行业代码 Industries Code	电话 Telephone Number
000730	沈阳特种环保设备制造股份有限公司	刘桂琴	沈阳市沈河区热闹路 118 号	环保设备制造;电线制造;中西药制剂、原料药加工;化学药品制剂制造;医用保健塑料制造;环保设备调试。	E01	024-4801450
000731	四川美丰化工股份有限公司	陈　平	四川省射洪县太和镇新阳街 87 号	化肥及化工产品(化学危险品除外)、建筑材料、化工机械、塑料制品、煤气、化工原料制造、销售,包装、装潢材料制造、加工。	C43	0838-2871127
000732	福建省三农化学股份有限公司	庄季希	福建省三明市梅列区徐碧	化学农药、化工产品、化工原料(除化学危险品)的制造;粘合剂,制药机械,仪器仪表,五金交电,金属材料销售;承办本企业对外合作生产,醚料加工和补偿贸易业务,经营自产农药商品出口业务,经营本企业生产所需原辅材料,机械设备。	C43	0598-8221401
000733	中国振华(集团)科技股份有限公司	陈清洁	贵州省贵阳市乌当区新添大道 150 号	机械电子产品。	C51	0851-6845114
000735	海口农工贸(罗牛山)股份有限公司	吴伟雄	海口市人民大道 30 号	种养业、兴办工业、旅游业、房地产开发经营、建筑装潢工程、化肥、农药、兽药的生产销售、农副畜水产品及饲料加工销售、普通机械、摩托车零配件、医药器械、电子产品、金属材料、化工产品、家用电器、现代办公用品、日用百货、食品。	A05	0898-6255101
000736	重庆国际实业投资股份有限公司	赵　健	重庆市江北区观音桥建新北路 86 号	实业投资,利用外资投资,高科技开发,设备租赁,代理三类商品进出口业务,国际经济技术合作和往来函调查及咨询服务、销售矿产品(不含国家规定产品),化工产品,建筑材料,装饰材料,汽车(不含小轿车),摩托车及零部件,五金等。	C7	023-67868187
000737	山西南风化工集团股份有限公司	王梦飞	山西省运城市解放路 294 号	无机盐系列产品、日用化工系列产品、化学肥料系列产品、植物油系列产品的生产及销售。	C43	0359-2017089
000738	南方摩托股份有限公司	陶光孟	湖南省株洲市董家段	生产经营航空发动机、工业燃气轮机及成套设备、摩托车及发动机、航模系列产品、仪器仪表、机床、电机、电器、内燃机零配件以及航空零部件转包加工。	C75	0733-8810331
000739	青岛东方贸易大厦股份公司	纪家伟	青岛市市北区胶州路 140 号	零售、批发。"四代":国内商业(不含国家危禁、专营、专控产品);住宿、饮食服务、客车出租;场地、柜台、设施出租;销售:劳保用品等。	C81	0532-2835928
000748	湖南计算机股份有限公司	杨德泉	长沙市雨花路 21 号	中西文字符图形终端、网络终端、金融机具、通讯产品、机电一体化产品及成套商用电子设备、信息化产品和新型化学电源产品。	G83	0731-5554610
000750	桂林集琦药业股份有限公司	刘及响	桂林市育才路 55 号	化学原料、保健品、制药机械、饲料及添加剂的制造、批零。	C81	0773-5812938
000751	葫芦岛锌业股份有限公司	郭完昌	辽宁省葫芦岛市龙港区锌厂路 24 号	生产锌、锌深加工产品及硫酸、铟、镉、综合利用产品等。	C67	0429-2104084
000752	西藏拉萨啤酒股份有限公司	王　健	西藏自治区拉萨市色拉路 36 号	生产、销售啤酒、饮料,饲料的生产和销售,养殖业,娱乐服务。	C05	028-7793955
000753	福建双菱集团股份有限公司	朱煜煊	福建省漳州市东环路	普通陶瓷制品、纸制品、塑料制品制造建筑材料,装饰装修材料,石油制品(代购代销);室内外装饰;文化娱乐服务;饮食供应;公路运输;自来水供应,房地产开发、基础设施开发与建设;对外贸易。	F11	0596-2951030
000755	山西三维集团股份有限公司	仝立祥	山西省太原市桃园北路 59 号	生产销售化工及化纤产品;焦炭运销;批发零售普通机械、化工产品、电器机械及器材、仪器仪表、金属材料(除贵金属)、建材、纺织品、塑料制品、装潢材料;化工、化纤的技术开发和引进。	C43	0357-6663663

续表 16　Continued 16

代码 Code	公司全称 Companies	董事长 Board Chairman	地址 Address	主营业务范围 Fields	行业代码 Industries Code	电话 Telephone Number
000756	山东新华制药股份有限公司	贺端是	山东省淄博市张店区东一路14号	西药、化工原料、制药设备、药用玻璃、技术转让、技术服务、技术培训、技术开发、医药探测仪器及仪表。	C81	0533-2287508
000757	四川峨眉柴油机股份有限公司	林长江	四川省内江市椑木镇	柴油机、三轮车、柴油发电机组等制造和销售。	C71	0832-2411131
000758	中国有色金属建设股份有限公司	张　健	北京市复兴路乙12号	承包本行业国外工程、境内外资工程;对外派遣本行业工程、生产劳务人员;承包工程所需的设备、材料的出口;国外有色金属的咨询、勘测和设计,与国外工程承包和劳务合作有关的国家或地区的三类商品进出口。	E01	010-68516385
000759	武汉中心百货(集团)股份有限公司	汪爱群	湖北省武汉市江汉路129号	主营:百货、针纺织品、五金交电(不含消防器材)、副食品零售兼批发,烟、酒、彩电、金银、首饰零售;兼营:工艺美术品、家俱、日用杂品(不含烟花爆竹)零售兼批发,丁烷气体、油漆粘胶零售;彩扩、家用电器、钟表维修;汽车运输等。	H11	027-2777083
000760	湖北车桥股份有限公司	郭桂华	湖北省公安县城关荆江大道178号	汽车配件制造销售;汽车改装车、农用运输车制造、销售;汽车货运、备品备件进出口业务。	C75	0716-5225770
000761	本钢板材股份有限公司	白尚显	本溪市平山区钢铁路	钢铁冷炼、压延加工、产品销售。	C65	0414-7828734
000762	西藏矿业发展股份有限公司	肖永恩	西藏自治区拉萨市扎基呼14号	铬矿、硼矿、铅锌矿等矿石开采。	B05	0891-6336740
000763	锦州石化股份有限公司	杨学庄	辽宁省锦州市古塔区重庆路2号	石油化工及焦炭产品、有机化学品及催化剂、粘合剂、高分子聚合物的加工、制造、销售。	C41	0416-4159024
000765	武汉市六渡桥百货集团股份有限公司	江富庭	武汉市江汉区中山大道779-805	百货、五金、交电、针纺织品、金银饰品、医疗器械、建筑材料、电器机械及器材、计划外汽车、橡胶制品、工艺美术品、其他食品批发兼零售、汽车货运。	H11	027-5891122
000766	通化金马药业股份有限公司	张守斌	吉林省通化市江南路100-1号	中西成药、生化制剂、营养保健药品的生产、经营。	C81	0435-3622310
000767	山西漳泽电力股份有限公司	卞学海	山西省长治市漳电路19号	电力商品生产和销售;燃料、材料、电力高新技术、电力物资的开发销售。	D01	0355-5052061
000768	西安飞机国际航空制造股份有限公司	杨　忠	西安市高新技术产业开发区高新路火炬大厦	主要从事飞机及其他飞机器零部件的设计、试验、生产、销售及相关业务,并通过控股西飞铝业从事航空和其他民用铝合金系列产品和装饰材料的开发、设计、研制生产、销售以及相关的技术服务。	C75	029-6846638
000769	大连盛道集团股份有限公司	刘丽春	大连市中山区捷山街奋斗巷30号	塑料彩印包装制品的生产与销售;凹印版辊的生产与销售;BOPP与CPP塑料薄膜的生产与销售;玻璃器皿和包装容器的生产与销售。	A09	0411-2672121
000776	延边公路建设股份有限公司	朴东洙	吉林省延吉市河南街1号	主营:公路、桥梁、隧道的建设,经营期内的公路、桥梁、隧道的管理;兼营:金属材料、建筑材料、机械设备、纺织品、食品。	F11	0433-2853913
000777	中核苏州阀门股份有限公司	邵渭敏	苏州国家高新科技工业园区	工业用阀门设计、制造、销售;金属制品、机电产品的设计、制造、加工、销售;与本企业相关行业的投资、汽车货运。	C71	0512-7533655
000778	新兴铸管股份有限公司	范英俊	河北省武安市2672厂区	主营:离心球墨铸铁管及配套管件、钢铁冶炼及其压延加工、铸造制品、水泥、水电气转供等。	C69	0310-5825102
000779	兰州三毛实业股份有限公司	任俊亭	兰州市西固区玉门街82号	国有资产经营、针纺织品、纺织机械、化工原料的生产、批发零售、仓储、科技开发、咨询服务、房地产开发。	C11	0931-7556841-
000780	内蒙古兴发股份有限公司	张振武	内蒙古自治区赤峰市元宝山区平庄镇	饲养、繁殖、销售种鸡、鸡雏;生产加工肉用鸡、速冻保健食品、罐头、饲料;经销兽用药品及器械。	C01	0476-3512569
000782	广东新会美达绵纶股份有限公司	陈柏森	广东省新会市江会路上浅口	织造、染整、绵纶6切片、纺丝、本公司主要从事绵纶6聚合、纺丝、尼龙绸的织造、印花、染整生产及产品的销售。	C47	0750-6126062

续表 17　Continued 17

代码 Code	公司全称 Companies	董事长 Board Chairman	地址 Address	主营业务范围 Fields	行业代码 Industries Code	电话 Telephone Number
000783	石家庄炼油化工股份有限公司	守　山	河北省石家庄市高新技术开发区	石油化工产品加工，主要包括成品如汽油、煤油、柴油、液化气等，化工产品如聚丙烯、三苯、溶剂油等。	C41	0311-5161138
000785	武汉中商集团股份有限公司	严规方	武汉市武昌区中南路 9 号	针纺织品、百货、西药、中成药、工艺美术品、五金交电、日用杂品、电器机械及器材、农机、其他仪器零售兼批发；黄金饰品零售及维修。	H11	027-2777083
000786	北新集团建材股份有限公司	宋志平	北京市海淀区西三旗环岛东路南	新型建筑材料、装饰材料及配套产品、机械设备、金属房屋的技术开发、制造、销售及技术服务；销售金属材料、木材、煤炭、建筑机械、汽车配件、五金交电化工；汽车货运；仓储服务。	C61	010-62913831
000787	湖南五一文实业股份有限公司	唐　山	长沙市黄兴南路 187 号	销售文化办公用品、副食品及其他食品(含烟零售)、百货、针纺织品、五金、交电、化工(不含危险品)、建筑装饰材料、有线通讯器材、图书、报刊、金银首饰、珠宝首饰、珠宝玉器、房地产开发、经营；写字楼出租、儿童游乐、印刷服务。	G87	0731-5818651
000788	西南合成制药股份有限公司	杨尚元	重庆市江北区黑石子水口	制造，销售原料药及制剂，销售五金，交电，化工产品及原料(不含化学危险品)，百货，建筑材料，装饰材料，钢材，木材，电器机械及器材，普通机械，制药技术咨询及转让。	C81	023-67867736
000789	江西万年青水泥股份有限公司	杨石根	江西省万年县陈营镇东郊	硅酸盐水泥、普通硅酸盐水泥、矿渣硅酸盐水泥的生产及销售、水泥技术咨询。	C61	0793-3839605
000790	成都华神集团股份有限公司	费淳璐	四川省成都市十二桥路 37 号新 1 号	高新技术产品开发生产和经营，中西成药生产和销售，药业技术服务咨询，医疗器械及配件，生物工程制品的生产和销售。	C81	028-7786760
000791	西北永新化工股份有限公司	张　军	甘肃省兰州市东岗东路 685 号	油漆、涂料、树脂及其他化工产品、化工机械系列产品。	C43	0931-8663061
000792	青海盐湖钾肥股份有限公司	安平绥	青海省格尔木市察尔汗	氯化钾产品的开发、生产、销售；光卤石、低钠光卤石及其他矿产品的开发、加工、冶炼。	C43	0979-413232
000793	海口管道燃气股份有限公司	刘广林	海口市海甸四东路颐和花园 B 座三楼	城市管道燃气设计、开发、施工、储气站、气化站、检测站，石油及制品，石油天然气化工及与相关配套的仪器、仪表、燃气用具、设备，液化石油气、天然气，房地产的综合开发、销售、物业管理。	M	0898-6254222
000795	太原双塔刚玉股份有限公司	程明远	山西省太原市郝庄正街 62 号	棕刚玉系列产品、自动化立体仓库。	C61	0351-4380232
000796	宝鸡商场(集团)股份有限公司	魏存功	陕西省宝鸡市经二路 114 号	百货、纺织品、摩托车、普通机械、电器设备、塑料制品、化工产品及原料(除专营)、烟酒、食品、粮油制品、日用杂品、金属材料、木材、五金交电、音像制品、钻石珠宝、黄金首饰、冷饮、建材、汽车(含小轿车)、汽车配件的销售；柜台租赁、饮食。	H11	0917-3215282
000797	中国武夷实业股份有限公司	沈继武	福建省福州市北大路 240 号	工程承包、投资开发、外经外贸。	E01	0591-7542524
000798	中水集团远洋股份有限公司	吕洪涛	北京西单民丰胡同 31 号	海洋捕捞；水产品的加工储运、购销、进出口；国际渔业合作；对外派遣劳务人员；与渔业有关的船舶、设备、材料的进出口；渔船、渔机及物资的销售。	A07	010-68578956
000799	湖南酒鬼酒股份有限公司	王锡炳	湖南省吉首市振武营	生产、销售曲酒系列产品、陶瓷包装物、纸箱、提供印刷服务。	C05	0743-8312079
000800	一汽轿车股份有限公司	耿昭杰	吉林省长春市绿园区一汽厂区	开发、制造、销售轿车、旅游车及其配件、汽车修理、加工非标设备、机械配件。	C75	0431-5901350
000801	绵阳湖山电子股份有限公司	汤东风	四川绵阳市华兴西路一号	电子音响设备、卫星电视接收机系统、装饰件等的制造、加工、销售、安装及售后服务。	C55	0816-2336335
000802	北京京西风光旅游开发股份有限公司	刘利华	北京市门头沟区新桥大街 35 号	旅游基础上投资及管理、饮食服务，文化娱乐服务，出租汽车客运，旅游信息咨询；销售百货、工艺美术品，宝玉石加工；建筑工程施工。	K34	010-69831967

续表 18　Continued 18

代码 Code	公司全称 Companies	董事长 Board Chairman	地址 Address	主营业务范围 Fields	行业代码 Industries Code	电话 Telephone Number
000803	四川美亚丝绸(集团)股份有限公司	彭可云	四川省南充市延安路380号	纺织品,炼、印、染、丝织品制造。	C11	0817-2221333
000805	常州金狮股份有限公司	瞿子泉	常州市花园路59号	自行车及零部件、助力车、摩托车及零部件、童车、健身器材的制造及销售。	G87	0519-3270657
000806	北海银河股份有限公司	潘　琦	广西壮族自治区北海市南路世贸大厦八楼	科技产品开发、养殖业及农产品加工、旅游资源、综合开发及经营。	C76	0779-3201988
000807	云南铝业股份有限公司	代祖让	昆明市呈贡县	重熔用铝锭、铝铸轧卷、挤压铝型材、牙膏包装用铝元片、铝棒、铸造铝合金锭、室内装饰。	C67	0871-3177380
000809	四川第一纺织股份有限公司	毛志刚	四川省成都市二环路东三段八号	制造、销售纺织品、针纺工业专用器材;纺织品进出口贸易;批发零售纺织品、原辅材料、化工原料、日杂用品;中介服务;建筑工程设计施工;房地产综合开发经营;宾馆、饮食服务业;仓储运输。	C11	028-43332124
000810	四川锦华股份有限公司	薛文周	四川遂宁市遂州中路	纺纱、织布、纺织品制造,出口本企业自产的服装、印染布。进口本企业生产科研所需尼辅材料、机械设备、仪器仪表、零配件。纺织器材经销,物资仓储,汽车货运。	C11	0825-2226774
000811	烟台冰轮股份有限公司	顾德录	山东省烟台市芝罘区西山路80号	制冷空调设备的制造、安装、调试、技术咨询服务;许可范围的进出口业务。	C71	0535-6243451
000812	陕西省金叶印务股份有限公司	华　炜	西安市朱宏路1号	印刷服务及高科技开发、印刷物资批发零售,印刷技术培训、技术服务。	C35	029-6246723
000813	新疆天山毛纺织股份有限公司	唐翔千	乌鲁木齐市银川路1号	纺织、服装生产与销售。	C11	0991-4830456
000815	宁夏美利纸业股份有限公司	刘崇喜	宁夏回族自治区中卫县	各类高、中、低档机制纸、纸板、加工纸的生产销售。	C31	0953-7697334
000816	江苏江淮动力股份有限公司	朱瑞龙	江苏省盐城市环城西路213号	单、多缸柴油机的制造与销售。	C71	0515-8311495
000817	辽河金马油田股份有限公司	王福成	辽宁省盘锦市兴隆台区	石油、天然气的勘探、开发、销售。	B03	0427-8908695
000818	锦化化工集团氯碱股份有限公司	方福生	辽宁省葫芦市连山区化工街	烧碱、氯、聚氯乙烯、三氯乙烯、四氯乙烯、氢、乙炔、合成盐酸、副产盐酸、次氯酸钠等产品的制造、加工、运输、销售、技术开发与服务,资产经营等。	C43	0429-2709065
000819	岳阳兴长石化股份有限公司	蒋信成	湖南岳阳市云溪区	聚丙烯、甲醇、甜蜜素、塑料制品生产、销售;化工产品(不含危险品)销售;提供汽车货运服务。	C41	0730-8442202
000820	金城造纸股份有限公司	朱志仁	辽宁省凌海市金城街	机制纸浆、机制纸及纸板、粘合剂的制造与销售。	C31	0416-8282516
000821	湖北京山轻工机械股份有限公司	孙友元	湖北省京山县新市镇	纸箱、纸盒罐机械、印刷机械的制造、销售;原材料供应;高新技术开发;房地产开发、技术服务。	C73	0724-7221560
000822	山东海化股份有限公司	杜德富	山东省潍坊海洋化工高新技术产业开发区	制造和销售纯碱、溴素、苦卤毓产品及三聚胺等。	C43	0536-5329888
000823	广东汕头超声电子股份有限公司	林盛川	广东省汕头市兴业路21号	超声电子仪器、仪器仪表、电子元器件、电子材料、家用电器、通讯和电子计算机及经批准的投资业务。	C51	0754-8610992
000825	山西太钢不锈钢股份有限公司	刘玉堂	太原市尖草坪街2号	冶炼、压延加工、制造、销售不锈钢及其他钢材、钢坯、钢锭、铁合金、金属制品等。	C65	0351-3017729
000826	国投原宜磷化股份有限公司	汤晓春	湖北省宜昌市沿江大道114号	工业原材料、化工、建材、塑胶、电子产品及关联产品的生产与销售;房地产开发;高科技产品开发;汽车客货储运;国内公民旅游服务。	C43	0717-6236206
000827	大连龙泉股份有限公司	黄祖祥	大连市瓦房店长兴岛镇	酒及饮料研制、开发、生产与销售。	C05	0411-2821155
000828	广东福地彩色显像管股份有限公司	詹宗庆	广东省东莞市篁村周溪工业区	54厘米、64厘米、74厘米等平面直角彩色显像管以及其配套零部件。	C51	0769-2407920
000829	江西赣南果业股份有限公司	肖仁源	江西省赣州市青年路46号	水果种植、加工及销售,果业综合开发、果树良种繁育及技术咨询服务,农副土特产品、化工产品的批发、零售,果用激素、果汁、饮料(含酒)的生产及销售,餐饮娱乐服务(以上项目国家有专项规定的除外)。	A01	0797-8277221

续表 19　Continued 19

代码 Code	公司全称 Companies	董事长 Board Chairman	地址 Address	主营业务范围 Fields	行业代码 Industries Code	电话 Telephone Number
000830	山东鲁西化工股份有限公司	赵永堂	山东省聊城市板桥路 61 号	尿素、碳酸氢铵的生产与销售。	C43	0635-8324227
000831	山西关铝股份有限公司	许复活	山西省运城市解州新建路 36 号	普通铝锭、铝材、铝制品、氧化铝粉及各种有色金属。	C67	0359-2024110
000832	黑龙江龙涤股份有限公司	赵瑞民	黑龙江省阿城市和平街	聚酯切片,化学纤维系列产品,纺织品,纺织机械及设备,化工产品(不含危险品)。	C47	0451-3722601
000833	广西贵糖(集团)股份有限公司	杨和荣	广西壮族自治区贵港市人民西路	食糖、纸、酒精、碳酸钙、减水剂的制造、销售;本企业自产产品的出口及本企业生产、科研所需株辅材料(国家规定一类进口商品除外),机械设备、仪器仪表、零部件的进口;石灰石开采,汽车货运,机动车修理,制糖机械。	C01	0775-4214012
000835	北京隆源实业股份有限公司	孟晓苏	北京市海淀区北三环中路 40 号(乙)	开发生产计算机软硬产品及配套设备、工程机械、通信设备、办公自动化设备、数字式光磁记录产品、医疗电子设备、机械及电子模拟系统、石油精细化工产品、生物技术产品(不含药品);售后服务、技术培训(未经专项审批)。	M	010-62041804
000836	天津天大天财股份有限公司	寇纪淞	天津新技术产业园区八号路 A14-1	计算机软件、硬件、信息系统集成,信息处理与服务,光机电一体化,化工填料和工业结晶。	G87	022-27403145
000837	陕西秦川机械发展股份有限公司	邱世杰	陕西省宝鸡市姜谭路 22 号	金属切削机床、塑料加工机械、液压系统、液村件、汽车零部件、功能部件、精密齿轮(箱)、机床配件、数控系统、仪器仪表、木工机械及其制品的生产、加工、销售。	C71	0917-3390957
000838	西南化机股份有限公司	杨树荣	四川省什邡市两路口镇	主营:化工压力容器;医药、石油、化工设备;化工机械;兼营:铸件、制氧、制冷设备生产及销售、机电设备安装、汽车运输、修理、金属材料经销等。	C73	0838-8213333
000839	中信国安信息产业股份有限公司	李士林	北京市海淀区北三环中路 31 号	信息产业、言行文选行业项目的投资;卫星通讯工程、计算机信息传输网络工程、有线电视网络工程的施工、设备安装及技术服务;移动通讯的技术开发、技术服务、技术咨询;房地产开发与经营;物业管理;装饰装修;日用百货。	G	010-65010853
000848	河北承德露露股份有限公司	王宝林	承德市翠桥路南 6 号	饮料、罐头食品的开发、生产与销售;马口铁包装罐的生产和销售。	C05	0314-2066791
000850	安徽华茂纺织股份有限公司	华冠雄	安徽省安庆市纺织南路 80 号	天然纤维(棉、毛、麻、丝)和人造纤维的纯、混纺纱线及其织物、针织品、服装、印染加工。	C11	0556-5510166
000851	贵州中国第七砂轮股份有限公司	曾厚琼	贵州省贵阳市环城东路 480 号	自产、自销、批零兼营:磨料、磨具、耐火材料、磨料磨具标准验筛、磨料磨具专用设备制造,二、三类机电产品等。	C61	0851-2550049
000852	江汉石油钻头股份有限公司	刘恩学	湖北省潜江市广华前进路	石油天然气勘探、开采用各类钻头、工具及配件;粉末冶金、金刚石制品及超硬材料;工业用探矿、选矿用机械;油气开采、精炼工业用设备;承揽机械加工、机电设备采供、修理。	C73	0728-6518598
000856	唐山陶瓷股份有限公司	邢平均	河北省唐山市	日用陶瓷、卫生陶瓷、墙地砖、工业理化陶瓷、特种陶瓷及相关产品的设计、开发、生产、销售。	C61	0315-3291354
000858	宜宾五粮液股份有限公司	王国春	四川省宜宾市岷江西路 150 号	酒类及相关辅助产品(瓶盖、商标、标识及镀制品)的生产经营。	C03	0831-3553988
000859	安徽国风塑业股份有限公司	郑忠勋	安徽省合肥市马鞍山路 1 号	塑胶建材、塑胶门窗、BOPP 和 PE 塑料薄膜、各类注塑产品、各类家用电器配套件、PVC 高阻燃塑胶粒子、吸塑制品。	C49	0551-2885333
000860	北京顺鑫农业股份有限公司	龚建友	北京市顺义县城	白酒生产与销售;肉食品加工与销售;良种繁育;农业科技服务;水产品养殖;名优果品、蔬菜的种植及加工。	A01	010-69428900

续表 20 Continued 20

代码 Code	公司全称 Companies	董事长 Board Chairman	地址 Address	主营业务范围 Fields	行业代码 Industries Code	电话 Telephone Number
000861	茂名永业(集团)股份有限公司	李崇业	广东省茂名市环市西路61号	炭黑、轻化产品毓的生产加工销售、油品生产加工销售、油品的加工销售及尾气余热发电。	C61	0668-2327411
000862	吴忠仪表股份有限公司	赵广生	宁夏吴忠市朝阳街67号	工业自动化仪表及其附件、农用和民用泵阀、其他机电产品的制造、销售、成套和进出口业务;投资。	C78	0953-2013611
000863	沈阳北方商用技术设备股份有限公司	陈大海	沈阳市和平区青年大街386号华阳国际大厦A座	电子商用技术开发、电子商用设备、制冷空调成套设备和汽车空调的研制和生产、制造加工、经营销售。	G87	024-3902497
000866	扬子石油化工股份有限公司	彭哲春	南京高新技术产业开发区	原油加工;石油制品、化学原料、化学制品、化学纤维、燃料、设备的加工、制造、安装及其销售;化工技术服务;工程与建筑设计、承包、监理、咨询;仓储运输以及与公司经营业务有关的其他业务。	C41	025-7787735
000868	安徽安凯汽车股份有限公司	王一荃	安徽省合肥市葛淝路1号	客车、底盘生产与销售。	C75	0551-4841562
000876	四川新希望农业股份有限公司	刘永好	四川绵阳国家高新技术产业区	饲料、原料加工机械、农副产品、食品的生产、加工、销售;种养殖业的开发及经营;现代农业的技术服务、咨询及生产基地建设;销售电子产品,建筑材料。	C01	028-51828425
000877	新疆天山水泥股份有限公司	张丽荣	乌鲁木齐市仓房沟东路55号附1号	水泥系列产品开发、研制、生产、销售及相关技术服务。	C61	0991-5837237
000878	云南铜业股份有限公司	邹韶禄	云南昆明国家高新技术产业开发区	有色金属、贵金属的生产、销售、加工及设计、施工、科研;高科技产品、化工产品的生产、加工、销售;机械动力设备的制作安装;食品工业、房地产、旅游业的开发。	C67	0871-3126709
000880	山东巨力股份有限公司	王清华	山东潍坊市胜利西街373号	农用三轮运输本及配件、农用四轮运输本及配件、碳化硅微粉、摩托车的生产和销售。	C75	0536-8323432
000881	中国大连国际合作(集团)股份有限公司	丁肇有	大连市中山区五五路5号	承包海内外工程、远洋运输、远洋捕鱼、国际劳务合作、进出口贸易、国内外投资等。	M	0411-2642825
000882	中商股份有限公司	范文明	北京市复兴门内大街45号	商业批发、零售、连锁经营、总代理、总经销、进出口贸易、生产加工、物流。	H	010-66094317
000883	湖北三环实业股份有限公司	舒　健	湖北省麻城市新建街47号	汽车零部件和机械设备的制造与销售、汽车改装、汽车贸易。	C75	027-7811368
000885	洛阳春都食品股份有限公司	高凤来	河南洛阳市凯旋西路29号春大厦	西式低温肉制品、中式肉制品、中西式灌肠、清真食品、速冻食品、方便食品、肉类加工、包装材料及相关产品。	C01	0379-328827
000886	海南高速公路股份有限公司	邢福煌	海南省海口市南宝路国托大厦4—6层	高等级公路的勘测、设计、施工、收费、养护、管理服务,房地产开发经营。	F11	0898-6768394
000887	安徽飞彩车辆股份有限公司	洪理芳	安徽省宣州宣南公路口	农用运输车、工业链条制造和销售;配件、汽车覆盖件的生产、销售;自营进出口。	C75	0563-3022910
000888	峨眉山旅游股份有限公司	马元祝	四川省峨眉山市名山西路168号	提供旅游,索道运输,住宿,客运,餐饮娱乐方面的服务;旅游资源及商品、水电开发。	K34	0833-5528888
000889	秦皇岛华联商城股份有限公司	孙志浩	河北省秦皇岛市海港区河北大街152号	针纺织品、日用百货、土产日杂、服装鞋帽、糖酒、食品、五金交电、化工产品、家用电器、家具、金银饰品、汽车配件、机电产品(不含公共安全及设备)的批发和零售、烟(零售)、仓储、汽车货运、服装加工、酒店业、旅游。	J	0335-3023349
000890	江苏法尔胜股份有限公司	周建松	江苏省江阴市通江北路203号	钢丝、钢丝绳及其产品、普通机械、电线电缆、仪器仪表、电子产品的制造、销售。	C69	0510-6880890

续表 21　Continued 21

代码 Code	公司全称 Companies	董事长 Board Chairman	地址 Address	主营业务范围 Fields	行业代码 Industries Code	电话 Telephone Number
000892	重庆三爱海陵股份有限公司	黄福根	重庆市涪陵人民东路 50 号	生产、销售汽车、摩托车、内燃机的化油器、磁电机、进排气门、轴瓦、活塞环等关键零部件，摩托车、电子元件、电工器材、变压器、自动控制器、动力照明、配电箱、五金、灯具、建筑材料，家电维修，电子技术开发。	G85	0810-2222257
000893	广州冷机股份有限公司	魏长明	广州市白云区人和镇人和天街 12 号	从事投资、设计、生产、销售制冷压缩机、制冷设备、中央空调设备；从事制冷压缩机和制冷设备工程的可行性研究、设计、安装、调试及其工程总承包；对相关行业及其他行业的投资及管理。	C76	020-86450802
000895	河南双汇实业股份有限公司	万　隆	河南省漯河市源汇区双汇路 1 号	肉类加工，肉制品、化工包装制品的生产和销售，畜牧养殖。	C01	0395-2623398
000897	开津津滨发股份有限公司	苗　沛	开津经济技术开发区洞庭路 76 号	基础设施开发、建设、经营；高新技术产品的研制开发、销售、技术服务及咨询；新型建筑材料开发与生产。	K01	022-66201301
000898	鞍钢新轧钢股份有限公司	刘　介	辽宁省鞍山市铁西区	黑色金属冶炼及压力加工制品（包括冷轧薄板、宽厚板及线材系列产品）。	C65	0412-6334292
000899	江西赣能股份有限公司	王　平	南昌市南京东路 443 号（高新技术开发区）	火力发电，节能项目开发，锅炉安装及维修，电力设备安装及检修，粉煤灰综合利用，电力技术服务及咨询，机械设备维修，房地产开发，电力物资的批发、零售。	D01	0791-6636120
000900	湖南长永高速公路股份有限公司	马其伟	湖南长沙市八一路 466 号	高等级公路建设及养护。	F11	0731-4080808
000901	哈尔滨航天风华科技股份有限公司	张大成	哈尔滨市南岗区西大直街 118 号	汽车电子组合仪表、车载计算机系统、工业机器人、专业打印机和银行自助系统等产品。	C78	0451-6208765
000902	中国服装股份有限公司	方玉根	北京市新技术产业开发试验区丰台科技园区	纺织品、针织品、皮革制品、服装、服饰、鞋帽生产销售，以及羊皮、切片、化纤原料、辅料、染化料的经营；纺织服装设备及零配件、仪器、仪表的经营；技术转让，设计展示，展览展销，模特展演，文化交流，信息服务等。	C13	010-65913502
000903	昆明云内动力股份有限公司	段华生	云南省昆明市穿金路 715 号	柴油机及机组；柴油发电机组；出口本公司自产产品；柴油机毓及其变形机组及零部件、汽车配件、农机配件；进口本公司生产、科研所需原辅材料、汽车配件、农机配件、电子产品、配套设备、控制设备、检测设备、仪器、仪表。	C71	0871-5633185
000905	厦门路桥股份有限公司	潘世建	福建省厦门市嘉禾路中段桥星大厦 10 层	厦门大桥的经营和维护；海沧大桥的投资、建设、经营和维护；承担大中型桥梁、中高等级公（道）路、隧道、港口、码头等交通基础设施项目及配套工程的建设投资及建成后的经营管理；土地综合开发等。	F11	0592-5081719
000906	南方建材股份有限公司	谭照华	湖南省长沙市展览馆路 27 号	建筑材料业及其制品、金属材料、有机、无机化工原料、建筑陶瓷、防腐涂料。	H03	0731-4124542
000908	湖南天一泵业股份有限公司	凌磊伯	湖南省平江县城关镇南街 339 号	系列稠油泵、油气混输泵、工业潜污泵、化工泵、系列潜水电泵、电机、系列高低压成套开关设备、高压真空断路器、六氟化硫断路器的制造和销售。兼营：机电进出口业务。	C71	0730-6222078
000909	数源科技股份有限公司	陈焕新	浙江省杭州市西湖区教工路一号	数字（模拟）彩色电视机、数字视音频产品、数字电子计算机及外部设备、卫星广播电视设备、多媒体、通信设备和电子元器件的制造、加工、销售、修理；整机的塑壳、模具、塑料制品的制造加工；电子计算机软件的开发、咨询。	G81	0571-8271018
000910	江苏大亚新型包装材料股份有限公司	陈兴康	江苏省丹阳经济技术开发区丹荆路	铝纸复合材料、铝塑复合材料、真空镀铝材料、铝转移材料、软包装材料、屋顶式包装材料、多层共挤膜、彩色印刷、柔性印刷、全息压印、烟用滤嘴材料、有色金属压铸件、仪器、机械及配件（制造）。	C31	0511-6883666

续表 22 Continued 22

代码 Code	公司全称 Companies	董事长 Board Chairman	地址 Address	主营业务范围 Fields	行业代码 Industries Code	电话 Telephone Number
000911	南宁糖业股份有限公司	熊可模	广西壮族自治区南宁市亭洪路48号	机制糖、酒精、文化用纸、蔗渣浆。	C01	0771-8414317
000912	四川泸天化股份有限公司	任晓善	四川省成都市中同仁路22号	化学肥料、化工原材料、有机化工产品,日用化学品的生产、销售,以及相关产品的出口和来料加工。	C43	0830-4122508
000913	浙江钱江摩托股份有限公司	林华中	浙江市温岭市太平镇万昌路	摩托车及其配件的生产和销售、机电产品的生产和销售、对售后产品进行维修服务、研究、设计和发展新型系列摩托车等。	C75	0576-6212343
000915	山东声乐股份有限公司	吴培龙	山东省沂南县振兴路6号	鞋、革及其配套材料、包装材料、鞋机、鞋楦模具的生产、销售;技术开发、转让、咨询服务;住宿、餐饮。	C13	0539-3221280
000916	华北高速公路股份有限公司	刘长宽	北京经济技术开发区宏达北路10号	投资开发、建设和经营收费公路。	F11	010-67602600
000917	湖南电广实业股份有限公司	龙秋云	湖南长沙市浏阳河大桥东	影视节目制作、发行和销售、设计、制作、发布国内外各类广告,代理国内外各类广告业务及广告策划,产品销售,信息传播服务,音像制品出版发行。	L10	0731-4462888
000918	湖南亚华种业股份有限公司	谭载阳	湖南省长沙市远大一路282号	农作物种子、种苗和畜良种的选育、繁殖、生产、销售、赤霉素等生化调控剂、优质农畜产品、兽药、鱼药、种子生产设施及其他农用机械、设施的开发、生产、销售、农业新技术的推广、咨询。	A09	0731-4710651
000919	金陵药业股份有限公司	江中银	南京经济技术开发区(南京市龙蟠中路81号)	中西药原料和制剂、生化制品、医药包装制品、医疗器械、保健食品、天然饮料生产、销售、新产品研制、技术服务及开发、医药信息服务、医药进出口业务。	C81	025-3213092
000920	南方汇通股份有限公司	惠金根	贵阳市国家高新技术产业开发区	铁路运输设备开发、制造、销售、修理;弹簧及锻铸件制品的生产、销售;大型金属结构制造、销售;铜金属压延加工;高新技术电子元器件及棕纤维材料的开发、生产和销售。	C75	0851-4470493
000921	广东科龙电器股份有限公司	王国端	广东省顺德市容奇镇容港路8号	开发、制造、电冰箱、空调、冷柜等电器产品及相应配件业务,产品内外销售和提供售后服务。	C76	0765-6628338
000922	阿城继电器股份有限公司	金　科	哈尔滨市南岗区赣水路高新技术开发区15号楼	开发、制造、销售继电器及继电保护装置和系统、工业及日用电器、计算机技术及其应用、电源及工业控制产品。	C76	0451-3703187
000923	河北宣化工程机械股份有限公司	王建军	河北省张家口市宣化区东升路21号	生产、经营、销售推土机、装载机、压路机及其变型产品和工矿配件;根据公司资金状况和发展开扫,组织生产经营共他领域的产品或业务,也可对其他股份公司参股。	C73	0313-3012255
000925	浙江浙大辰光科技股份有限公司		杭州高新技术产业开发区(浙江省杭州市浙大校区	单晶硅及其制品、半导体元器件的开发、制造、销售与技术服务;自动化控制系统及仪器仪表的开发、制造、销售与技术服务;生物医学工程技术的开发与应用;计算机系统集成与电子工程的销售与服务;高新技术产业的投资开发。	C99	0571-8795247
000926	湖北省汉川钢丝绳股份有限公司	谭功炎	湖北省汉川市沉湖镇福星街1号	钢丝绳、钢丝系列及其他金属制品的制造、销售和出口业务;经营生产、科研所需的原辅材料、机械设备、仪器仪表、备品备件零配件及技术的进口业务;日用百货、副食品的批发零售;汽车货物运输、汽车轮胎及化工产品的销售。	C69	072-8740018
000927	天津汽车夏利股份有限公司	纪学徽	天津市南开区南京路355号	轿车、汽车发动机、汽车零配件、内燃机配件的制造及其售后服务;高科技开发、研制及生产;房地产开发及经营;货物运输;商业的批发及零售。	C75	022-23132417
000928	吉林碳素股份有限公司	杨　超	吉林市昌邑区和平街九号	碳素及石墨制品的开发、设计、生产、加工、营销和技术服务等。	C61	0432-2738590
000929	兰州黄河企业股份有限公司	杨纪强	甘肃省兰州市七里河区郑家庄108号	啤酒、生猪饲养、包装品、针纺织品、精细化工、副食品、其他食品、包装材料及原料、啤酒原料、玻璃制品、汽车零配件、印刷材料、金属材料制品。	C05	0931-8818228

续表 23　Continued 23

代码 Code	公司全称 Companies	董事长 Board Chairman	地址 Address	主营业务范围 Fields	行业代码 Industries Code	电话 Telephone Number
000930	安徽丰原生物化学股份有限公司	李荣杰	安徽省蚌埠市大庆路 73 号	生物工程的科研开发、有机酸及其他生物化工产品(不含危险品)生产，仪器加工，化工设备制造、安装。	C03	0552-4926733
000931	北京中关村科技发展股份有限公司	郝有诗	北京市海淀区海淀路 9 号	高新技术和产品的开发、销售；科技项目、建设项目投资；工业、民用、能源、交通、市政、地铁、城市铁路、高速公路等项目工程总承包；建筑设计；建筑装饰、装修；设备安装；房地产开发；物业管理。	K01	010-65945276
000932	湖南华菱管线股份有限公司	李效伟	湖南省长沙市书院路 462 号	钢坯、无缝钢管、线材、螺纹钢、中小型材等黑色和有色金属产品的生产与销售。	C69	0731-2245196
000933	河南神火煤电股份有限公司	李志经	河南省永城市新城光明路	煤炭生产、销售、洗选加工、发供电、铁路专用线营运、矿用器材生产、销售。	B01	0370-5114955
000935	四川双马水泥股份有限公司	唐月明	四川省江油市二郎庙镇	水泥的生产、销售。	C61	0816-3721400
000936	江苏华西村股份有限公司	包丽君	江苏省江阴市华西村	纺织品、服装制造、国内贸易、热电站。	C47	0510-6217159
000937	河北金牛能源股份有限公司	郑存良	河北省邢台市中兴路 104 号	煤炭生产与销售。	B01	0319-2025581
000938	清华紫光股份有限公司	宋　军	北京市海淀区清华大学紫光大楼	电子、电力、能源、医疗器械、化工产品、普通机械、仪器仪表、水利、生物、环保、汽车工艺及新材料的技术开发、技术转让、技术咨询、技术服务。	G87	010-62770008
000939	武汉凯迪电力股份有限公司	陈义龙	湖北省武汉市武路路 586 号江天大厦	电力、新能源、化工、环保、水处理、仪器仪表、热工、机电一体化，计算机的开发，研制，技术服务；机电设备的安装修理；组织自产各种机电产品、化工产品、五金矿产品及相关技术出口业务。	D01	027-67869001
000948	云南南天电子信息产业股份有限公司	郑志刚	昆明市高新技术产业开发区软件园创新大厦	开发、生产、销售计算机软件、硬件，外围设备、金融专用设备、智能机电产品；承接网络工程、信息系统工程、技术服务及技术咨询；自产产品的安装、调试、维修。	G87	0871-3312450
000949	新乡化纤股份有限公司	陈玉林	河南省新乡市北站区锦园路	粘胶纤维、合成纤维、硫酸钠的制造与销售；花岗岩板材加工与销售。	C47	0373-3096601
000950	重庆民丰农化股份有限公司	王泉虎	重庆市沙坪坝区井口镇经济桥 30 号	农药系列产品及农药中间体、铬盐系列产品的制造与销售。	C43	023-65152446
000951	山东小鸭电器股份有限公司	王世敦	山东省济南市工业北路 44 号	家用滚筒洗衣机、工业(商业)设备系列产品及配件的开发、生产与销售。	C76	0531-8980541
000952	湖北广济药业股份有限公司	何　谧	湖北省武穴市江堤路 1 号	生产经营医药原料药、兽药原料药、医药制剂、医疗器械、食品、饲料、添加剂、精细化工、玻璃器皿及包装印刷；文化娱乐、饮食服务；汽车货物运输；出口本企业自产的各类药；进口本企业生产科研所需的原辅材料、机械设备。	C81	0713-6213329
000953	广西河池化工股份有限公司	何元军	广西壮族自治区河池市六甲镇	尿素、复合肥、液体二氧化碳、甲酸、硫酸铵、元明粉、草酸、硫磺的生产销售。	C43	0778-2266830
000955	海南欣龙无纺股份有限公司	席时平	海南省澄迈县老城工业开发区	制造和销售各种无纺布及其深加工产品。	C99	0898-6796999
000956	中原油气田股份有限公司	刘锦信	河南省濮阳市市区中原路	石油和天然气的勘探开发、综合利用和销售业务。	B03	0393-4893830
000957	中通客车股份有限公司	王庆福	山东省聊城市建设东路 10 号	客车、农用车、汽车底盘、挂车及专用配件的开发、制造销售；工业生产资料的销售；技术咨询、服务。	C75	0635-8322161
000958	石家庄东方热电股份有限公司	李德时	河北省石家庄市建华南大街 161 号	热力、电力的生产和销售。	D01	0311-5053913
000959	北京首钢股份有限公司	毕　群	北京市石景区石景山路	钢铁冶炼、钢材轧制、其他金属冶炼及其压延加工、销售；烧结矿、焦炭、化工产品的生产、电子产品、机械、冶金设备制造。	C65	010-68295171
000960	云南锡业股份有限公司	肖建明	昆明高新技术产业开发区	有色金属及其矿产品、化工产品、非金属及其矿产品、建筑材料的批发、零售、代购、代销、进出口业务，环境保护工程服务。	C67	0873-2448667

续表 24 Continued 24

代码 Code	公司全称 Companies	董事长 Board Chairman	地址 Address	主营业务范围 Fields	行业代码 Industries Code	电话 Telephone Number
000961	大连金牛股份有限公司	赵明远	辽宁省大边市甘井子区工兴路4号	钢冶炼、钢压延加工。	C65	0411-6671764
000962	宁夏东方钽业股份有限公司	何季麟	宁夏回族自治区石嘴山市大武口区冶金路	稀有金属钽、铌、铍的生产、开发、科研和销售,进出口业务,人工晶体、有色金属精细化工产品、碳化硅微粉、电子元器件、金刚石工具、电子浆料、有色金属新材料的生产、销售。	C67	0952-2012012
000963	杭州华东医药股份有限公司	李邦良	杭州市下城区中山北路439号	西料药及制剂、保健品、生物工程产品、兽药制造;中药材、中成药、化学原料药、化学药制剂、兽药、医药生物制品、医疗器械、玻璃仪器、化学试剂的批发与零售。	C81	0571-7950205
000965	天津水泥股份有限公司	王忠琪	天津市南开区二马路223号	水泥、新型建筑材料制造、销售及建筑施工;房地产开发、经济信息咨询服务业;建筑材料制造、销售。	C61	022-27021264
000966	湖北长源电力发展股份有限公司	韩学仲	湖北省武汉市徐东路45号	电力、热力及设备生产及其有关技术的开发、技术服务和培训;批零兼营机电设备、黑色金属、铜及铜材、铝及铝材、汽车(不含小轿车)及配件、轻工化工材料(不含化学危险物品)、煤炭、五金交电、日用百货、纺织品。	D01	027-86778357
000967	浙江上风高科实业股份有限公司	徐灿根	浙江省上虞市上浦镇	研制、开发、生产通风机,风冷、水冷、空调设备,制冷、速冻设备及模具、电机。	C71	0575-2366261
000968	山西神州煤电焦化股份有限公司	麻禄斗	山西太原市和平南路83号	原煤、焦炭、煤气及洗精煤、煤化工产品的生产和销售。	B01	0351-6019395
000969	安泰科技股份有限公司	殷瑞钰	北京市海淀区学院南路76号	新技术、新材料及其制品和仪器仪表、电子产品、机电产品、医用生物材料、医疗器械、非标准设备的技术开发、技术转让、技术咨询、技术服务;销售自行开发的产品等。	C99	010-62188403
000970	北京中科三环高技术股份有限公司	王震西	北京市海淀区白石桥路3号友谊宾馆迎宾楼D座	稀土永磁材料及其应用产品、工业自动化设备的技术开发、技术转让、技术咨询、技术服务、制造、销售;经营本公司自产产品的出口业务;经营本公司生产所需原材料、机械设备、仪器仪表及技术的进口业务;开展对外合作。	C67	010-62568835
000971	湖北迈亚股份有限公司	叶金堂	湖北省仙桃市勉阳大道131号	精编腈纶印花毛毯、精毛纺呢绒面料、服装、纺织品设计、制造、销售。	C11	0728-3222150
000972	新疆中基实业股份有限公司	刘　一	乌鲁木齐市五星路17号	机电产品、工艺美术品的加工、销售、畜禽屠宰加工、销售、良种繁育,牲畜饲养放牧。	A01	0991-2649534
000973	佛山塑料集团股份有限公司	冯兆征	广东省佛山市汾江中路82-84号	各类塑料制品、粘胶制品、各类包装及印刷复合制品和塑料加工设备、模具的制造、加工及工程安装、销售高分子聚合物、家用电器、化纤制品。	C49	0757-2297484
000975	重庆乌江电力股份有限公司	秦　源	重庆市黔江开发区	水力发电、售电。	K01	023-79239491
000976	广东开平春晖股份有限公司	梁树相	广东省开平市三埠区港口路	加工、生产、销售涤纶长丝、锦纶长丝及化纤产品。	C11	0750-2228111
000977	浪潮电子信息产业股份有限公司	王爱先	山东省济南市山大路224号	计算机硬件、软件及系统集成开发、生产、销售,计算机应用及信息技术服务,计算机租赁业务。	G83	0531-8932888
000978	桂林旅游股份有限公司	陈青光	广西桂林市榕湖北路十七号	游船客运、公路旅行客运、汽车出租、旅游观光服务;旅游贸易、旅游工艺品制造、销售。	K34	0773-2863839
000979	安徽省科苑应用技术开发(集团)股份有限公司	汪德荣	安徽省宿州市浍水路271号	生物工程、精细化工、新型建材、机电一体化等领域高新技术和产品的研究开发、生产经营、技术咨询、技术服务和技术转让。	C43	0557-3913838
000980	黄山金马股份有限公司	方汉佐	黄山金马股份有限公司	汽车仪表、摩托车仪表、微电机、车用零部件、电子产品、电工仪表、包装制品生产、销售。	C78	0559-6512345
000981	甘肃兰光科技股份有限公司	路有志	甘肃省兰州市城关区陇西路大众市场85号	电子产品及通讯设备的研究开发、生产、批发零售。	G	0931-8469768

续表 25　Continued 25

代码 Code	公司全称 Companies	董事长 Board Chairman	地址 Address	主营业务范围 Fields	行业代码 Industries Code	电话 Telephone Number
000982	宁夏圣雪绒股份有限公司	侯羽乾	宁夏回族自治区银川市解放西街119号	中、高档羊绒制品及其他纺织品开发、设计、生产、加工、销售;轻工产品、土畜产品的销售;自和代理除国家统一联合经营的16种商品和国家实行核定公司经营的14项进口商品外的其他商品及技术进出口业务;经营进料加工。	C11	0951-5048418
000983	山西西山煤电股份有限公司	梁兴保	山西省太原市西矿街319号	煤炭生产、销售、洗选加工、发供电;矿山开发及设计施工;矿用及电力器材生产、经营。	B01	0351-6127434
000985	大庆华科(集团)股份有限公司	万志强	大庆高新技术产业开发区建设街6号	生产、销售精细化工产品,计算机及软件,电子产品,仪器仪表,销售石油化工产品。	C43	0459-6291060
000987	广州友谊商店股份有限公司	郭振球	广东省广州市环市东路369号	批发、零售、代购、代销:百货、五金、交电、化工原料、电子产品及通讯设备、电子计算机及配件、家具、摩托车及配件、自行车及配件、日用杂货、副食品及其他食品、粮油及制品、钢材、铝材;零售罐装气体、药品等。	H11	020-83576628
000988	华工科技产业股份有限公司	王延觉	武汉市洪山区路瑜路1037号	激光器、激光加工系列设备,激光医疗系列设备,激光全息防火系列产品,计算机软件及信息系统集成,数控系统及机电一体化,电子元器件,生物医药制品,化工产品等技术及产品的开发,研制,技术咨询,技术服务等。	C5	027-87808026
000989	湖南九芝堂股份有限公司	余克建	长沙市芙蓉北路155号	生产、加工、销售中成药、中成药饮片、保健品、西药、生物制品;加工、销售中药材;销售医疗器械、化学试剂及医药技术咨询服务等。	C81	0731-4489905
000990	诚志股份有限公司				C8	
000993	福建闽东电力股份有限公司	翁小巧	福建省福安市中兴街71号	电力生产、开发;电力电器设备的制造及销售。建筑材料、水暖设备的批发、零售。	D01	0593-6380906
000995	甘肃皇台酒业股份有限公司	张景发	甘肃省武威市西关街新建路55号	酿造产品及关联产品的生产、销售、实业投资和国内商业。	C05	0935-6112830
000996	哈尔滨捷利实业股份有限公司	姜　新	黑龙江省哈尔滨市南岗区平公街38号	国际集装箱公路运输及对俄过境;经营海关监管相关配套服务;经营货物的包装、运输、装卸及口岸中转业务;生产、销售新型塑料材料及化学建材;通过代理开展出口业务;国内贸易。	F	0451-2700598
000997	福建新大陆电脑股份有限公司	胡　钢	福建省福州市马尾君竹路83号B座5楼	开发、研究、生产、销售高新技术成果或产品及相关的投资;批发、零售办公用品,化工原料,机电产品;代购代销建筑材料,房屋租赁。	G87	0591-3338178
000998	袁隆平农业高科技股份有限公司	田际榕	湖南省长沙市芙蓉区远大二路马坡岭农业高科	以杂交水稻、蔬菜为主的高科技农作物种子、种苗的培育、繁殖、推广和销售,新型农药的研制、生产、销售,政策允许的农副产品优质深加工及销售;提供农业高新技术开发及成果转让、农业技术咨询、培训服务;经营种籽。	A01	0731-4691889
000999	三九医药股份有限公司	赵新先	广东省深圳市银湖路口	营养滋补品及食品、生物食品、医疗器械、日用化妆品、服装、塑料制品、玩具、家电购销业务。	C81	0755-3360999
001696	成都联益实业股份有限公司		四川省成都市比流县东升镇	主营:钢锭、钢坯、钢材、石油化工、机械、电子通讯、设备。兼营:房地产开发、科技咨询与开发、旅游开发、建筑材料、家用电器。	C69	028-5822746
001896	河南豫能股份有限公司	栾祖礼	河南省郑州市东风路36号	从事电力开发、生产和销售,燃料、材料、电力高新技术和电力物资的开发销售,电力环保、节能技术改造和建筑安装工程经营以及与之相关的业务。	D01	0371-3731236

数据来源:深圳证券交易所
Source: Shenzhen Stock Exchange

主要统计指标解释

Definition and Explanation

1. **尚未流通股份**:指按照政策规定未能在证券交易所自动报价系统交易的上市公司股份。

Nonnegotiable shares: refer to the listed companies, shares that have not been traded in the Automatic Quotation System of Stock Exchange according to the rules of policy.

2. **已流通股份**:指已在证券交易所自动报价系统交易的上市公司股份。

Negotiable shares: refer to the listed companies' shares that have been traded in the Automatic Quotation System of Stock Exchange.

3. **国家股**:指按照《股份有限公司国有股权管理暂行办法》所设的国家股及其增量。

Stated-owed shares: refer to the stated-owed shares (stated—own shares was set in the light of the 《Interim Measures on the Administration of State-owned shares issued by the Limited Companies》) and their added shares.

4. **境内法人股**:指发起人为境内法人时持有股份。

Domestics legal person's shares: refer to the sponsor's shares which were help by the domestics legal person.

5. **外资法人股**:指公司发起人为适用外资法律的法人(外商、港、澳、台商等)所持有的股份。

Foreign legal person's shares: refer to the sponsor's shares which were held by the foreign legal person. (Foreign legal persons include the merchants from overseas, HongKong, Macao and TaiWan etc)

6. **募集法人股**:指在《公司法》实施之前成立的定向募集公司所发行的、发起人以外的法人认购的股份。

Private placement of legal person's shares: refer to the shares issued by the private—raised companies which established before the enforcement of Company Law and subscribed by legal person outside the sponsor.

7. **内部职工股**:指在《公司法》实施之前成立的定向募集公司所发行的、在报告时尚未上市的内部职工股。

Staff shares: refer to the staff shares issued by the private—raised companies which established before the enforcement of Company Law and not was listed at the report time.

8. **主营业务收入**:指损益表及利益分配表中年度主营业务收入。

Accrued revenue: refer to the annual accrued revenues in the income statement and profit distribution statement.

9. **净利润**:指损益表及利润分配表中年度净利润或税后利润。

Net Profit: refer to the annual net profit or after-tax profit in the income statement and profit distribution statement.

10. **总资产**:指资产负债表中年末资产总计数。

Total assets: refer to the figures of total assets in the balance sheet at the end of the year.

11. **股东权益**:指资产负债表中股东权益年末数。

Shareholder's Equity: refer to the figures of shareholder's equity in the balance sheet at the end of the year.

12. **每股收益**＝∑净利润/∑年度末股本总数。

EPS＝∑ Net profit/∑ Stock capital at the end of year.

13. **每股净资产**＝∑年度末股东权益数/∑年度末股本总数。

Net assets per share＝∑ shareholder's equity at the end of the year/∑ stock capital at the end of the year.

14. **净资产收益率**＝∑净利润/∑年度末股本权益×100％。

Net assets ration＝∑ Net profit/∑ shareholder's equity at the end of year×100％.

15. **股东权益比例**＝∑年度末股东权益/∑年末资产总计数×100％。

Shareholder's right＝∑ shareholder's equity at the end of the year/∑ Total assets at the end of the year×100％.

第六部分　投资者结构

Structure of Investors

2003年证券登记结算综述

Summary for Securities Depository and Clearing in 2003

一、证券登记结算系统发展现状

2003年证券登记结算系统主要业务量增加、结算风险得到有效化解。

(一)开户代理机构、开户代办点、期末账户数增加。

截止到2003年底,沪市A股账户开户代理机构132家,比上年增加14家;A股账户开户代办点2714个,比上年增加252个;B股账户开户代理机构数162家,比上年增加19家。深市A股账户开户代理机构116家,比上年增加15家;A股账户开户代理网点3237个,比上年增加378个。

2003年底沪深两市共有账户6981.25万户,比上年增加139.42万户,增长2.04%。其中,A股账户6803.53万户,比上年增加134.39万户,增长2.02%;B股账户157.49万户,比上年增加3.54万户,增长2.30%;封闭式基金账户20.23万户,比上年增加1.49万户,增长7.95%。

2003年沪深两市新增开户数142.27万户,较上年减少93.98万户、下降39.78%。其中,新开A股账户137.14万户,较上年减少92.04万户、下降40.16%;新开B股账户3.62万户,较上年减少2.47万户、下降40.56%;新开封闭式基金账户1.51万户,较上年增加0.53万户、增长54.08%。

(二)集中交易过户笔数、金额增加;非集中交易过户笔数虽减少,但过户金额增加。

2003年由中国结算处理的集中交易过户总笔数为69197.23万笔,比上年增加11.02%;过户金额300103.86亿元,比上年增加73.67%。2003年非集中交易过户1.76万笔,比上年减少89.74%;过户金额2505.65万元,比上年增加67.35%。

(三)登记托管的证券品种日益丰富、数量不断增加。

截止到2003年末中国结算共登记托管了1523只证券,比上年增加了93只。其中,A股1271只,比上年增加64只;B股111只,比上年减少1只;国债40只,比上年增加8只;企业债24只,比上年增加8只;可转债23只,比上年增加14只;封闭式基金54只,与上年持平。

2003年中国结算登记存管的所有证券面值为10953.95亿元,比上年增加17.40%。其中,A股5843.43亿元,比上年增加9.23%;B股180.39亿元,比上年增加4.73%;国债3543.59亿元,比上年增加30.22%;企业债364.06亿元,比上年增加76.44%;可转债205.48亿元,增加220.86%;封闭式基金817亿元,与上年持平。

2003年末登记存管证券总市值为47311.37亿元,比上年增加11.8%。其中,A股市值41686.95亿元,比上年增加10.32%;B股市值880.89亿元,比上年增加9.38%;国债市值3478.83亿元,比上年增加23.95%;企业债市值367.01亿元,比上年增加63.11%;可转债222.20亿元,比上年增加241.74%;封闭式基金市值675.49亿元,比上年增加7.26%。

(四)结算总额较上年减少。

受市场因素影响,中国结算的结算总额较去年有所减少。2003年结算总额为326533.54亿元,比上年减少23.25%。其中,人民币结算总额为324811.6亿元,比上年减少23.33%;美元结算总额为68.63亿元，比上年减少45.48%；港元结算总额为1082.76亿元，比上年增加58.37%。

（五）开放式基金系统和业务有一定发展。

2002年8月4日中国结算开放式基金登记结算系统正式上线运行；同年8月12日该系统开始为投资人办理基金账户注册业务；8月15日，正式开始受理投资者认购融通新蓝筹基金的业务。2003年开放式基金系统和业务有了一定发展，代理了天同180指数基金、海富通精选证券投资基金、长盛债券增强基金发行和相关基金的权益分派以及日常申购和赎回涉及的登记结算业务。截止到2004年1月2日与中国结算开放式基金系统联网的销售代理人已有22家，开放式基金账户数达125102户。

（六）证券结算风险得到了有效化解。

2003年鞍山证券等5家证券公司的撤销和关闭，给证券结算系统带来很大风险。通过对高风险证券公司实施最低结算备付金比例调整，对债券回购风险采取债券的转移占有、回购标准券折算率调整等一系列风险管理措施，证券结算系统的风险得到了有效控制和化解。

二、2004年登记结算系统展望

2004年证券登记结算系统将继续发挥其基础性作用，保持平稳运行和良性发展。一是证券登记结算规则将进一步建立和健全，登记结算系统运行将更加规范；二是结算参与人制度将逐步建立，风险管理措施将不断完善；三是登记结算系统功能将进一步拓展，继续支持证券市场的制度创新和产品创新；四是技术系统将不断升级和优化，服务质量将进一步提高。（中国证券登记结算公司）

6-1 1993—2003 年投资者账户情况

Summary of Investors Accounts (1993—2003)

单位:万户 Unit: 10000

	1993 年	1994 年	1995 年	1996 年	1997 年	1998 年	1999 年	2000 年	2001 年	2002 年	2003 年
全国 Total											
开户总数 Accounts Opening	835.17	1107.76	1294.19	2422.08	3480.26	4259.88	4810.63	6154.53	6965.90	7202.16	7344.41
新增开户数 Newly Opening Accounts	561.40	272.59	186.43	1127.89	1058.18	779.62	550.74	1343.93	811.35	236.25	142.27
比例 Rate	67.22	24.61	14.41	46.57	30.41	18.30	11.45	21.84	11.65	3.28	1.94
账户总数 Accounts								6123.24	6898.68	6841.84	6981.24
新增账户数 Newly Opening Accounts									775.44	−56.84	139.40
比例 Rate											
上海 Shanghai											
开户总数 Accounts Opening	423.51	574.89	685.20	1207.87	1713.31	2006.57	2288.54	2966.99	3429.61	3566.61	3643.93
新增开户数 Newly Opening Accounts	312.28	151.38	110.31	522.67	505.44	293.26	281.96	678.47	462.60	137.00	77.33
比例 Rate	73.74	26.33	16.10	43.27	29.50	14.61	12.32	22.87	13.49	3.84	2.12
账户总数 Accounts								2958.47	3388.71	3513.51	3589.25
新增账户数 Newly Opening Accounts									430.24	124.80	75.74
比例 Rate											
深圳 Shenzhen											
开户总数 Accounts Opening	411.66	532.87	608.99	1214.21	1766.95	2253.31	2522.09	3187.54	3536.29	3635.55	3700.48
新增开户数 Newly Opening Accounts	249.12	121.21	76.12	605.22	552.74	486.36	268.78	665.46	348.75	99.25	64.94
比例 Rate	60.52	22.75	12.50	49.84	31.28	21.58	10.66	20.88	9.86	2.73	1.75
账户总数 Accounts								3164.77	3509.97	3328.33	3391.99
新增账户数 Newly Opening Accounts									345.20	−181.64	63.66
比例 Rate											

注:1. 账户总数 = 开户总数 − 销户总数(包括注销账户和被清理账户)

2. 今年本表数据来源为中国证券登记结算公司,往年数据来源为上海、深圳证券交易所,由于统计口径存在差异,本表历史数据依登记公司口径进行了调整

3. 2002 年由于对不规范账户进行了集中清理,致使账户总数比上年出现了减少

数据来源:中国证券登记结算公司

Source: China Securities Depository and Clearing Corporation Limited

6-2 2003 年 A 股投资者账户情况

A-share Investors Accounts Summary in 2003

单位:万户 Unit: 10000

	全国 Total	上海 Shanghai	深圳 Shenzhen
账户总数 Total Accounts	6823.76	3491.52	3332.24
机　构 Legal	32.20	18.21	13.99
个　人 Person	6791.56	3473.31	3318.25
新增开户数 Newly Opening Accounts	138.64	75.68	62.96
机　构 Legal	1.52	0.85	0.67
个　人 Person	137.13	74.84	62.29

注:本表 A 股投资者账户包括 A 股账户和封闭式基金账户

数据来源:中国证券登记结算公司

Source: China Securities Depository and Clearing Corporation Limited

6-3　2003年B股投资者账户情况

B-share Investors Accounts Summary in 2003

单位:万户　Unit: 10000

	全国 Total	上海 Shanghai	深圳 Shenzhen
账户总数 Total Accounts	157.48	97.73	59.75
机　　构 Legal	1.60	0.78	0.82
境内	0.02	0.00	0.02
境外	1.58	0.78	0.80
个　　人 Person	155.89	96.95	58.94
境内	130.33	80.43	49.90
境外	25.56	16.52	9.04
新增开户数 Newly Opening Accounts	3.62	1.65	1.97
机　　构 Legal	0.09	0.04	0.05
境内	0.00	0.00	0.00
境外	0.09	0.04	0.05
个　　人 Person	3.54	1.61	1.93
境内	3.43	1.56	1.87
境外	0.11	0.05	0.06

数据来源:中国证券登记结算公司

Source:China Securities Depository and Clearing Corporation Limited

6-4　2003年上海证券交易所A股账户地区分布统计表

Regional Statistics of A-share Investors Accounts in Shanghai Stock Exchange in 2003

单位:万户　Unit: 10000

地区 Area	本年末账户总数 Total in 2003	所占比例(%) Percent	本年新增开户数 Newly Opening Accounts	所占比例(%) Percent
安　徽	66.87	1.92	1.37	1.81
北　京	159.14	4.56	3.42	4.51
福　建	114.10	3.27	2.38	3.15
甘　肃	24.38	0.70	0.45	0.59
广　东	201.71	5.78	6.74	8.91
广　西	40.15	1.15	1.12	1.48
贵　州	13.49	0.39	0.38	0.50
海　南	15.58	0.45	2.39	3.15
河　北	73.41	2.10	2.81	3.71
河　南	94.69	2.71	1.52	2.00
黑龙江	72.58	2.08	1.47	1.94
湖　北	96.19	2.76	1.91	2.53
湖　南	80.88	2.32	3.07	4.06
吉　林	53.25	1.53	0.84	1.11
江　苏	229.57	6.58	5.26	6.95

续表 Continued

地区 Area	本年末账户总数 Total in 2003	所占比例(%) Percent	本年新增开户数 Newly Opening Accounts	所占比例(%) Percent
江　西	54.67	1.57	1.09	1.44
辽　宁	134.61	3.86	2.58	3.41
内蒙古	21.47	0.61	0.31	0.41
宁　夏	7.35	0.21	0.20	0.26
青　海	5.29	0.15	0.28	0.37
山　东	178.21	5.10	4.65	6.14
山　西	45.45	1.30	1.10	1.45
陕　西	64.60	1.85	1.40	1.86
上　海	409.93	11.74	10.52	13.90
深　圳	115.34	3.30	7.77	10.26
四　川	137.80	3.95	3.43	4.53
天　津	64.40	1.84	1.21	1.60
西　藏	1.02	0.03	0.02	0.02
新　疆	40.47	1.16	0.65	0.86
云　南	24.72	0.71	0.78	1.03
浙　江	153.67	4.40	3.63	4.79
重　庆	55.21	1.58	0.95	1.26
其　他	641.29	18.37	0.00	0.00
合　计	3491.52	100.00	75.68	100.00

注:本表A股投资者账户包括A股账户和封闭式基金账户

数据来源:中国证券登记结算公司

Source:China Securities Depository and Clearing Corporation Limited

6-5　2003年上海证券交易所B股账户地区分布统计表

Regional Statistics of B-share Investors Accounts in Shanghai Stock Exchange in 2003

单位:户

国家或地区 Area	账户总数 Total	比例(%)Percent
境内合计 Total of Local	972538	99.51
境外合计 Total of Overseas	4801	0.49
中国香港 Hongkong	4714	0.48
中国台湾 Taiwan	55	0.01
中国澳门 Macao	0	0.00
新加坡 Singapore	24	0.00
韩　国 Korea	5	0.00
美　国 USA	0	0.00
英　国 U.K	0	0.00
日　本 Japan	1	0.00
马来西亚 Malaysia	1	0.00
印　尼 Indonesia	0	0.00
其　他 Others	1	0.00

数据来源:中国证券登记结算公司

Source:China Securities Depository and Clearing Corporation Limited

6-6　2003年深圳证券交易所A股账户地区分布统计表

Regional Statistics of A-share Investors in Shenzhen Stock Exchange in 2003

单位：万户　Unit：10000

地区 Area	本年末账户总数 Total in 2003	所占比例(%) Percent	本年新增开户数 Newly Opening Accounts	所占比例(%) Percent
安　徽	57.33	1.72	1.61	2.55
北　京	145.94	4.38	3.01	4.78
福　建	106.64	3.20	2.01	3.20
甘　肃	27.84	0.84	0.43	0.68
广　东	354.07	10.63	5.90	9.37
广　西	4.91	0.15	1.04	1.65
贵　州	1.64	0.05	0.63	1.00
海　南	50.06	1.50	1.79	2.85
河　北	73.95	2.22	1.30	2.06
河　南	98.78	2.96	1.87	2.97
黑龙江	83.18	2.50	1.16	1.85
湖　北	137.12	4.11	1.60	2.54
湖　南	109.88	3.30	2.76	4.38
吉　林	2.85	0.09	0.75	1.19
江　苏	287.06	8.61	5.63	8.94
江　西	48.44	1.45	1.13	1.79
辽　宁	163.16	4.90	1.99	3.16
内蒙古	22.85	0.69	0.35	0.56
宁　夏	9.53	0.29	0.22	0.35
青　海	14.92	0.45	0.10	0.17
山　东	140.67	4.22	3.25	5.17
山　西	54.26	1.63	0.84	1.34
陕　西	78.25	2.35	1.28	2.04
上　海	289.12	8.68	7.26	11.53
深　圳	286.01	8.58	5.58	8.86
四　川	179.33	5.38	2.88	4.57
天　津	65.48	1.96	0.92	1.47
西　藏	0.51	0.02	0.02	0.03
新　疆	3.56	0.11	0.57	0.90
云　南	26.18	0.79	0.80	1.27
浙　江	130.94	3.93	3.15	5.01
重　庆	69.57	2.09	0.82	1.30
其　他	208.20	6.25	0.32	0.50
合　计	3332.24	100.00	62.96	100.00

注：本表A股投资者账户包括A股账户和封闭式基金账户

数据来源：中国证券登记结算公司

Source：China Securities Depository and Clearing Corporation Limited

6-7 2003年深圳证券交易所B股账户地区分布统计表

Regional Statistics of B-share Investors in Shenzhen Stock Exchange in 2003

单位:户

国家或地区 Area	账户总数 Total	比例(%)Percent
境内合计 Total of Local	499173	83.54
境外合计 Total of Overseas	98343	16.46
中国香港 Hongkong	74964	12.55
中国台湾 Taiwan	3085	0.52
中国澳门 Macao	3619	0.61
新加坡 Singapore	940	0.16
韩国 Korea	172	0.03
美国 USA	5194	0.87
英国 U.K	1256	0.21
日本 Japan	789	0.13
马来西亚 Malaysia	291	0.05
印尼 Indonesia	79	0.01
其他 Others	7954	1.33

数据来源:中国证券登记结算公司

Source:China Securities Depository and Clearing Corporation Limited

6-8 2003年A股流通股托管市值地区分布

Regional Statistics of A-share Negotiable Custodied Capitalization in 2003

地区 Area	A股托管市值 A-shares Negotiable Custodied Capitalization			比例(%)Percent
	合计 Total	上海 Shanghai	深圳 Shenzhen	
安徽	1980369.60	1257867.44	722502.16	1.59
北京	14004812.91	9976069.38	4028743.53	11.23
福建	3337382.15	2014990.12	1322392.03	2.68
甘肃	708215.35	432494.52	275720.83	0.57
广东	10935474.66	5263073.82	5672400.84	8.77
广西	975237.25	508277.80	466959.45	0.78
贵州	376584.99	187531.51	189053.48	0.30
海南	788861.50	331548.06	457313.44	0.63
河北	1690517.42	959076.94	731440.48	1.36
河南	2452235.53	1317759.69	1134475.84	1.97
黑龙江	2187468.12	1450193.41	737274.71	1.75
湖北	2672323.39	1507074.10	1165249.29	2.14
湖南	2455324.09	1137005.78	1318318.31	1.97
吉林	1504312.43	914302.55	590009.88	1.21
江苏	7833285.27	5234728.19	2598557.08	6.28
江西	1180816.32	694445.10	486371.22	0.95
辽宁	4075854.81	2393161.50	1682693.31	3.27
内蒙古	430731.33	259447.22	171284.11	0.35

续表 Continued

地区 Area	A股托管市值 A-shares Negotiable Custodied Capitalization			比例(%)Percent
	合计 Total	上海 Shanghai	深圳 Shenzhen	
宁 夏	226883.30	97445.65	129437.65	0.18
青 海	129336.17	45500.68	83835.49	0.10
山 东	4408486.84	2634021.63	1774465.21	3.54
山 西	1090268.62	652352.52	437916.10	0.87
陕 西	1872273.59	992185.93	880087.66	1.50
上 海	26956045.22	20676462.90	6279582.32	21.62
深 圳	13741551.86	7368125.08	6373426.78	11.02
四 川	3477604.27	1922829.36	1554774.91	2.79
天 津	2159109.49	1402402.07	756707.42	1.73
西 藏	27871.64	15766.23	12105.41	0.02
新 疆	1519594.14	842135.54	677458.60	1.22
云 南	1027558.60	651094.36	376464.24	0.82
浙 江	6549184.87	4505846.93	2043337.94	5.25
重 庆	1481438.18	800050.20	681387.98	1.19
其 他	397099.85	383118.14	13981.71	0.32
总 计	124654113.78	78828384.35	45825729.43	100.00

注:沪市未办理指定交易的、深市暂不能识别地区的,归入其他。

数据来源:中国证券登记结算公司

Source:China Securities Depository and Clearing Corporation Limited

6-9 2003年B股流通股托管市值地区分布

Regional Statistics of B-share Negotiable Custodied Capitalization in 2003

单位:万 Unit: 10000

	B股托管市值 B-share Negotiable Custodied Capitalization			比例(%) Percent
	合计(人民币 RMB)	上海(美元 USD)	深圳(港币 HKD)	
一、境内合计 Total of Local	5722580.57	450314.91	1863526.28	64.81
二、境外合计 Total of Overseas	3099444.89	47143.92	2531862.83	35.10
中国香港 Hongkong	1722778.43	41809.26	1286539.96	19.51
中国台湾 Taiwan	27098.65	0	25325.84	0.31
新加坡 Singapore	17410.97	180.71	14873.54	0.20
韩国 Korea	1518.90	0	1419.53	0.02
美国 USA	354407.02	0	331221.51	4.01
英国 U.K	88661.68	0	82861.38	1.00
日本 Japan	160525.36	5153.95	110140.8	1.82
马来西亚 Malaysia	18041.30	0	16861.03	0.20
印尼 Indonesia	593.26	0	554.45	0.01
其他国家或地区 Others	708409.33	0	662064.79	8.02
三、其他 Others	7265.70	877.5	0	0.08
合计 Total	8829291.16	498336.33	4395389.11	100.00

注:"其他"指没有指定结算会员所在地的

数据来源:中国证券登记结算公司

Source:China Securities Depository and Clearing Corporation Limited

第七部分　期　货

Futures

2003 年期货市场监管综述

Summary for Futures Market Supervising in 2003

2003 年度期货市场交易规模创出历史新高,市场运行基本平稳,价格发现和套期保值的功能进一步显现,为国民经济服务的作用进一步发挥,一些品种国际影响力明显提高。

一、2003 年度期货市场的交易情况

2003 年全国期货市场总交易量为 2.80 亿手,总交易金额为 10.84 万亿元。与 2002 年相比,2003 年总成交量上涨了 100.7%,总成交金额上涨了 174.5%,市场规模进一步扩大。从交易品种情况来看,2003 年期货市场的交易主要集中在大豆、天然胶和小麦三个品种上,它们的成交量为 22331 万手,占全年期货市场总成交量的 79.8%;根据资金流向情况统计,天然胶、大豆和铜三个品种的总交易金额为 9.1 万亿元,占全年期货市场总交易金额的 83.6%。从交易所成交情况来看,市场呈现多个品种同时活跃的局面,期货市场结构也逐步发生转变。在交易规模快速增长和市场价格剧烈波动的背景下,上海期货交易所和郑州商品交易所所占的份额与 2002 年相比分别增加 14%和 2%,达到 56%和 7%。与此同时,大连商品交易所期货合约交易金额在全年期货市场总交易金额的比例,从 2002 年的 53%下降到 37%。

2003 年度期货经纪公司共 186 家,3 家特别处理,期货经纪公司营业部 303 家,其中开业 281 家。期货经营机构资产总额 197 亿元,净资产总额 72.3 亿元,客户保证金余额 116.5 亿元,与 2002 年相比分别增长 43%、6%和 81%。期货公司利润总额 1.4 亿元,74%的公司盈利(以上经营数据是根据期货经营机构上报的未经审计的数据汇总,特此说明)。投资者(按交易所客户编码数统计)数量达 34 万余户,比 2002 年的 19 万余户增长了 75%。

二、2003 年度期货市场稳步发展的基本情况

2003 年,我国期货市场持续规范发展,在交易规模迅速扩大的情况下,出现多个品种同时活跃的新局面,市场功能进一步体现,在完善法规制度、推动新品种上市、期货公司监管制度建设、审核境外期货业务等方面取得了新的进展。

(一) 加强法规建设,法制环境进一步改善

1. 按照国务院关于精简行政审批事项的精神,结合行政许可法的实施,对期货行政审批项目以及法规、规章和其他规范性文件认真进行了清理,取消不必要的行政审批项目共 12 项,另有 3 项改由期货业协会进行自律管理,废止不适应当前市场和监管情况的规范性文件 11 件。

2. 证监会配合最高法院制定的《关于审理期货纠纷案件若干问题的规定》,使期货市场的民事法制环境有了很大的改善。通过与最高法院联合召开实施座谈会,组织司法系统和业界多方面、多层次的学习和宣传,并根据新的规则组织对有关的交易规则、法律合同文本进行修订。各期货交易所和协会开展多种形式的司法解释的宣传和培训。

3. 推动并参与国家标准化委员会对《大宗商品电子化交易规范》(以下简称《规范》)的修改工

作。在充分的沟通和协调下，修订后的《规范》较为清晰地划分了现货和期货市场的界限，删除了原《规范》中有可能被利用从事变相期货交易的内容，澄清了市场上出现的一些混乱的认识。

4. 根据市场情况，协调和指导各期货交易所对交易规则及其细则，特别是风险管理办法适时进行修订，完善交易所规则体系，为市场的平稳运行提供了制度和规则保障。

(二) 加强协调和调研工作，积极推动新品种上市

结合市场规范发展实际需要，坚持把开发并推动新品种上市作为工作重点。

1. 审核通过了郑州商品交易所挂牌优质强筋小麦期货交易。

2. 积极与发改委、国家粮食局、农业部等部门协调，增进有关部门对期货市场的理解与支持，酝酿建立期现货管理部门间的沟通工作机制。

3. 证监会与交易所对玉米、棉花、燃料油等品种进行实地调研，召开座谈会，了解现货市场情况，掌握国家对现货市场的宏观政策，对拟推出的期货品种的可能性和风险控制问题全面进行论证。

4. 开展商品期权、石油期货、股指期货、利率期货、基金指数期货研究，有的研究工作取得了阶段性的成果和重大的进展。

(三) 全面推行保证金封闭运行，加强期货公司监管的制度建设

1. 在期货公司全面推行保证金封闭管理工作。在交易所、结算银行积极配合下，实现了 2/3 公司做到封闭管理的目标，已有 179 家期货公司与结算银行签订了保证金封闭管理协议，165 家期货公司由派出机构进行过平衡测算，达到推广模式的基本要求，做到了保证金封闭管理。推行保证金封闭管理，为保护投资者利益，促进公司规范运作打下了基础，在期货市场风险控制中发挥了重要作用。

2. 进一步完善期货公司年检工作，增加了对营业部的年检，年检工作的规范化、科学化进一步提高。组织派出机构制定了年检工作规程。起草了《期货公司治理指引》，规范和完善期货公司办理变更注册资本和股权结构的程序和相关要求，相继出台了关于做好期货公司变更核准、备案工作和报告股东股权背景情况的通知，明确非标准无保留意见审计报告的处理原则。这些工作强化了对期货公司风险控制的要求，促进了公司的规范发展。

(四) 健全高管人员诚信档案，推动期货市场诚信文化建设

大力推行和倡导法制、规范、诚信的先进行业文化，是市场规范发展的基础建设工作。一是在期货行业组织开展了一系列诚信文化的宣传和培训活动。二是对高管人员的任职表现量化评估，运用信用管理手段丰富监管方法，逐步建立起对从业人员，特别是对高管人员的信用激励和约束机制。三是建立全国联网的高管人员的电子诚信档案，通过建立高管人员和从业人员的诚信数据库，对有关人员的执业行为进行跟踪记录，为依据机构和高管人员的诚信表现实施分类监管创造条件。四是建立对失信行为的责任追究机制，对于机构和从业人员的失信和违规行为追究有关人员的直接责任和间接责任，对严重失信者实施了市场禁入。五是大力健全期货市场诚信文化的法制基础，制定了期货公司高管人员和从业人员执业行为准则，明确了其职业操守的基本要求，为诚信责任的法制化奠定了基础。六是试点推行市场化、社会化的信用管理和评价体系，探索将社会化的信用服务机构引入到期货业的新思路。

(五) 大力推进境外期货监管工作，加强国际交流与合作

完成了第二批共 10 家企业的境外期货业务资格申请材料的审核工作，完成对这些企业境外期货业务管理制度、岗位设置及人员安排的审核。完成了对第一批和第二批企业 2003 年度外汇风险敞口的审核。加强与境外期货监管机构、期货交易所和经营机构的交流和合作,邀请境外专家为市场和监管干部培训境外市场规则、风险管理和监管制度。

(六)基础性研究工作取得了一定成果

1. 组织业内专家学者开展了期货市场发展规划研究,并在认真总结期货市场历史经验教训的基础上,组织完成了期货市场中长期发展规划报告。在世行资助下,期货公司财务安全监控系统建设完成了第一阶段的风险诊断工作。

2. 开展了期货品种上市审批体制改革和国有粮棉企业期货套期保值业务管理制度的研究,组织修改了《国有粮棉企业期货套保业务管理制度指引》。开展了境外商品衍生品场外交易以及期货市场双向开放问题的研究,形成了研究报告。

2003年我国期货市场流动性大为增强、风险管理水平日益提高、市场功能逐步发挥、期现结合程度明显增强。但我国经济社会发展仍将长期处于社会主义初级阶段,期货市场将相当长一段时期内处于新兴加转轨的格局中,市场自身存在的问题和外部环境中的不利因素影响并制约着期货市场的发展。2004年的期货监管工作要全面贯彻党的十六大、十六届三中全会、全国金融工作会议精神,贯彻落实《国务院关于推进资本市场改革开放和稳定发展的若干意见》的精神,以发展为主线,尽快推出大宗商品期货交易,继续加强市场基础建设,不断强化监管工作,切实防范和化解期货市场风险,积极推动期货市场在健全法规、风险可控的前提下稳步发展。

2003年上海期货市场综述

Summary for Shanghai Futures Market in 2003

2003年是我国期货市场在恢复性增长基础上实现快速发展的一年。在这一年里，上海期货交易所扎实工作，奋发有为，经受住了抗击"非典"战争、国际期铜行情剧烈波动和控制天胶交易风险等一系列严峻考验，在下述各方面工作中取得了显著成效：

（一）多品种交易全面活跃、市场规模翻番增长，对国内外相关市场的影响力大大增强

2003年，上海期货交易所三个品种全年成交期货合约8016万手，成交金额60540亿元，分别较上年增长229%和269%；占全国市场份额分别由上年的17%和42%上升为29%和56%；当年平均市场积存资金为47亿元，较上年增长137%；客户开户数达11万户，较上年增长83%，最高日成交金额达645亿元，创造全国期货交易所日成交金额历史纪录。随着市场交易的持续活跃和规模的快速扩大，市场功能及其辐射影响力也显著增强。上海期铜价格作为世界铜市场三大定价中心权威报价之一的地位进一步巩固；上海期胶价格与以往作为国际天胶期货交易中心的东京胶市价格相互影响，受到世界主要橡胶生产及出口国政府有关方面和国际市场交易商、贸易商的高度关注，天胶期货正在成为继铜期货之后的又一个具有国际影响力的品种。

（二）采用市场化方式成功化解交易风险、交易规则进一步健全完善

2003年4月份，上海天胶市场一度出现交易风险剧烈集聚情形，上海期货交易所严格依法办事，权衡利弊，科学决策，按照章程规则，采用市场化方式，综合运用配套措施，全力化解风险，实现了软着陆和平稳过渡，切实维护了广大投资者的正当权益，并保持了天胶品种交易的继续活跃，经受住了复杂局面的严峻考验，为期货市场有效化解风险提供了成功范例和新鲜经验。从市场运作现状和发展趋势出发，上海期货交易所还按程序对现行的交易规则及实施办法进行了系统的梳理和修订，重点是总结一线监管、特别是化解交易风险的成功经验，针对各品种特性，调整充实了风险控制管理办法。新办法施行以来，交易品种相对集中的合约月份循序滚动后移，风险合理分散，市场运行更为平稳。

（三）品种创新和技术创新有了突破性进展

面对改革开放继续深入和经济社会全面发展的新形势，上海期货交易所从适应市场对投资品种多元化、避险工具多样化需求增长趋势、满足目前及未来市场大容量高效率运行的要求出发，继续下大力气抓紧新产品开发和技术系统升级再造，并取得了新的进展。

在新品种开发方面，以推动燃料油期货尽早上市为重点，一是积极与三大国家石油公司高层进行沟通，二是主动争取地方政府的支持，三是及时向监管部门报送国内外石油市场的重要信息，四是通过走访和组织研讨等多种形式加强与石油行业及相关企业的联系。推出燃料油期货问题已经受到高层领导同志及有关部门的重视。与此同时，国债期货的研究开发也取得了阶段性成果，在财政部、央行有关研究机构和证监会期货部的大力支持下，已完成了课题研究总报告及各子报告。

在技术系统升级改造方面，重点开展了3个项目的工作。一是对现行交易系统进行扩容和部分软件的功能调整，提高了数据处理效率，日处理交易数据能力从20万手提升到100万手，基本满足了业务高速增长的需求。二是建立系统管理平台,为实现资源的集中管理、提高系统运行和管理效率提供了有效手段,同时也为构建新系统作了必要的准备。三是构建具有国际先进水准的新一代交易系统,经过调研和初期论证,拟订了探索技术开发和服务公司化的运作方案,在多方面商洽比较的基础上,选择惠普/CAPCO公司为咨询机构并签订协议,正式启动了新一代交易系统业务模型咨询项目。(上海期货交易所)

2003 年大连期货市场综述

Summary for Dalian Futures Market in 2003

2003 年，大连商品交易所（以下简称“大商所”）在中国证监会的正确领导下，认真贯彻“法制、监管、自律、规范”的方针，坚持依法治市，稳定发展，维护“三公”原则，充分发挥一线监管职能，市场规模不断扩大，各项规则制度得到进一步完善，期货功能得到充分发挥，并在品种开发、对外交流等方面都取得了一定的成绩。

一、交易规模持续稳步增长，市场运行质量不断提高

2003 年以来，大商所交易规模保持了良好的增长势头，全年共成交期货合约 14995 万手，成交金额 39896 亿元，分别较去年同期增长 55％和 91％，占全国期货市场总份额的 53％和 37％。其中，大豆期货合约的交易量和交易金额分别为 12004 万手和 33322 亿元，较去年同期增长 36％和 73％；豆粕期货合约的交易量和交易金额分别为 2991 万手和 6574 亿元，较去年同期增长 292％和 388％。2003 年，大商所日均成交量为 62.22 万手，日均成交额为 165.55 亿元，日均持仓为 99 万手。

2003 年全年共完成实物交割 111.6 万吨，其中大豆 109.8 万吨，豆粕 1.8 万吨，交割履约率 100％。

2003 年大商所会员数、客户数都有着明显增长，目前会员总数达到 196 家，较上年新增 5 家；客户总数达到 11 万个，较上年增长 4.1 万个。

2003 年，大商所在市场规模稳定增长的同时，市场运行质量也明显提高，持仓结构更加合理，市场自我平衡能力不断增强，市场投资者也日趋理性和成熟，形成了套期保值、套利交易等多种交易形式并存的交易格局，培养了一支稳定的套期保值和职业投资者队伍。

二、严格履行一线监管职能，有效化解市场风险

近年来，受国内外大豆现货市场、国际大豆期货市场价格波动以及国家政策调整的影响，国内大豆期货价格的波动比较剧烈，市场风险比较大。在这种形势下，大商所坚持依法治市，严格监管，加强了风险监控和市场稽查力度，及时对潜在风险进行化解。2003 年 8 月，黄大豆 1 号 0309 合约临近交割月，但持仓量较高，积聚的市场风险很大，交易所通过有力措施有效化解了市场隐患；2003 年 10 月，国内外大豆现货市场生产和供需状况发生突变，国内外大豆期货市场价格出现大幅上扬，大商所大豆、豆粕合约期市价格居高不下，市场面临一定的结算风险，在此情况下，交易所采取了一系列风险防范措施，有效地化解了市场风险，得到了会员和投资者的充分肯定，对于稳定投资者信心，维护市场正常秩序起到了重要作用。

三、坚持走与产业相结合的道路，期货功能得到良好发挥

随着大商所交易规模的不断增长，期货市场价格发现功能发挥更加充分。大商所大豆期货价格与国内大豆现货价格、芝加哥期货价格都保持很强的相关性，价格合理有效，成为国内大豆生产

和经营的重要参考,在世界大豆价格形成过程中扮演着越来越重要的角色,成为国内外相关进出口企业普遍关注的世界大豆销区基准价格。

2003年以来,大商所大豆期货在引导大豆生产与流通、保护农民利益、为粮油企业提供有效避险工具等方面,都发挥了重要作用。2003年年初,受大豆期货价格一路上行的信息指导,黑龙江大豆种植面积较上年扩大530万亩,增幅达5.6%;2003年10月,针对大豆期货价格上涨而现货价格相对不高的情况,交易所向黑龙江省委提出了利用期货市场信息促进农民增收的紧急建议,当地政府迅速采取行动,有力地促进了农民的增收;同时,广大粮油现货企业积极参与期货市场套期保值,规避风险,他们利用期货套保交易锁定生产成本,避免了大豆原料上涨带来的生产经营风险,保证了大豆加工利润的稳定。

此外,交易所还十分注重粮食流通体制改革的进展情况,积极探索服务于粮改的新途径。2003年11月,大商所在北京与国务院发展研究中心农村经济部联合举办"中国粮食高层论坛",努力推动期货市场与粮食产业发展的结合,收到了较好效果。

四、加大研究与开发力度,稳步推进期货市场的制度创新与品种创新

在制度创新方面,大商所不断改进和完善现行大豆、豆粕合约及相关规则,这些修改增强了期货市场与现货市场的联系,促进了期货功能的发挥。此外,交易所还加强了对国内、国外期货交易相关制度研究,重新修订了《大连商品交易所交易细则》等八个细则及管理办法,进一步完善了期货市场的规则制度及风险管理体系。

在品种创新方面,大商所已经完成了玉米、豆油期货合约及规则的设计,进行多次交易系统的测试工作。此外,加强了国债、石油、电力、期权、商品指数等品种研究和开发力度,先后撰写并发表了《美国国债现货市场的作用与运作特点》、《世界石油期货市场研究》等多篇报告,对这些品种的运作模式、管理方式及风险控制措施等进行了比较深入的研究,取得一些重要的阶段性成果。

五、加强对外交流,国际影响力日益扩大

大商所十分重视对外交流和合作工作,并取得了很大成果。2003年11月,我所在北京分别与芝加哥期货交易所(CBOT)和东京谷物商品交易所(TGE)签署了合作谅解备忘录和合作意向书,三家全球最大的农产品期货交易所将在信息共享、市场开发等方面展开全方位合作,在国内外新闻界都引起较大反响;加入美国期货业协会(FIA),成为该组织的副会员,对于掌握国际期货市场信息、提高交易所国际知名度以及加强与各国交易所联系都有着重要意义;主办"世界期货市场创新与发展"报告会,对世界期货市场创新及发展趋势进行了交流和探讨;与美国、日本、欧洲、韩国及我国香港等多家交易所进行多次互访作交流,加强了对国外期货市场的研究和与国外期货同行的联系。(大连商品交易所)

2003年郑州期货市场综述

Summary for Zhengzhou Futures Market in 2003

2003年是郑州期货市场发生历史性转折的一年。在中国证监会的正确领导下，在广大会员和投资者的支持下，郑州商品交易所(以下简称郑商所)坚持依法治市、规范运作，加强以诚信公正为核心的企业文化建设，进行制度创新和技术创新，积极开发新品种，各项工作取得了明显成效，为今后郑州期货市场的稳步、健康发展奠定了坚实基础。全年郑商所共成交小麦期货合约4981.78万张，成交金额7953.12亿元，分别比上年增长172.64%和253.35%，创历史最高纪录，跃居全球第三大小麦期货市场之位。

一、形成了初步完善的小麦期货品种体系

2003年3月28日，郑商所成功推出了优质强筋小麦期货交易，实现硬质冬小麦和优质强筋小麦两个品种共同活跃，迈出了由小麦单一品种向小麦期货品种体系转变的重要一步，仍处于培育阶段的郑州小麦期货市场呈现出良好的发展态势。小麦期货品种体系的建立为期货市场功能的发挥奠定了坚实基础，不仅增强了我国小麦在国际市场上的影响力和竞争力，而且促进了全国小麦种植结构调整，提高了订单农业的履约率，增加了农民收入。小麦期货市场发挥的积极作用，受到了国家农业部和国家粮食局的高度重视和国内主要媒体的极大关注。农业部领导在"2003年郑州小麦交易会"上指出，我国小麦产业有五个方面的变化，其中两个重要变化是郑州小麦期货价格进入路透社全球硬质小麦报价体系和2003年成功推出优质强筋小麦期货交易，它对于加快我国农业结构战略性调整、促进订单农业发展和农民增收具有十分重要的意义。

二、套期保值交易大幅增加

郑州小麦期货市场的发展引起国内大量粮食企业的高度关注。2003年，随着粮食流通体制改革的深化，小麦市场逐步放开，粮食企业面临日益激烈的市场竞争。同时，包括小麦品种在内，国内粮食价格出现大幅度波动。价格风险的激增，使粮食企业参与小麦期货套期保值的愿望非常强烈，不论是购销企业，还是加工企业，纷纷通过各种渠道了解和跟踪小麦期货市场信息。与此同时，随着小麦期货市场流动性的不断增强，参与小麦期货交易的投资者也大量增加，这为小麦现货经营企业参与期货市场套期保值提供了有利条件。据统计，2003年郑商所有32家会员正式申请套期保值交易，批准量为756940吨。粮食企业通过多种形式开展套期保值，普遍取得良好效果，期货市场已经成为这些企业规避风险不可或缺的场所。大量的套期保值交易极大地推动了"公司＋农户"和"订单农业＋套期保值"经营模式的推广。小麦期货市场促使传统小麦生产方式发生根本性变革，催生适应市场经济要求的新型现代化农业生产方式。

三、价格发现功能得到进一步发挥

1. 一年来小麦期货价格走势回顾

2003年，郑商所小麦期货价格整体上呈上涨趋势。从5月份开始，价格缓慢上升。从10月份

起,上涨速度加快。小麦期货价格上涨的基本因素主要有:第一,我国小麦产量连续5年下降。从98/99年度开始,我国小麦产量逐年下降2.7%—5%,特别秋粮大幅度减产,大豆、棉花、玉米等大宗农产品价格大幅上涨;第二,2003年,我国成为小麦净出口国。全年小麦出口223.7万吨,进口42.4万吨,净出口181.3万吨。而且首次大量出口制粉小麦;第三,市场对小麦产量继续下降的预期。2003年冬小麦种植期间,由于受连续阴雨天气的影响以及小麦种植面积继续减少等因素,投资者普遍预期2004年小麦产量将减少3%—5%。据农业部预测,03/04年度我国小麦产量将下降至8840万吨;第四,全球小麦产量、库存量均降至近年来最低水平。据美国农业部2003年11月预测,03/04年度,世界小麦产量为55051万吨,比上年度减少1633万吨,减幅为2.88%,世界小麦期末库存量为12793万吨,库存消费比为22.2%,比上年度下降5.3%。

基于上述因素的影响,郑商所小麦期货价格比现货市场价格提前5个月启动。事实表明,小麦期货市场发现价格的功能得到了初步发挥。

2. 郑商所小麦期货价格与国内小麦现货价格和国际小麦期货价格走势基本一致

2003年1—12月,国内粮食批发市场普通小麦价格涨幅28%左右(从1116元/吨上涨至1430元/吨)。郑商所近期期货价格从1232元/吨上涨至1579元/吨,涨幅为28%。CBOT近期期货价格从118美元/吨上涨至142美元/吨,涨幅20%。从上述数字看,国内外小麦期现货价格走势和涨幅基本一致。

3. 小麦期货价格已经成为国内小麦供求关系的晴雨表,引导小麦种植结构调整的积极作用越来越明显

郑州小麦期货价格已经纳入世界小麦价格体系,路透社在其全球食用小麦出口报价系统中每日发布郑州小麦期货价格,表明郑州小麦期货价格得到国际市场认可,成为世界各国了解中国小麦供求关系的主要窗口。郑州小麦期货价格在国际市场的发布,有效地增强了国产小麦在国际市场上的竞争力,有力地促进了我国小麦的出口。

小麦期货价格的引导作用,促进了优质小麦种植面积的扩大。目前交易的硬麦和强麦期货合约,分别以二等硬冬白小麦和优质强筋小麦为交割标准,小麦期货价格比低品质混合小麦价格要高,体现了优质优价。在小麦期货价格信号的引导下,小麦主产省份调整小麦种植结构的步伐逐年加快。全国优质小麦种植面积2001年391万公顷,2002年535万公顷,2003年640万公顷,2004年达到728万公顷。其中小麦主产省河南近四年分别为67万公顷、110万公顷、145万公顷和160万公顷。

四、新品种开发和制度创新取得显著成效

2003年3月郑商所率先在国内实施了《跨期套利管理办法》,有力地促进了市场发展和功能发挥;与结算银行合作,开发了适用于期货市场资金调拨的保证金管理电子化系统,目前已在会员中大量推广使用;完成了国内第一部《期权交易规则》,在国内首次成功举办了期权交易模拟竞赛,培养了一批对期权较为熟悉的员工队伍和投资者群体,为期权的上市做好了准备工作;完成了混合冬小麦期货合约及制度的设计;做好了棉花期货的上市准备工作;开展了白砂糖、油菜籽期货和金融期货等品种研究开发工作;启动了第四期交易系统软件开发工作,确立了四期交易系统框架结构,初步完成四期系统结算、财务、管理监控、风险预警分析等基本业务需求。

五、完善交易规则,进一步提高控制市场风险的能力

郑商所根据新时期期货市场发展的特点,居安思危,提高风险意识,强化风险控制措施。首先,

完善了《郑州商品交易所风险控制管理办法》，并经过理事会审议通过，从制度上增加防范和控制风险的手段；其次，建立了风险分析例会制度，定期召集领导班子成员及主要职能部门的负责人研究分析市场风险情况，对化解市场风险作出民主决策；第三，进一步完善交易风险预警系统，做好市场风险预测分析；第四，与各地证券期货监管部门保持密切联系和沟通，随时互通情况，掌握主动；第五，加强对会员和投资者规范运作、理性投资的教育。由于高度重视风险控制工作，郑商所成功化解了 WT309 的交割风险，确保了交易、交割、结算的顺利进行。虽然 2003 年小麦仓单注册量达 68309 张，实物交割量达 121224 张，比上年出现大幅度增长，但是实物交割的履约率达到 100%。总体上看，2003 年郑商所保持了健康、规范运行。（郑州商品交易所）

7-1 2003年全国期货交易所交易品种一览表

Items of Futures Exchanges in 2003

交易所(Exchanges)	简称(Abbreviation)	品种(Formal Items)
大连商品交易所	大商所(DCE)	大豆、豆粕、啤酒大麦
上海期货交易所	上海期货(SHFE)	铜、铝、天然橡胶
郑州商品交易所	郑商所(ZCE)	强麦、硬麦、绿豆

数据来源:上海期货交易所、大连商品交易所、郑州商品交易所
Source:SHFE、DCE、ZCE

7-2 2003年农产品期货合约汇总

Summary for Agricultural Product Contracts in 2003

品种 Items	硬 麦	强 麦	大 豆	豆 粕	天然橡胶
交易单位 Trading Unit	10吨/手	10吨/手	手,10吨/手	手,10吨/手	5吨/手
报价单位 Exchange	元(人民币)/吨	元(人民币)/吨	大连商品交易所	大连商品交易所	元(人民币)/吨
最小变动价位 Tick	1元/吨	1元/吨	1元/吨	1元/吨	5元/吨
每日价格最大波动限制 Daily Price Limit	不超过上一交易日结算价±3%	不超过上一交易日结算价+3%	上一交易日结算价的3%	上一交易日结算价的3%	不超过上一交易日结算价±3%
合约交割月份 Contract Delivery Months	1、3、5、7、9、11	1、3、5、7、9、11	1、3、5、7、9、11	1、3、5、7、9、11	1、3、4、5、6、7、8、9、10、11
交易时间 Trading Time	每周一至周五 Am 9:00～11:30 Pm 1:30～3:00	每周一至周五 Am 9:00～11:30 Pm 1:30～3:00	每周一至周五 9:00～11:30, 13:30～15:00	每周一至周五 9:00～11:30, 13:30～15:00	上午9:00～11:30 下午1:30～3:00
最后交易日 Last Day of Trading	合约交割月份的倒数第七个交易日	合约交割月份的倒数第七个交易日	合约月份第十个交易日	合约月份第十个交易日	合约交割月份的15日(遇法定假日顺延)
交割日期 Delivery Date	合约交割月份的第一交易日至最后交易日	合约交割月份的第一交易日至最后交易日	最后交易日后第7日,遇法定节假日顺延		合约交割月份的16日至20日(遇法定假日顺延)
交割等级 Delivery Grade	二等硬冬白小麦 符合GB1351—1999	二等优质强筋小麦 符合Q/ZSJ 001—2003	具体内容见附件	标准品及替代品符合《大连商品交易所豆粕交割质量标准(F/DCE D001—2000)》中规定的标准品和替代品。替代品对标准品的贴水为100元/吨。	标准品:1. 国产一级标准橡胶(SCR5),质量符合国标GB/T8081—1999 2. 进口3号烟胶片(RSS3),质量符合《天然橡胶等级的品质与包装国际标准(绿皮书)》(1979年版)。

续表　Continued

品种 Items	硬　麦	强　麦	大　豆	豆　粕	天然橡胶
交割地点 Delivery Local	交易所指定交割仓库	交易所指定交割仓库	大连商品交易所指定交割仓库	大连商品交易所指定交割仓库	交易所指定交割仓库
保证金 Margin Requirements	合约价值的5%	合约价值的5%	合约价值的5%(自11月5日起为7%)	合约价值的5%(自11月5日起为7%)	合约价值的5%
交易手续费 Trading Fee	2元/手(含风险准备金)	2元/手(含风险准备金)	4元/手	3元/张	不高于成交金额的万分之一点五(含风险准备金)
交割方式 Trading Form	实物分散交割	实物分散交割	集中交割	集中交割	实物交割
交易代码 Trading Code	WT	WS	S	M	RU
上市交易所 Listed Exchange	郑州商品交易所(ZCE)	郑州商品交易所(ZCE)	大连商品交易所	大连商品交易所	上海期货交易所

附件：大豆品质技术要求

交割等级	纯粮率最低指标%		杂质%	水分%	气味色泽	升水(元/吨)	贴水(元/吨)
标准品	三等黄大豆	91	1	13	正常	—	—
替代品	一等黄大豆	96				30	—
	二等黄大豆	93.5				10	—
	四等黄大豆	88.5				—	100

注：

1. 黄大豆：种皮为黄色，脐色为黄褐、淡褐、深褐、黑色或其他颜色，粒形一般为圆形、椭圆形或扁圆形。
2. 标准品交割价＝交割结算价。
3. 替代品交割价＝交割结算价＋替代品升贴水＋质量差异升扣价。
4. 质量检验标准及方法按照GB5490～5539-85《粮食、油料及植物油脂检验》执行。
5. 卫生标准和动植物检疫项目按国家有关规定执行。
6. 水分、杂质允许范围见下表。
7. 包装物具体要求详见大商所交割的有关规定。
8. 质量符合上述标准的进口黄大豆可以作为标准品或替代品用于交割。

数据来源：上海期货交易所、大连商品交易所、郑州商品交易所
Source：SHFE、DCE、ZCE

7-3　2003年金属期货合约汇总

Summary for Metal Product Contracts in 2003

品种 Items	阴　极　铜	铝
交易单位 Trading Unit	5 吨/手	5 吨/手
报价单位 Unit	元(人民币)/吨	元(人民币)/吨
最小变动价位 Tick	10 元/吨	10 元/吨
每日价格最大波动限制 Daily Price Limit	不超过上一交易日结算价±3%	不超过上一交易日结算价±3%
合约交割月份 Contract Delivery Months	1～12 月	1～12 月
交易时间 Trading Time	上午 9：00～11：30　下午 1：30～3：00	上午 9：00～11：30　下午 1：30～3：00
最后交易日 Last Day of Trading	合约交割月份的 15 日(遇法定假日顺延)	合约交割月份的 15 日(遇法定假日顺延)
交割日期 Delivery Date	合约交割月份的 16 日至 20 日(遇法定假日顺延)	合约交割月份的 16 日至 20 日(遇法定假日顺延)
交割品级 Delivery Grade	标准品:标准阴极铜,符合国标 GB/T467—1997 标准阴极铜规定,其中主要成分铜加银含量不小于 99.95% 替代品:1. 高纯阴极铜,符合国标 GB/T467—1997 高纯阴极铜规定; 2. LME 注册阴极铜,符合 BSEN 1978:1998 标准(阴极铜等级牌号 Cu-CATH-1)。	标准品:铝锭,符合国标 GB/T1196—2002 标准中 Al99.70 规定,其中铝含量不低于 99.70% 替代品:LME 注册铝锭,符合 P1020A 标准
交割地点 Delivery Local	交易所指定交割仓库	交易所指定交割仓库
最低交易保证金 Margin Requirements	合约价值的 5%	合约价值的 5%
交易手续费 Trading Fee	不高于成交金额的万分之二(含风险准备金)	不高于成交金额的万分之二(含风险准备金)
交割方式 Trading Form	实物交割	实物交割
交易代码 Trading Code	Cu	Al
上市交易所 Listed Exchange	上海期货交易所	上海期货交易所

数据来源:上海期货交易所、大连商品交易所、郑州商品交易所
Source:SHFE、DCE、ZCE

7-4 1993—2003年全国期货市场概况

Market Reviews (1993—2003)

金额单位:亿元

项目 Items	1993	1994	1995	1996	1997	1998	1999	2000	2001	2002	2003
全年总成交额 Total Trading Turnover	5521.99	31601.41	100565.30	84119.16	61170.66	36967.24	22343.01	16082.29	30144.98	39490.28	108396.59
全年总成交量(万手) Total Trading Volume	890.69	12110.72	63612.07	34256.77	15876.32	10445.57	7363.91	5461.07	12046.35	13943.37	27992.43
全年总实物交割额 Physical Delivery Amount			181.52	174.13	93.75	48.04	109.41	65.11	57.54	101.44	127.34
全年总实物交割量(万手) Physical Delivery Volume			83.09	78.33	38.18	20.56	16.12	8.40	64.85	141.16	129.54

数据来源:上海期货交易所、郑州商品交易所、大连商品交易所

Source:SHFE、ZCE、DCE

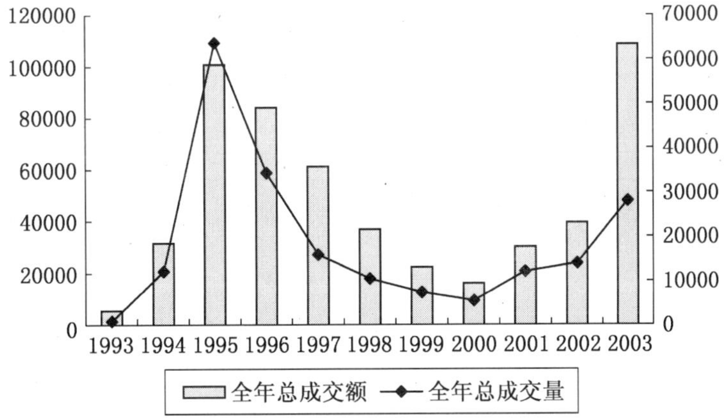

7-5 2003年全国期货交易分布概况

Futures Transaction Distribution of 2003

金额单位:亿元

	成交金额 Turnover	比重(%)% of Total	成交量 Trading Volume	比重(%)% of Total
农产品 Agricultural Products	83561.73	77.09	25328.07	90.48
金属 Metal Products	24834.86	22.91	2664.36	9.52
总计 Total	108396.59	100.00	27992.43	100.00

数据来源:上海期货交易所、大连商品交易所、郑州商品交易所
Source:SHFE、DCE、ZCE

7-6 2003年全国期货交易所会员情况

Statistics of Membership in 2003

交易所 Exchanges	会员总数 No. of Members	经纪公司会员 Broker Members	非经纪公司会员 Nonbroker Members
大连商品交易所	197	185	12
上海期货交易所	219	185	34
郑州商品交易所	218	176	42

数据来源:上海期货交易所、大连商品交易所、郑州商品交易所
Source:SHFE、DCE、ZCE

7-7 2003年全国期货交易所市场概况

Futures Market Review 2003

金额单位:万元

交易所 Exchanges	期货品种 Trading Items	会员总数 No. of Members	总成交额 Total Trading Turnover	总成交量 Total Trading Volume	总实物交割额 Physical Delivery Amount	总实物交割量 Physical Delivery Volume
大连商品交易所	3	197	398959920.61	149946986	296235.85	1115950
上海期货交易所	3	219	605399112.69	80159500	888040.85	118788
郑州商品交易所	3	218	79606847.67	49817822	89105.27	60612
合　计	9	634	1083965880.97	279924308	1273381.97	1295350

数据来源:上海期货交易所、大连商品交易所、郑州商品交易所
Source:SHFE、DCE、ZCE

7-8　2003年农产品期货交易分布概况

Agricultural Products Transaction Distribution in 2003

金额单位：万元

品种 Items	成交金额 Turnover	比重(%)% of Total	成交量 Trading Volume	比重(%)% of Total
大　豆	333223486.02	39.88	120040190	47.39
豆　粕	65736434.59	7.87	29906796	11.81
天然橡胶	357050550.41	42.73	53515928	21.13
强　麦	32730787.58	3.92	19308856	7.62
硬　麦	46875983.72	5.61	30508942	12.05
绿　豆	76.37	0.00001	24	0.00001
总　计	835617318.69	100.00	253280736	100.00

数据来源：上海期货交易所、大连商品交易所、郑州商品交易所
Source：SHFE、DCE、ZCE

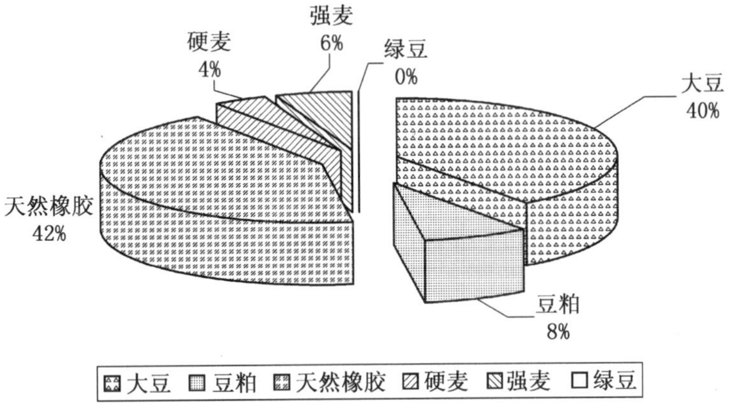

7-9　2003年金属期货交易分布概况

Metal Products Transaction Distribution in 2003

金额单位：万元

品种 Items	成交金额 Turnover	比重(%)% of Total	成交量 Trading Volume	比重(%)% of Total
铜	216222934.15	87.06	22332576	83.82
铝	32125628.13	12.94	4310996	16.18
总　计	248348562.28	100.00	26643572	100.00

数据来源：上海期货交易所、大连商品交易所、郑州商品交易所
Source：SHFE、DCE、ZCE

7-10 2003年农产品期货交易情况

Transaction of Agricultural Product Futures in 2003

金额单位:万元

品种 Items	交易所 Exchange	合约 Contracts	年开盘价 Open Price	年最高价 High Price	最高价日 High Date	年最低价 Low Price	最低价日 Low Date	成交金额 Turnover	交易日数 Trading Days	日均成交金额 Daily Turnover
大豆	DCE	s200301	2567	2610	2003-01-08	2465	2003-01-13	99242.88	10	9924.29
		a200303	2579	2700	2003-01-08	2516	2003-01-17	2500425.57	45	55565.01
		a200305	2556	2914	2003-05-21	2483	2003-01-17	19317419.51	88	219516.13
		a200307	2515	2832	2003-05-12	2459	2003-03-07	37294861.71	124	300765.01
		a200309	2517	2783	2003-05-12	2460	2003-03-07	63362603.98	168	377158.36
		a200311	2368	3324	2003-10-29	2305	2003-02-10	48651341.32	208	233900.68
		a200401	2361	3416	2003-10-27	2285	2003-01-14	44422445.68	241	184325.50
		a200403	2362	3400	2003-11-03	2280	2003-03-06	2358134.40	241	9784.79
		a200405	2424	3489	2003-11-03	2360	2003-01-14	103637473.37	241	430031.01
		a200407	2381	3444	2003-11-03	2328	2003-02-14	1220228.15	231	5282.37
		a200409	2550	3419	2003-11-03	2434	2003-04-07	8070469.78	196	41175.87
		a200411	2535	3087	2003-12-10	2326	2003-07-25	1991974.59	153	13019.44
		a200501	2430	3071	2003-12-10	2330	2003-07-28	121725.61	117	1040.39
		a200503	2452	3092	2003-12-09	2452	2003-09-19	171075.37	73	2343.50
		a200505	2988	3164	2003-12-29	2870	2003-11-26	4064.10	33	123.15
豆粕	DCE	m200301	2091	2175	2003-01-06	2061	2003-01-07	788.59	10	78.86
		m200303	2048	2118	2003-01-06	1790	2003-03-07	636594.71	45	14146.55
		m200305	2042	2120	2003-05-22	1865	2003-04-04	1735023.47	88	19716.18
		m200307	2038	2138	2003-04-18	1863	2003-03-04	4570441.57	124	36858.40
		m200308	2107	2299	2003-07-25	1880	2003-03-05	12120568.96	147	82452.85
		m200309	2090	2395	2003-09-12	1877	2003-03-05	9966422.77	168	59323.95
		m200311	2090	3262	2003-11-05	1860	2003-03-05	8492082.05	208	40827.32
		m200401	1960	2949	2003-11-03	1845	2003-03-26	12179958.85	231	52727.09
		m200403	1900	2973	2003-11-03	1866	2003-03-27	6652678.63	196	33942.24
		m200405	1975	2966	2003-11-03	1972	2003-05-29	8280156.36	153	54118.67
		m200408	2125	2887	2003-11-03	2101	2003-08-20	907310.12	94	9652.24
		m200409	2070	2885	2003-12-10	2070	2003-09-15	169175.98	73	2317.48
		m200411	2710	2717	2003-11-18	2485	2003-12-24	25232.53	33	764.62
强麦	ZCE	WS305	1484	1770	2003-04-04	1484	2003-03-28	32598.82	33	987.84
		WS307	1537	1785	2003-04-04	1320	2003-07-01	263104.71	77	3416.94
		WS309	1643	1837	2003-04-03	1550	2003-06-27	10456129.27	120	87134.41
		WS311	1675	1830	2003-04-03	1512	2003-10-08	4359205.72	157	27765.64
		WS401	1707	1845	2003-04-02	1572	2003-06-25	12099433.53	187	64702.85
		WS403	1739	1858	2003-11-17	1585	2003-07-01	648405.48	187	3467.41
		WS405	1650	1957	2003-11-17	1546	2003-06-30	4251273.87	148	28724.82
		WS407	1673	1880	2003-11-17	1584	2003-09-29	250074.19	104	2404.56
		WS409	1699	1954	2003-12-04	1681	2003-10-20	349753.51	61	5733.66
		WS411	1924	1964	2003-12-05	1863	2003-12-30	20808.47	23	904.72

续表 Continued

品种 Items	交易所 Exchange	合约 Contracts	年开盘价 Open Price	年最高价 High Price	最高价日 High Date	年最低价 Low Price	最低价日 Low Date	成交金额 Turnover	交易日数 Trading Days	日均成交金额 Daily Turnover
硬麦	ZCE	WT301	1223	1275	2003-01-06	1167	2003-01-14	11783.49	14	841.68
		WT303	1270	1328	2003-01-07	1211	2003-03-17	189617.68	50	3792.35
		WT305	1317	1420	2003-05-15	1254	2003-01-13	1011406.39	87	11625.36
		WT307	1307	1490	2003-07-14	1254	2003-01-09	1246197.85	131	9512.96
		WT309	1385	1560	2003-08-20	1212	2003-09-11	7590633.56	174	43624.33
		WT311	1417	1525	2003-10-30	1221	2003-09-01	3852778.29	211	18259.61
		WT401	1423	1635	2003-11-17	1265	2003-09-01	11477621.25	241	47624.98
		WT403	1425	1698	2003-11-17	1288	2003-09-01	2194308.12	241	9105.01
		WT405	1526	1791	2003-11-17	1305	2003-09-01	17551362.82	221	79417.93
		WT407	1510	1752	2003-11-17	1277	2003-08-28	400333.27	185	2163.96
		WT409	1437	1814	2003-12-10	1410	2003-10-08	1329396.69	61	21793.39
		WT411	1740	1840	2003-12-19	1711	2003-12-01	20544.33	23	893.23
绿豆	ZCE	GN301	—	—	—	—	—	—	14	—
		GN303	—	—	—	—	—	—	50	—
		GN305	3298	3298	2003-03-05	2900	2003-03-10	50.380	87	0.5791
		GN307	3298	3298	2003-03-05	3200	2003-03-05	25.992	131	0.1984
		GN309	—	—	—	—	—	—	174	—
		GN311	—	—	—	—	—	—	211	—
		GN401	—	—	—	—	—	—	221	—
		GN403	—	—	—	—	—	—	185	—
		GN405	—	—	—	—	—	—	148	—
		GN407	—	—	—	—	—	—	104	—
		GN409	—	—	—	—	—	—	61	—
		GN411	—	—	—	—	—	—	23	—
天然橡胶	SHFE	ru0301	10980	12160	2003-01-10	10810	2003-01-02	5981.18	9	665
		ru0303	10900	15295	2003-02-24	10900	2003-01-02	504738.75	46	10973
		ru0304	10970	15465	2003-03-25	10970	2003-01-02	3423163.17	66	51866
		ru0305	10980	15720	2003-02-24	10975	2003-01-02	19634686.72	81	242404
		ru0306	10980	16195	2003-04-03	10980	2003-01-02	40331438.06	103	391567
		ru0307	10920	14910	2003-03-14	10090	2003-06-17	46092320.33	125	368739
		ru0308	11220	14520	2003-03-14	9870	2003-06-24	29137127.50	148	196872
		ru0309	10900	14150	2003-03-13	9940	2003-07-08	23419000.77	169	138574
		ru0310	11120	15250	2003-10-15	10100	2003-06-27	20086613.11	186	107993
		ru0311	10995	15980	2003-10-30	10230	2003-07-08	22294443.39	209	106672
		ru0401	13000	16400	2003-10-30	10520	2003-06-25	24938403.04	195	127889
		ru0403	12495	16970	2003-10-30	10505	2003-07-02	28583645.34	165	173234
		ru0404	11685	17170	2003-10-30	10400	2003-06-24	13441615.35	135	99568
		ru0405	10710	17580	2003-10-31	10555	2003-07-23	37081910.90	109	340201
		ru0406	12000	17470	2003-10-31	10350	2003-07-25	40059964.85	110	364181
		ru0407	10700	17360	2003-10-31	10700	2003-07-31	7320621.03	103	71074
		ru0408	12800	17300	2003-10-31	12550	2003-09-05	522594.12	90	5807
		ru0409	13150	17180	2003-11-04	13150	2003-09-18	128081.15	70	1830
		ru0410	15600	17390	2003-10-31	13980	2003-11-26	37309.98	50	746
		ru0411	13700	16115	2003-12-31	13600	2003-12-01	6891.68	23	300

数据来源：上海期货交易所、大连商品交易所、郑州商品交易所

Source：SHFE、DCE、ZCE

7-11 2003年金属期货交易情况

Transaction of Metal Product Futures in 2003

金额单位:万元

品种 Items	交易所 Exchange	合约 Contracts	年开盘价 Open Price	年最高价 High Price	最高价日 High Date	年最低价 Low Price	最低价日 Low Date	成交金额 Turnover	交易日数 Trading Days	日均成交金额 Daily Turnover
铜	SHFE	cu0301	15920	17020	2003-01-15	15870	2003-01-02	111615.62	10	11161.56
		cu0302	15860	17180	2003-01-21	15830	2003-01-02	274801.16	26	10569.28
		cu0303	15870	17460	2003-02-27	15840	2003-01-02	565692.75	46	12297.67
		cu0304	15910	17550	2003-02-27	15850	2003-01-02	1447656.65	67	21606.82
		cu0305	15990	17630	2003-02-27	15890	2003-01-02	4939947.34	82	60243.26
		cu0306	16040	17710	2003-02-27	15960	2003-01-02	11046665.81	104	106217.94
		cu0307	16030	17830	2003-02-27	16020	2003-01-02	11048064.58	125	88384.52
		cu0308	16100	18000	2003-08-08	16060	2003-01-02	12791933.63	148	86431.98
		cu0309	16160	18400	2003-09-11	16040	2003-04-24	10576166.59	150	70507.78
		cu0310	16600	20580	2003-10-15	16230	2003-01-03	9280274.28	158	58735.91
		cu0311	17270	21570	2003-11-05	15600	2003-01-17	9407766.03	155	60695.26
		cu0312	16730	21650	2003-12-15	16310	2003-04-25	12164545.24	164	74174.06
		cu0401	16080	22540	2003-12-31	16080	2003-04-09	13191428.37	147	89737.61
		cu0402	16070	22670	2003-12-26	16070	2003-04-08	10278397.06	132	77866.64
		cu0403	16080	22690	2003-12-31	16080	2003-04-14	16014833.24	105	152522.22
		cu0404	16080	22750	2003-12-29	16080	2003-04-16	15116579.32	81	186624.44
		cu0405	16690	22850	2003-12-31	16690	2003-07-21	18302941.85	75	244039.22
		cu0406	17310	23020	2003-12-31	17310	2003-07-28	25284437.42	64	395069.33
		cu0407	18200	23200	2003-12-29	18200	2003-09-16	26403894.88	57	463226.23
		cu0408	18390	23400	2003-12-31	18390	2003-09-12	7622736.50	46	165711.66
		cu0409	20590	23550	2003-12-29	20480	2003-11-20	341480.42	33	10347.89
		cu0410	21780	23980	2003-12-29	21130	2003-11-17	8135.37	17	478.55
		cu0411	22680	23800	2003-12-30	22520	2003-12-16	2675.24	8	334.41
		cu0412	23200	23200	2003-12-30	21500	2003-12-30	264.80	1	264.80
铝	SHFE	al0301	13820	13840	2003-01-03	13590	2003-01-13	85302.98	10	8530.30
		al0302	13570	14200	2003-02-13	13500	2003-01-02	206529.35	26	7943.44
		al0303	13580	14380	2003-02-25	13480	2003-01-02	672953.79	46	14629.43
		al0304	13530	14850	2003-04-14	13470	2003-01-02	1205019.39	67	17985.36
		al0305	13600	14850	2003-04-15	13480	2003-01-02	1667569.57	82	20336.21
		al0306	13600	14950	2003-06-16	13570	2003-01-02	2201524.51	104	21168.50
		al0307	13670	14860	2003-06-04	13600	2003-01-07	2290248.70	124	18469.75
		al0308	13200	14870	2003-06-04	13200	2003-01-03	1857468.47	119	15608.98
		al0309	13010	14900	2003-06-03	13010	2003-01-10	1644689.86	139	11832.30
		al0310	14000	14860	2003-06-09	14000	2003-02-28	1715537.82	139	12342.00
		al0311	13500	16420	2003-11-12	13500	2003-02-28	1720852.28	138	12469.94
		al0312	13800	16620	2003-11-10	13800	2003-04-14	1593193.86	156	10212.78
		al0401	14620	16060	2003-11-05	14310	2003-10-15	1812949.89	148	12249.66
		al0402	14550	16140	2003-11-05	14400	2003-08-11	1708428.58	106	16117.25
		al0403	14580	16260	2003-11-05	14300	2003-08-29	4488776.46	85	52809.13
		al0404	15660	16320	2003-11-05	14400	2003-10-10	2271734.53	66	34420.22
		al0405	14200	16360	2003-11-05	14130	2003-09-11	2529449.34	71	35626.05
		al0406	14720	16440	2003-12-29	14550	2003-10-13	1968208.81	59	33359.47
		al0407	14210	16480	2003-12-29	14140	2003-09-22	414428.47	49	8457.72
		al0408	14000	16590	2003-12-30	14000	2003-10-14	50313.57	47	1070.50
		al0409	15880	16760	2003-11-06	15200	2003-11-20	15257.89	31	492.19
		al0410	15500	16580	2003-12-05	15040	2003-11-26	5158.53	8	644.82
		al0411	15160	16320	2003-12-24	15160	2003-12-24	31.48	1	31.48

数据来源:上海期货交易所、大连商品交易所、郑州商品交易所
Source:SHFE、DCE、ZCE

7-12　2003年农产品期货持仓情况

Open Positions of Agricultural Products in 2003

品种 Items	交易所 Exchange	合约 Contracts	最高持仓量 High Open Positions	最高持仓日期 Date of High Open Positions	最后持仓 Open Positions at the End	最后持仓日期 Date of Open Positions at the End	年末持仓 Open Position at the End of year
大豆	DCE	s200301	49012	2003-01-02	41588	2003-01-15	0
		a200303	111776	2003-01-02	27612	2003-03-14	0
		a200305	271184	2003-01-02	51576	2003-05-23	0
		a200307	451490	2003-03-10	55488	2003-07-14	0
		a200309	488284	2003-05-29	36950	2003-09-12	0
		a200311	380804	2003-07-25	6374	2003-11-14	0
		a200401	434326	2003-09-23	13302	2003-12-31	13302
		a200403	36674	2003-09-26	6384	2003-12-31	6384
		a200405	373266	2003-12-04	236394	2003-12-31	236394
		a200407	19124	2003-11-07	9404	2003-12-31	9404
		a200409	83990	2003-12-12	51922	2003-12-31	51922
		a200411	43022	2003-12-10	31790	2003-12-31	31790
		a200501	1970	2003-10-15	690	2003-12-31	690
		a200503	238	2003-12-08	208	2003-12-31	208
		a200505	128	2003-12-31	128	2003-12-31	128
豆粕	DCE	m200301	304	2003-01-02	132	2003-01-15	0
		m200303	19392	2003-01-02	220	2003-03-14	0
		m200305	15960	2003-01-13	0	2003-05-23	0
		m200307	27228	2003-02-13	270	2003-07-14	0
		m200308	113036	2003-05-19	1324	2003-08-14	0
		m200309	87282	2003-07-10	1300	2003-09-12	0
		m200311	87850	2003-08-15	0	2003-11-14	0
		m200401	102022	2003-09-24	14530	2003-12-31	14530
		m200403	61726	2003-10-10	24854	2003-12-31	24854
		m200405	79816	2003-12-23	64312	2003-12-31	64312
		m200408	23048	2003-12-26	21156	2003-12-31	21156
		m200409	9244	2003-12-31	9244	2003-12-31	9244
		m200411	628	2003-12-29	430	2003-12-31	430
橡胶	SHFE	ru0301	372	2003-01-02	346	2003-01-15	0
		ru0303	18416	2003-01-02	7256	2003-03-17	0
		ru0304	24206	2003-01-17	12800	2003-04-15	0
		ru0305	143596	2003-02-12	10874	2003-05-15	0
		ru0306	174422	2003-04-03	32156	2003-06-16	0
		ru0307	108990	2003-04-07	8000	2003-07-15	0
		ru0308	123488	2003-06-02	13478	2003-08-15	0
		ru0309	98894	2003-06-19	12974	2003-09-15	0
		ru0310	78414	2003-08-07	6042	2003-10-15	0
		ru0311	108650	2003-08-19	14046	2003-11-17	0
		ru0401	88546	2003-09-11	9156	2003-12-31	9156
		ru0403	63262	2003-09-19	7506	2003-12-31	7506

续表 Continued

品种 Items	交易所 Exchange	合约 Contracts	最高持仓量 High Open Positions	最高持仓日期 Date of High Open Positions	最后持仓 Open Positions at the End	最后持仓日期 Date of Open Positions at the End	年末持仓 Open Position at the End of year
橡胶	SHFE	ru0404	35354	2003-10-10	4802	2003-12-31	4802
		ru0405	60638	2003-11-12	19136	2003-12-31	19136
		ru0406	75590	2003-12-10	55250	2003-12-31	55250
		ru0407	52236	2003-12-31	52236	2003-12-31	52236
		ru0408	4430	2003-12-31	4430	2003-12-31	4430
		ru0409	1128	2003-11-03	772	2003-12-31	772
		ru0410	588	2003-12-31	588	2003-12-31	588
		ru0411	334	2003-12-31	334	2003-12-31	334
强麦	ZCE	WS305	2520	2003-04-03	40	2003-05-21	0
		WS307	13170	2003-05-14	120	2003-07-22	0
		WS309	182280	2003-07-18	3186	2003-09-19	0
		WS311	91578	2003-07-24	1402	2003-11-19	0
		WS401	136798	2003-10-15	20946	2003-12-31	20946
		WS403	12440	2003-04-07	754	2003-12-31	754
		WS405	84900	2003-11-18	53212	2003-12-31	53212
		WS407	8886	2003-11-17	3530	2003-12-31	3530
		WS409	32198	2003-12-31	32198	2003-12-31	32198
		WS411	2630	2003-12-29	2456	2003-12-31	2456
硬麦	ZCE	WT301	81050	2002-07-12	194	2003-01-20	0
		WT303	30644	2002-08-20	60	2003-03-20	0
		WT305	126710	2002-09-12	332	2003-05-21	0
		WT307	42472	2002-12-30	882	2003-07-22	0
		WT309	261546	2003-06-25	26480	2003-09-19	0
		WT311	137418	2003-06-18	340	2003-11-19	0
		WT401	164836	2003-10-22	35468	2003-12-31	35468
		WT403	16898	2003-09-09	2974	2003-12-31	2974
		WT405	174774	2003-11-14	146468	2003-12-31	146468
		WT407	14312	2003-11-17	4270	2003-12-31	4270
		WT409	58444	2003-12-24	52296	2003-12-31	52296
		WT411	2770	2003-11-30	2736	2003-12-31	2736
绿豆	ZCE	GN301	8	2002-03-27	4	2003-03-20	0
		GN303	—	—	—	—	—
		GN305	2	2003-03-07	2	2003-03-07	0
		GN307	—	—	—	—	—
		GN309	—	—	—	—	—
		GN311	—	—	—	—	—
		GN401	—	—	—	—	—
		GN403	—	—	—	—	—
		GN405	—	—	—	—	—
		GN407	—	—	—	—	—
		GN409	—	—	—	—	—
		GN411	—	—	—	—	—

数据来源:上海期货交易所、大连商品交易所、郑州商品交易所
Source:SHFE、DCE、ZCE

7-13　2003年金属期货持仓情况

Open Positions of Metal Products in 2003

品种 Items	交易所 Exchange	合约 Contracts	最高持仓量 High Open Positions	最高持仓日期 Date of High Open Positions	最后持仓 Open Positions at the End	最后持仓日期 Date of Open Positions at the End	年末持仓 Open Position at the End of year
铜	SHFE	cu0301	9834	2003-01-02	4290	2003-01-15	0
		cu0302	13604	2003-01-15	4790	2003-02-17	0
		cu0303	23732	2003-01-02	4510	2003-03-17	0
		cu0304	56524	2003-01-02	3200	2003-04-15	0
		cu0305	111534	2003-01-06	2400	2003-05-15	0
		cu0306	120082	2003-01-21	4410	2003-06-16	0
		cu0307	115708	2003-03-03	6900	2003-07-15	0
		cu0308	121544	2003-04-04	8050	2003-08-15	0
		cu0309	116232	2003-05-12	5010	2003-09-15	0
		cu0310	111692	2003-06-13	4540	2003-10-15	0
		cu0311	122272	2003-07-07	5940	2003-11-17	0
		cu0312	130880	2003-08-06	8900	2003-12-15	0
		cu0401	126528	2003-09-09	13814	2003-12-31	13814
		cu0402	116996	2003-10-13	22812	2003-12-31	22812
		cu0403	187834	2003-10-22	22822	2003-12-31	22822
		cu0404	163466	2003-10-30	22486	2003-12-31	22486
		cu0405	172476	2003-11-06	19796	2003-12-31	19796
		cu0406	152218	2003-12-01	40744	2003-12-31	40744
		cu0407	164846	2003-12-18	96292	2003-12-31	96292
		cu0408	129584	2003-12-31	129584	2003-12-31	129584
		cu0409	14694	2003-12-31	14694	2003-12-31	14694
		cu0410	58	2003-12-31	58	2003-12-31	58
		cu0411	46	2003-12-31	46	2003-12-31	46
		cu0412	18	2003-12-31	18	2003-12-31	18
铝	SHFE	al0301	11404	2003-01-02	5870	2003-01-15	0
		al0302	13354	2003-01-02	3950	2003-02-17	0
		al0303	18216	2003-01-02	4150	2003-03-17	0
		al0304	20546	2003-01-02	2680	2003-04-15	0
		al0305	15842	2003-02-27	2664	2003-05-15	0
		al0306	21670	2003-02-28	3780	2003-06-16	0
		al0307	21280	2003-04-09	2940	2003-07-15	0
		al0308	18530	2003-05-28	3490	2003-08-15	0
		al0309	21136	2003-06-11	2660	2003-09-15	0
		al0310	20184	2003-07-07	3020	2003-10-15	0
		al0311	18196	2003-08-29	4620	2003-11-17	0
		al0312	14980	2003-08-29	4130	2003-12-15	0
		al0401	19870	2003-11-03	6380	2003-12-31	6380
		al0402	22864	2003-11-03	11818	2003-12-31	11818
		al0403	51676	2003-11-03	14230	2003-12-31	14230
		al0404	28882	2003-11-03	12642	2003-12-31	12642
		al0405	25120	2003-11-05	12470	2003-12-31	12470
		al0406	22092	2003-12-29	21468	2003-12-31	21468
		al0407	8622	2003-12-31	8622	2003-12-31	8622
		al0408	2148	2003-12-29	2142	2003-12-31	2142
		al0409	428	2003-12-30	404	2003-12-31	404
		al0410	2	2003-12-12	2	2003-12-12	2

数据来源：上海期货交易所、大连商品交易所、郑州商品交易所

Source：SHFE、DCE、ZCE

7-14　2003 年农产品期货实物交割情况

品种 Items	交易所 Exchange	合约 Contract	交割量 Volume of Delivery	合约成交量 Trading Volume of Contract	最高持仓量 High Open Positions	最高持仓日期 Date of High Open Positions
大豆	DCE	200301	20794	16015008	399216	2002-10-29
		200303	13806	5964598	218760	2002-12-06
		200305	25788	19607430	309374	2002-11-22
		200307	27744	16117508	451490	2003-03-10
		200309	18475	29149152	488284	2003-05-29
		200311	3187	20347048	380804	2003-07-25
豆粕	DCE	200301	66	2132548	23152	2002-11-08
		200303	110	1776282	23410	2002-12-06
		200305	0	1604924	15960	2003-01-13
		200307	135	2640094	27228	2003-02-13
		200308	745	5956894	113036	2003-05-19
		200309	745	4825850	87282	2003-07-10
		200311	0	4056686	87850	2003-08-15
橡胶	SHFE	ru0301	173	1407258	30108	2002-10-15
		ru0303	3628	2796462	55104	2002-11-29
		ru0304	6400	1998288	29236	2002-12-27
		ru0305	5437	3470330	143596	2003-02-12
		ru0306	20692	5744214	174422	2003-04-03
		ru0307	4229	7326422	108990	2003-04-07
		ru0308	6739	5192142	123488	2003-06-02
		ru0309	6487	4447422	98894	2003-06-19
		ru0310	3121	3452472	78414	2003-08-07
		ru0311	7732	3448998	108650	2003-08-19
强麦	ZCE	WS305	899	19480	2520	2003-04-03
		WS307	1277	162162	13170	2003-05-14
		WS309	12369	6281548	182280	2003-07-18
		WS311	9086	2664198	91578	2003-07-24
硬麦	ZCE	WT301	2078	3276352	81050	2002-07-12
		WT303	1093	3156406	30644	2002-08-20
		WT305	2560	4495094	126710	2002-09-12
		WT307	7207	2728686	42472	2002-12-30
		WT309	13229	6459008	261546	2003-06-25
		WT311	10814	3481370	137418	2003-06-18
绿豆	ZCE	GN301	0	32	8	2002-03-27
		GN303	0	0	0	—
		GN305	0	16	2	2003-03-07
		GN307	0	8	0	—
		GN309	0	0	0	—
		GN311	0	0	0	—

数据来源：上海期货交易所、大连商品交易所、郑州商品交易所
Source：SHFE、DCE、ZCE

Summary for Practical Delivery of Agricultural Products in 2003

金额单位:万元

交割金额 Amount of Delivery	合约成交金额 Turnover of Contract	结算价 Clearing Price	交割率(%)Delivery Rate		
			Ⅰ	Ⅱ	Ⅲ
534821.68	34428223.66	2572	0.26	10.42	3.11
359370.18	14525132.55	2603	0.46	12.62	4.95
745788.96	48244996.12	2892	0.26	16.67	3.09
719124.48	42544115.87	2592	0.34	12.29	3.38
465200.50	76024365.99	2518	0.13	7.57	1.22
97713.42	49885306.49	3066	0.03	1.67	0.39
1384.02	3887974.18	2097	0.01	0.57	0.07
2072.40	3442018.37	1884	0.01	0.94	0.12
0.00	3131425.89	2018	0.00	0.00	0.00
2821.50	5167875.56	2090	0.01	0.99	0.11
16963.65	12120568.96	2277	0.03	1.32	0.28
17097.75	9967918.50	2295	0.03	1.71	0.34
0.00	8492082.05	3116	0.00	0.00	0.00
1033.24	6861389.05	11945	0.02	1.15	0.03
26910.69	14327905.59	14835	0.26	13.17	0.38
37296.00	10989588.37	11655	0.64	43.78	0.68
33790.96	22555936.28	12430	0.31	7.57	0.30
149447.97	40622374.96	14445	0.72	23.73	0.74
22445.42	46187107.81	10615	0.12	7.76	0.10
43533.94	29191136.94	12920	0.26	10.91	0.30
42149.28	23434795.69	12995	0.29	13.12	0.36
23368.49	20093328.13	14975	0.18	7.96	0.23
51475.79	22298138.73	13315	0.45	14.23	0.46
1414.01	32598.82	1552	9.23	71.35	8.68
1846.10	263104.71	1444	1.57	19.39	1.40
20643.33	10456129.27	1695	0.39	13.57	0.39
14954.32	4359205.72	1623	0.68	19.84	0.69
2544.68	3941566.84	1260	0.13	5.13	0.13
1364.07	3816395.42	1277	0.07	7.13	0.07
3536.89	5646111.58	1405	0.11	4.04	0.13
10430.68	3491844.97	1453	0.53	33.94	0.60
16351.05	9233030.15	1236	0.41	10.12	0.35
16015.21	4846123.10	1481	0.62	15.74	0.66
0.00	105.00	3012	0.00	0.00	0.00
0.00	0.00	3200	—	—	—
0.00	50.00	2900	—	—	—
0.00	26.00	3250	0.00	—	0.00
0.00	0.00	2800	—	—	—
0.00	0.00	2700	—	—	—

7-15　2003年金属期货实物交割情况

品种 Items	交易所 Exchange	合约 Contract	交割量 Volume of Delivery	合约成交量 Trading Volume of Contract	最高持仓量 High Open Positions	最高持仓日期 Date of High Open Positions
铜	SHFE	cu0301	2145	963786	91190	2002-09-06
		cu0302	2395	740952	86138	2002-10-10
		cu0303	2255	1061712	89288	2002-11-07
		cu0304	1600	1287132	80788	2003-12-04
		cu0305	1200	1230974	111534	2003-01-06
		cu0306	2205	1385100	120082	2003-01-21
		cu0307	3450	1289944	115708	2003-03-03
		cu0308	4025	1510750	121544	2003-04-04
		cu0309	2505	1249734	116232	2003-05-12
		cu0310	2270	1064748	111692	2003-06-13
		cu0311	2970	1066670	122272	2003-07-07
		cu0312	4450	1352970	130880	2003-08-06
铝	SHFE	al0301	2995	464988	19352	2002-11-07
		al0302	1975	416700	19818	2002-11-29
		al0303	2185	418290	25188	2002-12-10
		al0304	1340	384524	20768	2002-12-24
		al0305	1330	375772	15842	2003-02-27
		al0306	1890	327950	21670	2003-02-28
		al0307	1470	319984	21280	2003-04-09
		al0308	1745	256582	18530	2003-05-28
		al0309	1330	225426	21136	2003-06-11
		al0310	1510	234270	20184	2003-07-07
		al0311	2310	233662	18196	2003-08-29
		al0312	2600	215004	14980	2003-08-29

数据来源:上海期货交易所、大连商品交易所、郑州商品交易所
Source:SHFE、DCE、ZCE

Summary for Practical Delivery of Metal Products in 2003

金额单位:万元

交割金额 Amount of Delivery	合约成交金额 Turnover of Contract	结算价 Clearing Price	交割率(%)Delivery Rate		
			Ⅰ	Ⅱ	Ⅲ
18200.33	7319942.59	16970	0.45	4.70	0.50
20129.98	5658215.79	16810	0.65	5.56	0.71
19122.40	8317918.26	16960	0.42	5.05	0.46
13704.00	10473498.26	17130	0.25	3.96	0.26
10218.00	10174210.88	17030	0.19	2.15	0.20
19139.40	11699559.24	17360	0.32	3.67	0.33
30049.50	11071004.14	17420	0.53	5.96	0.54
35319.38	12804176.51	17550	0.53	6.62	0.55
22920.75	10577437.90	18300	0.40	4.31	0.43
22836.20	9280529.66	20120	0.43	4.06	0.49
31333.50	9407766.03	21100	0.56	4.86	0.67
47993.25	12164545.24	21570	0.66	6.80	0.79
20455.85	3164358.40	13660	1.29	30.95	1.29
13923.75	2831591.99	14100	0.95	19.93	0.98
15458.88	2862797.81	14150	1.04	17.35	1.08
9862.40	2665078.60	14720	0.70	12.90	0.74
9735.60	2625783.60	14640	0.71	16.79	0.74
13938.75	2322897.82	14750	1.15	17.44	1.20
10760.40	2294747.32	14640	0.92	13.82	0.94
12607.63	1858004.47	14450	1.36	18.83	1.36
9669.10	1644689.86	14540	1.18	12.59	1.18
10932.40	1715537.82	14480	1.29	14.96	1.27
18283.65	1720852.28	15830	1.98	25.39	2.12
19994.00	1593193.86	15380	2.42	34.71	2.51

7-16 2003 年农产品期货合约月末结算价

Clearing Price of Agricultural Product Contracts in 2003

合约品种 Items	交易所 Exchanges	合约 Contracts	1 月 Jan.	2 月 Feb.	3 月 Mar.	4 月 Apr.	5 月 May	6 月 June	7 月 July	8 月 Aug.	9 月 Sept.	10 月 Oct.	11 月 Nov.	12 月 Dec.
大豆	DCE	s200301	2572											
		a200303	2558	2643	2603									
		a200305	2532	2740	2768	2900	2892							
		a200307	2516	2726	2702	2830	2630	2588	2592					
		a200309	2511	2678	2648	2769	2647	2681	2650	2573	2518			
		a200311	2324	2452	2401	2469	2457	2471	2399	2492	2773	3282	3066	
		a200401	2309	2417	2368	2409	2424	2470	2360	2500	2859	3333	3114	3186
		a200403	2310	2428	2373	2437	2461	2481	2367	2507	2855	3355	3182	3304
		a200405	2390	2475	2452	2509	2553	2553	2434	2566	2893	3413	3243	3360
		a200407	2397	2477	2455	2536	2594	2576	2492	2573	2887	3344	3243	3335
		a200409			2500	2567	2588	2582	2498	2579	2888	3321	3228	3336
		a200411					2454	2452	2357	2436	2672	2981	2919	3054
		a200501							2369	2438	2630	2913	2898	3014
		a200503									2601	2948	2952	3063
		a200505											2998	3107
豆粕	DCE	200301	2097											
		200303	1942	1909	1884									
		200305	1956	1931	1905	2084	2018							
		200307	1958	1931	1914	2052	2020	2102	2090					
		200308	1980	1973	1943	2074	2054	2114	2278	2277				
		200309	1979	1972	1941	2065	2055	2115	2189	2280	2295			
		200311	1950	1950	1902	1972	2038	2075	2048	2188	2455	3067	3116	
		200401	1948	1951	1898	1941	2010	2058	1987	2115	2429	2917	2602	2671
		200403			1900	1936	2002	2058	1978	2105	2395	2897	2686	2755
		200405					2003	2084	2012	2129	2400	2880	2697	2815
		200408								2144	2388	2803	2691	2819
		200409									2378	2774	2716	2802
		200411											2548	2616
橡胶	SHFE	ru0301	11945											
		ru0303	13085	14390	14835									
		ru0304	13270	14555	14850	11655								
		ru0305	13170	14795	15060	11860	12430							
		ru0306	12300	14810	15350	12045	12690	14445						
		ru0307	11965	14535	14060	11505	11075	10445	10615					
		ru0308	11830	14190	13515	10935	11225	9975	10780	12920				
		ru0309	11665	13835	13110	10815	11095	10125	10935	12840	12995			
		ru0310	11495	13490	12930	10835	11040	10270	11135	12930	13725	14975		
		ru0311	11335	13240	12725	10850	11045	10355	11320	13115	13900	15675	13315	
		ru0401			12760	10920	11155	10615	11540	13530	14425	16230	13060	14100
		ru0403				11120	11235	10720	11660	13575	14665	16755	13425	14540

续表　Continued

合约品种 Items	交易所 Exchanges	合约 Contracts	1月 Jan.	2月 Feb.	3月 Mar.	4月 Apr.	5月 May	6月 June	7月 July	8月 Aug.	9月 Sept.	10月 Oct.	11月 Nov.	12月 Dec.
橡胶	SHFE	ru0404						10745	11755	13480	14635	16985	13645	14850
		ru0405							10880	13220	14535	17230	13905	15165
		ru0406						11015	10690	13010	14340	17295	14140	15495
		ru0407							11010	12845	14180	17185	14205	15820
		ru0408								12800	14070	16960	14195	15930
		ru0409									13970	16810	14180	15970
		ru0410										16805	14270	16000
		ru0411											13700	16015
强麦	ZCE	WS305			1529	1618	1552							
		WS307			1584	1659	1494	1356	1444					
		WS309			1693	1770	1630	1581	1648	1655	1695			
		WS311			1726	1760	1621	1566	1633	1578	1532	1649	1623	
		WS401			1756	1767	1642	1582	1670	1627	1586	1735	1720	1593
		WS403			1777	1762	1667	1595	1691	1641	1624	1813	1800	1698
		WS405						1569	1685	1670	1662	1907	1887	1775
		WS407								1632	1612	1850	1821	1764
		WS409										1890	1891	1880
		WS411												1882
硬麦	ZCE	WT301	1260											
		WT303	1247	1256	1277									
		WT305	1285	1298	1344	1355	1405							
		WT307	1295	1349	1389	1398	1412	1441	1453					
		WT309	1416	1459	1490	1471	1478	1479	1492	1332	1236			
		WT311	1434	1467	1498	1465	1424	1417	1413	1253	1283	1465	1481	
		WT401	1443	1468	1509	1472	1436	1415	1429	1298	1336	1546	1579	1532
		WT403	1458	1482	1509	1470	1438	1411	1424	1313	1374	1619	1653	1591
		WT405		1501	1515	1471	1436	1414	1446	1336	1419	1702	1736	1672
		WT407				1425	1396	1376	1398	1301	1357	1674	1685	1663
		WT409										1699	1725	1767
		WT411												1786
绿豆	ZCE	GN301	3012											
		GN303	3200	3200	3200									
		GN305	3300	3300	2900	2900	2900							
		GN307	3300	3300	3250	3250	3250	3250	3250					
		GN309	2800	2800	2800	2800	2800	2800	2800	2800	2800			
		GN311	2700	2700	2700	2700	2700	2700	2700	2700	2700	2700	2700	
		GN401		2800	2800	2800	2800	2800	2800	2800	2800	2800	2800	2800
		GN403				2900	2900	2900	2900	2900	2900	2900	2900	2900
		GN405						3000	3000	3000	3000	3000	3000	3000
		GN407								3000	3000	3000	3000	3000
		GN409										3000	3000	3000
		GN411												3000

数据来源：上海期货交易所、大连商品交易所、郑州商品交易所
Source：SHFE、DCE、ZCE

7-17 2003年金属期货合约月末结算价

Clearing Price of Metal Product Contracts in 2003

合约品种 Items	交易所 Exchanges	合约 Contracts	1月 Jan.	2月 Feb.	3月 Mar.	4月 Apr.	5月 May	6月 June	7月 July	8月 Aug.	9月 Sept.	10月 Oct.	11月 Nov.	12月 Dec.
铜	SHFE													
		cu0301	16970											
		cu0302	16880	16810										
		cu0303	16860	17390	16960									
		cu0304	16810	17490	16430	17130								
		cu0305	16840	17520	16370	16860	17030							
		cu0306	16870	17600	16360	16720	17260	17360						
		cu0307	16920	17710	16380	16640	17240	17190	17420					
		cu0308	16990	17780	16440	16590	17260	17180	17590	17550				
		cu0309	17450	17880	16500	16590	17300	17190	17610	17600	18300			
		cu0310	16980	17520	16610	16620	17360	17210	17650	17620	18420	20120		
		cu0311	16150	17200	16670	16630	17410	17240	17710	17660	18380	21030	21100	
		cu0312	16730	17740	17740	16660	17420	17260	17780	17720	18380	21040	20430	21570
		cu0401				17000	17540	17300	17840	17780	18410	21210	20430	22330
		cu0402				16070	16070	17480	17900	17850	18470	21310	20500	22470
		cu0403				17100	17370	17690	18100	17890	18520	21470	20600	22540
		cu0404				16880			16690	16690	18580	21610	20680	22660
		cu0405							17770	17950	18680	21760	20830	22800
		cu0406							17310	17310	18640	21860	20970	22950
		cu0407									18650	21930	21090	23130
		cu0408									18520	20550	21200	23320
		cu0409										20590	21340	23430
		cu0410										21780	22270	23580
		cu0411												23390
		cu0412												22060
铝	SHFE													
		al0301	13660											
		al0302	13950	14100										
		al0303	13960	14250	14150									
		al0304	13970	14320	14180	14720								
		al0305	13970	14360	14180	14590	14640							
		al0306	13970	14390	14170	14490	14770	14750						
		al0307	13960	14420	14160	14410	14740	14650	14640					
		al0308	13300	14410	14160	14380	14730	14620	14570	14450				
		al0309	13580	14490	14180	14380	14710	14630	14610	14580	14540			
		al0310		14250	14620	14360	14690	14630	14620	14610	14580	14480		
		al0311		14000	14350	14370	14650	14620	14630	14610	14610	15550	15830	
		al0312				14370	14640	14610	14630	14600	14610	15560	15460	15380
		al0401						14630	14620	14600	14600	15600	15480	15620
		al0402							14650	14610	14600	15690	15510	15690
		al0403								14630	14600	15890	15610	15790
		al0404								15590	14610	15900	15650	15970
		al0405									14770	15870	15730	16150
		al0406									14890	15870	15730	16300
		al0407									14550	15910	15740	16380
		al0408										15600	15720	16430
		al0409											15720	16410
		al0410											15640	15710
		al0411												15740

数据来源：上海期货交易所、大连商品交易所、郑州商品交易所

Source：SHFE、DCE、ZCE

7-18　2003 年农产品期货交割仓库明细

Summary Delivery Points of Agricultural products in 2003

品种 Items	交易所 Exchanges	交割仓库 Delivery Points	库容 Volume	地址 Address	电话 Telephone No.
大豆	大连商品	大连第一粮食储运工业公司(一粮库)	3.5 万吨	大连市甘井子区金三角广场 15 号	0411-6600164，7601234
		大连市第二粮食储运工业公司(二粮库)	8 万吨	大连市沙河口区尖山街 101 号	0411-4671766，4671333-210
		大连良运集团储运公司(良运库)	5 万吨	大连市甘井子区华北路 284 号	0411-6601964
		大连商业转运公司(中转库)	4 万吨	大连市甘井子区西北路 870 号	0411-6428342，6429043
		大连浙经乾元物资有限责任公司(吉祥库)	4.5 万吨	大连金州区站前街道双兴路 20 号	0411-7700006
		辽宁锦州驻大连湾国家粮食储备库(黑山库)	4 万吨	大连湾毛营子村	0411-7601070，7602441
		大连龙跃仓库(龙跃库)	6 万吨	大连市甘井子区大房身村	0411-7600912，7601445
		中粮辽宁粮油进出口公司大连储运贸易公司(辽粮库)	9 万吨	大连市甘井子西北路	0411-6429383，6428034
		黑龙江省粮油集团大连中转仓库(龙粮库)	6 万吨	大连市甘井子区西北路 867 号	0411-6428877，6429161
		大连吉粮储运贸易有限公司(吉粮库)	3 万吨	大连市甘井子区革镇堡	0411-6427207
		大连聚兴仓储有限公司(聚兴库)	6 万吨	大连湾毛营子村	0411-7607221
		大连金信仓储库(金信库)	14 万吨	大连市中山区五五路 12 号	0411-6428112，6428620
		大连开发区湾港储运公司(和尚岛库)	8 万吨	大连市甘井子区大连湾镇新街 4 号	0411-2627613，2627612
		黑龙江省粮油物资公司大连仓库(物资库)	4.5 万吨	大连市甘井子区后革镇堡	0411-6428537
		大连保税区华晨达国际工贸有限公司(前关库)	10 万吨	大连市甘井子区前关村	0411-7114551
		大连北海储运有限责任公司(北海库)	10 万吨	大连市甘井子区革镇堡棋盘村	0411-6428095，6428752
		黑龙江农垦外贸大连仓储库(农垦库)	3 万吨	大连市甘井子区毛营子村	0411-7605757，7605774
		辽宁大连粮贸国家粮食储备库(中粮贸库)	4 万吨	大连市甘井子区大连湾镇后盐村	0411-6872223，6872111
		中国外运辽宁储运公司(外运库)	40 万吨	大连市甘井子区后革镇革钢路	0411-6428425，6429564
		大连华农仓储有限公司(华农库)	6 万吨	大连金州区石河镇北海村	0411-7260811，7260301
		大连北良港务有限公司(北良港)	5 万吨	大连开发区海青岛柳柴沟	0411-7513400
豆粕	大连商品	江苏省江海粮油贸易公司张家港储运部(张家港)	6 万吨	江苏张家港市中兴镇	0520-8382162
		江苏江阴中谷国家粮食储备库(江阴库)	5 万吨	江苏江阴市滨江开发区定山路 2 号	0510-6400777
		江苏南通粮油接运有限公司(南通库)	6 万吨	江苏南通市任港路 62 号	0513-3508463
		江苏昆山国家粮食储备库(昆山库)	2.5 万吨	江苏昆山市明星路 23 号	0512-57557096
		浙江嘉善银粮国家粮食储备库(嘉善库)	5 万吨	浙江嘉善市开源路 298 号	0573-4161294
		浙江乍浦中谷国家粮食储备库(乍浦库)	5 万吨	浙江平湖市乍浦镇乍王路 66 号	0571-85068027

续表 1 Continued 1

品种 Items	交易所 Exchanges	交割仓库 Delivery Points	库容 Volume	地址 Address	电话 Telephone No.
豆粕	大连商品	江苏南通运河桥国家粮食储备库(运河桥库)	6.5 万吨	上海市通海路 255 号	0513-5668018
		中国外运陆桥运输有限公司(外运陆桥)	2 万吨	江苏连云港市墟沟中华东路 18 号	0518-2304438,2318394,2304036
天然橡胶	SHFE	上海长桥物流有限公司	20000	上海市老沪闵路 1070 号	021-64765262
		上海市化工轻工总公司桃浦仓储贸易公司	13000	上海市南大路 478 号	021-62506616 转业务科
		上海期晟储运有限公司	23000	上海市闵行区剑川路 2280 号	021-64305295
		海南省海口港集团货运分公司	18000	海南省海口市秀英码头海港大厦 12 楼	0898-68652597
		云南天然橡胶储运中心	30000	云南省昆明市东郊凉亭	0871-3914605
		山东储备物资管理局八三二处	12000	山东省青岛市城阳区京城路 80 号	0532-7756270
		山东省畜产进出口新程实业公司	18000	山东省青岛市李沧区长顺路 15 号	0532-4816601
		海南新思科电子商务有限公司	16000	海南省海口市长流金盘永桂开发区永桂路 9 号	0898-66700097
		中储发展股份有限公司上海大场分公司	20000	上海市南大路 137 号	021-56680749
		天津工艺品进出口(集团)公司艺达储运贸易公司	10000	天津市北辰区北仓道	022-26396540
强麦	ZCE	安徽省粮食储备库(安徽省机械化粮库)	不限定	合肥市望江西路 388 号	0551-5589366
		北京大兴国家粮食储备库	不限定	北京市大兴区黄村镇大庄路东	010-60281851、60281580
		河北藁城永安国家粮食储备库	不限定	河北藁城永安路 18 号	0311-8045090
		河北衡水和平路国家粮食储备库	不限定	衡水市和平东路道岔街 4 号	0318-2057008
		河北省粮食局直属机械化粮油储备库	不限定	河北省元氏县城北	0311-4625272
		河北邢台国家粮食储备库	不限定	邢台市中兴西大街 36 号	0319-2166015、2166038
		河南国家粮食储备库	不限定	郑州市郑汴路 624 号	0371-5811186
		河南濮阳皇甫国家粮食储备库	不限定	濮阳市高新区黄河路西段油田铁路专用线东	0393-4710866(4710366、4710123)转 8201
		河南省粮食局第二直属粮库	不限定	鹤壁太行路北段	0392-3338900
		河南新乡新华国家粮食储备库	不限定	新乡市解放路 425 号	0373-2098493
		河南延津中谷国家粮食储备库	不限定	延津县火车站路 1 号	0373-7918341
		河南郑州兴隆国家粮食储备库	不限定	郑州市南阳路北段粮仓路 1 号	0371-3734502
		河南郑州中原国家粮食储备库	不限定	郑州市城东路 263 号	0371-6363579
		荷泽市粮油中转储备库	不限定	菏泽市人民南路 43 号	0530-5967760
		济宁国家粮食储备库	不限定	山东省济宁市车站西路 67 号	0537-2889125
		南京铁心桥国家粮食储备库	不限定	南京市雨花台区铁心桥镇铁心村吴尚组	025-2890848、2890972
		山东临清中谷国家粮食储备库	不限定	山东省临清市工业园	0635-2433311、2433362、2435421
		山东淄博国家粮食储备库	不限定	山东省淄博市张店区洪沟路 45 号	0533-2070037
		陕西西瑞粮食储备库有限公司	不限定	西安市莲湖区丰禾路 56 号	029-4418150、4415265

续表 2 Continued 2

品种 Items	交易所 Exchanges	交割仓库 Delivery Points	库容 Volume	地址 Address	电话 Telephone No.
强麦	ZCE	天津市军粮城机米厂	不限定	天津市东丽区军粮城大街 193 号	022-24360326、13072091911
		潍坊市粮油储运公司	不限定	潍坊市仓南街 9 号	0536-8903278
		徐州国家粮食储备库	不限定	徐州市下淀路 174 号	0516-3643282
		中央储备粮沈丘直属库	不限定	河南省沈丘县纸店镇东关	0394-5677268
		中央储备粮西安大明宫直属库	不限定	西安市北二环东段井上村	029-6741101、6717588
硬麦	ZCE	安徽省粮食储备库(安徽省机械化粮库)	4000 吨	合肥市望江西路 388 号	0551-5589366
		广西柳州国家粮食储备库	不限定	广西柳州市柳太路 11-1 号	0772-3718199
		杭州市粮食收储有限公司	不限定	杭州市拱墅区储鑫路 58 号	0571-88016441
		河北衡水和平路国家粮食储备库	6000 吨	衡水市和平东路道岔街 4 号	0318-2057008
		河北省粮食局直属机械化粮油储备库	4000 吨	河北省元氏县城北	0311-4625272
		河北邢台国家粮食储备库	6000 吨	邢台市中兴西大街 36 号	0319-2166015、2166038
		河南国家粮食储备库	11000 吨	郑州市郑汴路 624 号	0371-5811186
		河南省粮食局第二直属库	6000 吨	鹤壁太行路北段	0392-3338900
		河南延津中谷国家粮食储备库	10000 吨	延津县火车站路 1 号	0373-7918341
		河南郑州中原国家粮食储备库	7000 吨	郑州市城东路 263 号	0371-6363579
		湖北襄阳国家粮食储备库	不限定	湖北省襄樊市襄阳区黄集镇黄石路 18 号	0710-2645706
		湖北枣阳国家粮食储备库	不限定	枣阳市兴隆集火车站	0710-6654171
		湖南长沙市芙蓉北路国家粮食储备库	不限定	长沙市芙蓉北路 46 号	0731-4363389
		济宁国家粮食储备库	10000 吨	山东省济宁市车站西路 67 号	0537-2889125、2250416
		江苏常州城北国家粮食储备库	不限定	常州市河海东路 10 号	0519-5136595
		江苏昆山国家粮食储备库	不限定	江苏省昆山市明星路 23 号	0512-57557096、57596385
		江苏省江宁粮食储备库	不限定	江苏省南京市江宁区江宁镇宁桥南路 152 号	025-6102587、6101584、6102582
		江西樟树国家粮食储备库	不限定	江西省樟树市药都北大道 15 号	0795-7340555、7886425、7880386
		洛阳市粮食局第二仓库	6000 吨	洛阳市春都路 158 号	0379-2315230、2315274
		南京铁心桥国家粮食储备库	不限定	南京市雨花台区铁心桥镇铁心村吴尚组	025-2890848、2890972
		宁波市甬江新区国际储运有限公司	1990 吨	宁波市镇海区庄市勤勇	0574-86696420、86692524
		山西长治国家粮食储备库	不限定	长治市五针街	0355-5836658
		山西阳曲国家粮食储备库	不限定	太原市阳曲县城百家巷	0351-5521804
		陕西西瑞粮食储备库有限公司	10000 吨	西安市莲湖区丰禾路 56 号	029-4415265
		天津市军粮城机米厂	不限定	天津市东丽区军粮城大街 193 号	022-24360326
		潍坊市粮油储运公司	10000 吨	潍坊市仓南街 9 号	0536-8903278
		武汉市第五粮库	不限定	湖北省武汉市青山区建设一路 1 号	027-86537378、86537380
		徐州国家粮食储备库	不限定	徐州市下淀路 174 号	0516-3643282
		浙江嘉善银粮国家粮食储备库有限公司	不限定	浙江省嘉善县开源路 298 号	0573-4161293、4163349

续表 3 Continued 3

品种 Items	交易所 Exchanges	交割仓库 Delivery Points	库容 Volume	地址 Address	电话 Telephone No.
硬麦	ZCE	中谷集团浙江粮油有限公司	不限定	嘉兴港区乍浦镇乍王公路 66 号	0573-5582801、5523732
		中央储备粮沈丘直属库	10000 吨	河南省沈丘县纸店镇东关	0394-5677268
		重庆市上桥粮食中转库	不限定	重庆市沙坪坝区华岩一村 51 号	023-65251178、65254509
绿豆	ZCE	河南国家粮食储备库	10000 吨	郑州市郑汴路 624 号	0371-5811186
		济宁国家粮食储备库	10000 吨	山东省济宁市车站西路 67 号	0537-2889125、2250416
		陕西西瑞粮食储备库有限公司	10000 吨	西安市莲湖区丰禾路 56 号	029-4418150、4416007
		通辽北国家粮食中转库	13000 吨	内蒙通辽北	0475-8611842
		河南驻马店国家粮食储备库	10000 吨	河南驻马店市练江路 1 号	0396-2977139
		南召 1605 河南粮食储备库	10000 吨	南阳市云阳镇	0377-6661859

数据来源：上海期货交易所、大连商品交易所、郑州商品交易所
Source：SHFE、DCE、ZCE

7-19 2003 年金属期货交割仓库明细

Summary Delivery Points of Metal products in 2003

品种 Items	交易所 Exchanges	交割仓库 Delivery Points	库容 Volume	地址 Address	电话 Telephone No.
铜	SHFE	上海国储天威仓储有限公司	50225	上海市交通路 3965 号	021-62506994
		中储发展股份有限公司 上海江湾分公司政民库	173000	上海市政民路 195 号	021-65111634
		中储发展股份有限公司 上海沪西分公司	96000	上海市曹杨路 2021 号	021-62163222
		上海外高桥保税区联合发展 有限公司储运物资公司	8400	上海市浦东新区冰克路 500 号	021-58694758
		上海期晟储运有限公司	30000	上海市闵行区剑川路 2280 号	021-64305295
铝	SHFE	上海国储天威仓储有限公司	50225	上海市交通路 3965 号	021-62506994
		中储发展股份有限公司 上海江湾分公司政民库	173000	上海市政民路 195 号	021-65111634
		中储发展股份有限公司 上海沪西分公司	96000	上海市曹杨路 2021 号	021-62163222
		上海外高桥保税区联合发展 有限公司储运物资公司	8400	上海市浦东新区冰克路 500 号	021-58694758
		上海期晟储运有限公司	30000	上海市闵行区剑川路 2280 号	021-64305295
		广东储备物资管理局八三〇处	5775	广东南海市盐步镇三眼桥货场西侧	0757-5760802
		中国有色金属广州供销运输 公司金鑫储运分公司	5850	广东南海市盐步镇三眼桥货场西侧 三河东路虎榜段	0757-5785606
		南海市南储有色金属贸易有限公司	16000	广东南海市盐步镇三眼桥货场东侧	0757-5784323
		中金深圳仓储运输公司南海仓库	10000	南海市街边站机场路口	0757-6435311
		无锡中储物流有限公司	19525	无锡市锡沪路 183 号	0510-2407262

数据来源：上海期货交易所
Source：SHFE

主要统计指标解释

Definition and Explanation

1. 成交金额/成交量(Trading Turnover / Trading Volume)

成交金额/成交量为当年按双边计算的成交金额/量

Trading Turnover / Trading Volume refers to the cumulating value of this year and calculated on a bilateral basis.

2. 持仓量(Open Position)

各持仓量指标及按双边计算的持仓量

Open Position is calculated on bilateral basis.

3. 交割金额/交割量(Physical Delivery Amount / Physical Delivery Volume)

交割金额/交割量为按单边计算的交割金额/交割量

Physical Delivery Amount / Physical Delivery Volume is calculated on an unilateral basis.

4. 期货品种(Trading Items)

期货品种为当年年末的时点数

Trading Items refers to the trading item number of the end of going year.

5. 会员总数(No. of members)

会员总数为当年年末的时点数

No. of members refers to the member number of the end of going year.

6. 价格(Price)

各价格指标为品种可交易的最小实物单位的价格。

All kinds of price in this part are the price of basic trading unit.

7. 交易日数(Trading days)

农产品和建材及能源化工期货的交易日数为合约当年总数的挂牌天数，相应的日均成交金额为以挂牌天数平均的成交金额；金属期货的交易日数为实际有交易的天数，相应的日均成交金额为以实际交易天数的平均的成交金额。

Trading days of Agricultural products and Building materials, Energy & Chemical products are the days on which futures are able to be traded in this year Metal products trading days are days having futures trading.

8. 最后持仓(Open positions at the end)

最后持仓为合约当年最后一个交易日的持仓量。

Open positions at the end refers to the open positions on the last trading day of this year.

9. 最高持仓量(High Open Position)

最高持仓量为合约从挂牌开始至本年交易结束期间的最高持仓量。

High Open Positions is the highest open position from contract being listed to its last trading day of this year.

10. 合约成交金额/成交量(Trading Turnover / Trading Volume of Contract)

合约成交金额/成交量为合约从挂牌开始至本年交易结束期间的累计成交金额/成交量。

Trading Turnover / Trading Volume of contract is the contract cumulating trading turnover / volume from being listed to its last trading day of this year.

11. 交割率(Delivery Rate)

交割率Ⅰ = 单边交割量/合约单边成交量

Delivery Rate Ⅰ = Delivery volume bilateral basis / Trading volume of contract on bilateral basis.

交割率Ⅱ = 单边交割量/最高持仓量

Delivery Rate Ⅱ = Delivery volume bilateral basis / High Open Position on bilateral basis.

交割率Ⅲ = 单边交割金额/合约单边成交额

Delivery Rate Ⅲ = Delivery Turnover bilateral basis / Trading Turnover of contract on bilateral basis.

第八部分　证券期货中介机构

Securities and Futures Intermediate Institutions

2003年证券机构监管综述

Summary for Securities Institutions Supervising in 2003

截至2003年12月底,全国共有证券公司133家。其中,具有股票主承销资格的公司有77家,获得受托投资管理业务资格的公司有70家,获得网上委托业务资格的公司有98家,获得证券投资咨询资格的证券公司有89家。全国共有证券营业部3020家,证券从业人员12万人,证券投资咨询机构111家。

2003年,因证券市场持续低迷,证券公司经营业绩继续下滑,整体上仍面临着较大的困难和风险。除新开业或停业整顿中的5家公司外,其余128家证券公司2003年12月末资产总额5285亿元,负债总额4053亿元,净资产1232亿元,净资本733亿元,自营证券673亿元,客户交易结算资金2388亿元,受托投资管理资金总额689亿元。1—12月份,128家公司累计营业收入233.92亿元,累计营业支出281.65亿元,累计亏损62.03亿元。其中共有63家累计盈利21.40亿元,65家证券公司累计亏损83.43亿元。

在这种形式下,证监会一方面抓证券机构规范运作和业务创新,推动证券公司规范发展;另一方面抓风险防范,妥善处置了一批历史遗留高风险证券公司,保护了投资者的合法权益,有效地维护了证券市场和社会稳定。2003年证券机构监管工作具体主要包括:

一、进一步完善监管法规

2003年,证监会颁布了《证券公司客户资产管理业务试行办法》,规范了证券公司客户资产管理业务行为,制定了集合型资产管理等新产品的操作办法,推动了证券公司创新发展;颁布《证券公司治理准则(试行)》、《证券公司内部控制指引》、《关于加强证券公司营业部内部控制若干措施的意见》,督促了证券公司完善法人治理,加强内部控制,提高规范化运作水平;颁布《证券公司债券管理办法》及配套规定,制定了证券公司发债的条件及监管要求,为证券公司开辟了一条中长期融资渠道。此外,《证券公司高级管理人员、分支机构负责人任职资格管理办法》、《证券公司净资本规则》等规范性文件也正在修订完善之中。

二、做好证券机构日常监管工作

组织召开了证券公司规范发展座谈会。2003年8月组织召开了全国性的证券公司规范发展座谈会,证监会领导到会做了重要讲话。会议对证券公司建立现代企业制度,完善法人治理结构,加强内部控制,改进经营管理做了动员和部署,并讨论了证券公司规范发展与业务创新的相关文件。

加强了证券公司现场检查工作。制定了《证券公司现场检查手册》及《2003年证券公司和证券营业部现场检查方案》,指导、协调各派出机构对全国近50家证券公司、近1000家证券营业部进行了现场检查;下发《证券投资咨询机构2003年年检通知》,对全国所有证券投资咨询机构进行年检。

完善了证券公司非现场检查工作。利用监管信息系统,编制证券公司财务分析月报,做好证券公司月报分析等非现场检查工作。根据日常监管的信息将证券公司划分为经营正常、关注类、重点关注类和风险类及高风险类等，实施分类监管；同时，积极稳妥地做好各类投诉的处理工作。

强化客户交易结算资金监管。进一步完善了客户保证金监控系统(3号令系统)，对监控系统进行了升级，系统可直接对证券公司、存管银行和登记结算公司三方报送数据进行核对；监控系统中增加了各派出机构使用模块，各派出机构可以用该系统对辖区内证券公司的挪用客户交易结算资金情况进行监控；增加了报送频度，由按月报送数据改为按周报送；鼓励证券公司推行集中交易和集中存放，强化证券公司对分支机构客户保证金的管理；积极研究制定改进客户保证金存管模式，并逐步推动试点工作。

推动证券公司加强会计审计工作。在做好证券公司2002年执行《金融企业会计制度》会计测算分析工作及年报分析工作的基础上，召开了证券公司会计审计工作座谈会，布置证券公司落实实施新的金融企业会计制度。

三、改革证券机构审批工作

改革证券机构审批制度。严格规范审批设定，经国务院批准，先后取消了40项证券机构审批项目；对各类审批申请的条件、程序、期限等尽量做出方便申请人的规定，简化审核手续，提高透明度；完善审核工作的监督制约机制，实行双审双控。

主要审批工作。批准第一证券、财通证券、德邦证券、新时代证券、沈阳诚浩证券经纪、上海远东证券6家证券公司开业；批准银通证券、中天证券等2家证券公司筹建；批准湘财证券与里昂证券合资设立华欧国际证券有限责任公司、长江证券与巴黎银行合资设立长江巴黎百富勤证券有限公司等。

四、妥善处置了部分高风险证券公司的历史遗留风险

为有效化解证券公司的历史遗留风险，维护证券市场稳定，2003年，证监会通过采取债务重组，承债新设、行政接管、关闭和撤销等方式，共处置5家高风险证券公司：关闭了大连证券；取消富友证券经营证券业务资格；指定其他证券公司托管海南证券；撤销了佳木斯证券和新华证券。

五、加强调查研究工作

证监会成立了多个专题研究小组，采取实地调研、召开现场会、座谈会、国际研讨会等形式，对证券市场中的新情况、新问题进行调查研究。先后就证券业的风险管理、证券公司当前经营情况分析、证券公司融资渠道问题、证券公司税收问题、证券公司股票质押贷款相关政策问题、客户交易结算资金存管制度问题、集中交易问题、佣金问题及三方监管业务等问题提交了十几份调研报告。调查研究工作的深入开展，有利于监管部门更加了解证券市场和证券行业发展的实际状况，使得监管政策更符合实际情况，有利于监管水平的提高。此外，根据调研结果，我们就如何拓宽证券公司融资渠道、如何完善证券公司税收制度与人民银行、银监会和税务总局等部门进行了多次沟通，为完善相关政策打下了良好基础。(机构监管部)

8-1 全国证券期货中介机构统计表

Sataistics of Securities & Futures Intermediate Institutions

机构 Institutions	1994 年	1999 年	2000 年	2001 年	2002 年	2003 年
证券交易所 Stock Exchange	2	2	2	2	2	2
证券结算公司 Securities Trading Center	2	2	2	1	1	1
证券公司 Securities Company	91	90	100	109	127	133
证券营业部 Securities House	2262	2412	2680	2700	2936	3020
基金管理公司		10	10	15	21	34
期货交易所 Futures Exchange	14	3	3	3	3	3
期货经纪公司 Futures Brokerage	N	213	178	200	179	186

数据来源:中国证监会

Source:CSRC

8-2 2003 年证券经营机构 A 股交易金额排名表

Top 20 of Securities Companies by A Share Turnover in 2003

金额:亿元

序号 No.	上海			深圳		
	会员名称 Companies	交易金额 Turnover	比重%	会员名称 Companies	交易金额 Turnover	比重%
1	中国银河证券有限责任公司	2562.86	6.32	中国银河证券有限责任公司	1231.55	5.74
2	国泰君安证券股份有限公司	2299.39	5.67	国泰君安证券股份有限公司	1230.94	5.74
3	申银万国证券股份有限公司	1912.19	4.71	海通证券股份有限公司	830.26	3.87
4	海通证券股份有限公司	1882.85	4.64	申银万国证券股份有限公司	744.63	3.47
5	南方证券股份有限公司	1464.72	3.61	广发证券股份有限公司	713.63	3.33
6	华夏证券股份有限公司	1440.25	3.55	华夏证券股份有限公司	698.75	3.26
7	广发证券股份有限公司	1035.93	2.55	南方证券股份有限公司	663.87	3.09
8	国信证券有限责任公司	914.62	2.25	国信证券有限责任公司	574.31	2.68
9	中信证券股份有限公司	837.81	2.06	招商证券股份有限公司	545.28	2.54
10	招商证券股份有限公司	774.70	1.91	光大证券有限责任公司	424.91	1.98
11	光大证券有限责任公司	727.33	1.79	广东证券股份有限公司	422.74	1.97
12	华泰证券有限责任公司	715.69	1.76	天同证券有限责任公司	395.26	1.84
13	天同证券有限责任公司	687.35	1.69	华泰证券有限责任公司	338.42	1.58
14	东方证券有限责任公司	639.18	1.58	湘财证券有限责任公司	333.35	1.55
15	国元证券有限责任公司	556.63	1.37	中信证券股份有限公司	318.92	1.49
16	金通证券股份有限公司	525.38	1.30	兴业证券股份有限公司	280.39	1.31
17	联合证券有限责任公司	523.87	1.29	平安证券有限责任公司	269.87	1.26
18	兴业证券股份有限公司	517.95	1.28	亚洲证券有限责任公司	268.41	1.25
19	汉唐证券有限责任公司	511.32	1.26	国元证券有限责任公司	262.59	1.22
20	湘财证券有限责任公司	500.22	1.23	联合证券有限责任公司	256.44	1.20
合计		21030.26	51.82	10804.52	50.35	

注:表中交易金额为双边计算

数据来源:上海、深圳证券交易所

Source:Shanghai Shenzhen Stock Exchange

8-3　2003年证券经营机构B股交易金额排名表

Top 20 of Securities Companies by B Share Turnover in 2003

金额:亿元

序号 No.	上海			深圳		
	会员名称 Companies	交易金额 Turnover	比重%	会员名称 Companies	交易金额 Turnover	比重%
1	申银万国证券股份有限公司	75.68	13.47	广发证券股份有限公司	92.37	8.21
2	国泰君安证券股份有限公司	43.45	7.74	国泰君安证券股份有限公司	87.82	7.81
3	中国银河证券有限责任公司	40.47	7.21	国信证券有限责任公司	66.46	5.91
4	海通证券股份有限公司	37.39	6.66	南方证券股份有限公司	63.56	5.65
5	广发证券股份有限公司	27.21	4.84	中国银河证券有限责任公司	59.55	5.29
6	华夏证券股份有限公司	25.50	4.54	招商证券股份有限公司	54.38	4.83
7	南方证券股份有限公司	25.48	4.54	平安证券有限责任公司	52.12	4.63
8	中信证券股份有限公司	23.68	4.22	广东证券股份有限公司	41.26	3.67
9	方正证券有限责任公司	15.05	2.68	申银万国证券股份有限公司	38.01	3.38
10	华泰证券有限责任公司	14.13	2.52	海通证券股份有限公司	33.04	2.94
11	金通证券股份有限公司	12.79	2.28	联合证券有限责任公司	32.76	2.91
12	东方证券有限责任公司	12.12	2.16	光大证券有限责任公司	27.56	2.45
13	渤海证券有限责任公司	11.10	1.98	大鹏证券有限责任公司	26.59	2.36
14	光大证券有限责任公司	9.62	1.71	广州证券有限责任公司	26.50	2.36
15	大鹏证券有限责任公司	8.87	1.58	华夏证券股份有限公司	24.88	2.21
16	国信证券有限责任公司	8.59	1.53	中信证券股份有限公司	21.83	1.94
17	招商证券股份有限公司	8.29	1.48	巨田证券有限责任公司	18.98	1.69
18	亚洲证券有限责任公司	8.15	1.45	珠海证券有限公司	17.22	1.53
19	平安证券有限责任公司	6.97	1.24	蔚深证券有限责任公司	15.76	1.40
20	广东证券股份有限公司	6.69	1.19	西南证券有限责任公司	14.56	1.29
合计		421.22	74.98		815.22	72.48

注:表中交易金额为双边计算

数据来源:上海、深圳证券交易所

Source:Shanghai Shenzhen Stock Exchange

8-4 2003年证券经营机构国债现货交易金额排名表

Top 20 of Securities Companies by Cash T-Bonds Turnover in 2003

金额:亿元

序号 No.	上海			深圳		
	会员名称 Companies	交易金额 Turnover	比重%	会员名称 Companies	交易金额 Turnover	比重%
1	海通证券股份有限公司	648.26	6.49	长城证券有限责任公司	280.24	54.81
2	天同证券有限责任公司	501.44	5.02	汉唐证券有限责任公司	63.77	12.47
3	汉唐证券有限责任公司	485.01	4.86	平安证券有限责任公司	37.68	7.37
4	中信证券股份有限公司	438.91	4.40	海通证券股份有限公司	23.98	4.69
5	国泰君安证券股份有限公司	428.32	4.29	国信证券有限责任公司	21.48	4.20
6	中国银河证券有限责任公司	426.22	4.27	天同证券有限责任公司	18.45	3.61
7	中国民族证券有限责任公司	314.93	3.15	国泰君安证券股份有限公司	12.49	2.44
8	湘财证券有限责任公司	312.27	3.13	招商证券股份有限公司	10.83	2.12
9	申银万国证券股份有限公司	301.43	3.02	北方证券有限责任公司	9.77	1.91
10	闽发证券有限责任公司	297.19	2.98	申银万国证券股份有限公司	5.43	1.06
11	辽宁东方证券公司	296.00	2.96	大鹏证券有限责任公司	5.15	1.01
12	华夏证券股份有限公司	281.99	2.82	中信证券股份有限公司	4.84	0.95
13	南方证券股份有限公司	221.39	2.22	广发证券股份有限公司	3.52	0.69
14	长江证券有限责任公司	217.33	2.18	光大证券有限责任公司	2.95	0.58
15	德恒证券有限责任公司	206.30	2.07	大通证券股份有限公司	2.72	0.53
16	大鹏证券有限责任公司	173.62	1.74	华泰证券有限责任公司	2.30	0.45
17	广发证券股份有限公司	145.94	1.46	南方证券股份有限公司	1.12	0.22
18	东方证券有限责任公司	133.20	1.33	万通证券有限责任公司	0.73	0.14
19	金信证券有限责任公司	131.52	1.32	中国银河证券有限责任公司	0.38	0.07
20	西南证券有限责任公司	129.76	1.30	东方证券有限责任公司	0.24	0.05
合计		6091.03	61.00		508.08	99.38

注:表中交易金额为双边计算

数据来源:上海、深圳证券交易所

Source:Shanghai Shenzhen Stock Exchange

8-5　2003年证券经营机构国债回购交易金额排名表

Top 20 of Securities Companies by Turnover of T-Bond Repurchase in 2003

金额:亿元

序号 No.	上海			深圳		
	会员名称 Companies	交易金额 Turnover	比重%	会员名称 Companies	交易金额 Turnover	比重%
1	中国银河证券有限责任公司	6939.24	7.17	平安证券有限责任公司	16.99	46.40
2	南方证券股份有限公司	5880.13	6.08	国泰君安证券股份有限公司	12.00	32.77
3	中信证券股份有限公司	5704.16	5.90	大鹏证券有限责任公司	4.99	13.63
4	华夏证券股份有限公司	5654.59	5.85	汉唐证券有限责任公司	2.44	6.65
5	海通证券股份有限公司	5615.41	5.81	海通证券股份有限公司	0.20	0.55
6	国泰君安证券股份有限公司	4972.26	5.14			
7	申银万国证券股份有限公司	3258.25	3.37			
8	广发证券股份有限公司	3095.72	3.20			
9	湘财证券有限责任公司	2675.30	2.77			
10	大鹏证券有限责任公司	2660.27	2.75			
11	天同证券有限责任公司	2610.90	2.70			
12	汉唐证券有限责任公司	2363.61	2.44			
13	东方证券有限责任公司	1704.51	1.76			
14	光大证券有限责任公司	1610.30	1.67			
15	闽发证券有限责任公司	1587.75	1.64			
16	中国科技证券有限责任公司	1515.77	1.57			
17	兴业证券股份有限公司	1475.35	1.53			
18	国信证券有限责任公司	1315.41	1.36			
19	辽宁东方证券公司	1277.10	1.32			
20	中国民族证券有限责任公司	1221.99	1.26			
合计		63138.01	65.28		36.62	100.00

注:表中交易金额为双边计算

数据来源:上海、深圳证券交易所

Source:Shanghai Shenzhen Stock Exchange

8-6 2003年证券营业部A股交易金额排名表

Top 20 of Securities Sale departments by Turnover of A share in 2003

金额:亿元

序号 No.	上海			深圳		
	营业部名称 Securities House	交易金额 Turnover	比重%	会员名称 Companies	交易金额 Turnover	比重%
1	国信证券有限责任公司深圳红岭中路证券营业部	320.48	0.79	国信证券有限责任公司深圳红岭中路证券营业部	234.34	1.47
2	广发证券股份有限公司广州环市东路证券营业部	261.71	0.65	招商证券股份有限公司深圳振华路证券营业部	133.44	0.84
3	招商证券股份有限公司深圳振华路证券营业部	209.32	0.52	长城证券有限责任公司深圳振华路第二证券营业部	56.32	0.35
4	华夏证券股份有限公司上海分公司哈密路证券营业部	208.55	0.51	华夏证券股份有限公司武汉分公司武汉中北路证券营业部	43.08	0.27
5	汉唐证券有限责任公司深圳福星路证券营业部	123.13	0.30	国信证券有限公司深圳振华路证券营业部	42.01	0.26
6	华泰证券有限责任公司无锡解放西路证券营业部	115.43	0.28	天一证券有限责任公司宁波开明街证券营业部	39.30	0.25
7	天一证券有限责任公司宁波解放南路证券营业部	111.62	0.28	国泰君安证券股份有限公司南京太平南路证券营业部	38.70	0.24
8	南方证券股份有限公司上海分公司南京西路证券营业部	110.71	0.27	国泰君安证券股份有限公司北京知春路证券营业部	37.29	0.23
9	民生证券有限责任公司郑州西太康路证券营业部	107.04	0.26	华夏证券股份有限公司北京东直门南大街证券营业部	36.31	0.23
10	申银万国证券股份有限公司上海银城东路营业部	106.98	0.26	平安证券有限责任公司深圳八卦三路证券营业部	35.48	0.22
11	南京证券有限责任公司张家港步行街证券营业部	104.88	0.26	中国银河证券有限责任公司宁波解放南路证券营业部	33.05	0.21
12	中国国际金融有限公司上海陆家嘴东路证券营业部	104.50	0.26	华夏证券股份有限公司深圳分公司振华路证券营业部	32.45	0.20
13	汉唐证券有限责任公司北京裕民路证券营业部	103.44	0.26	国元证券有限责任公司合肥宿州路证券营业部	32.00	0.20
14	华夏证券股份有限公司南京淮海路证券营业部	103.28	0.25	宏源证券股份有限公司北京北洼路证券营业部	31.57	0.20
15	西南证券有限责任公司北京北三环中路证券营业部	103.22	0.25	汉唐证券有限责任公司贵阳北京路证券营业部	31.36	0.20
16	国泰君安证券股份有限公司上海福山路证券营业部	101.03	0.25	中国银河证券有限责任公司北京月坛证券营业部	30.51	0.19
17	华泰证券有限责任公司南京中山北路证券营业部	100.51	0.25	中信证券股份有限公司北京安外大街证券营业部	29.65	0.19
18	中国国际金融有限公司北京建国门外大街证券营业部	98.74	0.24	国泰君安证券股份有限公司郑州花园路证券营业部	29.54	0.19
19	中富证券有限责任公司上海南京西路证券营业部	97.92	0.24	中国民族证券有限责任公司北京太平桥大街证券营业部	28.87	0.18
20	华夏证券股份有限公司上海分公司永嘉路证券营业部	97.61	0.24	渤海证券有限责任公司天津气象台路证券营业部	28.52	0.18
合计		2690.09	6.63		1003.78	6.30

注:表中交易金额为双边计算

数据来源:上海、深圳证券交易所

Source:Shanghai Shenzhen Stock Exchange

8-7 2003年证券营业部国债现货交易金额排名表

Top 20 of Securities Sale departments by Turnover of Cash T-Bonds in 2003

金额:亿元

序号 No.	上海			深圳		
	营业部名称 Securities House	交易金额 Turnover	比重%	会员名称 Companies	交易金额 Turnover	比重%
1	海通证券股份有限公司交易总部	303.39	3.04	长城证券有限责任公司上海宣化路证券营业部	279.93	54.73
2	中国民族证券有限责任公司北京太平桥大街证券营业部	230.85	2.31	汉唐证券有限责任公司北京裕民路证券营业部	62.43	12.21
3	辽宁东方证券公司第一证券营业部(中山路)	224.04	2.24	平安证券有限责任公司	31.55	6.17
4	闽发证券有限责任公司上海水电路证券营业部	153.27	1.54	天同证券有限责任公司上海东长治路证券营业部	18.23	3.56
5	汉唐证券有限责任公司深圳福星路证券营业部	142.55	1.43	国信证券有限公司深圳红岭中路证券营业部	16.28	3.18
6	中信证券股份有限公司苏州中新路证券营业部	129.84	1.30	国泰君安证券股份有限公司	12.29	2.40
7	中信证券股份有限公司总部(非营业场所)	112.04	1.12	海通证券股份有限公司	11.90	2.33
8	长江证券有限责任公司武汉彭刘杨路证券营业部	97.76	0.98	海通证券股份有限公司上海香港路证券营业部	11.50	2.25
9	国泰君安证券股份有限公司总部	94.03	0.94	招商证券股份有限公司深圳福民路证券营业部	10.72	2.10
10	申银万国证券股份有限公司证券投资总部	91.53	0.92	北方证券有限责任公司深圳红荔西路证券营业部	9.76	1.91
11	天同证券有限责任公司上海西安路证券营业部	87.21	0.87	平安证券有限责任公司深圳八卦三路证券营业部	6.09	1.19
12	汉唐证券有限责任公司贵阳北京路证券营业部	83.11	0.83	国信证券有限公司北京三里河路证券营业部	5.14	1.00
13	山东省齐鲁证券经纪有限公司淄博人民西路营业部	79.28	0.79	大鹏证券有限责任公司深圳深南中路证券营业部	5.08	0.99
14	大鹏证券有限责任公司上海天钥桥路证券营业部	75.95	0.76	中信证券股份有限公司上海衡山路证券营业部	4.76	0.93
15	天同证券有限责任公司潍坊分公司	75.34	0.76	申银万国证券股份有限公司上海银城东路证券营业部	3.05	0.60
16	天同证券有限责任公司东营济南路证券营业部	74.82	0.75	光大证券有限责任公司东莞运河东一路证券营业部	2.88	0.56
17	汉唐证券有限责任公司北京裕民路证券营业部	74.72	0.75	大通证券股份有限公司大连武汉街证券营业部	2.71	0.53
18	汉唐证券有限责任公司上海武进路证券营业部	73.34	0.74	华泰证券有限责任公司南京大桥南路证券营业部	2.28	0.45
19	山西证券有限责任公司太原府西街营业部	70.89	0.71	广发证券股份有限公司上海石泉路营业部	1.68	0.33
20	平安证券有限责任公司国债部(非营业场所)	69.40	0.70	广发证券股份有限公司广州江湾证券营业部	1.67	0.33
合计		2343.36	23.47		499.92	97.73

注:表中交易金额为双边计算

数据来源:上海、深圳证券交易所

Source:Shanghai Shenzhen Stock Exchange

8-8　2003年证券营业部国债回购交易金额排名表

Top 20 of Securities Sale departments by Turnover of T-Bond Repurchase in 2003

金额:亿元

序号 No.	上海			深圳		
	营业部名称 Securities House	交易金额 Turnover	比重%	会员名称 Companies	交易金额 Turnover	比重%
1	海通证券股份有限公司交易总部	2304.80	2.38	平安证券有限责任公司	16.99	46.40
2	中信证券股份有限公司总部(非营业场所)	1584.90	1.64	国泰君安证券股份有限公司	12.00	32.77
3	中信证券股份有限公司北京北三环中路证券营业部	1548.94	1.60	大鹏证券有限责任公司深圳深南中路证券营业部	4.99	13.63
4	大鹏证券有限责任公司上海天钥桥路证券营业部	1213.73	1.26	汉唐证券有限责任公司上海武进路证券营业部	2.44	6.65
5	华夏证券股份有限公司北京东直门南大街证券营业部	1140.13	1.18	海通证券股份有限公司杭州环城西路证券营业部	0.20	0.55
6	汉唐证券有限责任公司深圳福星路证券营业部	1125.82	1.16	汉唐证券有限责任公司常州延陵东路证券营业部	0.0006	0.0016
7	世纪证券有限责任公司深圳福虹路证券营业部	1037.14	1.07			
8	华夏证券股份有限公司上海分公司哈密路证券营业部	917.08	0.95			
9	中国民族证券有限责任公司北京太平桥大街证券营业部	915.75	0.95			
10	平安证券有限责任公司国债部(非营业场所)	896.73	0.93			
11	中国银河证券有限责任公司宁波翠柏路证券营业部	887.02	0.92			
12	南方证券股份有限公司上海分公司南京西路证券营业部	873.91	0.90			
13	申银万国证券股份有限公司上海余姚路证券营业部	834.67	0.86			
14	联合证券有限责任公司上海牡丹江路证券营业部	830.03	0.86			
15	国泰君安证券股份有限公司上海福山路证券营业部	824.67	0.85			
16	中信证券股份有限公司北京安外大街证券营业部	773.00	0.80			
17	山西证券有限责任公司太原府西街营业部	744.21	0.77			
18	广发证券股份有限公司广州环市东路证券营业部	709.32	0.73			
19	江南证券有限责任公司南昌广场南路证券营业部	635.51	0.66			
20	大鹏证券有限责任公司北京万泉河路证券营业部	614.29	0.64			
合计		20411.63	21.10		36.62	100.00

注:表中交易金额为双边计算

数据来源:上海、深圳证券交易所

Source:Shanghai Shenzhen Stock Exchange

8-9　2003 年证券公司增资扩股情况

Summary for Expanding Capital of Securities Companies in 2003

序号 No.	公司名称 Companies	增资后注册资本 Capital After Expanding（亿元）(RMB100m)	备注 Memo
1	昆仑证券有限责任公司(原青海证券有限责任公司)	5.23	
2	华林证券有限责任公司(原江门证券有限责任公司)	8.45	
3	东海证券有限责任公司(原常州证券有限责任公司)	10.10	
4	方正证券有限责任公司(原浙江证券有限责任公司)	5.13	
5	联讯证券经纪有限责任公司(原惠州证券有限责任公司)	1.158	
6	广发华福证券有限责任公司(原福建省华福证券公司)	5.50	
7	首创证券有限责任公司(原首创证券经纪有限责任公司)	6.50	尚未完成,原注册资本为 2.30 亿元。
8	东方证券股份有限公司	21.40	
9	天同证券有限责任公司	24.48	尚未完成,原注册资本为 20.36 亿元。
10	四川省天风证券有限责任公司	5.49	
11	五洲证券有限公司(原洛阳市证券公司)	7.27	尚未完成,原注册资本为 0.10 亿元。
	合　　计 Total	100.708	

数据来源:中国证监会

Source:CSRC

8-10　2003 年取得股票主承销业务资格的证券公司名单

Listed of Underwriting Qualified Securities Companies in 2003

序号 No.	公司名称 Companies	序号 No.	公司名称 Companies
1	中国银河证券有限责任公司	21	东吴证券有限责任公司
2	北京证券有限责任公司	22	方正证券有限责任公司
3	华夏证券股份有限公司	23	金通证券股份有限公司
4	民生证券有限责任公司	24	国联证券有限责任公司
5	渤海证券有限责任公司	25	天一证券有限责任公司
6	中国国际金融有限公司	26	国元证券有限责任公司
7	河北证券有限责任公司	27	华安证券有限责任公司
8	山西证券有限责任公司	28	兴业证券股份有限公司
9	大通证券股份有限公司	29	闽发证券有限责任公司
10	东北证券有限责任公司	30	广州证券有限责任公司
11	海通证券股份有限公司	31	广东证券股份有限公司
12	国泰君安证券股份有限公司	32	长江证券有限责任公司
13	申银万国证券股份有限公司	33	湘财证券有限责任公司
14	东方证券有限责任公司	34	泰阳证券有限责任公司
15	光大证券有限责任公司	35	广发证券有限责任公司
16	上海证券有限责任公司	36	大鹏证券有限责任公司
17	中银国际证券有限责任公司	37	国信证券有限责任公司
18	天同证券有限责任公司	38	中信证券股份有限公司
19	万通证券有限责任公司	39	招商证券股份有限公司
20	华泰证券有限责任公司	40	长城证券有限责任公司

续表 Continued

序号 No.	公司名称 Companies	序号 No.	公司名称 Companies
41	平安证券有限责任公司	60	金信证券有限责任公司
42	联合证券有限责任公司	61	江南证券有限责任公司
43	南方证券股份有限公司	62	金元证券有限责任公司
44	汉唐证券有限责任公司	63	第一证券有限公司
45	国海证券有限责任公司	64	红塔证券股份有限公司
46	华西证券有限责任公司	65	华鑫证券有限责任公司
47	西南证券有限责任公司	66	世纪证券有限责任公司
48	西部证券有限责任公司	67	财富证券有限责任公司
49	华龙证券有限责任公司	68	中原证券股份有限公司
50	西北证券有限责任公司	69	万联证券有限责任公司
51	宏源证券股份有限公司	70	华林证券有限责任公司
52	新疆证券有限责任公司	71	爱建证券有限责任公司
53	国都证券有限责任公司	72	健桥证券股份有限公司
54	中关村证券股份有限公司	73	北方证券有限责任公司
55	中国民族证券有限责任公司	74	东莞证券有限责任公司
56	第一创业证券有限责任公司	75	太平洋证券有限责任公司
57	中国科技证券有限责任公司	76	国盛证券有限责任公司
58	恒泰证券有限责任公司	77	兴安证券有限责任公司
59	南京证券有限责任公司		

数据来源:中国证监会

Source:CSRC

8-11　2003年取得外资股业务资格的境外证券经营机构名单

Listed of Oversea Business Qualified Foreign Securities Companies in 2003

序号 No.	公司名称 Companies	资格种类 Qualification
1	DBS唯高达香港有限公司	经纪商、主承销商
2	ING霸菱证券(香港)有限公司	经纪商、主承销商
3	百德能证券有限公司	经纪商、主承销商
4	宝来证券(香港)有限公司	经纪商、主承销商
5	倍利证券(香港)有限公司	主承销商
6	大福证券有限公司	经纪商、主承销商
7	大和证券住银资本市场(香港)有限公司	经纪商、主承销商
8	大宇证券株式会社	经纪商、主承销商
9	德意志证券亚洲有限公司	经纪商、主承销商
10	帝杰亚洲有限公司	经纪商、主承销商
11	东方惠嘉证券有限公司	经纪商、主承销商
12	东亚证券有限公司	经纪商
13	东洋证券亚洲有限公司	经纪商
14	东洋证券株式会社	经纪商、主承销商
15	发展证券香港有限公司	经纪商
16	法国巴黎百富勤融资有限公司	主承销商
17	法国巴黎百富勤证券有限公司	经纪商、主承销商
18	法国兴业证券(香港)有限公司	经纪商、主承销商
19	高盛(亚洲)有限责任公司	经纪商、主承销商

续表　Continued

序号 No.	公司名称 Companies	资格种类 Qualification
20	工商东亚证券有限公司	经纪商、主承销商
21	广利证券有限公司	经纪商
22	国际证券(香港)有限公司	经纪商
23	和升国际有限公司	经纪商、主承销商
24	荷银融资亚洲有限公司	主承销商
25	荷银证券亚洲有限公司	经纪商
26	亨泰证券有限公司	经纪商
27	恒生证券有限公司	经纪商
28	汇丰证券(亚洲)有限公司	经纪商、主承销商
29	汇富证券有限公司	经纪商、主承销商
30	极讯亚太有限公司	经纪商
31	加拿大怡东融资有限公司	主承销商
32	加怡证券经纪有限公司	经纪商
33	嘉诚证券有限公司	经纪商、主承销商
34	嘉佳证券有限公司	经纪商
35	建弘证券(亚洲)有限公司	经纪商、主承销商
36	京华山一国际(香港)有限公司	经纪商、主承销商
37	京华证券国际有限公司	经纪商、主承销商
38	凯基证券亚洲有限公司	经纪商、主承销商
39	乐金投资证券公司	经纪商、主承销商
40	里昂证券有限公司	经纪商、主承销商
41	摩根斯丹利添惠亚洲有限公司	经纪商
42	内藤证券株式会社	经纪商
43	培基证券有限公司	主承销商
44	群益证券(香港)有限公司	经纪商、主承销商
45	软库金汇投资服务有限公司	经纪商、主承销商
46	瑞士信贷第一波士顿(香港)有限公司	经纪商、主承销商
47	三星证券株式会社	经纪商、主承销商
48	顺隆证券行有限公司	经纪商
49	所罗门美邦香港有限公司	经纪商
50	万信证券有限公司	经纪商
51	吴玉钦证券(香港)有限公司	经纪商
52	新鸿基投资服务有限公司	经纪商、主承销商
53	新加坡大华亚洲(香港)有限公司	主承销商
54	新加坡发展亚洲融资有限公司	主承销商
55	新日本证券国际(香港)有限公司	经纪商、主承销商
56	信诚证券有限公司	经纪商
57	野村国际(香港)有限公司	经纪商、主承销商
58	怡富证券有限公司	经纪商、主承销商
59	英明证券有限公司	经纪商
60	元富证券(香港)有限公司	经纪商、主承销商
61	中银国际证券有限公司	经纪商
62	周生生证券有限公司	经纪商
63	大华继显(香港)有限公司	经纪商
64	东海东京证券公司	经纪商
65	中国国际金融香港有限公司	经纪商

数据来源：中国证监会
Source：CSRC

8-12 2003年获得证券投资咨询业务资格的机构名单

Listed of Securities Investment Consulting Qualified Companies in 2003

序号 NO.	机构名称 companies	地区 Area
1	北京清华紫光投资顾问有限公司	北　京
2	北京君之创证券投资咨询有限公司	北　京
3	北京京放投资管理顾问有限责任公司	北　京
4	和讯信息科技有限公司	北　京
5	中鼎信财务顾问(北京)有限公司	北　京
6	北京汇正财经顾问有限公司	北　京
7	北京新兰德证券投资咨询有限责任公司	北　京
8	北京东方高圣投资顾问有限公司	北　京
9	北京市海问投资咨询有限责任公司	北　京
10	北京中方信富投资管理咨询有限公司	北　京
11	北京中咨北方投资顾问有限公司	北　京
12	北京和君创业咨询有限公司	北　京
13	北京金美林投资顾问有限公司	北　京
14	天相投资顾问有限公司	北　京
15	北京中和应泰管理顾问有限公司	北　京
16	北京信鼎创富证券投资咨询有限公司	北　京
17	北京金昌投资咨询有限公司	北　京
18	北京群丰投资咨询有限公司	北　京
19	北京首放投资顾问咨询有限公司	北　京
20	北京盛世华商投资咨询有限公司	北　京
21	上海申银万国证券研究所有限公司	上　海
22	上海亚洲商务投资咨询有限公司	上　海
23	上海世基投资顾问有限公司	上　海
24	上海中广信息传播咨询有限公司	上　海
25	上海证联投资咨询服务有限责任公司	上　海
26	上海万国股市测评咨询有限公司	上　海
27	上海点津投资顾问有限公司	上　海
28	上海新兰德证券投资咨询顾问有限公司	上　海
29	上海证券综合研究有限公司	上　海
30	上海赛德投资咨询有限公司	上　海
31	上海金信证券研究所有限责任公司	上　海
32	上海金汇信息系统有限公司	上　海
33	上海万盛投资资讯有限公司	上　海
34	上海新世纪投资服务有限公司	上　海
35	上海市涌金理财顾问有限公司	上　海
36	上海君创财经顾问有限公司	上　海
37	上海益邦投资咨询有限公司	上　海
38	上海新资源投资咨询有限公司	上　海
39	上海夏商投资咨询有限公司	上　海
40	上海丰润投资顾问有限公司	上　海
41	天津证券投资咨询有限公司	天　津
42	天津市中融投资咨询有限公司	天　津
43	山西广瑞投资财务顾问有限公司	山　西
44	沈阳渤海投资咨询顾问有限公司	沈　阳
45	沈阳金龙投资咨询有限公司	辽　宁
46	大连北部资产经营有限公司	大　连
47	大连宝鼎咨询有限公司	大　连
48	吉林省北方万盛投资管理顾问有限公司	吉　林
49	黑龙江省容维投资顾问有限责任公司	黑龙江
50	江苏现代资产投资管理顾问有限公司	江　苏
51	江苏天鼎投资咨询有限公司	江　苏
52	太仓证券投资咨询有限公司	江　苏
53	无锡金百灵投资咨询有限公司	江　苏

续表　Continued

序号 NO.	机构名称 Name	地区 Area
54	宁波海顺投资咨询有限公司	浙　江
55	杭州新希望证券投资顾问有限公司	浙　江
56	杭州三元证券投资顾问有限公司	浙　江
57	浙江凡思达投资顾问有限公司	浙　江
58	浙江国金投资咨询有限公司	浙　江
59	浙江利捷企业策略咨询有限公司	浙　江
60	安徽新兴证券投资咨询有限责任公司	安　徽
61	合肥皖建投资咨询有限责任公司	安　徽
62	福建省企业顾问有限公司	福　建
63	福州天力投资顾问有限公司	福　建
64	福建儒林信息技术发展有限公司	福　建
65	福建天信投资咨询顾问有限公司	福　建
66	厦门市鑫鼎盛证券投资咨询服务有限公司	福　建
67	厦门新汇通投资咨询有限公司	福　建
68	厦门正达信咨询有限公司	福　建
69	山东神光咨询服务有限责任公司	山　东
70	济南英大证券投资咨询有限责任公司	山　东
71	青岛安信投资顾问有限责任公司	山　东
72	青岛市大摩投资咨询有限责任公司	山　东
73	河南省金博投资咨询有限公司	河　南
74	河南万国咨询开发有限公司	河　南
75	河南华证金融投资咨询有限公司	河　南
76	河南博星投资咨询有限公司	河　南
77	河南九鼎投资咨询有限公司	河　南
78	武汉新兰德投资顾问有限公司	湖　北
79	湖南金证投资咨询顾问有限公司	湖　南
80	湖南运达投资管理顾问有限公司	湖　南
81	湖南证券研究所有限责任公司	湖　南
82	广东科德投资顾问有限公司	广　东
83	广州市万隆证券咨询顾问有限公司	广　东
84	广州越声理财咨询有限公司	广　东
85	广州新升咨询顾问有限公司	广　东
86	珠海博众证券投资咨询有限公司	广　东
87	广州市运财行投资理财顾问有限公司	广　东
88	广东百灵信投资顾问有限公司	广　东
89	广州博信投资咨询有限公司	广　东
90	深圳市尊悦证券投资顾问有限公司	深　圳
91	深圳市周明海询商务投资顾问有限公司	深　圳
92	深圳新兰德证券投资咨询有限公司	深　圳
93	深圳市怀新企业投资顾问有限公司	深　圳
94	深圳华鼎财经资讯股份有限公司	深　圳
95	深圳市珞珈投资咨询有限公司	深　圳
96	深圳中证投资资讯有限公司	深　圳
97	深圳市晓声投资顾问有限公司	深　圳
98	深圳市智多盈投资顾问有限公司	深　圳
99	深圳市芙浪特证券投资顾问有限公司	深　圳
100	海南精信资讯有限公司	海　南
101	海南港澳咨讯产业有限公司	海　南
102	成都倍新投资咨询有限责任公司	四　川
103	成都银华投资资讯有限公司	四　川
104	重庆成长财经顾问有限公司	重　庆
105	重庆飞虎证券投资咨询有限公司	重　庆
106	昆明博闻证券投资咨询有限责任公司	云　南
107	陕西巨丰投资资迅有限责任公司	陕　西
108	陕西融泰投资咨询有限公司	陕　西
109	河北源达证券投资咨询有限公司	河　北
110	宁夏嘉信证券投资咨询有限公司	宁　夏
111	甘肃汉德投资咨询有限公司	甘　肃

8-13 2003年外资证券类机构代表处名录

China Office of Foreign Securities Companies in 2003

序号 NO.	机构名称 Name	地区 Area
1	法国兴业证券亚洲有限公司上海代表处	上 海
2	大宇证券株式会社上海代表处	上 海
3	乐金投资证券公司上海代表处	上 海
4	韩国现代证券公司上海代表处	上 海
5	三星证券公司上海代表处	上 海
6	韩华证券股份有限公司上海代表处	上 海
7	友利证券公司上海代表处	上 海
8	霸菱集团上海代表处	上 海
9	高盛(中国)有限责任公司上海代表处	上 海
10	摩根大通证券(亚太)有限公司上海代表处	上 海
11	贝尔斯登公司上海代表处	上 海
12	美林国际有限公司上海代表处	上 海
13	美国培基证券有限公司上海代表处	上 海
14	大和证券 SMBC 股份有限公司上海代表处	上 海
15	野村证券公司上海代表处	上 海
16	内藤证券公司上海代表处	上 海
17	倍利证券(香港)有限公司上海代表处	上 海
18	金鼎综合证券(维京)股份有限公司上海代表处	上 海
19	日盛嘉富证券国际有限公司上海代表处	上 海
20	元富证券(香港)有限公司上海代表处	上 海
21	建华证券(亚洲)有限公司上海代表处	上 海
22	元大京华证券(香港)有限公司上海代表处	上 海
23	群益国际控股有限公司上海代表处	上 海
24	宝来证券(香港)有限公司上海代表处	上 海
25	统一证券(香港)有限公司上海代表处	上 海
26	大华证券(香港)有限公司上海代表处	上 海
27	瑞银证券亚洲有限公司上海代表处	上 海
28	法国巴黎百富勤有限公司上海代表处	上 海
29	汇丰投资管理香港有限公司上海代表处	上 海
30	新鸿基投资服务有限公司上海代表处	上 海
31	唯高达香港有限公司上海代表处	上 海
32	花旗环球金融亚洲有限公司上海代表处	上 海
33	太丰行融资(亚洲)有限公司上海代表处	上 海
34	大福证券有限公司上海代表处	上 海
35	荷银证券亚洲有限公司上海代表处	上 海
36	里昂证券有限公司上海代表处	上 海
37	洛希尔中国控股有限公司上海代表处	上 海
38	荷银投资管理(亚洲)有限公司上海代表处	上 海
39	摩根士坦利添惠亚洲有限公司上海代表处	上 海
40	凯基证券亚洲有限公司上海代表处	上 海

续表 Continued

序号 NO.	机构名称 Name	地区 Area
41	恒生证券有限公司上海代表处	上 海
42	工商东亚融资有限公司上海代表处	上 海
43	香港上海汇丰银行有限公司(证券业务)上海代表处	上 海
44	汇富证券有限公司上海代表处	上 海
45	新加坡发展亚洲融资有限公司	上 海
46	新加坡大华亚洲(香港)有限公司上海代表处	上 海
47	英国施罗德集团上海代表处	上 海
48	巴克莱证券有限公司上海代表处	上 海
49	卓亚(企业融资)有限公司上海代表处	上 海
50	法国兴业证券(香港)有限公司上海代表处	上 海
51	香港新鸿基投资服务有限公司深圳代表处	深 圳
52	荷银证券亚洲有限公司深圳代表处	深 圳
53	摩根大通证券(亚太)有限公司深圳代表处	深 圳
54	里昂证券有限公司驻深圳代表处	深 圳
55	倍利证券(香港)有限公司深圳代表处	深 圳
56	凯基证券亚洲有限公司深圳代表处	深 圳
57	元富证券(香港)有限公司深圳代表处	深 圳
58	美林国际有限公司北京代表处	北 京
59	花旗环球金融中国有限公司北京代表处	北 京
60	摩根士丹利添惠亚洲有限公司北京代表处	北 京
61	高盛(中国)有限责任公司北京代表处	北 京
62	雷曼兄弟公司北京代表处	北 京
63	贝尔斯登公司北京代表处	北 京
64	英国施罗德集团北京代表处	北 京
65	洛希尔中国控股有限公司北京代表处	北 京
66	里昂证券有限公司北京代表处	北 京
67	法国巴黎百富勤有限公司北京代表处	北 京
68	摩根大通证券(亚太)有限公司北京代表处	北 京
69	荷银融资亚洲有限公司北京代表处	北 京
70	瑞银证券亚洲有限公司北京代表处	北 京
71	香港上海汇丰银行有限公司(证券业务)北京代表处	北 京
72	瑞士信贷第一波士顿(香港)有限公司北京代表处	北 京
73	中银国际控股有限公司北京代表处	北 京
74	工商东亚金融控股有限公司北京代表处	北 京
75	汇富金融服务有限公司北京代表处	北 京
76	嘉诚亚洲有限公司北京代表处	北 京
77	三菱证券股份有限公司北京代表处	北 京
78	日兴柯迪证券股份有限公司北京代表处	北 京
79	大和证券 SMBC 股份有限公司北京代表处	北 京
80	道亨证券有限公司北京代表处	北 京
81	野村证券株式会社北京代表处	北 京
82	金鼎综合证券(香港)有限公司北京代表处	北 京
83	倍利证券(香港)有限公司北京代表处	北 京
84	元大京华证券股份有限公司北京代表处	北 京
85	新百利有限公司北京代表处	北 京

8-14　2003年证券公司名单

List of Securities Companies in 2003

序号 NO	公司名称 Companies	注册资本 Registered Equity Capital(亿元)(RMB100m)	注册地点 Location
1	中国银河证券有限责任公司	45.00	北　京
2	北京证券有限责任公司	15.10	北　京
3	中关村证券股份有限公司	15.40	北　京
4	中国民族证券有限责任公司	10.48	北　京
5	中国科技证券有限责任公司	10.56	北　京
6	民生证券有限责任公司	12.82	北　京
7	新时代证券有限责任公司	5.22	北　京
8	航空证券有限责任公司	5.20	北　京
9	中国国际金融有限公司	US$1.00	北　京
10	华夏证券股份有限公司	27.00	北　京
11	首创证券经纪有限责任公司	2.30	北　京
12	海通证券股份有限公司	87.34	上　海
13	申银万国证券股份有限公司	42.00	上　海
14	光大证券有限责任公司	26.00	上　海
15	东方证券股份有限公司	21.3979	上　海
16	国泰君安证券股份有限公司	37.27	上　海
17	上海证券有限责任公司	15.00	上　海
18	中银国际证券有限责任公司	15.00	上　海
19	亚洲证券有限责任公司	10.329	上　海
20	爱建证券有限责任公司	6.50	上　海
21	北方证券有限责任公司	10.00	上　海
22	中富证券有限责任公司	5.10	上　海
23	上海远东证券有限公司	6.0359	上　海
24	上海久联证券经纪有限责任公司	2.00	上　海
25	富友证券经纪有限责任公司	0.50	上　海
26	富成证券经纪有限公司	1.63	上　海
27	华欧国际证券有限责任公司	5.00	上　海
28	长江巴黎百富勤证券有限责任公司	6.00	上　海
29	大鹏证券有限责任公司	15.00	深　圳
30	国信证券有限责任公司	20.00	深　圳
31	中信证券股份有限公司	24.815	深　圳
32	招商证券股份有限公司	24.00	深　圳
33	长城证券有限责任公司	8.00	深　圳
34	第一创业证券有限责任公司	7.50	深　圳
35	平安证券有限责任公司	10.00	深　圳
36	南方证券股份有限公司	34.50	深　圳
37	国都证券有限责任公司	10.60	深　圳
38	华鑫证券有限责任公司	10.00	深　圳
39	汉唐证券有限责任公司	9.01	深　圳
40	世纪证券有限责任公司	10.05	深　圳
41	深圳金牛证券经纪有限责任公司	0.60	深　圳

续表1　Continued 1

序号 NO	公司名称 Companies	注册资本 Registered Equity Capital(亿元)(RMB100m)	注册地点 Location
42	众成证券经纪有限公司	0.575	深　圳
43	蔚深证券有限责任公司	1.00	深　圳
44	联合证券有限责任公司	10.00	深　圳
45	巨田证券有限责任公司	6.00	深　圳
46	中山证券有限责任公司	5.10	深　圳
47	广发证券有限责任公司	20.00	广　州
48	广东证券股份有限公司	8.00	广　州
49	广州证券有限责任公司	8.17	广　州
50	万联证券有限责任公司	5.00	广　州
51	广东民安证券经纪有限责任公司	3.00	广　州
52	成都证券经纪有限公司	1.73	成　都
53	四川省天风证券有限责任公司	5.49	成　都
54	和兴证券经纪有限责任公司	3.69	成　都
55	川财证券经纪有限责任公司	0.92	成　都
56	华西证券有限责任公司	10.13	成　都
57	金通证券股份有限公司	8.85	杭　州
58	金信证券有限责任公司	5.20	杭　州
59	方正证券有限责任公司	5.13	杭　州
60	天和证券经纪有限公司	2.10	杭　州
61	财通证券经纪有限责任公司	5.008	杭　州
62	泰阳证券有限责任公司	12.04	长　沙
63	恒信证券有限责任公司	5.80	长　沙
64	财富证券有限责任公司	5.36	长　沙
65	湘财证券有限责任公司	25.15	长　沙
66	金元证券有限责任公司	5.00	海　口
67	万和证券经纪有限责任公司	1.25	海　口
68	海南省证券有限责任公司	0.37	海　口
69	华泰证券有限责任公司	22.00	南　京
70	信泰证券有限责任公司	9.21	南　京
71	南京证券有限责任公司	6.5859	南　京
72	西部证券有限责任公司	10.00	西　安
73	健桥证券股份有限公司	10.50	西　安
74	陕西开源证券经纪有限责任公司	0.50	西　安
75	西安华弘证券经纪有限责任公司	0.53	西　安
76	兴安证券有限责任公司	7.15	哈尔滨
77	天元证券经纪有限责任公司	1.30	哈尔滨
78	江海证券经纪有限责任公司	1.09	哈尔滨
79	闽发证券有限责任公司	8.00	福　州
80	兴业证券股份有限公司	9.08	福　州
81	广发华福证券有限责任公司	5.50	福　州
82	天同证券有限责任公司	20.36	济　南
83	山东齐鲁证券经纪有限公司	5.12	济　南
84	沈阳诚浩证券经纪有限责任公司	0.87	沈　阳
85	辽宁证券有限责任公司	2.54	沈　阳
86	德邦证券有限责任公司	10.08	沈　阳
87	国元证券有限责任公司	20.30	合　肥

续表 2　Continued 2

序号 NO	公司名称 Companies	注册资本 Registered Equity Capital(亿元)(RMB100m)	注册地点 Location
88	华安证券有限责任公司	17.05	合　肥
89	长江证券有限责任公司	20.00	武　汉
90	武汉证券有限责任公司	10.14	武　汉
91	江南证券有限责任公司	5.40	南　昌
92	国盛证券有限责任公司	5.02	南　昌
93	西南证券有限责任公司	16.30	重　庆
94	德恒证券有限责任公司	7.60	重　庆
95	宏源证券股份有限公司	5.19	乌鲁木齐
96	新疆证券有限责任公司	5.70	乌鲁木齐
97	河北证券有限责任公司	5.30	石家庄
98	河北财达证券经纪有限责任公司	2.30	石家庄
99	恒泰证券有限责任公司	6.50	呼和浩特
100	内蒙古日信证券经纪有限责任公司	0.60	呼和浩特
101	渤海证券有限责任公司	23.17	天　津
102	天津一德证券经纪有限责任公司	0.80	天　津
103	东吴证券有限责任公司	10.00	苏　州
104	恒远证券经纪有限责任公司	1.00	苏　州
105	华龙证券有限责任公司	5.06	兰　州
106	甘肃证券有限责任公司	1.00	兰　州
107	昆仑证券有限责任公司	5.20	西　宁
108	三江源证券经纪有限公司	1.8392	西　宁
109	红塔证券股份有限公司	13.87	昆　明
110	云南证券有限责任公司	1.20	昆　明
111	东北证券有限责任公司	10.10	长　春
112	长财证券经纪有限责任公司	0.56	长　春
113	山西证券有限责任公司	10.00	太　原
114	第一证券有限公司	6.00	珠　海
115	太平洋证券有限责任公司	6.65	云　南
116	大通证券股份有限公司	11.19	大　连
117	万通证券有限责任公司	5.50	青　岛
118	国联证券有限责任公司	10.00	无　锡
119	天一证券有限责任公司	10.00	宁　波
120	东莞证券有限责任公司	5.50	东　莞
121	国海证券有限责任公司	8.00	南　宁
122	西北证券有限责任公司	7.26	银　川
123	中原证券股份有限公司	10.34	郑　州
124	华林证券有限责任公司	8.07	江　门
125	东海证券有限责任公司	10.10	常　州
126	大同证券经纪有限责任公司	1.00	大　同
127	广发北方证券经纪有限责任公司	1.00	锦　州
128	华创证券经纪有限责任公司	2.00	贵　阳
129	西藏证券经纪有限责任公司	0.60	拉　萨
130	联讯证券经纪有限责任公司	1.158	惠　州
131	佳木斯证券公司	0.10	佳木斯
132	厦门证券有限责任公司	0.50	厦　门
133	洛阳证券公司	0.10	洛　阳

8-15　2003年获得客户资产管理业务资格的证券公司名单

Listed of being entrusted Investment Qualified Companies in 2003

序号 No.	公司名称 Companies	序号 No.	公司名称 Companies
1	健桥证券股份有限公司	36	平安证券有限责任公司
2	金信证券有限责任公司	37	湘财证券有限责任公司
3	东吴证券有限责任公司	38	中关村证券股份有限公司
4	华西证券有限责任公司	39	华龙证券有限责任公司
5	巨田证券有限责任公司	40	闽发证券有限责任公司
6	南方证券有限责任公司	41	大通证券股份有限公司
7	广东证券股份有限公司	42	招商证券股份有限公司
8	国联证券有限责任公司	43	国元证券有限责任公司
9	山西证券有限责任公司	44	光大证券有限责任公司
10	联合证券有限责任公司	45	申银万国证券股份有限公司
11	上海证券有限责任公司	46	长江证券有限责任公司
12	华夏证券有限公司	47	海通证券有限公司
13	银河证券有限责任公司	48	中信证券股份有限公司
14	国都证券有限责任公司	49	广发证券股份有限公司
15	长城证券有限责任公司	50	华安证券有限责任公司
16	天同证券有限责任公司	51	中富证券有限责任公司
17	西南证券有限责任公司	52	汉唐证券有限责任公司
18	渤海证券有限责任公司	53	新疆证券有限责任公司
19	国信证券有限责任公司	54	东方证券有限责任公司
20	兴业证券股份有限公司	55	中国国际金融有限公司
21	东北证券有限责任公司	56	兴安证券有限责任公司
22	万通证券有限责任公司	57	东莞证券有限责任公司
23	大鹏证券有限责任公司	58	金通证券有限责任公司
24	西部证券股份有限公司	59	恒泰证券有限责任公司
25	国海证券有限责任公司	60	亚洲证券有限责任公司
26	天一证券有限责任公司	61	第一创业证券有限责任公司
27	西北证券有限责任公司	62	恒泰证券有限责任公司
28	中国民族证券有限责任公司	63	红塔证券股份有限公司
29	泰阳证券有限责任公司	64	金元证券有限责任公司
30	宏源证券股份有限公司	65	财富证券有限责任公司
31	广州证券有限责任公司	66	江南证券有限责任公司
32	民生证券有限责任公司	67	爱建证券有限责任公司
33	河北证券有限责任公司	68	中原证券股份有限公司
34	北京证券有限责任公司	69	南京证券有限责任公司
35	国泰君安证券股份有限责任公司	70	世纪证券有限责任公司

附　　录

Appendix

上海证券交易所收费标准
The Standard Cost and Fee in Shanghai Stocks Exchange

涉及投资者的费用：

<table>
<tr><th colspan="3">业 务 分 类</th><th>收费项目</th><th>收 费 明 细</th><th>最终收费对象</th></tr>
<tr><td rowspan="2">A 股开户</td><td colspan="2">个人/纸卡</td><td rowspan="5">开户费</td><td>40 元/户</td><td>投资者交开户代理机构 10 元/户，交登记结算公司 30 元/户</td></tr>
<tr><td colspan="2">机构账户</td><td>400 元/户</td><td>投资者交开户代理机构 50 元/户，交登记结算公司 350 元/户</td></tr>
<tr><td rowspan="2">A 股补开户</td><td colspan="2">补打原卡</td><td>10 元/户</td><td>投资者交开户代理机构</td></tr>
<tr><td colspan="2">补开新户</td><td>同新开户</td><td>同开户</td></tr>
<tr><td colspan="3">基金账户开户</td><td>5 元/户</td><td>投资者交开户代理机构</td></tr>
<tr><td colspan="3" rowspan="3">A 股交易</td><td>佣 金</td><td>小于或等于成交金额的 0.3%，起点：5 元</td><td>投资者交证券商</td></tr>
<tr><td>过户费</td><td>成交面额的 0.1%，起点 1 元(双向)</td><td>投资者交登记结算公司</td></tr>
<tr><td>印花税</td><td>成交金额的 0.2%(双向)</td><td>投资者交税务机关</td></tr>
<tr><td rowspan="15">A 股非交易过户</td><td colspan="2" rowspan="2">非流通股份协议转让过户</td><td>过户费</td><td>股票面额的 0.1%，起点 100 元；超过 500 万股的部分，股票面额的 0.01%(双向)。</td><td>投资者交登记结算公司</td></tr>
<tr><td>印花税</td><td>股票价款总额的 0.2%(双向)</td><td>投资者交税务机关</td></tr>
<tr><td colspan="2" rowspan="2">法人股东歇业变更过户</td><td>过户费</td><td>股票面额的 0.1%，起点 100 元；超过 500 万股的部分，股票面额的 0.01%(双向)</td><td>投资者交登记结算公司</td></tr>
<tr><td>印花税</td><td>股票面额的 0.2%(双向)</td><td>投资者交税务机关</td></tr>
<tr><td colspan="2" rowspan="3">公证过户、结算会员申报的司法过户</td><td>手续费</td><td>10 元/户</td><td>投资者交结算单位</td></tr>
<tr><td>过户费</td><td>股票面额的 0.1% ，个人账户起点 1 元，机构账户起点 10 元(双向)</td><td>投资者交结算单位、登记结算公司各 50%</td></tr>
<tr><td>印花税</td><td>成交金额的 0.2%(双向)</td><td>投资者交税务机关</td></tr>
<tr><td rowspan="8">司法协助执行过户</td><td rowspan="2">非流通股</td><td>过户费</td><td>股票面额的 0.1%，起点 100 元；超过 500 万股的部分，股票面额的 0.01%(双向)</td><td>投资者交登记结算公司</td></tr>
<tr><td>印花税</td><td>成交金额的 0.2%(双向)</td><td>投资者交税务机关</td></tr>
<tr><td rowspan="2">流通股</td><td>过户费</td><td>股票面额的 0.1%；超过 500 万股的部分，股票面额的 0.01%；个人账户起点 1 元，机构账户起点 10 元(双向)</td><td>投资者交登记结算公司</td></tr>
<tr><td>印花税</td><td>成交金额的 0.2%(双向)</td><td>投资者交税务机关</td></tr>
<tr><td rowspan="2">国债</td><td>过户费</td><td>面额的 0.015%(双向)</td><td>投资者交登记结算公司</td></tr>
<tr><td>印花税</td><td>免收</td><td>投资者交税务机关</td></tr>
<tr><td rowspan="2">基金</td><td>过户费</td><td>免收</td><td>投资者交登记结算公司</td></tr>
<tr><td>印花税</td><td>免收</td><td>投资者交税务机关</td></tr>
</table>

续表 Continued

业务分类		收费项目	收费明细	最终收费对象
证券质押		手续费	面额的0.1%,超过500万元的部分,面额的0.01%	申请方交登记结算公司
B股开户	个人	开户费	19美元/户	投资者交开户代理机构4美元/户,交登记结算公司15美元/户
	机构		85美元/户	投资者交开户代理机构10美元/户,交登记结算公司75美元/户
	更换结算会员		2美元(目前没有收)	投资者交登记结算公司
B股/B股权证交易		佣金	小于或等于成交金额的0.3%,起点:1美元	投资者交证券商
		结算费	成交金额的0.05%(双向)	投资者交登记结算公司
		印花税	成交金额的0.2%(双向)	投资者交税务机关
B股非交易过户费	遗产继承或馈赠	过户费	30美元/笔	过入方交登记结算公司
		印花税	过户市值的0.2%(按过户当日开盘价计算,若无开盘价,按上日收盘价计算)(双向)	过入方交税务机关
	其他	过户费	30美元/笔(零股转让:1美元/笔)	过入方交登记结算公司
证券投资基金		佣金	小于或等于成交金额的0.3%,起点:5元	投资者交证券商
债券(国债、企业债、可转换公司债券等)		佣金	不超过成交金额的0.1 %,起点:5元	投资者交证券商
国债回购		佣金	成交金额的0.0025%(1天),起点:5元	投资者交证券商
			成交金额的0.0050%(2天)	
			成交金额的0.0075%(3天)	
			成交金额的0.0100%(4天)	
			成交金额的0.0125%(7天)	
			成交金额的0.025%(14天)	
			成交金额的0.05%(28天)	
			成交金额的0.075%(28天以上)	
企业债券回购		佣金	成交金额的0.0025%(1天)	投资者交证券商
			成交金额的0.0075%(3天)	
			成交金额的0.0125%(7天)	
债券转托管		手续费	面值0.01%	转出方交登记结算公司
查询	交易记录	查询费	20元/年	投资者交查询单位(登记结算公司或结算单位)
	账户余额		机构50元/户、个人20元/户	投资者交查询单位(登记结算公司或结算单位)

涉及会员单位的费用:

业务分类	收费项目	收费明细	最终收费对象
A股交易	经手费	成交金额的0.011%(双向)	结算单位交上交所
	证管费	成交金额的0.004%(双向)	结算单位交证监机构
债券(国债、企业债券、金融债券及可转换公司债券)	经手费	成交金额的0.004%(双向)	结算单位交上交所
	证管费	成交金额的0.001%(双向)	结算单位交证监机构
债券回购	经手费	对应回购品种标准佣金的5%(双向)	结算单位交上交所
证券投资基金	经手费	成交金额的0.0045%(双向)	结算单位交上交所
	证管费	成交金额的0.004%(双向)	结算单位交证监机构
B股/B股权证交易	经手费	成交金额的0.026%(双向)	结算单位交上交所
	证管费	成交金额的0.004%(双向)	结算单位交证监机构
可转债券认购	经手费	成交金额的0.01%	"非主承销商"交上交所
新股认购	经手费	成交金额的0.012%	"非主承销商"交上交所
投资基金认购	经手费	成交金额的0.0085%	"非主承销商"交上交所
配股、转配股	经手费	成交金额的0.012%(双向)	结算单位交上交所
投资基金配售	经手费	成交金额的0.0085%(双向)	结算单位交上交所
席位清算	清算保证金	20万元/第一个席位,增加席位:5万元/个	结算单位存登记结算公司
国债、国债回购	证券结算风险基金	成交金额的0.001%(双向)	结算单位交证券结算风险基金,由登记结算公司管理
A股、基金		成交金额的0.003%(双向)	
B股风险共同基金	基本结算会员	20万美元	结算会员存登记结算公司
	一般结算会员	5万美元	结算会员存登记结算公司
汇入款项	汇款费	4美元/笔	通过花旗银行划款的结算单位交花旗银行
汇出款项		6美元/笔	通过花旗银行划款的结算单位交花旗银行
B股修改错误交易的非交易过户	手续费	30美元/笔	错误方交登记结算公司
修改结算会员代码费	手续费	10美元/笔,每个ORDER最高不超过50美元	错误方交登记结算公司

涉及证券发行人的费用：

业务分类			收费项目	收费明细	最终收费对象
新股首发和增发	A股	国家股、国有法人股	证券登记费	面值的0.01%	发行人交登记公司
		其他非流通股份		面值的0.1%	发行人交登记公司
		流通股		面值的0.1%	发行人交登记公司
	B股			0.5美元/户	发行人交登记公司
	基金			暂免	发行人交登记公司
	企业债券(含可转债)			面值的0.01%	发行人交登记公司
A股换股、吸收合并，可转债强制性转股			证券登记费	面值的0.1%	发行人交登记公司
证券补登记费			法人股、内部职工股(A股)	面值的0.1%	发行人交登记公司
配股	A股	国家股、国有法人股	证券登记费	面值的0.01%	发行人交登记公司
		其他非流通股份		面值的0.1%	发行人交登记公司
		流通股		面值的0.1%	发行人交登记公司
	B股			0.5美元/户	发行人交登记公司
	基金扩募			暂免	发行人交登记公司
送股和公积金转增股	A股	国家股、国有法人股	证券登记费	面值的0.01%	发行人交登记公司
		其他非流通股份		面值的0.1%	发行人交登记公司
		流通股		面值的0.1%	发行人交登记公司
	B股			0.5美元/户	发行人交登记公司
分红派息和兑息兑付	A股流通股		手续费	派现总额的0.3%	发行人交登记公司
	B股			派现总额的0.01%，最低1000美元	发行人交登记公司
	基金			派现总额的0.3%	发行人交登记公司
	国债兑息			派息额的0.05%	发行人交登记公司
	国债兑付			兑付额的0.05%	发行人交登记公司
	企业债券(含可转债)兑息			派息额的0.1%	发行人交登记公司
	企业债券(含可转债)兑付			兑付额的0.05%	发行人交登记公司
数据拷盘费				100元/磁盘	发行人交登记公司
证券查询证明				100元/份	发行人交登记公司
联网服务费				1000元/年	发行人交登记公司
股东名册查询	A股、基金		查询费	300元/次(100名以内)，500元/次(100名及以上)	发行人交登记公司
					发行人交登记公司
	B股		查询费	300元/次	发行人交登记公司

深圳证券交易所收费标准

The Standard Cost and Fee in Shenzhen Stocks Exchange

收费项目	收费标准	备注
一、A股、基金、债券的交易和清算		
1. A股/A股权证		
佣金	不得高于成交金额的0.3%，也不得低于代收的证券交易监管费和证券交易所手续费，起点5元	投资者交券商
印花税	成交金额的0.2%	投资者交税务机关
交易经手费	成交金额的0.01425%	券商交深交所
证券交易监管费	成交金额的0.0045%	券商交证监机构
2. 国债现货		
佣金	不超过成交金额的0.1%	投资者交券商
交易经手费	成交金额100万以下(含100万)的0.1元/笔 成交金额100万以上的10元/笔	券商交深交所
3. 企业债现货		
佣金	不超过成交金额的0.1%	投资者交券商
交易经手费	成交金额的0.004%	券商交深交所
证券交易监管费	成交金额的0.001%	券商交证监机构
4. 国债回购		
佣金	1天按不超过成交金额的0.002%收取 2天按不超过成交金额的0.003%收取 3天按不超过成交金额的0.005%收取 4天按不超过成交金额的0.006%收取 7天按不超过成交金额的0.01%收取 14天按不超过成交金额的0.02%收取 28天按不超过成交金额的0.04%收取 63天按不超过成交金额的0.05%收取 91天按不超过成交金额的0.06%收取 182天按不超过成交金额的0.07%收取 273天按不超过成交金额的0.07%收取	投资者交券商
交易经手费	成交金额100万以下(含100万)的0.1元/笔 成交金额100万以上的1元/笔 反向交易不再收取	券商交深交所
5. 企业债回购		
佣金	1天按不超过成交金额的0.002%收取 2天按不超过成交金额的0.003%收取 3天按不超过成交金额的0.005%收取 4天按不超过成交金额的0.006%收取 7天按不超过成交金额的0.01%收取	投资者交券商
6. 可转换债券		
佣金	不超过成交金额的0.1%	投资者交券商
交易经手费	成交金额的0.004%	券商交深交所
证券交易监管费	成交金额的0.001%	券商交证监机构
7. 证券投资基金		
佣金	不得高于成交金额的0.3%，也不得低于代收的证券交易监管费和证券交易所手续费；起点5元	投资者交券商

续表　Continued

收费项目	收费标准	备注
交易经手费	成交金额的0.01046425%	券商交深交所
证券交易监管费	成交金额的0.00328575%	券商交证监机构
8. 大宗交易		
A股大宗交易的交易经手费按集中竞价交易方式下A股交易经手费率标准下浮30%收取； B股、基金大宗交易的交易经手费按集中竞价交易方式下同品种的费率标准下浮50%收取； 债券、债券回购的交易经手费率标准维持不变。		
9. 清算保证金	第一个席位50万元，合并席位25万元	券商交深交所
二、B股交易和清算		
1. B股/B股权证交易		
佣　金	不得高于成交金额的0.3%，也不得低于代收的证券交易监管费和证券交易所手续费，起点5港元	投资者交券商
印花税	成交金额的0.2%	投资者交税务机关
交易经手费	成交金额的0.0296%	券商交深交所
证券交易监管费	成交金额的0.0045%	券商交证监机构
结算费	成交金额的0.05%，最高不超过500港元	投资者交登记公司
三、上市费用		
1. 股票		
上市初费	3万元	
上市月费	5000万元股本以下500元， 每增加1000万元股本增收100元， 上限2500元	
2. 证券投资基金		
上市初费	3万元	
上市月费	5000元	
3. 企业债/转债		
上市初费	上市总额的0.01%，不超过3万元	
上市月费	1亿元以下500元， 每增加2000万元增收100元， 上限2000元	

注：1. 债券的交易费率从2003年1月2日起执行。
　　2. 经手费和证券交易监管费是包含于佣金之中的。

证券登记结算收费标准

The Standard Cost and Fee of Securities Depository and Clearing

收费项目				上海	深圳
新股始发和增发登记费	A股	国家股、国有法人股		面值0.1‰	免费
		其他非流通股份		面值1‰	面值1‰
		流通股		免费	面值3‰
	基金			免费	流通面值0.025‰（暂时未收）
	企业债券(含可转债)			0.1‰	0.1‰
配股登记费	A股	国家股、国有法人股		免费	免费
		其他非流通股份		免费	转配股、职工股、高管股按面值3‰，其他不收费
		流通股		免费	面值3‰
	基金扩募			免费	面值3‰
送股和公积金转增股份登记费	流通股			免费	面值5‰
	非流通股			免费	面值1‰
A股换股、吸收合并，可转债强制性转股登记费				无	面值1‰
可转债赎回、回售				免费	无
权益分派手续费	分红派息和兑息兑付	A股	流通股	派现金总额3‰	派现金总额5‰
			非流通股	未代理	未代理
		基金分红		现金总额3‰	现金总额3‰
		封闭基金到期解散兑付		无	无
		债券	国债兑付兑息	按财政部规定	按财政部规定
			企业债券(含可转债)	双方协商，兑付的0.5‰	兑付的2.5‰
	送股和公积金转增股份			无	无
股东服务费	A股			无	月费：流通股本面值1亿元以下(含)0.2‰，每超过1000万元流通股本加收1500元
	基金			无	月费：流通面值0.025‰(暂时未收)
股东名册查询	A股			100名以内300元/次(不含100名) 100名以上500元/次(含100名)	免费
开户	A股	个人		40元	50元
		机构		400元	500元
	基金			5元	5元

续表　Continued

收费项目			上海	深圳
挂失补办	A股	个人	10元补原号 40元新号	10元补原号 50元新号
		机构	100元补原号 400元新号	100元补原号 500元新号
	基金		10元补原号 5元新号	5元
销户	A股、基金		5元/户	免费
合并账户	A股、基金		10元	20元
开户资料查询	A股、基金		免费	免费
资料更改	A股、基金		免费	个人:10元/次 机构:100元/次
转指定/托管	A股、基金		免费	30元/单
查询证券余额、过户记录			个人20元/户/次 机构50元/户/次	拥股查询:20元/次;打印证券变更记录:50元/户
实物股票\证券登记证明挂失补办			无	100元/户
质押	A股		面值的1‰,超500万股部分按0.1‰	600元/笔
	基金			
	国债			无
	企债		无	无
股份转让过户	非流通部分		手续费:按过户股份面值(每股1元)1‰,起点1元(双向)。国有股无偿划转按面值0.1‰(双向)	手续费:成交面值1‰(双向)
	流通部分(A股)		过户费:股票面额1‰(个人起点1元,机构10元)(双向) 手续费:10元/笔	手续费:股数×前一交易日收市价×3.5‰(双向)
	基金		手续费:10元/笔	手续费:份额×前一交易日收市价×2.5‰(双向)
	债券		手续费:10元/笔	手续费:份额×前一交易日收市价×2‰(双向)
交易过户费(A股)			成交面额1‰,起点1元(双向)	无

2003年中国证券市场大事记
Events for China Securities Market in 2003

一月

1月2日　国务院任命尚福林为中国证券监督管理委员会主席；免去周小川的中国证券监督管理委员会主席职务和高西庆的中国证券监督管理委员会副主席职务。

1月2日　上证国债指数正式发布。

1月9日　中央国债登记结算有限责任公司推出基于全市场角度衡量国内债券价格总水平的指标——中国债券指数。

1月9日　最高人民法院公布了《关于审理证券市场因虚假陈述引发的民事赔偿案件的若干规定》，自2003年2月1日起实施。

1月10日　上海证券交易所大宗交易业务正式开展。

1月12日　国内首家中外合资基金管理公司——招商基金管理有限公司在深圳正式成立。

1月14日　沪深股市放量飚升，创下6·24以来单日最大涨幅。

1月24日—26日　全国证券期货监管工作会议在北京召开。中国证监会主席尚福林做了题为《全面贯彻落实十六大精神，做好证券期货监管工作，推进资本市场的改革开放和稳定发展》的工作报告。

二月

2月14日　国家计委、财政部联合发布了《关于重新核定证券市场监管费收费标准及有关问题的通知》。

2月18日　湘财合丰基金公司三只行业类别基金获准一次性同时发行，伞型基金开始登陆中国基金市场。

2月26日　受央行连续正回购影响，首期记账式国债跌破面值。

2月28日　中国工商银行、中国银行、中国农业银行、中国交通银行、中国建设银行的QFII托管人资格或中国证监会批准。

三月

3月1日　中关村技术产权交易所正式挂牌。

3月3日　沪深证券交易所的基金申报价格的最小变动单位即日起由0.01元人民币调整为0.001元人民币。

3月12日　外经贸部、国家税务总局、国家工商总局、国家外汇管理局联合颁发《外国投资者并购境内企业暂行规定》，并宣布于4月12日起施行。

3月19日　国内首家中外合资产业投资基金管理公司——中瑞创业投资基金管理有限公司在京开业。

3月21日　中国证券业协会与深圳证券交易所签署了代办股份转让系统实时监控备忘录，代办股份转让系统市场监察工作正式启动。

3月28日　强筋小麦期货合约在郑州商品交易所上市，这是我国期货市场近5年来推出的第一个期货新品种。

四月

4月1日　北京市第二中级人民法院对深圳市中科创业投资股份有限公司操纵证券交易价格案一审公开宣判。

4月3日　国家外汇管理局发布《关于外资参股基金管理公司有关外汇管理问题的通知》。

4月4日　上海和深圳证券交易所发布《关于对存在股票终止上市风险的公司加强风险警示等有关问题的通知》。存在股票终止上市风险的公司，交易所对其股票交易实行“警示存在终止上市风险的特别处理”，在公司股票简称前冠以“*ST”标记。

4月5日　因违法违规行为严重、公司资不抵债，大连证券公司成为首家被中国证监会取消证券业务许可并责令关闭的证券经营机构。

4月9日　南钢股份新老大股东发布持股变动报告书和要约收购报告书，中国证券市场首例要约收购产生。

4月25日　入世后首家中外合资证券公司——华欧国际证券有限责任公司在北京宣布正式成立。华欧国际证券由湘财证券与法国里昂证券合资组建，是中国入世后的首家中外合资证券公司，这也是中国证券公司与欧洲投资银行的首次合资。

五月

5月12日　上海、深圳证券交易所从即日开始实行退市风险警示制度，其主要措施为在其股票简称前冠以“*ST”字样，在交易方面，被实施退市风险警示处理的股票，其报价的日涨跌幅限制为5%。

5月19日　上海证券交易所即日起向市场推出2天期货国债回购新品种。

5月22日　中国证监会发出《关于证券公司从事集合性受托投资管理业务有关问题的通知》。指出，在新办法实施前，证券公司不得向特定或不特定的多数投资者募集资金设立集合投资计划，从事集合性受托投资管理业务。

5月23日　上海证券交易所依法作出决定，湖北江湖生态农业股份有限公司股票自5月23日起终止上市。被各界广泛关注的“蓝田”事件终于画上了句号。

5月26日　中国证监会宣布，批准瑞士银行有限公司、野村证券株式会社两家机构合格境外机构投资者(QFII)资格。这是QFII制度实施以来，经批准进入我国证券市场投资的首批境外机构。

5月26日　中国期货业协会日前公布《期货从业人员执业行为准则》规定的，这项国内期货业第一部行业性从业人员行为规范于今年7月1日起施行。

5月28日　富国基金管理公司和加拿大BMO金融集团宣布，BMO集团旗下BMO蒙特利尔银行(简称BMO)参股富国公司的申请已获中国证监会批准，这将是内地首例外资通过认购已成立基金公司股权形式完成中外合资的案例。

六月

6月5日　中国证券业协会公布2002年度券商经营业绩排序。在全部7项排名中,中金公司包揽股票主承销金额、利润总额和人均利润总额三项冠军,海通证券摘得净资产和净资本两枚金牌,广发证券荣登主承销家数榜首。银河证券在股票基金交易总额中排名第一。

6月6日　汇丰银行日前委任中国建设银行担任其中国QFII投资的托管银行。建行已代汇丰银行向中国证监会递交了QFII资格申请材料。这是首家中资银行进入这一托管业务领域。

6月7日　"农凯系"风波波及的沪深两市三家上市公司——徐工科技、大盈股份、海鸟发展,股价急剧下挫,流通市值一周内缩水超过16亿元。

6月9日　全国社保基金理事会以战略投资者身份持有的中石化A股股票,已正式委托给博时和华夏两家基金公司运作。这意味着社保基金即将开始在股票二级市场试水。

6月23日　最高人民法院制定并公布《最高人民法院关于审理期货纠纷案件若干问题的规定》,自2003年7月1日起施行。

6月25日　日前,国家外汇管理局批准瑞士银行有限公司在其托管人花旗银行上海分行处开立一个QFII人民币特殊账户。这是QFII中的第一个人民币特殊账户。

6月27日　证券从业人员资格管理细则出台。

七月

7月9日　瑞银集团买入宝钢股份、上港集箱、外运发展和中兴通讯,从而宣告QFII第一单诞生。受此消息影响,当天,4只个股全部放量上行。

7月18日　PT郑百文在上证所恢复上市。这也意味着历时3年之久、备受社会各方关注的郑百文重组宣告结束。

7月20日　上证所大宗交易系统启用,该所首笔大宗交易诞生。

7月24日　经中国证监会批准,深交所拟将买卖盘揭示范围从目前的实时最高三个价位买入申报价和数量、实时最低三个价位卖出申报价和数量调整为实时最高五个价位买入申报价和数量、实时最低五个价位卖出申报价和数量。

八月

8月14日　证券公司规范发展座谈会在京召开。中国证监会主席尚福林要求按照现代金融企业要求,推动证券公司规范发展。

8月25日　深交所公布并正式实施《深圳证券交易所大宗交易实施细则》。

8月25日　中国人民银行提高存款准备金率,自9月21日起,自现行6%调高至7%。

8月29日　中国证监会主席尚福林签署证监会令,公布了《证券公司债券管理暂行办法》,规定证券公司经批准可以向社会公开发行或向合格机构投资者定向发行债券。该办法自2003年10月8日起施行。

九月

9月8日　中国证监会、国务院国资委联合发布《关于规范上市公司与关联方资金往来及上市公司对外担保若干问题的通知》,进一步规范了上市公司与控股股东及其他关联方的资金往来,有效控制上市公司对外担保风险,保护投资者合法权益。

9月9日　中国证监会正式批复同意荷兰银行通过股权受让方式参股湘财合丰基金管理公司。由此,湘财合丰基金管理公司成为首家向外资转让股权,而进行中外合资的基金管理公司。

9月29日　交通银行和日本日兴资产管理公司联合宣布,日兴资产管理有限公司将设立相关的人民币国债母基金,投资中国国债。这是外资首次以基金的形式进入 QFII。

9月30日　TCL 集团发布拟吸收合并 TCL 通讯(000542)并整体上市的公告。这是我国证券市场上首例吸收合并整体上市的案例。

十月

10月9日　H 股飙升创新高,青啤 H 股股价超 A 股。

10月12日　全国第一家独立董事自律组织——浙江上市公司协会独立董事委员会在杭州成立。

10月28日　《中华人民共和国证券投资基金法》由十届人大常委会第五次会议表决通过。国家主席胡锦涛签署了第9号国家主席令公布了这部法律。证券投资基金法共12章103条,自2004年6月1日起施行。

十一月

11月4日　啤酒花公告公司董事长失踪,同时披露公司的巨额担保事项。

11月5日　大连、上海和郑州三大期交所决定,暂将大豆等期货合约交易保证金标准由5%提高至7%。

11月5日　上工股份有限公司获准定向增发不超过1亿股境内上市外资股(B 股)。这是近三年来在 B 股市场首次获准进行的再融资行为。

11月13日　上证指数最低触及1307.40点,创出了2245点调整以来的新低,同时这也是四年以来的股指新低。

11月17日　香港交易所北京代表处揭牌仪式在北京举行。

11月18日　武钢股份公告称,公司拟增发不超过20亿股,其中向武汉钢铁(集团)公司定向增发12亿股国有法人股,向社会公众发行的社会公众股数量不超过8亿股。募集资金将收购武钢集团拥有的钢铁主业资产。该增发方案将定向增发国有法人股、增发流通股相结合,进而实现了集团主业资产整体上市。

十二月

12月10日　由博时、华安和招商三家基金公司分别发起管理的首批三只准货币市场型基金同时拿到中国证监会的批文。

12月11日　中国证监会发布《股票发行审核委员会暂行办法》,对股票发审制度进行重大改革。

12月11日　中国人民银行决定,从2003年12月21日起,将金融机构在人民银行的超额准备金存款利率由1.89%下调至1.62%。同时,从2004年1月1日起,扩大金融机构贷款利率浮动区间。

12月15日　国有资产监督管理委员会发布了《关于规范国有企业改制工作的意见》。明确规定,上市公司国有股转让价格在不低于每股净资产的基础上,参考上市公司盈利能力和市场表现合理定价。

12 月 19 日　中国证监会公布《证券公司客户资产管理业务试行办法》。

12 月 25 日　中国证监会颁布《证券公司治理准则(试行)》,发布经修订的《证券公司内部控制指引》及《关于加强证券公司营业部内部控制若干措施的意见》。

12 月 28 日　中国证监会主席尚福林签署中国证监会第十八号令,发布《证券发行上市保荐制度暂行办法》。

中国证监会派出机构通讯录
Compact list of CSRC Regional Offices

机构名称 Offices	机构地址 Address	邮政编码 Zip Code	电话 Phone
天津证监局	天津市和平区大理道98号	300050	022-23132267
河北证监局	石家庄市中华南大街85号	050071	0311-7882264
山西证监局	太原市迎泽大街163号	030001	0351-4085891
内蒙古证监局	呼和浩特市赛罕区东风路8号农发行大厦12层	010015	0471-4688863
辽宁证监局	沈阳市和平区十一纬路12号	110003	024-22899877
吉林证监局	长春市解放大路84号(交通大厦18、19层)	130021	0431-5679006
黑龙江证监局	哈尔滨市香坊区珠江路56号	150036	0451-82357006
大连证监局	大连市西岗区黄河路219号外经贸大厦七层	116011	0411-3780088-8718
上海证监局	上海建国西路319号	200031	021-64716776
江苏证监局	南京市云南路31-1苏建大厦23层	210008	025-4575515
浙江证监局	杭州市体育场路429号(天和大厦)10楼	310006	0571-88473371
宁波证监局	宁波市药行街139号中国银行15层	315010	0574-87196666-1507
山东证监局	济南市黑虎泉西路139号胜利大厦6层	250011	0531-6106965
安徽证监局	合肥市蒙城路109号安徽地税大厦17层	230001	0551-5100866
河南证监局	郑州市纬四路东段19号广发大厦7层	450008	0371-5600126
青岛证监局	青岛市东海西路39号世纪大厦23层	266071	0532-5798502
湖北证监局	武昌区洪山路62号8栋7楼	430071	027-87302001
湖南证监局	长沙市车站北路329号证券大厦	410001	0731-2180282
江西证监局	江西省府大院南一路5号省粮食局三楼	330046	0791-6286471
广东证监局	广州市解放南路123号金汇大厦23楼	510120	020-83270717
福建证监局	福州市五四路119号嘉信大厦11层	350001	0591-7828190
广西证监局	广西南宁市桃源路67号广西石油大厦12、14楼	530021	0771-5333745
厦门证监局	厦门市湖滨南路388号国贸大厦6层	361004	0592-5165631
深圳证监局	深圳市福田区笋岗西路体育大厦东座	518028	0755-83260816
海南证监局	海口市南宝路36号国托大厦8层	570206	0898-66515231
四川证监局	成都市洗面桥街26号	610041	028-85555903
贵州证监局	贵州省贵阳市中华北路18号银海大大厦北楼五层	550001	0851-6904175
云南证监局	云南省昆明市北京路577号	650051	0871-5197256
西藏证监局	西藏自治区拉萨市中和国际城滨河广场东	850000	0891-6873076
陕西证监局	西安市含光路南段28号嘉翔大楼5层	710065	029-88212809
甘肃证监局	兰州市城关区秦安路81号	730030	0931-8851612
青海证监局	西宁市解放路14号	810000	0971-8233497
宁夏证监局	宁夏银川市兴庆区上海东路9号金源大厦11、12楼	750004	0951-6736403
新疆证监局	乌鲁木齐市民主路40号附2号金新信托大厦5层	830002	0991-2826046
北京证监局	西城区北礼士路甲10号	100044	010-68330826
重庆证监局	重庆市渝中区临江支路2号合景大厦26层	400015	023-89031986

后　记
Postscript

在本书的编制过程中，我们得到了中国证监会领导的关心和指导，得到了会内外有关单位的大力支持和配合。他们是：中国证监会市场监管部、发行监管部、上市公司监管部、基金监管部、机构监管部、期货监管部、国际合作部、中国人民银行统计司、国家统计局国民经济核算司、综合司、上海证券交易所、深圳证券交易所、中国证券登记结算公司、上海期货交易所、大连商品交易所和郑州商品交易所。第一财经传媒有限公司和百家出版社在本书的编辑、出版及发行过程中给了我们大力的支持。我们在此对上述单位表示衷心的感谢。

参加本书编写的人员有：

谢　庚	陈　舜	何龙灿	孟　薇	刘连起	林晓征	胡益明	赵　然
李东平	余　薇	鲁素英	苗宇峰	张文红	赵春萍	赵小平	李　萌
刘　俊	汤劲松	李　斌	孙凌云	叶　青	徐庆雯	汪红梅	王永红

中国证券监督管理委员会

2004 年 4 月